Johannes Bähr · Paul Erker · Maximiliane Rieder

180 Jahre KraussMaffei

Johannes Bähr
Paul Erker
Maximiliane Rieder

180 Jahre KraussMaffei

Die Geschichte einer Weltmarke

Siedler Verlag

In Zusammenarbeit mit der
Gesellschaft für Unternehmensgeschichte
www.unternehmensgeschichte.de

Verlagsgruppe Random House FSC-® C014889
Das für dieses Buch verwendete FSC-zertifizierte
Papier Munken Polar fertigte Arctic Paper.

1. Auflage März 2018

Umschlaggestaltung: Büro Jorge Schmidt, München
Umschlagabbildung unter Verwendung einer Fotografie von
Wolfgang Maria Weber
Grafiken: Peter Palm, Berlin
Lithografie: Helio Repro, München
Satz: Vornehm Mediengestaltung
Druck und Bindung: Pustet, Regensburg
Printed in Germany 2018
ISBN 978-3-8275-0119-6

www.siedler-verlag.de

Inhalt

1 Einleitung

Johannes Bähr und Paul Erker

KraussMaffei ist eine Ikone des deutschen Großmaschinenbaus. Bayerns Weg in das Industriezeitalter ist ohne eines der ältesten und lange Zeit auch größten Münchner Unternehmen nicht denkbar. Frühzeitig international ausgerichtet, war das Unternehmen als innovativer Maschinenbauer in seinen verschiedenen Tätigkeitsfeldern stets Spitzenreiter. Auch heute ist die KraussMaffei Gruppe weltweit führend im Maschinenbau für die Kunststoff- und Gummiindustrie.[1]

Der Unternehmensgründer Joseph Anton von Maffei und sein Neffe und späterer Nachfolger Hugo von Maffei agierten nach der Gründung 1838 als Eisenbahnmanager und Infrastrukturpolitiker mit zahlreichen Schiffbau- und Brückenbauprojekten. Darüber hinaus fungierten sie aber auch als Schlüsselfiguren und Multiunternehmer mit Beteiligungen sowie als Gründungsinitiatoren des bayerischen Bank- und Versicherungsgewerbes. Zugleich sei aber nicht vergessen, dass die Maffei-Belegschaft Keimzelle der Gewerkschafts- und Arbeiterbewegung in München und Bayern war. Die öffentlichkeitswirksame und prestigeträchtige Präsentation von Produkten und Maschinen, die häufig schon aufgrund ihrer schieren Größe weithin sichtbar und zum Teil spektakulär waren, brachte KraussMaffei schnell eine Reputation von technologischer Kompetenz und Weltgeltung ein, verdeckte aber oft auch Probleme im Inneren des Unternehmens.

In der Öffentlichkeit dominiert heute noch immer das Image von KraussMaffei als Lokomotivhersteller und Panzerschmiede. Dabei hatte das Unternehmen in der NS-Zeit gerade nicht zu den führenden Rüstungsproduzenten gehört; es ist erst Anfang der 1960er-Jahren in großem Umfang in den Panzerbau eingestiegen. 1999 hat KraussMaffei die Rüstungsfertigung an die damals neu gebildete Krauss-Maffei Wegmann GmbH & Co. KG abgegeben, die mit der heutigen KraussMaffei Gruppe in keiner Verbindung steht. Das, was KraussMaffei heute ausmacht, aber auch schon zum Traditionsbestand des Unternehmens gehörte, ist weitgehend unbekannt: der Kunststoffmaschinenbau. Die rationelle und zugleich hochpräzise maschinelle Fertigung von Alltagsprodukten wie PET-Flaschen, CD-Rohlingen, Automobilteilen wie Sitzen, Türverkleidungen und Stoßfängern sowie LED-Glühlampen war und ist ohne Maschinen der heutigen KraussMaffei Gruppe nicht denkbar. Dahinter stehen hochkomplexe Technologien der Kunststoffverarbeitung, deren Entwicklung KraussMaffei durch Innovationen wesentlich mitbegründet und vorangetrieben hat. Jahrzehntelang waren die beiden Vorgängerfirmen J. A. Maffei und Krauss & Comp. vor allem Lokomotivbauunternehmen gewesen, dann begann die Diversifikation in Nachbartechnologien, zunächst des Kraftfahrzeugbaus, dann des Panzerbaus und des Anlagen- und (Kunststoff-)Maschinenbaus. Auch wenn der Maschinenbauer stets zu den Marktführern in seinen Branchen gehörte, bedeutete die Diversifikation mehr Fluch als Segen. Lange Zeit bestimmte eine komplexe Gemengelage der drei Kerntechnologiefelder Lokomotivbau und Verkehrstechnik, Panzerbau sowie Kunststoffmaschinenbau mit ihren ganz unterschiedlichen Innovationszyklen und Wettbewerbsstrukturen die Unternehmensentwicklung, ehe ab dem Jahre 2000 das Unternehmen aufgeteilt wurde und sich über den verbliebenen eigenständigen Kern des Kunststoffmaschinenbaus gleichsam neu erfand.

Die vorliegende Untersuchung bietet erstmals eine Gesamtgeschichte dieser Transformation von KraussMaffei als Traditionsunternehmen mit früh schon internationaler Ausrichtung zu einem fokussierten Technologie- und Kunststoffmaschinenbau-Unternehmen. Drei Leitfragen und Hauptthemenfelder ziehen sich dabei als roter Faden durch das Buch: Erstens die Frage nach technischer Entwicklung und Innovation. Trotz der unterschiedlichen Technologiefelder, auf denen das Unternehmen aktiv war, erscheint es gerechtfertigt, die Innovations- und die Technikgeschichte von KraussMaffei nicht gleichgewichtig zu behandeln, sondern primär vom Gesichtspunkt der Kunststofftechnik aus zu betrachten, die heute allein die Know-how-Basis bildet und mit der auch eine globale Technologieführerschaft begründet wird. Da KraussMaffei und seine technischen Produkte gleichzeitig auch eine Marke sind, wird die Technikgeschichte durch eine Marken- und Marketinggeschichte ergänzt. Zweitens die Frage nach den Eigentümerstrukturen und deren Wandel mit den damit verbundenen Auswirkungen. Das Unternehmen hat im Laufe seiner Geschichte praktisch sämtliche gesellschaftsrechtlichen Formen durchlaufen: J. A. Maffei AG und Krauss & Comp. waren zunächst Familienunternehmen der beiden noch getrennt agierenden Gründungsväter, wurden dann Aktiengesellschaften mit familienfremdem Management und ein einziges Unternehmen im Mehrheitsbesitz der Deutschen Bank, dann folgten die langen Jahre als nicht mehr unabhängige Teilgesellschaft im Konzernverbund des Flick-Imperiums und des Mannesmann-Konglomerats, ehe die Phase als Unternehmen im Portfolio von Private-Equity-Firmen und Investmentgesellschaften folgte. Schließlich wechselte die KraussMaffei Group im Jahr 2016 mit der Übernahme durch die staatliche China National Chemical Corporation (ChemChina) erneut den Eigentümer.

Beides, Technologie und Eigentümerstrukturen, überlagerten dabei im Falle von KraussMaffei in ihrer Wirkungsmächtigkeit die ansonsten in der Unternehmensgeschichte dominierende Bedeutung konjunktureller Krisen und gesamtwirtschaftlicher Wechsellagen, obwohl es diese im Untersuchungszeitraum reichlich gab. Daraus leitet sich die dritte große Fragestellung ab: der Untersuchungsaspekt des wirtschaftlichen Umfeldes, der Konkurrenz und Wettbewerbsverhältnisse, der Konfrontation mit den Herausforderungen durch innere und äußere Krisen sowie deren Bewältigung – von den Krisen der 1860er-Jahre über die Krisenzeit des Ersten Weltkriegs und der 1920er-Jahre, der Weltwirtschaftskrise 1930/31 bis zu den Ölpreiskrisen Anfang der 1970er- bzw. 1980er-Jahre, der weltweiten Rezession 1993, dem Börsenkrach, den Terroranschlägen und dem Konjunktureinbruch in den Jahren 2000 bis 2002 und schließlich der großen Finanz- und Wirtschaftskrise zwischen 2007 und 2009, deren Auswirkungen bis in die Gegenwart noch immer spürbar sind. Es geht um die Geschichte des Wettbewerbs im Lokomotivbau, der bis zur Ausbreitung der Automobilindustrie eine Schlüsselbranche der sich entwickelnden modernen Industriewirtschaft war, von Anfang an auch international auf Export- und Auslandsmärkten aktiv war und dort mit den vor allem britischen, später auch amerikanischen Konkurrenten kämpfte. Es geht um die Konkurrenz zwischen den Firmen Maffei und Krauss, wobei letztere nach dem Umbruch des Ersten Weltkriegs weit erfolgreicher agierte und schließlich die Übernahme von Maffei in Angriff nahm. Dies wird bis heute sichtbar im Namen, aber auch in der unternehmenskulturellen Selbstverortung als »Krauss'ler« und nicht etwa als »Maffeier«. Die Persönlichkeiten der Unternehmensgründer, deren Herkunft und Aufstiegswege kaum gegensätzlicher sein konnten, prägten lange Jahre das Bild. Schon zu Lebzeiten aber traten sie hinter den strukturellen Entwicklungen und technischen Leistungen der Ingenieure zurück. Dann folgten die von Kartellen, Kriegswirtschaft und wiederaufkommendem Wettbewerb geprägten Jahre der deutschen Lokomotivbauindustrie von den 1920er- bis in die 1960er-Jahre hinein, ehe KraussMaffei sich vor allem mit den ganz unterschiedlichen Konkurrenzkämpfen des globalen Spritzgießmaschinen-Marktes auseinandersetzen musste. Inwieweit all dies die äußere und innere Verfassung von KraussMaffei verändert hat, wie sich Unternehmenspolitik und Firmenstrategie, unternehmenskulturelle Werthaltungen und unternehmensinterne Entscheidungsprozesse verändert haben, wird im Folgenden näher untersucht.

Die Geschichte von KraussMaffei ist in vielem exemplarisch, zugleich aber auch, vorwiegend seit den 1920er-Jahren, wiederum vielfach anders; sie unterscheidet sich vor allem von den eingeschlagenen Wachstums- und Entwicklungspfaden anderer deutscher Maschinenbauunternehmen. Lange Jahre bis weit nach 1945 prägte in geschäftspolitischer Ausrichtung starke Kontinuität das Unternehmen. Dann aber war Krauss-Maffei umso stärkeren Umbrüchen ausgesetzt, die weit über klassische unternehmenshistorische Transformationen hinausgehen. Deshalb erscheint es angemessener, von der Metamorphose des Unternehmens zu sprechen. So spezifisch sich in 180 Jahren diese Geschichte auch entwickelte, so steht sie doch auch gleich in mehrfacher Hinsicht, als Gemengelage einer Erfolgs- wie auch Misserfolgsgeschichte, exemplarisch für eine Reihe von unternehmenshistorischen Problemfeldern und Untersuchungsaspekten: Es ist die Geschichte eines erfolgreichen, zugleich aber von großen Hindernissen geprägten Unternehmensaufbaus, aber auch die von Fehlentscheidungen und Niedergang, dann die Geschichte einer erfolgreichen Übernahme und der Integration zweier technisch wie unternehmenskulturell unterschiedlicher Firmen, später die einer erfolgreichen Rüstungskonversion, aber auch ein Beispiel für die Verquickung von Politik und Wirtschaft, für unternehmerische Abhängigkeit von politischen Vorgaben und der Dominanz eines politisch bestimmten Behördengeschäfts im zivilen Verkehrs- wie militärischen Wehrtechnik-Bereich. Es ist ebenfalls eine Geschichte der Durchsetzung des modernen Finanzmarktkapitalismus und der Globalisierung – mit dem vorläufigen Höhepunkt der Übernahme der KraussMaffei

Gruppe durch einen chinesischen Staatskonzern. Bei alledem stand und steht KraussMaffei als Exempel für die erstaunliche Persistenz einer Unternehmenskultur, die gleichermaßen von Traditionsbewusstsein, ingenieurtechnischem Stolz, Innovationsfähigkeit und Münchner Standorttreue geprägt ist.

Am Beginn der Untersuchungsphase steht ein vom Großmaschinenbau geprägtes Unternehmen mit einem heterogenen und vielfach defizitären Produktionsprogramm, am Ende der Periode ist daraus ein ebenso rendite- wie innovationsgetriebener, global operierender Technologiekonzern mit fokussiertem Geschäftskonzept und eroberter Marktführerschaft geworden. Nicht selten hat man den Eindruck, dass es gleichsam Belegschaft und Standortfaktor »on the shop floor« waren, die das Unternehmen weitertrugen, ungeachtet dessen, was oben in der Vorstands- und Geschäftsführungsetage gedacht und entschieden wurde. Und es gab und gibt eine Tradition des Bekenntnisses zum Standort, sichtbar schon in der Großspende von Georg Krauß im Jahr 1903 zur Gründung des Deutschen Museums, dann aber auch in der jahrzehntelang, zwischen 1940 und 1975, verwendeten Integration des Münchner Kindls[2] in das Unternehmenslogo. Vielleicht liegt gerade in all dem auch mit ein Grund dafür, dass KraussMaffei sämtliche einstigen Lokomotivbau-Konkurrenzunternehmen und auch alle die Konglomerate, in die man als Tochtergesellschaft integriert war, überlebte und nach 180 Jahren lebendiger denn je existiert.

Die Untersuchung kann sich auf eine breite Quellenbasis stützen. Der Großteil der umfangreichen Akten zu KraussMaffei liegt seit dem Jahr 2000 im Bayerischen Wirtschaftsarchiv in München und ist dort zugänglich.[3] Dazu kamen ergänzende Überlieferungen vor allem aus dem Historischen Archiv der Deutschen Bank, dem Münchner Stadtarchiv sowie dem Bayerischen Hauptstaatsarchiv. Trotz deutlicher Lücken in der Aktenüberlieferung der 1920er-Jahre und der NS- und Kriegszeit gelang es, analytisch auch in die tieferen Schichten der KraussMaffei-Geschichte vorzustoßen. Für die Zeit seit dem Jahr 2000 bis in die Gegenwart war die Studie auf den Zugang zu den noch unverzeichneten und überwiegend auf dem Dachboden des alten KraussMaffei-Verwaltungsgebäudes befindlichen Registraturakten aus den verschiedenen Abteilungen, insbesondere dem Vorstandsbereich, angewiesen. Dieser Zugang wurde uneingeschränkt und ohne jegliche Vorauswahl gewährt, wie überhaupt die völlige Unabhängigkeit der Autoren bei Recherche und Manuskriptabfassung gewährleistet war. Wichtige ergänzende Informationen zu technischen und finanziellen Belangen ebenso wie zu unternehmenspolitischen Entscheidungsprozessen auf Geschäftsführungs- und Vorstandsebene resultierten schließlich auch aus einer Reihe von Zeitzeugeninterviews.

Während der laufenden Recherchen und Arbeiten zur Erstellung dieser Unternehmensgeschichte erfolgte ein Wechsel sowohl auf Seiten des Vorstandsvorsitzes als auch wenig später auf Seiten der Unternehmenseigentümer. Es spricht für Mut, gleichzeitig auch für das Bewusstsein um die Bedeutung der Geschichte und des historischen Erbes von KraussMaffei in der deutschen Industrielandschaft, aber auch im globalen Wettbewerb, dass seitens der Verantwortlichen das Forschungsprojekt trotz aller Turbulenzen nicht gestoppt wurde. Gerade in dieser Phase steht die historische Unternehmensforschung daher vor der Herausforderung, dem Anspruch gerecht zu werden, durch das »looking back to look ahead« seine Nützlichkeit zu erweisen, das heißt einen unternehmenshistorischen Blick zurück zu ermöglichen, der in den Phasen permanenter Unsicherheit Orientierungshilfe und Identifikationsmöglichkeit zugleich bieten kann und den Blick nach vorn schärft.

2 Die Unternehmen J.A. Maffei und Krauss & Comp.

Maximiliane Rieder

2.1 Das Familienunternehmen J.A. Maffei: Münchens erste Maschinenfabrik in der Frühindustrialisierung

Bayern war aus den Napoleonischen Kriegen als eine politische Mittelmacht hervorgegangen, durch einen ansehnlichen Gebietszuwachs und die Aufwertung vom Kurfürstentum zum Königreich. Anders sah es auf wirtschaftlichem Gebiet aus. Die führenden deutschen Gewerberegionen lagen nicht in Bayern, sondern im Rheinland und in Sachsen. Mit der sich aus Großbritannien ausbreitenden Industrialisierung drohte Bayern weiter zurückzufallen, da die wichtigsten Rohstoffe, Kohle und Eisen, importiert werden mussten und leistungsfähige Verkehrsverbindungen in die Nachbarstaaten fehlten. Umso mehr profitierte das Land davon, dass mit der Gründung des Deutschen Zollvereins 1834 die Zollgrenzen zwischen den deutschen Staaten fielen. Ein Jahr später wurde in Bayern die erste deutsche Eisenbahnlinie zwischen Nürnberg und Fürth eröffnet, und nun entstanden hier auf die Eisenbahn ausgerichtete Unternehmen des Maschinen-, Waggon- und Lokomotivbaus, die bald die ältere Textilindustrie überholten. In München war der Kaufmann Joseph Anton von Maffei der Pionier des neuen Industriezeitalters. Mit dem Kauf einer Hofhammerschmiede in der Hirschau vor den Toren der Residenzstadt legte er 1838 die Grundlage für eine Lokomotiv- und Maschinenfabrik, mit der er die Importabhängigkeit des Königreichs im Eisenbahnbau verringern wollte. Als Großaktionär und Vorstand der München-Augsburger-Eisenbahn-Gesellschaft beeinflusste Maffei zugleich den Bau und den Betrieb der ersten längeren bayerischen Bahnstrecke. Durch die Gründung der Maffei'schen Fabrik fand Bayerns Hauptstadt den Anschluss an die Industrialisierung, und innerhalb des Landes holte sie nun als Wirtschaftsstandort gegenüber den älteren Gewerbezentren Augsburg und Nürnberg auf. Mit dem Eisenwerk Hirschau begann der Wandel der Residenzstadt München zur Industriestadt. Der erste Abschnitt dieses Beitrags gibt einen Einblick in den Werdegang des Gründers, der das Eisenwerk Hirschau bis zu seinem Tod im Jahre 1870 leitete, und fragt nach den Standort- und Marktbedingungen im frühindustriellen München. Da Maffei, der bereits eine Tabak- und eine Papierfabrik sowie ein Großhandelsunternehmen betrieb, im Lokomotivbau erst nach Jahren reüssieren konnte, nahm seine Maschinenfabrik auch den Dampfmaschinen- und Werkzeugmaschinenbau auf. Kaum bekannt ist, dass Maffei auch den bayerischen Dampfschiffbau begründete. Dies führt zu der Frage nach dem Risiko, das der Unternehmer mit der Diversifizierung in diesen Geschäftszweig einging. Durch Innovationen im Lokomotivbau konnte Maffei die Kgl. Bay. Staatsbahnen als Hauptabnehmer gewinnen. Bis 1866 stellte das Eisenwerk Hirschau überhaupt in Bayern als einziges Unternehmen Lokomotiven her. Wie sich Maffei ein Netzwerk an Zulieferern und Auftraggebern durch Unternehmensbeteiligungen in Ostbayern aufbaute und wie sein Unternehmen vom Anschluss Bayerns an den Weltverkehr durch bessere Marktchancen im Ausland profitierte, sind Fragestellungen, die diesen Abschnitt über die Ära des Unternehmensgründers beschließen.

Joseph Anton von Maffei: Herkunft und Werdegang

Joseph Anton von Maffei (geb. 1790 in München, gest. 1870 in München) legte mit der Gründung einer Maschinenfabrik das Fundament der Münchner Eisen- und Stahlindustrie. Die weitverzweigte Familie Maffei stammte aus dem italienischen Alpenraum. Der Vater des Münchner Industriepioniers kam aus einer Glockengießerfamilie.[1] Pietro Paolo (Peter Paul) Maffei (1754 bis 1836) wanderte um 1770 aus der fürstbischöflichen Stadt Trient nach München aus und begann im Kolonialwarengeschäft des Ratsherrn Joseph Anton Mayr eine Lehre. Durch Einheirat in die Kaufmannsfamilie erwarb er nach 16 Jahren das Bürgerrecht, stieg zum angesehenen

Großhändler und Tabakfabrikanten auf, etablierte sich im entstehenden Münchner Bankgewerbe und wurde nach der Gründung des Königreichs Bayern als erster Unternehmer in den erblichen Reichsritterstand erhoben.[2]

Sein Sohn Joseph Anton von Maffei machte eine kaufmännische Ausbildung bei dem renommierten Münchner Kaufherrn Angelo Sabbadini.[3] Danach schickte der Vater den Zweitgeborenen zum Studium nach Genf. Um praktische Erfahrungen zu sammeln, lernte der Kaufmannssohn ab 1811 bei »vornehmen Häusern« in Neapel, Mailand, Livorno, Kalabrien und Rom.[4] Als 25-Jähriger übernahm er 1815 die Leitung der Tabakfabrik, heiratete die Tochter des Münchner Kaufherrn und Bankiers Georg Eduard Schuh und wurde Assessor des Wechsel- und Mercantilgerichts. 1821 übertrug ihm sein Vater die Prokura für das Handelshaus.[5] Maffei wurde als Gemeindebevollmächtigter in den Magistrat der Haupt- und Residenzstadt berufen, dem er – zeitweise als Magistratsrat – bis 1869 angehörte. Nachdem sich der Münchner Handelsstand zu einer Kaufmannsstube zusammengeschlossen und Maffei zum Assessor gewählt hatte,[6] formierte sich im Umfeld der 1830 gegründeten Börse ein Netzwerk aus Bankiers und Großhändlern, das zahlreiche finanzielle und wirtschaftliche Unternehmungen in Bayern auf den Weg brachte.

Maffeis Vater starb 1836 und hinterließ ein Barvermögen von 2,7 Mio. Gulden, die prosperierende Tabakfabrik im Lehel, die Großhandlung in der Kaufingergasse, ein Stadtpalais mit einem kleinen Bankhaus[7] am Promenadeplatz, eine Brauerei in Regensburg und Schloss Lustheim mit Grundbesitz in Berchtesgaden. Joseph Anton von Maffei war inzwischen 46 Jahre alt und hatte große Pläne. Der gelernte Kaufmann setzte die geerbten Vermögensanteile seiner Geschwister als Kapital für seine geplante Fabrik ein und zahlte ihnen lediglich Zinsen auf ihre Privatkredite aus.[8] Um seine Geschäftsinteressen politisch durchzusetzen, zog er 1837 als Abgeordneter der Patriotenpartei (bis 1848) in die Ständeversammlung, den späteren Landtag, ein. In seinen Reden plädierte Maffei für einen zügigen Ausbau des Bahnnetzes und den Staatsbahngedanken. Vor allem der Warentransport sicherte aus seiner Sicht die ökonomische Grundlage des neuen Verkehrsmittels.[9]

Die geographische Lage und das Fehlen eines Transportnetzes trugen zur Verzögerung der Industrialisierung des Landes ebenso bei wie Rohstoffknappheit, bäuerliche Struktur und die restriktiven Gewerbegesetze.

Der Agrarstaat Bayern war von den neu entstehenden Verkehrsrouten abgeschnitten. In der traditionellen Handelsstadt München fehlte es zudem an Kapital für die Industrialisierung. Die entscheidende Voraussetzung für die Bildung eines einheitlichen Wirtschaftsraums und den überregionalen Eisenbahnbau schuf ab 1834 der Deutsche Zollverein. Maffei zählte zu den Befürwortern einer Verkehrserschließung im dünn besiedelten Flächenstaat Bayern. Mit der allmählich einsetzenden Industrialisierung stieg der Finanzbedarf weiter, vor allem für langfristige Kredite. Als 1835 mit der Bayerischen Hypotheken- und Wechselbank AG ein landesweit agierendes Bankinstitut geschaffen wurde, beteiligte sich Maffei an der Gründung. Die Gesellschafter der ersten deutschen Hypothekenbank wählten den Großhändler, der inzwischen zu den einflussreichsten Repräsentanten des Münchner Wirtschaftslebens gehörte, zum Verwaltungsratsvorsitzenden. Die Bank hatte den Auftrag, im Königreich das Papiergeld einzuführen. In seiner neu erworbenen Papiermühle im Lehel ließ der Administrator für das Aktien- und Banknotenwesen Maffei Bayerns erste Banknoten drucken.[10]

Aufmerksam registrierte Maffei Bayerns technische Entwicklungsschübe, etwa die 1835 eröffnete erste deutsche Eisenbahnstrecke zwischen Nürnberg und Fürth. Die dort eingesetzten Dampflokomotiven mussten aus England importiert werden. Die »Adler« stammte aus der legendären Fabrik von George Stephenson. Der Eisenbahnbau entwickelte sich zum Leitsektor der Industrialisierung; um Bayern im Zollverein den Transithandel zu sichern, vergab der Innenminister Privilegien an private Investoren zum Bau und Betrieb von Eisenbahnen auf Routen entlang der Haupthandelsströme des Königreichs.

Bereits 1835 befasste sich der bayerische Ministerrat mit den Anträgen des Augsburger Handelsstandes auf Genehmigung der Eisenbahn von München über Augsburg nach Nürnberg und mit der Eingabe Simon von Eichthals, des Direktors der Bayerischen Hypotheken- und Wechselbank, für den Bau einer Bahnstrecke von München nach Salzburg. Die Regierung bewilligte beide Anträge. Der ökonomische Erfolg der Strecke Nürnberg–Fürth, der Vorzeigebahn für ganz Deutschland, gab den Anstoß zur Gründung weiterer Bahngesellschaften. Bei der Gründung der Aktiengesellschaft der München-Augsburger Bahn war Maffei, der sich ein großes Aktienpaket sicherte, eine der treibenden Kräfte. Der Staat bestätigte nach langwierigen Regierungsverhandlungen 1837 der Gesellschaft, die damit die Baukonzession erhielt, die Statuten. Maffei wurde Vorsitzender des

Direktoriums. Nun lief alles, was den Eisenbahnbau betraf, über seinen Schreibtisch im ersten Stock seines Münchner Palais. Maffei bemühte sich um den zügigen Betriebsaufbau und die Organisation der Bahngesellschaft. Ende 1837 trafen aus England die ersten beiden Lokomotiven, zerlegt und in Kisten verpackt, in München ein. Vier weitere Maschinen erwarb die Gesellschaft bei Richard Roberts & Co. in Manchester sowie bei Fenton, Murray & Jackson in Leeds.[11] Im Februar 1838 begannen die Bauarbeiten und die Verlegung der Schienen auf der knapp 62 Kilometer langen Strecke. Die private Bahngesellschaft musste die gesamte Ausrüstung der Eisenbahn, Achsen, Kessel, Räder und Werkzeugmaschinen, unter hohem Kostenaufwand und Frachtschwierigkeiten aus England importieren. Auch die Facharbeiter, insbesondere die Maschinenmeister und Heizer, kamen aus Großbritannien.

Die Gründung des Eisenwerks Hirschau und die Liquiditätskrisen der Aufbauphase

Angesichts der Etablierung der München-Augsburger-Eisenbahn-Gesellschaft entschloss sich Maffei selbst zum Bau von Lokomotiven. Seine exponierte Stellung als Vorsitzender des Direktoriums der Privatbahn, die er bis 1844 innehatte, war dafür eine ideale Voraussetzung.[12] Als sich Maffei noch nach einem geeigneten Standort für sein geplantes Eisenwerk umsah, gründeten die Ingenieure Emil Keßler und August Borsig 1837 in Karlsruhe bzw. Berlin bereits Maschinenbauwerkstätten (Maschinenfabrik Emil Keßler & Theodor Martiensen und Maschinenbauanstalt August Borsig).[13]

Trotz der Aversion Ludwigs I. gegen Fabrikarbeit und Industrialisierung erhielt Maffei die Konzession für den Betrieb eines Eisenwerks. Als Grundstock für eine Lokomotivfabrik erwarb er im März 1838 außerhalb der Münchner Stadtgrenzen an der Isar für 57 500 Gulden eine einfache Hammerschmiede mit einer kleinen Eisengießerei. Georg Lindauer hatte dieses Werk 1814 auf einem zum Dorf Schwabing gehörenden Gelände mit dem Flurnamen Hirschau errichtet (Abb. 1). Daher nannte Maffei das »Etablissement« am Nordostende des Englischen Gartens Eisenwerk Hirschau. Die Verhandlungen mit der Witwe Lindauer begannen wahrscheinlich 1837, da dem Kaufvertrag vom 20. März 1838 zufolge die Schmiede inklu-

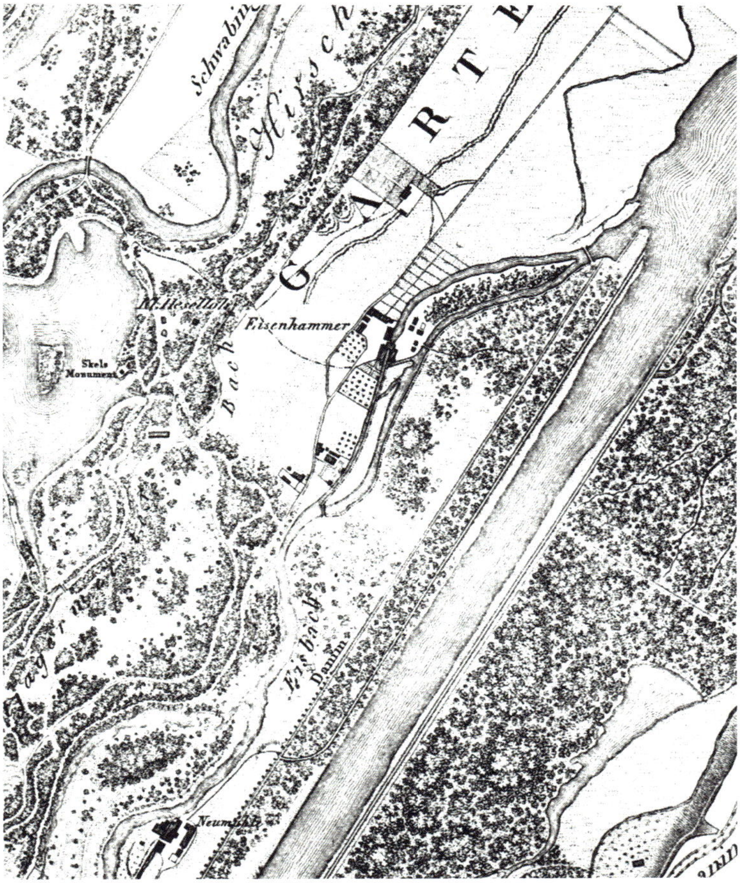

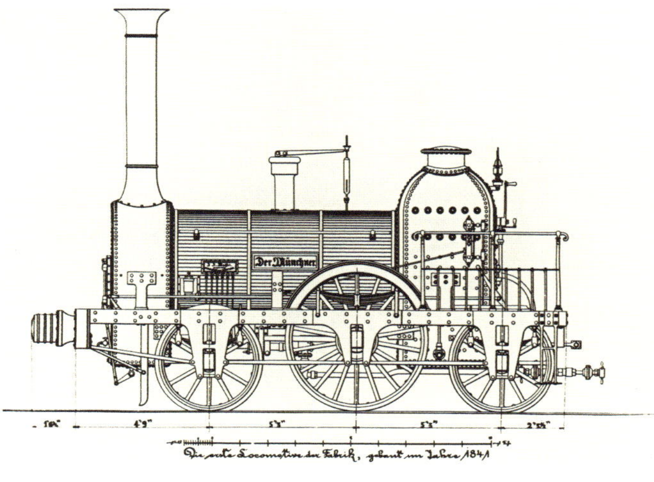

1 Der Eisenhammer in der Hirschau im Englischen Garten, 1826

[Ausschnitt aus dem Plan der Kgl. Residenzstadt München mit ihren Umgebungen im Jahre 1826, Bay. Staatsbibliothek, Kartensammlung, Mapp. XI, 447 mdb]

2 »Der Münchner«, die 1841 ausgelieferte erste Lokomotive des Eisenwerks Hirschau

[BWA, F 44/M 6, ohne Datum]

sive der damit verbundenen Fabriks- und Gewerbeberechtigungen, den Wasserrechten und dem Inventar bereits am 29. Januar übergeben wurden. Seither trug Maffei die darauf anfallenden Steuern und sonstigen Abgaben.[14] Die Vertragsunterzeichnung am 20. März 1838 gilt daher als Gründungsdatum des heutigen Unternehmens KraussMaffei Group GmbH. Maffei kaufte neue Maschinen, die teilweise aus England angeliefert wurden, und nahm Mitte 1838 mit etwa 160 Arbeitern den Betrieb auf.[15] Die benötigte Wasserkraft wurde dem Eisenwerk über einen Nebenarm der Isar, den Eisbachkanal, zugeführt.[16]

Als technischen Leiter seiner Fabrik engagierte Maffei 1839 den Ingenieur Joseph Hall (Abb. 21). Dieser wohl wichtigste Mitarbeiter war auf Vermittlung von Robert Stephenson & Co. im Frühjahr mit zwei britischen Lokführern in München eingetroffen, um die Montage der zwei Lokomotiven für die München-Augsburger-Eisenbahn-Gesellschaft zu überwachen. Nachdem Hall ausreichend Bedienungspersonal für die Dampfloks eingearbeitet hatte, warb Maffei den britischen Ingenieur von der Eisenbahngesellschaft ab.[17] Der Bahnverkehr zwischen München und Augsburg wurde nach der Eröffnung einzelner Teilstrecken schließlich Anfang Oktober 1840 aufgenommen. Hall leitete die Konstruktion und den Bau der ersten bayerischen Lokomotive im Hirschauer Werk und vermittelte Facharbeiter aus England. Der Zeitaufwand für die Herstellung eines »Dampfwagens« war ohne Arbeitsspezialisierung noch enorm. Die Maschinen wurden als Einzelstücke gefertigt, an denen alle Beschäftigten gemeinsam arbeiteten.[18]

Gegenüber dem Monarchen begründete Maffei im September 1841 sein Projekt, das nahezu eineinhalb Jahre Entwicklungs- und Bauzeit in Anspruch genommen hatte: »Aber schmerzlich und tief empfand ich bei Ausführung des Unternehmens [der Bau der München-Augsburger Bahn; Anm. d. Verf.], wie sehr hiebei [sic!] mein Vaterland in Abhängigkeit von dem Auslande stehe, da zum zweckmäßigen Betriebe der Bahn außer zur Zeit noch nicht entbehrlichen Gegenständen das Wichtigste, nemlich die Maschinen von dort bezogen werden müssen [...]. Ich erachte deshalb den Versuch hierin ganz Gleiches mit dem Auslande zu liefern und deßen Produkte entbehrlich zu machen für ebenso patriotisch als ersprießlich.«[19] Immerhin waren für den Ankauf einer englischen Lokomotive einschließlich der Kosten für Transport, Zoll und Maut etwa 30 000 Gulden aufzubringen.[20]

Einen Monat später, am 7. Oktober 1841, lieferte Maffei die erste Lokomotive aus. Wichtige Bauteile (Räder, Achswellen) mussten allerdings nach wie vor aus England importiert werden. Die Lok war noch keine eigenständige Pionierleistung, sondern der Nachbau einer englischen Maschine – wenn auch leistungsstärker und sparsamer als ihre Vorbilder. Sie war schneller als die Dampflokomotive »Borsig« und Keßlers »Badenia«. Ludwig I., den der Fabrikant um einen Namen für sein Produkt bat, bestimmte für die Lokomotive die Benennung »Der Münchner« (Abb. 2).[21]

Als sehr mühsam erwies sich allerdings der Pferdetransport vom weit draußen an der nördlichen Stadtgrenze gelegenen Eisenwerk zum Bahnhof am westlichen Stadtrand bei der heutigen Hackerbrücke. Der Standort des Unternehmens im Jagdrevier der Wittelsbacher war denkbar ungünstig, denn als Wasserstraße konnte die Isar kaum genutzt werden.[22]

Nach der Überführung des »Münchners« zum Bahnhof ließ die Regierung von Oberbayern durch Experten die Betriebstauglichkeit der Lok prüfen. Für die erfolgreiche Probefahrt nach Augsburg Mitte Oktober 1841, auf die Maffei die an der Konstruktion beteiligten Arbeiter mitnahm, benötigte die Maschine eine Stunde.[23] Die Auslieferung des »Münchners« hatte sich etwas verzögert, sodass Borsig drei Monate früher seine Maschine auf die Schienen stellte und sich als erster deutscher Lokomotivbauer rühmen konnte. Die Maschinenfabrik Emil Keßler & Theodor Martiensen in Karlsruhe lieferte wiederum etwas später als Maffei ihre erste Lokomotive aus.

Nachdem die Kgl. Gutachterkommission Maffeis erster Lokomotive ihr Lob ausgesprochen hatte, wandte sich der Industrielle zum Ausgleich seiner Kosten an Ludwig I. und die Staatsregierung, die den Eisenbahnbau nun endlich zur Staatsangelegenheit erklärte. Die im Juli 1841 gegründete Kgl. Bay. Eisenbahnbau-Kommission lehnte jedoch die Übernahme der Lokomotive – für Maffei völlig unerwartet – ab, da sie technisch nicht ihren Vorstellungen entsprach. Stephenson hatte inzwischen eine Steuerung erfunden, die eine noch wirtschaftlichere Fahrweise ermöglichte.[24] Die Ausstattung mit dieser sogenannten verstellbaren Expansion, die eine Änderung der Zylinderfüllung während der Fahrt ermöglichte, wurde Vorschrift für alle Aufträge.[25] In einem langjährigen Abnahmestreit musste der Maschinenfabrikant eine Durststrecke überwinden. Seine erste Lokomotive wurde zum Verlustgeschäft, denn Maffei waren rund 200 000 Gulden Entwicklungskosten entstanden. Erst nach schwierigen Preisverhandlungen signalisierte die Eisenbahnbau-Kommission Anfang 1845 ihre Bereitschaft zum Ankauf. Sie bot 24 000 Gulden mit der Auflage, die Stephenson-Steuerung einzubauen. Zu Beginn des Jahres 1847 wurde die Maschine dann schließlich zu diesem Preis übernommen und der Betriebswerkstätte Augsburg zugeteilt.[26]

Mit dem Bau der Ludwig-Süd-Nord-Bahn von Hof nach Lindau, der ersten Staatsbahn, gewann Bayern den Anschluss an die schon bestehenden kontinentalen Schienenwege. Für das erste Teilstück Nürnberg–Bamberg ermittelte die Eisenbahnbau-Kommission einen Bedarf von 24 Lokomotiven und forderte Maffei im September 1842 auf, ein Angebot für sechs Maschinen einzureichen. Mitte April 1843 erhielt Maffei nach längeren Verhandlungen und der Beteiligung an einer öffentlichen Ausschreibung seinen ersten Auftrag. Hall entwickelte für die Lokomotiven eine spezielle Steuerung mit verstellbarer Expansion. Die Kgl. Bay. Staatsbahn vergab den Großauftrag für den Bau von jeweils acht Lokomotiven an Maffei, J.J. Mayer & Comp. in Mühlhausen und Keßler & Martiensen in Karlsruhe. Jedes der Unternehmen hatte zur Begutachtung bis Jahresende eine Mustermaschine zu präsentieren. Die harten Vertragsbedingungen forderten von den Konkurrenten nicht nur die Lieferung baugleicher Lokomotiven, sondern auch die Hinterlegung einer Kaution in Höhe der ersten Abschlagszahlung des Kaufpreises. Maffei brachte als Pfand seine Tabakfabrik ein.[27]

Trotz großer Schwierigkeiten lieferte das Hirschauer Werk pünktlich aus. Im August 1844 zog Maffeis erste im Auftrag gebaute Lokomotive, die »Bavaria« mit der Fabriknummer 2, den Eröffnungszug auf der Strecke Nürnberg–Bamberg. Eine weitere, 1844 fertiggestellte und nochmals verbesserte Lok, die »Suevia«, befuhr die Strecke zwischen Augsburg und Donauwörth. Der Staat hatte ein erhebliches Interesse an der München-Augsburger Bahnlinie, um die Verbindung mit der Ludwig-Süd-Nord-Bahn im Gesamtnetz in Eigenregie verwalten zu können. Gleichzeitig sanken die Einnahmen der Privatbahn, sodass diese auf Vorschlag von Maffei 1844 für 4,4 Mio. Gulden an die Staatsbahn verkauft wurde.[28]

Obwohl in München die Rahmenbedingungen für die Entwicklung von Großindustrien denkbar ungünstig waren – die geographische Randlage im Zollverein, das rückständige Transportnetz, ein kleines Absatzgebiet und hohe Kosten für den Transport der Rohstoffe –, produzierte Maffei im Norden der Stadt mit Erfolg.[29] Mit dem industriellen Aufschwung durch den Eisenbahnbau entwickelten sich aus den mechanischen Werkstätten Fabriken. Von den 423 im Zollvereinsgebiet tätigen Maschinenbauunternehmen

(1846/47) arbeiteten im Lokomotiv- und Eisenbahnbau unter anderen Borsig in Berlin, die Maschinenfabrik Henschel & Sohn in Kassel, die Eisen-Giesserey und Maschinenfabrik Georg Egestorff bei Hannover, die Maschinen-Fabrik Richard Hartmann in Chemnitz, Emil Keßler in Karlsruhe und später in Esslingen (Maschinenfabrik Esslingen AG), die Eisengießerei und Maschinenfabrik Klett & Comp. in Nürnberg, die Maschinenbauanstalt von Ferdinand Schichau in Elbing sowie Maffei.[30] In der Residenzstadt München waren im Jahre 1846 lediglich 2,9 Prozent der Gewerbebetriebe (3149) Fabriken (92). Unberücksichtigt ist hierbei die damals größte Fabrik, da Maffeis Werksgelände erst ab 1890 zum Stadtgebiet gehörte.[31]

Während Maffei mit dem Verkauf seiner Anteile an der München-Augsburger Bahn 1844 sein direktes Engagement im Betrieb von Eisenbahnlinien zunächst beendete, trieb er politisch den Ausbau der staatlichen Strecken voran. Die zunächst vor allem zur Erschließung Südostbayerns erwogene Bahnlinie München – Salzburg barg Optionen für eine überregionale Ost-West-Transitverbindung. Als Vorstand der Handelskammer von Oberbayern verfasste Joseph Anton von Maffei[32] im August 1846 eine Denkschrift über »Die Wiederherstellung der uralten Handels-Verbindung Bayerns mit dem Oriente«.[33] Allerdings scheiterte der Bau an den fehlenden Finanzmitteln. Priorität hatte die Ludwig-Süd-Nord-Bahn.

Nach dem Verkauf der München-Augsburger Bahn an den Staat konzentrierte sich Maffeis unternehmerisches Wirken auf seine Fabrik an der Isar. Inzwischen hatte er einen weiteren englischen Ingenieur angeworben, der ebenfalls bei Stephenson gelernt hatte und nach Bayern gekommen war, um in Regensburg eine eigene Fabrik aufzubauen, und damit zum Konkurrenten erwachsen wäre. George Ion Ashton (Abb. 21) hatte ab 1843 eine adäquate Verwaltung aufgebaut und führte eine Fabrikordnung sowie eine Kostenrechnung ein.[34] Das Eisenwerk erweiterte mit der Zeit erheblich seine Produktpalette, da das Unternehmen von der Sparte Lokomotivbau allein nicht existieren konnte.[35] Nördlich der damaligen Stadtgrenze von München entstand in der Hirschau eine große Fabrik mit Eisengießerei, Maschinenwerkstätte, Montagehalle, Kesselschmiede, Hammer, Walzwerk und Frischofen. Als »epochemachende« Innovation beim Schmieden galt der Einsatz einer Mischung von Holz- und Torfkohle entgegen der damals üblichen Verwendung von Holzkohle.[36] 1845 nahm das Eisenwerk die Produktion stationärer Dampfmaschinen auf und fertigte in diesem Jahr insgesamt 16 solcher Maschinen.[37]

Maffei bemühte sich, die Auftragsbücher seines Industrieunternehmens zu füllen, und dehnte seine Marktbeziehungen aus. Er akquirierte Aufträge aus Württemberg, Hannover, Böhmen und der Lombardei.[38] Die Pfälzische Ludwigsbahn bestellte 1845 acht Lokomotiven. Maffei sicherte sich den Auftrag gegen 13 Konkurrenten und lieferte 1846 und 1847 die Maschinen aus. Insgesamt fertigte das Eisenwerk Hirschau bis 1847 für verschiedene Auftraggeber 14 Lokomotiven. In diesem Jahr brachte der Ausfall von anderen Aufträgen den Fabrikanten nahe an die Zahlungsunfähigkeit. In einem Schreiben an Ludwig I. bat er für den laufenden Monat Dezember um einen Kredit bzw. Vorschusszahlungen in Höhe von 100 000 Gulden, in der Erwartung, nach der Auslieferung von 14 bestellten Lokomotiven im Verlauf des Jahres 1848 Einnahmen in Höhe von 400 000 Gulden zu haben. Seiner Petition zufolge hatte er inzwischen, ohne staatliche Hilfe beansprucht zu haben, fast 800 000 Gulden in seine Fabrik investiert, die »der vaterländischen Industrie eine bleibende Stütze sein soll«.[39] Der König zeigte Verständnis für Maffeis Bitte um vertrauliche Behandlung und Geheimhaltung, behielt sich die Genehmigung selbst vor und forderte von den Innen- und Finanzressorts eine Stellungnahme, ob die Staatskasse zu einer Hilfe in dieser Höhe in der Lage sei. Der Fabrikant hatte eine Verzinsung des Kredits und nach einem Jahr eine vierteljährliche Ratentilgung sowie als Sicherheit eine Hypothek auf sein 1841 eröffnetes Hotel Bayerischer Hof[40] vorgeschlagen, das eine Magistratskommission auf 330 000 Gulden geschätzt hatte.[41] Ludwig I. genehmigte 70 000 Gulden Hypothekendarlehen sowie 30 000 Gulden als Vorschuss der Staatskasse auf die bis Ende März 1848 abzuliefernden Lokomotiven. Maffei sollte eine Schuldurkunde ausstellen, eine zweite Hypothek auf die Immobilie eintragen lassen und ab 1849 zurückzahlen.[42]

Bereits Ende Januar wurde Maffei allerdings erneut schriftlich beim König vorstellig. In dem düsteren Szenarium, das er darstellte, bezog er sich vor allem auf die Rezession und die »Katastrophe im Geld- und Geschäftsverkehr«, die England 1847 erschüttert hatte und nun auch in Deutschland einbrach. Maffei musste »ganz unerwartet eine namhafte Summe bar decken«[43] sowie aus seinen Betriebsmitteln abziehen. Der drohende Zusammenbruch anderer Großfabriken vermindere das private Investitionsvertrauen, die Banken beschränkten ihre Hypothekendarlehen auf kleine Summen, während die meisten Geldpapiere bei ihrem schlechten Kurs nicht verwertbar seien. Den Gesamtwert seiner Fabrik samt Vorräten gab Maffei erneut mit 800 000 Gulden an. Als Belastungen führte er Verbindlichkeiten in Höhe von 80 000 Gulden bei der Bayerischen Hypotheken- und Wechselbank sowie 25 000 Gulden Darlehen an. In seinem Gesuch machte er auf Investitionen von über einer Mio. Gulden in Industrieunternehmen in Bayern aufmerksam, die er teilweise durch Hinterlegung von Papieren, z. B. bei der Bayerischen Hypotheken- und Wechselbank, finanziert habe.[44]

Maffei argumentierte ferner damit, dass er durch die Zahlungsmodalitäten[45] für Lokomotiven doppelt benachteiligt sei, da in den Wintermonaten Probefahrten nur vermindert durchgeführt würden und sich somit die Übernahme und damit die Bezahlung verzögerten. Zudem hatte ihn die österreichische Generaldirektion um eine spätere Auslieferung der für Oberitalien bestellten Maschinen gebeten. Bei einer Werksschließung würden 500 Arbeiter mit einem Wochenlohn von insgesamt 4000 Gulden, den sie wieder vor Ort ausgaben, arbeitslos, mehrere 100 000 Gulden Vorschuss für Rohstoffe und Ähnliches wären verloren. Maffei bot dem König sogar sein Stadtpalais zum Kauf an, da er seine sonstigen Vermögenswerte nur allmählich veräußern könne, er aber mindestens weitere 100 000 Gulden binnen der nächsten vier Wochen benötige.

Trotz dieser dramatischen Schilderung eines möglichen Zusammenbruchs des Unternehmens lehnte der Monarch das Gesuch ab: Alle Budgetmittel seien gesetzlich verplant, etwaige Überschüsse müssten für die Strecke Hof – Lindau verwendet werden. Maffei gab nicht auf und wies auf die noch ausstehende Auslieferung von zwölf Dampfloks im Gesamtwert von 334 000 Gulden hin. Ein Drittel der Kaufsumme habe er bereits erhalten, ein weiteres Drittel würde bei Lieferung aller Maschinen binnen der nächsten sechs Monate fällig. Maffei erbat deshalb für diesen Zeitraum eine wöchentliche Vorauszahlung von 8000 bis 9000 Gulden und bot für ein Darlehen über weitere 100 000 Gulden eine Hypothek auf seine Fabrikgebäude an. Bliebe auch dieses Ansuchen erfolglos, so sehe er sich zur sofortigen Einstellung aller Arbeiten gezwungen, »zu meinem und meiner Arbeiter größten Nachteile«.[46] In Erkenntnis, dass die Maffei'sche Fabrik das größte Unternehmen im ganzen Königreich war, wies das Innenministerium die Eisenbahnbau-Kommission an, zunächst sechs Wochen lang wöchentlich 8000 Gulden auszubezahlen.[47]

Maffei konnte ausreichende Sicherheiten für den beim König angefragten Kredit nachweisen. Die Bayerische Hypotheken- und Wechselbank hatte 1847 den Fabrikwert auf mindestens 200 000 Gulden geschätzt[48], zusammen mit anderen Vermögenswerten stünde Maffeis Schulden (105 000 Gulden) ein Objektwert von 426 000 Gulden gegenüber. Als das Innenressort wiederholt ein staatswirtschaftliches Interesse an der Existenz der Fabrik bekundete, genehmigte der König weitere 100 000 Gulden. Er knüpfte daran jedoch Bedingungen: Vor der Auszahlung müssten Maffeis Unternehmungen (Tabakfabrik, Brauerei, Hotel, Eisenwerk)[49] neu geschätzt werden. Der Kredit sollte dem Reichsreservefonds entnommen und nachträglich vom Landtag gebilligt werden. Maffei müsse auf das Hirschauer Werk eine zweite Hypothek aufnehmen und den Kredit bis zum Ablauf des Rechnungsjahres 1848/49 zurückzahlen, sofern dann nicht mehrjährige Fristen eingeräumt würden. Außerdem wurde mit der Überwachung der bestellten Lokomotiven ein Maschinenmeister der Generalverwaltung der Kgl. Posten und Eisenbahnen beauftragt. Nachdem Maffei alle Konditionen, einschließlich des Schätzwerts von insgesamt nur 354 008 Gulden (Maschinenpark: 183 408 Gulden, Gebäude: 170 600 Gulden), akzeptiert hatte, wies das Finanzministerium im März die Auszahlung der Summe bei der Staatskasse an.[50]

Die Behörden unterstützten Maffei, indem sie weiterhin bis Juli 1848 Vorschüsse leisteten. Das Hirschauer Werk produzierte bis 1849 insgesamt 56 Lokomotiven, davon 31 für die Bay. Staatsbahnen.[51] Maffei musste zusätzlich zu den beiden Hypotheken im Februar 1851 eine dritte Hypothek für einen Kredit über 50 000 Gulden auf die Fabrik aufnehmen und neue Umschuldungsverhandlungen mit der Regierung führen, da er auf dem Kapitalmarkt die Summe nicht beschaffen konnte. Die Rückzahlung des Darlehens wurde immer wieder ausgesetzt. Obwohl Maffei das Jahr 1852 als Wendepunkt der Krise betrachtete, zog sich die vollständige Amortisation der Darlehen vom Dezember 1847 und Februar 1848 bis 1861 hin.[52] Nachdem am 20. März 1848 Bayerns König aufgrund der Märzrevolution hatte zurücktreten müssen, verfügte Bayerns neuer Landesvater Maximilian II. im November die Einrichtung eines Ministeriums des Handels und der öffentlichen Arbeiten, in dessen Zuständigkeitsbereich auch Industrie und Verkehr fielen. Eine weitere wirtschaftspolitische Maßnahme war der mit der neuen Behörde errichtete, mit einer Million Gulden dotierte Unterstützungsfonds für industrielle Zwecke. Aus ihm erhielt Maffei Ende 1855 erneut ein Darlehen über 100 000 Gulden für seine weiteren prestige- und zukunftsträchtigen Projekte bzw. Investitionen.[53]

Der Schiffbau – ein zweites Standbein

Das Fertigungsprogramm des Eisenwerks Hirschau umfasste seit 1847 auch Dampfschiffe. Der Beginn des Schiffbaus bei Maffei hing mit der Aufnahme der Dampfschifffahrt auf der bayerischen Donau zusammen. Seit der Eröffnung des Ludwig-Donau-Main-Kanals als Teil einer schiffbaren Verbindung zwischen der Nordsee und dem Schwarzen Meer und seit der Übernahme der Bayerisch-Württembergischen kgl. privilegierten Donau-Dampfschiffahrts-Gesellschaft durch den bayerischen Staat im Jahre 1846 setzte vor allem Regensburg große Hoffnungen in das zukunftsweisende Verkehrsmittel. In der Stadt an der Donau fasste Maffei später mit einer eigenen Niederlassung Fuß. Die sehr hohe Summe (390 000 Gulden), die der Staat für die Erweiterung und Instandsetzung der Donau-Schifffahrt bewilligte, und die Aussicht auf staatliche Folgeaufträge veranlassten Maffei zum Einstieg in den Schiffbau. Zugute kamen ihm dabei seine Kontakte zur Generaldirektion der Kgl.-Bay. Verkehrsanstalten, zu der neben der Schifffahrtsgesellschaft die Staatsbahnen und die Post gehörten. Das Programm zur Erneuerung des Schiffsparks setzte Prioritäten beim Verkehr von Regensburg nach Donauwörth, wo sich damals Bayerns einziger Donauhafen mit Bahnanschluss befand.

1847 richtete Maffei eine Schiffbauwerkstätte in der Hirschau ein und stellte dort das erste mit einer 50-PS-Dampfmaschine ausgerüstete Schiff her. Die vorgefertigten Teile gelangten mit dem Zug nach Donauwörth und wurden vor Ort montiert. Ein regelmäßiger Fahrdienst auf der oberen Donau scheiterte jedoch, weil der Dampfer den gestellten Anforderungen nicht genügte. Auf der Strecke Regensburg – Linz war das kleine Schiff gleichfalls nicht wirtschaftlich einsetzbar. Die Fehlkonstruktion hatte zu einem großen Teil der Auftraggeber zu verantworten, der die Schiffsausmaße vorgegeben hatte.[54]

Anfang 1848 forderte die Kgl. Bayerische Donau-Dampfschiffahrts-Gesellschaft (KBDD) Joseph Anton von Maffei und die renommierte Schweizer Firma Escher Wyss & Cie. auf, ein Angebot zur Herstellung eines weiteren Schiffs für die obere Donau einzureichen. Das Züricher Unternehmen lehnte jedoch ab, da es den gewünschten Tiefgang, die Abmessungen und die geforderte Blechstärke für unrealisierbar hielt. Mitte Juni unterschrieb Maffei schließlich den Vertrag und begann mit dem Bau des Dampfers. Voraussetzung für den geringen Tiefgang war eine besonders leichte Maschinen- und Kesselanlage, für die Maffeis Techniker Elemente des Lokomotivbaus (geringer Platzbedarf) mit dem Dampfschiffbau kombinierten. Diese Bauart wurde zeitweise zur Spezialität seines Schiffbaus. Die vorgefertigten Schiffsteile wurden nach Regensburg gebracht und auf der Werft der Kgl. Bayerischen Donau-Dampfschiffahrts-Gesellschaft zusammengefügt. Das Schiff bewährte sich und wurde übernommen, kam aber vor allem zwischen Regensburg und Linz zum Einsatz. Als Donauwörth von 1849 an auch von Nürnberg aus mit der Bahn zu erreichen war und eine regelmäßige Dampferverbindung nach Regensburg immer dringlicher wurde, gab das Handelsministerium bei der Münchner Maschinenfabrik im Juli ein weiteres Schiff in Auftrag. Nach dem Vertragsabschluss Anfang 1850 stellte das Eisenwerk erstmals ein Schiff komplett in der Hirschau fertig, das bereits im Mai über die Isar nach Regensburg verbracht wurde. Die Probefahrt auf der unregulierten Donau nach Ulm war mit vielen technischen Pannen verbunden und musste auf Kosten Maffeis wiederholt werden. Erst danach übernahm das Betriebsamt der Kgl. Bayerischen Donau-Dampfschiffahrts-Gesellschaft das Schiff, das sich auf Dauer bewährte.[55]

In der Überzeugung, dass die Konstruktion die Erwartungen der Behörde erfüllen würde, ließ Maffei auf eigene Rechnung einen weiteren Dampfer bauen. Dies war ein recht wagemutiges Vorgehen, da in den Verträgen mit dem Staat Garantieleistungen, etwa mehrere problemlose Dienstfahrten, festgeschrieben waren, von deren ordnungsgemäßer Erfüllung es abhing, ob das kgl. Betriebsamt das Schiff letztlich übernahm und bezahlte. Verärgert über diesen forschen Vorstoß, ließ die Generalverwaltung der Kgl. Posten und Eisenbahnen den Geschäftsmann über die Abnahme im Ungewissen, worauf dieser sich kurz vor Fertigstellung des Schiffs im Juli mit Erfolg direkt an Maximilian II. wandte. Nach zäh verlaufenen Verhandlungen – man einigte sich auf einen Preis von 42 000 Gulden nach erfolgreicher Probefahrt – wurde die in Plattling liegende »Kronprinz Ludwig« im August 1850 übergeben.

Bereits im Juni hatte Maffei einen weiteren Auftrag erhalten, ein Schiff für den Verkehr zwischen Donauwörth und Ulm zu konstruieren. Bedingung war, Kessel und Maschine der von Stephenson 1841 an die München-Augsburger Bahn gelieferten »Merkur« zu verwenden. Nach der Vertragsunterzeichnung im August verpflichtete sich der Fabrikant, das Schiff innerhalb von vier Wochen nach Empfang der ausgemusterten Lokomotive der Staatsbahn zu bauen und in Regensburg abzuliefern.[56] Im Oktober

1850 bestellte der Staat ein weiteres Schiff mit einer Lieferfrist bis April 1851.[57] Im Auftrag des ehemaligen Bauleiters der München-Augsburger-Eisenbahn-Gesellschaft Johann Ulrich Himbsel fertigte Maffei daraufhin den ersten Raddampfer für den Starnberger See. Die »Maximilian« lief im März 1851 vom Stapel und war eines der ersten Ausflugsschiffe in Bayern, mit dem auf dem Starnberger See die Dampfschifffahrt begann (Abb. 3, 4).

Für den Dampfschiffbau (Abb. 5, 6) gab es in der Hirschau eine eigene Werkstätte, die in ihrer Ausdehnung alle anderen Werkshallen auf dem Fabrikgelände übertraf.[58] Das ursprüngliche Hammerwerk, ein ebenerdiges Gebäude mit ausgebautem Dachgeschoss, ließ Maffei Schritt für Schritt den Erfordernissen anpassen. Die Produktion erforderte weiträumige Flachbauten. Viele Arbeiten mussten wegen der Größe der Erzeugnisse im Freien ausgeführt werden. Die Montagewerkstatt bot zehn im Bau befindlichen Lokomotiven Platz. Neben der mechanischen Werkstätte[59] befanden sich auf dem Gelände eine Kessel- und Kupferschmiede, eine Tenderwerkstätte sowie eine Hammerwerk- und Zeugschmiede mit Walzwerk. Außerdem umfasste das Eisenwerk eine Radschmiede, eine Formerei und die Gießerei sowie eine Modell- und eine Schreinerwerkstatt, an die sich Zimmerwerkstätten reihten (Abb. 7, 9). Aus Floßholz stellte eine große Köhlerei Holzkohle her, weiteren Brennstoff bezog das Unternehmen aus zwei Torfstechereien in Maffeis Besitz. Der mechanische Antrieb der Arbeitsgeräte erfolgte über acht Wasserräder und eine Turbine. Die Fabrikanlage orientierte sich vor allem an den Möglichkeiten der Gewinnung und Übertragung der Antriebsenergie aus der Isarwasserkraft.[60]

Die Maschinenfabriken benötigten für die schweren Arbeitsmaschinen und wegen des großen Gewichts der Werkstücke stabile Fundamente. Nur Modellwerkstätten, Konstruktionsbüros und Verwaltung waren in Hochbauten untergebracht.[61] Die Innenansicht der mechanischen Werkstätte zeigt Drehbänke, die von einer zentralen Dampfmaschine mittels Transmissionen angetrieben werden (Abb. 8).

Die Münchner Maschinenfabrik war bei der Montage größerer Schiffe bis 1853 auf fremde Werften angewiesen, was die Herstellung verteuerte und den Kundenkreis beschränkte. Um Auftraggeber wie die bedeutendste Donaureederei, die österreichische Erste Donau-Dampfschiffahrts-Gesellschaft (DDSG), gewinnen zu können, benötigte Joseph Anton von Maffei eine eigene Werft an der Donau. Mit der erwarteten Freigabe der Donau-Schifffahrt stockten die DDSG und die Kgl. Bayerische Donau-Dampf-

3 Schiff- und Lokomotivbau im Fabrikhof des Eisenwerks Hirschau

[Illustrierte Zeitung, 10. 3. 1849, S. 153; BWA, F 44/Anhang 2, Nr. 3]

4 Raddampfer »Maximilian«, ca. 1865 am Dampfersteg in Seeshaupt am Starnberger See (damals Würmsee)

[BWA, F 44/M 11, Richard Wörsching]

5 Inndampfer »Vorwärts« mit der Braunauer Innbrücke, um 1875

[Stadtarchiv Braunau am Inn]

6 Schraubendampfer »Schondorf« vor dem Abtransport im Werk Hirschau, 1909

[BWA, F 44/M 11]

7 Eisenwerk Hirschau, Mechanische Werkstätte

[Illustrierte Zeitung, 10. 3. 1849, S. 153; BWA, F 44/Anhang 2, Nr. 3]

8 Eisenwerk Hirschau, Dreherei

[Illustrierte Zeitung, 10. 3. 1849, S. 153; BWA, F 44/Anhang 2, Nr. 3]

9 Fertigungshof der Maffei'schen Lokomotivfabrik mit Bau einer Drehscheibe im Vordergrund, um 1855

[Münchner Stadtmuseum, G-P 1341]

schiffahrts-Gesellschaft ihren Flottenbestand auf. Die Österreicher wollten die Donau-Schifffahrt allein betreiben und vergaben, als die Kapazitäten ihrer eigenen Werften nicht ausreichten, einzelne Baulose an ausländische Werften. Neben der Maschinenfabrik Esslingen wurde William Pearce in Ludwigshafen mit dem Bau von 20 eisernen Schleppkähnen beauftragt. Der englische Ingenieur mietete im Sommer 1852 am Unteren Wöhrd in Regensburg ein Gelände an und errichtete eine Werft, die den ersten Schleppkahn auslieferte. Als diese in Schwierigkeiten geriet, kaufte Maffei, der nach einem Standort für einen eigenen Schiffbauplatz suchte, Ende 1852 für 29 000 Gulden ein knapp vier Hektar großes Gelände auf der Donauinsel und die Pearce'sche Werft.

Mit der Regensburger Werft (Abb. 10) war er nun in der Lage, auch größere Dampfer für die untere Donau zu fertigen. Von 1853 bis 1855 stellte Maffei für die Kgl. Bayerische Donau-Dampfschiffahrts-Gesellschaft drei Remorqueure (Schleppkähne) und drei Personendampfer her, in den folgenden zwei Jahren 14 weitere eiserne Schleppkähne, für die DDSG gar 20. Die Schiffsschalen wurden in Regensburg produziert, die zugehörigen Maschinen und Kessel kamen weiterhin aus der Münchner Fabrik.[62] Da die Schifffahrt auf der bayerischen Donau zu keiner Zeit rentabel war, verlor der bayerische Staat im Zuge der Entscheidung für den Bau der Bahnlinie Donauwörth – Regensburg gänzlich das Interesse daran und verkaufte 1862 den Schiffspark der Kgl. Bayerischen Donau-Dampfschiffahrts-Gesellschaft an die DDSG, die sich verpflichten musste, den Verkehr auf der oberen Donau bis zur Eröffnung der Donautalbahn aufrechtzuerhalten.[63]

Um seiner Werft weitere Aufträge zu sichern, hatte Maffei sich um die Einführung der Dampfschifffahrt auf dem Inn zwischen Passau und Rosenheim bemüht. Sie sollte auch der Maximiliansbahn (München – Salzburg) Verkehr zuführen. Den Bau des Rosenheimer Bahnhofs hatte Maffeis Eisenbahn-Verein (siehe S. 36) in der Nähe des Inns geplant, mit Anbindung der Kohlenreviere von Hausham und Au über Holzkirchen. Maffei, dessen Unternehmensstrategie auf einen Verkehrsverbund Bahn – Schiff von Südbayern nach Österreich zielte, hatte 1850 Konzessionsgesuche um Bewilligung der Inn-Dampfschifffahrt eingereicht (Abb. 11). Auch die Miesbacher Steinkohlen-Gewerkschaft, die ihre Gütertransporte auf Inn und Donau abwickelte und bei der die DDSG und andere Dampfschifffahrts-Gesellschaften ihren Feuerungsbedarf deckten, hatte ein Interesse an der Dampfschifffahrt.

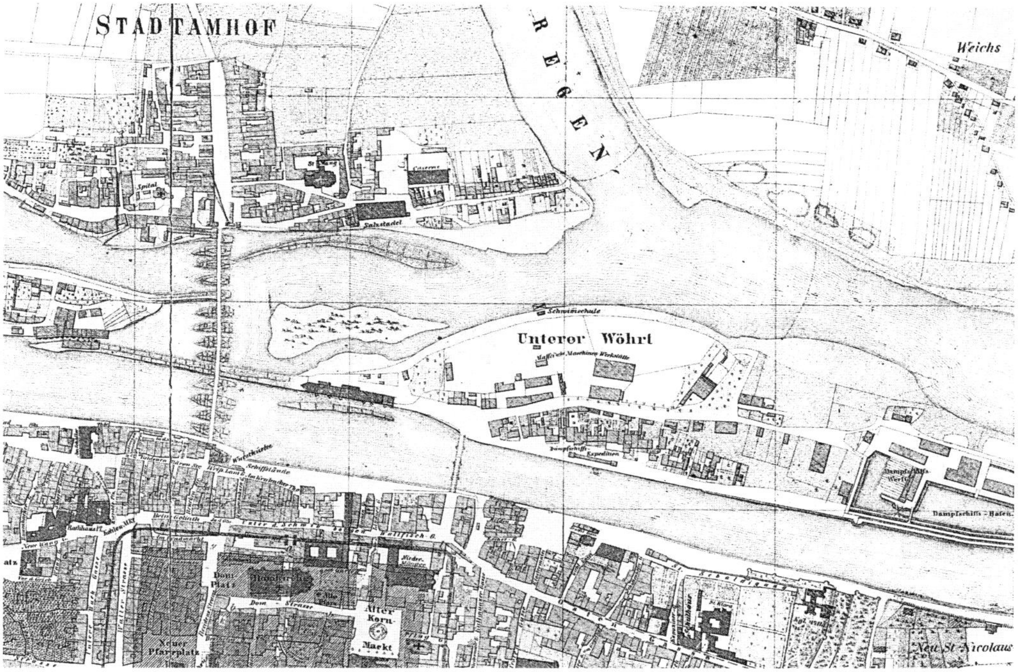

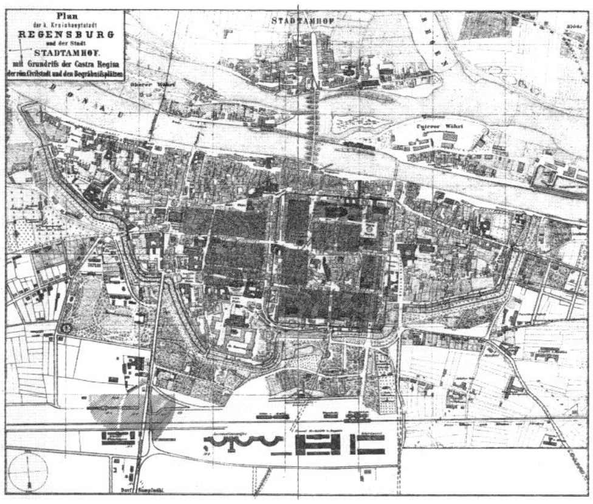

10 a + b Die seit Ende 1852 bestehende Maffei-Werft in Regensburg, 1858/59 zu einer Brückenbauwerkstätte erweitert, 1870

[Stadtplan Regensburg und Ausschnitt, Stadtarchiv Regensburg, Stadtplan Nr. 17]

11 Bayrisches Eisenbahnnetz, 1858

[Deutinger, Baader, 35]

Im Oktober 1853 erhielt Maffei zusammen mit dem Bergwerksunternehmen die Konzession zur Gründung der Bayerischen Inn- und-Donau-Dampfschiffahrts-Gesellschaft, deren Vorsitz er übernahm. An der mit insgesamt 600 000 Gulden gegründeten Aktiengesellschaft mit Sitz in München beteiligten sich auch Maffeis Halbbruder Carl Friedrich (1809–1881) und österreichische Geldgeber wie der Inhaber des Wiener Bankhauses Schoeller & Co. Alexander Schoeller. Maffei agierte bei dem Unternehmen als Vorstand und Lieferant.[64] Seine Münchner und Regensburger Werkstätten fertigten zwischen 1854 und 1858 für die Gesellschaft sechs Flussdampfer. Für die lukrativere Schleppschifffahrt ließ die Gesellschaft jedoch zu wenige Remorqueure bauen. Nach zwei sehr verlustreichen Jahren (22 000 Gulden im Jahr 1857 und 44 000 Gulden im Jahr darauf) beschloss Maffei, die Auflösung der Aktiengesellschaft zu beantragen, was dann 1859, nach Fertigstellung des sechsten Dampfers, auch geschah. Obwohl sein Schifffahrtsprojekt letztlich erfolglos blieb, hatte der Münchner Fabrikant dennoch in nur fünf Jahren (bis Juni 1858) vom Bau von insgesamt 50 Dampfern und Schleppkähnen für sein Kernunternehmen profitiert.[65]

Innovationen

Wegen der rückständigen bayerischen Eisenbahninfrastruktur lief der Verkehr von Westeuropa nach Wien und Triest über die Nordseehäfen. Bayerische Waren konnten daher im Export nur schwer konkurrieren. Joseph Anton von Maffeis unternehmerisches Interesse an der Bahnlinie München – Salzburg richtete sich nicht nur auf die mit dem neuen Transportweg verbesserten Absatzchancen seiner Fabrikate. Die Anbindung der Kohlereviere Hausham, Miesbach – hier wurde seit 1848 Pechkohle abgebaut – und Au bei Aibling sollte auch die Energieversorgung seiner Maschinenfabrik sichern. Daher initiierte Maffei 1850 einen »Privatverein zur Erbauung einer Eisenbahn von München über Rosenheim nach Salzburg«. Die ehrgeizigen Pläne Maffeis, das Vorhaben mit Privatinitiatoren, darunter auch Herzog Maximilian und der Bankier Joseph von Hirsch, zu finanzieren, scheiterten jedoch, als sich die Zinsgarantie gegenüber den Vereinsmitgliedern nicht einhalten ließ, die auf eine gute Geldanlage und langfristige Renditen spekuliert hatten. Auch der erwartete Zustrom von

Aktionären blieb aus. Die ausschließlich private Finanzierung war mit den Zielen und dem begrenzten Handlungsspielraum einer gewinnorientierten Aktiengesellschaft unvereinbar. Aufgrund der Unsicherheit ihres fristgemäßen Baus übernahm der bayerische Staat im Mai 1852 schließlich die Finanzierung und Leitung der bereits von Maffeis Verein begonnenen Bauarbeiten.[66]

Durch Verträge mit den Nachbarstaaten Württemberg und Österreich garantierte Bayern die Bahnverbindungen in beide Richtungen. Im Staatsvertrag mit Österreich (Juni 1851) verpflichtete sich Bayern, ab Rosenheim eine Trasse nach Kufstein zur Inntalbahn zu bauen. Österreich garantierte die Fortsetzung der Strecke nach Innsbruck und die Fertigstellung des Abschnitts Verona – Bozen im Laufe des Jahres 1858.[67] Zu diesem Zeitpunkt setzte mit der Semmeringbahn südlich von Wien der Ausbau der alpinen Schienenwege ein. Mit der Trassierung durch das zerklüftete und schwer zugängliche Gelände sowie dem Bau kühner Viadukte schuf der venezianische Ingenieur Carl von Ghega Europas erste Gebirgsbahn, die 1854 fertiggestellt wurde (Abb. 13). Die Semmeringbahn revolutionierte die Verkehrsplanungen auf dem Kontinent und gab auch der immer wieder beratenen und verworfenen Projektierung der Brennerbahn Auftrieb – des wichtigsten europäischen Transitkorridors.[68]

Im Frühjahr 1850 schrieb Österreich einen internationalen Wettbewerb um die leistungsfähigste Lokomotive aus.[69] Das Eisenwerk Hirschau beteiligte sich am Lokomotivwettbewerb für die Gebirgsbahn am Semmering, der zahlreiche Innovationen im europäischen Lokomotivbau der folgenden Jahrzehnte auslöste. Maffeis Ingenieure hatten bereits Erfahrung mit der Konstruktion von Maschinen, die in steilem Gelände zum Einsatz kamen. Für einen Abschnitt der Ludwig-Süd-Nord-Bahn, der zwischen 1844 und 1848 gebauten Steilrampe (Schiefe Ebene) von Neuenmarkt-Wirsberg ins Fichtelgebirge, hatten die Techniker ab 1847 fünf zugkräftige Lokomotiven entwickelt.[70] Auf die Semmering-Ausschreibung hin meldeten sich noch sechs weitere Lokomotivhersteller: A. Crestadorn aus Salford (England), die Maschinenfabrik der Wien-Gloggnitzer-Bahn in Wien, die Société J. Cockerill aus Seraing (Belgien), E. Keßler aus Esslingen, die Maschinenfabrik W. Günther aus Wiener Neustadt und Gilimour & Guide aus London. Bis Ende Juli 1851 trafen vier Lokomotiven in Payerbach ein, nämlich Maffeis »Bavaria«[71] (Abb. 12), die »Wiener Neustadt«, die »Seraing« und die »Vindobona« der Wien-Gloggnitzer-Bahn. Nach Überprüfung der

12 Maffeis 72. Lokomotive, die »Bavaria«, gewann 1851 den Wettbewerb am Semmering. Sie entsprach am besten den besonderen Anforderungen der Strecke wie starke Steigungen und enge Kurvenradien.

[BWA, F 44/Ma 3854]

13 Der Bau der Semmeringbahn zwischen Gloggnitz (Niederösterreich) und Mürzzuschlag (Steiermark) in den Jahren 1848 bis 1854, ein Abschnitt der Bahnstrecke Wien–Triest, war äußerst schwierig zu bewältigen. Die Trasse ermöglichte erstmals die Alpenüberquerung mittels Schienen. Seit 1857 war die Strecke von Wien über den Semmering, Graz und Laibach durchgehend bis Triest befahrbar.

[Ausschnitt aus dem Leporello-Panorama der Strecke von Payerbach bis zum Semmering-Haupttunnel, in: Carl Ghega/L. Czérny, Malerischer Atlas der Eisenbahn über den Semmering, Wien 1854; SÜDBAHN Museum Mürzzuschlag]

Erfüllung der Teilnahmebedingungen – das waren etwa maximale Abmessungen und zulässiges Gewicht – starteten im August die Probe- und anschließenden Preisfahrten. Die Maffei-Lok bewies gegenüber den Konkurrenten ihre eindeutige Überlegenheit und gewann beim Steilrampenfahren den ersten Preis (20 000 Dukaten). Die Lok überzeugte durch große Leistungsfähigkeit und den geringsten Brennstoffverbrauch. Durch eine neue Verbindung von Rollenketten und Kuppelstangen wurden die drei Tenderachsen mit angetrieben.[72] Für Maffei bedeutete dieser Erfolg den internationalen Durchbruch. Die Konstruktion von Gebirgslokomotiven wurde zu einem Produktionsschwerpunkt in der Hirschau. Große Marktchancen bot die Entwicklung immer leistungsstärkerer Maschinen für die Verkehrsbarriere Alpen. Aber auch die Produktion normaler Dampfloks entwickelte sich nun zu einem Geschäft. Bis zum Sommer 1852 fertigte das Eisenwerk insgesamt 100 Maschinen.

Seit dem sensationellen Sieg am Semmering waren der Münchner Maschinenfabrik die Aufträge der Kgl. Bay. Staatsbahnen sicher.[73] Maffei investierte ständig in seine Firma sowie in zuverlässige Techniker und Kaufleute. Mit einer jährlichen kommunalen Steuerzahlung in Höhe von 1306 Gulden, 48 Kreuzern stand Bayerns führender Industrieller 1851 mit großem Abstand an der Spitze der Liste des höchstbesteuerten Drittels in München.[74]

Das Eisenwerk Hirschau gehörte nun mit Borsig in Berlin und der Maschinenfabrik Esslingen zu den größten Lokomotivherstellern im Deutschen Zollverein. Für ihre Konstruktionen wurde die Fabrik auf zahlreichen Messen mit Preisen ausgezeichnet. Auf der ersten deutschen Industrieausstellung, die München 1854 im eigens dafür nach dem Vorbild des Londoner Kristallpalastes errichteten Glaspalast präsentierte, erhielt Maffei in der Gruppe Maschinen die »Große Denkmünze« für seine »ausgestellten Objecte, namentlich der großen, elegant und solid ausgeführten Schiffsdampfmaschine von 120 Pferdekraft nach Penn'schem System und mit Rücksicht auf die übrigen verdienstlichen Leistungen des Etablissements«, wie die Lokomotive Fabr.-Nr. 181 mit Tender. Die Maffei'sche Eisenfabrik sei, so der Kommissionsbericht, »so eingerichtet, dass sie wöchentlich eine Lokomotive abliefern kann«. Deutschland sei in der Lokomotivbranche mit über zwei Dritteln der im Dienst befindlichen Fahrzeuge inzwischen vom Ausland völlig unabhängig.[75]

Expansion, neue Marktsegmente und Beteiligungen

Maffeis geschäftliches Interesse richtete sich Anfang der 1850er-Jahre verstärkt auf Ostbayern. Mit der Verdichtung des Bahnnetzes und der Entstehung neuer Industriezweige wuchs der Eisenbedarf ständig. Für die Herstellung von Schienen, Achsen, Radreifen usw. wurde der Bau moderner heimischer Walzwerke immer dringlicher. Bayern war gezwungen, jährlich mehrere Millionen Gulden für den Import von Eisenerzeugnissen aus anderen Zollvereinsstaaten sowie aus Belgien und England zu zahlen. Auch Maffei importierte Gusseisen aus Belgien, Schottland und Wales sowie in geringem Umfang aus der Oberpfalz. Sogenanntes Pauscheisen für die Achsen erzeugte die Fabrik aus Alteisen oder bezog es von der Maximilianshütte in Bergen. Rheinische und badische Hütten lieferten die Kesselbleche. Das Eisen für die Lokräder stammte aus Yorkshire.[76]

Die in ihren Anfängen fast beim gesamten Bau- und Betriebsmaterial importabhängige Eisenbahnindustrie in Bayern begrüßte daher die Initiative zweier Belgier, neben den bereits existierenden wenigen, sehr kleinen Eisenhämmern (Hammerschmieden) ein Eisenwerk in der Oberpfalz zu gründen. Télémaque Michiels war Miteigentümer der Collektiv-Gesellschaft T. Michiels & Cie. in Eschweiler-Aue bei Aachen, eines Walz- und Hammerwerks, das vor allem Eisenbahnmaterial herstellte und größere Aufträge der Kgl. Bay. Staatsbahnen erhalten hatte. Nachdem sich Michiels und der in München ansässige Henry Goffard von den bedeutenden Braunkohlelagern bei Burglengenfeld sowie den günstigen Ankaufsmöglichkeiten von Roheisen überzeugt hatten, gründeten sie im April 1851 in München die Commanditgesellschaft auf Aktien T. Michiels, H. Goffard & Cie. zum Bau des Werkes in der Oberpfalz.

Auch Maffei, der Zulieferer sowie Halbzeug für seinen Maschinenbau benötigte, beteiligte sich beizeiten an der Gesellschaft, die mit einem Grundkapital von 600 000 Gulden ausgestattet war. Nachweislich besaß er im September 1852 fünf der insgesamt 400 ausgegebenen Aktien.[77] Das Walzwerk sollte binnen 20 Monaten Schienen, Achsen, Radreifen, schwere Bleche und ähnliche Produkte fertigen. Der Bau der Fabrikanlage verschlang jedoch bereits den größten Teil des eingezahlten Kapitals. Die Gesellschaft war zudem gezwungen, teure wallonische Facharbeiter anzuwerben, nachdem der Versuch, die oberpfälzischen Handwerker und Bauern in Eschweiler-Aue in der Schweißeisenherstellung anzulernen, gescheitert war. Recht kostspielig entwickelte sich auch der mühsame Roheisentransport mit Fuhrwerken von den Hochöfen der Umgebung. Nachdem das Unternehmen das erste Geschäftsjahr mit einem Verlust abgeschlossen hatte, zog sich Michiels zurück. Die Generalversammlung fasste Ende Mai 1853 den Beschluss, vorbehaltlich der Konzession durch den König, dem Unternehmen den Namen Eisenwerk-Gesellschaft Maximilianshütte (Maxhütte) zu geben, verabschiedete eine Satzung und wählte den Verwaltungsrat. Aus der Kommanditgesellschaft ging die Aktiengesellschaft hervor.[78] Allerdings hielten die finanziellen Probleme an, und nur dem Werben des technischen Leiters Ernst von Fromm war es zu verdanken, dass sich Maffei 1854 entschloss, weitere Geldmittel in das Unternehmen zu stecken, damit die Maxhütte nicht liquidiert werden musste. Vermutlich war sein Engagement aber auch von der Möglichkeit motiviert, künftig Halbzeug und Eisen von der Maxhütte zu beziehen und Maffei'sche Dampfmaschinen und Lokomotiven an sie verkaufen zu können. Maffei erhöhte 1854 seinen Anteil auf 30 der 463 ausgegebenen Aktien der Maxhütte. Er war seit der Generalversammlung vom 30. Mai 1855 Mitglied des Verwaltungsrats und stockte bei einer weiteren Kapitalerhöhung sein Aktienpaket auf 100 auf. Der Maxhütte standen nun 1,8 Mio. Gulden Betriebskapital zur Verfügung.[79]

Bis zu seinem Tod war der vielseitige Unternehmer als Aufsichtsratsvorsitzender für das bedeutendste Hüttenwerk im rechtsrheinischen Bayern verantwortlich. Neben den zunächst dominierenden Oberbaumaterialien für Bayerns Eisenbahnen umfasste die Produktpalette der Maxhütte zunehmend Halbzeug für den Lokomotiv- und Schiffbau, das Maffei in seinen Werkstätten benötigte. Später lieferte die Maxhütte auch schwere Stahlbaukomponenten für den Brückenbau.[80] Mit dem Erwerb des Erzreviers bei Sulzbach Anfang 1859 leitete die Maxhütte eine vertikale Integration der Produktionsmittel ein. Unter Maffeis Ägide wurde aus der kleinen Fabrik von eher lokaler Bedeutung ein breit aufgestelltes Unternehmen.

Bereits 1853 versuchte Maffei, sich auf dem entstehenden bayerischen Markt für Eisenbrückenbauten zu etablieren, nachdem Friedrich August von Pauli zu dieser Zeit in Günzburg an der Bahnstrecke Augsburg–Ulm die erste schmiedeeiserne Balkenbrückenkonstruktion in Bayern errichtet hatte. Die Bewerbung aus der Hirschau um den Auftrag für die erste große, technisch anspruchsvolle Eisenbrückenkonstruktion in Bayern, die Großhesseloher Brücke südlich von München, scheiterte jedoch. Die Konstruktion führte 1857 der Nürnberger Konkurrent Klett & Comp. aus.[81] Die neue Sparte erforderte keine große technische und organisatorische Umstrukturierung des Maffei'schen Unternehmens. Zudem beherrschte damals ein Großteil der Werksbelegschaft die in beiden Branchen mit großer Präzision auszuführenden Nietarbeiten. Im Brückenbaugeschäft nutzte Maffei seine Wettbewerbsvorteile, indem er seinem Unternehmen die Produkte der von ihm kontrollierten Maxhütte verkaufte. Er erweiterte 1858/59 den Regensburger Schiffbauplatz um eine Brückenbauwerkstätte, die mit über 300 Beschäftigten im damals noch kaum industrialisierten Regensburg die Arbeit aufnahm. Die technische Betriebsleitung übernahm der Ingenieur Friedrich Buchler (1828–1911), Maffeis Neffe aus Triest.[82]

Die Regensburger Werkstätten übernahmen 1858 beim Bau der Bahnlinien Nürnberg–Regensburg und Regensburg–Straubing die Herstellung zahlreicher kleiner Brücken sowie der Schwabelweiser Donaubrücke – das größte Bauwerk der Kgl. privilegierten Aktiengesellschaft der Bayerischen Ostbahnen (Bayerische Ostbahn AG) und mit 600 Metern Länge eine der damals größten Strombrücken. Das bislang im Brückenbau noch nicht ausgewiesene Unternehmen erhielt den Auftrag vor allem deshalb, weil die Maschinenfabrik Esslingen die Konstruktionen kleinerer Brücken auf den Ostbahnstrecken München–Landshut und Nürnberg–Hersbruck mangelhaft ausgeführt und die Liefertermine überschritten hatte. Bei ihren weiteren Streckenbauten beauftragte die Bayerische Ostbahn AG nun Maffei.[83]

Ein neuer Absatzmarkt für Maffeis Brücken- und Lokomotivbau hatte sich aufgetan, als das Parlament 1856 ein Gesetz verabschiedet hatte, das in Bayern wieder private Eisenbahngesellschaften zuließ, was eine Abkehr vom 1844 eingeführten Staatsbahnprinzip bedeutete. Die Regierung förderte die Baufinanzierung durch staatliche Zinsgarantien, um kapitalkräftige Investoren anzuziehen. Bayerns gesamter östlicher Landesteil verfügte noch über keine Eisenbahnanbindung an die bestehenden Hauptstrecken im Königreich (Abb. 11). Trotz der Vorarbeiten der Kgl. Bay. Eisenbahnbau-Kommission sah sich der Staat wegen der schlechten Ertragslage der Staatsbahnen und der angespannten öffentlichen Kassenlage nicht zum Bau der Strecken in Niederbayern und der Oberpfalz in der Lage. Theodor von Cramer-Klett bildete daraufhin ein Konsortium, das ein Startkapital von 60 Mio. Gulden für den Bau und die Fahrzeuge der Bayerischen Ost-

14 Die bis 1859 von der Ostbahn AG errichtete Schwabelweiser Donaubrücke östlich von Regensburg, 1896

[Sammlung Böttinger DB Museum, Nürnberg, Sig. 6-F54M6-33]

15 Die Kaiserin-Elisabeth-Brücke über den Inn bei Passau, 1862

[DB Museum, Nürnberg, 907U0005, Albert Emil Kirchner]

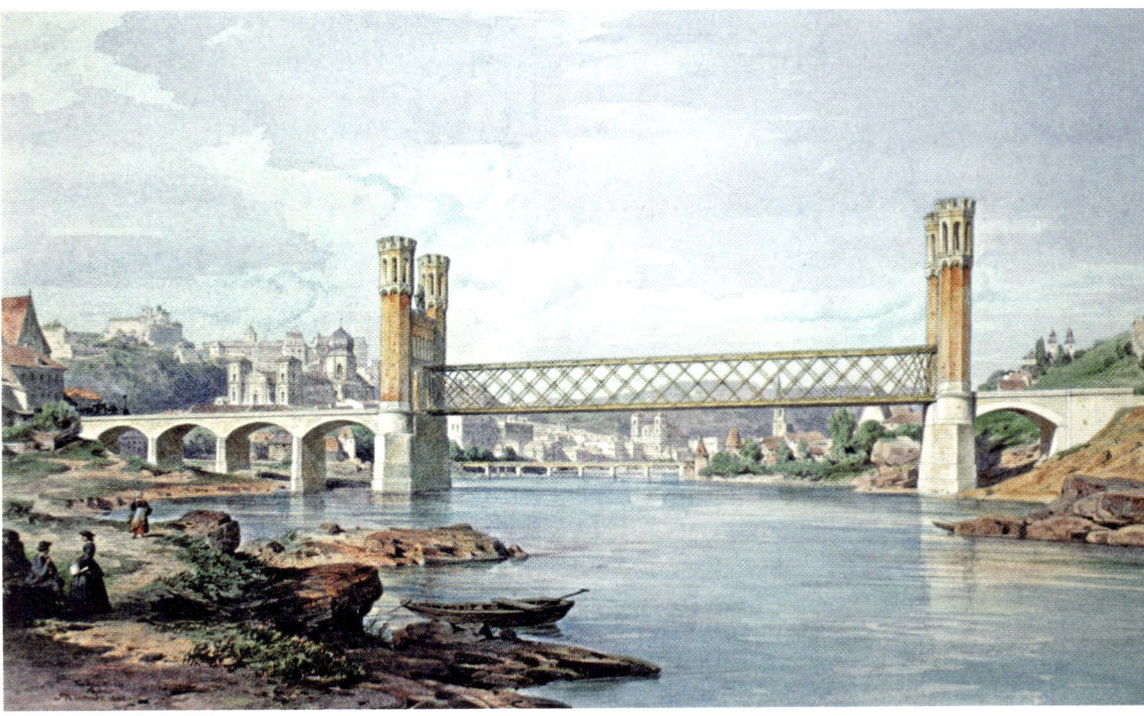

bahn AG zur Verfügung stellte.[84] Maffei beteiligte sich maßgeblich an der Gründung der Bayerischen Ostbahn AG, die eine seiner wichtigsten Auftraggeber wurde. Zwischen 1857 und 1875 lieferte die Münchner Maschinenfabrik knapp 220 Lokomotiven an die Bahngesellschaft.

Vor allem kamen Ingenieurbauten für die Linien Nürnberg–Regensburg, Regensburg–Passau, München–Landshut und Schwandorf–Furth im Wald mit Anschluss an das böhmische Eisenbahnnetz zur Ausführung. Bei der Schwabelweiser Donaubrücke entschied sich die Bahngesellschaft für eine Gitterbrückenkonstruktion. Für ihren Bau bezog Maffeis »Brückenbau-Anstalt« rund 90 Prozent des Eisens von der Maxhütte. Das übrige Material, vor allem Gussstahlteile, lieferte die Firma Fried. Krupp aus Essen. In Ostbayern nahm der Münchner Fabrikant im Eisenbahnbau bestimmenden Einfluss auf Angebot und Nachfrage und damit auf die industrielle Entwicklung der Region. Nach dem Abschluss des Brückenbauwerks bei Schwabelweis im Herbst 1859 und der Eröffnung der Bahnstrecke Nürnberg–Regensburg im Dezember erhielt Maffei im Juli 1860 den Auftrag für einen zweiten großen Brückenbau: Mit der Innbrücke nahe Passau, an der Bahnlinie Passau–Wien, baute Maffei die bis dahin weitestgespannte Brücke Bayerns. Eine weitere Großbrücke über die Donau entstand bei Mariaort. Für die Montage der Stahlkonstruktionen der Eisenbahnbrücken über Donau, Inn und Isar errichtete der Münchner Fabrikant bis 1860 zwei große Maschinenwerkstätten auf der Donauinsel (Abb. 10). Auf Leo von Klenzes Wunsch fertigte das Zweigwerk 1860 die Eisenkonstruktion des Dachstuhls für die Kelheimer Befreiungshalle.[85]

Die Regensburger Niederlassung und die Brauerei wurden nach dem Tod von Joseph Anton von Maffei (Abb. 19) im November 1870 seinen Brüdern Johann (1792–1885) und Carl Friedrich (1809–1981) überschrieben, während sein Neffe Hugo (1836–1921), Johanns Sohn, die Münchner Maschinen- und Lokomotivfabrik erbte. Unter dem Namen v. Maffei-sche Werkstätten führten die Brüder mit dem langjährigen Prokuristen Franz Alex Fischer den Regensburger Industriebetrieb fort.[86] 1872 fertigte das Unternehmen das letzte große Brückenbauwerk und stellte auch die Produktion von Kunstguss ein. Der entscheidende Wendepunkt für den Niedergang war der Verkauf der Bayerischen Ostbahn an den bayerischen Staat im Mai 1875, als sich in den Deflationsjahren die wirtschaftliche Lage der siebtgrößten deutschen Privatbahn verschlechterte.[87] Da die Ostbahn nach der Verstaatlichung keine neuen Aufträge an die Regensburger

16 Eisenwerk Hirschau, 1857

[BWA, F 44/M 3, C. Hering]

17 Eisenwerk Hirschau, ca. 1850

[Münchner Stadtmuseum, G-M III/182, August Podesta]

18 Belegschaft der Lokomotivfabrik Maffei anlässlich der Herstellung der 500. Lokomotive, München-Hirschau, 1864

[BWA, F 44/M 6, Joseph Albert]

Maffei-Niederlassung vergab, verlor das Zweigwerk seinen mit Abstand größten Auftraggeber.

Doch scheiterte die Niederlassung am Standort Regensburg nach fast drei Jahrzehnten auch am fehlenden unternehmerischen Geschick der Erben bei der Diversifizierung und Erschließung neuer Absatzmärkte. Der ehemalige Oberst Johann von Maffei und der Guts- und Immobilienbesitzer Carl Friedrich von Maffei hatten keine unternehmerischen Ambitionen. Sie konnten sich gegen die erfolgreiche Konkurrenz der Brückenbauwerkstätte von Klett & Comp. in Gustavsburg bei Mainz, an die die Bay. Staatsbahn fast ausnahmslos Aufträge für Brücken mit über 1000 Tonnen Gewicht vergab, nicht durchsetzen.[88] Da sich das Unternehmen auch nicht in anderen Bereichen des Eisen- und Stahlbaus, wie zum Beispiel dem florierenden Bau von Bahnhofshallen, etablieren konnte, gingen die Aufträge zurück. Nachdem Carl Friedrich von Maffei im Februar 1881 gestorben war, wurde der Betrieb in Regensburg im Juni desselben Jahres völlig eingestellt. Nach der Entlassung der noch verbliebenen Arbeiter verkaufte Hugo von Maffei, an den das Erbe gefallen war, die Fabrikgebäude für 70 000 Mark und veräußerte die Brauerei an eine Regensburger Brauerei.[89]

Einige finanzielle Engagements von Joseph Anton von Maffei waren eindeutig von den Notwendigkeiten seiner Unternehmungen bestimmt, sei es, dass er Bahnlinien oder Schifffahrtsgesellschaften mit begründete, um den Absatz von Lokomotiven und Schiffen zu befördern, oder sei es, dass er sich an Firmen wie der Maxhütte beteiligte, um seine Fabriken mit Rohstoffen und Halbzeug zu versorgen. Auch zur Sicherung seines Energiebedarfs ging Maffei diesen Weg. Als Brennstoff bezog das Eisenwerk Hirschau (Abb. 16, 17) Pechkohle aus den Penzberger Gruben Carl von Eichthals, Koks aus dem Ruhrgebiet und einheimischen Torf. Auch Holzkohle kam zum Einsatz. Die Anlieferung von wertvollerer Steinkohle bzw. von Koks ermöglichte die 1861 eröffnete k.k. privilegierte Böhmische Westbahn.[90]

Unweit des Penzberger Bergwerks südlich des Starnberger Sees erwarb Joseph Anton von Maffei 1861 Bauernhöfe mit umfangreichen Torfgrundstücken. Durch Tauschgeschäfte und Zukäufe erweiterte der über 70-Jährige den Staltacher Grundbesitz auf fast 1000 Hektar.[91] Mit Torfkohle deckte er teilweise den Energiebedarf im Eisenwerk. Sie wurde allerdings zunächst sehr kostenintensiv mit Fuhrwerken zur Loisach und von dort nach München verbracht. Maffei ließ Kanäle durch die Osterseen zum

Starnberger See anlegen, um von dort Torf und Kohle nach Starnberg zu verschiffen. Der Transport war seit 1854 auch über die Lokalbahn Starnberg–Pasing möglich. Erst die Anbindung von Staltach durch die gleichnamige, 59 Kilometer von München entfernte Bahnstation verbilligte die Frachtkosten für Torf und Kohle zur Energieversorgung der Maschinenfabrik. Zum Weiterbau der Starnberger Bahn am Westufer des Sees nach Penzberg bzw. nach Peißenberg kam es aber erst 1865. Mit der Erweiterung der Strecke wurden die beiden Kohlengruben erschlossen, deren Förderung und Absatz nun gewaltig stiegen.[92]

Der hohe Energieverbrauch[93] des Eisenwerks Hirschau deutet auf die hohe Auslastung der Werkstätten hin. Der Handels- und Gewerbekammer für Oberbayern zufolge steigerte das Unternehmen im Geschäftsjahr 1869 die Bruttoeinnahmen erneut um ein Drittel.

19 Joseph Anton von Maffei, um 1855
[Münchner Stadtmuseum, FM 85/101-13, Franz Hanfstaengl]

2.2 Das »kleine Ruhrgebiet« an der Isar unter der Ägide von Hugo von Maffei

Mit der groß gefeierten Einweihung der Bahnlinie München–Salzburg–Wien 1860, der Eröffnung der Brennerstrecke 1867 und des Suezkanals 1869 verbesserten sich Bayerns wirtschaftliche Rahmenbedingungen. Doch verschoben sich die politischen Kräfteverhältnisse damals zuungunsten des Landes. Als Preußen 1866 in Sachsen, Hannover und Kurhessen einmarschierte, trat Bayern aufseiten Österreichs in den Krieg gegen Preußen ein. Nach der vernichtenden Niederlage Österreichs und der Gründung des Norddeutschen Bundes scheiterte endgültig das Projekt einer Zollunion mit der Donaumonarchie, dem wichtigsten Markt der Münchner Maschinen- und Lokomotivfabrik neben dem Deutschen Zollverein. Die wirtschaftlichen Verkehrsrouten Bayerns orientierten sich nun verstärkt nach Norden.

Im Wilhelminischen Kaiserreich blieb Maffeis Unternehmen der bayerische Staat als Hauptauftraggeber im Lokomotivbau erhalten. Die Hoheit über das Eisenbahnwesen war eines der dem Königreich Bayern bei der Reichsgründung von 1871 zugestandenen Reservatrechte, das bis 1920 gültig blieb.[94]

20a Hugo von Maffei
(1836–1921)
[Stadtarchiv München, Per-Maffei-Hugo-von]

20b Hugo von Maffei
[Historisches Archiv der UniCredit Bank AG]

21 Direktoren des Eisenwerks Hirschau bzw. der Firma J. A. Maffei
[BWA, F 44/M 2]

Hugo von Maffei

Joseph Hall (1810–1870)
1839–1857 Direktor im Eisenwerk Hirschau

George Ion Ashton (1816–1888)
1843–1876 bei Maffei tätig,
ab 1857 Direktor

Ludwig Böhm (1823–1898)
1846–1887 bei Maffei tätig,
ab 1857 Direktor

Josef Kögel (1836–1907)
1855–1902 bei Maffei tätig,
ab 1887 Direktor

Karl Halm (gest. 1898)
1862–1898 bei Maffei tätig,
ab 1887 Direktor

Anton Hammel (1857–1925)
1875–1925 bei Maffei tätig,
ab 1898 Direktor

Generationswechsel

Der erfolgreiche Maschinenfabrikant Joseph Anton von Maffei war am 1. September 1870 gestorben, kaum zwei Monate nach dem Ausbruch des Deutsch-Französischen Krieges. Der hoch geehrte Industrielle und Großgrundbesitzer hinterließ seine Frau, eine Schwester und drei Brüder. Das Eisenwerk Hirschau vermachte er Hugo von Maffei, dem Sohn seines jüngeren Bruders Johann.[95] Hugo von Maffei (geb. 1836 in Bamberg, gest. 1921 in München) erbte auch den Staltacher Gutsbetrieb mit der Auflage, daraus ein reichsrätliches Fideikommiss (unveräußerliches und unteilbares Familienvermögen) zu begründen (Abb. 20).[96]

Der Offizierssohn Hugo von Maffei hatte Jura in München und Bonn studiert, seine Ausbildung jedoch abgebrochen.[97] 1859 hatte er den väterlichen Gutsbetrieb bei Berchtesgaden übernommen, im dortigen Schloss Lustheim elf Jahre lang überwiegend ein Privatleben geführt und 1861 seine Cousine Ida von Maffei geheiratet.[98] Erst der September 1870 brachte die entscheidende Zäsur in seinem Leben, als er Haupterbe seines Onkels wurde. Hugo hatte zwei Söhne und vier Töchter. Der damals 34-jährige Jurist und Landwirt wurde rasch zu einem der einflussreichsten Wirtschafts- und Industriemagnaten Bayerns.[99] Das Unternehmen, das zunächst als Eisenwerk Hirschau firmiert hatte, wurde unter Hugo von Maffei Ende 1870 zur Lokomotiv- und Maschinenfabrik J. A. Maffei.

Die Werksleitung (Abb. 21) hatte Joseph Anton von Maffei 1857 gemeinsam George Ion Ashton und Oberingenieur Ludwig Böhm übertragen, nachdem Direktor Joseph Hall nach nahezu 20 Jahren Werkszugehörigkeit zur Maschinenfabrik W. Günther nach Wiener Neustadt gewechselt hatte. Als Ashton 1876 nach 34 Dienstjahren in den Ruhestand trat, stand Böhm als alleiniger Direktor Hugo von Maffei noch elf Jahre zur Seite.[100] Böhm, der seit Ende 1846 in der Fabrik arbeitete,[101] wies den neuen Chef ein. Kaum hatte Hugo von Maffei das Unternehmen übernommen, kam es 1873 in Wien zu einem Börsenkrach, der Europas Wirtschaft lähmte. Einbrüche in der Roheisenerzeugung sowie im Eisenbahnbau kamen hinzu. Es bedurfte aller Energie der Leitung, die Wirtschaftskrise unbeschädigt zu überstehen.[102]

Während des Booms nach der Reichsgründung hatte Maffei als Hauptgeschäft weiterhin den Lokomotivbau betrieben: In der Folgezeit belief sich die Eisenbahnproduktion auf jährlich etwa 60 Lokomotiven.[103] In der

Zeit der »Großen Deflation« kompensierte Maffei dann den stark rückläufigen Lokomotivabsatz zum Teil mit Dampffeuerspritzen, Lokomobilen sowie Einrichtungen für Brauereien und Ölmühlen. Auch wurde der Bau von Dampfschiffen wiederaufgenommen.[104]

Während das Werk in Regensburg Auftragsprobleme hatte und 1881 den Betrieb einstellte, baute Maffei in München vor allem Schiffe für die bayerischen Seen. 1878 erhielt die Maschinenfabrik von der Kgl. Hofbauintendanz den Auftrag für einen Schleppdampfer, der die Transportprobleme beim Bau von Schloss Herrenchiemsee bewältigen sollte. Das Schiff entstand binnen sechs Monaten in Stock am Chiemsee und brachte mit Baumaterial beladene Schleppkähne vom Ufer zur Insel.[105]

Die 1878 gegründete Dampfschiffahrts-Gesellschaft Ammersee erteilte Maffei den Auftrag zum Bau eines flachen Flussdampfers, der den Hafen Stegen auf der Amper mit der Bahnstation Grafrath verbinden sollte. Im April 1880 wurde Maffeis Dampfer mit der Baunummer 27 auf dem Landweg von München nach Stegen gebracht. Den geringen Tiefgang von 60 bis 70 Zentimetern erzielten die Ingenieure mit einer Maschinenanlage des Lokomobiltyps. Sie wendeten dabei letztmals Maschinenelemente des Lokomotivbaus an (Umsteuerung der Bauart Stephenson, Dampfregler usw.).[106] Als die Schifffahrtsgesellschaft in finanzielle Schwierigkeiten geriet und ihre Einnahmen hinter den Erwartungen zurückblieben, konnte sie die Raten für den Kauf des Fahrzeugs nicht mehr bezahlen. Nachdem auch das Geschäftsjahr 1881 mit einem hohen Verlust abgeschlossen und das Unternehmen liquidiert worden war, hatte Maffei noch eine offene Forderung (22 000 Mark), die er nicht verlieren wollte. Für 45 000 Mark Ablösesumme ging das gesamte Aktienkapital der Ammersee-Schifffahrt (110 000 Mark) schließlich 1882 in den Besitz des Industriellen über. Seinem Sohn zufolge ließ sich Hugo von Maffei, auf Anregung und bestärkt von seinem Oberingenieur Josef Kögel, auf das Unternehmen ein.[107]

Als Alleininhaber der Ammersee-Dampfschifffahrt besaß Hugo von Maffei nun auch die Dampfschiffkonzession für den See und die Amper. In seiner Münchner Fabrik wurde der Schiffspark entworfen und gebaut. Stegen erhielt Werkstätten und eine Werft. Trotz jährlicher Verluste beschloss Maffei den Bau eines weiteren Schiffs für den Ammersee, um ihn der Münchner und Augsburger Bevölkerung zu erschließen. Der Salondampfer »Gisela«, eine der schönsten Maffei'scher Konstruktionen und das größte Schiff der Ammersee-Flotte, lief 1893 in Stegen vom Stapel.[108]

Als mit der Eröffnung der Herrschinger Lokalbahn (1903) die nördliche Seehälfte von Grafrath aus kaum mehr befahren wurde, verkaufte der Großunternehmer aus Verärgerung über die Streckenführung und die Unrentabilität seiner Schifffahrtsgesellschaft 1906 Flotte und Werftanlagen für 110 000 Mark an den bayerischen Staat. Die für die Verwaltung zuständige Kgl. Bay. Staatsbahn initiierte trotz unrentabler Geschäftslage ein umfangreiches Schiffbauprogramm und beauftragte J. A. Maffei mit dem Bau.[109] Zwei Schaufelraddampfer liefen in Stegen 1907 bzw. 1908 vom Stapel, 1909 wurde ein Schraubendampfer in Dienst gestellt (Abb. 6). Für die Bodensee-Schifffahrt baute die Maschinenfabrik von 1888 bis 1912 vier große Dampfer für Bayern und zwei für Baden. Für den Starnberger See, dessen Schifffahrtsbetrieb der bayerische Staat 1915 übernahm, stellte J. A. Maffei zwei Dampfschiffe her, ebenso für den Chiemsee.[110]

Großmaschinenbau in der Ära der Elektrifizierung

Der wirtschaftliche und politische Einfluss des Großindustriellen Hugo von Maffei war seit Antritt seines Erbes immer größer geworden. Ab 1879 verschaffte seine Ernennung zum lebenslänglichen Reichsrat der Krone Bayern dem damals 42-jährigen Bismarck-Anhänger Einfluss in der ersten Kammer des Landtags.[111] 1881 übernahm er von seinem Schwiegervater bzw. Onkel Carl Friedrich von Maffei die Aufsichtsratsposten bei der Bayerischen Aktiengesellschaft für chemische und landwirtschaftlich-chemische Fabrikate in Heufeld und bei der Maxhütte, die inzwischen ihren Sitz in München hatte.[112] Bereits ein Jahr darauf wurde der Münchner Industrielle zum Aufsichtsratsvorsitzenden des Montanunternehmens gewählt; eine Position, die er fast 40 Jahre innehatte. Die Gesellschaft hatte inzwischen aus dem Besitz von Cramer-Klett das Erzrevier von Auerbach in der Oberpfalz erworben und baute vor allem die Sulzbacher Gruben aus. Unter Hugo von Maffeis Ägide expandierte die Maxhütte nach Thüringen, Sachsen und Westfalen. Es folgten der Ausbau von Rosenberg zu einem integrierten Hüttenwerk, die Einführung technischer Innovationen (Thomas-Stahl) und die Verlagerung der Hauptverwaltung von Haidhof nach Rosenberg (1892).[113] Der politisch nationalliberal eingestellte Maffei hatte ab 1887 den Vorsitz der Süddeutschen Eisen- und Stahl-Berufsgenossenschaft inne.

1880 erweiterte Hugo von Maffei mit dem Bau von Dampfstraßenwalzen seine Produktpalette, und in den folgenden Jahren nahm das Unternehmen die Fertigung von Dampfmaschinen für die Stromerzeugung auf. Weitsichtig erkannte Maffei das enorme Potenzial des Einsatzes elektrischer Energie im Maschinenbau. Die Erwartung in deren zukünftige Anwendungsmöglichkeiten für die Beleuchtung[114] von Lokomotiven und Schiffen sowie für den Antrieb von Kraftmaschinen führte zur Zusammenarbeit mit Sigmund Schuckert, der 1873 in Nürnberg eine Werkstätte für die Herstellung von Bogenlampen eröffnet hatte. Wahrscheinlich begann Maffei im Jahre 1882, die neue Beleuchtungstechnik in seinen Fabrikwerkstätten und Büros einzusetzen. Denn wie aus den Aufzeichnungen Alois Zettlers hervorgeht, installierte der Mechanikermeister im September 1881 probeweise Münchens erste Beleuchtung mit Bogenlampen in Maffeis Kesselschmiede.[115]

Werner von Siemens' Erfindung der Dynamomaschine eröffnete nicht nur der Beleuchtungstechnik vielfältige Einsatzmöglichkeiten, sondern auch dem Bau von elektrischen Bahnen und Elektromotoren. Auf der »Ersten Internationalen Elektrotechnischen Ausstellung« (1881) in Paris präsentierte der Amerikaner Thomas A. Edison erstmals in Europa seine Glühlampe, während Siemens elektrische Bahnen vorführte und Sigmund Schuckert für die Konstruktion einer Lampe zur Beleuchtung von Lokomotiven mit der silbernen Medaille ausgezeichnet wurde.[116] Ob Maffei oder seine technischen Direktoren die Fachmesse besucht haben, ist nicht überliefert. Als Oskar von Miller nach seiner Rückkehr aus Paris in München Vorbereitungen zu einer Ausstellung über elektrotechnische Entwicklungen im Glaspalast im Alten Botanischen Garten traf, trat er jedenfalls auch mit Maffei in Kontakt.

Maffei erwartete einen geschäftlichen Nutzen und schloss sich dem Komitee[117] zur Förderung der ersten deutschen Spezialmesse über Elektrizität an, das den Ausstellern auch die Betriebskraft für die vorzuführenden Maschinen zur Verfügung stellte. Bis zu fünf Kilometer von der Messe entfernt erzeugte Wasser- und Dampfkräfte sollten zum Einsatz kommen. Hugo von Maffei zählte zu den größten Geldgebern der exklusiv der Elektrotechnik gewidmeten Ausstellung und stellte Energie sowie Lokomobile seiner Fabrik zur Verfügung.[118] 22 lokomobile Dampfmaschinen, die außerhalb der Messe aufgestellt waren, bewegten die gewaltigen Dynamomaschinen im Glaspalast. Insgesamt wurden für Beleuchtung und Kraftübertragung 57 Maschinen im Glaspalast, im Zentralbahnhof, bei Maffei, in der Technischen Hochschule und in Miesbach installiert. In Maffeis Fabrik stellten Schuckert und die Firma Eugen Seeligmann (Wien) ihre Dynamomaschinen auf. Schuckerts vom Eisbach angetriebene Turbine übertrug neun PS mit einer Spannung von 655 Volt von der Maschinenfabrik zum Glaspalast.[119] Der Strom trieb auf der im September 1882 eröffneten Messe tagsüber die Elektromotoren zweier leerlaufender Dreschmaschinen der Firma Epple AG und einer mechanischen Werkstätte der Elektrotechnischen Fabrik Alois Zettler an, nachts speiste er elf Bogenlampen im Ausstellungsgarten und auf dem Königsplatz.[120]

Die Demonstration der elektromotorischen Fernübertragung von Strom über die Freileitung quer durch den Englischen Garten zählt zu den beiden technischen Pionierleistungen der vierwöchigen »Internationalen Electricitäts-Ausstellung«. Die Übertragungsanlage der Firma Schuckert & Co. arbeitete während der gesamten Ausstellung störungsfrei. Dieses Experiment trat jedoch gegenüber der Stromübertragung über eine Distanz von 57 Kilometern von Miesbach nach München in den Hintergrund, auch wenn diese nur für wenige Stunden funktionierte. Beide Installationen bestätigten eindrucksvoll die Möglichkeit der elektrischen Kraftübertragung über größere Entfernungen und wiesen den Weg zu einer ortsunabhängigen Stromverteilung.[121] Die Stromübertragung von J. A. Maffei über fünf Kilometer Entfernung hatte mit einer nur halb so hohen Spannung damals »eine wesentlich höhere Praxisrelevanz«[122] als das Miesbacher Experiment.

Während der Industrieschau demonstrierte Schuckert auch seine elektrische Lokomotivbeleuchtung an einem Zug der Staatsbahn. Der am Kamin einer Maffei-Lok, der 1878 ausgelieferten 1000. Lok, angebrachte Kopfscheinwerfer erleuchtete bei der Prüfung die Bahnstrecke München–Deisenhofen auf zwei Kilometer Entfernung mit stetigem Licht. Auf weiteren Probefahrten nach Pasing und Starnberg erzielte Schuckerts Lokomotivlampe ebenso gute Resultate. Der Scheinwerfer wurde nach der Ausstellung wieder ausgebaut. Erst in den 1920er-Jahren setzte sich die elektrische Beleuchtung bei den Dampflokomotiven durch.[123] Bis dahin wurden Petroleum und Carbid als Lichtquelle genutzt.

Die wirtschaftliche Nutzung von Strom und die Umstellung von mechanischer auf elektrische Energiegewinnung im Maschinenbau lagen noch in weiter Ferne. Hugo von Maffei erkannte jedoch die Entwicklungschancen der Starkstromtechnik bzw. der Elektrifizierung für Verkehr (Eisenbahntechnik) und Maschinenbau. Er vertiefte die Geschäftsbeziehungen zu Schuckert & Co., bezog Maschinen aus Nürnberg und beteiligte sich an diesem Unternehmen, als es 1888 die Form einer Kommanditgesellschaft annahm.[124] 1893 schließlich übernahm Maffei den Aufsichtsratsvorsitz der neu entstandenen Elektrizitäts-Aktiengesellschaft vorm. Schuckert & Co. (EAG). Die 1896 in Nürnberg gegründete Schuckert-Tochter Continentale Gesellschaft für elektrische Unternehmungen AG berief Maffei ebenfalls in ihren Aufsichtsrat. Inzwischen war Maffei mit dem Generaldirektor der EAG, Alexander von Wacker, befreundet. Er stand ihm bei, als die EAG 1901 durch den Zusammenbruch der Leipziger Bank AG unter Druck geriet, weil dieses Institut maßgeblich an der Finanzierung der von Wacker gegründeten Elektrobosna (Bosnische Aktien-Elektrizitätsgesellschaft) beteiligt gewesen war. Gemeinsam kauften Maffei und Wacker die Elektrobosna der EAG ab, wobei sich Maffei mit der stolzen Summe von sechs Millionen Mark engagierte.[125] Die Siemens & Halske AG und die EAG vorm. Schuckert & Co. brachten ihr jeweiliges Starkstromgeschäft in die neu gegründete Siemens-Schuckertwerke GmbH (SSW) ein. Maffei wurde zum Aufsichtsrat des neuen Unternehmens bestellt und übernahm den stellvertretenden Vorsitz. Gleichzeitig betrieb er gemeinsam mit Wacker den Ausbau der Elektrobosna, die in Jajce über eine Wasserkraftanlage und eine Karbidfabrik verfügte. Wasserkraftanlagen in Südtirol kamen nun hinzu, der Bau eines Wasserkraftwerks in Oberbayern wurde angegangen. Auch am Elektrizitätswerk Lonza AG in der Schweiz und am norwegischen Wasserkraftwerk Hafslund AS waren Maffei und Wacker beteiligt.[126] Auf das rasche Wachstum der Stromerzeugung reagierte Maffei auch mit der Gründung des Turbinenherstellers Melms & Pfenninger GmbH in München und der Beteiligung an der Gründung der Maffei-Schwartzkopff-Werke GmbH (MSW) in Wildau bei Berlin (Abb. 25).

Dampfmaschinen blieben jedoch bis zum Ersten Weltkrieg die am meisten verbreiteten Krafterzeuger. Auch bei J. A. Maffei war der Bau stationärer Dampfmaschinen und Dampfkessel nach wie vor ein wichtiges Standbein. Münchens erste private und kommunale Elektrizitätswerke waren fast alle mit Maffei-Dampfkesseln ausgestattet. Maffeis Oberingenieur Jakob Bodler leitete ab Ende 1897 auf dem Gelände an der Staub- bzw. Isartalstraße den Aufbau der maschinellen Anlage eines Dampfkraftwerks. Die mächtige Maschinenhalle war mit sechs 1200-PS-Dampfmaschinen von J. A. Maffei und mit Schuckert-Generatoren ausgestattet. J. A. Maffei lieferte dem leistungsfähigsten E-Werk der Stadt, dem Muffatwerk, 1895 zehn Kombinations- und Wasserrohrkessel sowie Dampfmaschinen. Auch für das städtische E-Werk im Schwabinger Krankenhaus fertigte die Fabrik Dampfmaschinen und lieferte ein Heizkraftwerk. Darüber hinaus verkaufte Maffei Dampfmaschinen und Kessel an E-Werke in Augsburg, Regensburg, Lindau, Worms, Würzburg und Aschaffenburg.[127]

Anzeichen einer heraufziehenden Absatzkrise im Lokomotivbau machten sich 1902/03 bemerkbar. Zu einem regelrechten Einbruch kam es im Jahre 1910 auf dem Inlandsmarkt. Maffei hatte frühzeitig auf die Absatzstockung reagiert, indem er neue Produktionszweige, z. B. den Dampfturbinenbau, aufnahm und die Herstellung von Dampfmaschinen, Dampfmaschinenkesseln, Walzen und Werkzeugmaschinen verstärkte. Diese Segmente machten bereits 1910 fast die Hälfte (45 Prozent) der Gesamtproduktion aus. Besonders günstig entwickelte sich der Verkauf von Dampfstraßenwalzen, Werkzeugmaschinen und Dampfschiffen. Eine weitere Maffei-Spezialität waren der Bau und die Einrichtung mechanischer Keimgut-Wenderanlagen (Patente Eisner-Wörz-Maffei) für Brauereien in Deutschland, Österreich, Frankreich und Schweden.[128] Neben dem Bau stationärer Dampfmaschinen nahm das Unternehmen als weiteren Geschäftszweig im Jahre 1905 die Herstellung von Dampfturbinen auf. Diese wurden, ebenso wie Wasserturbinen, zur Erzeugung von Elektrizität genutzt. Für die Tochtergesellschaft Melms & Pfenninger[129] ließ Hugo von Maffei auf dem Firmengelände in der Hirschau eine eigene Werkstätte sowie eine Versuchshalle errichten. Auch die Geschäftsräume der Turbinenbaugesellschaft befanden sich auf dem Maffei'schen Werksgelände (Abb. 22–24). Die Maschinen konstruierten der Amerikaner Gustav Melms und der Schweizer Hans Pfenninger, der zuvor als Ingenieur in der Dampfturbinenabteilung der Firma Brown, Boveri & Cie. AG (BBC) tätig gewesen war. Eine ihrer größten Dampfturbinen (2300 PS) lieferte die Firma an die Kaiserliche Werft in Kiel.[130] Das Programm umfasste auch Klein- und Kondensationsturbinen. In den ersten Jahren baute die Gesellschaft in besonders großer Stückzahl eine Kleinturbine für den Antrieb eines Stromerzeugers zur Beleuchtung von Dampflokomotiven.

22 Werkstätten Turbinenbau – Frauen in der Metallindustrie, um 1908

[BWA, F 44/M 15]

23 Dampfturbinenherstellung seit 1905 bei J.A. Maffei in München

[Deckblatt zu der maschinenschriftlichen Ausarbeitung »Hausturbinenanlage für das Reservekraftwerk der Stadt München in der Isartalstraße. Beschreibung und Betriebsvorschrift« der J.A. Maffei AG, München, 1931, BWA, F 44/AM 14]

24 J.A. Maffei, Hirschau München um 1910
[BWA, F 44/M 4]

25 Die 1907 gegründete Maffei-Schwartzkopff-Werke GmbH, Werk Wildau bei Berlin
[BWA, F 44/M 5]

Zur Herstellung elektrischer Lokomotiven und ihrer Ausrüstung sowie zum Bau von Dampfturbinen expandierte Hugo von Maffei 1907 nach Berlin. Gemeinsam mit der Berliner Maschinenbau AG, vorm. L. Schwartzkopff, die zu den bedeutendsten Herstellern von Lokomotiven und Torpedos gehörte, gründete der Münchner Fabrikant in Wildau südlich von Berlin die Maffei-Schwartzkopff-Werke. Der am 4. Oktober geschlossene Gründungsvertrag (je 50-Prozent-Anteil) kam Alfons von Maffei (1862–1926) zufolge auf Anregung des Direktors des Berliner Unternehmens, Felix Klemperer, zustande. Dahinter steckte die Strategie, Siemens-Schuckert in Süddeutschland und der übermächtig werdenden Allgemeine Elektricitäts-Gesellschaft (AEG) im Norden eine Konkurrenz bei der Fabrikation elektrischer Erzeugnisse entgegenzusetzen. Offensichtlich hatte Maffei als stellvertretender SSW-Aufsichtsratsvorsitzender und Mitbegründer einer Konkurrenzgesellschaft mit dieser Doppelfunktion[131] kein Problem.

Die MSW errichteten neben dem von der Berliner Maschinenbaufirma Schwartzkopff 1897 in Wildau eröffneten Zweitwerk[132] eine mit modernster Technik ausgestattete Fabrik (Abb. 25). Sie übernahmen von Schwartzkopff die elektrotechnische und die Zentrifugalpumpen-Abteilung sowie von J. A. Maffei den Dampfturbinenbau, den Melms & Pfenninger allerdings auch weiterhin in München betrieben. Noch 1908 wurde die Turbinenfabrikation aufgenommen, nachdem die MSW die Lizenz für die Patente von Melms & Pfenninger erworben hatten. Im Auftrag des Reichsmarineamts fertigte die Firma Turbinen für die Großtorpedoboote S 165/168 und 176/179. Das schnellste deutsche Torpedoboot, die S 166, war mit Dampfturbinen dieser Bauart ausgestattet.[133]

Nachdem Klemperer Anfang 1908 gestorben war, schickte Hugo von Maffei den Direktor der Münchner Turbinenbau-Gesellschaft nach Berlin und beurlaubte 1910 seinen Ingenieur Hans Georg Krauss,[134] um den Bau und die Ausstattung der MSW zu betreuen. Als die Krauss & Comp. AG 1916 einen technischen Leiter suchte, wechselte Krauss, der seit 1912 den Werkzeugmaschinenbau in München leitete, nach 18-jähriger Tätigkeit bei J. A. Maffei zur Konkurrenz.

Die MSW betätigten sich nicht nur im Rüstungsgeschäft, sondern auch in der Entwicklung elektrischer Lokomotiven von Schwartzkopff und J. A. Maffei.[135] Für den Bau von E-Lokomotiven für die Bay. Staatsbahn schloss die Firma J. A. Maffei 1908 mit den SSW einen Fünfjahresvertrag.[136]

Für die Badische Staatsbahn fertigten die MSW 1909 die erste Elektrolok, deren elektrische Ausrüstung von den SSW stammte. Wichtigste Auftraggeber für E-Lokomotiven waren neben den Badischen Staatseisenbahnen die Preußischen Staatsbahnen. Bis 1930 produzierten die MSW etwa 200 E-Lokomotiven.[137]

Absatzentwicklung und technische Innovationen im Lokomotivbau

Die deutschen Lokomotivhersteller hatten sich 1877 unter dem Druck der damaligen Wirtschaftskrise zu einem Kartell zusammengeschlossen. Der Verband Deutscher Lokomotiv-Industrieller (VDLI), dem auch J. A. Maffei und Krauss & Comp. angehörten, sollte ruinöse Preisunterbietungen durch eine gemeinsame Abstimmung der bei den Staatsbahnen eingereichten Offerten verhindern. Tatsächlich wurde damit der Wettbewerb auf dem Binnenmarkt weitgehend ausgeschaltet. Damit stand den Lokomotivherstellern nach weitgehender Verstaatlichung des Eisenbahnwesens in Deutschland nur noch ein Monopolist in Form der Staatsbahn des jeweiligen Landes gegenüber. Solange die Auftragslage ungünstig blieb, konnte auch das Kartell nicht verhindern, dass Lokomotivfabriken die Preise von Wettbewerbern unterboten, um an Aufträge zu gelangen. Als die Preise weiter sanken, wurde 1890 erneut ein Kartell gegründet, der Deutsche Lokomotiv-Verband. J. A. Maffei und Krauss & Comp. gehörten zu den 13 Gründungsmitgliedern dieses Verbands, der nun in einer konjunkturellen Aufschwungphase über eine starke Verhandlungsposition gegenüber den Staatsbahnen verfügte und über ein Quotensystem die Auslastung aller Mitglieder mit Aufträgen sicherstellte. Den beiden Münchner Maschinenbauunternehmen kam dabei noch zugute, dass die Bay. Staatsbahn seit 1875 keine Bestellungen mehr an außerbayerische Lokomotivfabriken vergab.[138]
Obwohl der Absatz bei J. A. Maffei konjunkturbedingt schwankte, stieg er tendenziell weiter an. Jedoch verdiente Maffei wegen der sinkenden Verkaufspreise weniger. Mit zunehmendem Verkehrsaufkommen setzte die Maschinenfabrik einen wachsenden Anteil ihrer Erzeugnisse im Ausland ab. Auch wegen der geringen Gewinne im Inlandsgeschäft setzte J. A. Maffei immer stärker auf den Export. Für die Ausfuhr gab es bis 1903 keine Kartell-

absprachen zwischen den deutschen Lokomotivherstellern, doch blieben die Gewinne hier wegen des Preiswettbewerbs und der steigenden Einfuhrzölle vieler Länder ebenfalls hinter den Erwartungen zurück.[139] Wichtige Absatzmärkte waren für J. A. Maffei Italien und vor allem die Schweiz, in der 1882 die Gotthard-Bahn den Betrieb aufnahm, die vierte Alpenquerung nach der Semmering-, der Brenner- und der Mont-Cenis-Bahn. Aufträge für Maffei-Erzeugnisse kamen aus ganz Europa, Ägypten und Russland. Zehn Jahre später, im Geschäftsjahr 1905, exportierte J. A. Maffei etwa die Hälfte der Jahresproduktion im Lokomotivbau. In den Jahren 1907 bis 1909 machte dieser Anteil rund 60 Prozent aus. Die Abteilung für Normalspurlokomotiven war im darauffolgenden Jahr fast ausschließlich für den Export beschäftigt. Immer wieder brachte Maffei als Begründung vor, sein Werk ausgelastet zu halten, auch wenn er dabei keine Gewinne erwirtschaften konnte.[140] Bestellungen konnte der Münchner Unternehmer ausreichend akquirieren, vor allem in den unteren Donauländern[141] und in Italien. Erste Auftragseinbrüche zeichneten sich Anfang 1909 ab (Abb. 27). »Bei derartigen Produktionsschwankungen ist es sehr schwer, einen geregelten Arbeitsplan aufzustellen, rationell zu arbeiten aber geradezu unmöglich«, klagte Reichsrat Hugo von Maffei über die Geschäfte im Jahre 1910. »Die Aussichten für das kommende Jahr sind ungünstig.«[142]

Für den Lokomotivbau gingen auch weiterhin bedeutende Impulse von J. A. Maffei aus. Das Unternehmen beteiligte sich führend an der Entwicklung dieser Branche und produzierte als erstes deutsches Werk Duplexverbundlokomotiven der Bauart Mallet nach dem System des Schweizer Ingenieurs Anatol Mallet, der die erste kleine Versuchsmaschine für die Bayonne-Biarritz-Bahn konstruiert hatte. Die erste große Mallet-Lok baute Hugo von Maffeis Chefkonstrukteur Anton Hammel (1857–1925, Abb. 21) 1890 für die Gotthard-Bahn. Wegen ihrer Ausstattung mit zwei Triebgestellen eigneten sich die Maschinen besonders für Strecken mit größeren Steigungen und engen Kurvenradien. Kontinuierlich verbesserte Dampfmaschinen erlaubten eine beträchtliche Leistungssteigerung und senkten den Kohleverbrauch.[143]

Bei J. A. Maffei begann 1898 eine Phase im Lokomotivbau, mit der sich das Unternehmen in der vordersten Reihe aller Hersteller positionierte. Die Berufung von Oberingenieur Anton Hammel zum Werksdirektor war eine besonders glückliche Personalentscheidung des Firmenchefs. Hammel prägte in den folgenden 25 Jahren entscheidend die Fabrikerzeugnisse.[144] Er konstruierte für die Pariser Weltausstellung (1900), an der sich der Lokomotiv-Verband unter Maffeis Vorsitz beteiligte, eine neuartige Schnellzuglok mit Vier-Zylinder-Verbund-Triebwerk.[145] Die Bauausführung brachte der bayerischen Lokomotivschmiede den Grand Prix ein sowie einen Großauftrag der Compagnie des chemins de fer de l'Est über 20 Schnellzuglokomotiven. Seit dem Deutsch-Französischen Krieg war dies die erste Bestellung aus Frankreich. Die Münchner Fabrik baute die Maschinen (Fabr.-Nr. 2191–2210) nach dem durch den Ingenieur Alfred De Glehn speziell für die französische Ostbahn entwickelten System. Maffei fertigte Maschinen dieser Bauart auch für die französische Smyrna-Cassaba-Bahn und die Nederlandsche Centraal-Spoorweg.[146]

International beachtete Erfolge feierte J. A. Maffei mit der von Hammel 1902 konstruierten »IId« für die Badische Staatsbahn, die mit einer Spitzengeschwindigkeit von 144 Stundenkilometern als schnellste deutsche Serienlokomotive galt. Nach eingehenden Studien an Baldwin-Lokomotiven mit Barrenrahmen – die Kgl. Bay. Staatsbahn hatte vier dieser Maschinen aus den USA bei der damals größten Lokomotivfabrik der Welt beschafft – entwickelte Hammel 1903 in Kooperation mit der Generaldirektion der Staatsbahn eine Typenreihe von Schnellzugloks (Gattung »S 3/5« und »S 2/5«) mit Barrenrahmen und Vier-Zylinder-Verbund-Triebwerk. Sie war den Maschinen anderer Bahnverwaltungen weit überlegen und erreichte ihren Höhepunkt in der Gattung »S 3/6« (Abb. 26).[147] Schlagartig weltweit

26 »S 3/6« im Werk Hirschau, Betr.Nr. 3644, Baujahr 1913. Die weltberühmte, auf dem neuen Ausstellungsgelände in München 1908 erstmals öffentlich präsentierte Schnellzuglok war imstande, schwere Lasten auch auf Bergstrecken mit großer Geschwindigkeit zu befahren.
[BWA, F 44/Glasplatte Ma 822A]

bekannt wurden der Name Maffei und die Münchner Fabrik 1907, als die speziell für Schnellfahrversuche gebaute »S 2/6« mit einer Geschwindigkeit von 154,5 Stundenkilometern einen bis 1936 ungebrochenen Weltrekord aufstellte.[148] Obwohl die »S 2/6« ihrer Zeit technisch weit voraus war, wurde sie nie in Serie gebaut und verschwand nach wenigen Jahren aus dem Dienst, da sie nur ein Prestigeprojekt gegenüber den Preußischen Staatsbahnen war. Ihre Bedeutung liegt in ihrer technologischen und konzeptionellen Vorreiterrolle.

Auf allen Messen, die J. A. Maffei mit Lokomotiven beschickte, erhielten die Maschinen höchste Auszeichnungen (Goldene Medaille bzw. Grand Prix): 1906 auf der Landesausstellung in Nürnberg, 1908 in München, 1910 auf der Weltausstellung in Brüssel und der Exposición Internacional del Centenario in Buenos Aires sowie 1911 auf der Internationalen Industrieausstellung in Turin.[149]

27 J.A. Maffei: Produktion von Lokomotiven nach Gewicht in Tonnen 1898 bis 1920
[Kustermann, *Lokomotivindustrie*, 26]

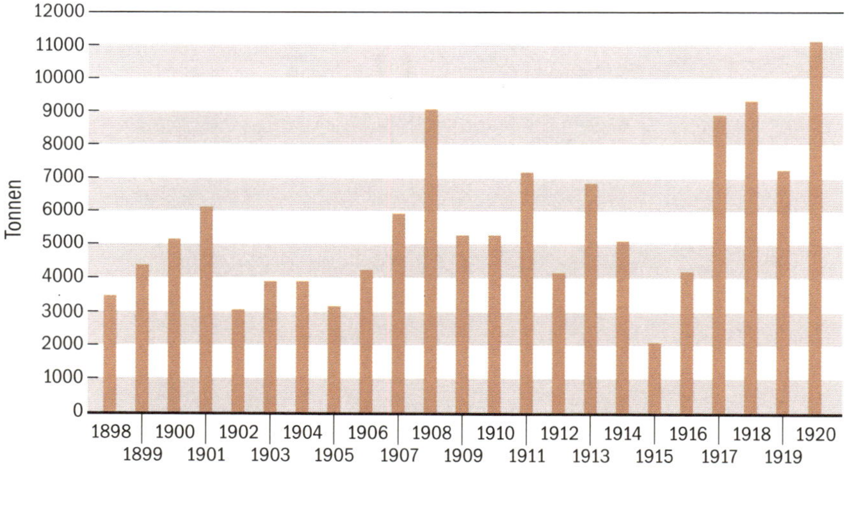

Eine weitere Strategie, den Umsatzeinbruch im Lokomotivbau abzufedern, war der Bau von Schmalspurloks. Maffei blieb dabei allerdings weit hinter dem Münchner Konkurrenten Krauss & Comp. AG zurück. Zwischen 1861 und 1903 wurden lediglich 22 Sonderlokomotiven ausgeliefert, vorwiegend an Industriebetriebe in Bayern, in deren Aufsichtsräten Joseph Anton von Maffei bzw. Hugo von Maffei Einfluss hatten, wie beispielsweise bei der Maxhütte.[150] Seit 1903 befasste sich ein neu zusammengestelltes Team mit der Konstruktion von Schmalspurloks. Die erste »SL« bezeichnete Maschine war eine kleine Mallet-Tenderlokomotive für 740 Millimeter Spurweite. Die Spezialabteilung fertigte ebenfalls feuerlose Schmalspurlokomotiven, die meistens in geschlossenen Fabrikhallen auf Werkgleisen oder im Tunnelbau und in Bergwerksstollen eingesetzt wurden.[151]

Auch das Geschäft mit Werkzeugmaschinen baute das Unternehmen weiter aus. Diese Abteilung erstellte alle Arten von Maschinen für die Metallbearbeitung, insbesondere aber Spezialmaschinen für den Lokomotiv- und Kesselbau. Der patentierte Maffei-Luftdruckhammer, der in beiden Schmieden eingesetzt wurde, ersetzte den Dampfhammer. Gefragt waren vor allem auch Drehbänke und Hobelmaschinen sowie Bohrwerke.[152]

Die Arbeitskräfte: Rekrutierung, Arbeitsbedingungen, Beschäftigungsentwicklung

Bereits Joseph Anton von Maffei hatte großen Wert auf die Fürsorge für seine Fachkräfte gelegt, die in der jungen Maschinenbauindustrie gesucht waren. In den Revolutionsjahren 1848/49 war es aufgrund des guten Verhältnisses, das Maffei zu seinen Fabrikarbeitern pflegte, zu keinen Aufständen im Eisenwerk gekommen. Offenbar auch nicht, als die Aufträge ausblieben und der Unternehmer die Belegschaft 1849 um die Hälfte reduzierte.[153] In den ersten Betriebsjahren hatte er hauptsächlich Handwerksgesellen eingestellt. Für sie bedeutete die Firmenzugehörigkeit einen sozialen und wirtschaftlichen Aufstieg. Maffei zahlte gut.[154] Die »Maffäer« galten als die ersten Industriearbeiter im Raum München (Abb. 18). Frühindustrielle Unternehmer wie Joseph Anton von Maffei hatten vielfach patriarchalische Sozialkonzepte entwickelt, um das Wohlverhalten und die Werksbindung ihrer Arbeiterschaft zu fördern, die Fluktuation erfahrener Fabrikarbeiter zu verhindern und einen qualifizierten Arbeiterstamm heranzubilden. Doch nicht nur das betriebswirtschaftliche Eigeninteresse hat die Fabrikanten veranlasst, Kranken-, Unterstützungs- oder Invaliditätskassen zu errichten, auch sozialethische und religiöse Motive spielten eine Rolle. Maffei hatte bereits 1841 eine Betriebskrankenkasse gegründet. Diese Einrichtung bedachte er immer wieder mit großzügigen Zahlungen, zuletzt in seinem Testament (1870) mit 100 000 Gulden. Durch weitere Stiftungen entstanden 1861 eine Sparkasse für die Mitarbeiter und 1871 eine Kasse für Invalidenbezüge. Später wurden auch eine Pensionskasse für die Angestellten sowie eine Kasse für Witwen und Waisen eingerichtet.[155]

Die »Illustrirte Zeitung« gab die Zahl der Beschäftigten im Eisenwerk Hirschau 1848 mit etwa 360 Arbeitern an, darunter 93 Monteure und Schlosser.[156] Auf dem lokalen Münchner Arbeitsmarkt konnte Maffei Mitte des 19. Jahrhunderts seinen Bedarf an qualifiziertem Personal nicht decken. Die Facharbeiter kamen daher aus ganz Bayern, aus anderen deutschen Ländern und aus dem Ausland. Zwischen 1849 und 1854 hatte sich die Werksbelegschaft fast verdoppelt: Unter den 681 Beschäftigten waren 65 Ausländer. Die meisten ausländischen Arbeiter kamen aus Württemberg (20) sowie aus Österreich und Ungarn (17). Der Großteil der einheimischen Maffei-Arbeiter der ersten Generation wohnte in der Hirschau, in Schwabing und im Lehel, der kleinere Teil sowie die Zuwanderer mieteten sich in München und angrenzenden Ortschaften ein.[157]

Für den Zeitraum von 20 Jahren blieb die Belegschaftszahl sehr stabil. 1873 zählte Maffei 704 Arbeiter. Mit der Konjunkturabschwächung sank in der Fabrik die durchschnittliche Zahl der Arbeiter langsam von 746 (1874) auf 675 (1875) und 655 (1876).[158] Hugo von Maffei lenkte das Unternehmen im selben patriarchalischen Stil wie sein Onkel. Er setzte die Tradition fort, die Belegschaft am wirtschaftlichen Erfolg der Firma zu beteiligen. Mit großzügigen Zuwendungen bedachte er meist anlässlich von Jubiläen die von seinem Vorgänger begründete Invalidenkasse der Arbeiter sowie die Beamten- und Pensionskasse. Im Oktober 1874 schenkte der Fabrikant aus Anlass der Auslieferung der 1000. Lokomotive der Invalidenkasse 50 000 Mark. Alle Arbeiter wurden von der Fabrik in der Allgemeinen Unfallversicherungsbank und bei der Deutschen Unfallversicherungs-Genossenschaft versichert. Die Einrichtungen für die Fabrikarbeiter umfassten neben der Unterstützungs- und Krankenkasse die Sparkasse sowie Arbeiterhäuser. Was die Art und den Umfang betrieblicher »Wohlfahrtseinrichtungen« betraf, so rangierte J. A. Maffei einer amtlichen Erhebung aus dem Jahre 1874 zufolge mit an der Spitze der Unternehmen in Bayern. Der Konkurrent Krauss & Comp. lag beispielsweise eher am unteren Ende der Skala. Die Maffei-Arbeiter waren im Hinblick auf Löhne, Arbeitsbedingungen und soziale Absicherung bessergestellt.[159] Die Löhne für qualifizierte Facharbeiter lagen teilweise deutlich über den durchschnittlichen Arbeitereinkommen in München. Im Jahre 1892 erhöhte Maffei die Löhne unter Ausdehnung der Akkordarbeit. Etwa zwei Drittel der Belegschaft bei Maffei bezog Akkordlohn, ein Drittel Zeitlohn, wobei die Akkordarbeit bei den gelernten Arbeitern überwog. »Die Arbeiter erzielten guten Verdienst durch Vermehrung der Akkordarbeiten«, befand Maffei über das Geschäftsjahr 1895.[160]

Wichtige Mitarbeiter scheint Hugo von Maffei auch unter Verwandten und Freunden ausgewählt zu haben, deren Zuverlässigkeit und Loyalität er sich sicher war. Als technischer Direktor arbeitete der weitläufig mit der Familie verwandte Karl Halm (Abb. 21) als Böhms Nachfolger von 1887 bis 1898 in der Fabrik. Anton Rietzl, dessen Vater Hugo von Maffei in Berchtesgaden kennengelernt hatte, erreichte verhältnismäßig schnell eine Vertrauensstellung als Prokurist und Maffeis rechte Hand.[161] Alfons von Maffei berichtet, die Überempfindlichkeit und große Ungeduld seines Vaters habe die Zusammenarbeit mit ihm erschwert. »Jede Kritik oder einen Tadel seiner Erzeugnisse oder auch seiner Angestellten« fasste er »als eine persönliche Kränkung« auf. Er arbeitete lieber mit seinem Personal, als seine Söhne einzuarbeiten, »deren zweifelsohne anfängliche Fehler und Ungeschicklichkeiten ihn reizten und zu überlebhaften Tadeln und Anreden veranlassten.«[162] Zwar gestattete er seinem Ältesten Alfons, sich im Büro über den Geschäftsgang zu informieren und vorübergehend die Kasse zu verwalten, »im persönlichen Geschäftsverkehr aber bediente er sich nur seines Prokuristen und früheren Mündels Anton Rietzl«, der seinem Chef bis zum Kriegsausbruch diente. Auch nach Rietzls Tod besorgte Maffei seine Geschäfte lieber mit dessen Nachfolger Adolf Böhme.

Mit dem Anstieg der Jahresgesamtproduktion bei J. A. Maffei zwischen 1896 und 1913 von 2846 auf 10 900 Tonnen[163] verdoppelte sich die Werksbelegschaft, zwischen 1896 und 1907 von 863 auf 1751 Arbeitskräfte (Abb. 28). Das Unternehmen blieb Münchens größte Fabrik. In der nach wie vor von Behörden und vom Handel geprägten Residenzstadt gab es 1907 erst sechs Großbetriebe mit mehr als 1000 Beschäftigten: Neben den beiden Lokomotivfabriken Krauss & Comp. AG und J. A. Maffei waren dies zwei Baufirmen, eine Wagenbauanstalt und die kommunalisierten Straßenbahnen.[164]

Nach der Jahrhundertwende nahmen die Auseinandersetzungen zwischen Unternehmern und Arbeitnehmern zu. Zu einem größeren organisierten Lohnstreik kam es bei J. A. Maffei erstmals im Oktober 1904 im Zusammenhang mit den Arbeitskämpfen in der bayerischen Metallindustrie. Bis dahin war es weder bei Maffei noch bei Krauss, abgesehen von kleinen Einzellohnstreitigkeiten, zu Konflikten gekommen.[165] Damals verlangten etwa 200 Tender- und Rahmenbauer der Fabrik eine Erhöhung der Stundenlöhne, die Einführung von Mindestlöhnen, die Regelung der Akkordarbeit und die schriftliche Festlegung ihrer Forderungen durch einen Vertrag. Als sich die Unternehmensleitung weigerte, darauf einzugehen, traten 162 Arbeiter in den Streik. Er dauerte nur neun Tage, da sich die Firma auf Vermittlung des Gewerbegerichts zum Abschluss eines

28 Beschäftigungsentwicklung bei J.A. Maffei, 1870 bis 1920

[Kustermann, *Lokomotivindustrie*, 42; Zahlen für 1872–1876: *Jahresberichte der Handels-und Gewerbekammer für Oberbayern 1872/73* u. *1874/75*, 197 bzw. 109.]

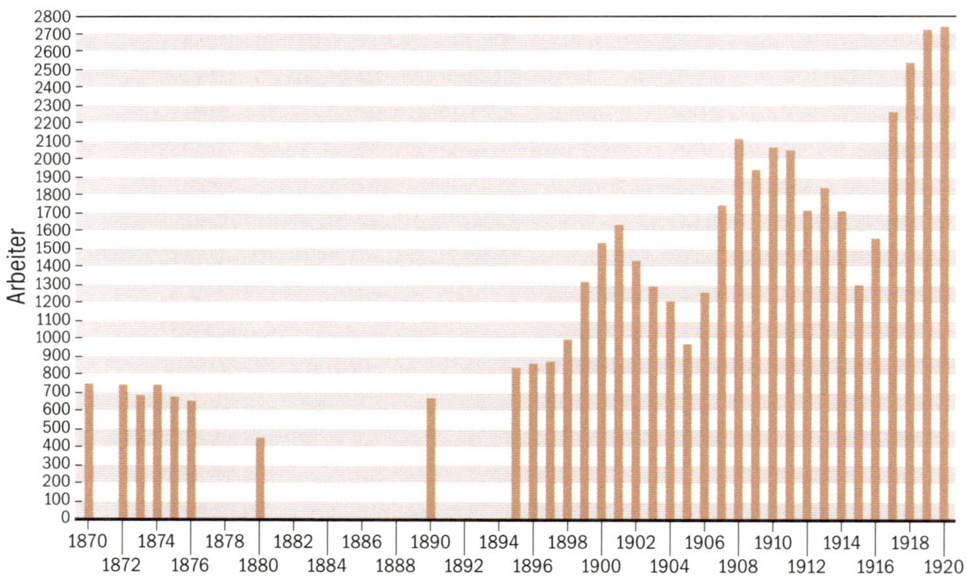

tarifvertragsähnlichen Abkommens entschloss.[166] Als die Gewerkschaften nach Ablauf des Vertrags im Mai 1905 bei den Münchner Großfirmen Tarifverträge einreichten und sich die Fabrikanten nur zu Verhandlungen mit ihren eigenen Arbeitern bereit erklärten, traten am 20. Mai 244 Arbeiter von J. A. Maffei und 258 Arbeiter von drei weiteren Unternehmen in den Ausstand. Die Belegschaft der Krauss & Comp. AG beteiligte sich nicht am Streik, da die Firmenleitung hier kompromissbereiter war als bei J. A. Maffei. Der Verband Bayerischer Metallindustrieller reagierte auf den Streik mit einer Aussperrung. Zehn Münchner Großbetriebe sperrten insgesamt 2134 Arbeiter aus. Als keine Einigung zustande kam, wurde die Aussperrung auf Nürnberg und weitere bayerische Städte ausgedehnt. Am 3. Juli 1905 kam es zum Abschluss der Verhandlungen, aus denen die Arbeitgeber als Sieger hervorgingen. Alfons von Maffei erinnerte sich: »Der gesamte Nachwuchs schwur zur roten Fahne, der Stock der alten Leute, der sich immer mehr verringerte, hatte keinen Einfluß mehr auf die Jugend.«[167]

Im Kriegsjahr 1915, als durch die Einberufungen Lücken im Facharbeiterbestand entstanden, sank die Zahl der Arbeiter von 1721 auf 1310. Darin eingeschlossen waren auch Kriegsgefangene und Frauen, die J. A. Maffei 1915 einstellte. Dem Unternehmen wurden mit der einsetzenden Kriegskonjunktur und der Aufnahme der Rüstungsproduktion Arbeitskräfte zugewiesen. Bereits 1917 arbeiteten 2265 Personen in der Lokomotiv- und Maschinenfabrik.[168]

Standort, Investitionen und Modernisierung

Hugo von Maffei hatte den Weltmarkt im Blick. Die um 1890 einsetzende Verkehrsbelebung brachte dem Unternehmen nationale und internationale Großaufträge, die den Fabrikanten zu einem weiteren Ausbau seiner Fabrik veranlassten. Zur Steigerung ihrer Leistungsfähigkeit errichtete die Firma 1893/94 die Lokomotivremise und baute die Anfang 1894 bei einem Feuer abgebrannten Werkstätten wieder auf. Zur Deckung des steigenden Strombedarfs entstand 1895/96 über dem Isarkanal das unternehmenseigene kombinierte Wasser- und Dampf-Kraftwerk, dessen Gesamtleistung 300 PS erreichte. Bis dahin war der Antrieb der Transmissionsstränge durch einzelne, über das ganze Werk verteilte Wasserturbinen erfolgt. Die beiden, mitten durch das Werksgelände verlaufenden Kanäle wurden zum Eisbach vereinigt, der nun die östliche Begrenzung der Fabrik bildete und nicht weit vom Betriebsgelände in die Isar mündete. Sein Gefälle trieb vier an Dynamos gekoppelte Turbinen an. Als Reserve für eine weitere Leistungserhöhung dienten drei Lokomobile. In den Jahren 1896 bis 1899 entstanden auf dem Fabrikareal eine Montagehalle, weitere Werkstättengebäude und eine Kesselschmiede, außerdem wurde die Modellhalle erweitert.[169]

Die Zukunft des Industrieunternehmens am Standort Hirschau hing nicht zuletzt von einer Gleisverbindung zum Schwabinger Güterbahnhof ab. Nach jahrelanger Ablehnung und vielfachen Bedenken genehmigte Prinzregent Luitpold 1901 wider Erwarten Maffeis Gesuch, die benachbarten Grundstücke der Wittelsbacher mit einem Gleis überqueren zu dürfen.[170] Der Gleisanschluss durch den schmalsten Teil des Englischen Gartens bildete den Auftakt zu einer Reihe weiterer Veränderungen und Verbesserungen auf dem Fabrikgelände. In erster Linie wurde die Kraftübertragung und -verteilung durch Elektrizität eingeführt. Der Bau eines eigenen Elektrizitätswerks – Münchens fünftes Kraftwerk – wurde 1902 vollendet. Drei damals über dem Eisbach eingebaute Francis-Turbinen übertrugen zu den einzelnen Werksabteilungen eine Stromleistung von insgesamt 1000 PS. Während der alljährlichen Bachauskehr, bei Niedrigwasser oder bei starkem Eisgang wurden sie durch drei von Maffei gebaute Dampfmaschinen gleicher Leistung und eine Dampfturbine der Melms & Pfenninger ersetzt.[171] Bis 1910 hatte die Fabrik die Betriebskraftkapazitäten auf etwa 2200 PS erhöht. 230 Elektromotoren mit einer Gesamtleistung von ca. 1500 PS dienten dem Antrieb in den einzelnen Werksabteilungen.[172]

Nach Abschluss des Modernisierungs- und Ausbauprogramms war 1910 bis auf den alten Fabrikhof und einige an die Gyßlingstraße grenzende Gebäude von den ursprünglichen Werksanlagen nichts mehr vorhanden (Abb. 29, 30). Die neuen Werkshallen erstreckten sich über ein Areal von ungefähr 24 Hektar. Im Unterschied zum Münchner Konkurrenten Krauss & Comp. arbeitete J. A. Maffei von Anfang an mit einer eigenen Eisengießerei. Ihren Bedarf an Stahlguss bezog die Fabrik von fremden Firmen, was häufig zu langen Lieferzeiten führte.[173]

29 Maschinenfabrik J.A. Maffei, um 1913, mit den neuen Werkshallen und dem neuen Kraftwerk über dem Eisbach

[BWA, F 44/M 3]

30 Hirschau, Luftbild um 1929

[BWA, F 44/M 3]

1913 verschlechterte sich J. A. Maffeis Liquidiät ein zweites Mal recht drastisch, wenn auch nur vorübergehend, da mehrere Kunden der Lokomotivfabrik mit Zahlungen in Verzug waren. Hugo von Maffei konnte sich nicht an dem gemeinsam mit Alexander von Wacker geplanten Bau eines Kraftwerks in Oberbayern beteiligen und musste schließlich seine Anteile bei der Elektrobosna an Wacker verkaufen, der ein Jahr später ein eigenes Unternehmen, die heutige Wacker Chemie AG, gründete.[174] Dabei galt Maffei vor dem Ersten Weltkrieg als reichster Mann Bayerns, dessen Vermögen auf 45 Mio. Mark und dessen Einkommen auf 1,74 Mio. Mark geschätzt wurden.[175]

Durch den Ausbruch des Ersten Weltkriegs gingen J. A. Maffei wichtige Absatzmärkte und Bezugsquellen verloren. Exportindustrien wie der Lokomotiv- und Maschinenbau litten besonders unter dem Abbruch der Geschäftskontakte mit den Feindstaaten. Für einen Zeitraum von mehr als vier Jahren löste ein sukzessiv mehr planwirtschaftliche Merkmale annehmendes Wirtschaftssystem die von liberalen Grundsätzen geleitete Vorkriegsordnung ab. Die Einrichtung zentraler Beschaffungsämter auf Reichsebene und verstärkte staatliche Eingriffe in die Privatwirtschaft zeichneten die Kriegswirtschaft aus. Knapp werdende Rohstoffe wurden bewirtschaftet. Das Preußische Kriegsministerium richtete zu diesem Zweck 1914/15 eine zentrale Kriegsrohstoffabteilung ein. Zur maßgebenden Schaltzentrale für die militärische Auftragsvergabe wurde die Reichshauptstadt Berlin.[176] Nach Vorgaben der Heeresverwaltung baute J. A. Maffei während des Krieges 308 Feldbahnlokomotiven.[177] Die Melms & Pfenninger GmbH stellte Dampfturbinen zur Ausrüstung der »S 165/168« der Kriegsmarine her. Auch die MSW profitierten von der Auftragslage während des Ersten Weltkriegs.[178] Welchen Anteil die Firma J. A. Maffei an den Aufträgen, Investitionen und Gewinnen der Rüstungskonjunktur im Einzelnen hatte, lässt sich nicht mehr nachvollziehen, da einschlägige Akten fehlen.[179]

Nach dem Ende des Ersten Weltkriegs hatte die Wirtschaft, deren Produktionsstruktur auf Rüstungsgüter ausgerichtet war, mit dem plötzlichen Wegfall aller Rüstungsaufträge zu kämpfen. Hinzu kamen die Kundgebungen und Streiks der Arbeiter. Zwar schien eine drohende Sozialisierung der gesamten Industrie durch das Reichsabkommen vom November 1918 zwischen den Gewerkschaften und den Arbeitgebern abgewendet, doch noch im April 1919 herrschte eine extreme Unsicherheit über die Zukunft der Wirtschaftsordnung.[180] Der drohende Verlust seines Vermögens, Revolution und Geldentwertung erschütterten Hugo von Maffei ebenso wie der Zusammenbruch des Kaiserreichs, dessen begeisterter Anhänger er gewesen war.

J. A. Maffei hatte schwer zu kämpfen. Obwohl sich der allgemeine Markt im Eisenbahnwesen im In- und Ausland dramatisch verengte, hielt das Unternehmen am Lokomotivbau als Haupterwerbszweig fest. Den entscheidenden Wendepunkt in der Geschichte der Münchner Lokomotivfabrik bildete das Jahr 1921, als Hugo von Maffei im Alter von 84 Jahren starb. Die »Phase der Orientierungslosigkeit«, die nun im Hirschauer Werk einsetzte, leitete den Niedergang des Traditionsunternehmens ein.[181]

2.3 Die Krauss & Comp.: Münchens zweite Lokomotivfabrik

Georg Krauß: Herkunft und Karriere in der Schweiz

Georg Krauß (geb. 1826 in Augsburg, gest. 1906 in München) gehörte zur zweiten Generation der Eisenbahnpioniere. Der zweite Sohn des Webermeisters und späteren Gastwirts Johann Georg Krauß entstammte einfachen Verhältnissen. Er wuchs in einer Zeit des technischen und wirtschaftlichen Aufschwungs in Augsburg auf.[182] Georg Krauß erlebte den Bau der München-Augsburger Bahn mit und interessierte sich immer mehr für die Eisenbahntechnik.

Um das Schlosserhandwerk zu erlernen, ging Krauß nach München und trat 1847 als »praktischer Arbeiter« in das Eisenwerk Hirschau ein. Nach etwa eineinhalb Jahren bewarb er sich mit Erfolg bei den Kgl. Bay. Staatsbahnen und wurde nach kurzer Zeit in der Betriebswerkstätte in Hof (Saale) Lokomotivführer. Krauß erwarb sich während dieser Tätigkeit ein qualifiziertes Fachwissen in der Lokomotivtechnik und erhielt nach zwei Jahren die Aufgabe, den Fuhrpark zu warten und den Fahrbetrieb zu überwachen. Nach einigen Jahren in dieser verantwortlichen Position und nach seiner Beförderung zum Obermaschinisten wurde ihm 1853 die Aufsicht über den Fahrdienst und die Betreuung der Lokomotiven und des Eisenbahnmaterials der Allgäuer Bahnlinie sowie der Bodensee-Dampfschifffahrt in Kempten und Lindau übertragen.[183] In den Werkstätten der Staatsbahn vertiefte er bei den täglichen Instandsetzungs- und Reparaturarbeiten seine Kenntnisse über Vorzüge und Mängel der unterschiedlichen Bauarten und Herstellertypen.[184]

Nach acht Jahren im bayerischen Staatsdienst folgte Krauß 1857 dem Angebot der Schweizerischen Nordostbahn-Gesellschaft und übernahm eine Führungsposition in Zürich. Das private Unternehmen war 1853 aus der Fusion der Schweizerischen Nordbahn-Gesellschaft und der Zürich-Bodensee-Eisenbahngesellschaft hervorgegangen und betrieb u. a. die Strecken Zürich – Romanshorn und Zürich – Zug – Luzern sowie die Schifffahrt auf dem Zürichsee und dem Bodensee. Als Maschinenmeister übernahm Krauß die Leitung des Fahrdienstes und des gesamten Werkstättenbetriebs.[185] Da er nicht akademisch ausgebildet war, suchte Krauß die Verbindung zum Züricher Eidgenössischen Polytechnikum, um sich bei Professor Gustav Anton Zeuner umfassend in Mechanik und theoretischer Maschinenlehre fortzubilden.[186]

Als die Schweizer Eisenbahngesellschaft 1864 mit dem Bau einer neuen Bahnlinie begann, orderte die Direktion die für ihren Betrieb benötigten Maschinen nicht bei einem der etablierten Hersteller, sondern beauftragte Krauß und ließ ihm bei der Konstruktion in den eigenen Werkstätten freie Hand. Die Lokomotiven sollten über ein geringes Eigengewicht und über große Zugkraft verfügen; Eigenschaften, die bei der Verkehrserschließung der Alpen erforderlich waren. Krauß löste die Aufgabe, indem er im Unterschied zum bisher gängigen Rahmenbau für das Fahrgestell die Kastenbauweise entwickelte. Damit senkte er auch die Materialkosten. Krauß' Lokomotive zeichnete sich durch sorgfältige Ausnutzung und Reduzierung des Gewichtes aller Bauteile, einfache Konstruktion und große Leistungsfähigkeit aus. Durch die tiefere Lage des Schwerpunkts erhöhte er die Schienenhaftung (Adhäsion) und verteilte das Gewicht der Lok gleichmäßiger auf die Schienen. Die Gewichtseinsparung bei den Bauteilen ermöglichte Krauß den Einsatz größerer und leistungsfähigerer Kessel. Der Rahmen diente dem Kessel nur als Fundament und machte die Maschine bis zu einem gewissen Grad von der Spurweite unabhängig. Diese Kesselgattung ließ sich für verschiedene Spurweiten nutzen, während sich der Rahmen durch Änderung der Breite der Querwände an die Spurweite anpassen ließ.

Der Hersteller war dadurch in der Lage, in sehr kurzer Zeit zu liefern, weil die einzelnen Teile der Radsätze und des Triebwerks sowie die Kessel für die häufigsten Typen auf Lager gehalten werden konnten. Der Rahmenkastenbau ermöglichte es zudem, den nötigen Vorrat an Wasser und

Heizmaterial ohne eigenen Tender mitzuführen. Durch die flexible Regulierung der Wassermenge im Rahmen ließ sich das Gewicht der Lok an die variierenden Witterungs- und Steigungsbedingungen anpassen. Krauß konzentrierte sich auf eine möglichst große Zugkraft der Maschine; weniger Ansprüche stellte er an die Geschwindigkeit. Außerdem legte er Wert darauf, die Lokomotive möglichst leicht zu bauen, um sie auch auf unebenen Strecken mit primitivem Unterbau einsetzen zu können.[187] Der neue Maschinentyp wurde wenige Jahre später als »System Krauß« zur Grundlage seines eigenen unternehmerischen Erfolgs. Die Innovation eignete sich besonders für kleine Schmalspurlokomotiven.

Stolz schrieb Krauß (Abb. 31) im November 1864 seinem Freund und späteren Teilhaber Conrad Bosch nach Augsburg: »Gegenwärtig habe ich zwei Lokomotiven in Arbeit, die – ich darf es dreist und ohne Anmaßung behaupten – alles bisher in diesem Fach erstellte sowohl in Beziehung der Konstruktion als auch der Ausführung übertreffen, trotzdem, daß es mein Erstlingswerk ist. Alle seit fünfzehn Jahren gesammelten Erfahrungen sind hier vereinigt, und sind neue Ideen und Erfindungen dran, die den äußersten Anforderungen entsprechen werden.«[188] Bereits damals plante Georg Krauß, sich als Unternehmer und Konstrukteur selbständig zu machen, und schrieb am 27. November aus Zürich: »Ich hätte nämlich im Sinne in München und zwar an einem der Bahn zunächst gelegenen Platze ein Geschäft zu errichten und würde hiebei [sic!] hauptsächlich auf die Staatsbahn als besten Kunden spekulieren. Dieselbe ist, wie Du weißt, noch nicht so weit gekommen, solche Werkstättenanlagen zu machen, daß sie nur wenigstens die Hauptreparaturen an ihren Lokomotiven vornehmen kann, sie muß ihre alten Maschinen in die Hirschau schicken.«[189]

Nach dem Bau der vierten Lokomotive in den Schweizer Werkstätten stand sein Entschluss fest, Zürich zu verlassen. In München, dem Verwaltungssitz der Kgl. Bay. Staatsbahnen und der privaten Bayerischen Ostbahn AG, wollte der damals knapp 40-Jährige – nach fast neun Jahren Tätigkeit für das Schweizer Unternehmen – den Lokomotivbau in eigener Regie betreiben.[190] Um sein Vorhaben zu verwirklichen, regelte er umsichtig die mit der geplanten Firmengründung verbundenen Aufgaben. Zur Klärung anstehender Finanzierungsfragen reiste Krauß im Mai 1865 nach Augsburg und München, um seine künftigen Geldgeber zu treffen, darunter Conrad Bosch sowie die Textilfabrikanten Viktor Martini und Wilhelm Butz. Krauß hatte die Kooperation mit kapitalkräftigen Unternehmern wie dem

Nürnberger Maschinenbauer Klett & Comp. erwogen, um sich gegen bevorstehende Konflikte mit Maffei zu wappnen. Die Aussichten für die Realisierung dieses Plans seien nicht schlecht, schrieb er am 6. Juni 1865: »Herr v. Cramer (Firma Klett & Comp.) ist geneigt, als selbständiges Etablissement eine Filiale in München zu errichten und unter meiner finanziellen Beteiligung und Direktion. Dadurch dürfte schon von Anfang an eine solide Grundlage gewonnen sein, und Maffei gegenüber ein moralisches Übergewicht obwalten; derselbe wird wenigstens nicht den Versuch wagen das Geschäft verbieten zu wollen.«[191] Aus dem Gemeinschaftsprojekt mit Krauß als Teilhaber und Direktor einer Münchner Niederlassung der Klett & Comp. wurde aber schließlich nichts (Abb. 31).

31 Georg Krauß (1826–1906), 1901, im Alter von 75 Jahren
[BWA, F 44/K 1]

Gründung und Spezialisierung

Die Versuche von Georg Krauß, in München Fuß zu fassen, wurden durch Joseph Anton von Maffei gebremst. Die Verkaufsverhandlungen für das von Krauß ins Auge gefasste Baugrundstück am Marsfeld zogen sich in die Länge, nicht zuletzt, weil ihm aus dem Umfeld seines ehemaligen Arbeitgebers Maffei, der im Königreich Bayern bis dahin einziger Lokomotivhersteller gewesen war, Widerstand entgegengebracht wurde. Der Truppenübungsplatz eignete sich wegen seiner Nähe zum Zentralbahnhof besonders gut als Standort für eine Lokomotivfabrik. Und Krauß gelang es schließlich, dem Brauereibesitzer Gabriel Sedlmayr ein 16,5 Hektar großes Grundstück an der Arnulfstraße Ecke Maillingerstraße abzukaufen. Die Pläne für die Werksanlagen erstellte der 23-jährige Maschinenbauingenieur Carl Linde, der als Praktikant bei Borsig in Berlin Fachkenntnisse im Lokomotivbau erworben hatte.[192]

Krauß verfügte über Ersparnisse von 40 000 Gulden, benötigte jedoch weitere 260 000 Gulden für das Grundkapital der geplanten Gesellschaft. Die Kapitalbeschaffung gestaltete sich schwieriger, als vermutet, obwohl Krauß neben seinem technischen Know-how gute Geschäftsverbindungen mitbrachte. Nur mit großer Anstrengung gelang es ihm, mithilfe seiner alten Kontakte in der Heimatstadt Augsburg Investoren zu gewinnen. Für deren anfängliche Zurückhaltung war Joseph Anton von Maffei verantwortlich, der mit allen Mitteln versuchte, die Pläne von Georg Krauß zu durchkreuzen. Der bereits 75-jährige Reichsrat und Stadtrat hatte kein Interesse an einer lokalen Konkurrenz, die zudem noch über den Vorteil eines Standorts in Bahnhofsnähe verfügen würde.

Dennoch gelang es Georg Krauß, die benötigten Mittel aufzutreiben. Im Februar 1866 konnte er mit Beteiligungen in Höhe von 235 000 Gulden rechnen.[193] Die Behörden erteilten ihm am 9. März 1866 die Genehmigung zur Errichtung einer Fabrik auf dem Gelände an der Grenze zwischen Maxvorstadt und Neuhausen.[194] Seine Geschäftspartner, Augsburger Kaufleute und Industrielle, hätten es begrüßt, wenn die Fabrik ihren Sitz in der Industriestadt Augsburg gehabt hätte. Krauß hatte jedoch Gründe für seine Standortwahl: In der bayerischen Landeshauptstadt waren neben den beiden Bahnverwaltungen auch die für den Lokomotivbau notwendigen Zulieferindustrien angesiedelt. Zudem plante er, Wartungsarbeiten für die Bay. Staatsbahnen zu übernehmen, die noch keine Zentralwerkstätte hatte.

Der Newcomer Krauß wagte sich in einen harten Konkurrenzkampf, denn auch wenn er mit Maffei bayernweit nur einen Konkurrenten hatte: Das Schienennetz des Zollvereins befuhren seit 25 Jahren Dampfloks von Borsig, Maffei, Keßler, Egestorff, Henschel und Hartmann.[195] Immerhin lag Krauß schon vor der Grundsteinlegung eine Reihe von Aufträgen vor, von der Großherzoglich Oldenburgischen Staatsbahn, aus Württemberg und aus Österreich, von den Bay. Staatsbahnen aber erst seit Ende Januar 1867.[196] Der Zeitpunkt für die Unternehmensgründung inmitten der Wirren des Preußisch-Österreichischen Krieges war denkbar ungünstig. Bereits im Juli endete der letzte innerdeutsche Krieg mit der Niederlage Österreichs und Bayerns. Unter diesen schwierigen Verhältnissen wurde am 17. Juli 1866 der Grundstein für die Fabrik in der Nähe des Hauptbahnhofs gelegt. Krauß unterzeichnete als Komplementär mit 13 weiteren Gesellschaftern in Augsburg den Gründungsvertrag der Krauss & Comp. als Kommanditgesellschaft. Seine Einlage am Gesellschaftskapital (290 000 Gulden) betrug 40 000 Gulden.[197]

Aufgrund beschränkter Kapitalmittel verzichtete Krauß am Marsfeld auf den Bau einer Gießerei und zunächst auch auf den einer Kesselschmiede. Die Fabrik umfasste in ihrer ersten Ausbauphase eine Dreherei, eine Schlosserei, eine Hammerschmiede, eine Montagehalle und eine Lackiererei (Abb. 33, 34).[198] Vor der offiziellen Gründungsfeier schrieb Krauß am 6. November 1866 über den Fortgang der Baumaßnahmen an den Kommanditisten Bosch: »Heute hat Maffei seine 600. Lokomotive auf dem Bahnhof geliefert, sie ist aber nicht besser gearbeitet als alle 599 vorausgehenden, und voraussichtlich wird das gleiche auch mit der geschehen, welche er für die Ausstellung in Paris liefert. Dies ist für uns ein Konkurrent, den wir in kurzer Zeit über die Achsel ansehen können, und sein schlauer Direktor Böhm wird bald mit seinen Verdächtigungen unseres Etablissements schweigen müssen. Es wird mir ein Triumph sein, wenn Maffei bei der Pariser Ausstellung durchfällt und wir seine Medaille bekommen, worauf ich zuversichtlich rechne.«[199]

Er sollte recht behalten: Krauß, nicht Maffei, bekam die höchste Auszeichnung. Auf sein in der Schweiz entwickeltes »Lokomotiv- und Tender-System«, das bereits beschriebene »System Krauß«, erhielt er am 13. März 1867 ein bayerisches Patent.[200] Zwei Tage später verließ die erste im Auftrag der Oldenburgischen Eisenbahn gefertigte Lokomotive die noch unfertigen Werkshallen. Die nach einer norddeutschen Landschaft an der

Wesermündung benannte »Landwührden« (Normalspur 1435 Millimeter) schickte Krauß zur Pariser Weltausstellung, noch bevor sie ihren Dienst aufnahm. Linde, der die Transportleitung und die Aufstellung übernahm, schildert in seinen Erinnerungen den sensationellen Messeerfolg des jungen Unternehmens. In einer mehr als 20-stündigen Fahrt auf dem Führerstand der Lok erreichte er Straßburg und nach weiteren 40 Stunden Paris. Kaiser Napoleon habe auf seinem Ausstellungsrundgang vor der süddeutschen Maschinengruppe haltgemacht und die Rede des Präsidenten Otto von Steinbeis entgegengenommen. Das »System Krauß« wurde hier zum ersten Mal im Rahmen einer Messe der Öffentlichkeit präsentiert. »Zwischen den Lokomotiven von Maffei, von Eßlingen und von Karlsruhe stellte sich die kleine Kraußsche Maschine zunächst recht unscheinbar und beinahe dürftig dar. Unter den Sachverständigen aber erweckte sie mehr Aufmerksamkeit als ihre stattlicheren Nachbarinnen [...].«[201] Die Konstruktion übertraf hinsichtlich des Verhältnisses zwischen Leistung und Dienstgewicht alle bis zu diesem Zeitpunkt gebauten Maschinen. Die Jury prämierte die Lok (Abb. 32) mit der Großen Goldenen Medaille.[202]

Mit seiner ersten in München gebauten Lokomotive überflügelte Georg Krauß auf Anhieb alle etablierten Hersteller. Der Pariser Erfolg bedeutete den Durchbruch für sein Konstruktionssystem, das sich auch in der Folgezeit bewährte. Ein weiterer Vorzug des Rahmenbaus lag in seiner flexiblen Verwendung für alle Lokomotivgrößen und fast alle Spurweiten. Krauß bediente damit eine Marktlücke. Mit Schmalspurlokomotiven erzielte er bald größere Verkaufserfolge und errang im internationalen Lokomotivbau allgemeine Anerkennung. Auf dieses Segment entfiel die Hälfte der bis 1904 produzierten Maschinen. Krauss & Comp. lieferte bis zur Jahrhundertwende Maschinen mit 106 verschiedenen Spurmaßen bei einer Leistung von fünf bis 800 PS. Die Fahrzeuge wurden für Feld- und Industriebahnen,[203] beim innerbetrieblichen Materialtransport, in Untertagegruben, Steinbrüchen oder auf Großbaustellen eingesetzt. Der Schmalspursektor spielte im Geschäft mit den Eisenbahngesellschaften eine wichtige Rolle. Vor allem aber im Bereich der Industriebahnen bestand ein großer Bedarf. Bereits 1867 lieferte Krauss & Comp. schmalspurige 20-PS-Lokomotiven für Bauunternehmen. Krauß' Maschine etablierte sich in den Folgejahren als *die* typische Kleinbahnlok.[204]

Einige Jahre später erhielt das Münchner Unternehmen auf der Wiener Weltausstellung (1873) eine weitere Auszeichnung. In der k. k. Haupt- und

32 Die »Landwührden«, 1867. Die erste Lokomotive fertigte die Krauss & Comp. für die Großherzoglich Oldenburgische Eisenbahn.

[BWA, F 44/K 3]

33 Lokomotivfabrik Krauss & Comp. mit der 1000. Lok, 1882. Im Gegensatz zum Grandseigneur Maffei bewohnte Krauß eine Villa direkt neben der Fabrik (rechts im Bild).

[BWA, F 44/K 4, Friedrich Perlberg]

34 Marsfeld Werkshallen im Zentrum Münchens, um 1900

[BWA, F 44/K 4]

35 Die 1872 errichtete Niederlassung München-Sendling, 1882
[BWA, F 44/K 4]

36 Umsatz bei Krauss & Comp. in Mio. Mark, 1867 bis 1904
[Locomotivfabrik Krauss & Comp. Actien-Gesellschaft München-Linz (Hg.), *Festschrift*, 9.]

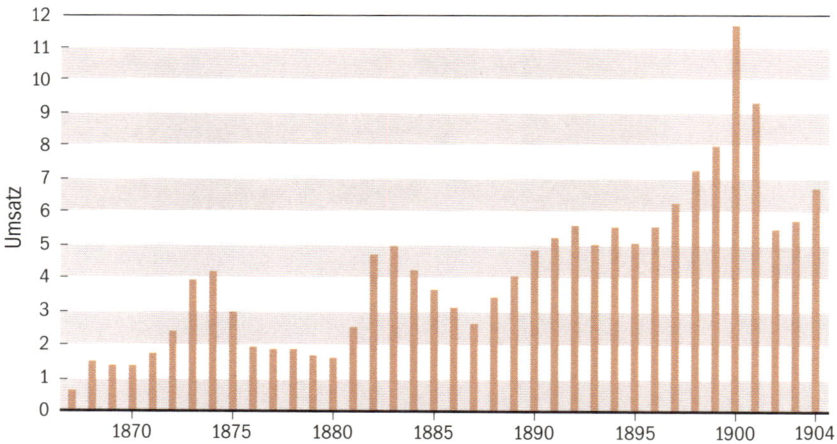

Residenzstadt erschloss Georg Krauß seiner Firma einen neuen Markt, unter anderem mit der Gründung der Dampftramway Krauss & Comp., die 1883 die erste Dampftramway-Linie eröffnete. Es war das dritte Nahverkehrsunternehmen der Metropole, in der bislang nur Pferdebahnen eingesetzt waren.[205]

Investitionen und Erweiterungen

Nach dem Pariser Ausstellungserfolg mehrten sich die Aufträge für Kleinbahnen. Das reichlich vorhandene Kapital aus den französischen Reparationen führte auch im Verkehrswesen des neuen Kaiserreichs zu einem wirtschaftlichen Aufschwung. Die Bay. Staatsbahn erteilte Großaufträge für Lokomotiven. Georg Krauß errichtete bereits 1872 im allgemeinen Aufbruch der Münchner Maschinenindustrie[206] ein Zweigwerk für die Produktion kleiner Schmalspurlokomotiven, die von der Fabrikation großer Maschinen am Marsfeld getrennt wurde. Als Standort wählte er ein Areal am Münchner Südbahnhof mit Anschluss an die Gleise der Staatsbahn. Grundsteinlegung der Niederlassung an der Sendlinger Lindwurmstraße, deren Jahreskapazität 60 Lokomotiven erreichte, war am 31. Mai.[207] Die Krauss & Comp. bezog von der ebenfalls 1872 in der Nähe ihrer Filiale gegründeten Kommanditgesellschaft Sugg, Kaiser & Comp. Grauguss für den Lokomotivbau, da sie am Marsfeld über keine eigene Gießerei verfügte. 1899 beteiligte sich Krauss & Comp. an der zu diesem Zeitpunkt umfirmierenden Eisengießerei AG Sugg & Comp.[208] und erwarb sie später ganz. 1920 schließlich fusionierte diese endgültig mit der Lokomotivfabrik (Abb. 35).

Die Beschäftigten- und Umsatzzahlen von Krauss & Comp. nahmen in den ersten Jahren rasch zu. Von 1867 bis 1874 wuchs der Jahresumsatz von einer halben auf 4,1 Mio. Mark.[209] Das Unternehmen florierte, die Auftragsbücher füllten sich. Bis 1871 baute Krauss & Comp. bereits 100 Lokomotiven; Ende 1872 wurde die 200. Lok an die Kronprinz Rudolf-Bahn verkauft und Mitte 1875 die 500. Lokomotive an die Bay. Staatsbahn geliefert (Abb. 36).

Infolge der Wirtschaftskrise nach dem »Gründerboom« von 1870/71 gingen die Lokomotivaufträge zurück: von 120 Lokomotiven im Jahr 1874 auf 98 im Jahr darauf. Davon nahm in Bayern die Staatsbahn 16 Maschinen ab, drei Loks erwarben private Bauunternehmen. Die übrigen Maschinen wurden nach Mittel- und Norddeutschland, in die Schweiz, nach Schweden, Österreich und in die Türkei verkauft.[210]

Als im Zuge der neuen Schutzzölle der Verlust eines der wichtigsten Märkte – nämlich Österreich – drohte, entschloss sich das Unternehmen, das sein Wachstum der Exportorientierung verdankte, zur Gründung einer dritten Fabrik in Oberösterreich. Der Umschwung der Reichsregierung von der Freihandelspolitik zu einer protektionistischen Wirtschaftspolitik mit Schutzzöllen auf ausländische Waren belastete die Beziehungen zu Österreich. Durch die im Gegenzug erhöhten österreichischen Eingangszölle war der Zollsatz für Lokomotiven derart gestiegen, dass ein Export in den Nachbarstaat nahezu unmöglich geworden war. Vor allem die Bestimmung der österreichischen Bahnen, das erforderliche Rollmaterial im Inland zu beschaffen, veranlasste Georg Krauß deshalb am 1. September 1880 zur Errichtung einer Niederlassung in Linz an der Donau (Abb. 37, 38). Die Münchner Maschinenfabrik konnte mit einem »äusserst wohlwollenden« Entgegenkommen der österreichischen Regierung, der Bahnverwaltungen und der Privatkundschaft rechnen. Die Auslandsfiliale belieferte vor allem Auftraggeber in Österreich-Ungarn.[211]

Die tragende Säule des Geschäfts von Krauss & Comp. blieb der Export. Über die Hälfte der Lokomotivproduktion ging ins europäische Ausland, nach Asien und Südamerika. An die Gotthard-Bahn lieferte die Fabrik 1882 ihre 1000. Lokomotive aus (Abb. 39).

Der weitere Anstieg des Umsatzes bis zur Jahrhundertwende war primär getrieben von Aufträgen der Bay. Staatsbahn (siehe S. 48, 60). Dem allgemeinen konjunkturellen Einbruch folgte auch der Rückgang der staatlichen Bestellungen mit dem entsprechend starken Umsatzrückgang bei Krauss im Jahr 1902.

Bau und Betrieb von Lokalbahnen

Die Schmalspurlokomotiven von Krauss & Comp. eigneten sich nicht nur für Industrie- und Bergwerksbetriebe, sondern vor allem auch für Nebenbahnen zur Erschließung abgelegener Gebiete. Nachdem um 1875

37 Das 1880 errichtete Linzer Zweigwerk der Lokomotivfabrik Krauss & Comp., 1918

[Archiv der Stadt Linz]

38 Das Direktionsgebäude des Zweigwerks der Lokomotivfabrik Krauss & Comp. in Linz, 1904

[Archiv der Stadt Linz]

39 Auslieferung von Lokomotiven der Krauss & Comp. nach Ländern, 1867 bis 1886

[Geschäftsbericht Krauss & Comp., 1887, 6]

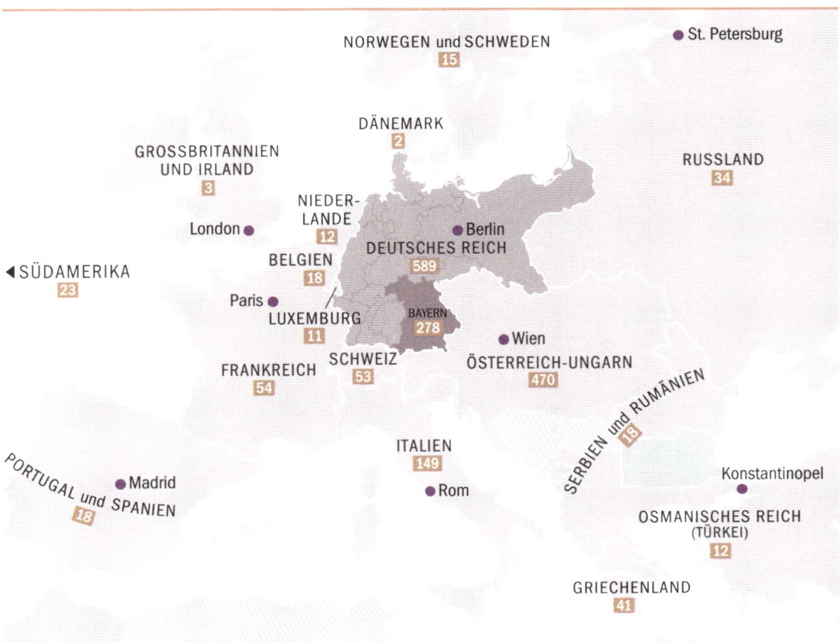

die Hauptbahnstrecken überwiegend gebaut waren, gewann die Erschließung des ländlichen Raums durch Nebenbahnen Priorität. Um sie rentabel betreiben zu können, musste man die Bau- und Betriebskosten niedrig halten. Eine Lösung dafür boten Schmalspurbahnen. Georg Krauß erkannte die Marktlücke und entschied sich für den Bau von Lokalbahnen als weiteren Geschäftszweig. Krauss & Comp. trat nun auch als Bauherr und Betreiber von Kleinbahnen auf. 43 Prozent aller von Krauss & Comp. bis 1904 an Bahngesellschaften gelieferten Lokomotiven wurden auf Sekundärstrecken eingesetzt. In Linz baute Krauß im Jahr 1880 die über 56 Kilometer lange Kremstalbahn mit Gleisanbindung zur Fabrik als Lokalbahn. Die von Georg Krauß in Wien betriebene »Dampftramway«, eine Straßenbahn, umfasste ein Schienennetz von 42 Kilometern. 1883 baute die Krauss & Comp. auch Münchens erste Dampfstraßenbahn vom Starnberger Bahnhof in Fabriknähe über den Stiglmaier-Platz zum Nymphenburger Schloss. Auch in Städten Oberitaliens und der Niederlande fuhren Tramwayloks von Krauss & Comp.[212]

Mit der Feldabahn in Thüringen betrieb Georg Krauß Deutschlands erste meterspurige Eisenbahn. Die 44 Kilometer lange Bahn verdankt ihren Bau im Jahre 1878 dem Bedürfnis, eine bislang vernachlässigte Region an das Eisenbahnnetz anzuschließen. Alle Versuche des Großherzogtums Sachsen-Weimar, mit staatlicher Unterstützung für diesen Landesteil eine Bahngesellschaft ins Leben zu rufen, waren gescheitert. Der Bau einer Staatsbahn nach den normalen Standards war für das finanzschwache kleine Land zu kostspielig. Die Regierung übertrug daher 1878 an Krauss & Comp. den Bau einer Schmalspurbahn »in Generalentreprise gegen einen Pauschalbetrag von 1,02 Mio. Mark«. Dies entsprach knapp 24 000 Mark pro Kilometer.[213]

Ein Grund, sich im Bau und Betrieb von Schmalspurbahnen noch stärker zu engagieren, war vermutlich das Lokalbahngesetz von 1882. Dieses zweite Gesetz über die Behandlung bestehender sogenannter Vizinalbahnen, mit denen der ländliche Raum erschlossen wurde, und ihren Bau in Bayern regelte die Errichtung untergeordneter Bahnen neu. Der nun grundsätzlich gestattete Bau privater Lokalbahnen wurde staatlich bezuschusst (Art. 5).[214] Die Krauss & Comp. erwartete damit einen erhöhten Absatz.

Das Unternehmen baute einfachste Lokalbahnstrecken und für ihren Betrieb leistungsfähige Rangier- und Kleinbahnloks nach dem »System

Krauß«, das stark nachgefragt wurde. Zum Fertigungsprogramm gehörte auch die Konstruktion von Zahnradlokomotiven für Bahnstrecken mit sehr großer Steigung. Für Aufsehen hatte Krauss & Comp. bei der Eröffnung der Uetlibergbahn im Jahre 1875 gesorgt, die zu dieser Zeit als Europas steilste normalspurige Adhäsionsbahn galt: Eine Krauss-Lok schob auf der zehn Kilometer langen Strecke mehrere Personenwagen auf den Gipfel des Züricher Aussichtsbergs und überwand dabei Steigungen von bis zu 7,9 Prozent; eine Leistung, die in der Regel nur Zahnradbahnen bewältigen konnten. In Oberbayern hatte sich die Eröffnung der Maximiliansbahn auf weitere Erschließungen ausgewirkt: Seit 1874 war ab Holzkirchen eine Stichbahn über Schaftlach nach Tölz befahrbar, die Sekundärbahnlinie Schaftlach – Gmund am Tegernsee wurde 1883 eröffnet. Georg Krauß zählte zu den Aufsichtsratsmitgliedern der Eisenbahn-Actiengesellschaft Schaftlach – Gmund, die über ein Anlagekapital von 400 000 Mark verfügte.[215] Weitere Sekundärbahnen baute Krauss & Comp. im Elsass: drei von Colmar abgehende Strecken, die bedeutendste darunter war die Kaysersberger Talbahn, die 1885 eröffnet wurde.

Die Öffnung von Schloss Herrenchiemsee für das Publikum gab den Anstoß für einen weiteren privaten Lokalbahnbau. Den Ausflugsverkehr zur Insel unterhielt damals Ludwig Feßler in Stock bei Prien. Als es zu Beförderungsengpässen kam, plante der Dampfschiff- und Sägewerksbesitzer eine Lokalbahn zwischen dem Staatsbahnhof der München-Salzburger Eisenbahn und dem See. Für die technische und finanzielle Durchführung konnte er die Krauss & Comp. gewinnen. Die 1886 gebildete Chiemseebahn-Gesellschaft Feßler & Co. in Prien, an der sich das Münchner Unternehmen federführend beteiligte, beauftragte mit dem Entwurf einer meterspurigen Bahn den Münchner Lokalbahnbau- und Betriebsunternehmer Lechner & Krützner. Die Krauss & Comp. brachte ihre Anteile in die zusammen mit dem Ingenieur Theodor Lechner zur Finanzierung und zum Betrieb von Schmalspurbahnen gegründete Lokalbahn AG München ein. Diese übernahm für die Pauschalsumme von 180 000 Mark Bau und Betriebseinrichtung für die Chiemseebahn-Gesellschaft. Nachdem die Regierung im Juni 1887 die Bau- und Betriebskonzession erteilt hatte, konnte die 1,79 Kilometer lange Schmalspurbahn bereits im Juli dem Betrieb übergeben werden.

Mit der Lokalbahn AG schuf sich Krauss & Comp. eine Organisation, die ausschließlich ihre Lokomotiven kaufte. An der Gesellschaft beteiligten sich auch Georg Käß, Wilhelm und Viktor Martini sowie Conrad Bosch, Leonhard Ilzhöfer, der Arzt Dr. Ferdinand Wachter und Emil Kremer, alle aus Augsburg, sowie der Ingenieur Otto Dingler aus Zweibrücken. Einige von ihnen waren Aufsichtsräte der 1886 in eine Aktiengesellschaft umgewandelten Krauss & Comp., die den Betrieb der Feldabahn an die Lokalbahn AG abtrat. Lechner & Krüzner übertrug der neuen Gesellschaft die behördlich genehmigten Bahnentwürfe für die bayerischen Lokalbahnen Sonthofen–Oberstdorf, Markt Oberdorf–Füssen und Murnau–Garmisch-Partenkirchen sowie die württembergische Linie Ravensburg–Weingarten. Bis Ende des Jahrhunderts übernahm die Lokalbahn AG den Bau und Betrieb von fünf normalspurigen und einer schmalspurigen Lokalbahn in Bayern mit einer Gesamtstreckenlänge von gut 140 Kilometern. Darunter war die Isartalbahn mit dem Ausgangspunkt München die technisch und wirtschaftlich weitaus bedeutendste Linie. Auch baute und betrieb die Lokalbahn AG jeweils zwei Bahnen in Preußen und in Württemberg.[216]

2.4 Die Aktiengesellschaft bis zum Ersten Weltkrieg

Unternehmensstruktur und Leitungsgremien

Georg Krauß hatte bis 1886 unmittelbar die Geschäfte seines Unternehmens geleitet. Nachdem sein einziger Sohn Konrad 1885 tödlich verunglückt war, hatte der Firmengründer 1886 die Umwandlung der Kommanditgesellschaft in eine Aktiengesellschaft vollzogen.[217] Diese Entscheidung traf Krauß auch deshalb, weil das Unternehmen mit seinen Filialen und den vielen Beteiligungen beim Bau und Betrieb von Sekundärbahnen im In- und Ausland stark expandiert hatte und er die erheblich gestiegene Verantwortung nicht mehr als persönlich haftender, allein verantwortlicher Gesellschafter tragen wollte. Der 60-jährige Kommerzienrat wirkte als Aufsichtsratsvorsitzender weiter. Die übrigen Mitglieder des fünfköpfigen Aufsichtsrats waren durchweg Augsburger Kommanditisten und Geschäftsfreunde, nämlich der Fabrikant und Gutsbesitzer Georg Käß,[218] der Rentier Conrad Bosch, Viktor Martini und der Großhändler Leonhard Ilzhöfer. Das Unternehmen wurde mit dem Bilanzbestand vom 31. Dezember 1886 auf die Aktiengesellschaft übertragen. Die Kommanditisten erhielten für ihre Anteile am Grundkapital (1,74 Mio. Mark) entsprechende Aktien.[219] Bei der Umstrukturierung gliederte die Firma die Feldabahn und die Kaysersberger Talbahn aus. Die drei Fabriken in München und Linz verfügten damals mit einem Buchwert in Höhe von 2,57 Mio. Mark über eine solide Basis. Bereits im April 1888 verteilte sich das Grundkapital der

40 Direktoren der Krauss & Comp.
[BWA, F 44/K 1]

Ulrich Baumann, Kaufmännischer Leiter

Anton Hurler, Direktor Marsfeld

Carl Finckh, Direktor München-Sendling

Mathias Fasbender, Direktor in Linz

neuen Gesellschaft (348 Aktien zu je 5000 Mark) auf 13 Teilhaber. Krauß (72), Bosch (66), Viktor Martini (30) und Käß (50) hielten mit 218 Aktien über 62 Prozent des Gesellschaftskapitals.[220]

Die Direktion bildeten Ulrich Baumann für den kaufmännischen Bereich sowie für den technischen Bereich die Fabrikleiter Anton Hurler (Marsfeld), Carl Finckh (Sendling) und Mathias Fasbender (Linz) (Abb. 40). Im September 1905 beschloss der Aufsichtsrat, die langjährigen Mitarbeiter und Oberingenieure Richard von Helmholtz[221] und Alois Hirn sowie den Kassierer Joseph Villinger zu Prokuristen zu bestellen. Der Leiter des Konstruktionsbüros für den Lokomotivbau von Helmholtz konzentrierte sich vor allem auf die Verbesserung der Kurvenläufigkeit der Lokomotiven. 1888 hatte er das sogenannte Krauss-Helmholtz-Drehgestell entwickelt. Bei den bis dahin verwendeten amerikanischen Drehgestellen war es zu einem Verlust des Reibungsgewichts gekommen. Helmholtz verbesserte seine wegweisende Entwicklung ständig, die gegen Lizenz von allen deutschen Lokomotivfabriken übernommen wurde.[222]

Der Aufsichtsrat der Krauss & Comp. AG wurde nach und nach vergrößert, umfasste aber nie mehr als sieben Mitglieder: Die Ingenieure Otto Dingler, Teilhaber der Lokalbahn AG, und Hans David Endres aus Augsburg traten in das Gremium ein, 1892 Carl Linde und Wilhelm Hallama, der Direktor der Dampftramway-Gesellschaft vorm. Krauss & Comp. Wien, später noch Richard Frommel. Von den 1886 berufenen Mitgliedern gehörten neben dem Vorsitzenden Krauß jetzt nur noch Georg Käß und Viktor Martini dem Aufsichtsrat an. Nach Martinis Tod (1898) wurde Käß zu Krauß' Stellvertreter im Aufsichtsrat gewählt. Als 1903 auch Käß gestorben war, rückte Carl von Linde in diese Position nach.[223] Der Aufsichtsratsvorsitzende und Firmengründer Georg Krauß zog sich nun immer mehr aus dem operativen Geschäft zurück. Er wurde 1905 durch die Verleihung des Ritterkreuzes des Verdienstordens der Bayerischen Krone in den Adelsstand erhoben und starb ein Jahr später, am 5. November 1906, in München.

Produktion und Umsatz

Alle drei von Krauß gegründeten Fabriken betrieben den Lokomotivbau. Das Werk in München-Sendling blieb auf den Lokomotivbau für Sekundärbahnen spezialisiert, die Fabriken am Marsfeld und in Linz fertigten als weiteres Standbein Dampfkessel, stationäre und lokomobile Dampfmaschinen, Dampfspritzen, Dampfstraßenwalzen sowie weitere mit dem Lokbau verwandte Apparate und Einrichtungen.[224] Auch im Dampfmaschinenbau hatte Krauss & Comp. eine hohe Expertise. Eine bis ins Jahr 1881 zurückreichende Abteilung der Fabrik am Hauptbahnhof betrieb den Bau von Weichen- und Signalstellwerken, zunächst in Lizenz der Schnabel & Henning Commanditgesellschaft Bruchsal (später Maschinenfabrik Bruchsal). Dieser Produktionsbereich zeichnete sich durch jahrzehntelange kontinuierliche Auslastung aus und rüstete bis 1911/12 an die 377 Bahnhöfe mit 580 Stellwerken aus.[225]

Als sich Anfang der 1890er-Jahre in Deutschland und weltweit das Wirtschaftsklima änderte und eine lange Phase des Aufschwungs einsetzte, wuchs auch die Krauss & Comp. Alle Werke waren voll ausgelastet. Das Unternehmen wies 1892 einen Umsatz von 5,54 Mio. Mark (siehe Abb. 36, S. 82) aus. Auch 1895 liefen die Geschäfte der Maschinenfabrik zufriedenstellend. Allerdings machten sich der Konkurrenzdruck und die schwächere Konjunktur im Exportgeschäft langsam bemerkbar. Unter den neuen Handels- und Zollverträgen des Deutschen Reiches belebte nur der Kontrakt mit Russland die Geschäfte; auf den Absatz nach Österreich-Ungarn, Italien, Belgien und der Schweiz hatten sie keinen Einfluss.[226] Die Ertragsentwicklung für ihre Fertigfabrikate bezeichnete die Firma »als auskömmlich und zufriedenstellend«. Österreich, Italien, Belgien und die Schweiz hatten ihre Eingangszölle für den Fabrikationszweig Lokomotiven teilweise so erhöht, dass ein Export »so viel als ausgeschlossen« war. Positiv entwickelte sich in der Branche weiterhin der Export nach Russland. Das Geschäftsjahr 1896 bezeichnete die Unternehmensleitung »als vollständig befriedigend«. Der Auftragseingang habe »nichts zu wünschen übrig« gelassen. Beide Münchner Krauss-Fabriken wären bis »an die äusserste Grenze« ihrer Leistungsfähigkeit gegangen, um die Lieferfristen einzuhalten.[227]

Im Jahr 1900 erreichten die Umsatz- und die Beschäftigtenentwicklung bei Krauss & Comp. einen vorläufigen Höchststand, der durch eine außerordentlich starke Nachfrage der Bay. Staatsbahn und anderer deutscher Staatsbahnen bedingt war. Das Unternehmen lieferte in diesem Jahr 107 Lokomotiven aus.[228] Den konjunkturellen Abschwung von 1902 bekam Krauss & Comp. dann ebenso zu spüren wie der Konkurrent J. A. Maffei. Die Gesellschaft beurteilte die Geschäfte im Lokomotivbau »als ungünstig« und klagte über die Preisentwicklung für ihre Erzeugnisse. Die Firma übernahm einige ausländische Bestellungen »unter erheblichen Opfern«. Insgesamt wurden jetzt nur noch 57 Lokomotiven ausgeliefert.[229] Bis 1904 verkaufte die Krauss & Comp. an die Bay. Staatsbahn 747 Lokomotiven für 33,67 Mio. Mark, während im Ausland für 35,52 Mio. Mark 2186 Maschinen abgesetzt wurden.[230] Trotz ausgeprägter Konjunkturzyklen waren in Deutschland die Jahre 1895 bis 1913 wirtschaftlich sehr erfolgreich. Bis Ende 1905 hatte Krauss & Comp. mehr als 5000 Lokomotiven ausgeliefert. Sie waren für Hauptbahnen (1281) sowie für Neben- und Kleinbahnen (993) bestimmt, kamen als Straßenbahnen (300) und Industriebahnen (1478) zum Einsatz, als Feld- und Waldbahnen (348), für den Bahnbau und öffentliche Arbeiten (771) sowie für unterirdische Betriebe (49). Im Gegensatz zu J. A. Maffei befasste sich die Krauss & Comp. kaum mit dem Bau von Mallet-Lokomotiven. 1906 lieferte das Unternehmen jedoch drei meterspurige Mallet-Loks an die Pirée-Athènes-Péloponnès-Bahn.[231]

Das rasche Wachstum hatte bei Krauss & Comp. durch Beschluss der Generalversammlung am 27. April 1897 zu einer Erhöhung des Aktienkapitals von 1,74 Mio. Mark auf 3,5 Mio. Mark (700 Aktien zu je 5000 Mark) geführt. Die finanziellen Mittel beschaffte sich das Unternehmen weder durch Einzahlung der Aktionäre noch über die Ausgabe von Schuldverschreibungen, sondern über die Gewinnreserven, die es auf das Aktienkapitalkonto übertrug. »Wir haben auf diese Weise unser Unternehmen in einem Grade consolidirt, wie es bei Actiengesellschaften wohl sehr selten geschieht.« Bereits wenige Jahre später, am 29. Mai 1900, beschloss die Generalversammlung, in der acht Aktionäre (mit 224 Aktien) vertreten waren, eine weitere Kapitalerhöhung auf 4,9 Mio. Mark (700 Aktien zu je 5000 Mark, 700 Aktien zu je 2000 Mark). Georg Krauß besaß damals noch 50 Aktien. Die Inhaber einer alten Aktie (zu 5000 Mark) waren berechtigt, zusätzlich für jede alte eine neue Aktie zu 2000 Mark gegen Bareinzahlung des Nominalbetrages bei der bayerischen Filiale der Deutschen Bank in München zu erwerben.[232] Mit Ausnahme von zwei Geschäftsjahren schüttete Krauss & Comp. zwischen 1887 und 1908 durchweg Dividenden in

Höhe von zehn bis 18 Prozent aus. Danach sanken die Gewinnanteile auf vier bis neun Prozent. Der Wert der Gesellschaft wurde 1912 auf rund sieben Millionen Mark geschätzt, der Wert der Firma J. A. Maffei hingegen auf zwölf Mio. Mark.[233]

Standorte

Mit der wachsenden Ausdehnung Münchens rückte das Stammwerk der Krauss & Comp. AG am Marsfeld von der Peripherie in die Stadtmitte. Das Industrieunternehmen hatte im Stadtgebiet keine Expansionsmöglichkeiten,[234] zudem entsprachen die größtenteils vor 1870 erbauten Werkstätten nicht mehr den Anforderungen der Zeit. Bereits kurz nach der Jahrhundertwende und noch zu Lebzeiten von Georg Krauß hatte sich die Firma nach einem neuen Grundstück umgesehen und 1905 außerhalb der Stadt im Bauerndorf Allach Ackerland aufgekauft, das mit späteren Arrondierungen insgesamt rund 60 Hektar umfasste. Die Unternehmensleitung befasste sich immer intensiver mit Neubauplänen im Münchner Norden, musste das Vorhaben aber bei Kriegsausbruch zurückstellen.

In München und Umgebung herrschte starker Mangel an Stahl- und Temperguss. Den in immer größeren Stückgewichten benötigten Stahlguss musste die Krauss & Comp. von fremden Herstellern beziehen. Verspätete Lieferungen und mangelhafte Qualität in den Jahren der Hochkonjunktur veranlassten die Firma im Jahre 1907, gemeinsam mit dem Chemnitzer Gießereiexperten Gustav Krautheim auf dem neu erworbenen Allacher Grund eine Stahlformgießerei zu errichten. Die Münchner Lokomotiv- und Maschinenfabrik beteiligte sich zur Hälfte an der Bayerischen Stahlformgießerei Krautheim & Comp. GmbH (Abb. 41). Bereits im Herbst des Jahres 1908 nahm die auf der grünen Wiese erbaute Gießerei den Betrieb auf.

Gegenüber dem Bahnhof Allach entstand eine Fabrikanlage, die zur Keimzelle des späteren Krauss-Maffei-Konzerns wurde. Die Fabrikgleise waren mit der Bahnstation über die Hauptbahnlinie München–Ingolstadt–Nürnberg mit dem Norden Deutschlands verbunden. Stahl wurde in einer Siemens-Martin-Anlage erschmolzen. In Temperguss fertigte die Krautheim & Comp. hauptsächlich Teile für landwirtschaftliche Maschinen.[235] Der Industriebetrieb lieferte deutschlandweit sowie u. a. nach Österreich, in die Schweiz, nach Italien und Belgien. Die Produktion umfasste vor allem Lokomotivräder, Zahnräder, Lokomotivteile, Waggonbeschlagteile, Presszylinder sowie Produkte für die elektrische Industrie.[236] Auf diesen Produktionsbereich nahm der Direktor der Österreichischen Siemens-Schuckertwerke Ferdinand Neureiter Einfluss, der dem Aufsichtsrat der Krauss & Comp. seit 1908 angehörte. Elektrizität bezog das Allacher Unternehmen bereits aus dem Netz der Isarwerke GmbH.

Die Geschäftsentwicklung nach 1906

Nach dem Tod des Firmengründers und mehrfachen Millionärs Georg von Krauß setzte sich die günstige Geschäftsentwicklung der Firma unter dem neuen Aufsichtsratsvorsitzenden Carl von Linde zunächst fort. Allerdings griff die allgemein im Maschinenbau 1908 eingetretene Krise auch auf den Lokomotivbau über. Die Absatzzahlen im In- und Ausland waren rückläufig, und auch durch den Preisverfall machte die Krauss & Comp. Verluste. Die Entwicklung verlief ähnlich wie bei J. A. Maffei (siehe S. 56). Häufig ließen sich nicht einmal die reinen Gestehungskosten decken. Die Krauss & Comp. AG verhielt sich daher beim Export immer zurückhaltender, während die bayerische Bahnverwaltung gleichzeitig ihre Aufträge auf das Allernotwendigste beschränkte.[237] Den Rückgang der Staatsaufträge bekam die Krauss & Comp. AG deutlich zu spüren.[238]

Für einen Auftragsschub sorgte hingegen die beginnende Elektrifizierung der Eisenbahn. In Kooperation mit Siemens-Schuckert entstand 1909 bei Krauss & Comp. die erste elektrische Lokomotive für die Linie Murnau – Oberammergau der Lokalbahn AG. Krauss & Comp. fertigte das Fahrzeugteil dieser ersten bayerischen E-Lok.[239] An der neuen Entwicklung war das Unternehmen – ebenso wie der Konkurrent J. A. Maffei – federführend beteiligt. Wie im Dampflokbau, der bereits die wichtigsten Zweige des allgemeinen Maschinenbaus wie Kessel-, Stahl- und Maschinenbau sowie Stahlguss- und Schmiedeerzeugnisse vereinigte, brachte die Krauss & Comp. auch im Bereich der E-Loks Pionierleistungen hervor und entwickelte 1909 mit der AEG eine Wechselstrom-Lokomotive (1'B+B1') mit 1600 PS für die Berner Alpenbahn-Gesellschaft Bern – Lötschberg – Simplon.

Die Unternehmensentwicklung begünstigten vor allem große Auslandsaufträge, die in manchen Jahren bis zu 70 Prozent der Produktion erreichten. Bis zum Ausbruch des Ersten Weltkriegs blieb der Export ins europäische Ausland und nach Amerika die treibende Kraft.[240] Mit dem Beginn des Ersten Weltkriegs brachen die Exporte ein. Das Kriegsjahr 1914 bedeutete für das Unternehmen einen abrupten kurzzeitigen Rückgang der Beschäftigungs- und Umsatzzahlen. Verstärkte Aufträge der Kgl. Bay. Staatsbahn und der Heeresverwaltung erhöhten die Lokomotivproduktion für das Inland jedoch wieder. Das Unternehmen stellte als Rüstungsbetrieb in den Kriegsjahren neben Lokomotiven auch Minen, Granaten und Artilleriemunition her.[241] Nach dem Austritt der langjährigen Direktoren Hurler (Marsfeld) und Finckh (Sendling) übernahm ab Oktober 1916 ein jüngerer Ingenieur die technische Leitung: Hans Georg Krauss[242] kam vom Konkurrenten J. A. Maffei. In diesem Jahr nahm Krauss & Comp. auch den Bau von Werkzeugmaschinen auf (spanabhebende Maschinen für den allgemeinen Maschinenbau in Serienfertigung).[243] Nach dem Ausscheiden des kaufmännischen Direktors Baumann Ende 1917 übernahm Krauß die Gesamtleitung der Firma. Die Bayerische Stahlformgießerei Krautheim & Comp. arbeitete in Verbindung mit Siemens-Schuckert, Nürnberg, als Zulieferer für U-Boot-Aufträge des Reichsmarineamts.[244] 1918 stellte Krauss & Comp. in den Werkstätten am Marsfeld hauptsächlich Verkehrsmittel für die Bay. Staatsbahn, die Feldeisenbahnen und für das Kraftfahrwesen[245] her. Die Abteilung für Werkzeugmaschinen leitete den Serienbau von Hochleistungsdrehbänken ein. Die Fabrik am Südbahnhof erzeugte vor allem Lokomotiven für die Privatindustrie. Die gesamte Produktion der beiden Münchner Fabriken erreichte einen Wert von 10,32 Mio. Mark. Der Vorstand hob die positiven Betriebsergebnisse der Unternehmensbeteiligungen an Krautheim & Comp. sowie der Güldner-Motoren-Gesellschaft mbH, Aschaffenburg,[246] hervor. Krauss & Comp. begann das Betriebsjahr mit einem Auftragsbestand in Höhe von rund 14 Mio. Mark. Bis Ende März 1919 gingen noch Bestellungen in Höhe von etwa 2,5 Mio. Mark ein.[247]

41 Bayerische Stahlformgießerei Krautheim & Comp. GmbH im Münchner Vorort Allach, ca. 1908

[BWA, F 44/K 2]

42 Durchschnittliche Beschäftigung bei Krauss & Comp. 1867 bis 1916

[Locomotivfabrik Krauss & Comp. Actien-Gesellschaft München-Linz (Hg.), *Festschrift*, 9; Krauss & Comp. AG, *Geschäftsberichte 1905–1918*]

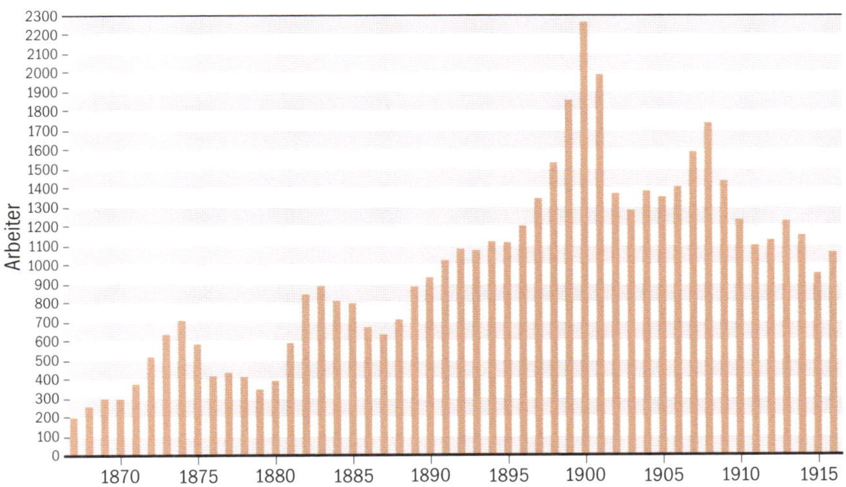

Beschäftigungs- und Lohnentwicklung

In den Aufbaujahren der Krauss & Comp. stieg die Zahl der Arbeiter von 198 (1867) auf 705 (1874). Infolge der Absatzstagnation in der Gründerkrise reduzierte der Firmenchef Georg Krauß die Belegschaft von 658 (Ende 1874) auf 460 (Ende 1875) Arbeiter. Der Durchschnittsverdienst pro Tag erhöhte sich damals leicht von zwei Gulden auf zwei Gulden, sieben Kreuzer. Vor allem Arbeiter im Niedriglohnbereich wurden entlassen. Die Gesellschaft änderte damals ihre Werksordnung und hob die bislang vertraglich festgesetzte gegenseitige 14-tägige Kündigungsfrist auf, da es von Arbeiterseite offensichtlich häufiger zu Vertragsbrüchen kam.[248] Auch 1895 konnte die Beschäftigung nicht im Umfang der drei vorangegangenen Jahre aufrechterhalten werden: »[...] wir selbst wussten zeitweise die für die volle Leistungsfähigkeit unserer Werke erforderliche Arbeitsmenge nicht hereinzubekommen«, berichtete die Firma an die Handelskammer.[249] Aufgrund stark ansteigender Auftragseingänge (siehe S. 92) erreichte der Münchner Maschinenbauer im Jahre 1900 mit 2200 Arbeitern einen Höchststand in der Beschäftigung, musste aber bis 1902 den Personalbestand wegen des starken Auftragsrückgangs, vor allem durch die nachlassenden Aufträge der Bay. Staatsbahn, wieder stark vermindern und dann wegen der einsetzenden Rezession noch weiter abbauen. 1906 beschäftigte Krauss & Comp. im Durchschnitt 1399 Arbeiter und erhöhte nach dem Streikjahr 1905 die Löhne um gut 14 Prozent. Damals umfasste die technische und kaufmännische Angestelltenschaft 153 Beschäftigte (Abb. 42).[250]

Bei Krauss & Comp. waren die sozialen Leistungen für die Mitarbeiter nicht so umfassend wie bei J. A. Maffei, aber auch hier bestand seit 1887 ein Arbeiterunterstützungsfonds und seit 1891 eine Arbeiter-, Witwen- und Waisenstiftung. Die Lohnfortzahlung im Krankheitsfall erfolgte über die gesetzliche Frist von sechs Wochen hinaus, und für die Angestellten wurde auch bei Krauss eine eigene Pensionskasse gebildet. Werkswohnungen baute das Unternehmen allerdings nur in Linz, nicht in München, was offenbar damit begründet wurde, dass die beiden Münchner Werke in unmittelbarer Nähe von Bahnhöfen lagen.[251]

Ende 1908 war Krauss & Comp. aufgrund der unzureichend eingehenden Inlandsaufträge wiederum zu Entlassungen gezwungen und reduzierte in einzelnen Werkstätten die Arbeitszeit. Der Auftragsmangel verschärfte sich von Monat zu Monat. Bis Ende 1909 ging die Zahl der Arbeiter um rund ein Drittel zurück. Die Situation spitzte sich im Jahre 1910 zeitweise so zu, dass erneut die Arbeitszeit reduziert und Kündigungen ausgesprochen werden mussten. Als sich der Arbeiterbestand um weitere zehn Prozent verringert hatte, erreichte die Firma einen Stand, »der eine weitergehende Verminderung nicht verträgt, ohne uns in die Zwangslage zu versetzen, angestammtes, eingeschultes und schwer zu ersetzendes Arbeiterpersonal auszuschalten«.[252] Die Löhne hielt die Firma auf Vorjahresniveau, gewährte jedoch Zulagen.[253] Der Konkurrent J. A. Maffei war 1912 – gemessen an der Zahl der Arbeiter – erheblich größer als Krauss & Comp., die damals durchschnittlich 1121 Arbeiter beschäftigte.[254]

Nach dem Ausbruch des Ersten Weltkriegs verschärfte sich die Arbeitslosigkeit, die 1915 abflaute und sich im Sommer 1916 in einen Arbeitskräftemangel wandelte. Dieser hielt bis Kriegsende an und führte immer wieder zu Produktionsengpässen. In zunehmendem Maß wurden Frauen in der Kriegsindustrie eingesetzt. Die Metallverarbeitung und der Maschinenbau zählten zu den Branchen, die auch in München am stärksten expandierten.[255] Die Zahl der Metallarbeiter stieg bei Krauss & Comp. rapide an. 1917 und 1918 wurde im Unternehmen in Tag- und Nachtschicht gearbeitet.

3 Wandlungen im Zeitalter der Extreme (1918 bis 1945)

Johannes Bähr

3.1 Die Krisen der 1920er-Jahre

Die Lokomotivfabrik Krauss & Comp. AG und die Firma J. A. Maffei befanden sich am Ende des Ersten Weltkriegs auf einem Tiefpunkt. Da die Rüstungsaufträge schlagartig wegbrachen, waren die Werke nicht mehr ausgelastet. Gleichzeitig stieg die Beschäftigtenzahl an, da die zum Militär eingezogenen Arbeiter zurückkehrten. In München herrschten währenddessen bürgerkriegsähnliche Verhältnisse. Nach der Absetzung König Ludwigs III. am 7. November 1918 war ein Freier Volksstaat ausgerufen worden. Ein Arbeiter- und Soldatenrat hatte den Linkssozialisten Kurt Eisner als Ministerpräsidenten eingesetzt. Nur drei Monate später wurde Eisner von einem rechtsradikalen Studenten ermordet. Seine Anhänger riefen Anfang April 1919 eine Räterepublik aus, die nach wenigen Wochen von Einheiten der Reichswehr und paramilitärischen Freiwilligenverbänden, den Freikorps, zerschlagen wurde. Auf die linke Diktatur folgten Gewaltexzesse der »Weißgardisten«.[1]

Die Maffei-Arbeiter standen zu einem großen Teil hinter der Räterepublik. Zur Verstärkung der bayerischen Roten Armee schlossen sich rund 500 »Maffeier« zu einer bewaffneten Arbeiterwehr zusammen, die vor allem Wachdienste übernahm.[2] Auch unter den Arbeitern von Krauss & Comp., den »Krausslern«, herrschte Revolutionsstimmung. Hier richtete sich der Protest unmittelbar gegen den Vorstand Hans Georg Krauss, dem die Arbeiter eine im Dezember 1917 vom Aufsichtsrat beschlossene Kürzung der betrieblichen Sozialleistungen anlasteten. Krauss und der Oberingenieur Richard Avenmarg wurden beurlaubt und durften das Werksgelände nicht betreten. Ein im April 1919 gebildeter Betriebsrat forderte, beide zu entlassen, was der Aufsichtsratsvorsitzende Carl von Linde entschieden ablehnte. Um den Konflikt zu entschärfen, setzte Linde zwei stellvertretende Direktoren ein, die nun für Personal- und Lohnfragen zuständig waren.[3] Die Proteste waren bei Maffei und Krauss auch deshalb so heftig, weil die Löhne hier während des Krieges nicht so stark erhöht worden waren wie in anderen Münchner Rüstungsfabriken und die Preise nach Kriegsende anstiegen. Am 7. März 1919 wurde deshalb für beide Firmen ein Zusatzabkommen zum Tarifvertrag für die bayerische Metallindustrie geschlossen, das zusätzliche Lohnerhöhungen vorsah.[4] Die Unternehmen konnten die zusätzlichen Lohnkosten auf die Preise abwälzen – ein Mechanismus, der dazu beitrug, dass die durch die Kriegsfinanzierung entstandene Inflation immer neue Rekordmarken erreichte. Schon 1921 hatten sich dann die Machtverhältnisse zwischen den Arbeitsparteien verschoben. Der bayerische Metallindustriellenverband wollte nun eine Arbeitszeitverlängerung durchsetzen und den Achtstundentag durchbrechen, der neben der gesetzlichen Einführung des Tarifvertragsprinzips zu den wichtigsten sozialen Errungenschaften der Revolution von 1918/19 gehörte. Es kam daraufhin zu einem 13 Wochen dauernden Streik, der schließlich nur mit erheblichen Lohnerhöhungen beendet werden konnte.[5]

Der Firma Krauss & Comp. drohte durch die Ausschaltung der Unternehmensleitung während der Revolutionszeit ein Desaster. Die Maschinen waren überaltert, die Produktivität war gesunken, und für die dringend erforderliche Modernisierung fehlte es an Kapital. Schon lange litt die Fertigung in den Werken Marsfeld und Sendling an Raumnot. Da beide Standorte mitten im Stadtgebiet lagen, waren Erweiterungen nicht möglich. Die bereits vom Unternehmensgründer Georg Krauß geplante Errichtung eines neuen Werks am Stadtrand, in Allach, hatte wegen des Krieges aufgeschoben werden müssen. Nun fehlte Krauss & Comp. nicht nur das erforderliche Kapital, sondern auch eine handlungsfähige Leitung. Ob das Unternehmen unter diesen Bedingungen noch eine Zukunft haben würde, war keineswegs sicher. Ein Besucher berichtete im Juli 1919: »Das Werk macht einen sehr vernachlässigten Eindruck; organisatorisch ist nichts getan«.[6] Selbst Mitarbeiter von Krauss & Comp. ließen durchblicken, »dass die Firma nicht durchhalten könne«.[7]

Als der Aufsichtsrat 1916 den Ingenieur Hans Georg Krauss zum alleinigen Vorstand von Krauss & Comp. bestellt hatte, war dies wohl auch mit Blick auf die nach dem Krieg anstehenden Aufgaben geschehen (Abb. 43).

43 Hans Georg Krauss (1877–1951), Direktor der Lokomotivfabrik Krauss & Comp. (1916–1931, Vorstandsvorsitzender der Krauss-Maffei AG/1931–1944)
[BWA, F 44/KM 16]

Krauss, der zuvor 16 Jahre lang bei J. A. Maffei und bei Maffei-Schwartzkopff gearbeitet hatte, verfügte über viel Erfahrung und organisatorische Fähigkeiten. Allerdings war er auch ein Sturkopf und machte sich mit seiner eigensinnigen Art wenig Freunde. So hatte Krauss an der im letzten Kriegsjahr durchgeführten Kürzung der betrieblichen Sozialleistungen auch nach Kriegsende trotz der neuen Machtverhältnisse festgehalten. Da die Belegschaftsvertreter nun seine Entlassung forderten, beurlaubte der Aufsichtsrat Krauss. Die Kürzung der Sozialleistungen wurde im Mai 1919 zurückgenommen, aber entlassen wollte man Krauss nicht, da er sich »nach der einstimmigen Ansicht des Aufsichtsrates ausserordentlich bewährt hat«, wie der Aufsichtsratsvorsitzende Carl von Linde den Aktionären in einem vertraulichen Schreiben mitteilte.[8] Meriten hatte sich Krauss vor allem bei der Projektierung der Maffei-Schwartzkopff-Werke in Wildau bei Berlin und dann mit dem Verkauf des Zweigwerks von Krauss & Comp. in Linz erworben, der kurz vor Kriegsende erfolgt war und dem Unternehmen wohl das Kapital einbringen sollte, das für den geplanten Aufbau moderner Fertigungsstätten in Allach benötigt wurde.[9]

Für das Werk in Linz hatte sich zunächst der Berliner Fahrzeug- und Baumaschinenhersteller Orenstein & Koppel AG interessiert. Orenstein & Koppel war bereit gewesen, Krauss & Comp. dafür eine Kapitalspritze in Höhe von 2,1 Mio. Mark in Form einer Kapitalbeteiligung zukommen zu lassen. Obwohl Krauss & Comp. dringend Kapital benötigte, hatte der Aufsichtsrat dieses Angebot abgelehnt, weil man befürchtete, dass das Unternehmen dann im Konzern Orenstein & Koppel aufgehen würde. Man wollte, wie es in der Aufsichtsratssitzung vom 7. August 1918 hieß, »einen Geldgeber finden, bei dem die Wahrung der Selbständigkeit und Bodenständigkeit der deutschen Unternehmung sicherer verbürgt wäre«.[10] Drei Monate später konnte das Linzer Werk an die Österreichische Eisenbahn-Verkehrs-Anstalt GmbH (ÖEVA) verkauft werden, doch benötigte Krauss & Comp. nach wie vor einen finanzstarken Partner, der praktisch nur über eine Kapitalbeteiligung gewonnen werden konnte.[11] Da dies in der Branche bekannt war, galt die Lokomotivfabrik als Übernahmekandidat. Im Juni 1919 wurden bei der Maschinenfabrik Augsburg-Nürnberg AG (MAN), dem damals größten Unternehmen Bayerns, Pläne zur Übernahme von Krauss & Comp. geschmiedet. Hier hoffte man, durch den Einstieg in den Lokomotivbau die Umstellung von der Kriegs- auf die Friedenswirtschaft besser bewältigen zu können.[12] Im MAN-Aufsichtsrat schlug Ernst von Fromm vor, man »solle allein oder gemeinsam mit Maffei die Mehrheit der Krauss'schen Aktien erwerben, das Krauss'sche Unternehmen in irgend einer Form mit der M.A.N. unter Verlegung des Betriebes von München nach Nürnberg verbinden und mit Maffei bezüglich Lokomotivbau eine Interessengemeinschaft schliessen«. Fromm, der mehr als 30 Jahre lang Leiter der Maxhütte gewesen war, hatte dabei nicht nur die traditionell engen Beziehungen seines Unternehmens zu Maffei im Blick, sondern rechnete auch damit, dass Hugo von Maffei die J. A. Maffei AG als Familienunternehmen erhalten wollte, während »die Krauss-Gesellschaft vor der Notwendigkeit eines Neubaues steht, deshalb billig sein dürfte«.[13] Die Übernahmepläne der MAN wurden nicht ausgeführt, und Krauss & Comp. fehlte es weiter an Kapital.[14] Geradezu flehentlich schrieb die Unternehmensleitung im April 1920 an das bayerische Handelsministerium: »Für die Beschaffung von Baustoffen, die Bezahlung von Gehältern und Löhnen sowie die Umgestaltung unserer veralteten Betriebseinrichtungen benötigen wir dringend entsprechende Mittel.«[15]

Als außerordentlich nützlich erwies sich nun die Verbindung zur ÖEVA, die mit dem Verkauf des Linzer Werks eingegangen worden war. Die

ÖEVA konnte dafür gewonnen werden, die Majorität des Aktienkapitals von Krauss & Comp. zu übernehmen, ohne an die Selbständigkeit des Unternehmens zu rühren. Sie erwarb im Frühjahr 1920 eine Beteiligung von rund 80 Prozent.[16] Damit war Krauss & Comp. gerettet. An Kapital hatte die ÖEVA keinen Mangel, da sie sich mehrheitlich im Besitz des Wiener Bankvereins, einer der zwei größten Banken Österreichs, befand.[17] Krauss & Comp. war nun rund zehn Jahre lang ein Unternehmen in ausländischem Eigentum, was damals freilich nicht so empfunden wurde, weil Österreich nicht als wirkliches Ausland galt, auch nicht beim Reichsverkehrsministerium und bei der bayerischen Verkehrsverwaltung. Die österreichische Nationalversammlung hatte ein Jahr zuvor den Anschluss an das Deutsche Reich beschlossen, was dann in den Friedensverträgen von Versailles und Saint-Germain verboten wurde. In Deutschland und Österreich sah man darin ein Diktat der Siegermächte.

Mit der Übernahme durch die ÖEVA kam es bei der Krauss & Comp. AG zu einem Wechsel an der Spitze des Aufsichtsrats. Der bisherige Vorsitzende Carl von Linde, der das Gremium seit dem Tod des Firmengründers geleitet hatte, wurde im März 1920 von Otto Heinsheimer, einem Direktor der ÖEVA, abgelöst. Neben Heinsheimer traten noch zwei weitere Österreicher in den Aufsichtsrat ein, der Fabrikdirektor a.D. Mathias Fasbender aus Linz und Baurat Hans Altmann, ein Direktor der in Wien ansässigen Gesellschaft für elektrische Industrie AG.[18] Der neue Aufsichtsratsvorsitzende war die Schlüsselfigur für die Verbindung zwischen der ÖEVA und Krauss & Comp. Die Übernahme vom Frühjahr 1920 dürfte im Wesentlichen sein Werk gewesen sein. Heinsheimer hatte große Sympathien für die Lokomotivfabrik Krauss & Comp., seit er dort während seines Studiums als Praktikant gearbeitet hatte. Schon der Verkauf des Krauss-Werks in Linz an die ÖEVA dürfte von ihm eingefädelt worden sein. Zwischen beiden Unternehmen waren dadurch enge geschäftliche Verbindungen entstanden, möglicherweise auch eine produktionstechnische Zusammenarbeit, was schließlich dazu führte, dass die ÖEVA bei Krauss & Comp. die Kapitalmehrheit erwarb.[19] Heinsheimer lag es fern, die von ihm so geschätzte Münchner Lokomotivschmiede zu einer Filiale der ÖEVA zu degradieren oder gar, wie es die MAN geplant hatte, den Lokomotivbau von dort weg zu verlegen. Er war für Krauss & Comp. der ideale Investor, indem er die Kapitalbasis sicherte, aber am bisherigen Vorstand festhielt und ihm freie Hand ließ. Der Unterstützung durch den Mehrheitsaktionär der ÖEVA, den

Wiener Bankverein, konnte sich Heinsheimer bei dieser Transaktion sicher sein, da sein älterer Bruder Alfred dort im Vorstand saß. Alfred Heinsheimer gehörte später ebenfalls dem Aufsichtsrat von Krauss & Comp. an.[20]

Auch Hugo von Maffei erwog damals offenbar, sein Unternehmen an einen finanzstarken Interessenten zu verkaufen. Bei der MAN wurde jedenfalls im Sommer 1919 kolportiert, »dass Maffei sich kürzlich dahin ausgesprochen habe, dass er sein Werk ohne weiteres an einen Amerikaner, Engländer oder Franzosen verkaufen würde, wenn er ein Angebot erhielte«.[21] Doch gab es kein Kaufangebot. Die Firma J. A. Maffei wäre nicht nur teurer gewesen als Krauss & Comp., da sie das größte Münchner Unternehmen war. Ausländische Investoren dürften auch nicht damit gerechnet haben, dass Hugo von Maffei sein traditionsreiches, weltbekanntes Familienunternehmen, das keine Aktiengesellschaft war, verkaufen wollte. Dabei benötigte auch J. A. Maffei dringend Kapital, um das Werk in der Hirschau zu modernisieren. Der größte Teil der Maschinen war hier mehr als 20 Jahre alt.[22]

Für Lokomotivfabriken wie Krauss und Maffei war es nach Kriegsende nicht leicht, ihre Fertigung wieder auf den zivilen Bedarf umzustellen. Ihr wichtigster Auftraggeber, die Bayerische Staatsbahn, hatte unter Kriegsfolgeschäden zu leiden. Sie musste ebenso wie die anderen deutschen Staatsbahnen Lokomotiven und Waggons als Reparationsleistung an die Siegermächte abgeben. Insgesamt verloren die deutschen Bahngesellschaften durch die Friedensregelungen rund 7900 Lokomotiven und rund 226 000 Waggons, von denen ein großer Teil schon unmittelbar nach Kriegsende, im Januar 1919, entnommen wurde.[23] Da die Eisenbahnen während des Krieges stark beansprucht worden waren und wenig investiert hatten, befand sich das Streckennetz in einem schlechten Zustand. Zugleich herrschten in den überlasteten Betriebs- und Ausbesserungswerken der Staatsbahnen zum Teil chaotische Verhältnisse. Die Betriebe kamen mit der gesetzlich eingeführten Arbeitszeit von acht Stunden nicht aus und erhielten eine Ausnahmeregelung zugestanden, die aber bei der Belegschaft auf massiven Protest stieß. Die Folge war eine Transportkrise, die wiederum Produktionsausfälle nach sich zog und die deutsche Wirtschaft zu lähmen drohte.[24] Die Eisenbahngesellschaften, die vor dem Krieg Gewinne erwirtschaftet hatten, häuften nun hohe Verluste an, bedingt durch den hohen Reparaturbedarf und die Transportkrise, aber auch weil sie als Staatsunternehmen aus arbeitsmarktpolitischen Gründen viele Kriegsheimkehrer aufzunehmen hatten, die anderswo nicht unterkamen. Insgesamt belief sich das Defizit der deutschen Staatsbahnen im Jahr 1919 auf fast 4,1 Mrd. Mark gegenüber einem Gewinn von 1 Mrd. Mark im Jahr 1913.[25]

Vor diesem Hintergrund ergriff das Reichsverkehrsministerium die Initiative, um die schon länger geplante und auch in der Weimarer Reichsverfassung von 1919 vorgesehene Überführung der Staatsbahnen in eine reichseigene Gesellschaft durchzusetzen. Die Länder stimmten schließlich zu, da sie auf diese Weise die hohen Defizite der Staatsbahnen und die Kosten für die erforderlichen Investitionen auf das Reich abwälzen konnten. Durch einen Staatsvertrag vom 1. April 1920 entstand die Deutsche Reichsbahn als alleiniger Eigentümer aller staatlichen Bahnen in Deutschland.[26] Die bayerische Staatsregierung hatte sich der Gründung der Reichsbahn zunächst widersetzt, dann aber eingelenkt, nachdem ihr die Reichsregierung die Errichtung einer eigenen Gruppenverwaltung der Reichsbahn für Bayern zugestanden hatte.

Auch innerhalb des Lokomotivbaus kam es in diesen Jahren zu einigen Veränderungen. Die deutschen Lokomotivhersteller hatten im Kaiserreich den Markt unter sich aufgeteilt. Fast alle größeren Unternehmen der Branche gehörten einem Kartell an, dem Deutschen Lokomotiv-Verband.[27] Nach Kriegsende drängten gleich mehrere Konzerne in die ohnehin schon überbesetzte Branche. Die AEG, Fried. Krupp AG und Rheinische Metallwaaren- und Maschinenfabrik Aktiengesellschaft nahmen den Bau von Dampflokomotiven auf, um den Wegfall von Rüstungsaufträgen zu kompensieren. Diese Unternehmen, die innerhalb der Branche als »Mammutgruppe« bezeichnet wurden, machten nun dem Kartell Konkurrenz. Der befürchtete Verdrängungswettbewerb unter den Lokomotivherstellern blieb zunächst aus, weil die Branche einen künstlichen Boom erlebte. Das Reichsverkehrsministerium und die neu gegründete Reichsbahn hatten ein Beschaffungsprogramm in Höhe von insgesamt 572 Mio. Mark aufgelegt, den sogenannten Wechmann-Plan, um die reparationsbedingten Verluste an rollendem Material auszugleichen und die Arbeitsplätze im Lokomotiv- und Waggonbau zu sichern. In den Jahren 1919 bis 1923 wurden in Deutschland 8385 Lokomotiven ausgeliefert. Der Bestand war 1923 bereits größer als 1913, bei den Waggons lag er sogar um rund ein Viertel über dem Vorkriegsstand.[28] Die deutschen Lokomotivhersteller profitierten damals nicht nur vom Beschaffungsprogramm der Reichsbahn, sondern auch von einer starken Nachfrage aus dem Ausland. Durch den fortschreitenden Verfall der deutschen Währung konnten Lokomotiven aus Deutschland in anderen Ländern zu konkurrenzlos günstigen Preisen angeboten werden. 1922 übertraf der Export des deutschen Lokomotivbaus dann sogar den hohen Stand der Vorkriegszeit.[29]

Auch J. A. Maffei und Krauss & Comp. profitierten von diesem Boom. Die Bilanzen der beiden Unternehmen vermitteln wegen der hohen Inflation kein realistisches Bild von der Geschäftsentwicklung, doch bei J. A. Maffei lässt sich schon anhand der Beschäftigtenzahl belegen, dass die Fertigung stark zunahm. 1922 waren hier rund 3000 Arbeiter und Angestellte beschäftigt – erheblich mehr als vor dem Ersten Weltkrieg.[30] Die Lokomotivfabrik Krauss war durch den finanziellen Rückhalt der ÖEVA und ihren steigenden Umsatz in der Lage, wieder Dividenden auszuschütten, Kapitalbeteiligungen zu erwerben und den Bau eines neuen Werks in Allach anzugehen. 1920 übernahm sie die Eisengießerei Sugg & Comp. in München, ein Jahr später die Bayerische Stahlformgießerei (Krautheim) in Allach. An beiden Firmen war Krauss & Comp. schon lange beteiligt gewesen.[31] In Allach stimmte der Gemeinderat am 9. November 1921 dem geplanten Fabrikneubau zu.[32] Krauss & Comp. gab nun fünf Fertigungshallen mit einem Kostenvolumen von 30 Mio. Mark in Auftrag.[33] Nach Inbetriebnahme dieser Hallen im Jahr 1924 konnte das Werk in der Lindwurmstraße in Sendling stillgelegt werden – zehn Jahre später wurde es abgerissen. Die Verlagerung des Stammwerks vom Marsfeld nach Allach war jedoch inzwischen erneut vertagt worden, vermutlich weil die hohe Inflation viel Kapital vernichtet und jede Kalkulation unmöglich gemacht hatte. Die Errichtung eines neuen Verwaltungsgebäudes am Marsfeld (Abb. 44), in der Maillingerstraße 33, spricht dafür, dass selbst Hans Georg Krauss jetzt nicht mehr mit einer baldigen Verlegung nach Allach rechnete. Die Geldentwertung hatte auch zu Protesten der Arbeiter geführt. Im September 1922 war es bei J. A. Maffei zu einer Demonstration gekommen, weil die Arbeiter eine außertarifliche Teuerungszulage forderten, wie sie ihre Kollegen bei Krauss & Comp. erhielten.[34] Im April 1923 lagen die Lebenshaltungskosten in München bereits um mehr als das 3000-Fache über dem Stand von 1913/14, Anfang November kostete ein Pfund Brot dann neun Mrd. Mark, und auch die Arbeitslosigkeit war inzwischen stark angestiegen.[35]

Nachdem es gelungen war, die Geldentwertung durch die Einführung einer neuen Währung, der Rentenmark (später Reichsmark), zu überwinden, wurden die Reparationsleistungen durch den Dawes-Plan vom

August 1924 neu geregelt. Eine Schlüsselrolle kam dabei der Reichsbahn als dem wertvollsten Besitz des Reiches zu. Die Reichsbahn wurde in eine Aktiengesellschaft umgewandelt, unter internationale Kontrolle gestellt und verpflichtet, Reparationsschuldverschreibungen in Höhe von elf Mrd. Goldmark zu bedienen sowie langfristig zu tilgen.[36] Schon wegen dieser Belastung war es der Reichsbahn kaum noch möglich, in größerem Umfang Aufträge an den Lokomotivbau zu vergeben. Dafür gab es nun auch keinen Bedarf, da die Zahl der Lokomotiven und Waggons durch das große Beschaffungsprogramm der vorangegangenen Jahre bereits über das Niveau der Vorkriegszeit angestiegen war. Mit billigem Inflationsgeld waren Überkapazitäten an rollendem Material aufgebaut worden. Dafür hielt sich die Reichsbahn nun umso stärker mit Aufträgen zurück. 1925 bestellte sie nur noch 120 Lokomotiven gegenüber 1405 im Jahr 1922.[37] Für die deutschen Lokomotivhersteller war dieser Einbruch eine Katastrophe, zumal sie kaum auf den Export ausweichen konnten. Der inflationsbedingte Wettbewerbsvorteil auf dem Weltmarkt war durch die Währungsstabilisierung entfallen. Firmen wie J. A. Maffei und Krauss & Comp. sahen sich nun auf allen Märkten einer starken Konkurrenz aus Frankreich, Großbritannien und den USA gegenüber, wo die Zahl der Lokomotivhersteller nun ebenfalls deutlich höher lag als vor dem Ersten Weltkrieg.[38]

So gingen die Bestellungen im deutschen Lokomotivbau bis 1927 auf weniger als ein Viertel des Vorkriegsstands zurück.[39] In einer Denkschrift an Reichswirtschaftsminister Albert Neuhaus vom 20. Juli 1925 wies der Deutsche Lokomotiv-Verband darauf hin, dass die Beschäftigtenzahl der Branche innerhalb von vier Jahren um rund 75 Prozent zurückgegangen war. Von den Entlassungen betroffen waren auch hochqualifizierte Konstrukteure und Spezialfacharbeiter. Der Verband befürchtete, dass diese Fachkräfte »von der US-Konkurrenz aufgesogen werden«, und appellierte an den Minister, die Branche »durch schleunigste Erteilung reichlicher Aufträge zu unterstützen«.[40] Die Reichsregierung und die Reichsbahn blieben hart, denn hier war man fest überzeugt, dass es im Lokomotivbau nach dem Inflationsboom einer bereinigenden Krise bedurfte, um die entstandenen Überkapazitäten abzubauen, die Zahl der Hersteller in der überbesetzten Branche zu verringern und die Unternehmen zu zwingen, sich zu größeren, rationeller fertigenden Einheiten zusammenzuschließen. Aus dieser Sicht machte es keinen Sinn, dass im Münchner Stadtgebiet zwei Lokomotivhersteller bestanden. Daran ließ die Reichsbahn auch keinen

44 Verwaltungsgebäude der Krauss & Comp. auf dem Firmengelände am Marsfeld

[BWA, F44/K 4]

45 Lokomotivbestellungen bei deutschen Herstellern 1913 bis 1927 (in Stück)

[Penker, Krise, 50]

Jahr	Bestellungen der Staatsbahnen/der Reichsbahn	Sonstige Bestellungen aus dem Inland	Bestellungen aus dem Ausland	Bestellungen insgesamt
1913	1550	775	1457	3782
1918	3281	300	109	3690
1922	1405	492	1890	3787
1925	120	424	596	1140
1927	119	321	430	870

46 Elektrifizierung des Eisenbahnnetzes: Elektrolokomotive der Baureihe EP 2 (später E 32), seit 1924 bei J.A. Maffei gefertigt

[BWA, F 44/Glasplatte Ma1578B]

Zweifel, und so zeichnete sich schon Mitte der 1920er-Jahre ab, dass es in Zukunft hier nur noch eine Lokomotivfabrik geben würde. Die Reichsbahn favorisierte eine Fusion der beiden Münchner Lokomotivschmieden, doch konnte man auch nicht ausschließen, dass nur einer der beiden Lokalrivalen am Markt übrig bleiben würde.

Die Mitglieder des Deutschen Lokomotiv-Verbands reagierten auf die Krise, indem sie 1925 ein neues Kartell bildeten, das die Aufträge nach festgelegten Quoten auf die einzelnen Unternehmen verteilen sollte.[41] Da es insgesamt zu wenige Aufträge gab, ließen sich die Kapazitäten aber auch nicht mittels einer Kartellquote auslasten. Krauss & Comp. gehörte, anders als Maffei, dem Kartell zunächst nicht an, weil sich der Vorstand mit dem Deutschen Lokomotiv-Verband überworfen hatte.[42] Inzwischen hatte auch das Reichsverkehrsministerium Quoten festgelegt, nach denen die Bestellungen der Reichsbahn auf die einzelnen Länder verteilt wurden. Auf Preußen entfiel ein Anteil von 88,39 Prozent, auf Bayern dagegen nur ein Anteil von 4,91 Prozent. Noch niedrigere Quoten als Bayern hatten Sachsen (3,16 Prozent), Württemberg (1,41 Prozent) und Baden (2,13 Prozent).[43] J. A. Maffei und Krauss & Comp. sahen sich durch die niedrige Quote für Bayern benachteiligt, die bayerische Staatsregierung hielt die Regelung gar für einen Verstoß gegen den Staatsvertrag über die Reichsbahn von 1920 und klagte später gegen das Reich, um eine Quote von 10,48 Prozent zu erreichen.[44] Dieser Rechtsstreit sollte dann auch bei der Entstehung der Krauss-Maffei AG eine Rolle spielen.

Wegen der katastrophalen Auftragslage im Lokomotivbau kam es bei Maffei wie bei Krauss zu Massenentlassungen. Bei Krauss ging die Beschäftigtenzahl zwischen 1925 und 1926 um rund 29 Prozent zurück, bei Maffei um rund 30 Prozent.[45] Gleichzeitig gingen beide Unternehmen daran, sich neue Geschäftsfelder zu erschließen. Krauss & Comp. setzte nun stärker auf seine Eisengießerei sowie die Stahlgießerei, stieg aber auch in eine zukunftsträchtige Branche ein: den Kraftfahrzeugbau. 1924 wurde mit einer Lizenz der Schweizer Firma Berna AG die Fertigung von Lastkraftwagen aufgenommen, die dann bei Brauereien und bei der Deutschen Reichspost zum Einsatz kamen (Abb. 47).[46] Bei Krauss wurde in dieser Fertigung wohl mehr eine Ergänzung des bisherigen Produktionsprogramms gesehen und nicht so sehr ein Zukunftsprojekt. Doch begann in Deutschland im Grunde zu diesem Zeitpunkt der Wettbewerb zwischen Schiene und Straße. Der Kraftfahrzeugverkehr wurde von nun an zu einem immer stärkeren Konkurrenten des Schienenverkehrs, womit der Lokomotivbau an Bedeutung verlor. Der Einstieg der Lokomotivfabrik Krauss & Comp. in den Kraftfahrzeugbau war jedoch nicht sehr erfolgreich. Und auch die Entwicklung des Lkw-Markts blieb damals in Deutschland weit hinter den Erwartungen zurück. Hohe Steuern, eine Konzessionspflicht und weitere Vorschriften wirkten sich hemmend aus.[47] Schließlich musste Krauss & Comp. den Lkw-Bau auslaufen lassen, nachdem der Lizenzgeber Berna AG von der Adolph Saurer AG übernommen worden war. Schon im September 1929 waren bei Krauss nach einer Erhebung des Deutschen Metallarbeiter-Verbands nur noch 14 Mitarbeiter im Lkw-Bau beschäftigt.[48] Weitaus stärker wurde die Fertigung bei J. A. Maffei diversifiziert. Hier sah man im Kraftfahrzeugbau, speziell in der Fertigung von Straßenwalzen und Zugmaschinen, ein Zukunftsprojekt. Doch geriet dann Maffei, nicht Krauss, in eine existenzbedrohende Schieflage.

47 Einstieg in den Straßenfahrzeugbau: Krauss-Berna-Lkw der Lokomotivfabrik Krauss & Comp., 1925
[BWA, F 44/ F 3]

3.2 Der Niedergang der Firma J. A. Maffei

Dass die Firma J. A. Maffei, ein Unternehmen von Weltruf, innerhalb weniger Jahre zum Sanierungsfall wurde, hat damals weit über München hinaus für Schlagzeilen gesorgt und Fragen aufgeworfen, die selbst heute nur annähernd beantwortet werden können. Die schwierigen wirtschaftlichen Rahmenbedingungen und die Krise des Lokomotivbaus in den 1920er-Jahren sind jedenfalls keine hinreichende Erklärung für das Desaster, das sich bei J. A. Maffei zutrug, denn bei der anderen Münchner Lokomotivfabrik, Krauss & Comp., trat eben nicht ein derartiger Niedergang ein. Es muss demnach auch Gründe gegeben haben, deren Ursachen innerhalb des Unternehmens lagen. Bei Krauss-Maffei war man später offenbar nicht an diesem unrühmlichen Kapitel der Firmengeschichte interessiert. Die zur 100-Jahr-Feier im Jahr 1937 erschienene Festschrift geht mit keinem Wort auf den Niedergang von J. A. Maffei ein, und auch im überlieferten Schriftgut von Krauss-Maffei finden sich dazu nur wenige Unterlagen.[49] Die von Alfons von Maffei verfasste Familienchronik endet 1924. Der Verfasser starb zwei Jahre später und musste das Ende des von seinem Großonkel begründeten Unternehmens nicht mehr erleben.[50] Eine wichtige, bislang nicht ausgewertete Quelle zu den Vorgängen in den letzten Jahren der Firma Maffei sind die Mandatsakten der Deutschen Bank. Die folgende Darstellung stützt sich weitgehend auf diese Überlieferung.

Nach dem Ersten Weltkrieg galt J. A. Maffei trotz überalterter Ausrüstungen und eines entsprechend hohen Investitionsbedarfs durchaus als ein Unternehmen mit Perspektive, auch weil sich die Firma, anders als Krauss & Comp., im Besitz einer Familie befand, deren Oberhaupt einer der geachtetsten Männer Bayerns war. Doch nach dem Tod Hugo von Maffeis im Frühjahr 1921 wurden die Eigentumsverhältnisse zu einer Belastung für das Unternehmen. Der Niedergang begann im Grunde mit der damaligen Unternehmensnachfolge. Der Reichsrat hatte keinen Nachfolger aufgebaut und nicht einmal ein Testament hinterlassen.[51] Nachdem er im Alter von 84 Jahren gestorben war, ging das Unternehmen in das Eigentum der Erbengemeinschaft über, deren Interessen von Alfons von Maffei, dem ältesten Sohn des Verstorbenen, vertreten wurden. Alfons von Maffei war beim Tod seines Vaters bereits 59 Jahre alt und bisher nicht als Unternehmer in Erscheinung getreten. Sein Interesse galt auch weiterhin hauptsächlich seinem Landbesitz, dem bereits von Josef Anton von Maffei erworbenen Gut Staltach bei Iffeldorf, wenige Kilometer südlich des Starnberger Sees. Alfons von Maffei war jedenfalls nicht der Mann, der ein Großunternehmen in schwierigen Zeiten leiten konnte. Es wäre für die Firma J. A. Maffei kein Schaden gewesen, wenn es dort einen tatkräftigen Vorstand gegeben hätte. Doch die Direktoren Anton Hammel und Heinrich Wirth waren nicht in der Lage, das Unternehmen auf die veränderten Anforderungen auszurichten.[52] Hammel, der als einer der genialsten Lokomotivingenieure seiner Zeit galt, war 1922 bereits 65 Jahre alt. Bei Maffei hatten die Lokomotivingenieure wohl weiterhin Einfluss auf die Geschäftspolitik, die stark auf technische Leistungen ausgerichtet war, während man sich bei Krauss & Comp. mehr an wirtschaftlichen Kriterien orientierte. Für die »Münchner Neuesten Nachrichten« machte dies einen entscheidenden Unterschied zwischen beiden Unternehmen aus: »Von den beiden Unternehmungen ist die J. A. Maffei A.-G. auf konstruktivem Gebiet führend hervorgetreten, während es die Lokomotivfabrik Krauss & Comp. verstanden hat, auf gesicherter technischer Grundlage sich kaufmännisch erfolgreich fortzuentwickeln.«[53] Tatsächlich galt Maffei als besonders innovativer Lokomotivhersteller, der frühzeitig auch den Bau von Elektroloks aufgenommen hatte und 1926 eine Turbinenlok präsentieren konnte, eine völlig neue Konstruktion, die aber nicht in Serienfertigung ging.

Die Hoffnungen der Eigentümerfamilie hinsichtlich der Firma J. A. Maffei ruhten wohl auf Alfons von Maffeis Sohn Hugo von Maffei (1882–1932, im Folgenden: Hugo von Maffei d. J.), der als Prokurist im Unternehmen tätig war, in mehreren Aufsichtsräten saß, u. a. bei der Münchener Rückversicherungs-Gesellschaft, und in die angesehene Unternehmerfamilie Kustermann eingeheiratet hatte. Doch 1925 stellte sich heraus, dass Hugo von Maffei d. J. durch windige Kreditgeschäfte hohe Schulden aufgehäuft hatte und, wie es die »Münchner Neuesten Nachrichten« höflich umschrieben, seine »geschäftliche Unerfahrenheit auch für Zwecke ausgenutzt wurde, die nicht mehr in den Rahmen einwandfreier kaufmännischer Geschäfte fallen«.[54] Die kriminellen Machenschaften, die Hugo von Maffei d. J. sowohl als Privatmann wie auch als Prokurist des Unternehmens begangen hatte, müssen von erheblichem Umfang gewesen sein, da der Skandal nach Angaben der »Münchner Neuesten Nachrichten« selbst an den Finanzplätzen Frankfurt und Berlin »eine gewisse Nervosität« auslöste.[55] Die Firma J. A. Maffei sah sich gezwungen, per Zeitungsanzeige öffentlich klarzustellen, dass sie nur für die Schulden aufkommen würde, für die Hugo von Maffei d. J. als Mitarbeiter des Unternehmens verantwortlich war. Aber der Prokurist hatte auch bei seinem Unternehmen hohe Schulden, wovon noch die Rede sein wird. Nach diesem Skandal musste Hugo von Maffei d. J. das Unternehmen verlassen und alle Aufsichtsratsposten niederlegen.[56] Er starb 1932 im heutigen Indonesien.

Da Anton Hammel im März 1925 gestorben war und Heinrich Wirth sich aus der Firmenleitung zurückziehen wollte, beabsichtigte die Erbengemeinschaft Maffei nun, einen tatkräftigen Vorstand in das angeschlagene Unternehmen zu holen.[57] Die Wahl fiel auf den früheren Manager der August Thyssen-Hütte AG Carl Canaris, der zum 1. Januar 1926 Generaldirektor der Firma J. A. Maffei wurde.[58] Schon wenige Wochen später, am 7. Februar 1926, starb Alfons von Maffei im Alter von 64 Jahren, laut Todesanzeige »nach kurzer Krankheit« und »völlig unerwartet«.[59] Einiges spricht dafür, dass die Erbengemeinschaft nun, nach dem Tod von Alfons von Maffei und dem Skandal um dessen Sohn Hugo, entschlossen war, das Unternehmen zu verkaufen. Offenbar gab es jetzt kein Mitglied der Familie mehr, das interessiert gewesen wäre, in die Firma J. A. Maffei einzutreten. Rudolf von Maffei, der jüngere Bruder Alfons von Maffeis, war 59 Jahre alt und zog es vor, sich auf ein Aufsichtsratsmandat zu beschränken. Für Verkaufsabsichten der Familie spricht vor allem, dass J. A. Maffei zum 1. Januar 1927 von einer Personengesellschaft in eine Aktiengesellschaft umgewandelt wurde. Die Aktien blieben zwar zunächst vollständig in der Hand der Maffei-Erben, doch ein Börsengang war offenbar geplant, und wenn die Familie entschlossen gewesen wäre, das Unternehmen langfristig in ihrem Besitz zu halten, hätte die

Umwandlung auch keinen Sinn gemacht.[60] Dafür wäre die Rechtsform einer GmbH oder einer KG besser geeignet gewesen.

Das Schicksal des Unternehmens lag nun ganz in der Hand des Vorstands, der Anfang 1926 eingesetzt worden war und zunächst aus Carl Canaris sowie zwei stellvertretenden Mitgliedern, Theobald Böhm und Heinrich Wirth, bestand; ab 1927 dann nur noch aus zwei Mitgliedern, Carl Canaris und Walter W. Leeser.[61] Seit der Berufung von Canaris wehte hier ein anderer Wind. Er galt als erfahrener und talentierter Manager, hatte zunächst bei Henschel & Sohn GmbH die Henrichshütte in Hattingen geleitet, war dann Generaldirektor der August Thyssen-Hütte in Hamborn gewesen und zuletzt Geschäftsführer des Reichskuratoriums für Wirtschaftlichkeit in Berlin. Politisch stand er der Deutschnationalen Volkspartei (DNVP) nahe.[62] Anders als seine Vorgänger hatte Canaris ein Konzept für die Restrukturierung des Unternehmens. Er wollte die Abhängigkeit vom Lokomotivbau, die zu einem Risiko geworden war, durch die Aufnahme neuer Fertigungen verringern und J. A. Maffei mit einem oder mehreren Wettbewerbern in einem größeren Verbund zusammenführen.

Die Produktpalette von Maffei wurde in den Jahren 1926 bis 1928 laufend verbreitert, mit einem Schwerpunkt auf dem Bau von Straßenfahrzeugen, dem sich damals auch Krauss & Comp. und der Kasseler Lokomotivhersteller Henschel zuwandten. Maffei nahm nun die Fertigung von Dampfstraßenwalzen und Straßenwalzen mit Dieselmotor auf (Abb. 48). Nach einer eigenen Konstruktion, für die ein Patent erteilt worden war, wurde 1928 mit der Herstellung von Sattelschleppern und Zugmaschinen begonnen, einem Produkt, für das sich dann das Militär besonders interessierte.[63] Eine neue Fertigung wurde auch im Bereich des Maschinenbaus eingeführt. Maffei nahm die Herstellung automatischer Schleudermaschinen auf, wie sie in der chemischen Industrie und auch zur Abwasserreinigung eingesetzt wurden. Zugleich wurde auf dem Werksgelände in der Hirschau eine Elektrostahlgießerei errichtet. Weitere Neuerungen, die man damals im Blick hatte, konnten nicht umgesetzt werden, so z. B. der Versuch, mithilfe des Know-hows der Tochtergesellschaft Melms & Pfenninger KG die Turbinentechnologie auf den Lokomotivbau zu übertragen.[64]

Es waren moderne Zeiten bei Maffei. Canaris hatte offenbar erkannt, dass der Lokomotivbau auf Dauer nicht mehr seine frühere Bedeutung erlangen würde und dem Kraftfahrzeugverkehr die Zukunft gehörte. Er wollte bei Maffei deshalb nicht nur vorübergehend, wegen der schlechten

Auftragslage, die Abhängigkeit vom Lokomotivbau verringern. So heißt es z. B. im Geschäftsbericht der J. A. Maffei AG für das Jahr 1928: »Es wurde weiter daran gearbeitet, das Werk mit Rücksicht auf die schwere Krise im Lokomotivbau von diesem Fabrikationszweig möglichst unabhängig zu machen«.[65] Durch die neuen Fertigungen konnte die Firma Maffei ihren Umsatz im Geschäftsjahr 1927 um nicht weniger als 50 Prozent steigern, die Beschäftigtenzahl nahm von 1990 im Jahr 1926 auf 2466 im August 1928 zu.[66] Erstaunlicherweise konnte das Unternehmen trotz der Investitionen in den Aufbau neuer Fertigungen für das Geschäftsjahr 1927 einen Gewinn von rund 363 000 Reichsmark ausweisen. Doch schon die nächste Jahresbilanz sah ganz anders aus. Das Geschäftsjahr 1928 schloss Maffei mit einem Rekordverlust in Höhe von 2,427 Mio. Reichsmark ab.[67] Erst einige Zeit später stellte sich heraus, dass das Unternehmen ständig hohe Verluste erwirtschaftete und der Abschluss für 1927 geschönt war, während das Betriebsergebnis von 1928 den tatsächlichen Verhältnissen entsprach. Zu dem Zahlenspiel in der Bilanz von 1927 war es gekommen, weil Canaris unbedingt einen Gewinn vorweisen musste, um weitere Kredite zu erhalten und das Unternehmen an die Börse zu bringen.[68]

Inzwischen war der Henschel-Konzern an Canaris herangetreten. Oskar Robert Henschel wollte Canaris als Nachfolger des ausscheidenden Generaldirektors Bernhard Beyer nach Kassel holen.[69] Henschel ging ähnlich wie Canaris davon aus, dass sein Unternehmen als reiner Lokomotivhersteller keine Zukunft haben würde, und war in den Kraftfahrzeugbau eingestiegen. Henschel & Sohn baute neben Lokomotiven nun auch Omnibusse. Es gab noch eine weitere Gemeinsamkeit: Henschel und Canaris waren gleichermaßen davon überzeugt, dass im Lokomotivbau nur die Unternehmen eine Chance hatten, die sich mit anderen Herstellern zusammenschlossen. Canaris ging bereitwillig auf das Angebot aus Kassel ein, immerhin hatte er früher die zu Henschel gehörende Henrichshütte geleitet, und Henschel hatte als größter deutscher Lokomotivhersteller auch ein anderes Format als Maffei.[70] Parallel dazu gab es offenbar Gespräche mit Krauss & Comp., die jedoch ergebnislos blieben.[71] Im Zusammenhang mit den Verhandlungen um einen Wechsel von Canaris nach Kassel kam der Plan auf, Maffei mit Henschel zusammenzuschließen und Canaris mit der Leitung beider Unternehmen zu betrauen. Von wem die Initiative dazu ausging, lässt sich nicht mehr feststellen, doch kann kein Zweifel daran bestehen, dass Henschel hauptsächlich an der Lokomotivquote von Maffei und an der Per-

48 Ausstellung 1925 – Straßenwalzen
[BWA, F 44/M 18]

49 1926-S3/6-Turbine-NrT1
[BWA, FF 44/Glasplatte Ma1694]

50 Porträt Carl Canaris
[ullstein bild 00236309]

son Carl Canaris interessiert war. Der Konzern sammelte damals gezielt Lokomotivquoten anderer Hersteller ein. 1928 hatte Henschel bereits die Quote der Magdeburger Firma R. Wolf AG übernommen, 1930 ging dann die Quote der Linke-Hofmann-Busch Werke AG in Breslau zu gleichen Teilen an Krupp und Henschel, ein Jahr später erhielt Henschel auch die Quote von der Hannoverschen Maschinenbau AG (Hanomag).[72] Die Quote des Deutschen Lokomotiv-Verbands war für die Mitglieder dieses Kartells sozusagen die Fertigungslizenz. Wenn Maffei sie abgab, würde der Lokomotivbau aus dem Werk in der Hirschau abwandern. Zwar gab es auch Hersteller, die dem Kartell nicht angehörten – zu diesen gehörte eine Zeit lang Krauss & Comp. –, aber es war nicht möglich, dass ein Unternehmen die Kartellquote auf einen Wettbewerber übertrug und dann außerhalb des Kartells weiterhin fertigte.

Die Verhandlungen zwischen Henschel und Maffei führten im Oktober 1928 zu einer Fusion, bei der Henschel Maffei übernahm. Da Henschel das weitaus größere Unternehmen war, kam eine Fusion unter Gleichen nicht in Betracht. Allgemein sprach man ohnehin nicht von einer Fusion, sondern von einer »Interessengemeinschaft«. Vollzogen wurde der Zusammenschluss durch einen Aktientausch, für den das Familienunternehmen Henschel eigens in eine Aktiengesellschaft umgewandelt wurde. Die Erbengemeinschaft Maffei gab die J. A. Maffei AG an Henschel ab und erhielt dafür Aktien der Henschel & Sohn im Wert von nom. 3,2 Mio. Reichsmark, was einer Beteiligung von 7,1 Prozent entsprach.[73] Damit ging am 20. Oktober 1928 die 92-jährige Geschichte der Firma Maffei als Familienunternehmen zu Ende.

Canaris wechselte nun nach Kassel und wurde Generaldirektor von Henschel, leitete aber weiterhin auch die J. A. Maffei AG (Abb. 50). Für Henschel entwickelte sich die Interessengemeinschaft mit Maffei schon bald zu einem Desaster. Der Plan, die Lokomotivquote und damit den Lokomotivbau von Maffei auf Henschel zu übertragen, wurde von der Bayerischen Staatsregierung durchkreuzt, die darauf bestand, dass die Maffei-Quote in Bayern blieb und nicht an die in Preußen ansässige Muttergesellschaft überging.[74] In Kassel hatte man damit offenbar nicht gerechnet und wohl übersehen, dass es auch die vom Reichsverkehrsministerium und der Reichsbahn aufgestellten Länderquoten gab. Statt den Lokomotivbau von Maffei zu bekommen, musste Henschel das Münchner Unternehmen mit immer weiteren Zuschüssen stützen, die sich auf fünf Mio. Reichsmark saldierten.[75] Schließlich stellte sich heraus, dass Henschel einen Sanierungsfall übernommen hatte und von Canaris über den wahren Zustand der Firma Maffei getäuscht worden war. Bei Maffei war jahrzehntelang kaum investiert worden.[76] Und Canaris hatte sein ambitioniertes Diversifizierungsprogramm mit immer weiteren Krediten finanziert, in der Hoffnung, dass die neuen Fertigungen zu einem Turnaround führen würden. Doch das Gegenteil trat ein, und dazu bedurfte es gar nicht erst der im Oktober 1929 einsetzenden Weltwirtschaftskrise. Schon im Geschäftsjahr 1928 erreichten die Verluste einen neuen Rekord. Wie sich später herausstellte, waren die Aktien von Maffei schon zu diesem Zeitpunkt praktisch wertlos, ein »non-valeur«.[77] Dass Canaris dies verschleiern konnte, hatte er auch der Deutschen Bank (ab 1929 Deutsche Bank und Disconto-Gesellschaft) zu verdanken, die als Hausbank der Familien Henschel und Maffei die Interessengemeinschaft mit eingefädelt hatte, vertreten durch ihr Vorstandsmitglied Werner Kehl, und Maffei mit immer weiteren Millionenkrediten versorgte.[78] Für die Bank war dies ein gutes Geschäft, doch Canaris sah sich dadurch wohl nur in seinen undurchsichtigen Geschäftspraktiken bestärkt.

Im Herbst 1929 wurde die Deutsche Bank misstrauisch. Sie beauftragte ihre Wirtschaftsprüfungsgesellschaft, die Deutsche Treuhand-Gesellschaft AG, die Bücher der Firma Maffei zu durchleuchten, und nun stellte sich heraus, dass Canaris den Gewinn von 1927, den einzigen der letzten Geschäftsjahre, nicht durch die damalige sehr hohe Umsatzsteigerung, sondern durch eine Bilanzmanipulation zustande gebracht hatte. Die Erbengemeinschaft Maffei hatte im Frühjahr 1928 dem Unternehmen eine Barzahlung in Höhe von zwei Mio. Reichsmark zukommen lassen, wobei später nicht geklärt werden konnte, ob dies auf Drängen von Canaris geschehen war oder ob es darum gegangen war, Schulden des schwarzen Schafs der Familie, Hugo von Maffeis d. J., zu begleichen. Canaris hatte diese Zahlung ohne besonderen Hinweis als Betriebsüberschuss in die Bilanz für das Jahr 1927 eingestellt, die dadurch statt eines hohen Verlusts einen Gewinn von rund 330 000 Reichsmark auswies.[79] Der bei den Vertragsverhandlungen zwischen Maffei und Henschel präsentierte Status vom 1. Oktober 1928 wies zwar bereits wieder einen hohen Verlust aus, doch Canaris stellte dies als untypische Momentaufnahme dar und versicherte, dass auch für 1928 eine Dividende ausgeschüttet werde.[80] Oskar Robert Henschel war also die Interessengemeinschaft in der Annahme eingegangen, dass Maffei mit Gewinn arbeiten würde. Nun sah er sich getäuscht und war entschlossen, sich von Canaris und Maffei zu trennen. Canaris wurde Ende 1929 entlassen. Der ehemals so hoch gehandelte Manager war beruflich erledigt. Nach einem längeren Herzleiden starb er 1934 im Alter von 53 Jahren im Tessin.[81]

Die J. A. Maffei AG wurde wenige Monate nach Canaris' Entlassung an die Deutsche Bank abgegeben.[82] Mit der Trennung von Henschel und Maffei war das Kapitel »Interessengemeinschaft« aber noch nicht abgeschlossen. Henschel hatte Maffei Zuschüsse in Höhe von insgesamt 5 Mio. RM zukommen lassen und forderte nun die Erstattung dieses Betrages.[83] Die Henschel'sche Familien-Verwaltung GmbH reichte eine Anfechtungsklage gegen den Vertrag über die Interessengemeinschaft ein und warf der Erbengemeinschaft Maffei arglistige Täuschung und Bilanzfälschung vor. Beide Parteien schalteten Staranwälte ein. Maffei beauftragte den renommierten Wirtschaftsjuristen Karl Geiler – er wurde 1945 erster Ministerpräsident des Landes Hessen – mit der Erstellung eines Gutachtens. Henschel ließ sich von Max Hachenburg beraten, der als Vater des deutschen Aktienrechts gilt. Beide gehörten zu den Autoren des bekanntesten Kommentars zum Handelsgesetzbuch (Düringer-Hachenburg). Die Rechtslage war alles andere als eindeutig. Geiler argumentierte in seinem Gutachten, dass Henschel im Herbst 1928 recht gut informiert gewesen sei und die Risiken der Interessengemeinschaft mit Maffei gekannt hätte. Hachenburg wandte dagegen ein, dass Henschel vor dem Aktientausch nur eine Erklärung vorgelegen hätte, aus der man nicht entnehmen konnte, dass bei der Firma Maffei bereits eine Vermögenssubstanz von zwei Mio. Reichsmark verloren gegangen war.[84] Die Maffei-Erben stritten wiederum ab, dass die Machenschaften von Canaris in ihrem Auftrag erfolgt seien. Ihr Sprecher war nun der Architekt Hans Noris, ein Schwiegersohn Alfons von Maffeis. Noris erklärte, »die Verluste seien der Familie Maffei vollständig unbekannt, diese habe ebenso wie Herr Henschel den Angaben von Dr. Canaris voll vertraut und sei offenbar von diesem ebenso getäuscht wie Herr Henschel«.[85] Auch war nicht eindeutig, ob es sich um Bilanzfälschung und damit einen Straftatbestand handelte, weil es noch keine gesetzliche Regelung der Bilanzvorschriften gab. Angesichts dieser Beweislage riet die zuständige Zivilkammer des Landgerichts München den Parteien zu einem Vergleich und erklärte, es sei auch im Interesse der gesamten deutschen Industrie »nicht angezeigt, die angebotenen Beweise in aller Breite zu erheben«.[86] Die Richter befürchteten offenbar, dass aus dem Fall politisches Kapital geschlagen würde, wenn erst einmal die skandalösen Details bekannt wären. Auch die Deutsche Bank versuchte, einen Vergleich zwischen den Parteien herbeizuführen. Ein öffentlich ausgetragener Rechtsstreit zwischen zwei Großkunden war für die Bank denkbar unangenehm, zumal sie befürchten musste, dass auch ihre wenig rühmliche Rolle bei dem Maffei-Debakel publik würde. Im Januar 1931 gelang es der Deutschen Bank, eine gütliche Einigung zu erreichen, indem sie Henschel offenbar auf anderem Gebiet entgegenkam. Beide Seiten verzichteten auf die gegeneinander erhobenen Ansprüche, die Maffei-Beteiligung bei Henschel ging an die Familie Henschel zurück, Henschel fand einen neuen Partner und vereinbarte mit Hanomag eine neue Interessengemeinschaft, wobei Hanomag seine Lokomotivquote auf Henschel übertrug.[87]

In München wurde nach der Auflösung der Interessengemeinschaft zwischen Henschel und Maffei vermutet, dass Henschel nie am Erhalt der Firma Maffei interessiert gewesen sei.[88] Für die Maffei-Arbeiter war Canaris nun geradezu eine Hassfigur. Sie gaben ihm die Schuld am Niedergang ihres Unternehmens, sahen in ihm, wie Alois Auer schreibt, so etwas wie einen skrupellosen »Kaputtsanierer«.[89] Tatsächlich hatte Canaris auf zwei Strategien gesetzt, wie sie damals von den Experten allgemein empfohlen und in vielen Bereichen der deutschen Wirtschaft mit Erfolg praktiziert wurden: Konzentration und Diversifizierung. In der Interessengemeinschaft hatten viele Fachleute ein vorbildliches Modell gesehen. So kam z. B. Josef W. Peuker in seiner 1929 veröffentlichten Dissertation über die Krise im deutschen Lokomotivbau zu dem Ergebnis, die enge Zusammenarbeit zwischen Henschel und Maffei wäre für die angeschlagene Branche ein »erster bedeutsamer Schritt auf dem Wege der Selbsthilfe«.[90] Doch was für die Branche gut war, hätte in diesem Fall für den Industriestandort München einen schweren Schlag bedeutet, nämlich den Verlust des Lokomotivbaus von J. A. Maffei. Mit dem Scheitern der Interessengemeinschaft stand fest, dass diese Fertigung nicht abwandern würde, aber nun musste man damit rechnen, dass das überschuldete Unternehmen nicht mehr lange weiterbestehen würde, denn Canaris hatte sich bei seinen »modernen« Strategien verwerflicher Methoden bedient, indem er den Zustand des Unternehmens verborgen und immer höhere Schulden aufgehäuft hatte. Die J. A. Maffei AG war wohl schon 1926 so angeschlagen gewesen, dass sie sich weder den Aufbau neuer Fertigungen leisten konnte noch als Partner in einer Interessengemeinschaft tragbar war.

Ganz anders lagen die Verhältnisse bei der Lokomotivfabrik Krauss & Comp., wo eine entgegengesetzte Strategie verfolgt wurde. Mit der Aufnahme einer Lkw-Fertigung kam es zwar auch hier zu einer Diversifizierung der Produktion, aber in sehr viel begrenzterem Rahmen als bei Maffei. Landesbaurat Hans Georg Krauss hielt nichts von Interessengemeinschaften. Er setzte auf eine »Stand-alone-Strategie« und konnte dem Betriebsrat im Dezember 1928 versichern, »daß er nicht daran denke, die Selbständigkeit des Betriebes aufzugeben oder einzuschränken«, was bei der Belegschaft nach Angaben des Betriebsrats »volle Befriedigung« auslöste.[91] Anders als bei Maffei wurde bei Krauss gespart. Hier entstanden nach den Massenentlassungen von 1925/26 keine neuen Arbeitsplätze, aber auch keine Schuldenberge. Die Belegschaft blieb auf einem relativ niedrigen Stand, und die Löhne lagen bei Krauss & Comp. unter dem Durchschnitt der Branche, bei Maffei hingegen darüber. Doch dafür waren die Arbeitsplätze hier sicherer und die Finanzen solide. Nach Beginn der Weltwirtschaftskrise wurden bei Krauss & Comp. rund zehn Prozent der Stellen abgebaut, bei J. A. Maffei etwa 25 Prozent (Abb. 51).[92]

51 Beschäftigte der Firmen J.A. Maffei und Krauss & Comp. 1925 bis 1930
[Auer (Hg.), Krauss-Maffei, 166]

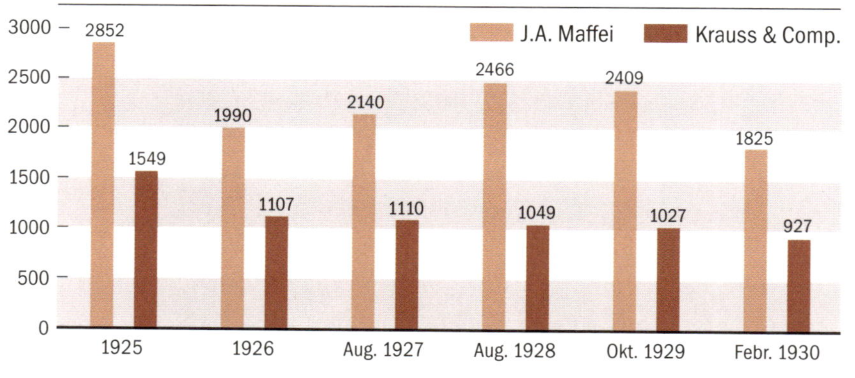

Allerdings konnte Krauss & Comp. in dieser Zeit nur deshalb so solide wirtschaften, weil das Unternehmen einen Großaktionär hatte, der bereit war, auf Dividenden zu verzichten, und sich dies leisten konnte. Die ÖEVA erzielte mit der Fertigung des ehemaligen Krauss-Werks in Linz ansehnliche Gewinne. Das Werk wurde damals vergrößert und war mit rund 800 Arbeitern und Angestellten, wie einer Veröffentlichung aus dem Jahr 1926 zu entnehmen ist, »seit Jahren fast voll beschäftigt«.[93] Bei J. A. Maffei hingegen hat die ihrerseits stark verschuldete Familie die Gewinne des Unternehmens, sofern es welche gab, abgeschöpft. Dieses Geld fehlte für die Instandhaltung und Modernisierung. Selbst der manipulierte Gewinn von 1927 wurde zu 90 Prozent als Dividende an die Eigentümer ausgeschüttet, die sich das als eine Art Prämie für ihre Barzahlung von zwei Mio. Reichsmark ausbedungen hatten, mit der Canaris den für 1927 ausgewiesenen Gewinn vortäuschte.[94] Die Deutsche Bank hatte bei all dem als Hausbank der Maffeis mitgespielt. Ihr Münchner Filialleiter Raimund Hergt verwaltete das Vermögen der Maffei-Erben, einer der reichsten Familien des Landes. Aus Kulanz gegenüber diesen wichtigen Privatkunden wird die Bank bei Kreditanträgen der Firma J. A. Maffei keine allzu strengen Maßstäbe angelegt haben, auch nicht, als das Unternehmen dann Henschel gehörte, wo die Deutsche Bank ebenfalls Hausbank war. Zudem waren die Kredite für die Bank ein lukratives Geschäft, und als Sicherheiten standen ja die großen Vermögen der Maffeis und der Henschels im Hintergrund.

Die Deutsche Bank war natürlich nicht an den windigen Geschäftspraktiken von Canaris schuld, aber die Aussicht auf immer weitere Kredite muss für den Manager geradezu eine Einladung gewesen sein, immer größere Risiken einzugehen. Die Bilanzen der Firma J. A. Maffei wird die Bank kaum näher geprüft haben. Später bescheinigten Gutachten von Eugen Schmalenbach und Willi Prion, den beiden prominentesten Vätern der deutschen Betriebswirtschaftslehre, dass die J. A. Maffei AG schon im Herbst 1928 finanziell zerrüttet war.[95] Es war in gewisser Weise wie in Hans Christian Andersens Märchen »Des Kaisers neue Kleider«: Ein Manager von Maffei oder Henschel war bei den Banken über jeden Verdacht erhaben. Solange niemand Zweifel äußerte, wurden weitere Kredite vergeben, und eine Kontrolle durch externe Wirtschaftsprüfer war damals noch nicht vorgeschrieben. Canaris' Verfehlungen waren in dieser Zeit kein Einzelfall. Sie muten eher harmlos an gegenüber den Betrugsfällen, die dann durch die Unternehmenszusammenbrüche in der Weltwirtschaftskrise publik wurden, bei der Norddeutschen Wollkämmerei & Kammgarnspinnerei AG, der Schultheiss-Patzenhofer Brauerei AG und anderen mehr. Es waren wirtschaftlich schwierige Zeiten, und nicht wenige Unternehmer versuchten, ihre Haut mit riskanten Geschäftspraktiken, Insolvenzverschleppung und Bilanzbetrug zu retten, wobei das altliberale Handelsrecht ihnen viel Spielraum ließ. Erst unter dem Eindruck der großen Konzernzusammenbrüche und Wirtschaftsskandale in der Zeit der Weltwirtschaftskrise handelte dann der Gesetzgeber. Im September 1931 wurde die aktienrechtliche Pflichtprüfung eingeführt – unter maßgeblicher Mitwirkung von Max Hachenburg.[96]

Die Firma J. A. Maffei ist nicht durch die Krise des Lokomotivbaus zu einem Sanierungsfall geworden, und sie ist auch nicht durch die 1929 beginnende Weltwirtschaftskrise zugrunde gegangen, sondern durch Fehler des Managements und der Eigentümer. Carl Canaris war nicht allein für den Niedergang des Unternehmens verantwortlich, auch wenn er durch die wachsende Verschuldung und unredliche Geschäftspraktiken wesentlich dazu beigetragen hat. Es fehlte der Firma J. A. Maffei auch an Rückhalt bei den Eigentümern, und Canaris hatte eigentlich bereits einen Sanierungsfall vorgefunden, weil seine Vorgänger die Zeichen der Zeit nicht erkannt hatten. Ähnlich sah es schon die zeitgenössische Presse. Die »Süddeutsche Sonntagspost« beklagte im Dezember 1930, dass »die Nachfolger des Reichsrates Maffei es nicht verstanden haben, die geradezu beispiellosen Erfolge der Fabrik aufrechtzuerhalten«.[97]

3.3 Keine Fusion: Krauss übernimmt das Geschäft von Maffei

Henschel hatte das gesamte Aktienkapital der J. A. Maffei AG im Januar 1930 an ein von der Deutschen Bank geleitetes Konsortium der beiden Gläubigerbanken von Maffei abgegeben. Presseberichten zufolge wurden die Maffei-Aktien nicht an die Banken verkauft, sondern dem Konsortium »zur Verfügung gestellt«.[98] Nach Beendigung des Rechtsstreits zwischen den Familien Henschel und Maffei sollten sie wohl im Tausch gegen die Maffei-Beteiligung an Henschel & Sohn, die ebenfalls inzwischen bei der Deutschen Bank lag, an die Erbengemeinschaft Maffei zurückfallen.[99] Die Deutsche Bank war hier als Hauptgläubigerin von J. A. Maffei und Hausbank der Familien Maffei und Henschel gleich dreifach in der Pflicht. Sie stellte nun bei J. A. Maffei den Aufsichtsratsvorsitzenden und setzte einen neuen Vorstand aus den Direktoren Preyss und von Rehlingen ein. Über das Schicksal des Unternehmens wurde fortan in der Zentrale der Deutschen Bank in Berlin entschieden. Dort war man sich zunächst nicht sicher, ob man einen Sanierungsversuch wagen sollte oder ob eine Liquidation der Firma J. A. Maffei unvermeidlich war.[100] Der Münchner Filialleiter Raimund Hergt konnte dann zusammen mit seinem Kollegen Rudolf Weydenhammer Anfang Juli 1930 bei der Hauptleitung in Berlin erreichen, dass sich die Bank für eine Sanierung entschied. Die Bayerische Hypotheken- und Wechselbank erklärte sich daraufhin bereit, sich an der Sanierung zu beteiligen. Eine wichtige Rolle spielte dabei offenbar die Überlegung, dass eine Liquidation von J. A. Maffei weitreichende Folgen für die bayerische Wirtschaft einschließlich der dortigen Firmenkunden der Bank haben würde.[101] Um J. A. Maffei zahlungsfähig zu halten, führte die Deutsche Bank eine Rekapitalisierung des Unternehmens durch. Laufende Kredite in Höhe von acht Mio. Reichsmark wurden in Aktienkapital umgewandelt. Zusätzlich wurden der Firma Maffei Schulden in Höhe von vier Mio. Reichsmark erlassen und neue Betriebskredite zugesagt.[102]

Da die Deutsche Bank bei Maffei eine Leitung ihres Vertrauens installieren wollte und ihre Mitarbeiter nicht das Know-how hatten, ein Industrieunternehmen zu managen, schaltete sie einen ihrer Großkunden, den Berliner Konzern Richard Kahn, ein. Die Kahn-Gruppe sollte die Leitung der Geschäfte von Maffei übernehmen und im Gegenzug eine Kapitalbeteiligung erhalten.[103] Da zu diesem Konzern auch die Berliner Motorenfabrik R. Stock & Co. gehörte, deren Maschinenbau bekannt war, wurde in München kolportiert, dass die Deutsche Bank einen großen Teil des Maschinenbaus von Maffei zu Stock verlegen würde und der Lokomotivbau an Krauss abgegeben werden sollte.[104] Die Deutsche Bank stritt dies gegenüber den bayerischen Behörden ab und erklärte, dass bei Stock gar nicht die Voraussetzungen dafür bestünden, räumte aber ein, dass es zunächst solche Überlegungen gegeben hatte.[105]

Im Sommer 1930 schalteten sich die Reichsbahn und die Bayerische Staatsregierung in den Fall Maffei ein. Die Reichsbahn wurde offenbar aktiv, weil Bayern vor dem Staatsgerichtshof eine Klage gegen die Lokomotivquotenregelung des Reichsverkehrsministeriums eingereicht hatte. Nun erklärte sich die Reichsbahn bereit, die bayerische Quote zu erhöhen, wollte diese aber nur an ein einziges Unternehmen abgeben, also im Gegenzug die von ihr schon lange angemahnte Fusion der beiden Münchner Lokomotivhersteller erreichen.[106] Die Bayerische Staatsregierung übte nach eigenen Angaben daraufhin erfolgreich »einen gewissen Druck« auf das Maffei-Konsortium aus.[107] Tatsächlich entschied sich die Deutsche Bank nun, eine Fusion zwischen Maffei und Krauss anzugehen, doch dürfte es dafür abgesehen von dem Druck der bayerischen Regierung noch andere Gründe gegeben haben. Die Bank rechnete wohl auch damit, auf diese Weise aus dem verlustreichen Engagement bei Maffei noch ein gewisses Kapital schlagen zu können. Da Krauss recht stabil aufgestellt war, gab es zumindest eine Chance, das fusionierte Unternehmen später einmal weiterverkaufen zu können. Zudem würde es die Position der Deutschen Bank in Bayern stärken, wenn sie als Eigentümerin des größten Münchner Unternehmens sich des Verdienstes rühmen könnte, die

Zukunft des bayerischen Lokomotivbaus gesichert zu haben. Allerdings musste die Bank dafür erst einmal die Lokomotivfabrik Krauss & Comp. übernehmen. Bereits am 30. August 1930 teilte Filialdirektor Hergt der Abteilung für Handel, Industrie und Gewerbe im Bayerischen Außenministerium mit, dass die Deutsche Bank dazu entschlossen sei.[108] Die ÖEVA musste wohl nicht lange überredet werden, ihre Mehrheitsbeteiligung bei Krauss & Comp. abzugeben. Kaufangebote waren seit Beginn der Weltwirtschaftskrise überall willkommen, weil alle nur verkaufen wollten. Auch die ÖEVA hatte unter der Krise schwer zu leiden und musste ihr Werk in Linz 1930 stilllegen.

Nachdem die Majorität von Krauss & Comp. an die Deutsche Bank übergegangen war, wurde Landesbaurat Krauss auch die Leitung von J. A. Maffei übertragen. Es kam nun zu Fusionsverhandlungen, die bezeichnenderweise bei der Deutschen Bank in Berlin stattfanden. Die Bank konnte die Bedingungen nach freiem Ermessen festsetzen, da sie als Mehrheitseigentümerin von Maffei und Krauss an beiden Seiten des Tisches saß, ebenso wie Hans Georg Krauss, der nun sowohl Krauss & Comp. als auch J. A. Maffei leitete. Schließlich entschied man sich bei der Deutschen Bank für eine Lösung, bei der Krauss & Comp. das Geschäft und den Namen von J. A. Maffei übernahm, nicht aber das Unternehmen.[109] Ausgangspunkt für die Abtrennung des Sachvermögens vom Geschäft war die Überlegung, dass die Fertigung nach einer gewissen Übergangszeit bei Krauss & Comp. konzentriert werden und die Bank dadurch in der Lage sein könnte, das Sachvermögen von J. A. Maffei, vor allem das große Werksgelände in der Hirschau, zu verkaufen, um einen Teil der verlorenen Kredite wieder hereinzubekommen.[110] Vor allem wurde damit aber erreicht, dass das neue Unternehmen eine weitaus geringere Kostenbelastung hatte als nach einer Fusion. Krauss & Comp. sollte zwar für die Geschäftsübernahme zwei Mio. Reichsmark an Maffei zahlen, die über eine Kapitalerhöhung aufgebracht werden mussten, doch war dies noch ein überschaubarer Betrag im Vergleich zu den Bankschulden von J. A. Maffei, die bei einer Fusion auf das Unternehmen Krauss-Maffei übertragen worden wären und so bei Maffei stehen blieben. J. A. Maffei hatte im Oktober 1930 Bankschulden in Höhe von 17 Mio. Reichsmark, davon 16 Mio. Reichsmark bei der Deutschen Bank und eine Mio. Reichsmark bei der Bayerischen Hypotheken- und Wechselbank.[111] Auch wären bei einer Fusion die Mitarbeiter von Maffei auf Krauss-Maffei übergegangen. Bei einer Geschäftsübernahme, wie sie jetzt vorgesehen war, blieben die Lohn- und Gehaltskosten dagegen dem neuen Unternehmen erspart. Anders gewendet: Krauss & Comp. erhielt die wichtigsten Aktivposten von Maffei, die Kundenbeziehungen, die Patente, die Lokomotivquote und den renommierten Namen, während die Mitarbeiter von Maffei außen vor blieben. In den Planungen der Bank ging es um Liquiditätsstellungen und Immobilien, das Schicksal der 1500 Arbeiter und Angestellten von J. A. Maffei spielte keine Rolle. Dass diese Menschen durch den Verzicht auf eine Fusion um Arbeit und Brot gebracht wurden, nahm man bei der Deutschen Bank offenbar in Kauf. Die Börse stimmte schon am 22. Oktober 1930, nachdem der Plan einer Zusammenführung von Krauss und Maffei bekannt geworden war, über das Projekt Krauss-Maffei ab. Der Kurs der Krauss-Aktie stieg damals um rund zwölf Prozent.[112] Die Erwartungen, die dahinterstanden, hingen wohl vor allem mit dem massiven Engagement der Deutschen Bank zusammen, die für einen großen Teil der Altlasten aufgekommen war. Die Bank hatte erst die J. A. Maffei AG durch Umwandlung von Krediten in Aktienkapital rekapitalisiert, dann eine rund 80-prozentige Beteiligung bei Krauss & Comp. AG erworben. Jetzt hatte sie noch die Kapitalerhöhung bei Krauss zu finanzieren und musste den größten Teil des Aktienkapitals von Maffei als Verlust abschreiben.

Der letzte Akt des Maffei-Dramas fand am 20. Januar 1931 im Verwaltungsgebäude von Krauss & Comp. in der Maillingerstraße statt. An diesem Tag hatte hier eine außerordentliche Generalversammlung über die Kapitalerhöhung und den Vertrag mit Maffei zu entscheiden, der nun als eine »Zusammenführung«, nicht mehr als Zusammenschluss beider Unternehmen bezeichnet wurde. Bei Maffei gab es nichts zu entscheiden, da sich das Unternehmen vollständig im Eigentum des von der Deutschen Bank geleiteten Konsortiums befand. Doch Krauss hatte auch freie Aktionäre, über die sich die Bank als Mehrheitseigentümer nicht hinwegsetzen konnte. Die Generalversammlung genehmigte die Kapitalerhöhung von fünf auf sieben Mio. Reichsmark und stimmte dem Vertrag mit der J. A. Maffei AG zu.[113] Damit war dieser 20. Januar der Gründungstag von Krauss-Maffei, auch wenn die Entstehung des Unternehmens dann aus bilanztechnischen Gründen rückwirkend auf den 1. Januar 1931 datiert wurde. Noch am selben Tag gab Otto Heinsheimer den Aufsichtsratsvorsitz an Alfred Blinzig, ein Vorstandsmitglied der Deutschen Bank, ab. Heinsheimer, der viel für Krauss & Comp. getan hatte, fiel dies nicht leicht. Er starb einen Tag später.[114]

Der zukünftige Name des Unternehmens stand erst unmittelbar vor der Generalversammlung vom 20. Januar 1931 fest. Zunächst hatte man sich nur darauf verständigt, dass er aus den Namen der beiden fusionierten Firmen bestehen sollte. Die Deutsche Bank wollte den im Ausland zugkräftigeren Namen Maffei voranstellen, musste sich aber vom Registergericht belehren lassen, dass der Name der übernehmenden Gesellschaft an erster Stelle zu stehen hatte. Für diese Lösung trat dann auch Hans Georg Krauss ein. In einem Brief an Oscar Wassermann, den Vorstandssprecher der Deutschen Bank, schilderte der Landesbaurat den Zustand des Maffei-Werks in den schwärzesten Farben und behauptete, eine »Voranstellung der Firma Maffei« wäre kein Imagegewinn, sondern ein Reputationsschaden.[115] Dass es dabei auch um die Voranstellung seines eigenen Namens ging, erwähnte er nicht, aber bei der Deutschen Bank wird man sich das schon gedacht haben. Jedenfalls erklärte sich die Deutsche Bank mit Krauss' Vorschlag einverstanden, das fusionierte Unternehmen »Lokomotivfabrik Krauss & Comp. – J. A. Maffei A.-G. München« zu nennen.[116] Der kürzere Name Krauss-Maffei AG wurde erst 1940 offiziell eingeführt. Dass Hans Georg Krauss auch das neue Unternehmen als alleiniger Vorstand leitete, war selbstverständlich, ja geradezu alternativlos. Hatte er doch schon in Personalunion Krauss & Comp. und J. A. Maffei geleitet, war davor 14 Jahre lang an der Spitze von Krauss & Comp. gestanden und hatte vor seinem Wechsel zu Krauss 16 Jahre lang bei Maffei und Maffei-Schwartzkopff gearbeitet. Niemand dürfte beide Unternehmen so gut gekannt haben wie er.

Für die Firma J. A. Maffei bedeutete die Zusammenführung vom Januar 1931 nicht das Ende, da es sich eben um keine Fusion handelte. Sie bestand unter einem anderen Namen fort, als Industriewerk Hirschau AG. Im Eigentum des Unternehmens geblieben waren die Maschinen, die Gebäude und das Werksgelände von J. A. Maffei. Zunächst blieben hier auch einige Fertigungen bestehen, vor allem der Zugmaschinenbau und der Schleudermaschinenbau. Das Industriewerk Hirschau war also keine Liquidationsgesellschaft, doch konnte es keinen Zweifel daran geben, dass es die Abwicklung des Sachvermögens durchzuführen hatte und dann in Liquidation gehen würde. Da sich dieser Prozess viel länger hinzog, als man erwartet hatte, bestand die Industriewerk Hirschau AG noch bis zum Herbst 1944. Erst jetzt ging die Geschichte der Firma J. A. Maffei auch der Rechtskörperschaft nach zu Ende.[117] Die Maffei-Schwartzkopff-Werke, an denen J. A. Maffei beteiligt gewesen war, wurden schon 1932 in Liquidation geschickt.

Für die »Maffeier« waren die Beschlüsse vom 20. Januar 1931 eine Katastrophe. Fast alle von ihnen wurden nun arbeitslos; zu einer Zeit, in der Leistungen und Dauer der Arbeitslosenunterstützung rigoros gekürzt wurden und aufgrund der Weltwirtschaftskrise praktisch keine Chance bestand, einen neuen Arbeitsplatz zu finden. Nur wenige der rund 1500 Arbeiter und Angestellten der Firma Maffei wurden von Krauss-Maffei übernommen, 150 von ihnen blieben beim Industriewerk Hirschau beschäftigt.[118] Dabei hatte J. A. Maffei schon seit Beginn der Weltwirtschaftskrise rund 900 Mitarbeiter entlassen. Im Oktober 1929 waren hier noch 2400 Arbeiter und Angestellte beschäftigt gewesen.[119] Auch die »Kraussler«, die alle nahtlos von Krauss-Maffei übernommen wurden, konnten sich ihrer Arbeitsplätze nicht sicher sein. Hans Georg Krauss war weiterhin entschlossen, sparsam zu wirtschaften. Da sich die Weltwirtschaftskrise weiter verschärfte, wurde in den Jahren 1931/32 rund die Hälfte der Belegschaft entlassen. Im Herbst 1932 war mit 600 Beschäftigten ein absoluter Tiefstand erreicht. Drei Jahre zuvor hatten Krauss und Maffei zusammen noch 3500 Arbeiter und Angestellte beschäftigt.[120]

Die Entlassung von rund 1300 Maffei-Arbeitern im Januar 1931 war für die Öffentlichkeit selbst in dieser Zeit des Massenelends weit über München hinaus ein Schock. Traf sie doch fast die gesamte Belegschaft des ältesten Münchner Großunternehmens, einer Firma von Weltruf. »Die Tragödie bei Maffei«[121] überschattete die Gründung von Krauss-Maffei, und viele, die zuvor die Zusammenführung der beiden bayerischen Lokomotivhersteller für eine industriepolitische Großtat gehalten hatten, nahmen sie nun vor allem als eine soziale Katastrophe wahr. In der Presse gab es auch Kritik an der Staatsregierung, die sich gerühmt hatte, den Zusammenschluss von Krauss und Maffei zustande gebracht zu haben, und nun, als die Stimmung umschlug, die Verantwortung dafür der Reichsbahn zuschob.[122] »War die Katastrophe nicht zu vermeiden?«, fragte die »Süddeutsche Sonntagspost« und berichtete von erschütternden Schicksalen entlassener Maffei-Arbeiter: »Werkmeister Ziegler hat sich umgebracht. Sich und seine Familie. Vor Monaten. Das war der Anfang. Einer der ersten blauen Briefe […] Ein Mann, der ein halbes Menschenleben lang bei Maffei war. Und plötzlich vor dem Nichts stand. ›Einer‹ hat man gedacht, ›Die Zeiten sind eben schwer‹. Heute stehen siebzig Werkmeister und zweieinhalbtausend Arbeiter vor dem Nichts.«[123] Von Krauss-Maffei gab es keine Hilfsaktion für die Maffei-Arbeiter; das Unternehmen, das sich nun mit dem Namen Maffei schmückte, schwieg zu deren Elend. Erst viel später, als sich Hans Georg Krauss mit der Deutschen Bank nicht mehr so gut verstand, hielt er dem Geldinstitut vor, das Leid der »armen unschuldigen Teufel von Angestellten und Arbeitern« in Kauf genommen zu haben.[124] Für die »Maffeier«, die sich als die Elite der Münchner Arbeiterschaft verstanden hatten, war es besonders bitter, sich am unteren Ende der Gesellschaft wiederzufinden. »Es ist trostlos, wenn wir uns morgens auf dem Arbeitsamt treffen«, schrieb einer von ihnen. »Was aber das Schlimmste ist: Wir sind alle Facharbeiter, Spezialisten. Auf Lokomotivbau geeicht. Es ist schwer, ja fast unmöglich, irgendwo anders unterzukommen.«[125] Im Herbst 1933 waren immer noch 80 bis 85 Prozent der entlassenen Maffei-Arbeiter arbeitslos.[126] Erst dann stiegen die Beschäftigtenzahlen bei Krauss-Maffei an, und viele frühere Maffei-Arbeiter dürften dort wieder Arbeit gefunden haben, besonders die Lokomotivbauspezialisten.

52 Krauss-Maffei-Werbekarte
[BWA, F 44/AKM1]

3.4 Der Aufschwung in der Rüstungskonjunktur des »Dritten Reiches« (1933 bis 1939)

Wenige Wochen nachdem Adolf Hitler in Berlin an die Macht gekommen war, wurde in München die geschäftsführende Regierung von Ministerpräsident Heinrich Held (Bayerische Volkspartei) von den Nationalsozialisten aus dem Amt gedrängt und durch ein Statthalterregime ersetzt. Der Freie Volksstaat Bayern wurde zu einer Verwaltungseinheit ohne eigene Hoheitsrechte »gleichgeschaltet«, der Landtag wurde aufgelöst, alle Parteien mit Ausnahme der NSDAP wurden verboten und die Gewerkschaften zerschlagen. Der starke Mann in Bayern war nun der NSDAP-Gauleiter und neue Innenminister Adolf Wagner. Unter ihm wurde SS-Chef Heinrich Himmler kommissarischer Leiter der Münchner Polizei. Er schuf als Instrument der neuen Gewaltherrschaft die Bayerische Politische Polizei und ließ schon im März 1933 bei Dachau das erste Konzentrationslager errichten.[127]

Auch unter den Mitarbeitern von Krauss-Maffei wird es viele gegeben haben, die nun befürchten mussten, in »Schutzhaft« genommen zu werden und ihren Arbeitsplatz aus politischen Gründen zu verlieren. Ob Krauss-Maffei jüdische Mitarbeiter hatte, geht aus den überlieferten Akten des Unternehmens nicht hervor. Auch politisch motivierte Kündigungen sind hier nicht dokumentiert; was nicht heißt, dass es sie nicht gegeben hat, da sich in den Unterlagen generell kaum Hinweise auf Entlassungen finden. Mit Sicherheit lässt sich aber sagen, dass es in der Belegschaft zu diesem Zeitpunkt keinen Widerstand gegen die nationalsozialistische Gewaltherrschaft gab. Die ehemals so protestfreudigen »Kraussler« hielten sich zurück, und das aus nachvollziehbaren Gründen, weil sie nicht nur den Terror der Schergen Himmlers fürchten mussten, sondern auch ein Schicksal, wie es ihre entlassenen Kollegen, vor allem die früheren Maffei-Arbeiter, erlitten hatten. Der Anteil der Nationalsozialisten an der Belegschaft dürfte 1933 recht gering gewesen sein, dann aber zugenommen haben, als das Unternehmen in der Rüstungskonjunktur wuchs und die Zahl der Beschäftigten rasch anstieg. Zuverlässige Daten sind hierzu nicht überliefert, auch nicht aus der Nachkriegszeit. Eine nach dem Krieg erstellte Liste der Mitarbeiter, die wegen ihrer Zugehörigkeit zu nationalsozialistischen Organisationen entlassen worden waren, enthält 125 Namen mit Nennung der jeweiligen Mitgliedschaften. Darunter finden sich auch HJ-Führer und Jungmädelführerinnen des BDM, aber natürlich nicht die Parteigenossen, die im Krieg gefallen waren, als vermisst galten oder sich in Kriegsgefangenschaft befanden.[128]

Im Vorstand und im Aufsichtsrat von Krauss-Maffei führte die nationalsozialistische Machtübernahme zu keinen Veränderungen. Hans Georg Krauss blieb bis zu seiner Pensionierung im Jahr 1944 an der Spitze des Unternehmens. In den Jahren 1934/35 wurden ihm Max Aichinger und Jakob Berthold als stellvertretende Vorstandsmitglieder zur Seite gestellt. Beide wurden später ordentliche Vorstandsmitglieder.[129] Aufsichtsratsvorsitzender war bis 1935 weiterhin Alfred Blinzig. Er wurde dann von Hans Rummel abgelöst, der ebenfalls dem Vorstand der Deutschen Bank angehörte und bei bei den Bayerischen Motoren Werken AG (BMW) stellvertretender Aufsichtsratsvorsitzender war.[130] Von den Aufsichtsratsmitgliedern nach 1933 war mindestens eines, der Münchner Wirtschaftsanwalt Eduard Bloch, jüdischer Herkunft. Bloch starb 1935 im Alter von 68 Jahren. Ob er durch seinen Tod aus dem Aufsichtsrat ausschied oder im gleichen Jahr noch zuvor aus diesem Gremium gedrängt worden war, lässt sich nicht feststellen.[131] Seit dem Herbst 1935 vergab die Reichsbahn nur noch an solche Unternehmen Aufträge, bei denen keine Juden im Vorstand oder Aufsichtsrat vertreten waren.[132]

Hans Georg Krauss hatte vor 1933 der Bayerischen Volkspartei angehört, doch war dem Ingenieur Politik nicht wichtig. Sie interessierte ihn nur, wenn es seine Belange oder die des Unternehmens erforderten. Der Großaktionär Deutsche Bank wird Krauss nicht bedrängt haben, in die NSDAP einzutreten, war doch bis 1936 kein Vorstandsmitglied dieser Bank in der Partei und auch dann nur ein Bankier mit Parteibuch, der als Feigenblatt diente.[133] Während des Krieges schien es dem Chef von Krauss-Maffei dann doch nützlicher zu sein, eine Parteimitgliedschaft vorweisen zu können. Jedenfalls stellte er 1942, im Alter von 65 Jahren, einen Antrag auf Aufnahme in die NSDAP. Der Oberbereichsleiter München der Partei lehnte den Antrag mit der Begründung ab, von Krauss wäre bekannt, »dass er mit dem Nationalsozialismus nichts zu tun haben will, er vertritt diesen nur insofern, als für ihn oder seine Firma Vorteile herausspringen«.[134]

Max Aichinger und Jakob Berthold traten noch als stellvertretende Direktoren zum 1. Juli 1933 in die Kraftfahrtstaffel des deutschnationalen Kampfbunds Stahlhelm ein. Mit diesem koordinierten Schritt bezweckten sie vermutlich, eine Art Ersatz für die Parteimitgliedschaft vorweisen zu können, doch wurde der Stahlhelm schon wenige Monate später in die SA überführt. Aichinger und Berthold fanden sich nun erst in einem motorisierten SA-Sturm, dann beim Nationalsozialistischen Kraftfahrkorps (NSKK) wieder, wo sie 1936 wegen »Interesselosigkeit« ausgeschlossen wurden.[135] Zum 1. Februar 1940 wurden beide, wiederum gleichzeitig, in die NSDAP aufgenommen. Aichinger, der inzwischen ordentliches Vorstandsmitglied war, soll das Parteibuch auf Drängen der nationalsozialistischen Betriebsobleute beantragt haben, Berthold angeblich auf eine Aufforderung durch die Deutsche Arbeitsfront hin.[136] Der Zeitpunkt ihres Parteieintritts lässt vermuten, dass die beiden Vorstandsmitglieder dabei mehr aus kriegswirtschaftlichem Kalkül als aus politischer Überzeugung gehandelt haben. Allerdings traten beide während des Krieges aus der Kirche aus und ordneten sich den »Gottgläubigen« zu, einer vom Reichsinnenministerium eingeführten Bezeichnung für Personen, die aus christlichen Kirchen ausgetreten waren, sich aber nicht für Atheisten hielten. Zumeist handelte es sich dabei um überzeugte Nationalsozialisten, aber nicht generell.[137]

Anders verhielt es sich mit der politischen Ausrichtung der Betriebsvertretungen bei Krauss-Maffei. Die Betriebsräte wurden in Bayern nach der nationalsozialistischen »Machtergreifung« durch eine Verordnung vom 20. März 1933 aufgelöst. Bei Krauss-Maffei mussten die gewählten Betriebsräte Erber und Lautenbacher wenige Wochen später, am 19. April, zurücktreten. Als Vertretung der Belegschaft wurde nun ein kommissarischer Betriebsrat aus Mitgliedern der Nationalsozialistischen Betriebszellenorganisation (NSBO) unter der Leitung des Anzeichners Fritz Umschaden eingesetzt.[138] Diese Arbeitnehmervertretung hatte nicht die Rechte und auch nicht den Einfluss der früheren, frei gewählten Betriebsräte. Die Unternehmensleitung konnte die kommissarischen Betriebsräte leicht übergehen, sofern diese nicht über gute Verbindungen zu höheren Parteiinstanzen verfügten. Durch das Gesetz zur Ordnung der nationalen Arbeit vom 20. Januar 1934 wurde der Vorstand Hans Georg Krauss dann zum »Betriebsführer« – ohne dass sich an seiner Position im Unternehmen damit faktisch etwas änderte –, während die Belegschaft als »Gefolgschaft« nur noch durch einen Vertrauensrat vertreten war, der keine nennenswerte Bedeutung erlangte. Mehr Einflussmöglichkeiten als der Vertrauensrat hatte der Betriebsobmann als Vertreter der Deutschen Arbeitsfront (DAF). Bis 1937 war dies Fritz Umschaden, doch dann wurde mit Georg Leimböck ein fanatischer Nationalsozialist und Situationstäter Betriebsobmann, der mit einer Reitpeitsche durch das Werk lief.[139] Leimböck war seit 1932 NSDAP-Mitglied und gehörte auch der SA an, wo er es bis zum Sturmbannführer brachte. Er baute bei Krauss-Maffei eine Werkschar der DAF auf, wie sie ab Mitte der 1930er-Jahre in den Betrieben entstanden, um die Belegschaften mit nationalsozialistischer Ideologie zu indoktrinieren, zu bespitzeln und politischen Druck auf sie auszuüben. Mit ihren schwarzen Uniformen, Märschen und Fahnenappellen trugen sie zugleich zu einer Militarisierung des betrieblichen Alltags bei. Waren es zunächst eher Opportunismus, berufliche Ambitionen oder die Angst um den Arbeitsplatz gewesen, die der NSDAP auch bei Krauss-Maffei neue Mitglieder zutrieben, dann die scheinbaren Erfolge Hitlers und die zunehmende Akzeptanz des Regimes, so war es in der Zeit Leimböcks immer öfter die Angst vor Bespitzelung und Prügel.

Hans Georg Krauss sah im Frühjahr 1933 in den neuen politischen Verhältnissen vor allem eine Chance, sein Lieblingsprojekt vollenden zu können, den Ausbau der Fertigungsstätten in Allach zu einem modernen, geräumigen Werkskomplex, in dem alle Sparten des Unternehmens vereint waren. Wegen der Inflation, der Krise des Lokomotivbaus und der Weltwirtschaftskrise hatte man bisher erst Teile der Fertigung nach Allach verlegen können. Schon 1931, unmittelbar nach der Übernahme des Geschäfts von Maffei, hatte Krauss Anleihen ausgeben wollen, um in Allach weitere Werksbauten errichten zu können. Die Deutsche Bank hatte ihn jedoch wegen der anhaltenden Wirtschaftskrise davon abgehalten.[140] Auch jetzt war Krauss-Maffei eigentlich nicht in der Lage, ein derartiges Projekt zu finanzieren. Die Konjunktur war zwar im Herbst 1932 wieder angesprungen, aber es war noch nicht abzusehen, ob der Aufschwung an Fahrt gewinnen und länger anhalten würde. Es bedurfte schon eines gewissen Glaubens an die Fähigkeiten der neuen Machthaber und guter politischer Verbindungen, um ein derartiges Vorhaben zu diesem Zeitpunkt anzugehen. Und Krauss verstand es, die neue Regierung für seine Zwecke einzuspannen, ohne deshalb in die NSDAP einzutreten. Er wandte sich an Gauleiter Wagner und wurde nicht enttäuscht. Dem bayerischen Wirtschaftsministerium teilte Krauss später mit: »Unsere Maßnahmen zur Errichtung der neuen Werkstätten in Allach haben wir von allem Anfang an im Einvernehmen mit dem Bayer. Staatsminister des Innern, Herrn Adolf Wagner, getroffen.«[141] Wagner hatte seinerseits ein großes Interesse daran, dass das Allach-Projekt von Krauss-Maffei vorankam. Würde es doch den Münchnern zeigen, dass es mit der Industrie unter den Nationalsozialisten aufwärtsging, und der notleidenden Bauwirtschaft der bayerischen Landeshauptstadt große Aufträge einbringen. Es traf sich gut, dass der Gauleiter zugleich Innenminister und damit Dienstherr der obersten Baubehörde war. So konnten alle Hindernisse rasch beseitigt werden, und die Deutsche Bank stellte sich dieses Mal auch nicht quer. Schon am 30. Juni 1933 konnte Krauss dem Aufsichtsrat mitteilen, dass der größte Teil der Eisenkonstruktion für das neue Werk an die MAN vergeben worden war.[142]

Wenige Wochen zuvor hatte es im Aufsichtsrat eine recht bizarre Diskussion über das Allach-Projekt gegeben. Die kommissarischen Betriebsräte der NSBO, Umschaden und Herrmann, hatten vorgeschlagen, alle Fertigungen von Krauss-Maffei in der Hirschau zu konzentrieren, am alten Maffei-Standort. Dort stünden moderne Maschinen bereit, und die Arbeiter hätten dann keine so langen Wege wie nach Allach, wo es kaum Wohnungen für sie gab.[143] Der Vorstoß ging von der Belegschaft des Industriewerks Hirschau aus, die sich mit dieser Forderung auch an die NSDAP-Kreisleitung München-Nord wandte.[144] Es waren letzte Versuche, über politische Kanäle doch noch das Werk in der Hirschau zu retten. Hans Georg Krauss konnte die Argumente der kommissarischen Betriebsräte und der NSDAP München-Nord aufgrund seiner guten Kenntnis des Werks in der Hirschau schnell entkräften. Er wies darauf hin, dass dort seit 1908 keine neuen Werkstätten mehr errichtet worden waren und die meisten Anlagen noch aus dem letzten Jahrhundert stammten.[145] Der Aufsichtsratsvorsitzende Blinzig machte geltend, dass die Deutsche Bank aus Kostengründen nicht auf den Verkauf der Hirschau verzichten konnte, und brachte noch ein weiteres Argument ein: »Außerdem gehört die Fabrik nicht in den Englischen Garten.« Krauss konnte indessen auch ausspielen, dass er die stärkeren politischen Bataillone auf seiner Seite hatte: »Die nationalsozialistische Partei steht auf dem Standpunkt, daß die Fabrik nach Allach verlegt werden muß. Die Partei vertritt also den gegenteiligen Standpunkt wie der Betriebsrat.«[146] Die kommissarischen Betriebsräte werden gewusst haben, dass damit Gauleiter Wagner gemeint war, und angesichts dieser Machtverhältnisse blieb ihnen nichts anderes übrig, als einzulenken. Im Dezember 1933 konnte Krauss dem Aufsichtsrat mitteilen, dass der Rohbau in Allach bereits abgeschlossen war. Die neuen Werkstätten dort würden Mitte 1934 den Betrieb aufnehmen.[147] Tatsächlich konnte der Umzug nach Allach 1935 abgeschlossen werden. Das neue Werk wurde dann noch zwei Jahre lang ausgebaut, doch neue Werkswohnungen gab es in Allach erst einmal nicht, nur die schon länger bestehende Arbeiterwohnsiedlung, weil für Krauss eine möglichst rasche Fertigstellung der Produktionsanlagen Priorität hatte.[148]

Während in Allach das neue Krauss-Maffei-Werk entstand, wurde das frühere Maffei-Werk in der Hirschau abgerissen. Das Industriewerk Hirschau ging aber deshalb noch nicht in Liquidation. Als Mantelgesellschaft wurde die ehemalige J. A. Maffei AG noch aus mehreren Gründen benötigt. Wegen eines Patentstreits mit dem Hanomag-Direktor Gustav ter Meer konnte die von Maffei aufgenommene Schleudermaschinenfertigung, die Krauss-Maffei gerne übernehmen wollte, vorerst nur im Industriewerk Hirschau erfolgen. Auch zog sich der Verkauf des großen Werksgeländes am Englischen Garten, das dem Industriewerk Hirschau gehörte, länger hin, als man erwartet hatte. Hans Georg Krauss hatte in einer Denkschrift vom April 1934 vorgeschlagen, das Gelände des früheren Maffei-Werks der Stadt München und dem Land Bayern zum gemeinsamen Kauf anzubieten.[149] Doch die Stadt konnte sich, vermutlich aus Kostengründen, nicht zum Kauf entschließen. Krauss-Maffei und die Deutsche Bank wollten das Gelände dann parzellieren lassen, um es als Baugrund ausweisen zu können. Davon war wiederum die Stadtverwaltung nicht begeistert. Der stellvertretende Aufsichtsratsvorsitzende Johannes Kiehl gewann den Eindruck, dass die Stadt das Bauprojekt mit einer Verzögerungstaktik ins Leere laufen lassen wollte. Als der eingereichte Bebauungsplan im Juni 1937 immer noch nicht genehmigt war, beschloss der Aufsichtsrat, dass Hans Georg Krauss Innenminister Wagner einschalten sollte. »Wenn überhaupt, ist einstweilen nur über diesen weiterzukommen«, heißt es dazu in einem Schreiben Kiehls an den Aufsichtsratsvorsitzenden Rummel.[150] Doch der

Bebauungsplan kam auch dann nicht zum Tragen und der bei Kriegsbeginn angeordnete Baustopp ließ das Projekt wohl in der Versenkung verschwinden. Im Sommer 1944 entschloss sich das Land Bayern dann doch zum Kauf.[151] Nach dem Zweiten Weltkrieg wurde das Gelände als Teil des Englischen Gartens öffentlich zugänglich gemacht.

Der Umsatz der Krauss-Maffei AG stieg nach Überwindung der Weltwirtschaftskrise zunächst nur langsam an. Das galt besonders für den Lokomotivbau, der ganz auf öffentliche Aufträge angewiesen war und die konjunkturelle Erholung daher später zu spüren bekam als etwa der Maschinenbau. Die Auftragslage verbesserte sich deutlich, nachdem die Regierung Hitler am 1. Juli 1933 im Rahmen ihrer Arbeitsbeschaffungsmaßnahmen ein Beschaffungsprogramm der Reichsbahn für die Jahre 1933/34 in Höhe von 560 Mio. Reichsmark beschlossen hatte.[152] Bei Krauss-Maffei konnte Hans Georg Krauss für das vierte Quartal 1933 feststellen, dass es »erfreulicher aussehe [...] als die bisherigen« und dass erhebliche Aufträge der Reichsbahn eingegangen seien.[153] Im Laufe des Jahres 1934 stieg die Beschäftigtenzahl bei Krauss-Maffei stark an, das Unternehmen hatte nun die Auswirkungen der Weltwirtschaftskrise überwunden.[154]

Für den deutschen Lokomotivbau war das Beschaffungsprogramm von 1933 nicht viel mehr als ein Strohfeuer. Die Branche sah sich durch die Politik der Reichsregierung vor ein neues Problem gestellt. Für Hitler hatte die Motorisierung Priorität, wegen der Kriegsrüstung, zunächst auch als Arbeitsbeschaffung und nicht zuletzt aus propagandistischen Gründen. Wo immer es möglich war, förderte die neue Reichsregierung daher den schärfsten Konkurrenten der Eisenbahn, das Kraftfahrzeug. Die Automobilindustrie wurde durch eine Steuerbefreiung beim Kauf von Neuwagen angekurbelt, der Autobahnbau wurde zu einem Vorzeigeprojekt des Regimes. Auch die Reichsbahn setzte nun auf den Straßenverkehr. Ihr Generaldirektor Julius Dorpmüller befürchtete, dass seine Gesellschaft zurückbleiben würde, wenn sie sich auf den Schienenverkehr beschränken würde. Die Reichsbahn hatte bereits 1931 die größte Spedition des Landes, Schenker & Co., übernommen und machte seither mit einer eigenen Lkw-Flotte ihren Güterzügen Konkurrenz. Dorpmüller stellte nun 50 Mio. Reichsmark für den Autobahnbau bereit und erreichte, dass die Reichsbahn zur Muttergesellschaft des neuen, im August 1933 gegründeten Unternehmens Reichsautobahn wurde. Über das große Beschaffungsprogramm, das die Reichsregierung aus arbeitsmarktpolitischen Gründen beschlossen hatte, war man bei der Reichsbahn wenig begeistert, zumal immer noch ein großer Überhang an rollendem Material vorhanden war. In einer Besprechung mit Hitler hatte Dorpmüller noch im April 1933 darauf hingewiesen, dass rund 5000 Lokomotiven und Hunderttausende von Waggons auf Abstellgleisen standen.[155] Der Generaldirektor der Reichsbahn wollte lieber Kraftfahrzeuge kaufen als weitere Lokomotiven. »Die Reichsbahn müsse sich jetzt auf den Erwerb von Automobilen umstellen«, erklärte er im September 1933.[156]

Dementsprechend hielten sich die Bestellungen der Reichsbahn bei den Lokomotivherstellern während der folgenden Jahre in einem überschaubaren Rahmen. Sie hatten zwar einen wesentlich größeren Umfang als in der Zeit der Weltwirtschaftskrise, in Stückzahlen erreichten sie aber bei den Dampflokomotiven bis Kriegsbeginn nicht einmal das Niveau der Jahre 1927 bis 1929.[157] Nach Verkündung des Vierjahresplans von 1936, mit dem die deutsche Wirtschaft auf einen baldigen Angriffskrieg ausgerichtet wurde, vollzog die Reichsbahn einen Kurswechsel. Dorpmüller musste nun feststellen, dass der Lokomotivbestand überaltert war, und wollte ein neues Beschaffungsprogramm durchsetzen.[158] Doch wurde im Rahmen des Vierjahresplanprogramms im Februar 1937 eine Kontingentierung von Eisen und Stahl eingeführt, nach der Wehrmachtsaufträge bei der Zuteilung absolute Priorität hatten, während die Reichsbahn sich zurückhielt und nur ein Kontingent zugewiesen bekam, das dem Stand von 1936 entsprach.[159]

1935 war Krauss-Maffei nach längerer Zeit wieder ein wichtiger Fortschritt in der Lokomotivtechnik gelungen: der Bau der ersten dieselhydraulischen Großlokomotive V 140. Doch sollte es noch 20 Jahre dauern, bis Diesel-Großlokomotiven in Serie gefertigt wurden. Bestellt wurden bei Krauss-Maffei damals anspruchslosere Lokomotiven, die nach einheitlichen Konstruktionsmerkmalen gefertigt waren, was sich bereits seit Mitte der 1920er-Jahre abgezeichnet hatte. So erhielt das Unternehmen für das Jahr 1936 den Auftrag, acht Lokomotiven der Bauartreihe 64 zu bauen, einer Einheitslokomotive für Nebenbahnen. Damit war Krauss-Maffei am Fahrzeugprogramm der Reichsbahn mit fast zehn Prozent beteiligt, einer deutlichen Steigerung gegenüber der Zeit vor 1931.[160] Das Unternehmen profitierte nun davon, dass eine größere Zahl von Wettbewerbern in der Weltwirtschaftskrise den Lokomotivbau aufgegeben hatte, sodass die Branche nun nicht mehr überbesetzt war. 1927 hatten in Deutschland noch

20 Lokomotivhersteller bestanden, 1935 waren es nur noch neun.[161] Nur drei Hersteller hatten den Markt wegen Fusionen oder Interessengemeinschaften verlassen, die anderen hatten ihre Lokomotivquote abgegeben oder waren der Weltwirtschaftskrise zum Opfer gefallen.

Mit der Aufrüstung nach 1933 gewann bei Krauss-Maffei ein anderer Fertigungszweig immer größere Bedeutung: der Bau von Zugmaschinen. Das Unternehmen stellte diese Fahrzeuge fast ausschließlich im Auftrag des Heeresrüstungsamts oder der Luftwaffe her. Die Zugmaschinen wurden bei Krauss-Maffei bald zum wichtigsten Gewinnbringer und ermöglichten ein starkes Umsatz- und Beschäftigtenwachstum in den Jahren 1935 bis 1938, durch das wiederum der großzügige Ausbau des neuen Werkskomplexes in Allach finanziell abgesichert werden konnte. Krauss-Maffei hatte die Zugmaschinenfertigung von der J. A. Maffei AG bzw. dem Industriewerk Hirschau übernommen. Dort war sie 1928 im Rahmen der damaligen Diversifizierungsstrategie von Canaris mit einer Lizenz des französischen Automobilherstellers Chenard & Walcker (Société Anonyme des Anciens Établissements Chenard et Walcker) aufgenommen worden.[162] Schon die erste Baureihe, die Straßenzugmaschine ZW 10, weckte das Interesse der Reichswehr, da diese Radschlepper nicht nur Tiefladeanhänger, sondern auch Artilleriegeschütze ziehen konnten. Die Reichswehr drängte nun auf eine Weiterentwicklung, weil sie Schlepper benötigte, die auch geländegängig waren. In Zusammenarbeit mit dem Heereswaffenamt wurde bei Maffei daher eine Zugmaschine konstruiert, die sowohl auf Rädern als auch auf Gleisketten fuhr. Ende 1930 konnte ein derartiges Fahrzeug, ein mit Hilfskettenantrieb versehener Radschlepper, als Zugwagen ZM 10 vorgestellt werden. Zunächst war erwogen worden, diese Halbkettenzugmaschine auch als Kampfwagen zu bauen. Eine wiederum nach Vorgaben des Heereswaffenamts überarbeitete Variante, der MSZ 201, wurde am 17. Januar 1931 zum Betrieb zugelassen, drei Tage vor der Zusammenführung der Firmen Krauss und Maffei.[163]

J. A. Maffei hatte sich nicht nach den Aufträgen des Militärs gedrängt, der erste Zugwagen ZM 10 war auch nicht für die Reichswehr gebaut worden. Die Reichswehr war an Maffei herangetreten, nachdem man dort erkannt hatte, dass dieses Fahrzeug für das Militär sehr nützlich war. Dann hatte Maffei allerdings in engster Zusammenarbeit mit dem Heereswaffenamt weitere Typen entwickelt und dieses Rüstungsgeschäft ausgebaut. Dass Krauss-Maffei daran anknüpfte, war keineswegs von Anfang an geplant. Als Hans Rummel von der Deutschen Bank 1935 Aufsichtsratsvorsitzender von Krauss-Maffei wurde, gewann er den Eindruck, dass das Unternehmen eher zufällig an die großen Heeresaufträge gekommen war.[164] So war es nicht ganz, aber Hans Georg Krauss hatte zunächst tatsächlich wenig von dieser Fertigungssparte gehalten. Bei der Übernahme des Maffei-Geschäfts wollte er die Zugmaschinenabteilung schließen. Dies sollte nur nicht bekannt werden, weil die vorhandenen Materialbestände sonst rasch an Wert verloren hätten.[165] Generell sah Krauss in der Diversifizierung, wie sie Canaris betrieben hatte, den Grund für den Untergang der Firma Maffei. Einen ähnlichen Fehler wollte er nicht begehen.[166] Auch der Lkw-Bau, den Krauss & Comp. 1925 aufgenommen hatte, war für das Unternehmen später nicht mehr von Interesse. Krauss-Maffei stellte keine Lastkraftwagen her, und Hans Georg Krauss glaubte auch nicht, dass es erforderlich war, die von Maffei übernommene Kraftfahrzeugfertigung auszubauen, um die Zukunft des Unternehmens zu sichern. Aber in der Weltwirtschaftskrise stellten die Heeresaufträge für den Zugwagenbau ein sicheres Geschäft dar, und so wurde diese Fertigung erst einmal im früheren Maffei-Werk in der Hirschau weitergeführt. Nach der Machtübernahme Hitlers bedurfte es dann keiner besonderen Fähigkeiten, um im Rüstungsgeschäft ein großes Wachstumspotenzial zu sehen. Von einer Schließung des Zugwagenbaus war nun nicht mehr die Rede. Krauss ahnte wohl, dass die Heeresaufträge für diese Fahrzeuge dem Unternehmen bald hohe Umsätze und Gewinne einbringen würden.

Nach einer längeren Erprobungsphase in der Heeresversuchsstelle in Kummersdorf baute Krauss-Maffei erstmals auch ein Halbkettenfahrzeug, das im April 1933 dem Inspekteur der Kraftfahrtruppen vorgestellt wurde. Zehn Monate später folgte der KMZ 100 mit einem nunmehr vom Heereswaffenamt vorgeschriebenen Maybach-Motor. Im Mai 1934 begann das Unternehmen mit dem Bau eines Halbkettenzugkraftwagens mit acht Tonnen Nennzugleistung (Km m 8). Als ein führender Hersteller von Zugmaschinen (Abb. 53) hatte Krauss-Maffei für diesen Typ einen Großserienauftrag des Heeres erhalten, und erstmals war man nun auch Generalunternehmer für einen Heeresauftrag. Die Halbkettenfahrzeuge waren beim Heer inzwischen als Zugmaschinen für Geschütze und bei der Luftwaffe als Schlepper für Flugabwehrkanonen (Flak) sehr gefragt.[167] Als Hans Rummel im Juli 1935 als neuer Aufsichtsratsvorsitzender von Krauss-Maffei das Unternehmen besichtigte, stellte er fest, dass zwei Drittel der Fertigung auf Aufträge des Heereswaffenamts entfielen. Zu diesem Zeitpunkt fertigte Krauss-Maffei 25 Zugwagen im Monat.[168] Ende 1935 stieß die Zugmaschinenfertigung bereits an Kapazitätsgrenzen. Das Unternehmen sollte monatlich 30 Fahrzeuge bauen, konnte aber nur 25 bis 27 fertigstellen.[169] Der Vierjahresplan führte dann nochmals zu einem sprunghaften Anstieg der Heeresaufträge. Anfang April 1937 beliefen sich diese Aufträge auf insgesamt 17,98 Mio. Reichsmark. 561 Halbkettenzugkraftwagen des neuesten Typs Km m 11 hatte das Heereswaffenamt zu diesem Zeitpunkt bei Krauss-Maffei bestellt und 653 Paar Gleisketten.[170] Seit 1935 stellte das Unternehmen die Ketten selbst her, und ab 1940, zwei Jahre später als geplant, wurden dann mit einer Lizenz der Maybach-Motorenbau GmbH die Motoren der Zugwagen ebenfalls bei Krauss-Maffei gebaut.[171]

Die Zunahme der Beschäftigtenzahl und des Gewinns ab Mitte der 1930er-Jahre wird man zum größten Teil den Heeresaufträgen zuzuschreiben haben. 1938 beschäftigte Krauss-Maffei rund 3500 Arbeiter und Angestellte, das waren ziemlich genauso viele wie bei Krauss & Comp. und J. A. Maffei zehn Jahre zuvor. Der ausgewiesene Gewinn des Unternehmens lag 1936 fast zehnmal so hoch wie 1933, ging dann allerdings wieder zurück.[172] Es ist eine Ironie der Geschichte dieses Unternehmens, dass der Aufschwung im Rüstungsboom des »Dritten Reiches« auf einer Fertigung beruhte, die man von der gescheiterten Firma J. A. Maffei übernommen hatte. Mit dem raschen Wachstum der Zugmaschinenproduktion hatte sich bei Krauss-Maffei die Abhängigkeit vom Lokomotivbau deutlich verringert. Der Schwerpunkt der Fertigung hatte sich ein Stück weiter von der Schiene weg und zur Straße hin verlagert. Doch geschah dies nicht in Form einer langfristig angelegten Strategie, sondern durch den Nachfragesog, der von der Aufrüstung ausging und daher die einseitige Abhängigkeit von öffentlichen Aufträgen eher noch verstärkte. Man wird bei Krauss-Maffei aber gewusst haben, dass es für Zugmaschinen eine breite zivile Nachfrage geben würde, wenn die Heeresaufträge einmal wegfielen.

Am 14. August 1937 wurden bei Krauss-Maffei das 100-jährige Unternehmensjubiläum und die Einweihung des neuen Werkskomplexes in Allach gefeiert. Das Festprogramm entsprach den Ritualen nationalsozialistischer Betriebsfeiern, war aber zugleich auf die Person von Hans Georg Krauss zugeschnitten. Schon das Datum der Festlichkeiten hatte mehr mit dem Generaldirektor als mit der Geschichte des Unternehmens zu tun. Krauss hatte sich vorgenommen, das 100-jährige Unternehmensjubiläum

53 Kettenzugmaschinen, ca. 1935
[BWA, F 44/F 19]

54 Beschäftigte von Krauss-Maffei 1933 bis 1938
[BWA, F 44/AKM 2 u. AKM 24]

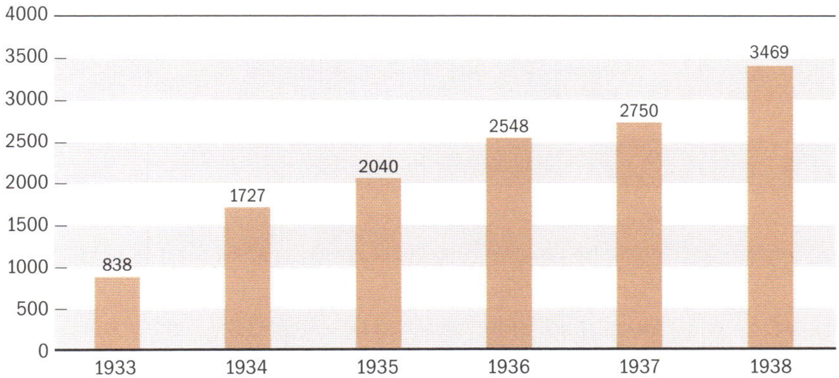

55 a + b Feier zum 100-jährigen Unternehmensjubiläum am 14. August 1937 (links); Hans Georg Krauss bei der Festrede (rechts)
[BWA, F 44/KM 3]

im Zusammenhang mit seinem 60. Geburtstag, dem 13. August 1937, zu feiern. Dass Joseph Anton von Maffei sein Unternehmen nicht 1837, sondern erst 1838 gegründet hatte, störte ihn nicht. Man datierte die Firmengründung einfach um ein Jahr vor, auf die Verhandlungen, die Maffei 1837 um den Kauf der Hammerschmiede in der Hirschau geführt hatte. Dass Krauss sein Unternehmen mit dem Jubiläumsdatum in die Nachfolge der Firma J. A. Maffei stellte, war schon an sich eine Anmaßung, denn von Maffei waren ja nur der Name und die Geschäfte auf Krauss-Maffei übergegangen. Als juristische Person existierte das Unternehmen unter der Bezeichnung Industriewerk Hirschau AG immer noch fort, und während man bei Krauss-Maffei das Jubiläum unter Bezug auf die Maffei-Gründung feierte, wurden in der Hirschau gerade die letzten Überreste des ehemals so bedeutenden Maffei-Werks abgeräumt. Vor diesem Hintergrund war das Jubiläum auch eine Inszenierung, mit der sich Krauss-Maffei als legitime Nachfolgerin der Firma J. A. Maffei darstellte, deren Namen ein großes Kapital bedeutete.

Krauss' 60. Geburtstag wurde am Vortag des Unternehmensjubiläums mit einem Betriebsappell begangen, quasi als Ouvertüre zu den Festlichkeiten, die am nächsten Tag mit einem Festakt begannen; eingeleitet wurde dieser vom Musikzug der SS-Standarte »Deutschland« mit der Rienzi-Ouvertüre von Richard Wagner, dem Lieblingskomponisten des »Führers«.[173] Hitler selbst kam nicht, er war eingeladen worden, hatte aber nicht zugesagt.[174] Reichsverkehrsminister Dorpmüller und der Chef der Deutschen Arbeitsfront Robert Ley ließen sich vertreten. Anwesend war mehr die bayerische Prominenz, an erster Stelle Ministerpräsident Ludwig Siebert sowie hochrangige Vertreter der Wehrmacht und der Reichsbahn. In den Festreden war von den Firmengründern Georg Krauß und Joseph Anton Maffei kaum die Rede, dafür umso mehr von den Leistungen des »Führers« und von der »Volksgemeinschaft«. Die Historikerin Susanne Knabe, die sich ausführlich mit dem 100-jährigen Jubiläum bei Krauss-Maffei beschäftigt hat, weist darauf hin, dass der Vorstand mit dieser politisch-ideologischen Umrahmung vor allem auf den künftigen »Goodwill« der anwesenden öffentlichen Auftraggeber, also vor allem der Vertreter der Wehrmacht, der Reichsbahn und der bayerischen Regierung, zielte.[175]

Die Inszenierung des Jubiläums war noch in anderer Hinsicht bemerkenswert, denn mehr als die historischen Meilensteine wurden der Bau des Werks in Allach und die Leistungen des Generaldirektors Krauss gefeiert (Abb. 55). In der zum Jubiläum veröffentlichten Firmenfestschrift, die der Journalist Friedrich Möhl verfasst hatte, wurden Herkunft und Werdegang des Generaldirektors in einer Form dargestellt, wie man dies eher in Chroniken von Familienunternehmen findet.[176] Der Niedergang der Firma Maffei ist dagegen mit keinem Wort erwähnt. Tatsächlich hatte das Unternehmen ein gewisses Problem mit seiner Geschichte. Es gab nicht die große Erzählung, an die man hätte anknüpfen können. Die Geschichte von Krauss & Comp. war nicht so strahlend wie die von J. A. Maffei. Aber die Maffei-Geschichte hatte eben im Untergang geendet, und übernommen hatte man neben dem Geschäft nur den Namen. Vor diesem Hintergrund dürfte Krauss mit der Jubiläumsfeier auch bezweckt haben, die Unternehmensidentität zu stärken, indem er sich in die Tradition der Gründer stellte. Diese sollte sich nun nicht mehr in den Firmen Krauss & Comp. und J. A. Maffei manifestieren, sondern in der Krauss-Maffei AG als einem Neubeginn, der mehr war als nur eine Weiterführung. Dementsprechend verstand sich Hans Georg Krauss nicht mehr nur als angestellter Manager, sondern auch als Unternehmensgründer. Noch im Ruhestand wies er den Aufsichtsratsvorsitzenden Hans Rummel darauf hin, »daß Krauss-Maffei sein Dasein – einzig und allein – mir verdankt«.[177]

Die Jubiläumsfeiern vom 14. Juli 1937 gingen mit einem zünftigen Kameradschaftsabend für die Belegschaft zu Ende. Gefeiert wurde im Löwenbräukeller und im Mathäserbräu, wobei unter anderen die beliebte Volkskünstlerin Käthe Tellheim, angekündigt als »Meisterjodlerin«, für Unterhaltung sorgte.[178] In dem neuen, großen Werkskomplex in Allach fehlten für solche Feiern die Räumlichkeiten. Zum Jubiläum hatte Krauss deshalb den Bau eines Gemeinschaftshauses für die Belegschaft mit Sportplatz und Kantine angekündigt. Als Geschenk an die Mitarbeiter spendete der Vorstand zudem 125 000 Reichsmark für den ein Jahr zuvor gegründeten Versorgungsfonds. Der Betriebsobmann kündigte wiederum an, dass sich die Belegschaft als Jubiläumsgeschenk mit 14 000 unentgeltlichen Arbeitsstunden am Bau des Gemeinschaftshauses beteiligen würde. Zwei Jahre später konnte der Rohbau fertiggestellt werden, doch erst 1941 wurde das Gemeinschaftshaus, das bis heute als Kantine genutzt wird, eröffnet.[179] Nach dem Jubiläum wurde die Errichtung neuer Werkswohnungen angegangen, die ersten von 112 Wohnungen konnten 1940 bezogen werden.[180] Die meisten Beschäftigten hatten auch weiterhin lange An- und Abfahrtswege, wie sie seit dem Umzug nach Allach vor allem für die Arbeiter eine

56 Bau des Verwaltungsgebäudes in Allach 1936/37
[BWA, F 44/KM 6]

57 Werksgelände von Krauss-Maffei in Allach
[BWA, F44/KM 5]

erhebliche Belastung darstellten. Auch die 1938 erfolgte Eingemeindung Allachs in die Stadt München führte nicht zu einer besseren Verkehrsanbindung, da die am Werksgelände vorbeiführende Bahnlinie nun für die Kriegsvorbereitung genutzt wurde. In den Jahren 1942/43 mussten immerhin 70 Prozent der Stammbelegschaft eine An- und Abfahrt von mehr als eineinhalb Stunden auf sich nehmen, sechs Prozent waren sogar drei Stunden lang unterwegs.[181]

Statt Wohnungen und Gemeinschaftsanlagen errichten zu lassen, hatte Hans Georg Krauss vor dem Jubiläum erst einmal den Bau eines repräsentativen Verwaltungsgebäudes durchgesetzt (Abb. 56).[182] Nicht zuletzt deshalb wurde das Projekt Allach wesentlich teurer als geplant. Krauss-Maffei hatte zunächst mit 3,25 Mio. Reichsmark gerechnet, später mit 6,5 Mio. Reichsmark, und bis Oktober 1936 stiegen die Kosten dann auf knapp 9,6 Mio. Reichsmark an, was bei der Deutschen Bank mit einigem Unbehagen registriert wurde.[183] Nur ein Teil der zusätzlichen Kosten konnte durch den Verkauf des alten Verwaltungsgebäudes in der Maillingerstraße, nahe dem Hauptbahnhof, abgedeckt werden, das die Reichsbahn für 700 000 RM erwarb.[184] Doch durch die Rüstungsaufträge konnte das Unternehmen dennoch üppige Dividenden ausschütten, und der Kurs der Krauss-Maffei-Aktie stieg inzwischen so stark an, dass die Deutsche Bank das Papier paketweise am Markt platzieren konnte.[185] Die Bank rechnete es Hans Georg Krauss als Verdienst an, dass »unter seiner Leitung in den letzten Jahren aus der zusammengebrochenen Maffei-Firma und der immerhin nur mittelmäßigen und ziemlich rückständig eingerichteten Fabrik von Krauß ein großes und innerlich starkes Unternehmen entstanden ist«.[186]

3.5 Krauss-Maffei im Zweiten Weltkrieg

Zwei Wochen nach Beginn des Zweiten Weltkriegs, am 15. September 1939, erteilte das Heereswaffenamt Krauss-Maffei den Auftrag, 40 Fahrgestelle für den Panzerkampfwagen VK 601 zu fertigen.[187] Man kann in diesem Datum den Beginn des Panzerbaus von Krauss-Maffei sehen oder auch im Anlaufen der zwei Jahre zuvor, im Oktober 1937, aufgenommenen Entwicklungsarbeiten für den VK 601. Zwar gehörten auch die in Allach schon länger hergestellten Halbkettenfahrzeuge zur Gruppe Panzerfertigung, was eine bevorzugte Belieferung sicherte, doch technisch unterschieden sie sich in vielem von einem Vollkettenfahrzeug (VK), das andere Lenkgetriebe, breitere Gleisketten, vor allem aber Aufbauten und einen Turm erforderte, wie sie für den VK 601 auch nicht von Krauss-Maffei, sondern von der Daimler-Benz AG konzipiert und von der Firma Wegmann & Co. gebaut wurden.[188] Der VK 601 oder Panzer I Typ C war eine Weiterentwicklung des leichten Panzers I, den Krupp und Daimler-Benz zwischen 1934 und 1937 in Serie gebaut hatten. Schon während des Spanischen Bürgerkriegs hatte sich gezeigt, dass dieser Typ mehr für Übungs- und Aufklärungszwecke taugte als für den Kampfeinsatz, doch er konnte erst 1941 vollständig durch die Kampfpanzerwagen III und IV ersetzt werden. Bis dahin behalf sich das Heereswaffenamt mit Weiterentwicklungsaufträgen, wie dem von Krauss-Maffei und Wegmann gebauten VK 601.[189]

Trotz des Auftrags für den VK 601 entwickelte sich Krauss-Maffei während des Krieges nicht zu einem bedeutenden Panzerproduzenten. Das Unternehmen war für das Heereswaffenamt in erster Linie als Hersteller von Zugmaschinen wichtig, für den Panzerbau waren Daimler-Benz, Henschel und MAN die ersten Adressen. Vermutlich hat Krauss-Maffei den Auftrag für die Fahrgestelle des VK 601 auch nur deshalb bekommen, weil die Kapazitäten der führenden Panzerhersteller damals mit dem Bau des Panzers III voll ausgelastet waren. Insgesamt wurden etwa 40 Fahrzeuge des Typs VK 601 hergestellt. Hinzu kamen noch Fahrgestelle und Wannen für 30 Panzer vom Typ VK 1801, einer anderen Weiterentwicklung des leichten Panzers I (Panzer I Typ F), die das Heereswaffenamt im Oktober 1939 bei Krauss-Maffei in Auftrag gegeben hatte.[190] Nachdem diese Fahrzeuge 1942 ausgeliefert worden waren, wurde der Panzerbau bei Krauss-Maffei eingestellt, obwohl zu diesem Zeitpunkt die Panzerproduktion im »Dritten Reich« massiv anstieg.[191] Innerhalb der Fertigung des Unternehmens erlangte der Panzerbau während des Zweiten Weltkriegs nie ein größeres Gewicht. In den Monaten Januar bis Mai 1940 machten die Aufträge für die Panzer vom Typ VK 601 und VK 1801 z. B. gerade einmal 1,5 Prozent des gesamten Auftragsbestands aus.[192] Kurzum: Krauss-Maffei war während des Zweiten Weltkriegs zwar Panzerhersteller, aber sozusagen in der zweiten Reihe, eher ergänzend zur Zugmaschinenfertigung. Wer im »Dritten Reich« an Panzerhersteller dachte, meinte Henschel, Daimler-Benz, MAN oder auch die Maschinenfabrik Niedersachsen Hannover (MNH), aber nicht Krauss-Maffei. Einen Ruf als Panzerschmiede erlangte das Unternehmen erst in den 1960er-Jahren durch den Bau des Kampfpanzers Leopard. Und diesen Auftrag hat Krauss-Maffei nicht wegen seiner Erfahrung als Panzerhersteller während des Zweiten Weltkriegs erhalten.[193]

Gleichwohl war Krauss-Maffei durch seine Halbkettenzugkraftwagen ein bedeutender Rüstungsbetrieb, der während des Krieges in immer stärkerem Maße für die Wehrmacht fertigte. Bis September 1943 entfielen durchweg mehr als 50 Prozent, mitunter sogar bis zu 65 Prozent des Auftragsbestands auf Zugmaschinen. Danach stieg dieser Anteil noch einmal deutlich an. Ein großer Teil des Auftragsbestands entfiel bis September 1943 auf den Lokomotivbau, der wachsende kriegswirtschaftliche Bedeutung hatte und unter Rüstungsminister Albert Speer dann zur Rüstungsindustrie zählte. Die anderen Sparten des Unternehmens, der allgemeine Maschinenbau, die Herstellung von Eisenbahnsicherungsanlagen, die Stahl- und Graugießerei und der Schleudermaschinenbau, spielten dagegen nur noch eine geringe Rolle.

Insgesamt nahm der Umsatz von Krauss-Maffei in den ersten Kriegsjahren geradezu sprunghaft zu, von 50 Mio. Reichsmark im Jahr 1940 auf

108 Mio. Reichsmark im Jahr 1943.[194] Die rüstungswirtschaftliche Bedeutung des Unternehmens zeigt sich auch daran, dass die Zahl der Arbeiter nach Kriegsbeginn nicht zurückging. Da im Lokomotiv- und Zugmaschinenbau kaum Frauen eingesetzt werden konnten, wäre die Produktion andernfalls eingebrochen. Dies änderte sich im Laufe des Jahres 1941. Dennoch nahm die Beschäftigtenzahl zu, weil die einberufenen Stammbeschäftigten nun durch eine insgesamt größere Zahl von Kriegsgefangenen und ausländischen Zivilarbeitern ersetzt wurden.[195] Durch den zunehmenden Einsatz von Zwangsarbeitern lag die Beschäftigtenzahl Ende 1942 bereits bei 8849 und damit rund 90 Prozent höher als Ende 1939 (4625).[196]

Der Anteil der Frauen an den deutschen Beschäftigten blieb weiterhin gering. Im Oktober 1942 befanden sich unter den 4054 deutschen Mitarbeitern des Unternehmens nur 262 Frauen, von denen 159 als Angestellte und 103 als Arbeiterinnen beschäftigt waren.[197] Das waren freilich mehr als in früheren Zeiten. 1929 hatte Krauss & Comp. noch keine einzige Arbeiterin, und bei J. A. Maffei waren damals erst 45 Arbeiterinnen gezählt worden.[198]

Dass die Beschäftigtenzahl des Unternehmens allein im Jahr 1942 um 57 Prozent zunahm, war dadurch bedingt, dass der Lokomotivbau ins Zentrum der kriegswirtschaftlichen Planungen rückte. Die Reichsbahn hatte in den besetzten Gebieten der Sowjetunion ein Desaster erlebt, weil sie auf den russischen Winter ebenso wenig eingestellt war wie die Wehrmacht. Es kam zu Schienenbrüchen und Entgleisungen. Die Lokomotiven aus Deutschland, die anfälliger waren als die sowjetischen, fielen reihenweise aus. Die Transportkrise hinter der Ostfront versetzte Hitler in Rage. Der Staatssekretär des Reichsverkehrsministeriums wurde entlassen, zwei hohe Beamte der Reichsbahn kamen in KZ-Haft.[199] Nun sollte Albert Speer, der neue Reichsminister für Bewaffnung und Munition, die Probleme des Schienenverkehrs im Osten lösen. Speer gliederte den Lokomotivbau auch organisatorisch in die Rüstungsindustrie ein, indem er im März 1942 einen »Hauptausschuss für Schienenfahrzeuge« gründete, der seinem Ministerium unterstand. Zum Leiter des Ausschusses ernannte er Gerhard Degenkolb, einen ehemaligen Direktor der Demag (Deutsche Maschinenbau AG). Der Hauptausschuss entschied jetzt über die Beschaffung rollenden Materials – nicht mehr die Reichsbahn – und gab den Lokomotivherstellern die Konstruktion vor.[200]

Speer und Degenkolb wollten die bestehenden Engpässe, die es inzwischen auch beim Schienenverkehr im »Altreich« gab, durch Großserienfer-

58 Kriegslokomotive

[ullstein bild 00209922]

59 Aktie der Krauss-Maffei AG vom Oktober 1940

[KraussMaffei]

Reichsmark 1000,-

Krauß-Maffei Aktiengesellschaft, München

RM 1000,- **AKTIE** № 01161

über

EINTAUSEND REICHSMARK

Der Inhaber dieser Aktie ist mit dem Betrag von Eintausend Reichsmark bei der Krauß-Maffei Aktiengesellschaft, München als Aktionär mit allen satzungsmäßigen Rechten und Pflichten beteiligt.

München, im Oktober 1940

Krauß-Maffei Aktiengesellschaft

Eingetragen in das Aktienbuch

Folio: 12

Der Kontrollbeamte:

Der Aufsichtsrat:

Der Vorstand:

60 Umsatz der Krauss-Maffei AG 1934 bis 1944 in Mio. Reichsmark

[Daten aus der Geschichte von KM, 12.7.1955, in BWA, F 44/AKM2]

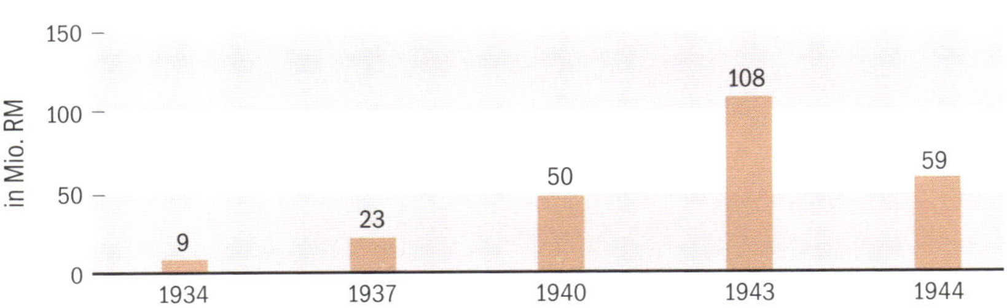

tigung eines vereinfachten und standardisierten Lokomotivtyps überwinden, den alle Hersteller zu bauen hatten. Nur mit Mühe hatte Speer Hitler die absurde Idee ausreden können, Dampflokomotiven wegen des Stahlmangels aus Beton herzustellen.[201] Das »Führerprogramm«, das Speer den Lokomotivherstellern auf Weisung Hitlers verordnete, sah den Bau von 15 000 solcher »Kriegslokomotiven« innerhalb von zwei Jahren vor.[202] Um dieses Beschaffungsprogramm bewältigen zu können, schlossen sich die Herstellerfirmen zu einer »Gemeinschaft Großdeutscher Lokomotivfabriken« zusammen. Im April 1942 wurden die Kontingente der einzelnen Firmen festgelegt, wobei Krauss-Maffei den Auftrag erhielt, 1400 »Kriegslokomotiven« zu bauen, was einer Quote von knapp zehn Prozent entsprach.[203] Nachdem bereits im September 1942 die Lokomotive der neuen, nach den Anforderungen des »Kriegslokomotiven«-Programms konstruierten Baureihe 52 (BR 52) in Betrieb genommen worden war, konnte die Lokomotivproduktion in Deutschland und den annektierten Gebieten bis Juni 1943 auf 500 Maschinen im Monat verdoppelt werden.[204] Auch der Lokomotivbau in den besetzten Ländern wurde für dieses Programm eingespannt. Krauss-Maffei wurde, ebenso wie den anderen deutschen Lokomotivherstellern, eine Firma im besetzten Europa zur »Betreuung« zugewiesen, die Usines Métallurgiques du Hainaut S. A. im belgischen Couillet.[205]

Völlig überraschend kam für Krauss-Maffei eineinhalb Jahre nach Beginn des »Kriegslokomotiven«-Programms ein Bescheid Albert Speers, in dem er das Unternehmen anwies, seinen Dampflokomotivbau zum 25. September 1943 zu schließen und die freigesetzten Arbeiter hauptsächlich an das benachbarte Flugmotorenwerk von BMW abzugeben.[206] Anders als noch im Frühjahr 1942 hatte der Lokomotivbau für Speer jetzt nicht mehr Priorität. Die Alliierten waren mit dem Angriff auf Hamburg im Juli 1943 dazu übergegangen, die deutschen Städte großflächig zu bombardieren, die Wehrmacht befand sich in der Sowjetunion wie in Italien auf dem Rückzug. Das Reichsluftfahrtministerium hatte vor diesem Hintergrund ein gigantisches Ausbauprogramm für die Luftwaffe aufgelegt, das natürlich auch die Flugmotorenfertigung einschloss. Nachdem Speer mit seiner Ernennung zum Reichsminister für Rüstung und Kriegsproduktion Anfang September 1943 weitere Vollmachten übertragen worden waren, nahm er als eine seiner ersten Maßnahmen eine Kürzung des Lokomotivprogramms von 1942 um 20 Prozent vor, um weitere Arbeitskräfte, Rohstoffkontingente und Finanzierungsmittel für den Ausbau der Luftwaffe freizubekommen.[207] Nicht nur bei Krauss-Maffei musste die Dampflokomotivenfertigung stillgelegt werden, sondern auch bei der zum AG Reichswerke »Hermann Göring« gehörenden Borsig Lokomotiv-Werke GmbH in Hennigsdorf bei Berlin. Die anderen Hersteller mussten die Fertigungskontingente der beiden geschlossenen Fabriken nach einem bestimmten Schlüssel zusätzlich zu ihrer eigenen Fertigung ausführen.[208]

Bei Krauss-Maffei wusste man natürlich, dass es gegen eine Weisung des mit nahezu unbegrenzten Vollmachten ausgestatteten Rüstungsministers keinen Widerspruch geben konnte. Auch stand man bei der Umsetzung unter Zeitdruck, da Speers Bescheid vom 10. September datierte und die Stilllegung bereits zum 25. September erfolgen musste. Schon am 11. September trafen sich daher die Krauss-Maffei-Vorstände Aichinger und Berthold mit dem BMW-Direktor Erich Zipprich und dem Münchner Rüstungskommandeur, um die Details zu besprechen. Den Vertretern von Krauss-Maffei wurde zugesagt, dass vorerst nur der Dampflokomotivbau für die Reichsbahn stillgelegt werden musste. Andere Sparten des Lokomotivbaus, vor allem der Bau von E-Loks, sollten weiterhin fertigen. Man ging davon aus, dass Krauss-Maffei nach der Stilllegung des Dampflokomotivbaus rund 2700 freigesetzte Arbeiter abzugeben hatte.[209] Später konnte das Unternehmen diese Zahl nach unten korrigieren, so dass schließlich 2300 Arbeiter sowie 100 Angestellte und Vorarbeiter – das waren knapp 28 Prozent der Belegschaft – umgesetzt wurden, davon 1800 zu BMW, 100 zur Firma Zahnräderfabrik Augsburg vorm. Joh. Renk AG, die Richtgetriebe für Geschütze herstellte, 50 in den Raketenbau (A4-Programm) und die anderen zu verschiedenen Zulieferfirmen des Flugmotorenprogramms.[210]

Das BMW-Werk in Allach war 1936 im Zuge der Aufrüstung als Montagewerk gegründet worden, mit einer Finanzierungsgesellschaft des Reichsluftfahrtministeriums als Eigentümer. Ab 1941 war dort dann die größte deutsche Flugmotorenfabrik entstanden.[211] Nachdem im Frühjahr 1943 über 2000 Münchner BMW-Mitarbeiter zur Wehrmacht eingezogen worden waren, ließ das Unternehmen nichts unversucht, um Ersatz zu finden. Da der Münchner Arbeitsmarkt leergefegt war, wurden BMW Tausende Zwangsarbeiter zugewiesen, darunter auch eine große Zahl von Häftlingen aus dem Konzentrationslager Dachau. Das Werk Allach bildete den Schwerpunkt des Zwangsarbeitereinsatzes bei BMW.[212] Der Anteil der ausländischen Zwangsarbeiter an den Beschäftigten lag hier bei rund zwei Drittel und damit doppelt so hoch wie im Stammwerk von

BMW in Milbertshofen. Die Zahl der bei BMW in Allach eingesetzten KZ-Häftlinge stieg in den Jahren 1943/44 auf 5500 an.[213] Welchen Effekt die von Speer angeordnete Umsetzung vom September 1943 hier hatte, beschreibt Constanze Werner in ihrer Studie über Kriegswirtschaft und Zwangsarbeit bei BMW: »Schließlich erhöhte[n] die Stilllegung des Lokomotivbaus bei Krauss-Maffei und die Umsetzung der dadurch freigewordenen 2300 deutschen wie ausländischen Arbeitskräfte nicht nur zahlenmäßig, sondern auch vom Ausbildungsstand her den Arbeitskräftebestand in den Münchner BMW-Werken kräftig und verbesserte[n] insbesondere die [...] außerordentlich schlechte qualitätsmäßige Zusammensetzung des Arbeitskräftebestandes in Allach.«[214] Zu einem ähnlichen Befund kam die Leitung von Krauss-Maffei in Bezug auf das eigene Unternehmen, denn die Zahl der an BMW abgegebenen Stammarbeiter hatte sich in Grenzen gehalten. Im Lokomotivbau war der Anteil der ausländischen Zwangsarbeiter durch das »Kriegslokomotiven«-Programm von 1942 stark angestiegen. Er lag hier mit 66 Prozent höher als in anderen Abteilungen des Unternehmens.[215] Von den im September 1943 abgegebenen Arbeitern waren dann sogar 76 Prozent Kriegsgefangene oder ausländische Zivilarbeiter, und unter ihnen befanden sich offenbar auch viele, die nicht besonders leistungsfähig waren.[216] Krauss-Maffei-Vorstand Jakob Berthold hielt in einem Bericht für die Aufsichtsratssitzung vom 3. Juni 1944 fest: »Wir haben, soweit es möglich war, nicht nur gute, sondern auch weniger gut qualifizierte Arbeiter abgegeben, sodaß der mittlere Gütegrad unserer Belegschaft gestiegen ist.«[217]

Die zitierten Befunde für das BMW-Werk und Krauss-Maffei schließen sich im Übrigen keineswegs aus. Die Qualifikation und die Leistungsfähigkeit der umgesetzten Arbeiter konnten in Bezug auf die Krauss-Maffei-Beschäftigten unterdurchschnittlich sein und dennoch im Vergleich mit der Belegschaft des BMW-Werks, wo mehrere Tausend KZ-Häftlinge eingesetzt waren, überdurchschnittlich. Für den Lokomotivbau von Krauss-Maffei sollte der Bescheid vom 10. September 1943 nicht die letzte Hiobsbotschaft aus Berlin sein. Am 17. Dezember verfügte Speer, die E-Lok-Fertigung bei Krauss-Maffei, Henschel und der AEG stillzulegen.[218] Bei Krauss-Maffei sollte sie bis September 1944 auslaufen.[219] Diese Sparte hatte zwar bei Weitem nicht die Bedeutung des Dampflokomotivbaus, aber ihre Stilllegung war mit einem weiteren Abzug von Arbeitskräften verbunden.

Inzwischen zeichnete sich ab, dass ein Wechsel an der Spitze des Unternehmens bevorstand. Hans Georg Krauss hatte dem Aufsichtsratsvorsitzenden Hans Rummel im Winter 1942/43 mitgeteilt, dass er eine Entlastung wünsche, und um die Ernennung eines weiteren Vorstandsmitglieds gebeten. Rummel hatte ihm daraufhin vorgeschlagen, aus dem Vorstand auszuscheiden. Offenbar stimmte zwischen dem Generaldirektor und dem Aufsichtsratsvorsitzenden die Chemie nicht mehr. Krauss, der damals 65 Jahre alt war, dachte nicht daran, in Ruhestand zu gehen, zog sich aber immer mehr in sein Haus in Uffing am Staffelsee zurück. An den Besprechungen zur Umsetzung des Stilllegungsbescheids vom September 1943 nahm er nicht teil, was zuvor undenkbar gewesen wäre. Zwischen Januar und April 1944 war er angeblich nur einmal in Allach, so dass sich Mitarbeiter besorgt erkundigten, ob Krauss inhaftiert worden sei.[220] Das Unternehmen wurde jetzt von Max Aichinger gemeinsam mit Jakob Berthold geleitet, der 1942 zum ordentlichen Vorstandsmitglied ernannt worden war. Beide waren aber kaum in der Lage, die Lücke zu füllen, die Krauss hinterlassen hatte.[221] Der Aufsichtsrat entschied sich deshalb, ihnen den Eisenbahnfachmann Paul Roth zur Seite zu stellen, einen Abteilungsdirektor von Henschel & Sohn, der zuvor längere Zeit im Reichsbahnzentralamt gearbeitet hatte. Im April 1944 erfuhr Rummel, dass Krauss keineswegs gewillt war, die Macht aus der Hand zu geben. Was sich Krauss vorstellte, hielt der Aufsichtsratsvorsitzende damals in einem Vermerk fest: »Herr Krauss möchte die Betriebsführung an Herrn Aichinger abgeben, sich selbst jedoch die letzten Entscheidungen vorbehalten. Offenbar denkt er dabei, noch weiter im Vorstand als Generaldirektor zu bleiben und von Uffing aus die drei Herren zu dirigieren.«[222] Darüber hatte freilich nicht Krauss zu entscheiden, sondern der Aufsichtsrat, der dem Landesbaurat einen Strich durch die Rechnung machte und ihn in den Ruhestand schickte. Neuer Generaldirektor von Krauss-Maffei wurde Max Aichinger. Dem Vorstand gehörte neben Aichinger und Berthold nun auch Roth an.

Die neue Leitung musste schon bald weitere Kürzungen des Produktionsprogramms umsetzen. Anfang September 1944 teilte Gerhard Degenkolb, der Leiter des Hauptausschusses für Schienenfahrzeuge, mit, dass für die Reichsbahn nicht mehr 400 neue Lokomotiven pro Monat vorgesehen waren, sondern nur noch 130, weil jetzt neben dem Flugzeugbau auch die Panzerfertigung höhere Priorität hatte. Die Baureihe 52, der Standardtyp des »Kriegslokomotiven«-Programms von 1942, sollte auslaufen, und bei sieben weiteren Unternehmen, darunter den Skoda-Werken, wurde der Lokomotivbau stillgelegt. 300 der in diesen Firmen freigesetzten Arbeiter sollten nun Krauss-Maffei zugewiesen werden, für die Durchführung von Reparaturarbeiten und Spezialaufträgen.[223] Nur zwei Monate später wurde das Beschaffungsprogramm der Reichsbahn weiter zusammengestrichen, auf monatlich 50 »Kriegslokomotiven« der neuen Baureihe 42, das waren gerade noch zehn Prozent der Vorgabe vom Frühjahr 1942.[224] In immer kürzeren Abständen wurden Rüstungsprogramme aus dem Boden gestampft, erweitert oder reduziert. Die Agonie des Speer'schen »Rüstungswunders« begann sich abzuzeichnen. Welche Folgen dies bei Krauss-Maffei hatte, verdeutlicht eine sicher übertriebene, aber dennoch bezeichnende Beschwerde über die Verhältnisse im Werk Allach, die der NSDAP-Kreisleiter von Dachau im August 1944 an die Gauleitung richtete: »Von verschiedenen bei Krauss-Maffei in Allach beschäftigten Arbeitern wird erzählt, dass dort zur Zeit verheerende Zustände herrschen. Im ganzen Betrieb sei kein Fertigungsprogramm vorhanden. Die Leute stehen zum größten Teil herum und wissen nicht, was sie tun sollen. Seit Wochen beschäftigen sich die Leute mit Basteln.« Die Arbeiter, so hieß es weiter, wären der Meinung, dass es »ja auch gleichgültig sei, da sie doch eingezogen würden, oder der Betrieb stillgelegt würde«.[225]

61 Halbkettenzugmaschine
[ullstein bild 1201501727]

Bei Krauss-Maffei war die Beschäftigtenzahl bereits im ersten Halbjahr 1944 weiter zurückgegangen. Am 1. Juni 1944 lag sie bei rund 4900. Elf Monate zuvor waren hier noch rund 8400 Arbeiter und Angestellte beschäftigt gewesen.[226] Der Umsatz lag im Geschäftsjahr 1944 mit 59,1 Mio. Reichsmark um 45 Prozent unter dem – allerdings außerordentlich hohen – Vorjahresstand.[227] Die Zugmaschinenfertigung für die Wehrmacht war inzwischen die einzige noch ausgelastete Sparte des Unternehmens. Hier wurden im Frühjahr 1944 monatlich 100 Fahrzeuge gebaut, viermal so viele wie 1935.[228] Eine wichtigere Rolle spielte inzwischen der Motorenbau. Für die Zukunft setzten Aufsichtsrat und Vorstand große Hoffnungen in den Schleudermaschinenbau. Da man den Patentstreit mit ter Meer hatte beilegen können, hatte Krauss-Maffei auf diesem Gebiet nun freie Hand. In der Aufsichtsratssitzung vom 3. Juni 1944 wurde kein Hehl daraus gemacht, dass man für die Umstellung auf die zivile Nachfrage nach dem Krieg auf die Schleudermaschinen setzte: »Diese Abteilung ist noch sehr entwicklungsfähig und wird gegenüber früher, sobald es die Zeitverhältnisse zulassen, erheblich ausgebaut werden.«[229]

Widerstand gab es auch jetzt unter den Arbeitern wenig, aber es gab ihn. Nach Stalingrad hatten in München drei der KPD nahestehende Arbeiter, Karl Zimmet, Hans Hutzelmann und Georg Jahres, eine Antinazistische Deutsche Volksfront (ADV) gebildet, die in mehreren Unternehmen, darunter auch Krauss-Maffei, konspirative Betriebszellen hatte. Anfang 1944 wurde die ADV von der Gestapo zerschlagen. Jahres, der die ADV-Zelle bei Krauss-Maffei aufgebaut hatte, beging nach seiner Verhaftung Selbstmord.[230]

Nach Angaben von Auer waren bis Oktober 1944 insgesamt rund 2000 Mitarbeiter von Krauss-Maffei zur Wehrmacht eingezogen worden und 330 von ihnen bis zu diesem Zeitpunkt gefallen.[231] Nach den überlieferten Personalkarten des Unternehmens stieg die Zahl der gefallenen und vermissten Mitarbeiter bis Kriegsende auf 538.[232] Unter ihnen dürften sich auch Opfer der Luftangriffe auf München befunden haben. Im Werk selbst gab es keine Kriegsopfer zu beklagen, da dieses von schweren Luftangriffen verschont blieb.[233] Eine Bombardierung hätte sich hier verheerend ausgewirkt, denn in Allach gab es keinen Bunker, nur Luftschutzgräben. Auch hat Krauss-Maffei, anders als die meisten großen Rüstungsbetriebe, während des Krieges keine Fertigungsverlagerung in Ausweichwerke durchgeführt. Dies war wohl wegen der produktionstechnischen Anforderungen des Lokomotivbaus und des Zugmaschinenbaus nicht möglich. Von Luftangriffen weitgehend verschont blieb das Krauss-Maffei-Werk vermutlich, weil es für die Alliierten in Allach wichtigere Ziele gab: die Bahnstrecke München – Ingolstadt, das Junkers-Motorenwerk in der Karlsfelder Straße, vor allem aber das Flugmotorenwerk von BMW. Für Krauss-Maffei erwies es sich als ein Segen, dass Speer das Unternehmen zugunsten von BMW aus seiner Prioritätenliste gestrichen hatte, denn die war natürlich auch den Alliierten bekannt. Während das BMW-Werk ab Juni 1944 mehrmals bombardiert wurde, fanden die amerikanischen Einheiten, die am 30. April 1945 Allach erreichten, bei Krauss-Maffei ein weitgehend unzerstörtes Werk vor.[234]

3.6 Im Schatten von Dachau: Zwangsarbeit und Gewaltverbrechen

Dass die Beschäftigtenzahl von Krauss-Maffei während des Krieges trotz der Einberufung von über 2000 Stammarbeitern zur Wehrmacht stark anstieg, war ausschließlich durch den Einsatz von Zwangsarbeitern bedingt. Insgesamt stützte sich die deutsche Wirtschaft zwischen 1939 und 1945 auf 13,5 Mio. Kriegsgefangene, ausländische Zivilarbeiter und KZ-Häftlinge. Rund 90 Prozent von ihnen waren Zwangsarbeiter, weil sie unfreien Arbeitsverhältnissen unterlagen.[235] Die Zwangsarbeit war nach den Vorgaben der nationalsozialistischen Rassenideologie geregelt. Kriegsgefangene und Zivilarbeiter aus Westeuropa (»Westarbeiter«) wurden in jeder Hinsicht besser behandelt als die »Ostarbeiter« und Kriegsgefangenen aus der Sowjetunion. Sie wurden ungleich besser bezahlt, in der Regel auch besser verpflegt und durften sich in der Freizeit außerhalb der Lager bewegen, was den russischen Arbeitern und Kriegsgefangenen nicht erlaubt war. Auch wurde das Kontaktverbot gegenüber den »Westarbeitern« weniger strikt gehandhabt als gegenüber den »Ostarbeitern«. Die KZ-Häftlinge standen am untersten Ende der Hierarchie. Sie erhielten keinerlei Entgelt, waren in KZ-Außenlagern in der Nähe der Betriebe untergebracht und dort der SS ausgesetzt.[236]

Im Gau München-Oberbayern, dessen Gebiet weitgehend dem des heutigen Regierungsbezirks Oberbayern entsprach, erreichte die Zahl der Zwangsarbeiter im Dezember 1943 und dann wieder im September 1944 einen Höchststand von rund 120 000. Mehr als die Hälfte von ihnen entfiel auf den Arbeitsamtsbezirk München, wo Ende September 1943 rund

67 000 Zwangsarbeiter eingesetzt waren.[237] Überwiegend handelte es sich dabei um Zivilarbeiter, die völkerrechtswidrig aus ihren besetzten Heimatländern nach Deutschland gebracht worden waren. Bei Krauss-Maffei war auch eine große Zahl von Kriegsgefangenen eingesetzt, obwohl Kriegsgefangene nach der Haager Landkriegsordnung nicht in Rüstungsbetrieben beschäftigt werden durften. Dagegen wurden bei Krauss-Maffei trotz der Nähe des Konzentrationslagers Dachau nicht systematisch KZ-Häftlinge eingesetzt. Auf die Gründe dafür wird noch näher einzugehen sein, doch die Nähe zu Dachau war in anderer Form im Krauss-Maffei-Werk zu spüren, bis hin zu Denunziationen, die zur Ermordung von Zwangsarbeitern führten.

Nach BMW war Krauss-Maffei in München während des Krieges der größte industrielle Arbeitgeber und das Unternehmen mit den meisten Zwangsarbeitern.[238] Wie in fast allen deutschen Unternehmen hatte die Leitung auch hier keine Skrupel, Zwangsarbeiter einzusetzen. Insofern es doch Vorbehalte gab, wurden sie vom Interesse an Gewinnen und am Überleben des Unternehmens verdrängt, denn kein Unternehmen wäre in der Lage gewesen, den Wegfall der einberufenen Stammarbeiter ohne Ersatz zu verkraften, und die Zwangsarbeiter waren die einzige in diesem Umfang verfügbare Arbeitskraftreserve.[239] Dies galt für Krauss-Maffei in besonderer Weise, da Frauen kaum im Lokomotivbau beschäftigt werden konnten.

Die Entwicklung der Zwangsarbeit bei Krauss-Maffei zeigt zunächst das Grundmuster, das sich in der gesamten deutschen Industrie in der Zeit des Zweiten Weltkriegs feststellen lässt. Die Stammbelegschaft ging durch die Einberufungen zur Wehrmacht zurück und wurde durch eine wachsende Zahl von Zwangsarbeitern ersetzt, bei denen es sich zunächst hauptsächlich um Kriegsgefangene handelte, später überwiegend um ausländische Zivilarbeiter. Doch lassen sich auch signifikante Abweichungen vom allgemeinen Muster erkennen. So blieb die Beschäftigtenzahl des Unternehmens nach Kriegsbeginn zunächst fast konstant. Dies änderte sich erst ab 1941. Bis dahin wurden bei Krauss-Maffei nur wenige Zivilarbeiter aus besetzten Ländern eingesetzt. Im Laufe des Jahres 1942 nahm dann die Zahl der Kriegsgefangenen und ausländischen Zivilarbeiter sprunghaft zu.

Von der Zusammensetzung der Zwangsarbeiter bei Krauss-Maffei kann ein recht detailliertes Bild gezeichnet werden, da ein umfangreicher Bestand an Personalkarten von Kriegsgefangenen und ausländischen Zivilarbeitern in diesem Unternehmen überliefert ist.[240] Allerdings ergeben sich

62 Beschäftigtenentwicklung bei Krauss-Maffei 1939 bis 1944

[Belegschaftsstand 1935–1945, 19.7.1955, in: BWA, F 44/AKM 24]

Jahr (Stand 31.12.)	Angestellte	deutsche Arbeiter	Kriegs-gefangene	ausländische Zivilarbeiter	Beschäftigte insgesamt
1939	394	4231			4625
1940	425	4219	607	264	5515
1941	450	3838	701	659	5648
1942	480	3463	1363	3543	8849
1943	445	1893	200	3090	5648
1944	438	1713	156	3226	5533

63 Betriebsappell

[BWA, F 44/KM 4]

bei den Gesamtzahlen deutliche Abweichungen zu der in Tabelle Abb. 62 wiedergegebenen Personalstatistik von Krauss-Maffei, da offenbar nicht mehr von allen Fremdarbeitern Personalkarten überliefert sind. Nach der Personalkartei waren bei Krauss-Maffei während des Krieges Arbeiter aus 26 Nationen eingesetzt (Tabelle Abb. 64). Unter ihnen befanden sich auch Männer und Frauen aus verbündeten und neutralen Ländern, die nicht als Zwangsarbeiter bezeichnet werden können. Doch die meisten Fremdarbeiter stammten aus besetzten Ländern und kamen nicht freiwillig zum Arbeitseinsatz nach Deutschland.

Ende 1940 waren bereits rund 700 Kriegsgefangene bei Krauss-Maffei eingesetzt. Die Zahl der ausländischen Zivilarbeiter lag mit rund 270 deutlich niedriger, wobei es sich zu mehr als 90 Prozent um Arbeiter aus Italien und Ungarn handelte. Auch ein Jahr später kamen die meisten ausländischen Zivilarbeiter noch aus verbündeten Ländern. Von den Ende 1941 beschäftigten Fremdarbeitern sind 602 durch Personalkarten nachgewiesen. Von ihnen stammten 510 aus Italien, Kroatien oder Ungarn. Im Laufe des Jahres 1942 änderte sich dieses Bild. Die Zahl der eingesetzten Kriegsgefangenen und ausländischen Zivilarbeiter nahm als Folge des von Speer verordneten »Kriegslokomotiven«-Programms stark zu. Ende 1942 machten diese Beschäftigten bereits mehr als die Hälfte der Belegschaft aus. Unter den ausländischen Zivilarbeitern stellten nun Franzosen und Russen die größten Kontingente. Bei diesen Arbeitskräften und den anderen aus besetzten Ländern handelte es sich um Zwangsarbeiter. Von den insgesamt rund 3000 in den Personalkarteien verzeichneten ausländischen Zivilarbeitern waren Ende 1942 82 Prozent Zwangsarbeiter. Rechnet man diesen Anteil auf die Zahl der in der Personalstatistik aufgeführten ausländischen Zivilarbeiter um, waren zu diesem Zeitpunkt einschließlich der Kriegsgefangenen 4268 Zwangsarbeiter bei Krauss-Maffei eingesetzt. Dies entsprach 48 Prozent aller Beschäftigten.[241] Die Gesamtzahl der Kriegsgefangenen und ausländischen Zivilarbeiter machte sogar einen Anteil von 55 Prozent der Beschäftigten aus. Dieser Anteil lag etwa doppelt so hoch wie in der gesamten deutschen Industrie, wo im Februar/März 1943 rund 21 Prozent der Beschäftigten Zwangsarbeiter waren.[242]

In der Personalkartei sind für die Jahre 1939 bis 1945 insgesamt 7383 ausländische Zivilarbeiter verzeichnet. Der Anteil der Frauen lag hier mit rund fünf Prozent ähnlich niedrig wie bei der Stammbelegschaft. 205 der insgesamt 388 Fremdarbeiterinnen kamen aus Russland, 66 aus Frankreich, 40 aus Ungarn.[243] Während in vielen anderen Großbetrieben junge Frauen aus Russland oder der Ukraine einen großen Teil der Zwangsarbeit bestreiten mussten, blieb Krauss-Maffei auch im Krieg ein Männerbetrieb, was sich aus den spezifischen Anforderungen des Lokomotiv- und Zugmaschinenbaus ergab. In der Kantine von Krauss-Maffei wurden Franzosen und Belgier als Köche eingesetzt, während die Küchenhilfen überwiegend aus russischen, polnischen und deutschen Frauen bestanden.[244]

Die russischen Zivilarbeiter waren im Durchschnitt sehr jung. Im Sommer 1942 waren 60 Prozent von ihnen unter 18 Jahren. Krauss-Maffei war damals sogar eine Gruppe von 49 Jugendlichen aus der Sowjetunion im Alter von 13 bis 15 Jahren angeboten worden, das Unternehmen ging darauf aber nicht ein.[245] Nach einem Bericht des Unternehmens an den Panzerausschuss vom August 1942 erreichten die »Zivilrussen« 45 Prozent der deutschen Normleistung, die russischen Kriegsgefangenen 50 Prozent.[246] Für die Kriegsgefangenen, die häufig krank und entkräftet ankamen, entspricht dies weitgehend Erhebungen aus anderen Unternehmen. Die Leistungsfähigkeit der Zivilarbeiter aus der Sowjetunion lag hingegen deutlich darunter, was möglicherweise durch die Art der Fertigung und den vergleichsweise geringen Anteil an Frauen bedingt war. Die russischen Zwangsarbeiterinnen erbrachten in der Regel eine höhere Normleistung als männliche Zwangsarbeiter aus der Sowjetunion, da sie mehr für »leichte« Montage- und Fließbandarbeiten eingesetzt wurden.[247]

1943 ging die Beschäftigtenzahl bei Krauss-Maffei um mehr als ein Drittel zurück, was bei einem derart rüstungsrelevanten Unternehmen damals sehr selten der Fall war. Dieser Rückgang war nur zum Teil durch die von Speer im September 1943 angeordnete Stilllegung des Dampflokomotivbaus bedingt. So lag die Zahl der deutschen Arbeiter Ende 1943 um fast 1600 unter dem Vorjahresstand, obwohl nur 545 Beschäftigte mit deutscher Staatsangehörigkeit zu BMW umgesetzt worden waren.[248] In erster Linie ging die Zahl der Stammarbeiter offenbar durch Einberufungen zurück, nicht durch die Umsetzung zu BMW. Bei den ausländischen Zivilarbeitern fiel der Rückgang geringer aus, obwohl sie das größte Kontingent der zu BMW umgesetzten Arbeiter gestellt haben dürften.[249] Durch die Zuweisung neuer Zwangsarbeiter konnten die Abgänge ausgeglichen werden. Dabei ist auch zu berücksichtigen, dass im Juni 1943 566 französische Kriegsgefangene in den Status von Zivilarbeitern überführt wurden.[250] Da die Zahl der deutschen Beschäftigten seit dem Herbst 1943 weitaus stärker zurückging als die der ausländischen Zivilarbeiter, stieg deren Beschäftigtenanteil weiter an. Ende 1944 waren 66 Prozent der Belegschaft Kriegsgefangene und ausländische Zivilarbeiter. Absolut gesehen blieb die Zahl der Zwangsarbeiter bei Krauss-Maffei in den letzten Kriegsjahren dagegen unter dem Niveau von 1942, während der Zwangsarbeitereinsatz in der gesamten deutschen Wirtschaft 1944 einen traurigen Höhepunkt erreichte.

Dass bei Krauss-Maffei trotz der Nähe zum Konzentrationslager Dachau nicht systematisch KZ-Häftlinge eingesetzt wurden, ist vor allem durch den Arbeitskräftebedarf des Allacher Nachbarn, das Flugmotorenwerk von BMW, zu erklären, wo bis zu 5500 Häftlinge aus Dachau Zwangsarbeit leisten mussten.[251] Auch in dieser Hinsicht hatte der Flugzeugbau Priorität vor dem Lokomotivbau. Neben BMW wurden dem Augsburger Flugzeugbauer Messerschmitt AG und der Organisation Todt die meisten Häftlinge aus dem KZ Dachau zugewiesen.[252] In fünf bei Krauss-Maffei überlieferten Personalkarten ist das KZ Dachau als vorangegangene Arbeitsstätte eingetragen, in 19 weiteren das Durchgangslager Dachau.[253] Ob diese Zwangsarbeiter zu dem im März 1943 errichteten Außenlager Allach des KZ Dachau gehörten, dessen Insassen hauptsächlich bei BMW eingesetzt waren, geht aus den Personalkarten nicht hervor.[254]

Durch die wachsende Zahl von Zwangsarbeitern bei BMW und Krauss-Maffei wurden während des Krieges in Allach immer mehr Baracken aus dem Boden gestampft. Die Kriegsgefangenen und ausländischen Zivilarbeiter waren ausnahmslos in Lagern untergebracht, für die bei BMW eingesetzten KZ-Häftlinge entstand in Allach ein eigenes Außenlager von Dachau. Allein für die Zwangsarbeiter von Krauss-Maffei wurden insgesamt vier Lager errichtet. Das erste entstand als Kriegsgefangenenlager an der Krauss-Maffei-Straße, neben dem Verwaltungsgebäude (Lager I). Die starke Zunahme der ausländischen Zivilarbeiter führte dazu, dass 1942 zwei weitere Lager errichtet wurden, ein »Russenlager« an der Ludwigsfelder Straße (Lager II) und ein »Franzosenlager« an der Lochhauser Straße (Lager III). Hinzu kam dann noch ein von der Reichsbahn gemietetes Lager für sowjetische Kriegsgefangene an der Ludwigsfelder Straße (Lager IV).[255] Eine besonders exponierte Lage hatten die Baracken des Lagers III. Sie befanden sich auf einem Damm, der für den 1942 eingestellten Bau der Reichsautobahn nach Ulm aufgeschüttet worden war.[256] Die Trennung zwischen »Westarbeitern« und »Ostarbeitern« wurde in den Lagern I und II offenbar ebenso wenig strikt durchgeführt wie die zwischen Zivilarbei-

64 Fremdarbeiter bei Krauss-Maffei nach Status und Nationalität 1939 bis 1944

[nach der Personalkartei]

Status/ Nationalitäten	Stand Ende 1939	Stand Ende 1940	Stand Ende 1941	Stand Ende 1942	Stand Ende 1943	Stand Ende 1944
Zwangsarbeiter (Zivilarbeiter und Kriegsgefangene)						
Franzosen	3	5	6	1743	1751	1628
Russen	0	0	0	523	614	672
Holländer	0	0	1	7	145	185
Belgier	0	1	6	24	14	24
Italiener					67	230
Tschechen (Staatsangehörige des Protektorats Böhmen-Mähren)	1	8	10	17	67	55
Polen	0	0	0	12	14	55
Ukrainer	0	0	38	49	41	35
Jugoslawen			2	2	2	8
Serben	0	0	0	2	3	9
Griechen	0	0	1	66	5	8
Dänen	0	0	1	1	1	1
Esten	0	0	0	0	1	2
Letten	0	0	0	2	1	2
Litauer	0	0	0	0	0	6
Luxemburger	0	0	3	4	5	4
Staatenlose	1	1	1	5	4	5
Zwangsarbeiter insgesamt	5	15	69	2457	2735	2929
andere Fremdarbeiter						
Italiener	1	227	324	272		
Ungarn	0	17	56	51	38	23
Slowaken	1	1	12	15	7	5
Kroaten	0	2	130	156	48	31
Jugoslawen	1	4				
Bulgaren	0	0	9	13	4	5
Rumänen	0	0	1	2	1	1
Spanier	0	0	0	31	8	4
Portugiesen	0	0	0	3	0	1
Türken	0	0	0	1	2	2
Schweizer	2	2	1	2	2	0
Uruguayer	0	0	0	1	0	0
andere Fremdarbeiter insgesamt	5	253	533	547	110	72
Gesamtzahl	10	268	602	3004	2845	3001

tern und Kriegsgefangenen. Im Lager I waren französische Kriegsgefangene, deutsche Arbeiter, vermutlich Dienstverpflichtete, und Zivilarbeiter aus verschiedenen anderen Ländern untergebracht, im Lager II wohnten russische, französische und griechische Zivilarbeiter. Nur die Lager III (französische Zivilarbeiter) und IV (sowjetische Kriegsgefangene) hatten eine nach Status und Nationalität einheitliche Belegschaft.[257] Zwischen der Unterbringung der »Westarbeiter« und der »Ostarbeiter« bei Krauss-Maffei lassen sich kaum Unterschiede feststellen, doch handelte es sich dabei um eine Nivellierung nach unten, auf das niedrigste Niveau. Als sich die Zahl der Kriegsgefangenen und ausländischen Zivilarbeiter von 1360 im Jahr 1941 auf 4900 im Jahr 1942 mehr als verdreifachte, bedingt vor allem durch das »Kriegslokomotiven«-Programm, hielt es Krauss-Maffei nicht für erforderlich, entsprechende Unterkünfte bereitzustellen. Die Zustände in den Lagern waren so verheerend, dass die Behörden einschritten.

Auslöser war eine Besichtigung mehrerer Zwangsarbeiterlager von Krauss-Maffei durch den Gaugesundheitsverwalter der DAF. Die DAF wollte damals ihre Kompetenzen auf den Bereich der Zwangsarbeit ausweiten, u. a. durch den Bau von Baracken für solche Lager. Nach der Besichtigung, die am 19. November 1942 stattfand, alarmierte der Gaugesundheitsverwalter noch am selben Tag das Landesarbeitsamt. Der leitende Arzt des Landesarbeitsamts, Richard Einhauser, führte daraufhin zusammen mit einem Regierungsrat seiner Behörde eine offizielle Begehung durch. Anschließend verfasste er einen Bericht, in dem er in schonungsloser Offenheit die katastrophalen Verhältnisse schilderte. Die Toiletten waren völlig verdreckt, die Betten starrten vor Schmutz, warmes Wasser gab es nicht. Im Lager I zog der Gestank von den neben dem Eingang gelegenen Toiletten durch alle Wohn- und Schlafräume, weil Trennwände fehlten. Die französischen Arbeiter im Lager III mussten sich in einem Bach waschen, weil es in den Baracken keine Waschgelegenheit gab, und zum Teil auf blankem Holz schlafen, weil Strohsäcke fehlten. Auch waren sie in dem Lager, das sich auf dem Autobahndamm befand, »jeglichem Luftdurchzug schutzlos ausgesetzt«. Dabei handelte es sich um Zivilarbeiter, für deren Unterbringung nicht wie bei den Kriegsgefangenen die Wehrmacht zuständig war, sondern der Einsatzträger, also das Unternehmen. Einhauser war denn auch entschlossen, die Unternehmensleitung zur Verantwortung zu ziehen. Sein Bericht liest sich wie eine Anklage: »Die Unterbringung von Arbeitern in solchen Lagern ist geeig-

65 a + b Barackenlager-01 und Barackenlager-Plan

[BWA, F 44/KM 10]

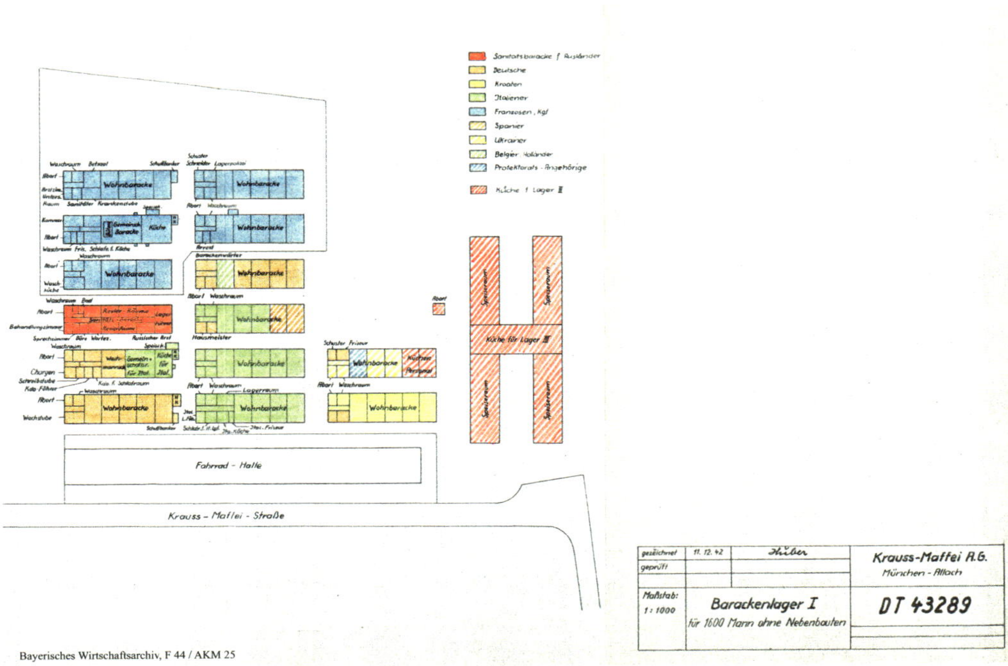

net den Arbeitswillen zu erdrücken, den Gesundheitszustand fahrlässig und pflichtwidrig (cf, § 2 des Gesetzes zur Ordnung der nationalen Arbeit, Pflichten des Betriebsführers) zu gefährden und zu schädigen und somit die Produktionskraft in unserer Rüstungsindustrie zu schwächen.«[258]

Betriebsführer war immer noch Hans Georg Krauss, dem diese Zustände bekannt gewesen sein mussten und offenbar gleichgültig waren. Nun geriet der Vorstand freilich unter Druck, weil Einhauser das Gesundheitsamt, die DAF, das Innenministerium und die Rüstungsinspektion einschaltete. Der Gauobmann der DAF drohte damit, Krauss-Maffei keine weiteren Kriegsgefangenen und ausländischen Zivilarbeiter mehr zuzuweisen, wenn die Lager nicht ordentlich geführt würden.[259] Auch das Speer-Ministerium schaltete sich ein. Gerhard Degenkolb, der einflussreiche Leiter des Hauptausschusses Schienenfahrzeuge, setzte in Allach eine Besprechung über die »Baracken-Angelegenheit« an. Krauss berief sich dabei auf einen von Speer bekräftigten Erlass Reichsmarschall Hermann Görings vom Juni 1941, der bei »behelfsmäßigen Kriegsbauten« alle bau- und gesundheitsrechtlichen Vorschriften außer Kraft setzte. Degenkolb ordnete den Einbau einer Geruchsschleuse im Lager I und kleine Veränderungen bei den Krankenstationen an, sah aber sonst keinen weiteren Handlungsbedarf und lobte das Essen in der Kantine, das an alle Beschäftigten ausgeteilt wurde, allerdings räumlich getrennt.[260] Die DAF konnte bei dieser Besprechung einen wichtigen Erfolg verbuchen: Degenkolb übertrug ihr die oberste Lagerleitung, was Hans Georg Krauss als Affront empfinden musste und wohl auch so gemeint war.[261] An den katastrophalen Zuständen in den Lagern änderte sich dadurch aber nichts. Die DAF konnte nicht einmal die von Degenkolb angeordnete Geruchsschleuse bauen lassen, weil der Baubevollmächtigte dafür keine Baustoffe zur Verfügung stellte. Immerhin erhielt das Lager III später eine eigene Großküche.[262] Dass die Zwangsarbeiter bei Krauss-Maffei unter Verhältnissen leiden mussten, die noch miserabler waren als in vielen anderen Unternehmen, belegt ein Zeitzeugeninterview mit Bojko Prokop, der 1943 als ukrainischer Zwangsarbeiter von Krauss-Maffei zu BMW umgesetzt worden war. Fast 60 Jahre später erinnerte sich Prokop noch daran, dass die Verpflegung bei Krauss-Maffei viel schlechter gewesen war, dass man ihn dort ohne Anlernzeit an eine Drehbank gestellt hatte und dass er Schläge erhalten hatte, wenn es an seiner Maschine zu Ausschuss gekommen war. Die Umsetzung zu BMW, wo für die Zwangsarbeiter aus der Ukraine gewiss keine idyllischen Zustände herrschten, empfand er geradezu als Befreiung: »Als ich zu BMW kam, wurde es besser, und es war, als ob die Sonne für mich aufgegangen wäre«.[263]

Noch schlimmer als die erbärmlichen Verhältnisse in den Lagern dürften für die Zwangsarbeiter bei Krauss-Maffei die alltäglichen Misshandlungen im Werk gewesen sein. Der Betriebsobmann Georg Leimböck führte dort ein Schreckensregiment, unterstützt von einer Schlägertruppe, die er aus Angehörigen der Werkschar und des Werkschutzes zusammengestellt hatte. Leimböck verprügelte auch deutsche Arbeiter, aber am schlimmsten traf es eben doch die ausländischen und ganz besonders die russischen Zwangsarbeiter. Von nationalsozialistischer Rassenideologie zeugte auch sein Aufruf zum »Benehmen gegenüber Ausländern«, der in der Werkszeitschrift erschien: »Denkt doch daran, daß mancher unter ihnen ist, der vielleicht den Bruder oder den Vater oder sonst einen Lieben von uns erschossen hat. Warum da Humanitätsduselei?«[264]

Nach dem Krieg sagte der Hilfsschlosser Franz Kretz aus, Leimböck hätte ihm mit der Faust ins Gesicht geschlagen, dann mit dem »Ochsenfiesel« auf ihn eingeprügelt und gesagt »Du kommst nach Dachau«.[265] Wie viele andere Zeugenaussagen zeigen, waren dies Leimböcks gängigste Methoden: Schläge, ob mit Ochsenfiesel, Reitpeitsche, Gummischlauch oder seinem selbst gebastelten Gummiknüppel, und die Drohung mit Dachau. Leimböck schlug russische und französische Arbeiter mit dem Gummiknüppel zusammen, weil sie geraucht hatten, drei russische Arbeiter wurden von ihm misshandelt, weil sie von deutschen Kollegen Kartoffeln erhalten hatten, ein anderer wegen angeblicher Unregelmäßigkeiten bei der Arbeit in der Nachtschicht. Immer wieder wurden Zwangsarbeiter von Leimböck und seinen Mittätern im Keller des Werks eigenmächtig eingesperrt.[266] Leimböck verhängte auch eigenmächtig Geldstrafen, die er von deutschen wie von ausländischen Arbeitern eintrieb, etwa wenn sie etwas gesagt hatten, das ihm nicht passte. Wer seinen Ausweis vergessen hatte, musste eine Geldstrafe von fünf Reichsmark zahlen. Leimböck »verwaltete« diese Gelder selbst, und niemand wusste später, wo sie geblieben waren.[267] Der Betriebsobmann fand genügend Mittäter, die sich seiner Truppe anschlossen, sei es aus Opportunismus, aus Bewunderung oder aus Angst, selbst verprügelt zu werden. Der Schmied Thomas Vogl war einer von ihnen. Er diente Leimböck als Spitzel, schlug ausländische wie deutsche Arbeiter zusammen und wurde 1942 zum Werkmeister befördert.[268] Andere glaubten, Leimböcks Drohungen übernehmen zu müssen. Selbst ein früherer Sozialdemokrat soll Kollegen mit dem KZ Dachau gedroht haben.[269]

Leimböck beließ es nicht bei der Drohung mit Dachau. Er ließ Arbeiter bespitzeln und zeigte sie bereitwillig bei der Gestapo an. Manche kamen daraufhin in ein Konzentrationslager, wie der Werkzeugmacher Alois Traunsburger.[270] Zwangsarbeiter und deutsche Arbeiter wurden von Leimböck genötigt, ihn zu »Exkursionen« ins Konzentrationslager zu begleiten, um dort Hinrichtungen zuzusehen. Ein Zeuge dieses Grauens, der Arbeiter Heinrich Gulde, sagte nach dem Krieg aus: »Ich weiss, dass wiederholt Abordnungen von Kriegsgefangenen zum Teil auch deutsche Arbeiter der Fa. unter Führung von Leimböck nach Dachau fuhren, um Exekutionen beizuwohnen. Es handelte sich in zwei Fällen um Betriebsangehörige, die hingerichtet wurden, u.zw. darunter ein Russe.«[271] Gulde berichtete auch, dass die Kriegsgefangenen unter dem Eindruck der Hinrichtungen außerordentlich deprimiert gewesen wären, und das war wohl auch der Zweck der Fahrten nach Dachau, die sich im Betrieb rasch herumgesprochen haben dürften. Leimböck wollte dadurch einschüchtern und seinen Drohungen Nachdruck verleihen. Der Betriebsobmann sorgte aber in einigen Fällen auch dafür, dass russische Arbeiter von Krauss-Maffei in Dachau hingerichtet wurden. Der Dreher Eugen Riegg sagte nach dem Krieg aus, er hätte damals von zwei russischen Kriegsgefangenen erfahren, dass »zwei Aufhängungen auf Befehl von Leimböck und zwei im Beisein von ihm stattgefunden haben«.[272] Auch habe Leimböck wahrscheinlich einen russischen Studenten aufhängen lassen, weil dieser angeblich nicht genügend gearbeitet hätte.[273] Mehrere Zeugen berichteten nach Kriegsende, dass zwei russische Arbeiter angesichts des Stranges noch »Leimböck« gerufen hätten. Einer von ihnen sagte dazu aus: »Die Letzten die aufgehängt wurden, schrien Leimböck. Ich entnahm daraus, dass Leimböck an dieser Sache schuld war. Sie wurden aufgehangen, weil sie angeblich zu wenig arbeiteten.«[274] Nun konnte ein Betriebsobmann der DAF nicht einfach Hinrichtungen in einem Konzentrationslager anordnen. Aber Leimböck hatte offenbar gute Verbindungen zur Kommandantur oder zur Lager-Gestapo des KZ Dachau, und das machte ihn für alle bei Krauss-Maffei brandgefährlich.

Leimböck und seine Schläger waren Situationstäter. Soweit es sich aus den Akten erschließt, war keiner von ihnen ein Berufskrimineller. Zu

Verbrechern wurden sie, weil das nationalsozialistische System sie darin bestärkte, ihnen die Richtung vorgab und auch, weil sie keine Sanktionen befürchten mussten. Im »Dritten Reich« war es keineswegs die Regel, dass ein Unternehmen für den Betriebsobmann einen rechtsfreien Raum darstellte wie im Fall Leimböck/Krauss-Maffei. Häufig waren Werkscharen und Betriebsobleute eher Randerscheinungen, die gegenüber der Unternehmensleitung wenig Gewicht hatten. Bei Krauss-Maffei war der Vorstand dagegen nicht in der Lage, sich gegenüber dem Betriebsobmann durchzusetzen. Leimböck handelte nicht etwa auf Weisung des Vorstands, sondern stellte mit seinem Verhalten die Autorität der Unternehmensleitung in Frage, etwa indem er eigenmächtig Arbeiter einsperrte und Geldstrafen verhängte. Die Aussage des Zeugen Heinrich Gulde deutet darauf hin, dass Hans Georg Krauss Leimböcks Praktiken nicht billigte, aber auch nicht dagegen vorging. Gulde berichtete von einer Besprechung bei Krauss-Maffei, in der ein Offizier darauf hingewiesen hatte, dass Kriegsgefangene nach der Genfer Konvention zu behandeln seien und nicht misshandelt werden dürften. Nachdem der Offizier gegangen war, sei heftig diskutiert worden. Krauss habe dabei die Mahnung des Offiziers wiederholt, aber Leimböck hätte ihm widersprochen, rücksichtsloses Durchgreifen verlangt und bedauert, dass ihm das Militär keine Waffen zum Einsatz gegen Kriegsgefangene zur Verfügung stellte.[275] Der »Betriebsführer« hätte ein derartiges Verhalten ahnden müssen, aber Krauss hatte gegenüber Leimböck offenbar keine Autorität mehr und die anderen Vorstandsmitglieder wohl erst recht nicht. Wie es dazu kam, lässt sich nur vermuten. Vielleicht glaubten Krauss, Aichinger, Berthold und Roth, dass sie sich einen Konflikt mit der DAF nicht leisten konnten, möglicherweise hatte Leimböcks Drohung mit Dachau aber auch sie eingeschüchtert. Es ist denkbar, dass Krauss 1942 – vergeblich – die Aufnahme in die NSDAP beantragte, ein Schritt, zu dem sich nach Stalingrad nicht mehr viele entschlossen, und zugleich den Aufsichtsrat um die Ernennung eines weiteren Vorstandsmitglieds bat, weil er fühlte, dass sein Einfluss im Unternehmen schwand. Dass sich unter den russischen Kriegsgefangenen in München eine Widerstandsgruppe bildete, die Brüderliche Zusammenarbeit der Kriegsgefangenen (BSW), die mit der Widerstandsgruppe ADV kooperierte, machte sich bei Krauss-Maffei nicht bemerkbar und stand mit den Vorgängen in diesem Unternehmen auch in keinem direkten Zusammenhang.[276] Nach Angaben von Heinrich Müller, einem Dolmetscher, der vor dem Krieg längere Zeit in Moskau gewesen war, hat es bei Krauss-Maffei durchaus gewisse Sabotageakte kommunistischer Arbeiter gegeben. Das Vorstandsmitglied Berthold hätte sie der Gestapo gegenüber aber als Fahrlässigkeiten dargestellt.[277]

Angesichts des Terrors und der Willkür, die bei Krauss-Maffei in den letzten Kriegsjahren herrschten, musste man schon ein sehr überzeugter Nationalsozialist sein, um die Besetzung des Werks durch amerikanische Truppen am 30. April 1945 nicht als Befreiung wahrzunehmen. Leimböck tauchte unter und beging Ende Juli zusammen mit seiner Ehefrau Selbstmord.[278] Sein Mittäter Vogl wurde als Hauptschuldiger (Gruppe 1) zu fünf Jahren Arbeitslager und einer Vermögensstrafe verurteilt. Wie die Spruchkammer feststellte, konnte er »keine Umstände anführen, die in besonderem Umfange zu seinen Gunsten sprechen würden«.[279]

4 Die große Transformation: Krauss-Maffei 1945/48 bis 2017

Paul Erker

Trotz der zahlreichen Turbulenzen der vorangegangenen über 100 Jahre in der Unternehmensgeschichte stand dem Münchner Traditionskonzern die eigentliche Transformationsphase erst noch bevor. Die Veränderungen kamen zum einen von Seiten der Technologie. Neben der bis dahin prägenden Lokomotiv- und Fahrzeugbautechnik wurden jetzt auch die Wehrtechnik und vor allem der Kunststoffmaschinenbau Teil der spezifischen Geschäftsaktivitäten des Unternehmens. Diese drückten nun Krauss-Maffei in jeweils unterschiedlichen Phasen ihren Stempel auf: Die Verkehrstechnik dominierte das Geschehen in den 1940er- bis 1960er-Jahren, die Wehrtechnik dagegen verlieh vor allem in den 1970er- und 1980er-Jahren dem Unternehmen ihr Gesicht, während spätestens seit Mitte der 1980er-Jahre bis in die Gegenwart hinein die technologische Basis von Krauss-Maffei die Kunststoffmaschinentechnologie war und ist.

Mindestens ebenso großen Veränderungsdruck übten, zum anderen, die Anteilseigner- und Eigentümerstrukturen von Krauss-Maffei aus. Nach einer kurzen Phase der Mehrheitsbeteiligung durch die Deutsche Bank folgte 1955 die lange Periode als Tochterunternehmen im Buderus- bzw. Flick-Konzern, die erst 1990 endete – unterbrochen von einer kurzen, fünfjährigen Phase mit letztlich von der bayerischen Staatsregierung geprägter Anteilseignerstruktur. Dann kam bis 1999 die Dekade unter der Dominanz des Mannesmann-Konzerns, ehe schließlich, nach einer kurzen Episode mit der Siemens AG als Mehrheitsaktionär, die langen Jahre unter der Herrschaft der Finanzinvestoren und Private-Equity-Gesellschaften begannen. Die Firma wurde zerschlagen und umbenannt und war lange Jahre nur als Teilgesellschaft innerhalb eines Großkonzern-Portfolios existent, um dann unter altem Namen ihre gesellschaftsrechtliche Auferstehung und Wiederbegründung zu erleben.

4.1 Schwierige Neuorientierung: Auf der Suche nach unternehmenspolitischen Chancen zwischen traditionellem Lokomotivgeschäft und neuen Geschäftsfeldern (1945/48 bis 1968/69)

Die Entwicklung von Krauss-Maffei folgte in dieser Phase nicht dem üblichen Muster der deutschen Unternehmen nach 1945 – schneller Wiederaufbau in den Nachkriegsjahren, rasche Expansion, erfolgreiche Rückkehr auf die (Welt-)Märkte und Rückeroberung führender technischer Positionen in den langen »Wirtschaftswunderjahren«, begleitet von einem immensen Gewinnwachstum und stabilen Kapital- und Finanzstrukturen; und allenfalls im Verlauf der 1960er-Jahre konfrontiert mit dem rauen Wind des Wettbewerbs und kurzzeitigen Einbrüchen in der Konjunkturflaute 1966/67. Krauss-Maffei war demgegenüber – auch wenn nach außen hin vielfach nicht sichtbar – ein Unternehmen im permanenten Krisenzustand. Innerhalb des heterogenen Geschäfts von Lokomotivbau, Fahrzeugbau, Kunststoffmaschinenbau und Verfahrenstechnik/Anlagenbau herrschten immer irgendwo Probleme und rote Zahlen, sodass dem Management letztlich kaum Zeit blieb, Luft zu holen und sich in ruhigeren Jahren auf neue Turbulenzen einzustellen. Das war eine Situation, die den Vorstand denn auch zunehmend überforderte. Anstelle langfristiger Unternehmenspolitik und Unternehmensplanung beherrschten permanente Experimente mit neuen, als aussichtsreich erachteten Geschäftsfeldern und eine sprunghafte Unternehmensstrategie, die ad hoc reagierte, und somit eine sich praktisch von Tag zu Tag hangelnde Unternehmenspolitik das Bild. Umsatz ging vor Ertrag, kurzfristige Fixkostendeckung vor längerfristiger geschäftspolitischer Ausrichtung. Grundlegend für die Unternehmensplanung und Unternehmensstrategie waren nicht Marktüberlegungen, die sich an Ertrag und Wachstum orientierten, sondern fast ausschließlich die Überlegungen, was in die Produktion von Krauss-Maffei passte und für eine hinreichende Auslastung der Kapazitäten sorgte – und was die Techniker und Ingenieure für entwickelnswert und gut befanden. Markt- und Konkurrenzbeobachtungen regierten nicht das Geschäft, sondern es wurde auf sie reagiert.[1] Zu der Überforderung trug nicht zuletzt auch der permanente doppelte Spagat beim Agieren auf höchst unterschiedlichen Märkten bei, zwischen politisch geprägtem Behördengeschäft (Lokomotivbau, Omnibusbau, Rüstungstechnik) und wettbewerbsintensiven Industriekundenmärkten (Anlagen- und Kunststoffmaschinenbau) bzw. zwischen Zivilgeschäft und Rüstungsgeschäft. Und über allem wölbte sich gleichsam die prägende Traditionskultur des Großmaschinenbau- und Lokomotivgeschäfts. Dazu kamen anhaltende Liquiditätsprobleme, eine schwache Kapitalverfassung und nicht zuletzt auch teure Fehlentscheidungen.

Zurück zum traditionellen Kerngeschäftsfeld: Eisenbahnpolitik und Wettbewerbsverhältnisse im Behördengeschäft

Die Monokultur des Lokomotiv- und Gleiskettenzugmaschinenbaus, die Krauss-Maffei seit den 1930er-Jahren prägte, hatte relativ gute Erträge, gleichmäßige Beschäftigung, große Fertigungstiefe und bis zum Ende des Krieges beachtliche Wachstumsraten beschert. Dieses Geschäftsmodell wurde nach 1945 durch das jahrelange Verbot des Lokomotiv- und Zugmaschinenbaus (bis 1949) massiv in Frage gestellt. Weniger unter den Prämissen einer weitsichtigen unternehmenspolitischen Neuorientierung, sondern vielmehr unter dominierenden Beschäftigungs- und Auslastungsgesichtspunkten und mit den Zufälligkeiten des damaligen Auffindens neuer Geschäftsfelder behaftet, entstand ein außerordentlich heterogenes Fahrzeug- und Maschinenbauprogramm. Die amerikanischen Besatzungsbehörden hatten dabei, auf expliziten Vorschlag des neuen Krauss-Maffei-Betriebsrats hin, zunächst eine dreiköpfige kommissarische Unternehmensleitung eingesetzt, deren profiliertester Kopf der langjährige Chefingenieur von Krauss-Maffei, der Diplomingenieur Thomas Wirth, war. Daneben waren noch zwei weitere langjährige Krauss-Maffei-Prokuristen aus dem kaufmännischen Bereich, Max Steininger und Ludwig Heinz, tätig.[2] Bereits 1946 trat zudem Paul von Mitterwallner in das Unternehmen ein, zunächst als kommissarischer Aufsichtsrat, dann als quasi alleiniger offizieller Vorstand und damit auch als Vorstandsvorsitzender (Abb. 70). Der Diplomingenieur war in den 1920er-Jahren kurzzeitig als Lokomotivkonstrukteur bei Krauss-Maffei tätig gewesen und hatte dann bis zum Kriegsende als leitender Betriebsführer beim Flugzeugbauunternehmen Dornier-Werke GmbH gearbeitet. Politisch unbelastet und mit guten Verbindungen zur amerikanischen Militärregierung, war Mitterwallner damit ein idealer Kandidat für die Unternehmensleitung bei Krauss-Maffei. Und wie bei Krauss-Maffei damals die Meinung vorherrschte, dass die unternehmerische Vorstandsaufgabe Nummer eins die Geschäftsanknüpfung für den darniederliegenden Lokomotivbau sei, »firmierte« der neue Krauss-Maffei-Chef unter der Abkürzung »GA«. Das Produktionsprogramm, das die Unternehmensleitung im Juni 1947 dem (inzwischen gleichfalls neu konstituierten) Aufsichtsrat vorlegte, sah acht Abteilungen vor: vom Dampflokomotivbau (zunächst als Lokreparatur ausgerichtet) über den Apparate- und Behälterbau (u. a. Dampfkessel und Rohrleitungen, aber auch Fleischereimaschinen), den Bau von Eisenbahnsignalanlagen, die Fertigung von Dampf- und Wasserturbinen, die traditionelle Grau-, Metall- und Stahlgießerei, den Bau von Industriezentrifugen, die Herstellung von Filtern und Trocknern bis hin zur Fertigung von Kraftfahrzeugen, insbesondere Omnibussen.[3]

Damit zeichnete sich eine künftige Dreiteilung der Produktionsstruktur von Krauss-Maffei ab – Lokomotivbau, Fahrzeugbau und allgemeiner Maschinenbau. Mit dem im Nachhinein viel beschworenen gezielten und strategisch geplanten Umbruch Krauss-Maffeis in dieser Zeit vom reinen Lokomotivunternehmen zur allgemeinen (Groß-)Maschinenbauanstalt hatte dies allerdings nichts zu tun. Dass sich die Unternehmensleitung bei ihren Versuchen, sich vom traditionellen Kerngeschäft Lokomotivbau zu lösen und neue Fertigungsbereiche zu erschließen, so schwertat, lag nicht zuletzt daran, dass die erst 1932 neu errichteten und ganz auf den Dampflokomotivbau ausgerichteten Fertigungsanlagen in Allach von Luftangriffen verschont geblieben und daher im Krieg nicht zerstört worden waren. Auch von Demontagedrohungen, die in vielen Unternehmen zum Teil jahrelang das unternehmenspolitische Handeln lähmten, war Krauss-Maffei nicht betroffen. Mit seinen rund 1700 unbeschädigten Maschinen besaß Krauss-Maffei daher, anders als die meisten anderen deutschen Unternehmen, im Prinzip eine gute Startposition in die Wirtschaftsjahre der Nachkriegszeit, zugleich aber auch die präformierende Last der bestehenden Fertigungsstrukturen. Die Produktionskapazitäten erforderten, wie die Unternehmensleitung errechnete, bei rentabler Auslastung eine Gesamtbelegschaft von 6500 Mann und einen Jahresumsatz von 82 Mio. Reichsmark, das waren im Zeichen von Arbeitskräftemangel, zerrütteter Währung, Wohnungsnot, Rohstoffengpässen und einer sich nur langsam erholenden Wirtschaftsentwicklung der Vor-Währungsreformzeit utopische Zahlen. Dennoch galt auch noch im Juni 1948 als Gebot der Stunde die Einschleusung von Arbeitskräften und Materialien in Produktionsgebiete, die kurzfristig zu Umsatz führen. Diese Prämisse sollte für die Unternehmenspolitik von Krauss-Maffei in den folgenden Jahr prägend bleiben.

Der große Hoffnungsträger war nach wie vor das Lokomotivreparatur- und Lokomotivneubaugeschäft. Schon unmittelbar nach Kriegsende war Krauss-Maffei von Seiten der Reichsbahn, der Militärregierung und des späteren Zweizonen-Wirtschaftsamts mit umfangreichen Lokomotivreparaturarbeiten beauftragt worden.[4] Daneben zeichnete sich bereits ein grundlegender technischer Wandel im Lokomotivbau ab, auf den es sich rechtzeitig einzustellen galt. Seit den 1920er- und 1930er-Jahren vollzog sich der »Strukturwandel auf der Schiene«, d. h. die Abkehr von der Dampflokomotive und die Entwicklung von dieselhydraulischen und elektrisch angetriebenen Lokomotiven. »Die Abteilung 1 (Lok-Bau) muss nicht nur bestrebt sein, das vorgeschriebene Lok-Reparaturprogramm zu erfüllen«, so hieß es dazu in dem Produktions-Planungspapier bei Krauss-Maffei vom Juni 1947, »sie muss auch jetzt schon den Anschluss an den Lok-Neubau gewinnen«.[5] Es gab allerdings bereits zu diesem Zeitpunkt Konflikte innerhalb der Unternehmensleitung über das weitere Produktionsprogramm. Mitterwallner fungierte zwar als alleiniger Vorstand, wurde aber von den drei nach wie vor im Amt befindlichen kommissarischen Werksleitern Wirth, Heinz und Steininger unterstützt. Und Wirth verfolgte eine eigenwillige Unternehmenspolitik; er führte auf eigene Faust Verhandlungen mit dem bayerischen Wirtschaftsministerium, der Militärregierung und Kunden und nahm auch an den wöchentlichen Betriebsbesprechungen, die Mitterwallner für die Führungskräfte eingeführt hatte, nicht teil.

Das offenkundige Zerwürfnis zwischen Mitterwallner und Wirth entzündete sich auch am Produktionsprogramm, das Mitterwallner so schnell wie möglich auf Großaufträge im Lokomotiv-Bereich zu konzentrieren suchte, während Wirth an den vielen Kleinaufträgen festhalten wollte und sich, nach den Worten Mitterwallners, »auch grundsätzlich den von ihm angestrebten Verbesserungen der Betriebsorganisation nach modernen betriebswirtschaftlichen Grundsätzen« widersetzte.[6] Demgegenüber argumentierten jedoch Mitterwallners Kontrahenten, dass bei der Aufstellung des Produktionsprogramms zu berücksichtigen sei, »dass Krauss-Maffei als größte Maschinenfabrik bei der heutigen Lage die Verpflichtung habe, der darniederliegenden Münchner Wirtschaft zu helfen. Deshalb müssten häufig auch unbequeme und unwirtschaftliche Aufträge hereingenommen werden.«[7]

Im September 1948 stabilisierten sich immerhin die Führungsstrukturen bei Krauss-Maffei. Der Aufsichtsrat wurde neu konstituiert – und mit Hans Rummel, der schon zwischen 1935 und 1943 Aufsichtsratsvorsitzender bei Krauss-Maffei gewesen war und dieses Amt nun wieder übernahm (und bis 1955 innehaben sollte), ergab sich im Nachhinein gesehen eine erstaunliche Kontinuität. Endlich wurde auch ein ordentliches Vorstandsgremium geschaffen, indem an die Seite von Mitterwallner nun mit Hans Albert Kraft und Hans Spies zwei weitere Vorstandsmitglieder für kaufmännische und technische Angelegenheiten berufen wurden. Die Auftragslage des Unternehmens war zu diesem Zeitpunkt gar nicht schlecht, die Lokomotivreparaturen beschäftigten das Werk zu 50 Prozent, man stand in Verhandlungen mit der Reichsbahn über einen Auftrag von 30 bis 35 schweren E-Lokomotiven und »aus Indien gab es Interesse an der Lieferung deutscher Lokomotiven, in größerer Anzahl«.[8] Allerdings war abzusehen, dass spätestens im Herbst 1949, wenn das Reparaturprogramm der Reichsbahn auslief, Krauss-Maffei in eine kritische Situation geraten würde. Als traditionelle Lokomotivfabrik war das wirtschaftliche Schicksal von Krauss-Maffei schon immer wesentlich mit demjenigen der Reichsbahn bzw. der Deutschen Bundesbahn verbunden. So traf der Ausfall dieser Aufträge nach der Währungsreform das Unternehmen schwer, zumal es schon im Vorfeld zu Konflikten mit der Reichsbahn über die Bezahlung der über den Stichtag der Währungsreform hinaus in Reparatur befindlichen Lokomotiven gekommen war. Die Reichsbahn war durch die Geldumstellung erst einmal ihrer Finanzen beraubt und verweigerte daher die Bezahlung der noch offenen

Rechnung von 538 000 D-Mark an Krauss-Maffei – Kapital, das das Münchner Unternehmen für die weiteren Umstellungsmaßnahmen dringend benötigte. Mit einem Einsetzen von Neubau-Aufträgen für Lokomotiven durch die Reichs- bzw. Bundesbahn war erst für 1950 zu rechnen, und auch diese würden für das Unternehmen nur eine bescheidene Beschäftigung bringen, da pro Jahr aller Voraussicht nach nicht mehr als 300 Lokomotiven in Auftrag gegeben werden würden, die zudem – so sahen es jedenfalls die Planungen der Reichsbahn vor – in 16 verschiedene Typen zerfielen. Und diesen kleinen Kuchen würde sich Krauss-Maffei dann noch mit den anderen vier Mitkonkurrenten im Lokomotivbau teilen müssen, mit Henschel, Krupp und den Maschinenfabriken Esslingen und Jung (Maschinenbau Jung GmbH). Dass man bei Krauss-Maffei über die Auftragsprogramme und Lokomotivbaupläne der Reichsbahn so gut Bescheid wusste, lag vor allem an Mitterwallner, der ausgezeichnete Kontakte in die Bahnbehörde hatte und wenig später auch Mitglied des Beirates bzw. Verwaltungsrates der 1949 gegründeten Bundesbahn wurde.

Die Auftragslücke im Lokomotivbau und die damit verbundene prekäre Finanzlage von Krauss-Maffei fielen ausgerechnet in die Zeit, als der Vorstand die dringende »Regeneration des Unternehmens« mit erheblichen Investitionen in die Fertigungsorganisation in Angriff nehmen wollte; dieser Umstand erwies sich als höchst problematisch. Es sei dringend notwendig, so hatte der neue Technikvorstand Kraft im September 1948 gegenüber dem Aufsichtsrat betont, »mit der bisherigen Primitivitäts-Ökonomik zu brechen«.[9] Arbeitsvorbereitung, Akkordwesen und das innerbetriebliche Transportsystem mussten reorganisiert werden, vor allem sollte die Ausbringung, d. h. die Produktivität, gefördert und Schritt für Schritt eine Verbesserung und Verbilligung der Produktion erreicht werden. Im Mai mussten erstmals 300 Beschäftigte entlassen werden. Allerdings zeichnete sich inzwischen ab, dass das seit Oktober 1948 von Mitterwallner eingefädelte Indiengeschäft eine Überbrückung bringen würde. Es ging dabei um ein ganzes Bündel von Maßnahmen, von der Ersatzteillieferung über technische Hilfe für den Aufbau einer Lokomotivfabrik vor Ort bis zum Bau und der Lieferung von Lokomotiven. Alles in allem winkten dem Unternehmen Aufträge in Millionenhöhe, und die größte Sorge war dabei, den internationalen (vor allem britischen) wie heimischen Konkurrenten zuvorzukommen. Im März 1949 etwa meldete sich der Henschel-Vorstand in Allach, um eine Beteiligung am Indiengeschäft zu besprechen. Bei

66 Lohnauszahlung in den 1950er-Jahren

[BWA, F 44/KM 12]

67 Dr. Oskar Stamm, Vorstandsvorsitzender der Krauss-Maffei AG 1951 bis 1966

[BWA, F 44/Akt Indien YP]

Krauss-Maffei war man sich allerdings einig, »nach Möglichkeit auf jede Teilnahme Henschels zu verzichten, jedoch in einer Verhandlungsform, die einen Krach vermeidet und eine Störung unserer weiteren Verhandlungen durch Intervention Henschels verhindert.«[10] Das Verhältnis zwischen beiden Unternehmen war nicht allzu innig, denn kurz zuvor hatte Krauss-Maffei versucht, den Chefkonstrukteur von Henschel als Leiter des gesamten Lok-Konstruktionsbüros nach München abzuwerben.

Im Laufe des Jahres 1950 war es allerdings zu neuen Turbulenzen innerhalb der Unternehmensführung gekommen. Spies, der kaufmännische Vorstand, genoss offenbar das besondere Vertrauen des Aufsichtsratsvorsitzenden Rummel und verstand es, die Tatsache, dass Mitterwallner wegen der zahlreichen Verhandlungen um Lokomotiv-Exportgeschäfte oft im Ausland unterwegs war, zu nutzen. Hinzu kam, dass Kraft, der Produktionsvorstand, bei der Umstellung des Werks München von Lokreparatur auf Lokneubau (infolge des ersten großen Indienauftrags) erhebliche Schwierigkeiten hatte. »Spies«, so beschrieb es später Mitterwallner, »gelangte durch die ständig größer werdende Umsatzlücke ins Wanken und zog sich durch unzureichende Gründlichkeit in den finanziellen Auswirkungen und durch das Kreditbegehren« das Missfallen der Bayerischen Creditbank, des regionalen Nachfolgeinstituts der nach Kriegsende zunächst zerschlagenen Deutschen Bank und des damaligen Großaktionärs von Krauss-Maffei, zu.[11] Als am Ende des Jahres 1950 schließlich 1,7 Mio. D-Mark Verlust in den Büchern standen, wovon allein eine Mio. D-Mark auf die hochdefizitäre Fertigung von Fleischereimaschinen entfiel, wurden die beiden Vorstände Spies und Kraft im Juli 1951, nach nur dreijähriger Amtszeit, entlassen. Die ganze Angelegenheit belastete auch das Verhältnis zwischen Rummel und Mitterwallner erheblich, denn der Aufsichtsratsvorsitzende wollte offenbar den gesamten Vorstand und damit auch Mitterwallner zur Aufgabe zwingen. Als dieser jedoch gleichsam die Vertrauensfrage stellte und dem Aufsichtsrat gegenüber seinen Rücktritt anbot, fand Rummel keine Mehrheit. Mitterwallner blieb, aber seiner Funktion als Vorstandsvorsitzender wurde er enthoben. Zusammen mit den neuen Vorstandsmitgliedern, Erich Busse, der von dem Landmaschinenbauunternehmen Heinrich Lanz AG kam, und Oskar Stamm, früher Vorstandsmitglied bei der Berliner Maschinenbaufirma Schwartzkopff, bildete er nun einen »gleichberechtigten« Vorstand. Die Tatsache, dass bei der Geschäftsverteilung jedoch Busse für die kaufmännische Verwaltung und das Finanzwesen, Mitterwallner allein das Exportgeschäft und den Lokomotivbau, Stamm dagegen neben der zentralen Produktionsplanung und technischen Entwicklung auch für die Betriebsleitung und sämtliche Betriebsbelange sowie als Sprecher der Firma nach außen zuständig war, signalisierte deutlich, dass dieser nun faktisch der neue Vorstandsvorsitzende war (Abb. 67).[12]

Im Lokomotivgeschäft verfügte Krauss-Maffei inzwischen über einen bis zum Sommer 1953 reichenden Auftragsbestand von 44,5 Mio. D-Mark, wovon allein aus dem Indiengeschäft 36,5 Mio. D-Mark stammten. Im Hinblick auf technische Tradition, Werkseinrichtungen und Maschinen werde, so verkündete Stamm dem Aufsichtsrat auf seiner Sitzung am 13. Juli 1951, »der Lok-Bau in den nächsten Jahren der interessanteste und für die Ertragslage volumenmäßig auch wichtigste Zweig sein.«[13] Die Hauptursachen der hohen Produktionskosten und der geringen spezifischen Produktionsleistung und damit der roten Zahlen sah Stamm dagegen »in der schwierigen Aufgabenstellung, die sich aus dem sehr vielfältigen, sprunghaft angestiegenen und strukturell sehr unterschiedlichen Produktionsprogramm ergab«.[14] Die Folge war eine erste Bereinigung des Fertigungsprogramms, zum einen aus dem Zwang zur Beseitigung von Verlustträgern, zum anderen aber auch aus längerfristigen produktions- und entwicklungstechnischen Überlegungen heraus. Die Herstellung von Fleischereimaschinen, die Fertigung von Dampf- und Wasserturbinen sowie der Signalbau wurden aufgegeben. Tatsächlich zeigten die Zahlen für 1950 und 1951 den grotesken Zustand, dass der kleine Fabrikationszweig Fleischereimaschinen mit sechs Prozent des Gesamtumsatzes einen Verlust von 2,25 Mio. D-Mark verursacht und damit wesentlich zur misslichen Lage des Unternehmens beigetragen hatte. »Auch heute noch«, so konstatierte der Vorstandsvorsitzende Stamm im August 1952, »ist das Fleischereimaschinen-Geschäft eine blutende Wunde«.[15]

Tatsächlich spitzte sich im Laufe des Jahres 1952 die Lage weiter zu, aber entgegen den Erwartungen des Vorstandes stand dabei das Lokomotivgeschäft im Zentrum der Krise. Mit einem Umsatz von knapp 30 Mio. D-Mark und damit fast 60 Prozent des Gesamtumsatzes spielte der Lokomotivbau längst wieder die entscheidende Rolle im Ertragsbild von Krauss-Maffei. Inzwischen zeichnete sich jedoch ab, dass sich die hohen Erwartungen, die an die großen indischen Dampflokomotivaufträge geknüpft waren, nicht erfüllten. Die Kalkulation und Abrechnung nach Fertigstellung der ersten

Serie zeigten, dass das ganze Geschäft »voraussichtlich zu keinem Gewinn führen wird«, weil zum einen die vorgeschriebene Preisgleitklausel nicht alle seit 1950 eingetretenen Kostenerhöhungen erfasste und weil damals auch eine Reihe von Kosten in der Vorkalkulation nicht berücksichtigt worden waren.[16] Schon 1951 hatten die indischen Ersatzteilaufträge und erste größere Bundesbahnaufträge »alle schlechte Preise«, man hatte sie nur »aus Arbeitsbeschaffungsgründen hereingenommen«.[17] Kurzum: So wichtig die Indienaufträge dafür waren, dass Krauss-Maffei den Lokomotivbau nicht aufgeben musste, so massiv belastete dieser mit seinen desaströsen Erlösen das Gesamtgeschäft Anfang der 1950er-Jahre. Dass Mitterwallner bei Abschluss der Geschäfte so schlechte Konditionen akzeptiert hatte, lag nicht zuletzt auch daran, dass die gerade im Indiengeschäft konkurrierenden englischen Lokomotivfabriken um bis zu 20 Prozent billiger waren. Umso mehr stand in den weiteren Verhandlungen um indische Anschlussaufträge nicht mehr das Dampflokomotivgeschäft, sondern die Lieferung von dieselhydraulischen Lokomotiven im Mittelpunkt, wo Krauss-Maffei preislich und aufgrund der langjährigen Erfahrung erheblich günstiger lag als die britische Konkurrenz.[18] Unter dem Strich zeichnete sich dennoch für das Geschäftsjahr 1952 mehr und mehr ab, dass im Lokomotiv-Geschäft ein gewaltiger Verlust auflaufen würde, der sich zum Jahresende dann tatsächlich auf 1,867 Mio. D-Mark summieren sollte. Angesichts der bereits bestehenden Verluste aus den beiden Vorjahren von zusammen 2,5 Mio. D-Mark sahen Aufsichtsrat und Bayerische Creditbank als Großaktionär Krauss-Maffei daher als Sanierungsfall, allerdings blieb »wegen der ungünstigen Auswirkung in der Öffentlichkeit« nur die Möglichkeit einer »stillen Sanierung«.[19] Während die Wirtschaftspresse im August 1952 allenthalben konstatierte, dass das Unternehmen »nunmehr die Hauptschwierigkeiten der Umstellungs- und Entwicklungsperiode überwunden haben dürfte« und »allem Anschein nach auch schon einen Teil seiner früheren Ertragskraft zurückgewinnen konnte«,[20] jagte in München ein Krisengespräch das andere. Krauss-Maffei war in einer kritischen Liquiditätslage, und dabei waren gerade jetzt umfangreiche Investitionen notwendig, denn der Auftragsbestand im Lokomotivbau zeigte, dass der große Strukturwandel vom Bau neuer Dampf- zum Bau neuer Elektro- und Diesellokomotiven mitten in das Jahr 1953 fallen würde.[21]

Die Krise des Unternehmens hatte auch mit einem anderen Fertigungszweig zu tun, dem Fahrzeug- und Omnibusbau. Der einst mit viel Hoffnung unmittelbar nach Kriegsende gestartete Produktionsbereich war schon nach wenigen Jahren zum Problem- und Sanierungsfall geworden und sollte eine – allerdings teuer bezahlte – Episode in der Krauss-Maffei-Geschichte bleiben, die an dieser Stelle kurz exkursartig geschildert werden soll. Die Initiative zum Einstieg in dieses für Krauss-Maffei eigentlich fremde Geschäftsfeld war von der amerikanischen Besatzungsbehörde ausgegangen. Beim Rundgang durch die Werkshallen hatte man festgestellt, dass noch ein großer Bestand an Maybach-Motoren der vormaligen Halbkettenfahrzeugfertigung für die Wehrmacht existierte, und die Krauss-Maffei-Ingenieure daher mit dem Bau von Omnibussen nach amerikanischem Vorbild in der bis dahin in Deutschland unbekannten Heckmotorbauweise beauftragt.[22] Die technische Innovation, die sich bald als Standardbauweise durchsetzen sollte, der erhebliche Bedarf in den unmittelbaren Nachkriegsjahren und auch die rasche Fertigung durch Entwicklung einer selbsttragenden Leichtbauweise hatten bis 1950/51 einen schnellen Erfolg des neuen Geschäfts nach sich gezogen. Praktisch auf Anhieb gelang es Krauss-Maffei als Newcomer im Omnibusgeschäft gegenüber den traditionellen Herstellern wie Büssing Nutzkraftwagen GmbH, Daimler-Benz und MAN, einen Marktanteil von 20 Prozent zu erobern. Im Januar 1951 rollte bereits der tausendste Krauss-Maffei-Omnibus aus der Werkshalle.[23] Geblendet von den rasch wachsenden Umsatz- und Ertragszahlen – 1950 etwa wurden Omnibusse für 18,1 Mio. D-Mark verkauft und ca. eine Mio. D-Mark erlöst –, setzte der Vorstand auch künftig große Hoffnungen auf das scheinbar lukrative Geschäft.

Die Probleme begannen jedoch, als man sich nach dem Aufbrauchen der Maybach-Motoren Gedanken über die künftige Motorenausstattung machen musste und daher Lizenzbauverhandlungen mit Daimler-Benz aufnahm. So gut wie alle Teile der Omnibusfertigung, von den Motoren über die Aufbauten bis zu den Achsen und Getrieben, musste Krauss-Maffei als Neuling von außen beziehen, zumal auch die Fertigungsstrukturen in Allach für einen serienmäßigen Fahrzeugbau völlig ungeeignet waren. Die Verhandlungen verliefen zäh und letztlich erfolglos, nicht zuletzt weil der Aufsichtsratsvorsitzende Rummel massive Zweifel hatte, ob es Krauss-Maffei überhaupt gelingen könnte, mit eigener Konstruktion, aber ohne die Kostenvorteile, das Prestige, die Kundendienstorganisation und den Verkaufsapparat der großen Lastwagenfirmen, die inzwischen ihrerseits in das Omnibusgeschäft eingestiegen waren, auf diesem »Sondergebiet« Fuß zu fassen. Zudem hatte Daimler-Benz eigentlich auch kein Interesse daran, sich über die Motorenlizenz für Krauss-Maffei einen neuen Konkurrenten heranzuziehen.[24] Bereits im Laufe des Jahres 1950 hatte Rummel daher den Krauss-Maffei-Vorstand dazu gedrängt, den Omnibusbau einzustellen, um weitere Fehlinvestitionen in einen Bereich zu vermeiden, von dem vorauszusehen war, dass Krauss-Maffei hier eines Tages nicht mehr konkurrenzfähig sein würde. Der Beschluss wurde faktisch aber nicht umgesetzt, »weil ein Umsatz von 15 bis 20 Mio. D-Mark pro Jahr eine Fixkostendeckung von etwa 20 Prozent oder vier Mio. D-Mark brachte, die nicht ohne weiteres zu ersetzen war.«[25] Man schob daher das Problem auf die lange Bank, in der vagen Hoffnung auf eine Besserung des Geschäfts oder aber das Auftauchen eines neuen »Ersatzprogramms«. Und man traf eine teure Fehlentscheidung. Das Fertigungsprogramm mit unterschiedlichen Omnibustypen für das dominierende Behördengeschäft mit Post, Bahn und Kommunen wurde noch erweitert und vor allem die Eigenentwicklung eines Hochleistungsfahrzeugmotors in Angriff genommen, die bis 1951 bereits etwa zwei Mio. D-Mark Entwicklungskosten verschlungen hatte, ohne dass diesen Zahlen nennenswerte Erträge gegenüberstanden. Die Entscheidung war innerhalb des Vorstands heftig umstritten gewesen, und allen war klar, dass bei einem Scheitern der gesamte Fahrzeugbau bei Krauss-Maffei als Produktionsprogramm aufgegeben werden müsste.[26] Tatsächlich zeigten auch die Zahlen schon deutlich nach unten. Der Marktanteil war auf etwa fünf Prozent gesunken, während Büssing inzwischen schon wieder fast 1000 Omnibusse pro Jahr baute und verkaufte, längst auch auf die Heckmotorbauweise umgestellt hatte und damit der Innovationsvorsprung der Münchner egalisiert worden war. Krauss-Maffei konnte im selben Zeitraum mit Mühe knapp 200 Fahrzeuge absetzen.[27]

Bereits im Sommer 1951 war unübersehbar, dass das Fahrzeugbaugeschäft von Krauss-Maffei eigentlich keine Zukunft mehr hatte: Die Münchner hatten viel zu hohe Produktionskosten und damit längst keine konkurrenzfähigen Preise mehr, es fehlten ein Kundendienst und eine strikte Führung und Organisation des Geschäfts, das eher nebenbei und mit zu vielen Gelegenheitsaufträgen betrieben wurde. Vor allem aber gab es zunehmende technische Mängel bei den Krauss-Maffei-Omnibussen.[28] Das Unternehmen war den spezifischen Aufgaben und Schwierigkeiten des Omnibusgeschäfts nicht gewachsen, dennoch konnte sich der Vorstand nicht zu einem Ausstieg durchringen. Obwohl die Umsätze nach dem Einbruch 1952 wieder anzogen und 1954 mit knapp 19 Mio. D-Mark einen Höchststand erreichten, brachen die Erträge ein. 304 000 D-Mark standen am Ende des Jahres als Verlust in den Büchern, und der Fahrzeugbau mit seinen inzwischen dort beschäftigten ca. 600 Arbeitern und Angestellten sollte niemals mehr aus den roten Zahlen kommen. Bis 1956 hatten sich die Verluste auf 1,5 Mio. D-Mark kumuliert, aber noch immer zögerte der Vorstand, die nötigen Konsequenzen zu ziehen, und dieses Zögern sollte bis Ende 1964 dauern. Trotz der Flucht in eine Kooperation zuerst mit MAN, dann mit Büssing, wurden bis zum Jahr 1960 weitere Verluste gemacht und insgesamt 3,38 Mio. D-Mark negative Erträge angesammelt. »Ein plötzliches Aufgeben dieses Produktionszweiges, der seit 1954 mit rund 20 Mio. D-Mark Jahresumsatz erhebliche Fixkosten [ca. drei bis vier Mio. D-Mark jährlich] deckte«, so rechtfertigte sich der Vorstand in der inzwischen Krauss-Maffei-typischen betriebswirtschaftlichen Logik später, »hätte zum damaligen Zeitpunkt die Ertragskraft des gesamten Unternehmens in bedrohlicher Weise gefährdet«.[29] Eigentlich hatte der Aufsichtsrat im Sommer 1960 die Reißleine gezogen und den Vorstand geradezu ultimativ dazu aufgefordert, die Ablösung des nachhaltig unrentablen Geschäftszweigs Fahrzeugbau durch andere Fertigungszweige vorzubereiten.[30] Aber bis der Vorstand dann tatsächlich den Beschluss fasste, »das Omnibusgeschäft mit möglichst geringen Verlusten auslaufen zu lassen«, vergingen weitere Jahre.[31]

Lenkt man wieder den Blick zurück auf das klassische Kerngeschäftsfeld Lokomotivbau von Krauss-Maffei und dessen Situation Anfang der 1950er-Jahre, so hatte es hier, anders als im Omnibusbau, bereits zum Jahresende 1952 zahlreiche Hoffnungszeichen gegeben. Von der Bundesbahn hatte Krauss-Maffei einen »prestige- und entwicklungsmäßig wichtigen« Lieferauftrag für fünf neue 2000-PS-Lokomotiven erhalten, die legendäre V 200, und damals die größte bisher gebaute dieselhydraulische Lokomotive, die dann auch im Oktober 1953 auf der Internationalen Verkehrsausstellung in München der Öffentlichkeit präsentiert wurde. Große Hoffnungen gab es inzwischen auch wieder im Lokomotivexportgeschäft. Der umtriebige Mitterwallner hatte aussichtsreiche Gespräche in Spanien und Südafrika, aber auch in Lateinamerika und erneut in Indien geführt. Im internationalen Lokomotivgeschäft herrschten unterdessen längst heftige Konkurrenzkämpfe, in denen sich Krauss-Maffei sowohl gegen englische, französische und belgische Wettbewerber, aber nicht zuletzt auch gegen die heimischen Konkurrenten Henschel, Jung und Krupp durchsetzen musste. Zusätzlich tobte ein Kampf um zwei konkurrierende Antriebstechnologien – das deutsche bzw. von Krauss-Maffei maßgeblich entwickelte Dieselhydraulik-Prinzip und das von den amerikanischen Lokomotivherstellern, allen voran General Motors (GM), propagierte Dieselelektrik-Prinzip der Traktionsübertragung.[32] In Argentinien etwa winkte im März 1952 ein großes Geschäft für Diesellokomotiven in Höhe von zehn Mio. Dollar, wobei Mitterwallner als Sprecher und Verhandlungspartner eines Konsortiums der deutschen Lokomotivindustrie auftrat. Die Situation war allerdings kompliziert, da, so zumindest der Verdacht auf Krauss-Maffei-Seite, Henschel, das zu diesem Zeitpunkt bereits mit General Motors in Lizenzverhandlungen für den Bau von dieselelektrischen Lokomotiven stand und damit gleichsam einen Tabubruch in der unter Führung von Krauss-Maffei ganz auf Dieselhydraulik-Technik setzenden deutschen Lokindustrie beging, »sich nicht im Sinne des Konsortialgedankens« verhielt und auf eigene Geschäfte aus war.[33] Vor allem aber gab es Hoffnung auf einen großen Nachfolgeauftrag aus Indien über Dampf- sowie dieselhydraulische Loks im Wert von 50 bis 55 Mio. D-Mark. Der Auftrag war allerdings unter den europäischen Lokomotivproduzenten heftig umkämpft. Franzosen, Belgier und vor allem Briten boten, nicht zuletzt mithilfe staatlicher Subventionszusagen, zu deutlich günstigeren Preisen als die Deutschen und überdies auf Festpreisbasis an. Aber alle Interventionsversuche des Krauss-Maffei-Vorstands beim Bundeswirtschaftsministerium, um ihrerseits finanzielle »Grundlagen für die Annäherung an die Angebotsbedingungen der ausländischen Konkurrenz zu erhalten«, schlugen fehl.[34]

Im Frühjahr 1953 kamen nun endlich die Bau- und Lieferaufträge der Bundesbahn in Gang. Die Pläne zur Elektrifizierung der Strecke Karlsruhe – Konstanz, die Vollverdieselung bayerischer Netzgruppen, das Zehnjahres-Beschaffungsprogramm zur Modernisierung des Lokbestandes mit einem Volumen von zunächst 75 Mio. D-Mark und die Genehmigung eines Sofortbeschaffungsprogrammes für die Lokomotiv- und Waggonindustrie über 60 bis 80 Mio. D-Mark als Konjunkturstützungsmaßnahme – all dies ließ beim Krauss-Maffei-Vorstand berechtigte Hoffnung auf eine weitere Expansion des Lokomotivbaugeschäfts aufkommen.[35] Dennoch machte sich auf Seiten der Süddeutschen Bank AG als Großaktionär wachsende Ungeduld breit. Eine Ausweitung des bestehenden Kreditrahmens von

70 Mio. D-Mark, so wurde im Mai 1953 dem Vorstand bedeutet, werde es auf keinen Fall geben; und man ging schließlich sogar so weit, auf den Ausstieg aus dem gesamten Lokomotivgeschäft zu drängen.[36] Tatsächlich war die Ertragslage desolat. »Der Lokbau steht umsatz- und fertigungsmäßig an erster Stelle«, hieß es etwa in einem Bericht gegenüber dem Aufsichtsrat im Juni 1953. »[E]r liegt jedoch im Ertragsbild am ungünstigsten«, wobei aber im selben Atemzug auf die »überragende Bedeutung dieses Fertigungszweiges als breitestem Träger der Produktionsbasis« hingewiesen wird.[37] »Ohne diesen würde das Ertragsbild der übrigen Zweige sofort sehr wesentlich verschlechtert werden.« Dass die Ertragslage so schlecht war, lag nicht zuletzt daran, dass Krauss-Maffei an seiner alten Praxis festhielt, bei der Auftragsbeschaffung Volumen und Umsatz vor den Ertrag zu stellen. Im August 1953 etwa stand die Ausschreibung der indischen Regierung über 100 YP-Lokomotiven im Wert von insgesamt 25 Mio. D-Mark zur Debatte. Indien war gewissermaßen das letzte klassische Dampflokomotivenland, und auch für die kommenden Jahre waren noch Ausschreibungen für etwa 500 Dampflokeinheiten pro Jahr zu erwarten.[38] Die Konkurrenz war scharf. Krauss-Maffei hatte die Konsortialführung für die deutsche Lokindustrie verloren; jede Lokfabrik bot mithin für sich an, und gegen Deutschland gab es weitere Konkurrenz durch die Briten, Franzosen und Belgier. Ohne den Auftrag, so argumentierte der Vorstand, müsse ab Mai 1954 mit Entlassungen der im Lokbau Beschäftigten begonnen werden. Zudem bekomme man eine Atempause, um zusätzliche Aufträge hereinzubekommen. Es galt demnach, den Auftrag unbedingt zu erhalten. Die Preiskalkulation allerdings ergab, dass für eine halbwegs erfolgende Deckung der Kosten ein Preis von 309 000 D-Mark pro Lok erforderlich war, der Krauss-Maffei-Vorstand jedoch nach langen Überlegungen zu einem Angebotspreis von 245 000 D-Mark bereit war und damit einen kalkulierten Verlust von 1,75 Mio. D-Mark des ganzen Geschäfts in Kauf nahm. Und dazu gab es noch weitere Risiken, wie etwa den Abschluss auf Festpreisbasis in D-Mark und einer eintretenden Kaufkraftminderung während der Laufzeit des Vertrags. Krauss-Maffei bekam dann tatsächlich den Zuschlag für den neuen Indienauftrag, der letztlich 150 Dampflokomotiven mit Option auf 50 weitere Loks sowie 20 Diesellokomotiven umfasste und ein Volumen von 40 Mio. D-Mark hatte.

Für Krauss-Maffei war dieser Auftrag allerdings nach außen hin ein echter Coup, denn man hatte zum einen sämtliche deutschen Konkurren-

Vorsicht!
PROBEFAHRT

68 a + b Feier zur Fertigstellung der 100. Lokomotive des Typs YP für die Indian Rai way 1956

[BWA, F 44/Akt Indien YP]

69 Umsatzentwicklung des Lokomotivgeschäfts bei Krauss-Maffei 1950 bis 1969
(in TDM bzw. Veränderung in Prozent zum Vorjahr)

[BWA, F 44/AKM 17]

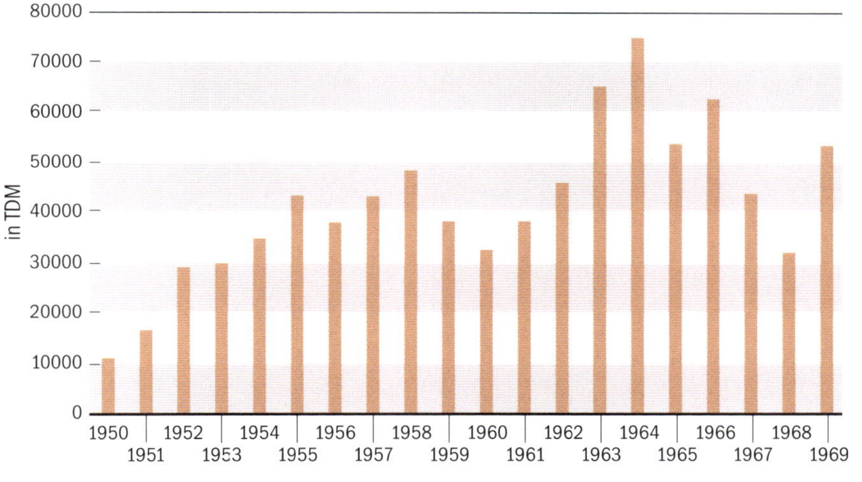

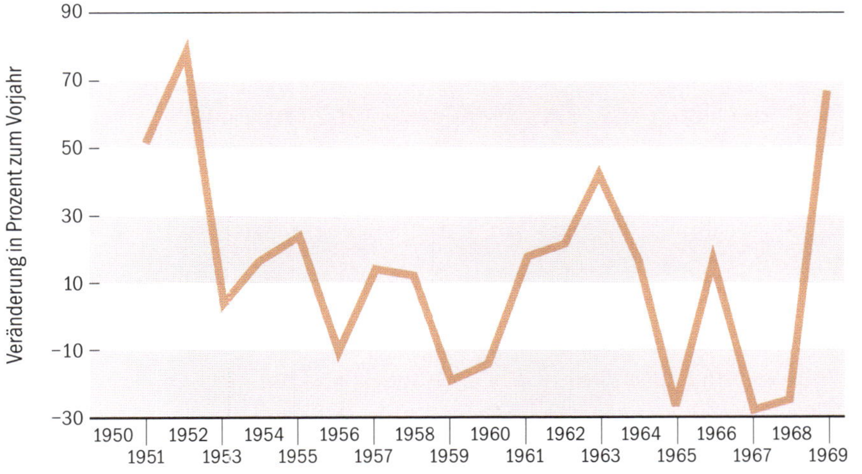

ten – Henschel, Krupp, Esslingen und Jung – ausgestochen. Zum anderen schlug der Akquisitionserfolg von Krauss-Maffei auch international hohe Wellen, vor allem in England, wo sich »das Unterhaus sehr abfällig über das Versagen der englischen Lokomotivfabriken äußerte«.[39] Der neue Indienauftrag erwies sich schließlich aber auch deshalb als wichtig, da sich schon Ende 1953 die großen Hoffnungen auf das DB-Geschäft nicht erfüllten. Das Beschaffungsprogramm der Bundesbahn war »in nebelhafte Ferne gerückt«, und es blieben lediglich vage Aussichten auf Bestellungen der von Krauss-Maffei entwickelten Diesellokomotiven V 80 und V 200.[40] »Die ganze Weiterentwicklung auf dem Bundesbahnsektor wird von der Sanierungsaktion der Bundesbahn, der Aufteilung der Verkehrsleistung zwischen Schiene und Straße etc. abhängen«, notierte dazu der Vorstand im Mai 1954 in einem Bericht zur Geschäftslage. »Kommt es zu der erwarteten Gesundung, dann ist stark damit zu rechnen, dass die Bundesbahn auch wieder zu einer gesunden Beschaffungspolitik zurückkehrt.«[41]

Das Lokomotivgeschäft blieb allerdings auch in den folgenden Jahren hochvolatil, mit Umsatzanstiegen von 30 Prozent und mehr und ebenso hohen Umsatzeinbrüchen nur wenig später.

Das Lokomotivexportgeschäft ebenso wie die sich langsam abzeichnenden Bauaufträge der Bundesbahn waren weiterhin von heftigem Wettbewerb geprägt, wobei es unter den deutschen Lokomotivfabriken beim Inland- wie Auslandsgeschäft eine spezifische und von Fall zu Fall unterschiedliche Gemengelage von Konkurrenz und Kooperation gab. Längst vor dem Beginn der Serienfertigung von insgesamt fast 600 DB-Lokomotiven unterschiedlicher Baureihen bei Krauss-Maffei im Jahr 1957 war die Beschaffungsfrage im Lokomotivgeschäft eine hochpolitische Angelegenheit geworden. Die einzelnen Vergabequoten unter den im Verband der Deutschen Lokomotivindustrie (VDL) zusammengeschlossenen Unternehmen wurden nach komplexen Regeln zwischen Verbands- und Brancheninteresse sowie unternehmerischen Eigeninteressen mit den jeweiligen Bundesbahnämtern ausgehandelt. Krauss-Maffei war dabei angesichts seines Entwicklungs-Know-hows in einer guten Position, die aber zugleich auch bei der Frage der notwendigen Lizenzvergabepraxis Schwierigkeiten mit sich brachte. Ende 1954 stand endlich fest, dass Krauss-Maffei aus dem von der Bundesbahn ausgeschriebenen Großauftrag über 270 Stück V-60-Diesellokomotiven einen »angemessenen Anteil« erhielt, allerdings »zu gedrückten Preisen«. Zudem hatte die Bahn

60 Stück V-200-Diesellokomotiven unter der Konstruktionsführung von Krauss-Maffei ausgeschrieben, und ein Drittel dieses Auftrags würde auch bei Krauss-Maffei direkt gefertigt werden.[42] Krauss-Maffei war, so konstatierte der Vorstand im September 1954 nicht ohne Stolz, »nach zuverlässigen Erhebungen zurzeit die bestbeschäftigte Lokfabrik unter den deutschen VDL-Firmen. Selbst Henschel, die über die dreifache Lokfertigungskapazität gegenüber Krauss-Maffei verfügen, liegen im Auftragsbestand im Lokbau um einige Mio. niedriger. Daraus haben sich seit längerer Zeit schwierige Auseinandersetzungen unter den Lokfabriken, die in der VDL zusammengeschlossen sind, ergeben. Innerhalb der deutschen Konkurrenz versucht ferner als weiterer Konkurrent die Maschinenbau Kiel (MaK) AG und die Lokfabrik Jung, zum Teil zu Schleuderpreisen, in den Diesellokmarkt vorzustoßen.«[43] Insbesondere bei der V-200-Lokomotive versuchten die übrigen VDL-Firmen mit allen Mitteln, Krauss-Maffei seine sich auf diesem Gebiet klar abzeichnende Monopolstellung streitig zu machen.

Im Januar 1955 hatten sich die Konflikte innerhalb der VDL so weit zugespitzt, dass Krauss-Maffei mit einem Austritt drohte. Und um zu verhindern, dass eine neue Baureihe, die V 320, von Henschel entwickelt wurde, trat Krauss-Maffei diese Entwicklung an Krupp als konstruktionsführende Firma unter Beteiligung der übrigen Lokfirmen ab, d. h., um den Hauptkonkurrenten Henschel zu isolieren, suchte Krauss-Maffei die strategische Kooperation mit Krupp. Vor allem aber versuchte Krauss-Maffei, vehement gegen die in seinen Augen »verhängnisvolle Preispolitik der in der VDL zusammengeschlossenen Lokomotivfabriken bei der Vergabe von Diesel-Rangier- und Dieselstrecken-Lokomotiven von Seiten der Bundesbahn« vorzugehen.[44] »Die einzige Firma, die diese katastrophale Preispolitik nicht mitmachte und daher allein stand, war Krauss-Maffei, während insbesondere die Firmen Henschel und MaK zu erheblichen Verlustpreisen der Bundesbahn anboten. In den Verbandsbesprechungen wurde von Krauss-Maffei wiederholt warnend darauf hingewiesen, dass mit dieser von den anderen beschrittenen Dumping-Preis-Politik das Preisniveau auch im deutschen Lokvertrieb für die nächsten Jahre kaum mehr auf eine wirtschaftliche Basis hochgebracht werden könnte. Dasselbe bedauerliche Bild ergibt sich für den Export.«[45] Man setzte daher in der VDL-Politik auf ein Gespräch zwischen Krupp, Krauss-Maffei und Henschel, mit dem Ziel, »im Exportgeschäft zu einer vernünftigen Verständigung zu kommen«.[46]

Als neuer Hauptkonkurrent rückte zudem die MaK ins Blickfeld des Krauss-Maffei-Vorstandes, und zu allem Übel hatte nun auch der Motorenhersteller Deutz offiziell die Münchner davon unterrichtet, dass man mit dem Bau von Großdiesellokomotiven beginnen werde; damit war ein neuer Konkurrent auf den Plan getreten.

Zu diesem Zeitpunkt, im Sommer 1955, vollzog sich ein fundamentaler Wandel in den Anteilseignerstrukturen von Krauss-Maffei. Der langjährige Großaktionär Süddeutsche Bank bzw. die spätere Deutsche Bank verkaufte ihren ca. 35-prozentigen Anteil an die Buderus'sche Eisenwerke AG Wetzlar, dem damals bedeutendsten Unternehmen der deutschen Gießereiindustrie, das wiederum seinerseits im Mehrheitsbesitz der Friedrich Flick KG war. Der Buderus-Vorstandsvorsitzende Franz Grabowski übernahm nun den Aufsichtsratsvorsitz bei Krauss-Maffei, und neben ihm rückte auch der Buderus-Aufsichtsratsvorsitzende und Commerzbank-Vorstand Hans Deuss in das Aufsichtsgremium ein. Das Kalkül Flicks für den Einstieg bei Krauss-Maffei war wohl, Synergieeffekte im Konzernverbund zwischen einem materialintensiven Unternehmen wie Buderus und einer verarbeitungsintensiven Firma wie Krauss-Maffei zu schaffen. In den Augen des Krauss-Maffei-Vorstands wiederum ergab sich gleichfalls eine Reihe von Vorteilen. Da Buderus/Flick auch bei der Maschinenbau Kiel beteiligt waren, ergab sich nun eine neue Wettbewerbskonstellation. Über die Beteiligung Buderus/Flick habe man, so ließ man aus München verlauten, die bisher stärkste Konkurrenzfirma beim Diesellokbau, die MaK, ausgeschaltet.[47] »Zwischen Krauss-Maffei und der MaK ist«, wie die Bayerische Landesanstalt für Wiederaufbau in ihrem Dossier schrieb, »eine enge Zusammenarbeit (Preis- und Programmabstimmungen) geplant«.[48] Zudem erhoffte man sich im Konzernverbund von Flick endlich eine Stärkung des finanziellen Rückgrats und der dünnen Eigenkapitaldecke. Das erschien dem Krauss-Maffei-Vorstand allemal als bessere Alternative gegenüber den gleichfalls angestellten Überlegungen zu einer Kapitalerhöhung über den freien Kapitalmarkt, bei der man die Befürchtung hegte, »dass sich für die eingesessene bayerische Unternehmung eine Kapitalüberfremdung ergibt, die man zunächst nicht zu riskieren gewillt war«.[49]

Die Beteiligung von Flick eröffnete Krauss-Maffei tatsächlich, allerdings nicht direkt durch Buderus/Flick, sondern nur indirekt, neue finanzielle Quellen. Denn der Hinweis auf den nun bestehenden »soliden finanziellen Rückhalt durch die Verflechtung mit Flick« verschaffte Krauss-Maffei eine größere Kreditwürdigkeit. Im April 1956 gewährte daher die Bayerische Landesanstalt für Aufbaufinanzierung Krauss-Maffei zum einen eine Prolongation eines früheren Direktdarlehens über acht Mio. D-Mark sowie ein weiteres Darlehen über drei Mio. D-Mark.[50] Mit dem damaligen LfA-Kredit war Krauss-Maffei eine Subventionierung des Indiengeschäfts gewährt worden oder, wie es offiziell bei der Darlehensbegründung geheißen hatte, war »Zweck des Darlehens primär eine finanzielle Hilfe für die Firma, um ihr die Möglichkeit zu geben, durch preisgünstige Angebote die Kapazität der Abteilung Lokomotivbau weitestgehend auszulasten«.[51] Allerdings war nun völlig offen, wie Krauss-Maffei für den insgesamt elf Mio. D-Mark umfassenden Kredit die bis 1961 fälligen Tilgungsraten aufbringen sollte. »Es steht für die Beteiligten außer Zweifel«, so hieß es dazu in dem LfA-Bericht, »dass Krauss-Maffei nicht in der Lage sein wird, diese Tilgungsraten aus dem laufenden Geschäftsergebnis aufzubringen«.[52] Man dachte im Vorstand sogar daran, in den Jahren 1958 bis 1960 die Investitionen auszusetzen und die jährlichen Abschreibungen für die Tilgung zu verwenden, obwohl man sich sehr wohl im Klaren war, dass bereits in den vergangenen Jahren viel zu niedrige Investitionen erfolgt waren und eigentlich, nicht zuletzt angesichts der inzwischen merklichen Überalterung des Maschinenparks und damit sinkender Produktivität, künftig wesentlich höhere Investitionen notwendig waren.[53] Die Ausgabe von Obligationen schied schon allein aus dem Grund aus, »dass die gegenwärtige Situation am Kapitalmarkt die Firma Krauss-Maffei zwingen würde, diese mit einer Verzinsung von etwa 8 ½ Prozent auszustatten«, was teuer erkauft wäre und die Verschuldung nur weiter erhöhen würde. Und selbst die ungeliebte Ausgabe neuer Aktien stieß auf Schwierigkeiten, da »die bisherige effektive Verzinsung der Krauss-Maffei-Aktien unter den derzeitigen Verhältnissen eine Kapitalerhöhung nahezu undurchführbar erscheinen lässt«.[54]

Im Nachhinein stellte sich die Fertigungsstrategie und Unternehmenspolitik des Krauss-Maffei-Vorstands doch als für die Firma vorteilhaft heraus. »Die in den Vorjahren verfolgte Politik, die fehlende Auslastung des Lokomotivbaus als traditionsmäßiger Produktionssparte des Unternehmens solange auch mit preislich ungünstigen Dampflokaufträgen abzufangen, bis die Bundesbahn mit ihrem zurückgestauten Bedarf und das im Aufbau begriffene Diesellok- und E-Lok-Geschäft zum Tragen kommen, hat sich als richtig erwiesen«, rechtfertigte sich schon im Dezember 1955 der Vorstand gegenüber dem Aufsichtsrat.[55] Tatsächlich übertrafen seit 1956 erstmals die Bundesbahn- und Inlands-Aufträge die Dampflok-Exportaufträge, d. h., die Auftragsstruktur veränderte sich grundlegend. Während der Anteil des Bundesbahngeschäfts 1954 erst 9,6 Prozent betrug, stieg er im Jahr 1955 auf 21,6 Prozent und sollte 1956 auf über 53 Prozent steigen. In ähnlicher Weise kletterte das Inlandsgeschäft für Diesellokomotiven auf 30 Prozent der Gesamtproduktion. Und die Aussichten auf eine weitere Expansion des Bundesbahngeschäfts waren ziemlich rosig, nachdem etwa im Frühjahr 1956 bekannt geworden war, dass die Bahn für das Verdieselungsprojekt insgesamt 1,2 Mrd. D-Mark auszuwerfen plante. Der Modernisierungsrückstand der Bundesbahn beim Einsatz von Diesel- und Elektroloks war im europäischen Vergleich tatsächlich erheblich. Noch 1959 lag der Anteil dieser beiden Antriebsarten bei gerade einmal 22 Prozent, wie Stamm den Mitgliedern des Verkehrsausschusses des Deutschen Bundestages bei einem Werksbesuch in München-Allach vorrechnete. Die entsprechenden Quoten lagen in Frankreich bei 48 Prozent, in Italien bei 82 Prozent und in den Niederlanden sogar bei nahezu 100 Prozent.[56] Von ca. 4000 erforderlichen Diesellokomotiven als Ersatz für die noch immer in Betrieb befindlichen 9200 Dampflokomotiven auf deutschen Eisenbahnschienen waren erst 1500 gebaut und von den 2500 geplanten elektrischen Lokomotiven und Triebwagen sogar bisher nur rund 950 in Betrieb. Das langsame Tempo des Strukturwandels in Deutschland bot für Krauss-Maffei mithin weiter wachsende Geschäftsaussichten.

Das Lokomotivgeschäft entwickelte sich jedoch auch nach der Mehrheitsübernahme durch Buderus bzw. Flick und den sich damit plötzlich ergebenden Konzernverbund von Krauss-Maffei und MaK keineswegs unkomplizierter, im Gegenteil. Eigentlich hätte eine Typenbeschränkung im Diesellokbau durch die konzernmäßige Verbindung mit der MaK nahegelegen und Kostenvorteile gebracht, aber das Misstrauen gegenüber dem einstigen Konkurrenten saß im Krauss-Maffei-Vorstand zu tief: Man befürchtete, dass eine »Amputation unseres Lok-Programms, die sich im Augenblick vielleicht günstig auswirken könnte, zu einem späteren Zeitpunkt unter völlig geänderten Verhältnissen wie etwa eine[r] Konzern-Entflechtung [sich] zum großen Schaden der Firma auswirken würde«.[57] Das Problem war, dass die MaK bislang noch nicht Mitglied der VDL war, nun aber mit aller Macht in den Kreis der Lokomotivbaufirmen drängte, um seine offensichtlich schlechte Ertragslage im Dieselloksektor zu verbessern. Dagegen gab es aber aus dem Kreis der VDL-Firmen vehementen Widerstand. Der Krauss-Maffei-Vorstand sah daher die Gefahr, »dass bei einer weiteren undurchsichtigen Haltung der MaK auch Krauss-Maffei in die bestehende Gegnerschaft der übrigen VDL-Firmen hineingezogen wird, sodass eventuell das Gegenteil des erstrebten Zieles, nämlich eine Blockbildung einschließlich Henschel gegen uns eintreten könnte«.[58] Zu alldem zeichnete sich ebenfalls ab, dass im Zusammenhang mit einem Projekt zur Entwicklung von Transeuropazügen die MAN nun als neuer Konkurrent in das Fertigungsprogramm der lokbauenden Firmen einzubrechen begann. Und für Krauss-Maffei stellte sich im Hinblick auf das künftige Beschaffungsprogramm der Bundesbahn die entscheidende Frage: Seitens der technischen Stellen der Bahn, so hatte man in München erfahren, gab es ernstzunehmende Absichten, im Jahr 1958 die Frage aufzurollen, ob die Bundesbahn bei der Dieselhydraulik bleiben oder zur Dieselelektrik übergehen solle.[59] Um hier für alle Fälle gewappnet zu sein, begann Krauss-Maffei ein Kooperationsprojekt im Bereich der Dieselelektrik mit den beiden Schweizer Unternehmen Gebrüder Sulzer AG und Schweizerische Lokomotiv- und Maschinenfabrik Winterthur , allerdings unter der absoluten Prämisse, dass Krauss-Maffei »niemals als Generallieferant auftreten darf, um das Gesicht als eingeschworene Vertreterin der Dieselhydraulik bei den Bahnverwaltungen nicht zu verlieren.«[60] Und auch innerhalb des VDL wurde das taktische Hin und Her um Quoten und Einheitspreis-Kalkulationen immer komplizierter.[61] Mit Krupp und MaK plante Krauss-Maffei inzwischen in einem sogenannten Dreier-Klub auch ein vor allem gegen Henschel gerichtetes engeres Zusammengehen auf dem Loksektor, allerdings gab es schon im Vorfeld Streit über die von den Münchnern dabei geforderte Berücksichtigung der Entwicklungsleistung bei der Quotenverteilung. Und ungeachtet der Zusammenarbeitspläne im Inland bekämpfte man sich erbittert im langsam wieder in Gang kommenden Lokomotiv-Export-Geschäft.[62] Immerhin war es dem Vorstand im Sommer 1958 gelungen, dafür zu sorgen, dass die Beschäftigungslage im Lokbau bis Ende 1959 gesichert war; ein Zustand, »wie wir ihn in den verflossenen Jahren noch nicht erlebt haben«, wie Stamm in einer Notiz vermerkte.[63]

Wenig später gelang Krauss-Maffei ein öffentlichkeitswirksamer Coup im Exportgeschäft, allerdings mit langfristig zwiespältigen Folgen. Von der Southern Pacific Railway Company erhielt man einen Entwicklungs- und Lieferauftrag für zehn bzw. optional 30 Stück 4000-PS starke dieselhydraulische Lokomotiven zum Einsatz im Güterverkehr in den USA und damit im Mutterland der Dieselelektriktechnologie. Es war die damals mit Abstand stärkste Lokomotive der Welt. Die Verhandlungen dazu hatten 1959 eingesetzt und waren zügig vorangekommen. Allerdings barg der Auftrag erhebliche, vor allem technische Risiken »in einem Umfang, wie wir es seit Bestehen der Diesellokabteilung noch nicht eingegangen sind«, wie Mitterwallner auf der Vorstandssitzung im Juli 1959 einräumte.[64] Dies galt im Hinblick auf die Motorleistung, die in dieser Größenordnung für Kardanwellenantrieb noch nicht erprobt war, dies galt ebenso für die dynamische Bremse, die bislang nur auf dem Papier stand, und dies galt auch für das fernsteuerungsmäßige Funktionieren der doppelten Lokeinheiten vor einem Güterzug bei entsprechenden Steigungen. Aber die Aussicht auf den überzeugenden Durchbruch der Dieselhydraulik im Geburtsland der Dieselelektrik, der prestigeträchtige Bau der bis dato effektiv stärksten Lokomotive der Welt und nicht zuletzt die lukrativen Preise ließen den Vorstand alle Bedenken in den Wind schlagen. Die noch im Herbst 1959 begonnenen verschiedenen Probefahrten auf den schwierigsten Bergstrecken Deutschlands und Europas verliefen erfolgreich und beeindruckten die anwesende US-amerikanische Eisenbahn-Kommission. Und so erhielt Krauss-Maffei schließlich, trotz massiver Versuche von Henschel und GM, das Geschäft zu verhindern, den Auftrag für zunächst sechs Stück der neuen Diesellokomotive. Die durch die Neuentwicklungen bedingten außergewöhnlichen Konstruktionsaufgaben zwangen Krauss-Maffei allerdings zu einer Zusammenarbeit mit anderen Lokomotivherstellern, allen voran Krupp. Der Exportauftrag in die USA war nicht zuletzt auch hochpolitisch, denn er gab den Lokomotivbaufirmen Rückenwind bei ihren Bemühungen, die Bonner Regierungsstellen zur Unterstützung im Exportgeschäft zu bewegen. Dort herrschte die verbreitete Meinung vor, »dass der Notstand der deutschen Lok-Industrie wegen unzureichender Technik im Wettbewerb gegen die USA-Industrie keinen Erfolg erzielen konnte«.[65] Nun konnten alle Firmen als Gegenargument auf Krauss-Maffei verweisen.

Noch vor der Auslieferung der Loks machte man sich im Krauss-Maffei-Vorstand bereits Gedanken über die möglichen amerikanischen Lizenzpartner für die Krauss-Maffei-Technologie. Nach eingehender Diskussion

70 Paul von Mitterwallner, Vorstandsmitglied bei Krauss-Maffei 1947 bis 1964
[BWA, F 44, KM 16]

71 Besuch des bayerischen Ministerpräsidenten Alfons Goppel bei Krauss-Maffei am 10. Mai 1965 vor einem Modell der 4000-PS-Lok für die USA
[BWA, F 44/KM 42]

fiel die Wahl auf GM, da man ansonsten den US-Konzern zum Gegner haben und gewissermaßen zwingen würde, die bereits aufgenommenen dieselhydraulischen Eigenentwicklungen fortzusetzen, um Krauss-Maffei dann auf dem amerikanischen Markt Konkurrenz zu machen.[66] Im Oktober 1961 wurden schließlich die sechs bestellten Lokomotiven an die US-Eisenbahngesellschaften ausgeliefert, ein Ereignis, das weit über die Fachkreise hinaus Aufsehen erregte, nicht zuletzt, weil »damit erstmals seit 1900 wieder deutsche Lokomotiven von den USA importiert wurden«.[67] In der Folge bekam Krauss-Maffei einen Anschlussauftrag über 15 weitere der 4000-PS-Lokomotiven, die bis Ende März 1964 ausgeliefert werden mussten. Entgegen den Erwartungen war dieser Auftrag allerdings kaum noch lukrativ, denn obwohl funktionsgleich, mussten die neuen Loks auf Wunsch der amerikanischen Eisenbahngesellschaft entsprechend den inzwischen gesammelten Erfahrungen vollständig umkonstruiert werden, was erhebliche Zusatzkosten und Belastungen nach sich zog. 4,7 Mio. D-Mark an Forschungs- und Entwicklungskosten waren allein zwischen 1957 und 1960 in den Diesellokbau geflossen, das war immerhin ein Viertel der gesamten F&E-Aufwendungen. Und dazu gehörten inzwischen auch Projekte auf dieselelektrischem Gebiet, wo man eine Zusammenarbeit mit der Siemens-Schuckertwerke AG bzw. BBC anstrebte. Der plötzliche Einbruch der Erträge im Lokgeschäft von 4,26 Mio. D-Mark im Jahr 1959 auf zunächst 2,7 Mio. D-Mark im Jahr darauf und auf nur noch 0,38 Mio. D-Mark für 1961 ließ auf Seiten des Aufsichtsrates kritische Stimmen laut werden, ob sich Krauss-Maffei nicht in der Entwicklung zu viel zumute und auf diesem Gebiet (d. h. dem Lokgeschäft) zu stark engagiere.[68]

Zu diesem Zeitpunkt konnte noch niemand ahnen, dass das USA-Geschäft nur drei Jahre später in einem Desaster enden sollte. Schon im Dezember 1962 hatten sich die ersten Probleme mit dem Nachfolgeauftrag abgezeichnet. Der Vorstand beschloss, »ohne Rücksicht auf die dadurch entstehenden Mehrkosten und zusätzliche technische Risiken durch kurze Erprobungszeit die mit der Southern Pacific vereinbarten Liefertermine mit allen zur Verfügung stehenden Mitteln einzuhalten, da die geschäftliche Situation in den USA nach Auffassung von GA [Mitterwallner] dieses Opfer von Krauss-Maffei fordert«.[69] Es war unübersehbar, dass sich seit Anfang der 1960er-Jahre Krauss-Maffei – wie schon die gesamte deutsche Lokbauindustrie – in einer wachsenden Defensivposition befand. Daran änderten weder die formalen Kooperations- noch die informellen Kartellbemühungen etwas. Im Frühjahr 1963 hatten sich die deutschen Lokomotivbaufirmen zur Lokomotiv-Export-Union (LEU) zusammengeschlossen, um gemeinsam schlagkräftiger im Auslandsgeschäft auftreten zu können. Aber sowohl über die Quotenverteilungen als auch über die künftigen Entwicklungsschwerpunkte gab es von Anfang an Kontroversen. Und zuallererst galt es, die Grundsatzfrage einer konsortialen Behandlung des Großdiesellokgeschäfts mit den Motorenfirmen Maybach und Voith GmbH & Co. KGaA zu klären, bevor sich die LEU hier überhaupt weiter engagieren konnte.[70] Ende 1964 fanden schließlich Gespräche zu einer faktischen Konzentration der Aktivitäten auf dem deutschen Heimatmarkt statt. Auf Initiative von Krauss-Maffei und Krupp wurden allseits Verhandlungen über die Gründung einer »Lok-GmbH« aufgenommen, d. h. über den Zusammenschluss von Krupp (das inzwischen auch MaK übernommen hatte), Krauss-Maffei und Henschel zu einer Entwicklungs-, Konstruktions- und Vertriebsgesellschaft.[71]

Aufbruch in neue Geschäftsfelder: Kunststoffmaschinenbau und Anlagenbau

Während sich Krauss-Maffei im traditionellen Kerngeschäftsfeld zunehmend in die Defensive gedrängt sah, entwickelte sich jedoch ein anderer Geschäftszweig zu einem festen Standbein in der Unternehmenspolitik von Krauss-Maffei: der Kunststoffmaschinen- und Anlagenbau. Die ersten Anfänge zum Einstieg in dieses neue, zukunftsträchtige und vor allem auch in der »Kultur des Großmaschinenbaus« von Krauss-Maffei liegende Gebiet reichen bis 1953 zurück, als man sich im Vorstand nach Gesprächen mit dem Münchner Gummi- und Reifenunternehmen Metzeler Gummiwerke AG Gedanken über die eventuelle Aufnahme der Fertigung von Maschinen für die gummiverarbeitende Industrie »nach amerikanischer Lizenz« gemacht hatte.[72] Auch wenn aus dem Projekt nichts wurde, so blieb die Idee an sich virulent. Im September 1954 berichtete der Vorstand dem Aufsichtsrat über die prinzipielle Entscheidung, die Entwicklung von Bearbeitungsmaschinen für die Kunststoffindustrie aufzunehmen, »und zwar nach anderen als bisher bekannten Arbeitsmethoden«.[73] Ein entscheidender Impuls zum Vorantreiben der entsprechenden Vorlaufarbeiten ging dann von der Übernahme durch Buderus aus, und zwar in mehrfacher Hinsicht. Zum einen waren der Einstieg in die Entwicklung von Kunststoffmaschinen und eine enge Zusammenarbeit auf diesem Gebiet offenbar auch auf Seiten von Buderus bzw. Flick ein zentrales Kalkül hinter der ganzen Akquisition. Zum anderen erhielt Krauss-Maffei nun Zugang zum damals bereits sehr fortschrittlichen Marktforschungssystem im weitverzweigten Flick-Konzern, das für dieses neue Geschäftsfeld denn auch bald eingesetzt wurde.[74] Dass Kunststoffe einen weltweiten Boom als Werkstoff und Materialbasis zahlloser Produkte erleben würden und ein eigenes Zeitalter einläuteten, war zu diesem Zeitpunkt schon allenthalben sichtbar. Seit Kriegsende hatte sich in den Industrieländern die Kunststoffherstellung und -verarbeitung sprunghaft gesteigert, wie auch die ersten Krauss-Maffei-internen Marktstudien zeigten. Es winkte ein lukrativer Markt mit endlos erscheinenden Wachstumsraten.[75] Auf diesem Markt tummelten sich daher bereits zahlreiche Konkurrenten. Vor allem auf dem Gebiet der bereits bekannten und in der Kunststoffverarbeitung angewandten Schwermaschinen, wie Walzwerke, Kalander, Mischer und Kneter, dominierten die alteingesessenen Herstellerunternehmen nach wie vor das Geschehen. Für einen erfolgreichen Markteintritt, darüber war man sich im Krauss-Maffei-Vorstand einig, musste man neuartige Spezialmaschinen für die Kunststoffverarbeitung entwickeln und anbieten. Bei den »abgewandelten« Gummiverarbeitungsmaschinen konnte der Vorsprung der Traditionsfirmen wie Werner & Pfleiderer KG in Konstruktion und Herstellung nicht eingeholt werden. Aber bei Extrudern, d. h. Schneckenpressen, Mischern und Knetern sowie vor allem bei Spritzgussmaschinen, gab es mit selbst entwickeltem Know-how und verfahrenstechnischen Innovationen eine Chance auf Marktführerschaft.

»Im Hinblick auf die zukünftige Bedeutung der Kunststoffe«, so berichtete der Vorstand im Juni 1955 an den Aufsichtsrat, »wurde die Entwicklung von Kunststoff-Verarbeitungsmaschinen aufgenommen. Unsere Tendenz geht auf den Bau größerer, wenig am Markt befindlicher Schneckenpressen und auf Vakuum-Plastikmaschinen nach einer neuen vollkontinuierlichen Arbeitsmethode. Das Endziel sieht der Vorstand in der Projektierung und Lieferung kompletter Fabrikationsanlagen für die Verarbeitung von Kunststoffen [...] Mit dieser neu aufgenommenen Entwicklung streben wir die Gewinnung eines neuen Produktionsprogramms an, das nicht nur sehr zukunftsreich ist, sondern auch sehr gut in die Fertigungsstruktur des Werkes passt. Der besondere Glücksumstand, ein ganzes ingenieurmäßiges Team, das seit Jahrzehnten Erfahrungsträger auf diesem Gebiet ist, engagieren zu können, erleichtert diese Entwicklungsaufgabe zeit- und kostenmäßig erheblich. Der Vorstand hofft deshalb, schon 1957 mit ersten Prototypen herauszukommen.«[76] Tatsächlich war es gelungen, eine Reihe von Fachleuten einer Düsseldorfer, auf Schneckenmaschinen bzw. Kneter und sogenannte Mixtruder spezialisierten Firma abzuwerben. Gleichzeitig floss Krauss-Maffei aber auch auf anderen Wegen vielfältiges Kunststoffmaschinen-Know-how zu. Seit Anfang der 1950er-Jahre bereits arbeitete man als Lieferant von Maschinengussstücken, dann auch kompletter Aggregate mit den Ankerwerke Nürnberg (AWN) zusammen, die im Kunststoffspritzgießmaschinenbau bereits eine herausragende Marktposition besaßen. Die mittelständische Firma war allerdings nur in der Lage, Spritzgießmaschinen bis etwa 350 Tonnen Schließdruck zu bauen, mit denen Kunststoffgegenstände bis maximal zwei Kilogramm hergestellt werden konnten. Aus der Zusammenarbeit lernte Krauss-Maffei viel über die Konstruktion und Fertigung von Kunststoffmaschinen und begann schließlich, seit 1957 in Absprache und weiterer Zusammenarbeit mit den Ankerwerken, mit der eigenen Entwicklung schwererer und größerer Einspritzmaschinen.[77] Die erste selbst konstruierte Spritzgießmaschine von Krauss-Maffei besaß denn auch eine Schließkraft von 550 Tonnen (und dementsprechend lautete die Typenbezeichnung auch V 74/550), basierend auf einer Neukonzeption der Schließeinheit. Es war die erste vollautomatisch arbeitende Großspritzgießmaschine der Welt. Im Gegensatz zu den Maschinen der Ankerwerke, die für das Zusammendrücken der Formenhälften eine sogenannte Kniehebel-Konstruktion benutzten, wurden die Krauss-Maffei-Maschinen, die zunächst für Schließdrücke bis zu 800 Tonnen konzipiert wurden, von vornherein voll hydraulisch ausgeführt. Eine wesentliche Rolle dabei hatte auch die BASF AG gespielt. Sie besaß seit 1952 ein Patent über die völlig neuartige Bauweise von Kunststoffeinspritzmaschinen, die nicht mehr über einen Zylinder mit Kolben, sondern mit rotierender Schnecke verfügten. Dosierung und Durchmischung des Kunststoffs konnten dadurch erheblich schneller und präziser erfolgen. Einige Konkurrenten von Krauss-Maffei, wie die schon seit den 1920er-Jahren im Kunststoffmaschinenbau führende Traditionsfirma Eckert & Ziegler GmbH (E&Z) in Weißenburg, arbeiteten bereits mit dem BASF-Patent. Da das Chemieunternehmen nach weiteren

72 Krauss-Maffei AG-Stand auf der Industriemesse in Hannover, 1959
[BWA, F 44/KM 50]

73 Umsatzentwicklung Kunststoffmaschinenbau bei Krauss-Maffei AG 1954 bis 1969 (in TDM)
[Zusammengestellt nach den Angaben in: BWA, F 44/AKM 17[81]]

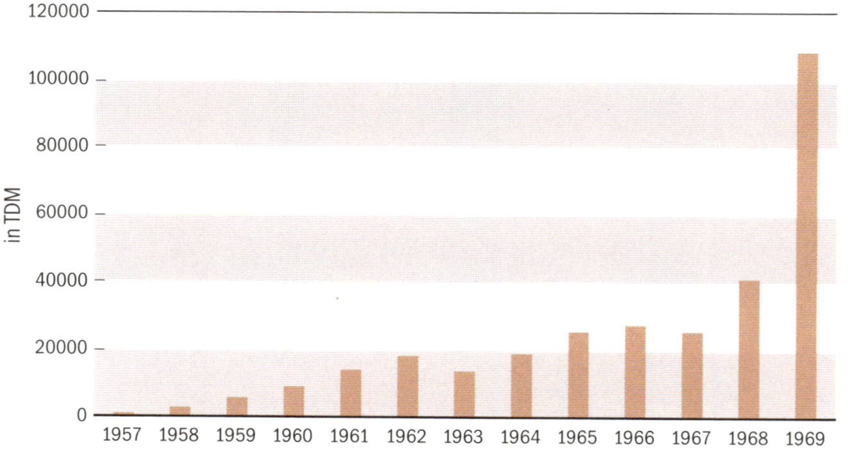

kunststoffverarbeitenden Kunden suchte und der Trend deutlich zu größeren Maschinen ging, trat die BASF Mitte der 1950er-Jahre auch an den Krauss-Maffei-Vorstand mit dem Angebot der Lizenzvergabe heran. Überhaupt verfügte Krauss-Maffei über enge Kontakte zur deutschen Großchemieindustrie, nicht zuletzt dank Otto Ambros, dem früheren IG-Farben-Vorstandsmitglied und erst 1952 als verurteilter Kriegsverbrecher aus der Haft entlassenen Chemiker, den man als entsprechend gut vernetzten Berater gewinnen konnte. Dies war umso wichtiger, als die äußerst dynamische Entwicklung in der Kunststoffchemie immer neue Thermoplaste mit unterschiedlichsten Verarbeitungseigenschaften hervorbrachte.

Die breit gestreuten Entwicklungsarbeiten verliefen keineswegs geradlinig und immer erfolgreich. Man musste anfangs zahlreiche Rückschläge hinnehmen, etwa bei der Mixtruder-Entwicklung oder den Versuchen zur Entwicklung von Doppelschneckenmischern. Und die Kosten für das »sehr weit gespannte Entwicklungsprogramm« waren trotz der günstigen Anfangskonstellationen sehr hoch: Zwischen 1955 und 1961 betrugen sie 3,7 Mio. D-Mark, ohne dass man bereits nennenswerte Umsätze und Gewinne hatte erzielen können.[78] Den Misserfolgen in einigen Teilbereichen der Kunststoffmaschinenentwicklung standen aber im Spritzgießmaschinensektor umso größere Erfolge gegenüber. Tatsächlich stellten die Spritzgießmaschinen, die zur Herstellung von Fittings, Armaturen, Kühlschränken, Radioapparaten und Haushaltsgeräten dienten, in den Augen des Vorstands von Anfang an den interessantesten Entwicklungsteil dar.[79] Den damals noch ganz am Beginn seiner Expansion stehenden Markt von 24 Mio. D-Mark im Jahr 1956 teilten sich 15 Anbieter, und Krauss-Maffei und die Ankerwerke konnten sich durch die eigenen Innovationsleistungen sowie mithilfe des technischen Vorsprungs durch das BASF-Patent rasch eine führende Position erobern. Mit ihren inzwischen entwickelten drei großen Spritzgießmaschinen-Typen mit hohen Schließkräften (V 40/550, V 74/550 und V 90/800) auf der Basis der neuen Schneckeneinspritzung war Krauss-Maffei bald in diesem Marktsegment konkurrenzlos, da der einzige andere Großmaschinenbauer in diesem Bereich, die Battenfeld AG, noch die alte Kolbeneinspritzung verwendete.

1959 präsentierte Krauss-Maffei sein neu entwickeltes Typenprogramm an Kunststoffmaschinen erstmals auf der Industriemesse in Hannover und dann auch auf der Internationalen Kunststoffmesse in Düsseldorf, »mit guter Resonanz«, wie der Vorstand zufrieden notierte.[80] Nach 2,3 Mio.

D-Mark Umsatz im Vorjahr konnte man eine Umsatzverdoppelung auf fünf Mio. verzeichnen, und alles deutete darauf hin, dass im Jahr 1960 eine abermalige Verdoppelung auf zehn Mio. erreicht werden würde. Der Markt für Kunststoffmaschinen und vor allem für Spritzgussmaschinen wuchs rasch, aber er war auch schwankungsanfällig, und im Gefolge einer ersten »Kunststoffschwemme« 1960/61, dann erneut 1963 und vor allem 1967 brachen die Umsätze kurzzeitig ein, um gegen Ende der 1960er-Jahre jedoch auf zunächst 41 Mio. D-Mark und dann sogar 109 Mio. D-Mark wieder rasant anzuziehen.

Schon 1962 hatte Krauss-Maffei auf der Industriemesse in Hannover ein erheblich erweitertes Typenprogramm vorgestellt. Zu den Reaktionen gab der zuständige Krauss-Maffei-Ingenieur einen differenzierten Bericht an den Vorstand. »Besonderer Anziehungspunkt war unsere V 74/650«, so hieß es dort, »die in Betrieb bei der Herstellung von Milchflaschenkästen gezeigt wurde. Die erreichten Zykluszeiten wurden von den Fachleuten als sehr gut beurteilt, obwohl noch verschiedene Änderungen durchgeführt werden müssen.«[82] Die Nachfrage nach den beiden anderen Typen in diesem Schließkraft-Bereich war jedoch gering, »da der Preis im Vergleich zur Konkurrenz zu hoch ist«. Dagegen erregten die neuen Großmaschinen des Typs V 110-700 und V 165-1160 geradezu Aufsehen. »Die Verwirklichung des Flaschenkastenproblems im In- und Ausland wird diesen Maschinen in naher Zukunft eine gute Verkaufschance geben. Insbesondere die erreichten Zykluszeiten von 80 bis 90 sec./Stück, was bisher noch kein Flaschenkastenhersteller erreicht hat, sind ein gutes Verkaufsargument«, so hieß es in dem Messebericht dazu.[83] Die Tendenz zu größeren Maschinen war unverkennbar und auch die Bedeutung spezifischer Kundenbedürfnisse (»Kombination einer V-110-Spritzeinheit mit einem V-1150-Formschluss«). So fiel – man hatte zusätzlich eine eingehende Marktstudie über die künftigen Einsatzmöglichkeiten und Absatzaussichten erstellt – der Startschuss für ein neues zweites Entwicklungsprogramm für vollhydraulische Spritzgießmaschinen mit bis dahin unerreichten Schließdrücken von 2500 und 3000 Tonnen und Spritzgewichten der hergestellten Kunststoffprodukte von zehn Kilogramm und mehr.[84] Die Forschungs- und Entwicklungsaufwendungen stiegen damit weiter an: Zwischen 1961 und 1967 investierte Krauss-Maffei jährlich etwas über eine Mio. D-Mark in das neue Geschäft, insgesamt waren es 7,53 Mio. D-Mark – für die damalige Zeit und nicht nur für Krauss-Maffei erhebliche Summen.[85] Die Ertragslage war allerdings trotz aller Einzelerfolge höchst prekär: Seit 1955 verzeichnete man rote Zahlen, die 1959 bereits 1,2 Mio. D-Mark erreichten, 1963 sogar 1,89 Mio. D-Mark, und in der Folgezeit bis 1967 zwischen 800 000 und 1,5 Mio. schwankten, nur teilweise seit 1961 durch Gewinne bei der Spritzgießmaschinenfertigung für die Ankerwerke in Höhe von jährlich etwa 300 000 bis 500 000 D-Mark abgemildert. Die Krauss-Maffei-Maschinen waren trotz bzw. gerade wegen gewisser konstruktiver Vorteile, wie etwa der kostenmäßig besonders aufwendigen Schließeinheiten, gegenüber den Wettbewerbern um bis zu 20 Prozent teurer, und die Bestände an unverkauften Maschinen wuchsen bedrohlich an.[86]

Einer der stärksten und noch dazu gleichsam vor der Haustür angesiedelten Konkurrenten war die Traditionsfirma Eckert & Ziegler. Seit 1960 schon bemühte sich der Krauss-Maffei-Vorstand um eine Zusammenarbeit mit dem Unternehmen und verfolgte schließlich über Gespräche mit dem Battenfeld-Konzern, zu dem E&Z gehörte, die Idee einer engen strategischen Allianz von Krauss-Maffei, den Ankerwerken und E&Z. Der Plan war, dass die Fabrikation ausschließlich bei den Ankerwerken und Krauss-Maffei liegen, dagegen die Entwicklung und Versuche bei E&Z in Weißenburg konzentriert werden sollten, nicht zuletzt, um das wertvolle Ingenieurteam von E&Z für die Entwicklungsarbeiten von Krauss-Maffei und den Ankerwerken zu erhalten.[87] Obwohl alle wichtigen Akteure inzwischen Teil des Konzernverbundes von Flick waren, kamen die Gespräche dennoch nicht voran. Vier Gruppierungen konkurrierten inzwischen auf dem boomenden Spritzgießmaschinen-Markt, neben Krauss-Maffei/Ankerwerke und E&Z spielten noch Stübbe GmbH & Co. KG, Schloemann-Siemag AG, Battenfeld und Mannesmann eine maßgebliche Rolle. Mit ihren jeweiligen Marktanteilen von 12,2 Prozent (E&Z) bzw. 25,9 Prozent (Krauss-Maffei/AWN) würde die Dreierkoalition zusammengenommen über 38 Prozent des Marktes und damit die beherrschende Stellung einnehmen.[88] Auf keinen Fall konnte man in den Augen des Krauss-Maffei-Managements zulassen, dass E&Z an eine der Konkurrenzgruppen, insbesondere nicht an Battenfeld, fiel. Wenn Battenfeld sich von seinem Tochterunternehmen trennen sollte, dann blieb daher nur die Möglichkeit für Krauss-Maffei, E&Z zu übernehmen. So kam es dann auch am 18. Dezember 1964. Für 14 Mio. D-Mark übernahm Krauss-Maffei den einstigen Konkurrenten, wobei den Löwenanteil des Kaufpreises die Übernahme langfristiger Schulden von E&Z bei Battenfeld ausmachte.

74 Blick in die Fabrikationshalle, 1966. Die Spritzgießmaschine V 110/700 war in der zweiten Hälfte der 1960er-Jahre der wichtigste Umsatzträger im Kunststoffmaschinengeschäft.

[BWA, F 44/KM 52]

75 Übergabe der 100. Großspritzgießmaschine an die FESCO Inc. am 15. Mai 1965

[Krauss-Maffei AG, 150 Jahre Fortschritt durch Technik, S. 141]

Der Nachteil allerdings war, dass Krauss-Maffei nun gezwungen war, die Allianz mit den Ankerwerken zu lösen. Dennoch agierte Krauss-Maffei in der Folgezeit mit einem ganz anderen fertigungs- wie entwicklungstechnischen Gewicht auf dem Spritzgießmaschinen-Markt.

Dies galt nicht zuletzt auch auf dem Auslandsmarkt, insbesondere den USA. Von Anfang an hatte man sich bei Krauss-Maffei auch Gedanken über den Markteintritt in Amerika gemacht und frühzeitig entsprechende Vertriebsstrukturen aufgebaut. Produkte der Ankerwerke und von Krauss-Maffei wurden dort von einer ins Leben gerufenen New Britain Machine Co. vertrieben, die dann auch selbst begann, Kunststoffmaschinen nach Ankerwerke-Bauart zu fertigen. In einem umfangreichen Bericht hatte die RAND (Research and Development) Corporation im Auftrag von Krauss-Maffei detailliert die Größe des Marktes für Krauss-Maffei-Maschinen, die Startbedingungen für Krauss-Maffei, die technischen Voraussetzungen und Bedingungen, die Einkaufsgewohnheiten der potenziellen US-Kunden und auch die Erfolge, Methoden und Fehler einiger europäischer Konkurrenten in den USA untersucht.[89] Der riesige US-Markt bot erhebliche Wachstums- und Renditechancen, zumal man angesichts der technologischen Überlegenheit des deutschen bzw. europäischen Kunststoffmaschinenbaus kaum mit nennenswerten amerikanischen Konkurrenten rechnen musste. Bald standen große US-Unternehmen wie General Motors, die Ford Motor Company, die Federal Enameling & Stamping Co. (FESCO), der damals größte Haushaltswarenhersteller in den USA, der Chemiekonzern W. R. Grace and Company und die National Rubber Machinery Co. (NRM) in Allach vor der Tür, wobei es auch um das Interesse an Lizenzverträgen ging.[90] Es war bezeichnend, dass die 100. Krauss-Maffei-Spritzgießmaschine, mit 3000 Tonnen Schließkraft, Mitte 1965 feierlich an einen US-Kunden ausgeliefert wurde.

Das Bild lässt die gewaltigen Dimensionen erahnen (Abb. 75), die die Krauss-Maffei-Spritzgießmaschinen inzwischen erreicht hatten. 1966 gründete Krauss-Maffei dann aufgrund der Trennung von den Ankerwerken und nachdem sich entsprechende Kooperationsverhandlungen mit der NRM zerschlagen hatten, eine eigene neue Tochtergesellschaft in den USA, die Krauss-Maffei Corp.

So umfangreich und auf dem modernsten Stand der Technik stehend Krauss-Maffei in der zweiten Hälfte der 1960er-Jahre auch sein Produktions- und Typenprogramm im Kunststoffmaschinenbau präsentierte – das Spritzgießmaschinengeschäft machte dabei etwa 80 Prozent des Gesamtgeschäfts aus –, so wenig hatte sich an der schlechten Ertragslage geändert. Im Jahr 1968 musste ein Rekordverlust von 2,8 Mio. D-Mark hingenommen werden, und erst 1969, mit einem kleinen Gewinn von 139 000 D-Mark, schrieb der Geschäftsbereich erstmals seit 15 Jahren schwarze Zahlen.[91] Über die »ungünstige Entwicklung der Fabrikate-Erfolgsrechnung« im Kunststoffmaschinen-Bereich hatte es immer wieder intensive Debatten innerhalb des Vorstands gegeben. Vor allem die Tatsache, dass bei E&Z die Rücklagen inzwischen aufgezehrt waren und massive Verluste anfielen, gab Anlass zur Sorge.[92] Mehr denn je belasteten die hohen Entwicklungskosten für die zum Teil entsprechend den Kundenbedürfnissen maßgeschneiderten Kunststoffmaschinen die Erträge. Neben den Spritzgießmaschinen baute Krauss-Maffei inzwischen auch PVC-Kalanderanlagen und Mischer. Insbesondere im Kalanderbau gab es dabei eine pikante Flickkonzern-interne Wettbewerbskonstellation, denn die Hannoveraner Traditionsfirma Hermann Berstorff Maschinenbauanstalt GmbH , führend in diesem Bereich, gehörte wie Krauss-Maffei zu Buderus. In Hannover befürchtete man Anfang 1967 ein »Wandern der Erfahrungen und sonstigen Geschäftsgeheimnisse über Buderus zu Krauss-Maffei«, und daher setzten in der Folgezeit Verhandlungen über eine direkte Zusammenarbeit im Einzelmaschinen- wie im Anlagengeschäft ein, ohne jedoch zu greifbaren Ergebnissen zu führen.[93] »Der Preiskampf für Kunststoffverarbeitungsmaschinen«, so notierte Mitte 1967 der Vorstand, »wird immer heftiger. Das Geschäft im Inland stagniert durch eine zunehmende Marktsättigung [...] Der Ertrag ist stark reduziert durch die hohen Entwicklungskosten, die auch damit zusammenhängen, dass immer neue Verformungstechniken notwendig werden durch neue Entwicklungen von Kunststoffen. Es besteht aber keine Möglichkeit, dieser Entwicklung auszuweichen, um im Markt zu bleiben.«[94]

Nach eingehenden Untersuchungen über das bisherige und künftige Marktvolumen entschloss sich der Krauss-Maffei-Vorstand jedoch im Laufe des Jahres 1967, die Mischerentwicklung aufzugeben, »da die Entwicklungskosten ungewöhnlich hoch sind, ohne dass ein Erfolg sichtbar geworden ist«.[95] Dafür erfolgte jedoch, nachdem sich die Gelegenheit geboten hatte, die gesamte technische Mannschaft einer insolventen österreichischen Spezialfirma zu übernehmen, die Wiederaufnahme der in den 1950er-Jahren eingestellten Entwicklung und des Baus von Extrudern, mit deren Hilfe Rohre, Platten und Profile hergestellt werden konnten. Und es gab zwei weitere entscheidende Entwicklungen im dynamischen Kunststoffmaschinenbau bei Krauss-Maffei: Zum einen der Aufbau des Geschäftsbereichs Reaktionstechnik, bei der es um die Verarbeitung des neuen Werkstoffs Polyurethan ging, aus dem massive oder mikroporöse Elastomerteile wie Instrumententafeln für Pkw oder Stoßfänger hergestellt wurden. Das Unternehmen gehörte mit seiner 1967 entwickelten und 1968 erstmals auf den Markt gebrachten Hochdruckverarbeitungsmaschine für Polyurethan zu den innovativen Vorreitern in diesem Bereich der Kunststoffverarbeitung. Zum anderen nahm Krauss-Maffei das Rotationsgussverfahren auf, mit dessen Hilfe vor allem große Hohlkörper gefertigt werden konnten. Insbesondere im Bereich der Kraftstofftanks für die Automobilindustrie und großer Ölheizungstanks sah man erhebliche Marktchancen für diese Spezialmaschinen.[96] Zur Stärkung seiner technologischen Position in diesem Bereich übernahm Krauss-Maffei im April 1968 die kleine Stuttgarter Spezialfirma Thermovox GmbH, die im Rotationsgussverfahren über erhebliches Know-how verfügte. Dazu kamen im Spritzgießmaschinenbau neue Technologien und Entwicklungsschübe, wie etwa die Thermoplastikschaumgussmaschinen, mit deren Bau Krauss-Maffei 1969 begann, oder das Reaktionsschaumgussverfahren, das die BASF 1967 Krauss-Maffei zur maschinellen Weiterentwicklung überließ. Schließlich ging es auch um die Vor- und Nachteile der Horizontal- versus Vertikalbauweise, d. h. die vertikale Anordnung der Schließeinheit bei nach wie vor horizontaler Anordnung der Spritzeinheit. Letztere Bauweise hatte bislang nur im unteren Schließkraftsegment Anwendung gefunden, eine Untersuchung zeigte jedoch, dass sie gerade für den Großmaschinenbau mit über 3000 Tonnen Schließkraft erhebliche Vorteile, wie etwa Platzersparnis oder einfachere Entformung bei großen Spritzgussteilen, bot, was vor allem für Großkunden aus der Automobilindustrie interessant war.[97]

Die mittel- wie langfristigen Zukunftsaussichten für das komplexe Kunststoffmaschinengeschäft von Krauss-Maffei waren mithin rosig, und mit seinen Umstrukturierungsmaßnahmen innerhalb der diversen Teilmärkte und Maschinenanwendungen Ende der 1960er-Jahre versuchte der Krauss-Maffei-Vorstand, sich rechtzeitig auf die sich verändernden Märkte und Marktentwicklungen einzustellen und das Unternehmen weiterhin neben dynamischen Konkurrenten wie Mannesmann Demag AG und der österreichischen Engel-Gruppe (Engel Austria GmbH) unter den Technologie- und Marktführern zu positionieren. Der Marktanteil im deutschen

Kunststoffmaschinenmarkt war insgesamt mit 5,3 Prozent zwar nicht sehr hoch, aber im Markt für Spritzgießmaschinen erreichte man 1967 immerhin über 16 Prozent, und schon für 1970 lagen die Erwartungen mit 26 Prozent hoch.[98] Vor allem die seit 1969 einsetzende rasante Markteroberung im Spritzgießmaschinenbereich ließ begründete Hoffnung auf endlich auch sprudelnde Gewinne aufkommen. Inzwischen hatte man sich einen guten Ruf in der Branche und bei den Kunden, vor allem was die technische Expertise anging, erworben. Im Herbst 1966 hatte der Krauss-Maffei-Vorstand eine bemerkenswerte Marktforschungsstudie in Auftrag gegeben, um, wie der Titel lautete, »das Urteil über Krauss-Maffei im Bereich der Kunststoffverarbeitung« herauszufinden.[99] Darin wurde das Unternehmen als Weltfirma und zugleich Traditionsunternehmen gesehen. »Krauss-Maffei hat als Großmaschinenbauer und Lokomotivbauer ein bestimmtes Image, das auch in den Bereich der Herstellung von Kunststoffverarbeitungsmaschinen ausstrahlt. Es ist bisher gelungen, diese Einflüsse in positiver Weise zu nützen.«[100] Allerdings, so wurde warnend hinzugefügt, bestünde darin auch eine gewisse Gefahr, »weil damit zugleich die Vorstellung verbunden ist, ein Großmaschinenbauer sei für den Bau diffiziler Kunststoffverarbeitungsmaschinen weniger geeignet und könne sich auch weniger auf die individuellen konstruktiven und verfahrenstechnischen Probleme im Bereich der Kunststoffverarbeitung einstellen.«[101] Der Vorstand rechnete zudem auch in den nächsten Jahren noch nicht mit einer kontinuierlichen Aufwärtsentwicklung des Kunststoffmaschinengeschäfts, sondern mit einem ziemlich sprunghaften Auf und Ab der Umsätze. Die besten Verkaufschancen für Krauss-Maffei-Spritzgießmaschinen sah man nach wie vor in den Fällen, »in denen für völlig neue Großspritzgussteile ein zusätzlicher Maschinenbedarf entsteht, da hier die besonderen Vorteile der Krauss-Maffei-Maschinen besonders zum Tragen kommen«.[102] Um künftig solche »Bedarfswellen« mit beeinflussen zu können, ging man daran, ein kleines Team von Kunststoff-Fachleuten zusammenzustellen, dessen Aufgabe es war, nach neuen Ideen für Großspritzgussteile zu suchen.

Dass die Spielregeln des Wettbewerbs ganz anders als im klassischen Behördengeschäft mit Lokomotiven und Omnibussen waren, erfuhr Krauss-Maffei auch in einem anderen Geschäftsfeld, dem Anlagenbau und der Verfahrenstechnik. Es war einerseits ein traditionelles Produktionsprogramm, dessen Anfänge bis in die Vorkriegszeit zurückreichten, andererseits gab es enge Verbindungen zum Kunststoffmaschinengeschäft.

76 Blick in die Konstruktions-abteilung, 1959

[BWA, F 44/KM 11]

77 Besuch des Bayerischen Wirtschaftsministers Otto Schedl bei Kraus-Maffei, 1963

[BWA, F 44/KM 42]

Krauss-Maffei hatte nach dem Krieg zunächst den Zentrifugenbau wiederaufgenommen, der sich rasch zu einem umfassenden Trenntechnikmaschinenbau mit Einsatz in der chemischen und pharmazeutischen Industrie entwickelte. Zudem kam den Münchnern auch hier die Gelegenheit zugute, zusätzlich externes Know-how zu erwerben und damit schnelle Entwicklungsfortschritte in diesem Geschäftsfeld zu machen. Die Ingenieure der sächsischen Traditionsfirma Maschinenfabrik Imperial GmbH Meissen hatte es 1947 nach München verschlagen, und Krauss-Maffei hatte mit dem dann entstehenden Ingenieurbüro zunächst einen Kooperationsvertrag geschlossen, der 1954 in die Übernahme und Gründung der Tochtergesellschaft Krauss-Maffei Imperial GmbH mündete. Man entwickelte und vertrieb bald alle Arten von automatischen Trocknern, Filtern und Zentrifugen. Das Geschäft blühte zunächst, 1955 erreichte man einen Umsatz von 14 Mio. D-Mark. Geblendet von den Umsatzsteigerungen, sprach der Vorstand bereits von »der vielleicht zukunftsreichsten Produktionssparte des Unternehmens, deren Umsatz sich in vier Jahren vervierfacht hat«.[103] In diese Zeit fiel auch der weitere Ausbau der »Trenntechnik« und des Anlagenbaus. Der gesamte Chemiemaschinen- und Apparatebau wurde nun unter dem neuen Oberbegriff Verfahrenstechnik in ein einheitliches Entwicklungs-, Fabrikations- und Vertriebssystem integriert. Aus dem Nukleus dieses Chemiemaschinenbaus wurde zunächst sporadisch, dann systematisch das Zellstoffanlagengeschäft entwickelt. Auch hier wurden die Aktivitäten von Anfang an international und auf Exportgeschäfte ausgerichtet. 1958 etwa bekam Krauss-Maffei (allerdings in konsortialer Zusammenarbeit mit Krupp, Escher Wyss AG und den Aschaffenburger Zellstoffwerken AG) den Auftrag zum Bau einer Zellstoff- und Papierfabrik in Ägypten. Der Großauftrag mit einem Gesamtumfang von fast 40 Mio. D-Mark brachte wegen des hohen Fremdlieferanteils nur bescheidene real erwirtschaftete Umsätze und Erträge, sorgte aber nach außen hin für einen Umsatzsprung in der Bilanz.[104] Gerade auch im Verfahrenstechnikgeschäft schlugen hohe Entwicklungskosten zu Buche, zwischen 1957 und 1960 allein 7,5 Mio. D-Mark, so viel war damals für den Lokomotiv- und Kunststoffmaschinenbereich zusammen ausgegeben worden. Immerhin hatte man die ganzen 1950er-Jahre hindurch gute Gewinne von ca. einer Mio. D-Mark pro Jahr erwirtschaften können. Allerdings schwankten schon damals die Erlöse heftig, und auf Gewinnjahre folgten regelmäßig, 1954, 1956 und 1960, starke Ertragseinbrüche.[105]

Ab 1961 allerdings rutschte nun auch der inzwischen einen Umsatz von knapp 40 Mio. D-Mark aufweisende Bereich Anlagenbau und Verfahrenstechnik dauerhaft in die roten Zahlen. Allein zwischen 1966 und 1969 wurden Verluste von insgesamt 13,1 Mio. D-Mark erwirtschaftet. Die Gründe dafür waren vielfältig. Zum einen spielten konjunkturelle Faktoren eine Rolle, allerdings, wie man sich in Allach eingestand, nur zu einem geringen Anteil. Vielmehr verantwortlich für den Einbruch waren zu hohe Preise, erhebliche Überkapazitäten, insbesondere im Zentrifugen- und Filtergeschäft, viel zu lange Lieferzeiten, ein schwerfälliges Management sowie wachsender technologischer Rückstand.[106] Vor allem auch im Zellstoffanlagengeschäft gingen mehr und mehr Aufträge an die Konkurrenten verloren, und obwohl sich dieser Bereich bis Ende der 1960er-Jahre wieder deutlich erholte, blieb das Geschäft schwankungsanfällig und schwierig.[107] 1969 empfahl der Aufsichtsrat dem Vorstand dringend die Stilllegung des Zellstoffanlagenbaus, da erneute Auftragseinbrüche abzusehen waren bei gleichzeitig hohen Vorhalteaufwendungen.[108] 1964 noch hatte Krauss-Maffei sich durch die Übernahme von gleich zwei kleineren Spezialanlagenbaufirmen zu verstärken versucht: Die Fellner & Ziegler GmbH war mit Drehöfen und Trommeltrocknern ein wichtiger Zulieferer der chemischen Industrie sowie der Kalk- und Zementindustrie, Rittershaus & Blecher GmbH war in der Herstellung von Filterpressen ausgewiesen. Beide Firmen erwiesen sich jedoch bald als Belastung. Der Anlagenbau von Fellner & Ziegler, so forderte etwa der Aufsichtsrat 1969, »muss wegen der mangelhaften Technik möglichst schnell stillgelegt werden«.[109] Neue Aufträge aus dem Iran, aus Indien und Pakistan über insgesamt 12,4 Mio. D-Mark und der geplante Bau einer Rückstandsverbrennungsanlage für die Deutsche Shell AG und einer Kalkstickstoffanlage für Italien mit weiteren vier Mio. D-Mark Auftragsvolumen ließen aber unter dem Strich den Verfahrenstechnikbereich in den Augen des Vorstandes dennoch in günstigem Licht erscheinen. Bei Filtern, Trocknern und Zentrifugen in der chemischen Industrie besaß Krauss-Maffei mit fast 40 Prozent eine dominierende Marktposition. Und vor allem sah man in den aufstrebenden Entwicklungsländern Afrikas, Lateinamerikas und Asiens noch erhebliches Marktpotenzial für große Zement- und Zellstoffanlagen. Hinzu kamen die sich allenthalben bereits abzeichnenden Absatzchancen im Bereich Abfallvernichtung und Müllverbrennung, d. h. im Umweltschutzbereich.[110] Trotz der guten Marktposition, des breiten Angebotsspektrums und des profunden technischen Know-hows in dem komplexen Großanlagenbaugeschäft war die Rentabilität jedoch miserabel – und sie verschlechterte sich tendenziell über die Jahre: Um im Jahr 1964 den Break-even-Punkt zu erreichen, fehlten Krauss-Maffei nur vier Prozent mehr Umsatz (oder um neun Prozent niedrigere Kosten), um aber im Jahr 1967 die Gewinnschwelle zu erreichen, wäre schon eine Umsatzsteigerung von 80 Prozent gegenüber 1964 notwendig gewesen.[111]

Beschäftigungsverhältnisse und Unternehmenskrise in den 1960er-Jahren

Ende Dezember 1964 endete Mitterwallners Amtszeit als Krauss-Maffei-Vorstand. Mit 17 Jahren in führender Position (und es sollten noch drei weitere Jahre als Vorstandsberater bzw. Krisenmanager hinzukommen) war er die prägende Figur insbesondere im hochpolitischen Lokomotivgeschäft gewesen. Auch darüber hinaus gab es Änderungen in der Zusammensetzung des Vorstands. Der seit 1951 amtierende kaufmännische Vorstand Erich Busse schied gleichermaßen aus, für ihn kam der 46-jährige Berndt Jessurum, zusammen mit Erwin Ziebart als neuem, 43 Jahre altem Technikvorstand. Die beiden jungen Vorstandsmitglieder markierten neben dem fast 67 Jahre alten Vorstandsvorsitzenden Oskar Stamm zweifellos einen Generationswechsel in der Unternehmensführung von Krauss-Maffei, allerdings, wie sich bald herausstellen sollte, keinen unternehmenspolitischen oder -strategischen Wechsel. Es gab zwar wieder einmal »Grundsatzüberlegungen über die Programmgestaltung« von Krauss-Maffei, und dabei wurde die Konzentration auf den Bereich Kunststoffmaschinenbau und Trenntechnik/Verfahrenstechnik besonders betont. Dieses »neue Programm« von Krauss-Maffei basierte, so die Argumentation, auch wesentlich auf einer Verflechtung mit Tätigkeitsgebieten von Buderus und dem Flick-Konzern und wurde explizit auch als Begründung für die gleichzeitig vollzogene engere Einbindung in die Buderus-Gruppe herangezogen, die dadurch nun »zu einer sinnvollen organisatorischen und wirtschaftlichen Einheit« wurde.[112] Faktisch waren diese Grundsatzüberlegungen, geschweige denn konkrete Restrukturierungsmaßnahmen, auch Jahre später noch nicht abgeschlossen; nicht zuletzt, weil der Vorstand schon wieder allenthalben mit akuten Problemen in den einzelnen Geschäftsfeldern zu kämpfen hatte, die nun überdies noch mit dem Ende der »Wirtschaftswunderjahre« und dem Konjunktureinbruch 1966/67 zusammenfielen.

Nach den Umsatzeinbrüchen 1954, 1959 und 1963 markierten diese Jahre bereits die vierte, deutlich sichtbare Krisenphase in der jungen Nachkriegsgeschichte von Krauss-Maffei; sie folgten damit den damaligen allgemeinen Konjunkturrhythmen des deutschen Maschinenbaus.[113] Was die Entwicklung bei Krauss-Maffei allerdings vom generellen Geschehen unterschied und damit spezifisch machte, war zum einen, dass die Umsatzeinbrüche heftiger ausfielen als im Branchendurchschnitt und in den negativen Bereich gerieten, und dass zum anderen die anschließenden Erholungsphasen mit Umsatzzuwächsen weniger dynamisch ausfielen.

Probleme gab es vor allem wieder einmal im Lokomotivbaugeschäft. Bereits Ende 1964 hatte sich angekündigt, dass in den kommenden Jahren mit einem erheblichen Rückgang des Lokomotivumsatzes und der -produktion, insbesondere im Geschäft mit der Bundesbahn, zu rechnen war. Die Bahn schrieb hohe Defizite und geriet in eine erhebliche finanzielle Zwangslage, die sie 1966 zu einem radikalen Investitionsstopp veranlasste, wodurch die jahrelang betriebene Verdieselung und Elektrifizierung ihres Streckennetzes und damit auch die Vergabe von Lokomotivneubauten drastisch eingeschränkt wurden. Für Krauss-Maffei bedeutete das einen massiven Einbruch der Bahnaufträge auf weniger als die Hälfte gegenüber den Vorjahren und eine plötzliche Fertigungslücke von nahezu neun Monaten in den Lokbauwerkstätten.[114] Im Lokomotivbaugeschäft fehlte damit dem Krauss-Maffei-Vorstand jegliche Planungssicherheit. Aber auch das noch verbliebene Geschäft mit der Bahn wurde erheblich schwieriger. Da die Bundesbahn ihre Aufträge nicht mehr aus Etatmitteln finanzieren konnte, knüpfte sie an die Vergabe von Anschlussaufträgen die Bedingung, dass die Unternehmen ihr einen entsprechenden Kredit zur Verfügung stellten. Im Fall von Krauss-Maffei hieß das die Bereitstellung von 20 bis 30 Mio. D-Mark mit einer Laufzeit von drei bis fünf Jahren und zu einem Zinssatz von jährlich acht Prozent. Da das Unternehmen aber selbst Probleme hatte, neue Kredite aufzunehmen, und seinen Kreditrahmen bei den Banken schon zur Finanzierung langfristiger Exportgeschäfte weitgehend ausgeschöpft hatte, blieb nur noch der abermalige Gang zur staatlichen Bayerischen Landesanstalt für Aufbaufinanzierung. Im Mai 1966 beantragte man zur Finanzierung der Bahnaufträge einen Kredit von 18 Mio.

D-Mark.[115] So konnte Krauss-Maffei der Bahn den geforderten Kredit anbieten, aber die dringend erwartete Entscheidung über die Erteilung der Abschlussaufträge für 20 Diesellokomotiven verzögerte sich, und Ende 1969 musste der Vorstand dem Aufsichtsrat mitteilen, dass der Auftrag an die Konkurrenz verloren gegangen war.[116]

Zu allem Unglück kamen auch noch massive Probleme im Lokomotivauslandsgeschäft. Anfänglich hatte man in der Lokomotiv-Export-Union noch einige Erfolge verbuchen können. Aus Burma, Thailand, Angola, Indonesien, Italien und Spanien waren an das deutsche Konsortium 1963 Aufträge in Höhe von 82 Mio. D-Mark gegangen, für die man erstmals auch einen Weltbank-Kredit zu günstigen Zahlungsbedingungen erhalten hatte. Dennoch schrumpfte die einst so starke Stellung des deutschen Lokomotivbaus auf dem Weltmarkt. Inzwischen kämpften, so konstatierte man bei Krauss-Maffei, ca. 100 Lokfabriken (darunter 30 große und bekannte Firmen) weltweit um die Aufträge für etwa 100 000 bis 140 000 Loks, die der Welt-Lokomotivindustrie in den nächsten zehn Jahren zur Verfügung standen. »Krauss-Maffei sollte«, so die Überzeugung der Manager, auf jeden Fall »den teuer erkauften Erfahrungsvorsprung gegenüber der Welt mit leistungsstarken Streckenloks nicht ohne weiteres preisgeben.«[117] Doch gerade in dem einst viel beachteten und prestigeträchtigen Lokomotivexportgeschäft in die USA kündigte sich für Krauss-Maffei ein regelrechtes Desaster an. Schon 1963 hatte man für erforderliche Nachleistungen des ersten Lok-Auftrags Rückstellungen in Millionenhöhe vorgenommen, so dass das ganze Geschäft inzwischen mit einem Verlust von 6,3 Mio. D-Mark zu Buche schlug. Zur Finanzierung des Auftrags hatte sich Krauss-Maffei damals im Übrigen für umgerechnet 5,2 Mio. D-Mark mit Dollar-Krediten bei amerikanischen Banken verschuldet. Im Laufe des Jahres 1965 nun kam von Seiten der Southern-Pacific-Eisenbahngesellschaft in Bezug auf den gerade erst ausgelieferten Nachfolgeauftrag für die 4000-PS-Loks die Hiobsbotschaft, dass Achszüge und Getriebe schadhaft geworden waren und an den Motoren in den langen Tunnel der Rocky Mountains durch nicht ausreichende Kühlung und Sauerstoffmangel Schäden auftraten. Es folgte ein langer Streit um die technischen Ursachen und vor allem die Schuldfrage, über die es auch innerhalb des Krauss-Maffei-Vorstands zum Konflikt kam, denn damals hatte man, obwohl im Bewusstsein der technischen Unausgereiftheit und Anfälligkeit, auf den Einbau von Maybach-Motoren bestanden anstelle der erprobten American Locomotive Com-

78 Umsatzentwicklung der Krauss-Maffei AG 1949 bis 1969 (in Mio. DM bzw. Veränderung in Prozent zum Vorjahr)
[Geschäftsberichte 1949 ff., in: BWA, F 44/ohne Signatur.]

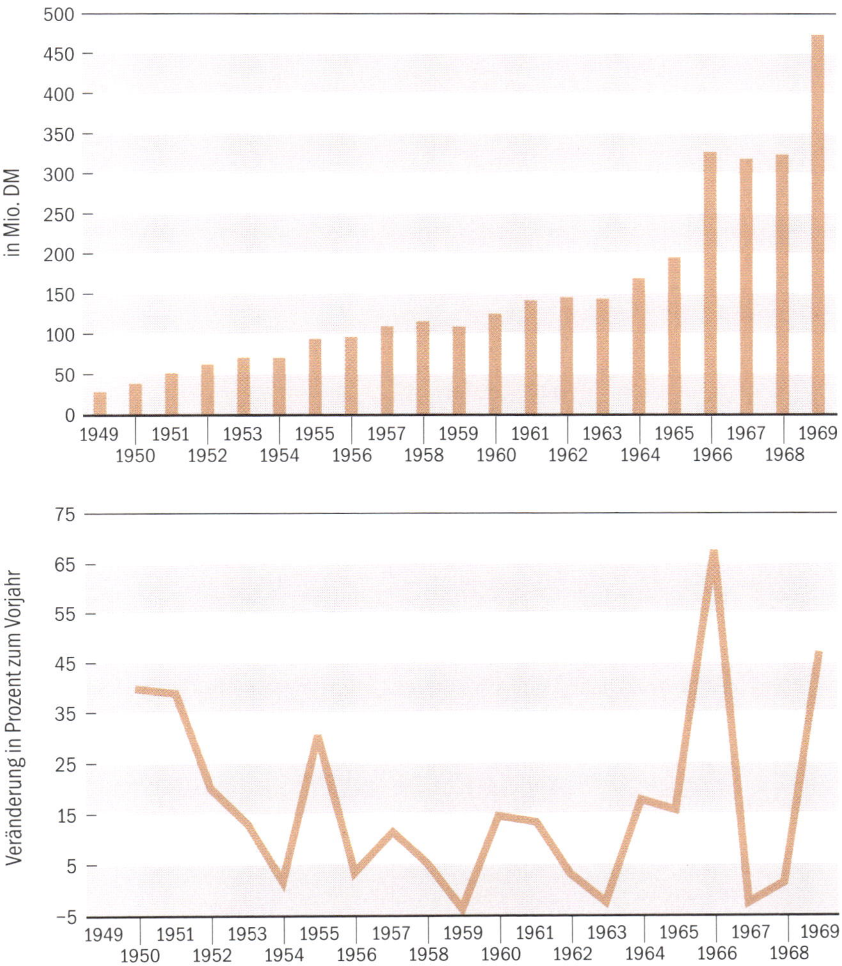

79 Fertigstellung der 100. Diesel-lokomotive V 200 im Jahr 1965
[BWA, F 44, KM 52]

pany (ALCO-Motoren).[118] Die Unterhaltskosten der Krauss-Maffei-Loks waren auf jeden Fall durch die häufigen Schäden auf ein Vielfaches angewachsen. Für die Southern Pacific war damit die Wirtschaftlichkeit des Einsatzes hinfällig geworden, für Krauss-Maffei seinerseits stand schon jetzt ein Verlust von zehn Mio. D-Mark aus dem Geschäft fest. In der Not heuerte der Vorstand den bereits im Ruhestand befindlichen Mitterwallner an, um »die prekäre und sehr kostspielige Situation mit der Southern Pacific zu erleichtern«.[119] Letztlich blieb aber nichts anderes übrig, als sämtliche 21 von Krauss-Maffei gelieferten 4000-PS-Loks stillzulegen, und da Krauss-Maffei einen Rückkauf ablehnte, wurden sie ein Jahr später still und heimlich in den USA verschrottet.[120]

Die allgemeine Krise hatte auch die Konzentrations- und Kooperationstendenzen in der deutschen Lokomotivindustrie weiter verstärkt. Ende 1964 war die MaK aus dem Flick-Verbund ausgeschieden und von Krupp übernommen worden; die Henschel-Werke AG ihrerseits waren inzwischen im Rheinstahl-Konzern aufgegangen.[121] Krauss-Maffei wiederum suchte neben der 1961 bereits aus der Taufe gehobenen LEU mit Krupp sein Heil im Schmieden eines Rationalisierungs- und Marktkartells von Krauss-Maffei, Krupp MaK Maschinenbau GmbH und Rheinstahl Henschel AG mit einheitlichem Vertrieb, einheitlicher Entwicklung und einheitlicher Konstruktion, »welches einen Wettbewerb der vier produzierenden Betriebe über die Preise ausschließt, d. h. die Unternehmen erhalten zu einheitlichen Verrechnungspreisen ihre Produktionsquoten«.[122] Ende 1969 jedoch musste der Krauss-Maffei-Vorstand konstatieren, dass alle Bemühungen um den Dreierbund in der »Lok-GmbH« endgültig gescheitert waren. In seinem traditionellen Kerngeschäftsfeld Lokomotivbau, das inzwischen umsatzmäßig zu einem nachrangigen Geschäftsfeld geschrumpft war, sah Krauss-Maffei damit allenthalben einer ungewissen Zukunft entgegen.

Neben den Problemen im Lokomotivbau, Kunststoffmaschinenbau und im Bereich Verfahrenstechnik hatte Krauss-Maffei aber auch mit einer wachsenden Krise seiner Tochtergesellschaften zu kämpfen. Das Personal in den fünf kleinen Firmen Eckert & Ziegler, Fellner & Ziegler, Rittershaus & Blecher sowie Breuer-Werke AG und Thermovox war durchweg von hoher technischer Qualität, aber es fehlten die unternehmerische Führung und eine sinnvolle Integration in das Mutterunternehmen Krauss-Maffei; beides wurde von München weitgehend nicht geleistet. Unerfahrenheit mit technisch komplexen Großanlagenprojekten und mangelnde Koordination der Vertriebsaktivitäten hatten dafür gesorgt, dass alle Tochtergesellschaften erhebliche Verluste machten und sich zu Belastungen entwickelten. Noch 1966 wurden daher Breuer und Fellner & Ziegler liquidiert bzw. verkauft. Angesichts dieser gesamtwirtschaftlichen und unternehmensinternen Entwicklungen beschloss der Vorstand im Oktober 1966 einige Sparmaßnahmen.[123] Im Mittelpunkt standen dabei Entlassungen. Mit inzwischen 5300 Beschäftigten hatte Krauss-Maffei in diesem Jahr tatsächlich seinen bisherigen Höchststand erreicht; nun sollte es aber deutliche Personalreduzierungen auf 4700 Beschäftigte, d. h. um über zehn Prozent, geben. Den Anfang sollten im Dezember 1966 und Januar 1967 250 Krauss-Maffei-Arbeiter, vorwiegend aus dem Gießerei-Bereich, machen, allerdings empfahl der damalige Aufsichtsratsvorsitzende Grabowski dem Vorstand, den entsprechenden Antrag auf Massenentlassungen bis zu den bayerischen Landtagswahlen im Herbst 1967 zurückzuhalten.[124] Der Belegschaftsabbau betraf dabei vor allem ausländische Belegschaftsangehörige, die inzwischen ca. 900 Beschäftigte stellten, das waren 19 Prozent der Gesamtbelegschaft. Die im Laufe des Jahres 1967 in einer Reihe von Werkstätten für etwa 400 Krauss-Maffei-Arbeiter eingeführte Kurzarbeit traf jedoch alle Beschäftigungsgruppen. Zwischen Vorstand und Betriebsrat hatte es dabei Einvernehmen über die Maßnahmen gegeben.[125] Einerseits hatte es in Fragen prekärer Beschäftigungslagen seit jeher eine offene und vor allem auch frühzeitige Kommunikation zwischen den Tarifpartnern gegeben. Der heftige Tarifkonflikt und anschließende Streik vom 9. bis 30. August 1954 in der bayerischen Metallindustrie, an dem sich auch die Krauss-Maffei-Belegschaft nahezu geschlossen beteiligt hatte, war eine Episode in den industriellen Beziehungen geblieben.[126] Zum anderen war das Problem kurzzeitiger Beschäftigungslücken und dadurch notwendiger, meist vorübergehender Entlassungen bei Krauss-Maffei seit den 1950er-Jahren an der Tagesordnung gewesen.

Schon zwischen 1951 und 1953 hatte es einen Belegschaftsabbau um 18 Prozent oder fast 700 Beschäftigte gegeben, zwischen 1956 und 1959 abermals um 500 Beschäftigte oder zehn Prozent. Und 1963 kam es erneut zu größeren Entlassungen. Aber schon kurz danach war immer wieder ein rascher Anstieg der Beschäftigtenzahlen erfolgt, und mit 4700 Mann Belegschaft erreichte Krauss-Maffei im Jahr 1955 erstmals einen Höchststand seit Kriegsende, wie der Vorstand damals stolz konstatiert hatte. Das

80 Entwicklung der Belegschaft bei Krauss-Maffei 1946 bis 1969
[Statistiken in: BWA, F 44/AKM 17]

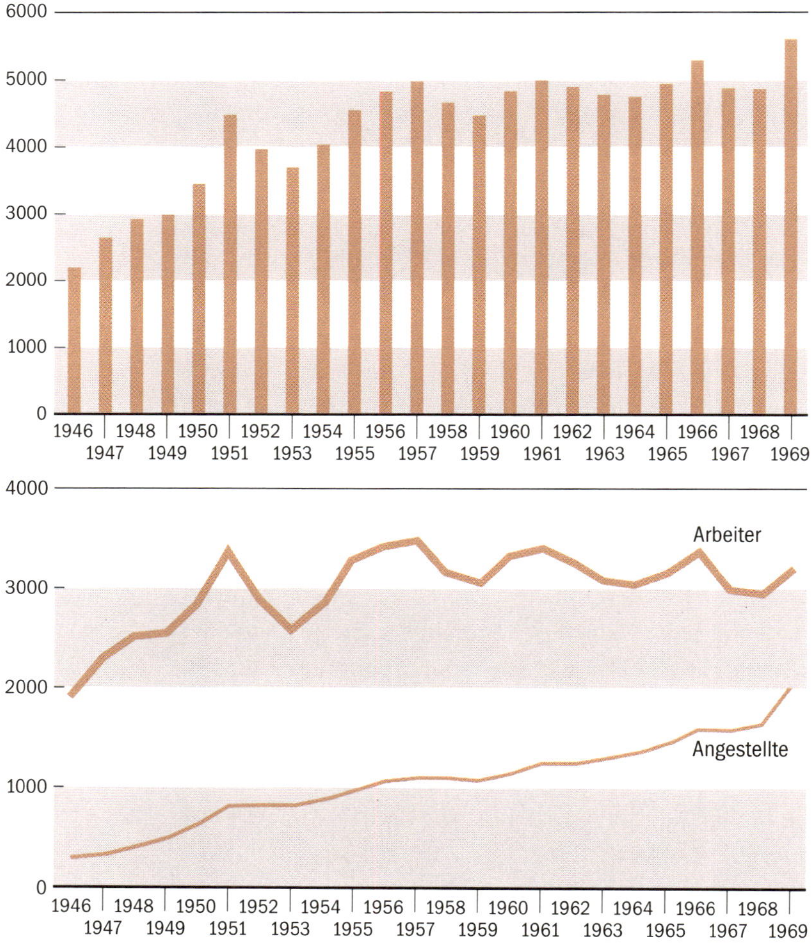

permanente Problem von Krauss-Maffei war dabei gewesen, die nötige und rasch wachsende Zahl hochqualifizierter Fertigungs-, Entwicklungs- und Versuchsingenieure und Konstrukteure zu bekommen. Der komplexe Großmaschinenbau und das Fehlen von hochrationalisierter Serienfertigung erforderten seit jeher weit mehr qualifizierte Facharbeiter und anderes gut ausgebildetes Personal als etwa im Automobilbau, wo in diesen Jahren noch die an- und ungelernten Arbeitskräfte dominierten. Mit hohen freiwilligen sozialen Leistungen wie Altersvorsorge, Weihnachtszuwendungen, Zuschüssen für die Werksküche, sogar einem eigenen Werksfriseur und einer Ermäßigung des Bierpreises, vor allem aber durch überdurchschnittliche Akkord- und Zeitlöhne, die um bis zu sechs Prozent über denjenigen bei Nachbarunternehmen wie BMW, Friedrich Deckel GmbH oder Süddeutsche Bremsen-AG lagen, versuchte Krauss-Maffei im Kampf der Münchner Großbetriebe um die damals allenthalben knappen Arbeitskräfte, die Nase vorn zu haben.[127] Eine zentrale Rolle spielten hier der Werkswohnungsbau und die Bereitstellung billigen Wohnraums in Firmennähe. Mit der Wohnungsbaugenossenschaft »Alte Heide« und der Vergabe von zinslosen Darlehen an die Werksangehörigen zur Errichtung eines Eigenheims oder zur Wohnungsbeschaffung konnte Krauss-Maffei sich als besonders attraktiver Arbeitgeber präsentieren. Schon früh hatte man auch mit der Technischen Hochschule München Kontakt aufgenommen, um dort qualifizierte technische Nachwuchskräfte zu rekrutieren. Und im Jahr 1966 machte Krauss-Maffei mit einer bemerkenswerten Umschulungsaktion von sich reden, als die bayerischen Kohlebergwerke in Hausham, Peißenberg und Penzberg stillgelegt wurden. Anders als andere Unternehmen setzte Krauss-Maffei die frei werdenden Arbeitskräfte nicht als Angelernte ein, sondern startete für insgesamt 40 ehemalige Bergleute ein mehrjähriges, abgestuftes Umschulungsprogramm, an dessen Ende »maschinenbautaugliche«, hochqualifizierte Facharbeiter standen.[128] Dieses mühsam akquirierte Beschäftigungspotenzial wollte der Krauss-Maffei-Vorstand bei kurzfristigen Auftragslücken auf keinen Fall verlieren, und daher hatte man immer mit allen Mitteln nach schnellen Überbrückungsaufträgen gesucht. Dieses beschäftigungspolitische Prinzip des Vorstands galt auch in den Krisenjahren 1966/67.

Eines der Hauptprobleme, mit denen der Krauss-Maffei-Vorstand zu kämpfen hatte, war aber trotz aller außertariflichen Anreize die hohe Fluktuation. Etwa 25 Prozent der Beschäftigten wechselten jährlich den

Arbeitsplatz, im Jahr 1962 etwa verließen 884 Arbeiter und 158 Angestellte freiwillig Krauss-Maffei, an ihre Stelle traten 1042 neue Belegschaftsmitglieder in das Unternehmen ein. Die hohen Fluktuationsraten bedeuteten erhebliche Kosten für Anwerbung und Einarbeitung von ca. 1,5 Mio. D-Mark pro Jahr. Dass auch die anderen Münchner Großbetriebe der Metall- und Maschinenbauindustrie mit ähnlich hohen und zum Teil sogar noch höheren Fluktuationsraten zu kämpfen hatten, war nur ein schwacher Trost.[129] Eine Analyse der Gründe ergab, dass etwa zwei Drittel auf unbefriedigende Lohn- und Gehaltszahlungen zurückzuführen waren, aber auch ein Fünftel wegen schlechter Leistungen oder Verstößen gegen die Betriebsordnung entlassen werden musste.[130] Auch Konflikte mit Vorgesetzten und Kollegen waren, vor allem bei den deutschen Arbeitskräften, ein häufig genannter Grund. Ein besonderes Problem stellte aber auch die Fluktuation der sogenannten Gastarbeiter dar. Sie stellten etwa ein Drittel aller Fluktuierenden, bezogen auf die Gesamtzahl der bei Krauss-Maffei beschäftigten Ausländer waren dies extrem viele. Einen deutlichen Zusammenhang gab es etwa mit der Art der Beschäftigung, denn über 70 Prozent der Arbeiter in der Schmiede und Gießerei waren ausländische Arbeitskräfte, d. h., sie verrichteten meist die körperlich anstrengendsten Arbeiten unter schlechten Arbeitsbedingungen. Und für viele Italiener, Griechen und Türken waren die Beschäftigung in einem Großbetrieb sowie die Trennung von der Familie in einem fremdsprachigen Umfeld eine völlig neue Erfahrung. »Wir dürfen die Ausländerbeschäftigung sich nicht einfach entwickeln lassen«, so hieß es dazu in dem Bericht, »sondern müssen danach streben, diese Dinge besser in den Griff zu bekommen. Wir sollten den Mut haben, hier zu beginnen, das große Risiko mit abzubauen, dass eine große, örtlich massierte, stark fluktuierende, dem Betrieb, dem Beruf oder der Tätigkeit wenig oder gar nicht verbundene, womöglich undefinierbaren Strömungen ausgesetzte ›Arbeiterunterschicht‹ entsteht.«[131] An eine Verlagerung der Fertigungsstätte ins Ausland, wie das in anderen deutschen Unternehmen bereits ins Kalkül gezogen oder auch umgesetzt wurde, dachte man bei Krauss-Maffei trotz aller Probleme aber zu keiner Zeit.

In der Frage der Beschäftigungspolitik und des Produktionssystems von Krauss-Maffei gab es noch zwei weitere Besonderheiten. Zum einen den rasanten Anstieg der Zahl der Angestellten im Vergleich zu der der Arbeiter: 1955 bereits betrug die Quote 21 Prozent zu 72 Prozent (1:3), 1968

81 a + b Werkstattarbeiter, 1959
[BWA, F 44/KM 32]

dann 33,5 Prozent zu 60 Prozent (1:1,8). Dies war eine Folge des allgemeinen Wandels der Qualifikationsstrukturen und der Bürokratisierungstendenzen in Großbetrieben, war aber auch dem spezifischen und sehr heterogenen Produktionsprogramm bei Krauss-Maffei mit dem bereits erwähnten großen Bedarf an Ingenieuren und Technikern geschuldet. Das Fertigungsprogramm von 1953 verlangte noch Personal aus den Berufen Kesselschmied, Nieter, Schweißer, Schreiner und Sattler, während die Produktionsstruktur des Jahres 1967 ganz andere Qualifikationen, wie Kunststofftechniker, Anlagenbauer, Hydraulikexperten und »Werkstückkontrolleure« sowie Datenverarbeitungsfachkräfte, Betriebswirte und Produktionsplaner erforderte.[132] Ein wesentliches Faktum für alle unternehmenspolitischen Entscheidungen stellten mithin nach wie vor die spezifischen Produktionsstrukturen am Standort München-Allach dar, mit der Beschäftigung von seit 20 Jahren im Durchschnitt nahezu gleichbleibend ca. 4000 Arbeitern in einer funktional integrierten Warm- und Kaltverformung im Großmaschinenbau. Bei Krauss-Maffei wurden nur geringe Stückzahlen gefertigt, es gab keine Großserienfertigung, und die einzelnen Produktionsschritte waren sehr komplex und somit schlecht automatisierbar. All das beeinflusste zwangsläufig das Produktportfolio und die Programmgestaltung sowie die Kosten und den Ertrag, aber auch die Arbeitskräftestruktur des Unternehmens. Trotz erheblicher Investitionen in die Fertigungsanlagen von über 100 Mio. D-Mark seit der Währungsreform verfügten die Produktionsstätten Ende der 1960er-Jahre nicht über einen Stand, der eine unter Flexibilitätsgesichtspunkten optimale Fertigung mit Blick auf die Änderungen der Marktbedürfnisse ermöglicht hätte.[133] Und es gab höchst unterschiedliche Beschäftigungswirkungen der einzelnen Fertigungsprogramme, die über die jeweiligen bloßen Umsatzzahlen nicht zu erkennen waren. Die Lokfertigung etwa besaß eine eher geringe eigene Beschäftigungstiefe, d. h., in den nach außen hin hoch erscheinenden Umsätzen steckten in erheblichem Umfang Fremdleistungen durch Zulieferer und nur geringe Anteile von tatsächlich in den Krauss-Maffei-Werkstätten erbrachten Eigenleistungen. Im Bereich des verfahrenstechnischen Geschäfts, beim Zentrifugen- oder Trommelfilterbau und vor allem im Kunststoffmaschinenbau, steckten dagegen große Eigenleistungen. Hinsichtlich des Beschäftigungsgrades und der Fixkostendeckung, so notierte der Vorstand denn auch im Juni 1964, »ist das Umsatzvolumen von Kunststoffmaschinen mindestens doppelt so hoch zu bewerten wie etwa bei den Diesselloks«.[134] Mit anderen Worten, Umsatzeinbrüche (aber auch Umsatzsprünge) im Lokomotivgeschäft schlugen beschäftigungsmäßig weit weniger zu Buche als in den anderen Bereichen. Die beschäftigungspolitische Gesamtlage bei Krauss-Maffei hing zunehmend vom Kunststoffmaschinengeschäft ab. Als der Vorstand im Frühjahr 1969 eine Studie über »das Image von Krauss-Maffei als Arbeitsstätte im Vergleich zu anderen Großbetrieben des Münchner Raums« in Auftrag gab, zeigte sich als Ergebnis all dieser Entwicklungen denn auch ein ambivalentes Bild.[135] Krauss-Maffei galt als durchaus sicherer Arbeitsplatz und Großbetrieb, der verkehrstechnisch gut zu erreichen war und sowohl gute Sozialleistungen und ein positives Betriebsklima als auch ein attraktives Lohn- und Gehaltsniveau bot. Allerdings hielt eine Mehrheit der Befragten das Unternehmen mit seinem traditionellen und eher abschreckend wirkenden Produktionsprogramm für wenig dynamisch und modern. Damit war tatsächlich ein zentraler Punkt der faktischen Unternehmenslage getroffen.

Restrukturierungsbemühungen und versuchter Neuaufbruch mit moderner Unternehmensstruktur

Es dauerte daher bis Mitte der 1960er-Jahre, bis Krauss-Maffei nach 20 Jahren laufender Umstrukturierungen endlich ein Fertigungsprogramm und eine Geschäftsfeldorientierung mit relativ klaren Schwerpunkten gefunden hatte. Diese bald unter dem Oberbegriff des Zivilgeschäfts laufenden Produktionsstrukturen – Lokomotivbau, Anlagen- und Verfahrenstechnik, Kunststoffmaschinenbau und der zur Auslastung der erheblichen Kapazitäten in Form von Fremdaufträgen hereingenommene Schwermaschinenbau – sollten jedoch ab Mitte der 1960er-Jahre bald umsatz- und ertragsmäßig gegenüber dem wehrtechnischen »Sonderprogramm« in den Hintergrund gedrängt werden. Der Blick auf die Abb. 83, Tabelle S. 230 zeigt dabei, wie stark sich in dieser Phase die Umsatzstruktur und die Gewichtung der einzelnen Geschäftsfelder in ihrem Anteil am Gesamtumsatz verschoben haben:

Das einst mit weit über 60 Prozent des Gesamtumsatzes dominierende Fahrzeugbaugeschäft (Lokomotiv- und Omnibusbau) schrumpfte auf einen Bruchteil von etwas mehr als zehn Prozent zusammen, während

82 Übersicht zu den Arbeitsunfällen im Oktober 1963

[BWA, F 44/KM 12]

83 Umsatzstruktur Krauss-Maffei AG 1955 bis 1969 (Anteil am Gesamtumsatz in Prozent)

[Zusammengestellt und errechnet nach den Angaben in: »Umsatzentwicklung der Krauss-Maffei AG nach Produktgruppen 1945–171 in TDM«, in: BWA, F 44/AKM 17]

Jahr	Lokomotiv-Geschäft	Fahrzeugbau	Trenntechnik/ Verfahrenstechnik	allgemeiner Maschinenbau	Gießerei	Kunststoffmaschinenbau	Wehrtechnik-Geschäft
1955	45,8	20,1	15,3	12,0	5,5	–	–
1959	35,3	20,7	18,5	8,6	11,3	4,9	–
1963	46,1	2,5	16,4	8,5	12,8	9,4	4,0
1967	13,8	0,2	14,5	1,4	9,3	8,0	52,2
1969	11,2	–	13,3	–	7,3	23,1	45,0

der Kunststoffmaschinenbau rasant an Bedeutung gewann, aber Ende der 1960er-Jahre als Hauptumsatzträger vom Wehrtechnikgeschäft, das nun umsatzmäßig das Bild prägte, verdrängt wurde. Geradezu dramatisch präsentierte sich die Kapitalverfassung von Krauss-Maffei. Die Eigenkapitaldecke war extrem dünn, sie betrug 1955 gerade einmal 17,3 Mio. D-Mark oder 26 Prozent der Bilanzsumme und schrumpfte bei einem über alle Jahre nahezu unveränderten Grundkapital kontinuierlich auf knapp zwölf Prozent am Ende der 1960er-Jahre. Seit 1948 war dem Unternehmen keine Mark Eigenkapital zugeflossen, eine einzige Kapitalerhöhung im Jahr 1965 erfolgte aus Gesellschaftsmitteln und erhöhte das Grundkapital von 13 Mio. auf gerade einmal 16,25 Mio. D-Mark. Erhebliche Summen an entnommenen Gewinnen in Form von Dividende, Gewinnabführung und Konzernumlage, zwischen 1955 und 1968 waren dies fast 60 Mio. D-Mark, standen deutlich geringeren stehen gebliebenen Gewinnen als Zuführung zu den offenen Rücklagen (22,1 Mio. D-Mark) gegenüber.[136] Jährlich überwies Krauss-Maffei an seine Großanteilseigner Buderus bzw. Flick den größten Teil seiner erwirtschafteten Gewinne, d. h., die Münchner konnten die gesamte Unternehmensentwicklung seit der Währungsreform nur zu einem Bruchteil aus versteuerten Gewinnen selbst finanzieren, sondern mussten sie fast ausschließlich durch Fremdmittel aufbringen – und dies bei einer Entwicklung des Gesamtumsatzes von 27 Mio. D-Mark im Jahre 1949, 93,3 Mio. D-Mark im Jahr 1955 und 472,6 Mio. D-Mark im Jahr 1969. Über die Jahre hatte sich dadurch zwangsläufig ein Schuldenberg von 250 Mio. D-Mark angehäuft, das 6,5-Fache des gesamten damaligen Eigenkapitals. Und für die kommenden Jahre sah auch der Krauss-Maffei-Vorstand keine Besserung der Lage. In einem Anfang 1969 erstellten mittelfristigen Finanzplan bis 1973 prognostizierte man einen Finanzbedarf für die folgenden fünf Jahre von 185 Mio. D-Mark, dem jedoch nur 65 Mio. D-Mark an Eigenmitteln gegenüberstanden. Somit entstand ein Fehlbetrag von weiteren 120 Mio. D-Mark, der über neue Kredite und ein weiteres Schuldscheindarlehen ausgeglichen werden musste.[137] Noch schrieb Krauss-Maffei insgesamt schwarze Zahlen. Allerdings stagnierten schon seit 1958 die Erträge des Zivilgeschäfts auf einem Niveau von ca. 3,5 bis vier Mio. D-Mark pro Jahr. Darin spiegelten sich die enormen Anstrengungen der Unternehmensführung um eine Neugestaltung des Fertigungsprogramms und zur Überwindung des schrumpfenden Lokomotivbaus wider. Gerade in den Jahren 1965 bis 1968 sollten wesentliche Teile der früheren

Erträge aus dem Lokomotivbereich und dem Gießereiwesen hierfür aufgezehrt werden. Und ab 1968 geriet das Zivilgeschäft dann in die roten Zahlen. Gewinne erwirtschaftete Krauss-Maffei seitdem für lange Jahre nur noch im Wehrtechnikgeschäft.

Im Juni 1968 bekam Krauss-Maffei mit dem gerade einmal 40-jährigen Helmut Wolf einen neuen Vorstandsvorsitzenden. Wolf war Jurist und bereits seit 1951 im Unternehmen, seit Juli 1965 auch als kaufmännischer Vorstand. Der vormalige Vorstandsvorsitzende Oskar Stamm war 68-jährig schon im Mai 1966 gestorben; seitdem hatten zunächst die verbliebenen drei Vorstandsmitglieder Jessurum, Ziebart und Wolf das Unternehmen im Kollegialprinzip zu leiten und durch die Krisenjahre 1966/67 zu steuern versucht. Dass nach dem Ingenieurvorstand Stamm nun mit Wolf ein promovierter Jurist das Ruder übernahm, signalisierte gleich in mehrfacher Hinsicht einen Wechsel in der Politik und Strategie der Krauss-Maffei AG. Zum einen markierte es eine Fortsetzung des Generationswechsels, denn an seine Seite trat neben Jessurum, dem Vertriebsvorstand, mit dem 39-jährigen Erhard Carl auch ein neuer Technikvorstand, ergänzt durch Felix Kast, einen erfahrenen Produktionsmanager, der von nun an im Vorstand für den Bereich Betrieb zuständig war. Die Techniker und Ingenieure waren damit weiterhin stark im Krauss-Maffei-Vorstand vertreten, aber was künftig verstärkt zählte, waren politische Kontakte und Verhandlungskompetenzen im Rüstungsgeschäft. Dafür war der Jurist Wolf der geeignetere Mann. Und nicht zuletzt sollte die Neu- und Umbesetzung des Krauss-Maffei-Vorstandes wohl auch ein Signal zum Aufbrechen der allenthalben verkrusteten Strukturen, zur Modernisierung und zur Einleitung einer neuen Unternehmensstrategie sein. Die gleichzeitig erfolgten personellen Änderungen im Aufsichtsrat setzten demgegenüber allerdings auf Kontinuität und Tradition. Anstelle des inzwischen 70-jährigen Franz Grabowski, der seit Juli 1955, mit dem Einstieg von Buderus als Flick-Manager, den Aufsichtsratsvorsitz innegehabt hatte, kam nun als Nachfolger Herbert Rohrer, der, obzwar ebenfalls aus dem Flick-Konzern kommend, von Anfang an als schwacher Übergangsvorsitzender agierte. Neben ihm kam Friedwart Bruckhaus aus dem Vorstand der Buderus'schen Eisenwerke in den Krauss-Maffei-Aufsichtsrat, ergänzt durch Heinz Osterwind (Deutsche Bank) und Robert Dohm (Commerzbank), die die Bankenseite repräsentierten. Obschon ein umfangreicher Modernisierungs- und Restrukturierungsbedarf bestand, war dennoch offenkundig, dass Bude-

84 Besuchergruppe aus Indien am 6. August 1964 vor dem Werksmodell

[BWA, F 44/KM 42/1]

85 Besuch einer Wirtschaftsdelegation aus den USA im Juni 1967

[BWA, F 44/KM 42/1]

rus/Flick das Konzernmitgliedsunternehmen Krauss-Maffei weiterhin an der langen Leine führen wollten.

Der neue Krauss-Maffei-Vorstand unter Wolf begann seine Arbeit mit erheblichen Aktivitäten. Nur wenige Wochen nach der Amtsübernahme legte er eine umfassende Zukunftsplanung und Neuausrichtung der Unternehmensstrategie vor und beauftragte die Unternehmensberatungsgesellschaft McKinsey & Company, Düsseldorf mit dem Entwurf und der Umsetzung einer neuen, divisional ausgerichteten Unternehmensorganisation. Neben dem weiteren Ausbau des Sonderfahrzeugprogramms im Rüstungsgeschäft stand vor allem die Restrukturierung des traditionellen Lokomotivbaus im Vordergrund, unter anderem durch ein geplantes Abkommen mit der Bundesbahn, das Krauss-Maffei die Übernahme sämtlicher Lokreparaturen für den süddeutschen Raum sichern sollte. Daneben stand das Ziel der Zusammenführung der deutschen Lokindustrie (Projekt »Deutsche Lok-GmbH«) insbesondere im Hinblick auf die Wiederbelebung des Exportgeschäfts auf dem Papier und unter dem Stichwort »Aerotrain« der »Vormarsch in neue Transport-Systeme«.[138] Im Bereich des Kunststoffmaschinenbaus plante der Vorstand neben der Entwicklung einer neuen Generation von Spritzgießmaschinen eine vertikale Erweiterung durch die Neuaufnahme der Rotationsgießtechnik. Hierzu war, wie erwähnt, die Übernahme der Firma Thermovox, die über das nötige Know-how verfügte, vorgesehen. Und man gab eine Marktstudie bei der Beratungsgesellschaft Arthur D. Little in Auftrag, die die Basis für das weitere Vordringen auf dem US-Kunststoffmaschinenmarkt bilden sollte. Auch im Bereich Trenntechnik und Anlagenbau formulierte der Krauss-Maffei-Vorstand ehrgeizige Ziele, u. a. die Konzentration auf Mengensteigerungen im Zellstoffanlagenbereich, die Lizenznahme für »diverse Maschinen und Verfahren« und den Ausbau des Zementanlagengeschäfts. Und schließlich stellte der Vorstand unter dem Titel »Neue Produkte« diverse Aktivitäten und Planungen vor, mit denen Krauss-Maffei das Produktportfolio weiter zu diversifizieren suchte. »Wir sind bemüht«, so hieß es in dem Memorandum, »aus der Erkenntnis heraus, dass der Lokomotiv-Neubau in den nächsten Jahren in zunehmendem Maße zurückgehen wird und das vorhandene Maschinenprogramm ›Verfahrenstechnik‹ nur noch begrenzt expansionsfähig sein wird, neue Produkte im Rahmen des Fahrzeug-, Maschinen-, Apparate- und Anlagenbaues in unser Programm aufzunehmen. Wir streben damit an, den gesamten Umsatzanteil des Zivil-

86 Dr. Helmuth Wolf, Vorstandsvorsitzender bei Krauss-Maffei 1965 bis 1975 (rechts; ganz links der Flick-Generalbevollmächtigte Eberhard v. Brauchitsch)

[BWA, F 44/KM 17]

87 Besuch des Münchner Oberbürgermeisters Hans-Jochen Vogel am 13. Januar 1966

[BWA, F 44/KM 42/1]

programms auf über 50 Prozent der gesamten Unternehmensleistung zu halten und den Produktionsanteil des Zivilprogramms auf alle Fälle mit 85 Prozent und darüber zu sichern.«[139]

Es war ein ebenso umfangreiches wie sich in vielen Detailbereichen verzettelndes Programm, von dem schon nach kurzer Zeit klar werden sollte, dass so gut wie kaum etwas tatsächlich umsetzbar, geschweige denn umsatz- und ertragsträchtig war. Bemerkenswert war dabei jedoch das Gewicht, das man zu diesem Zeitpunkt dem noch unter dem bezeichnenden Titel des »Sonderprogramms« laufenden wehrtechnischen Geschäft innerhalb der gesamten Unternehmensaktivitäten einräumen wollte. Tatsächlich hatte 1964 hinter der Bewerbung um das Management und die Lieferung der Leopard-Kampfpanzer das Hauptmotiv gestanden, damit eine einmalige und isoliert für sich gesehene Beschaffungsaktion für drei Jahre durchzuführen. Ein nachhaltiger Einstieg in das Rüstungsgeschäft und die Produktion von militärischen Gütern waren offenbar nicht beabsichtigt, vielmehr ging man im Vorstand damals davon aus, dass die drei Jahre eine ausreichende Überbrückungszeit darstellten, während der es möglich sein würde, das Sonderprogramm wieder durch andere zivile Aktivitäten zu ersetzen. In der zweiten Jahreshälfte 1968, als der neue Vorstand nun seine Zukunftsstrategie vorlegte, zeichnete sich zwar schon deutlich ab, dass aus dem zeitlich begrenzten Sonderprogramm sich ein neues, zentrales und in jeder Hinsicht rasch an Bedeutung gewinnendes Geschäftsfeld entwickelte. Dennoch notierte der Vorstand in seinem entsprechenden Memorandum, dass »der Anteil des Gesamt-Sonderprogramms am Gesamtumsatz von Krauss-Maffei zwar voraussichtlich rund 55 Prozent beträgt, der Gesamtanteil an der Produktion von Krauss-Maffei (Eigenfertigung) jedoch nach wie vor nur ca. 15 Prozent umfasst. Es kann also weiterhin durchaus von einer weitgehenden Unabhängigkeit der Produktion von Krauss-Maffei vom Sonderprogramm gesprochen werden«, wobei, so hieß es ergänzend dazu an anderer Stelle, »inzwischen die Absicht besteht, aus dem Sonderprogramm einen auf Dauer tragfähigen Bestandteil des Gesamtprogramms von Krauss-Maffei zu entwickeln«.[140] Von nachhaltigen Zukunftsplanungen und großen unternehmensstrategischen Visionen des Krauss-Maffei-Vorstandes im Sommer/Herbst 1968 konnte dennoch keine Rede sein.

Umso mehr erschien der unternehmensorganisatorische Umbruch als Zäsur und nachhaltige Modernisierungsmaßnahme. Die Organisation von Krauss-Maffei war seit der Vorkriegszeit im Wesentlichen unverändert geblieben und basierte auf dem System der funktionalen Arbeitsteilung für die Bereiche Produktion, Technik, Vertrieb und Finanzen/Verwaltung vom Vorstand bis zu den einzelnen Positionen in den oberen und unteren Leitungsebenen. Daran hatte auch die vorübergehende Zusammenfassung mehrerer funktionaler Organisationsbereiche in einer Person innerhalb des Vorstandes (Produktion und Technik bei Dr. Stamm) nichts geändert, ebenso wenig wie die vorübergehende Trennung des Funktionalbereichs Vertrieb innerhalb des Vorstandes auf zwei Personen für Inland (Busse) und Ausland (von Mitterwallner). Die funktionale Organisation hatte zu einer klaren Abgrenzung der Verantwortungs- und Tätigkeitsbereiche geführt, gleichzeitig jedoch auch zu den charakteristischen Mängeln: Es fehlte die Produktbezogenheit bei den unternehmerischen Aktivitäten ebenso wie eine Kosten- und Ertragsorientierung in den einzelnen Bereichen; es herrschte ein allgemeiner Mangel an Initiativen bei der Setzung von Wachstums- und Ertragszielen, d. h. bei der Ausrichtung auf Unternehmensziele unterhalb der Vorstandsebene. Es gab keine integrierten Gewinn- und Geschäftspläne, es mangelte an der Koordinierung zwischen Vertrieb und Technik, und allenthalben waren die Vorstände mit Entscheidungen des täglichen Geschäftsablaufs übermäßig belastet.[141] »Die gegenwärtige Organisation der Krauss-Maffei AG«, so hatten die Berater von McKinsey in ihrem Bericht konstatiert, »beruht weitgehend auf der ungewöhnlichen Entwicklung des Unternehmens und den Management-Prinzipien, die das Unternehmen in der sehr schwierigen Übergangszeit der letzten Jahre leiteten.«[142] Es gab vor allem drei Faktoren, die über die vergangenen Jahre hinweg prägend waren: Erstens die rückläufige Entwicklung des Lokomotivgeschäfts, zweitens die Art und Weise des Vorgehens bei der eingeleiteten Diversifizierung des Unternehmens und drittens die traditionelle Rolle des Vorstandes. Mehr als jeder andere Faktor hatten das Lokomotivgeschäft und seine ständig rückläufige Entwicklung die Grundprinzipien des Unternehmens, die Managementverfahren und die Organisationsstrukturen beeinflusst. Wie stark die alles dominierende Tradition des »Lokomotivbau-Denkens« Krauss-Maffei nach wie vor beherrschte, zeigte sich etwa an der Philosophie der optimalen Kapazitätsausnutzung. Die Zeit, als das Werk München und die dort produzierten Lokomotiven praktisch die Existenz der Krauss-Maffei AG begründeten, waren noch sehr nahe. Das Management zog daraus die Schlussfolgerung, dass, solange das Werk mit der höchstmöglichen Kapazitätsauslastung arbeitete, eine optimale Rentabilität erreicht werden könne. Als die Kapazitätsausnutzung durch den Lokomotivbau zu sinken begann, glaubte man im Vorstand einhellig, dass neue Produkte wie Lastwagen, Omnibusse und Kunststoffmaschinen die überschüssigen Kapazitäten auslasten könnten, und stellte darauf die weitere Unternehmenspolitik ab. »Selbst heute noch«, so konstatierten die Berater, »gilt bei verschiedenen Führungskräften der Krauss-Maffei die möglichst hohe Kapazitätsauslastung als Unternehmensziel. Sie glauben noch immer, dass die Verwirklichung dieses Ziels zu optimalen Gewinnen und Wachstum führen wird.«[143]

Inzwischen stand jedoch eindeutig fest, dass dieses Unternehmensziel nicht mehr gültig war. Eine wachsende Zahl von Führungskräften hatte akzeptiert, dass für den künftigen Erfolg eine gründliche und systematische Suche nach Gewinnmöglichkeiten und nicht nur nach neuen Möglichkeiten zur Kapazitätsausnutzung erforderlich war. Dazu kam ein wachsendes Kostenproblem. Das Werk München, die grundlegende Organisation und viele der Managementverfahren waren zur Zeit des Dampflokomotivbaus aufgebaut und entwickelt worden. Was damals vielleicht kostenwirksam war, erwies sich nun aber als ungeeignet und viel zu teuer für die anderen Fertigungszweige. Die Krauss-Maffei-Produkte der späten 1960er-Jahre brauchten nicht mehr die hohen Fertigungsstunden und komplizierten Kontrollsysteme, die für das Lokomotivgeschäft charakteristisch waren. Die Folge war, dass die in München hergestellten Produkte so hohe Herstellungs- und Konstruktionsgemeinkosten mittrugen, dass sie preislich nur schwer mit den Erzeugnissen anderer Hersteller konkurrieren konnten. Da funktionelle Interessen den Gewinnzielen vorangestellt wurden, befasste sich bislang bei Krauss-Maffei auch niemand intensiv genug mit der dringenden Notwendigkeit von Kostensenkungen. Schließlich spielten auch Probleme durch »Beamtentumdenken« eine Rolle. Lokomotiven waren ein Behördengeschäft, und dementsprechend färbte auch ein entsprechendes Denken auf die zuständigen Krauss-Maffei-Führungskräfte ab. Statt Initiative, Risikobereitschaft und Verantwortlichkeit dominierte eher ein Hang zur Sicherheit und Behutsamkeit. Das waren Mentalitäten, die in den neuen, diversifizierten Produkt- und Geschäftsfeldern von Krauss-Maffei mit ihren raschen Innovationszyklen, harten Wettbewerbsbedingungen und ihrem häufig wechselnden Marktumfeld Misserfolge geradezu vorprogrammierten. Anstelle der »Beamten« der mittleren und oberen Führungsebene im Lokomotivgeschäft waren für Erfolg in dynamischen Wachstumsgeschäften »Unternehmer« und gewinnorientierte Manager erforderlich.

Aus der Art und Weise der Diversifikation, dem zweiten Faktor, ergab sich ebenfalls eine Belastung und Problemlage für Krauss-Maffei. Wie viele andere Unternehmen hatte der jeweilige Krauss-Maffei-Vorstand die Diversifizierung mehr opportunistisch als planvoll in Angriff genommen. Sie bestand weitgehend aus Sofortprogrammen, mit denen die ungenutzten Kapazitäten im Werk München ausgelastet werden sollten. Dadurch wurden zweifellos Arbeitsplätze gerettet und – denkt man an die schwierigen Jahre 1952, 1959, 1963 und 1967 – vielleicht sogar das Unternehmen. Jedoch wurden dadurch auch länger wirkende Schwächen und Probleme verursacht. Infolge der Sofortprogramme entwickelte Krauss-Maffei Managementmethoden, die auf kurzfristige Ziele wie etwa die Arbeitsbeschaffung aus waren. Wurde dieses Ziel erreicht, fehlte eine langfristige Strategie zur erfolgreichen Weiterführung der jeweiligen Programme. Keines der neuen Geschäftsfelder erwirtschaftete denn auch anhaltend zufriedenstellende Gewinne. Hinzu kam, dass man, um eine neue Geschäftstätigkeit rasch aufnehmen zu können, eine bereits in diesem Bereich etablierte Firma aufkaufte oder die entsprechenden Führungskräfte und Know-how-Träger abwarb. Im Eifer des Gefechts um möglichst schnelle und günstige Akquisitionen wurden jedoch die längerfristigen Auswirkungen auf Organisation und Führungsstrukturen übersehen. Den neu erworbenen Geschäften und Tochtergesellschaften war es oft möglich, eigene Managementsysteme zu entwickeln bzw. alte Traditionen weiter zu pflegen. Die Folge waren Doppelarbeit, Rivalität und aufwendige Maßnahmen bei der Koordinierung der unterschiedlichen Planungs- und Rechnungssysteme. Schließlich prägten und hemmten auch, als dritter Faktor, die traditionelle Definition und das althergebrachte Selbstverständnis der Vorstandsmitglieder die Entwicklung bei Krauss-Maffei. Wie in vielen anderen Unternehmen wurde der Vorstand der Krauss-Maffei AG als das Gremium der höchsten Vertreter jeder Funktion betrachtet, das mehrere Funktionen betreffende Probleme löst, funktionelle Tätigkeiten koordiniert und über Pläne und Prioritäten entscheidet. Diese Unternehmensführungsorganisation hatte zweifellos auch Erfolge vorzuweisen, allem voran den Aufbau einer beachtlichen weltweiten Vertriebsorganisation, dazu ein überdurchschnittlich gut ausgebildetes Rechnungswesen sowie eine an Konkurrenzmaßstäben gemessen ausgezeichnete Organisation der Produktion, d. h. Arbeitsvorbereitung, Planung und Fertigungssteuerung. Dieses System streng funktionaler Unternehmenssteuerung funktionierte bei Krauss-Maffei darüber hinausgehend jedoch nur mit Einschränkungen und brach zeitweise auch völlig zusammen, wie die häufigen internen Konflikte innerhalb des Vorstandes zeigten, vor allem wenn es darum ging, die Interessen des eigenen Funktionsbereichs vor die Interessen des gesamten Unternehmens zu stellen. Was dabei noch schwerwiegender war: Das Management der mittleren Ebene lernte schnell, dass eine direkte Zusammenarbeit mit anderen Funktionsbereichen gefährlich war; mit dem Ergebnis, »dass immer mehr interfunktionelle Aufgaben an den Vorstand weitergeleitet werden, obwohl sie von den Führungskräften bearbeitet werden sollten«, wie die McKinsey-Berater nach ihren Gesprächen bei Krauss-Maffei konstatierten.[144] Dass auch noch der über 15 Jahre hinweg als Vorstandsvorsitzender fungierende Oskar Stamm mit den Führungsaufgaben zunehmend überfordert war und wie kein anderer die Tradition des Lokomotivbau- und Kapazitätsdenkens personifizierte, dass nach seinem Tod zunächst aber keine anerkannte Führungspersönlichkeit benannt wurde und daher zeitraubende Diskussionen und Kompromissentscheidungen die Unternehmensführungsorganisation prägten, all das machte die Probleme nur noch schlimmer. Das Fehlen eines modernen Vorstands- und Führungsdenkens mit entsprechenden Managementmethoden machte sich vor allem dann gravierend bemerkbar, als es bei Krauss-Maffei eigentlich um die Festlegung von Unternehmenszielen, die Entwicklung anspruchsvoller Gewinnpläne, den Entwurf längerfristiger Unternehmensstrategien und den Mut zu einschneidenden Restrukturierungsmaßnahmen hätte gehen müssen.

Die Analyse der Berater stellte dem bisherigen Vorstand von Krauss-Maffei damit ein schlechtes Zeugnis über die vergangene Unternehmenspolitik aus, legte vor allem aber die zahlreichen weitgehend unbewussten Prägefaktoren offen. Ein radikaler Wandel erschien notwendig, und die Berater entwarfen daher ein umfangreiches, über eine bloße Neufassung der Organisationsstrukturen weit hinausgehendes Modernisierungsprogramm. Zunächst wandten sich die Berater den Hauptschwächen der Organisation bei Krauss-Maffei zu: Um die außerordentliche organisatorische Zersplitterung der Verantwortlichkeit des Managements für die einzelnen Geschäfte zwischen autonomen Tochtergesellschaften und schlecht koordinierten Funktionen zu beseitigen, schlugen sie eine neue, dezentrale Organisationsstruktur vor. Sie basierte auf weitgehend abgeschlossenen, unternehmerisch geleiteten, kosten- wie gewinnverantwortlichen Geschäftsbereichen, die von kostenverantwortlichen Zentralabteilungen unterstützt wurden. Sechs produktgruppenbezogene Geschäftsbereiche – Kunststoffmaschinen, Verfahrenstechnik, Sonderprogramm, Anlagenbau (der nach weiteren Überlegungen in zwei Teilgeschäftsbereiche für Zellstoff- und Zementgroßanlagen bzw. für Kunststoff- und Chemieanlagen geteilt wurde), Lokomotiven und Transportsysteme sowie Fabrikationsaufträge bzw. Gießerei- und Schmiedeprodukte – wurden eingerichtet und die jeweiligen Tochtergesellschaften darin integriert.

Innerhalb der Geschäftsbereiche wiederum gab es zahlreiche Arbeitsgebiete für die einzelnen Projekte, für Kalkulation, technische Planung oder Kundendienst. Das Werk München als qualitäts- und kostenverantwortliche Produktionszentrale stand sämtlichen Geschäftsbereichen zur Erfüllung ihrer Fertigungsaufträge zur Verfügung. Innerhalb des Vorstands wurden die einzelnen Geschäftsbereiche jeweils einem der Mitglieder als Produktgruppenleiter zugeordnet: Carl war für Kunststoffmaschinen und Verfahrenstechnik sowie den Zentralbereich Technik zuständig, Wolf für den Geschäftsbereich Anlagenbau und für sämtliche Zentralbereiche (Personal, Verwaltung, Planung und Rechnungswesen sowie Werbung und PR), von Hans-Dietrich von Beruth waren der Bereich Sonderprogramm und die Geschäftsbereiche Lokomotiven zugeordnet, während Kast für den Betrieb München, die Fabrikationsaufträge und die Zentralbereiche Einkauf und Betriebsplanung zuständig war.[145]

Es war allerdings klar, dass Änderungen der Organisationsstruktur allein nicht ausreichen würden, den notwendigen Umbruch herbeizuführen, sondern auch grundlegende Änderungen der Managementverfahren notwendig waren. Neue Managementmethoden der Entscheidungsfindung und Informationsverarbeitung, Planung und Kontrolle mussten bei Krauss-Maffei entwickelt und implementiert werden. Noch im September 1968 wurde daher ein neues, ebenfalls von McKinsey entwickeltes und den neuen Organisationsstrukturen angepasstes Planungssystem eingeführt. Eine eigene Abteilung »Zentrale Planung« wurde dafür gegründet, die eng mit den ebenfalls neu errichteten Abteilungen »Zentrale Marktforschung« und »Zentrale Technik« zusammenarbeitete. Im neuen Planungssystem ging man bei Krauss-Maffei künftig von vorab definierten Wachstums- und Ertragszielen aus, die über eine ganze Reihe von Einzelplänen

88 Organisationsstruktur der Krauss-Maffei AG Juni 1970

[BWA, F 44/B 10]

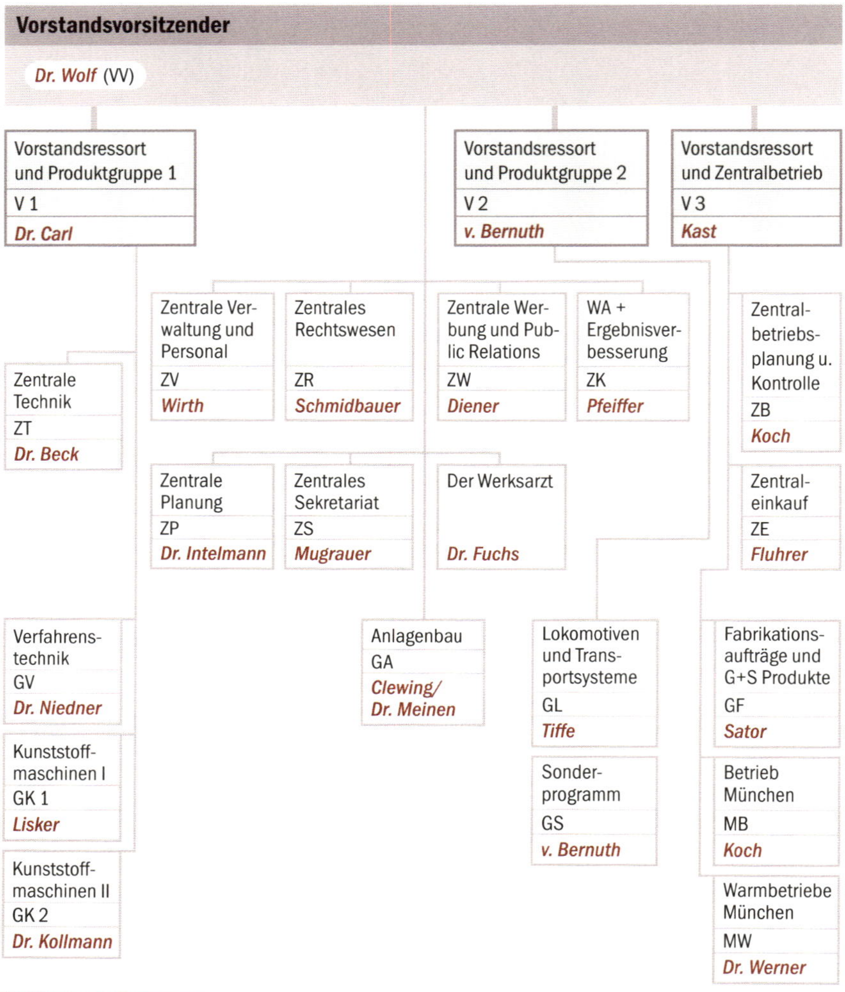

(Umsatzplan, Produktionsplan, Personalbedarfsplan, Entwicklungsplan, Investitionsplan) auf Geschäftsbereichsebene heruntergebrochen bzw. von diesen mit Vorschlägen zur Zielerreichung versehen wurden. Aus der Zusammenfassung aller Einzelpläne entstand dann unter anderem der Finanzplan. In einem eigenen Planbuch wurden sämtliche Daten zusammengefasst, die für die Unternehmensleitung zur Kontrolle über Soll-/Ist-Vergleiche notwendig waren.[146] Zur Verbesserung der Managementmethoden und Einführung des neuen Planungssystems kamen die Ausarbeitung und Durchführung eines Kostensenkungsprogramms hinzu. In eigenen Projektteams wurden sämtliche Kostenarten analysiert, um die Effektivität der Ausgaben festzustellen, und im April 1969 wurde hierfür zusätzlich die Abteilung »Zentrale Ergebnis- und Kostenverbesserung« eingerichtet. Flankierend dazu und zunächst ebenfalls von McKinsey-Leuten angeleitet, entwarf man ein Gewinnverbesserungsprogramm, das sich zuerst mit der Fertigungsvorbereitung und Fertigungssteuerung befasste und, so die Schätzungen der Berater, Einsparungen von ca. 460 000 D-Mark pro Jahr bringen würde.[147] Schließlich stand am Ende dieses umfangreichen Modernisierungs- und Restrukturierungspakets die Ausarbeitung einer spezifischen Unternehmenswachstumsstrategie, in der die langfristigen Ziele, Perspektiven und erwarteten Entwicklungen für Krauss-Maffei festgeschrieben wurden.

All das waren Maßnahmen und Konzepte, die die Consultingfirmen seit Anfang/Mitte der 1960er-Jahre überall in Deutschland propagierten und die zu diesem Zeitpunkt bereits in fast allen deutschen Großunternehmen praktiziert und eingesetzt wurden. Für Krauss-Maffei stellten sie jedoch einen massiven Umbruch dar und kamen einer Revolution gleich; letztlich sollten diese Maßnahmen das Unternehmen und sein Management überfordern und in weiten Teilen scheitern lassen. Der große Aufbruch, den das »Zukunftsprogramm« und die neue Unternehmensorganisation des neuen Vorstands unter Wolf 1968 nach außen wie innen zu signalisieren schienen, erwies sich als trügerisch. Krauss-Maffei präsentierte sich Mitte 1968 als Unternehmen, das sich allenthalben im Umbruch befand, dabei aber aus einer Position zunehmender Schwäche und Defensive agierte. Daneben wurde inzwischen eine geradezu abenteuerliche Querfinanzierung praktiziert. »Im Jahre 1969«, so rechnete der Vorstand im Dezember 1969 auf der Aufsichtsratssitzung vor, »entsteht im Zivilprogramm ein Fehlbetrag von rund 40 Mio. D-Mark, den wir aus den höheren Anzahlungen der Export-Panzer finanzieren. In 1970 werden wir diese Mittel jedoch zur Verrechnung der erhaltenen Panzer-Anzahlungen benötigen, so dass wir die im Zivilprogramm entstehende Finanzierungslücke durch die oben bezeichneten flüssigen Mittel aus dem Vorjahr und Bereitstellungen bzw. Anzahlungen der italienischen Regierung decken werden. Unsere Gesamtverschuldung wird Ende 1969 auf 383 Mio. D-Mark anwachsen.«[148] Der Start in die lange Krisendekade der 1970er-Jahre erfolgte daher in keiner guten Verfassung.

Im Kurs der Krauss-Maffei-Aktie schlugen sich all diese Entwicklungen jedoch nur teilweise nieder. Bis 1954 war der Wert der Aktie lediglich moderat gestiegen, 1952 krisenbedingt sogar um 30 Prozent eingebrochen, ehe seit 1954 im Vorfeld bzw. im Gefolge des Einstiegs von Flick der Kurs bis Anfang der 1960er-Jahre rasant in die Höhe schoss.

Es folgte 1962 ein kurzzeitiger Absturz, als im Zeichen der Kubakrise die Aktienkurse weltweit einbrachen, ehe eine allgemeine Erholung einsetzte, die im Fall der Krauss-Maffei-Aktie im Zusammenhang mit den Spekulationen um die und dann der tatsächlichen Vergabe der Panzer-Aufträge in eine regelrechte Rüstungshausse mündete. Die Krauss-Maffei-Aktie, die im Allgemeinen nicht zu den Favoriten der Börse gehörte, kletterte im Herbst 1963 in wenigen Tagen bis auf 510 Prozent, und den größten Teil dieses Gewinns konnte die Aktie auch in den folgenden Monaten halten. Der Rüstungsauftrag heizte die Spekulation an und brachte in das Krauss-Maffei-Papier »die das Börsengeschehen so belebende Phantasie«.[149] Im Laufe des Jahres 1965 kamen Spekulationen über Art und Umfang der Ausweitung des Krauss-Maffei-Aktienbesitzes durch Flick, der bis dahin seinen Anteil von zunächst 30 Prozent auf 65 bis 70 Prozent aufgestockt hatte, hinzu. Auf dem Börsenparkett machten Gerüchte die Runde, dass Flick den verbliebenen 30 Prozent freien Aktionären ein Abfindungsangebot zu einem Kurs über 300 Prozent unterbreiten würde,[150] allerdings sorgte das allgemeine Börsenklima dennoch für insgesamt sinkende Kurse. Auf der außerordentlichen Hauptversammlung im Dezember 1965 wurde dann die enge Angliederung von Krauss-Maffei an den Großaktionär Buderus/Flick, der inzwischen 77,1 Prozent der Anteile hielt, über einen Organvertrag mit Ergebnisabführung von den Aktionären einstimmig gebilligt.[151] Flick bot den freien Aktionären eine freiwillige Barabfindung zwischen 400 und 500 Prozent an, wahlweise aber auch bei Festhalten an den Krauss-Maffei-Anteilsscheinen künftig eine Dividendengarantie von mindestens 15 Prozent.[152] An einem Hinauskaufen der verbliebenen freien Aktionäre war Flick offenbar nicht interessiert. Wer seine Krauss-Maffei-Aktien tatsächlich behielt, konnte sich denn auch als Gewinner betrachten. Als nämlich Mitte des ersten Vierteljahres 1966 die Entscheidung des Bundesverteidigungsministeriums fiel, dass Krauss-Maffei auch bei der Entwicklung und dem Bau des Leopard-2-Panzers die Führung übernehmen sollte, ging der Aktienkurs des Münchner Unternehmens in kurzer Zeit regelrecht durch die Decke und stieg bis Ende 1968 auf 700 Prozent. Zu diesem Zeitpunkt lagen aber nur noch 5,9 Prozent des Grundkapitals von Krauss-Maffei in der Hand freier Aktionäre. Dem Unternehmen standen allerdings mit die krisenreichsten Jahre seiner Geschichte bevor.

89 Kursentwicklung der Krauss-Maffei-AG-Aktie 1948 bis 1968 (in Prozent Nominalwert)

[Saling Aktienführer 1974, 600]

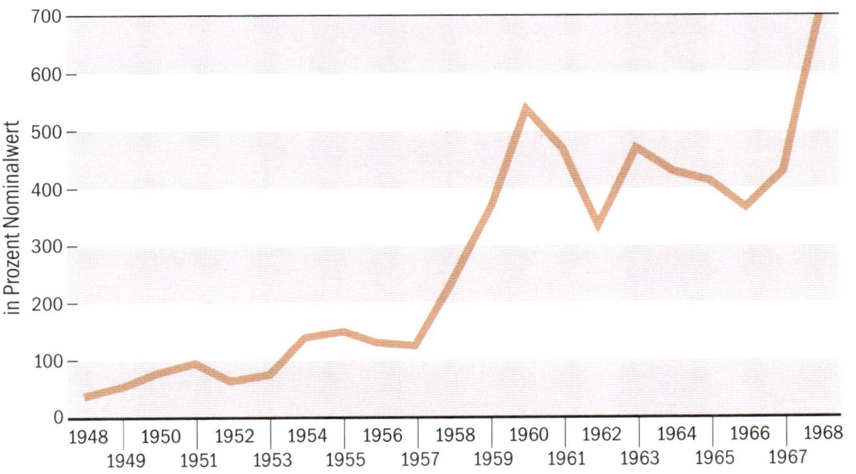

90 Umsatzentwicklung Krauss-Maffei AG 1970 bis 1985
(in Mio. DM bzw. Veränderung in Prozent zum Vorjahr)

[Geschäftsberichte 1970 ff. in: BWA]

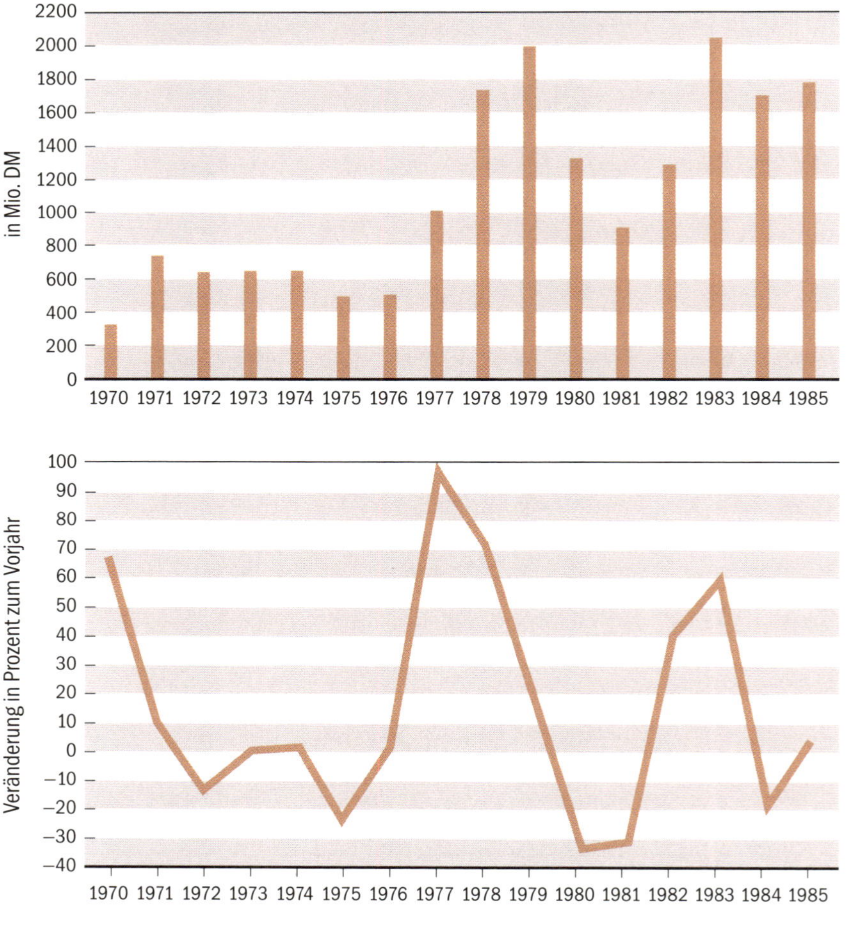

4.2 Auf dem Weg zur Rüstungsschmiede (1969/70 bis 1985)

Krauss-Maffei bot in der von Ölpreisschock und Stagflation geprägten gesamtkonjunkturellen Krisendekade der »langen 1970er-Jahre« ein ambivalentes Bild. Einerseits gelang es, sich durch das boomende Rüstungsgeschäft von der gesamtwirtschaftlichen wie maschinenbauspezifischen Entwicklung vielfach abzukoppeln. Das Umsatzbild des Unternehmens war 1970, 1977 und 1982/83 von markanten »Leoparden-Sprüngen« gekennzeichnet, allerdings auf Kosten extremer Schwankungen, trotz gleichzeitig insgesamt deutlichen Wachstums. 1977 überschritt der Krauss-Maffei-Umsatz erstmals die Milliardengrenze, 1983 bereits die Zwei-Milliarden-Hürde.

Andererseits traten die lange verdeckten Probleme in der Unternehmensentwicklung nun offen zutage, u. a. mit massiven Ertragsproblemen, wachsenden Verlusten in vielen Geschäftsfeldern und einer anhaltend schwachen Eigenkapitalbasis von durchgehend zwischen sechs und sieben Prozent. Nach den langen Jahren der Unternehmenskontrolle am lockeren Zügel wurde seitens des Flick-Konzerns daher nun mit harter Hand in die Unternehmensführung eingegriffen. Die 1970er-Jahre einschließlich der ersten Hälfte der 1980er-Jahre waren eine turbulente Phase, in der auch bei Krauss-Maffei wie bei vielen anderen deutschen Unternehmen Sparprogramme, Entlassungen, häufige Vorstandswechsel und permanente Sanierungsversuche das Bild prägten. Das Unternehmen überlebte allein aufgrund der Gewinne im Rüstungsgeschäft, die wiederum viele der Probleme verdeckten. Trotz dieser nach außen hin stattfindenden Transformation zur »Rüstungsschmiede« zeichnete sich die innere Entwicklung aber weiterhin durch vielfältige Innovationsbemühungen aus, sei es in der »neuen« Verkehrstechnik, im Kunststoffmaschinenbau oder in der stark zur Umwelttechnik werdenden Verfahrenstechnik und dem Anlagenbau. Aber es gab hier auch teure Fehlentscheidungen. Und hinzu kam, dass das Geschäft von Krauss-Maffei mehr denn je hochpolitisch geprägt war. Der Anteil des Behördengeschäfts mit Bundesbahn und Bundesverteidigungsministerium machte 1970 bereits 71,8 Prozent des Gesamtumsatzes aus, 1985 sollten es 90 Prozent sein, mit einem Höhepunkt im Jahr 1983, als allein der Umsatz des Rüstungsgeschäfts 1,9 Mrd. D-Mark betrug und damit 93 Prozent des Gesamtumsatzes darstellte. Die Krise manifestierte sich dagegen vor allem im nach wie vor heterogenen Zivilgeschäft, und Mitte der 1980er-Jahre stand am Ende dieser Phase keine erfolgreiche Sanierung, sondern der weitgehende Ausstieg von Buderus bzw. Flick als Hauptanteilseigner. Krauss-Maffei sollte zum Spielball der politischen Restrukturierungs- und Neuformierungsbemühungen der Rüstungsbranche durch die Bayerische Staatskanzlei und die Bundesregierung werden.

Tiefrote Zahlen: Die Krise des Zivilgeschäfts

Anfang 1971 stellte der Krauss-Maffei-Vorstand für ein anberaumtes Gespräch mit Gert-Rudolf Flick, dem zu diesem Zeitpunkt noch als Miteigner des Konzerns fungierenden Neffen Friedrich Flicks, eine umfangreiche, über 100 Seiten starke Studie zu Krauss-Maffei zusammen, in der neben einem organisatorischen Überblick auch detaillierte Informationen zu den einzelnen Geschäftsfeldern gegeben wurden.[153] Die Münchner Manager priesen darin ihre (als solche aber explizit nicht benannte) Diversifikationsstrategie und Ausrichtung auf unterschiedliche Abnehmerkreise, die hohen Wachstumsraten und relativ guten Ertragschancen, dazu auch eine »gute Verträglichkeit mit den bei Krauss-Maffei gegebenen Entwicklungs- und Fertigungsmöglichkeiten« sowie eine größere Unabhängigkeit von Konjunkturschwankungen.[154] Auch die Nachteile wurden allerdings benannt: »die bei den meisten Erzeugnissen gegebenen geringen Seriengrößen, das erforderliche starke technische Engagement pro Einzelgeschäft und die unvermeidliche Personalintensität und Zersplitterung der Aktivitäten«.[155] Tatsächlich war der Bericht durchaus selbstkritisch. Mit den umsatzmäßig bedeutenden zivilen Maschinenbau-Erzeugnissen bestritt Krauss-Maffei, so stand dort etwa, nur zwischen fünf und 20 Prozent des Marktes: »Marktführerschaft ist bei keinem umsatzmäßig bedeutenden Produkt gegeben.«[156] Als Hauptprobleme des Unternehmens wurden dabei, neben der bereits erwähnten Personalintensität und Zersplitterung der Produkte und Aktivitäten, die akute Unterkapitalisierung und die damit verbundenen hohen Zinslasten benannt. Und die kurz- und mittelfristigen Wachstumsaussichten in den einzelnen Geschäftsbereichen wurden, bei allenthalben wachsendem Wettbewerbsdruck im Behörden- wie Industriegeschäft, durchweg eher verhalten geschildert. Immerhin tauchten in der Studie erstmals auch explizit Begriffe wie Unternehmens- bzw. Produktstrategie und Marketing auf. Bereits im Juni 1970 hatte der Krauss-Maffei-Vorstand einen Katalog von Unternehmenszielen mit mittelfristigen Zielvorgaben, ergänzt durch ein erstmals entworfenes Unternehmensleitbild für Krauss-Maffei, vorgelegt. Darin stand noch zu lesen, dass die Priorität bei der Erweiterung des bestehenden Zivilprogramms in wachstums- und ertragsstarke Bereiche sowie bei der Erschließung neuer Märkte und Fertigung neuer Produkte liege, während das Rüstungsgeschäft auf 15 Prozent der Produktion und höchstens 50 Prozent des Umsatzes beschränkt werden sollte.[157] Auch das Krauss-Maffei-Image der 1970er-Jahre war dort als Zielvorgabe definiert worden. Das Münchner Unternehmen sollte als »modernes Maschinen- und Fahrzeugbau-Unternehmen mit weltweiter Vertriebsorganisation und weltweiter Produktion« wahrgenommen werden. Der erwartete bzw. erhoffte Bruttoertrag am Ende dieser Dekade sollte bei jährlich 50 bis 60 Mio. D-Mark liegen, was einer Wachstums- und Ertragsprognose von über 500 Prozent entsprach. Diese Ziele und Vorgaben wurden nun einer Überprüfung unterworfen, und die im Mai 1971 vorgelegten neuen Zielvorgaben deuteten zumindest teilweise in andere Richtungen. »Krauss-Maffei als Unternehmen des Maschinen- und Fahrzeugbaus mit modernster Technologie und weltweitem Vertrieb soll in seiner Lebensfähigkeit gestärkt werden durch Gewährung einer angemessenen Dividende an die Aktionäre und ausreichende Dotierung der Rücklagen zur Sicherung der Arbeitsplätze und des Wachstums«, hieß es nun.[158] Krauss-Maffei wolle mit seinen Geschäftsbereichen »möglichst multinational« tätig sein und mit seinen Erzeugnissen marktführende Positionen anstreben. Und man nahm die Ertragsziele auf knapp 30 Mio. D-Mark deutlich zurück, was angesichts der »unbefriedigenden Erträge« im stark diversifizierten Zivilgeschäft und des zu hohen Aufwands für die »in den letzten Jahren häufig vorgenommene Änderung der Fertigungsstruktur« nur nahelag.[159]

Es war offensichtlich seit langer Zeit das erste Mal, dass sich jemand von Seiten des Großanteilseigners intensiver für Krauss-Maffei zu interessieren und mit der Geschäftsausrichtung auseinanderzusetzen begann. Auf diese Weise war der Vorstand zu einer Unternehmensanalyse und Formulierung seiner Strategie und Ziele gezwungen. Mitte 1971 war der Aufsichtsrat umgebildet worden. Der bisherige Aufsichtsratsvorsitzende Rohrer schied vorzeitig aus, ebenso wie die beiden Bankenvertreter Osterwind (Deutsche Bank) und Dohm (Commerzbank).[160] An ihre Stelle trat mit Ernst Kämpfer, Adolf Thomae und Hanns Arnt Vogels nun gleich eine ganze Riege von Generalbevollmächtigten der Flick KG in den Aufsichtsrat ein. Den Vorsitz übernahm Kämpfer, der vormals Finanzvorstand bei BMW und der Maximilianshütte gewesen war. Das Bild, das sich den Flick-Managern bot, sorgte in Wetzlar bzw. Düsseldorf offenbar für einiges Entsetzen. Anlagenbau und Kunststoffmaschinengeschäft waren stark defizitär und schrieben auch 1970 und 1971 tiefrote Zahlen. Die Debatten zwischen Aufsichtsrat und Vorstand konzentrierten sich daher vor allem auf Maßnahmen zur Ertragsverbesserung des Zivilprogramms und zur Kostensenkung. Der Vorstand legte schließlich ein »tiefgreifendes« Sparprogramm vor, das sowohl Personalkosten- als auch Sachkostenminderungen »in beträchtlicher Höhe« beinhaltete.[161] Faktisch ging es um die Entlassung von 500 Mitarbeitern und die Kürzung der Reisespesen und des Werbeaufwands. Diese Maßnahmen, so die Erwartung des Vorstands, könnten alles in allem noch im Jahr 1971 Einsparungen von fünf Mio. D-Mark erbringen. Ergänzend dazu wurde die Züricher Unternehmensberatungsfirma Hayek Engineering AG mit einer Kostensenkungsstudie beauftragt. Der Vorstand bekam von Seiten des Aufsichtsrats den expliziten Auftrag, durch weitestgehende Senkung der Gemeinkosten das Zivilprogramm verlustfrei zu gestalten und vor allem auch das Kunststoffspritzgießmaschinengeschäft »so weit zu sanieren, dass 1973 dort keine Verluste mehr entstehen«.[162] Tatsächlich zeichnete sich ein Jahr später, im Dezember 1972, ab, dass sich die Ertragslage des Unternehmens insgesamt verbesserte und die Verluste reduziert worden waren. Die Fabrikate-Ergebnisse stiegen von 12,4 Mio. D-Mark auf 19,7 Mio. D-Mark und damit um knapp 60 Prozent. Dennoch empfahl der Aufsichtsrat, die Bemühungen um eine weitere

91 Werksbesuch von Friedrich Karl Flick bei Krauss-Maffei am 11. März 1973
[BWA, F 44/KM 42/1]

92 Aufsichtsratssitzung Anfang der 1970er-Jahre mit Friedrich Karl Flick und dem Aufsichtsratsvorsitzenden Kämpfer
[BWA, F 44/KM 16]

Stärkung des Zivilgeschäfts unvermindert fortzusetzen, da das gegenwärtige Maschinen- und Fahrzeugprogramm bei normaler Konjunkturlage noch keineswegs die Fertigungskapazitäten von Krauss-Maffei auslaste und keine Gewähr für einen gesicherten, befriedigenden Ertrag biete.[163] Die für 1983 geplante »positive Ertragsgestaltung« in allen Geschäftszweigen sei anerkennenswert, jedoch sei die Erreichung der gesetzten Unternehmensziele wegen der Unsicherheiten vor allem im Kunststoffmaschinengeschäft noch fraglich. Es bedürfe daher dringend einer weiteren Stärkung und Intensivierung des Zivilprogramms. »Die Ertragskraft des Sonderprogramms ist wegen des Auslaufens der Exportgeschäfte, der laufend enger werdenden Verteidigungsbudgets und dem immer härter werdenden Preiskampf am Markt für die Zukunft keine tragende Grundlage des Krauss-Maffei-Programms.«[164]

Schon im Januar 1973 machte sich der Vorstand denn auch Gedanken über die Ausweitung des Zivilprogramms, nicht zuletzt da sich abzeichnete, dass bereits 1975 eine Lücke in den Rüstungsaufträgen entstehen würde, die nur mit zusätzlichen Umsätzen im Zivilgeschäft überbrückt werden konnte. Im Bereich Verkehrstechnik und Kunststoffmaschinenbau plante man daher einen »sales push«, u. a. auch durch »die Hereinnahme möglichst vieler Aufträge auch bei sehr geringer Fixkostendeckung« sowie den ernsthaft erwogenen Bau von Kleinst-Spritzgießmaschinen bzw. Einfach-Spritzgießmaschinen.[165] Und wie so oft stand auch wieder das Thema »Aufnahme neuer Produkte« auf der Tagesordnung, u. a. Förderbänder, Linearmotoren, Aufzüge und Rolltreppen. Doch dann durchkreuzte die erste Ölpreiskrise Ende 1973 alle Planungen. Die Preisexplosion traf vor allem den Kunststoffsektor und den »bereits durch die Überkapazitäten preiskranken Markt« für Kunststoffmaschinen mit voller Wucht. Praktisch über Nacht brachen die Aufträge bei Krauss-Maffei ein. Am Ende des Jahres 1973 konnte man gerade noch 7,6 Mio. D-Mark als Bruttogesamtergebnis erwirtschaften, dann rutschte Krauss-Maffei 1974 bis 1976 in tiefrote Zahlen, mit kumulierten Verlusten von über 67 Mio. D-Mark.[166] Anstatt wie in den Vorjahren jährlich zwischen 3,5 und vier Mio. D-Mark Gewinn nach Wetzlar zu Buderus abzuliefern, musste nun der Hauptanteilseigner mit Finanzspritzen zum Verlustausgleich einspringen, um nach außen hin wenigstens eine einigermaßen ausgeglichene Bilanz präsentieren zu können.[167] Die Handlungsspielräume des Vorstands zur Umsetzung der Strategie des Zivilprogramm-Ausbaus waren damit jedenfalls auf null geschrumpft. Die Ergebnis- und Finanzplanung für 1974 und 1975, die der Krauss-Maffei-Vorstand im Dezember 1973 bzw. Januar 1974 an den Aufsichtsrat nach Düsseldorf geschickt hatte, wiesen allerdings noch ganz andere und letztlich viel zu optimistische Zahlen aus. Man rechnete mit einem positiven Betriebsergebnis von 32 bzw. 35 Mio. D-Mark und einem Bilanzergebnis von zehn Mio. D-Mark.[168] Und diese Zahlen hatte man offensichtlich auch Friedrich Karl Flick bei einem Besuch Mitte März in München noch präsentiert.[169]

In den Monaten darauf sah sich der Vorstand jedoch zu ständigen Korrekturen gezwungen. Anfang Mai beschwerte sich denn auch der Aufsichtsratsvorsitzende in einem Brief an den Vorstand über die laufenden Gewinnrücknahmen, die inzwischen auf gerade noch fünf Mio. D-Mark geschrumpft waren. »Ich kann«, so schrieb Kämpfer nach München, »eine Planung in dieser Form nicht entgegennehmen.«[170] Im September 1974 rechtfertigte sich Kämpfer in einer Notiz an Flick für die desaströse Umsatz- und Ergebnisplanung bei Krauss-Maffei. Die laufend und von Monat zu Monat erarbeiteten Zwischenergebnisse seien durch neue Erkenntnisse, die sich aus der Kosten- und Marktentwicklung ergaben, immer wieder überrollt worden.[171] Daneben hätten sich im Zivilprogramm im Vergleich zur Planung die Umsatzrückstände, vor allem im Bereich Kunststoffmaschinen, ständig vergrößert. Für 1974 wurde letztlich ein Finanzbedarf für Krauss-Maffei von 83,9 Mio. D-Mark errechnet. Als Ausweg aus der Krise beschloss der Vorstand jedoch anstelle einer grundlegenden Sanierungsstrategie eine bloße Neuauflage des Sparprogramms und betonte die »dringende Notwendigkeit, die Ertragskraft des Unternehmens durch die Übernahme neuer Programme zu stärken«.[172] Als im Mai 1975 der Aufsichtsrat zu seiner Sitzung zusammenkam, zeigte sich erst das ganze Ausmaß der Krise, in der sich Krauss-Maffei befand. Insgesamt 40 Mio. D-Mark waren allein in diesem Jahr an Verlusten im Verkehrstechnikbereich zu erwarten, weitere 35 Mio. D-Mark im Kunststoffmaschinenbau.[173] Wie war es dazu gekommen?

Vom Hoffnungsträger zum Sorgenkind: Die Krise im Kunststoffmaschinenbau

Nach der kräftigen Expansion des Spritzgießmaschinengeschäfts und den damit verbundenen Kapazitätserweiterungen in der zweiten Hälfte der 1960er-Jahre zeichnete sich schon seit 1970/71 eine Schrumpfung der Nachfrage und damit auch ein wachsender Konsolidierungsbedarf ab. Gerade erst hatte Krauss-Maffei seine mehrstufige Strategie im Kunststoffmaschinenbereich abgeschlossen. Nach der Konzentration von Konstruktion, Entwicklung, Anwendungstechnik und Vertrieb in München als erstem Schritt und dem Aufbau einer neuen Fertigungsstätte in Weißenburg am ehemaligen E&Z-Standort erfolgte mit der Eröffnung des Krauss-Maffei-Kunststoff-Zentrums im Sommer 1970 der dritte Schritt.[174] Der Vorstand hatte sich den Bau des neuen Entwicklungs- und Weiterentwicklungs-»Labors«, in dem unter anderem auch gemeinsam mit den Kunden neue Verfahren und Produktideen erprobt werden sollten, immerhin neun Mio. D-Mark kosten lassen.[175]

Als vierter Schritt war im Frühjahr 1970 eine organisatorische Maßnahme erfolgt: Der bisherige Geschäftsbereich wurde aufgespalten in den Bereich GK 1, in dem das klassische Kunststoffspritzgießmaschinengeschäft mit Schneckenplastifizierung und direkter Einspritzung zur Verarbeitung von Thermoplasten, Duroplasten und Elastomeren mit Werkzeugschließkräften von 50 bis 1700 Tonnen konzentriert war. Hier war auch das Thermoplast-Schaumgießmaschinen-Geschäft angesiedelt. Der neue Geschäftsbereich GK 2 dagegen versammelte das neu aufgenommene Arbeitsgebiet Extrusion, den Bereich Rotationsguss sowie das ehemals bei Fellner & Ziegler betriebene Reaktionsgussgeschäft, d. h. alle neuen Technologien auf dem Gebiet der Kunststoffbearbeitung, die nicht in einem engen Zusammenhang zum Spritzguss standen und sich weitgehend noch in der Entwicklung bzw. Markteinführung befanden.[176] Kaum dass alle Maßnahmen abgeschlossen waren, erzwangen stagnierende Umsätze und vor allem ein scharfer Preiseinbruch weitere Restrukturierungsmaßnahmen. Noch bevor die erste Ölpreiskrise die ganze Kunststoffindustrie und damit auch ihre Zulieferer wie Krauss-Maffei in die Krise stürzte, hatten die Kunststoffmaschinenbauer in Allach bereits mit Problemen zu kämpfen.

Es galt, die Überkapazitäten abzubauen, die Herstellungskosten durch eine Verbesserung des Fertigungsdurchlaufs zu senken und nicht zuletzt das inzwischen auf 15 Typen angewachsene Fabrikationsprogramm auf Straffungsmöglichkeiten zu überprüfen, um der langsamen, aber signifikanten Erosion der Marktanteile von knapp 17 auf 14,8 Prozent im Inland und von 21 auf 16 Prozent im Exportgeschäft entgegenzusteuern.[177] Noch konnte Krauss-Maffei hinter dem Marktführer Demag den zweiten Platz einnehmen, aber Konkurrenten wie Battenfeld, GKN Windsor GmbH und Maurer Söhne GmbH & Co. KG waren ihnen dicht auf den Fersen. Das traditionelle Spritzgießverfahren war nach langen Jahren der Entwicklung inzwischen so ausgereift, dass, so die Einschätzung der Krauss-Maffei-Ingenieure Anfang 1971, »umwälzende technische Neuerungen nicht erwartet werden«.[178] Der Konkurrenzkampf spielte sich daher vor allem auf dem Gebiet der Leistungsfähigkeit der Maschinen und der Preise ab. Um konkurrenzfähig zu bleiben und die Marktposition zu verbessern, hatte man daher in Allach noch im Laufe des Jahres 1970 mit der Entwicklung einer neuen Generation von Spritzgießmaschinen begonnen. Die neue Maschinenreihe zeichnete sich durch verbesserte Leistungsdaten aus und konnte durch Kombination von Maschinenbaugruppen den jeweiligen Bedürfnissen der Kunden besser angepasst werden. Das bedeutete schnelleres Arbeiten und kürzere Zykluszeiten bei gleichzeitigen Platzeinsparungen durch die kompaktere Maschinenform. Durch den Einbau neuer Pumpen erreichte man überdies eine bedeutende Herabsetzung des Maschinenlärms. Vor allem jedoch ermöglichte die Einführung des Baukastenprinzips eine um 15 Prozent günstigere Herstellung.

Als Krauss-Maffei die neue Spritzgießmaschinengeneration erstmals auch unter der einheitlichen Markenbezeichnung Krauss-Maffei (die Marke E&Z war damit erloschen) auf der Düsseldorfer Kunststoffmesse 1971 der Öffentlichkeit präsentierte, war der Vorstand davon überzeugt, dass man damit einen entscheidenden Schritt getan hatte, um sich preislich wie technisch an die Spitze zu setzen.[179] Im Mai 1971 lag auch ein ausführlicher Bericht zur Wettbewerbssituation der neuen Maschinengeneration vor, in dem unter anderem eine eingehende Analyse der jeweiligen Systeme der Schließ- und Spritzeinheiten vorgenommen wurde. Demnach waren Krauss-Maffei die verschiedenen Maschinentechniken der Konkurrenten – vom Doppelkniegelenksystem über vollhydraulische Systeme bis zu mechanisch-hydraulischen Systemen (letztere verwendete auch Krauss-Maffei) – im Hinblick auf ihre technische Wertigkeit und notwendigen Herstellungskosten vorab, d. h. vor der Entscheidung der neuen Maschinenkonzeption, bekannt.[180] »Im Durchschnitt«, so lautete das Ergebnis, »sind wir mit unserer Neuen Generation gegenüber dem Konkurrenten Windsor (dem damals für Krauss-Maffei ernsthaftesten Wettbewerber) um ca. 23 Prozent in der technischen Gesamtwertung überlegen.«[181] Doch dann ergaben sich bei der Markteinführung zahlreiche unerwartete Probleme, zum einen bei der Überführung der Prototypen in die Serienfertigung. Die Konstruktion und Auslieferung der drei ersten Serienaufträge von 16 Maschinen der neuen Generation verzögerte sich durch zahllose Änderungsanforderungen. Die neuen Maschinen wiesen noch viele Kinderkrankheiten auf, und dazu tobte angesichts der Versuche, die alten Maschinenbestände noch so rasch wie möglich zu verkaufen, in der Branche inzwischen ein gnadenloser Preiskampf. »Die zusätzlichen Nachlässe wegen des Auslaufens der alten Typen«, so hieß es in einer internen Notiz, »stehen einer schnellen Sanierung des Zweigs Kunststoffmaschinen entgegen.«[182] Bereits 1970 hatte am Ende des Jahres unterm Strich ein negatives Fabrikate-Ergebnis von 10,1 Mio. D-Mark gestanden; nun musste im Dezember 1971 der Vorstand an den Aufsichtsrat einen neuen Rekordverlust melden: 19,4 Mio. D-Mark.[183] Es war daher kein Wunder, dass der Aufsichtsrat ein rasches Ende des verlustreichen Kunststoffmaschinenbaugeschäfts forderte. Im Vorstand reagierte man mit hektischen organisatorischen Maßnahmen – zur Straffung des Geschäfts wurden etwa die beiden Geschäftsbereiche GK 1 und GK 2 wieder zusammengelegt – und intensiven Bemühungen, die fertigungstechnischen Probleme in den Griff zu bekommen. »Der Tiefpunkt der Nachfrage im Spritzgießmaschinensektor«, so versuchte man, den Aufsichtsrat zudem im Juni 1972 zu beruhigen, »sei erreicht und wahrscheinlich bereits überwunden.«[184] Doch anstelle eines neuen Absatzbooms kam die Ölpreiskrise.

Zwischen 1973 und 1975 brachen die Umsätze im Kunststoffmaschinenbaugeschäft von Krauss-Maffei um über 40 Prozent ein. Auf dem Höhepunkt der Krise verbuchte man allein 1975 einen Rekordverlust von 35,4 Mio. D-Mark, kumuliert wurden zwischen 1970 und 1977 Verluste von insgesamt 135 Mio. D-Mark angehäuft.

Die Krise hatte allerdings nicht nur Krauss-Maffei, sondern auch die Konkurrenten erfasst und in der Kunststoffmaschinenbranche eine Welle von Konkursen und Fusionen ausgelöst: die Ludwig Maurer KG ging konkurs und wurde von der Klöckner-Werke AG übernommen, Mannesmann und Demag fusionierten, während die ausländischen Konkurrenten Windsor und Engel die Schwäche der deutschen Hersteller zu einem Angriff auf

93 Einweihung des neuen Krauss-Maffei-Kunststoff-Technikums am 6. Juli 1970
[BWA, F 44/KM 14]

94 Umsatzentwicklung Kunststoffmaschinenbau bei Krauss-Maffei 1969 bis 1985 (in TDM)
[BWA, F 44/AKM 17 sowie Angaben in den Geschäftsberichten]

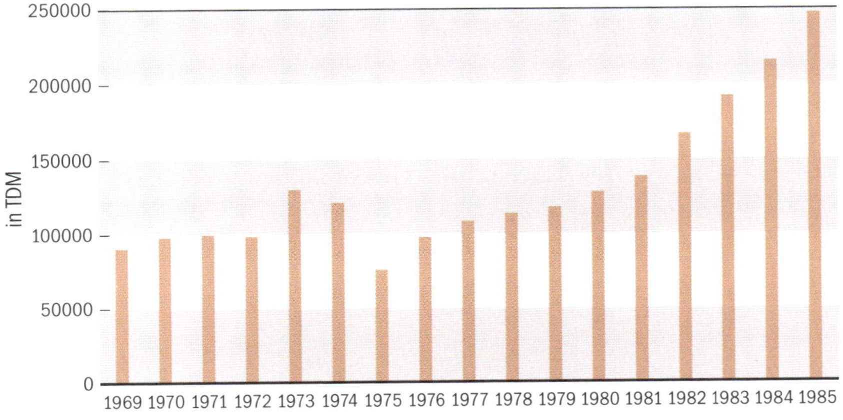

den deutschen Markt zu nutzen versuchten. Und auch bei Krauss-Maffei stand im Sommer 1974 der gesamte Geschäftsbereich Kunststoffmaschinen zur Disposition. Die befürchtete Verlusthöhe dieses Bereichs, so schrieb der Aufsichtsratsvorsitzende Kämpfer Ende August in einem Brief an den Vorstand, »ist kaum noch zu fassen [...] Die betrieblichen Gemeinkosten sind so unglaublich hoch, dass gute Ergebnisse bei den für möglich gehaltenen Umsätzen nicht erreichbar sind. Ich brauche auf dieses Generalthema heute nicht weiter einzugehen, weil wir darin übereinstimmen, dass das Kunststoffmaschinengeschäft in der bisherigen Weise überhaupt nicht fortzuführen ist«.[185] Die größte Enttäuschung, so hieß es gleichsam ergänzend dazu in einer Notiz des Krauss-Maffei-Aufsichtsratsvorsitzenden an Flick, »bereiten die Spritzgießmaschinen der neuen Baureihe mit einem Umsatzrückstand von 13,8 Mio. D-Mark gegenüber der Planung und einem erwarteten Verlust von 3,4 Mio. D-Mark [anstelle eines prognostizierten Gewinns von 2,1 Mio. D-Mark]«.[186] Im September 1974 legte der Krauss-Maffei-Vorstand schließlich auf Drängen des Aufsichtsrates ein 13-seitiges Programm zur »Neugestaltung des Kunststoffmaschinengeschäfts« vor.[187] Der Kernpunkt des Sanierungskonzeptes war dabei die organisatorische Herauslösung des Geschäftsbereichs aus der Krauss-Maffei AG und die Fortführung in einer eigenen Kunststofftechnik GmbH (KMK). Tatsächlich zeigten alle Berechnungen, bei denen nun nicht mehr die Rückwirkungen auf das Gesamtunternehmen mit zu bedenken waren, dass es erhebliche Potenziale der Ertragsverbesserung gab, die bei entsprechender Umsetzung spätestens ab Mitte 1976 »in voller Höhe ergebniswirksam« sein konnten.[188] Anders als es der Vorstand zu vermitteln suchte, waren der Zusammenbruch des Kunststoffmaschinengeschäfts und die Krise des gesamten Bereichs bei Krauss-Maffei mithin keineswegs allein durch externe Faktoren ausgelöst, sondern hatte ebenso massive hausgemachte Ursachen.

Die Umsetzung des Sanierungskonzeptes sollte sich dann aber hinziehen, und vor allem spitzten sich die Maßnahmen bald nahezu ausschließlich auf die Konzentration der Kunststoffmaschinenfertigung an einem einzigen Standort zu. Die interne Debatte um die Wahl zwischen Weißenburg und München, die bald auch die Öffentlichkeit beschäftigte, schlug hohe Wellen und weitete sich rasch zu einer hochpolitischen Angelegenheit aus. Alle Berechnungen und Kalkulationen hatten gezeigt, dass rein betriebswirtschaftlich gesehen eine Schließung des Werks in Weißenburg und ein

Verkauf von E&Z die bessere Lösung waren, auch wenn es ein ambivalentes Bild der Fertigungskosten gab. Denn während die Fertigungskapazitäten in Weißenburg zu hoch waren und damit entsprechende Fixkostenbelastungen bestanden, waren in München die Fertigungskosten zu hoch und entsprechende Rationalisierungsinvestitionen nötig. Im Vorstand und auch zwischen dem jeweiligen Kunststoffmaschinenmanagement in Weißenburg und München gab es über die Frage des weiteren Vorgehens hitzige Diskussionen.[189] Als in Weißenburg dann erste Kündigungen erfolgten und die potenziellen Schließungspläne von Krauss-Maffei in der Öffentlichkeit bekannt wurden, beherrschte das Thema schließlich auch die bayerische Politik. Da Weißenburg im Wahlkreis des damaligen Vorsitzenden der CSU-Landesgruppe und stellvertretenden Fraktionsvorsitzenden, Richard Stücklen, lag, bekam der Krauss-Maffei-Vorstand bald nicht nur entsprechende Briefe der Weißenburger Regionalpolitiker, sondern auch aus Bonn, und wurde schließlich im Herbst 1975 in das bayerische Wirtschaftsministerium zur Erläuterung der Unternehmenspläne einbestellt. Zur gleichen Zeit musste der Krauss-Maffei-Vorstand auch in Düsseldorf gegenüber Flick und dem Krauss-Maffei-Aufsichtsrat Rede und Antwort stehen. Und noch immer stellte sich die grundsätzliche Frage, ob man Spritzgießmaschinen überhaupt dauerhaft im Fertigungsprogramm von Krauss-Maffei belassen sollte.[190] Der Krauss-Maffei-Vorstand wies demgegenüber lapidar auf die »sicher mit ca. 50 Mio. D-Mark anzusetzenden Verluste im Falle der Aufgabe des Spritzgießmaschinengeschäfts« hin, räumte aber gleichzeitig ein, »dass die Schwankungsbreite des Ertrags bei Spritzgießmaschinen groß bleiben und der Ertrag nie sehr hoch werden würde«.[191] Die Bemühungen zur Entscheidungsfindung in der Frage Weißenburg oder München und zur Realisierung erster Sanierungsmaßnahmen gingen daher in eine neue Runde.[192]

Am Ende zeigten vermutlich nicht zuletzt die politischen Interventionsversuche Wirkung. Anfang November beschloss der Vorstand nach zahllosen Untersuchungen, das Spritzgießmaschinengeschäft nicht nur weiterzuführen, sondern auch im Wesentlichen in München zu konzentrieren, allerdings auch das Werk Weißenburg als Zulieferbetrieb für Einzelteile zu erhalten.[193] Das bedeutete für das Zweigwerk eine massive Reduzierung und Umstrukturierung und vor allem die Entlassung von etwa der Hälfte der insgesamt 250 Beschäftigten. Was der Krauss-Maffei-Vorstand für eine soziale Tat hielt, sorgte in den folgenden Wochen und Monaten für erheblichen politischen Wirbel. Zwischen Februar und Mai 1976 wurde der Vorstand regelmäßig zu Besprechungen ins bayerische Wirtschaftsministerium zitiert, bei denen auf eine Rücknahme des drastischen Personalabbaus gedrungen wurde.[194] Die Interventionsversuche gingen schließlich so weit, dass der damalige Wirtschaftsminister Anton Jaumann im Falle einer Fortführung des Werks Weißenburg im ursprünglichen Umfang anbot, »sich auf höchster Ebene um die Lockerung des Panzer-Exports zu bemühen« und sich auch in seiner Eigenschaft als Verwaltungsratsmitglied der Bundesbahn für Verbesserungen in der Lokindustrie einzusetzen.[195] Am Ende blieb es aber bei den Entlassungen, abgefedert allerdings durch großzügige Sozialpläne. In der unternehmensinternen Restrukturierungsstrategie war die endgültige Schließung bzw. der Verkauf des Werks Weißenburg »einschließlich des kleinen Kunststoffmaschinenprogramms bis zur Krauss-Maffei 350« jedoch nur eine Frage der Zeit.[196]

Ende 1976 war man daher mit den Sanierungsbemühungen im Spritzgießmaschinengeschäft erst langsam vorangekommen. »Die sogenannte neue Baureihe zeichnet sich dadurch aus«, so hieß es in einer internen Situationsanalyse des Vorstands, »dass sie zu teuer ist, insgesamt technisch keine Vorteile gegenüber der Konkurrenz aufweist und auf zwei Gebieten, nämlich Hydraulik und Elektronik, um zwei bis drei Jahre hinter der Konkurrenz zurückliegt.«[197] Da nicht schon wieder eine neue Baureihe aufgelegt werden könne, müssten sich die Entwicklungsaktivitäten auf einzelne Maßnahmen, wie Verbesserung der Hydraulik und Neuentwicklung der elektronischen Steuerung, konzentrieren. Von den entsprechenden Kunststoffmessen in Düsseldorf kamen die Krauss-Maffei-Manager mit dem Eindruck zurück, dass zum einen die Branche nach wie vor unter zu hohen Beständen litt, zum anderen aber Krauss-Maffei »sich bei der Überarbeitung/Neuentwicklung unserer Maschinen keine Zeit mehr lassen [könne]«.[198] Immerhin hatte man einige der verlustreichen Produkte wie Circomaten, Rotationsgießmaschinen und Thermoplast-Schaumgießmaschinen aufgegeben. Und es war nach und nach auch gelungen, die Herstellungskosten zu senken. Zusammen mit einer nun auch revidierten, harten Preispolitik (»kein Geschäft um jeden Preis«) zeichnete sich langsam ein Ende der langen Krise und eine Erholung des Kunststoffmaschinengeschäfts ab.

Mit dazu bei trug auch ein florierendes Auslandsgeschäft. Insbesondere in den USA, dem mit 30 Prozent Anteil damals weltweit größten und wichtigsten Markt für Spritzgießmaschinen, verbesserte man durch eine Marketingoffensive und die neu gegründete Krauss-Maffei Corporation in Wichita (Kansas) die Marktposition und konnte eine Reihe ebenso lukrativer wie prestigeträchtiger Großaufträge ergattern – seien es Spezialreaktionsgussmaschinen zur Herstellung von Autostoßstangen aus Polyurethan für den Automobilkonzern General Motors oder Mehrfarben-Spritzgießmaschinen zur Herstellung von drei- oder vierfarbigen Automobilrückleuchten.[199]

Auch das Extrusionsgeschäft legte hier zu.[200] Vor allem aber startete Krauss-Maffei noch 1977 eine Innovationsoffensive. Mit beträchtlichen Investitionen für Entwicklung und Konstruktion, flankiert durch intensive eigene Forschungen im Bereich der alle technischen Bereiche revolutionierenden Elektronik, begann Krauss-Maffei mit dem Entwurf einer neuen Generation von Kunststoffmaschinen. Bereits 1979 präsentierte man die neue sogenannte A-Baureihe, nur vier Jahre später, 1983, folgte die neue B-Baureihe. »Die Technologie der Elektronik muss im Konstruktions- als auch im Fertigungsbereich bei ihrer Anwendung in Maschinenbau-Produkten von Krauss-Maffei ebenso beherrscht werden wie die Techniken des Maschinenbaus und der Hydraulik«, hieß es dazu in einer internen Studie.[201] 2,5 Mio. D-Mark steckte man allein im Jahr 1978 in die F&E der Spritzgießmaschinen. Nach der langen Phase der zurückgefahrenen und im Branchenvergleich weit unterdurchschnittlichen Entwicklungsaufwendungen während der Krisenjahre 1973 bis 1977 wurde seit 1978 »mit überdurchschnittlichen Entwicklungsaufwendungen wieder aktiv an der Zukunftssicherung des Unternehmens gearbeitet«.[202]

Während die A-Baureihe im Wesentlichen der Abschluss der intensiven Überarbeitung der damaligen »ersten Generation« von 1971 war, um den technologischen Rückstand zu den Konkurrenten wieder aufzuholen, bedeutete die neue B-Baureihe den Einsatz neuer Elemente und Konzepte, die die Maschinen den Erzeugnissen der Wettbewerber gegenüber technisch überlegen machen würden. Anstelle der bisherigen mechanisch-hydraulischen Schließ- und Spritzeinheiten und damit des Kniehebelsystems trat nun erstmals ein vollhydraulisches Schließsystem mit elektronischer Mikroprozessorsteuerung.[203] All das bedeutete eine verfahrenstechnische Optimierung, die Rationalisierung der Datenerfassung, Automatisierung der Steuer-, Mess- und Regeltechnik und nicht zuletzt um circa 30 Prozent niedrigere Fertigungskosten. Als Krauss-Maffei die neue Baureihe auf der

K '83 in Düsseldorf der Fachöffentlichkeit präsentierte, sorgte das innovative Konzept denn auch für Aufsehen.[204] Dazu kam ab Frühjahr 1983 der Einstieg in ein neues Kunststoffmaschinensegment: die Blasmaschinen, die bei der Herstellung von Kunststoffröhren, -profilen, -halbschalen und -stangen zum Einsatz kamen. Innerhalb von drei Jahren, so die Planungen, würde Krauss-Maffei hier mit einer eigenen technischen Konzeption und ausgereiften Produkten auf den Weltmarkt treten.[205] Zusätzliche technische Weiterentwicklungen, mit denen Krauss-Maffei seine Position auf dem Kunststoffmaschinen-Markt stärkte und verbesserte, waren beispielsweise Polyester-Spritzgießmaschinen zur Herstellung von Scheibenwischern, Schuhsohlen und Bremsmanschetten oder kundenspezifisch zugeschnittene, komplexe Krauss-Maffei-Rundtischanlagen zur Produktion von Polyurethan-Isolierschaumteilen. Erst langsam waren in der zweiten Hälfte der 1970er-Jahre die Umsätze wieder angestiegen, um schließlich in die fast zehnjährige Boomphase zu münden, an deren Ende 1985 eine Verdreifachung der Umsätze von 77,9 Mio. auf 251,8 Mio. D-Mark stand. Und es war gelungen, an dem Konkurrenten Mannesmann Demag als größtem Hersteller vorbeizuziehen und zumindest auf dem deutschen Heimatmarkt die Führung zu erobern. Die Verluste reduzierten sich infolgedessen, 1984 musste man ein negatives Fabrikate-Ergebnis von nur noch 6,9 Mio. D-Mark verbuchen.[206] Schwarze Zahlen schrieb der Kunststoffmaschinenbau, das Kerngeschäftsfeld und der Hauptumsatzträger des Zivilgeschäfts bei Krauss-Maffei, aber nach wie vor nicht.

Vom Lokomotivgeschäft zur modernen Verkehrssystemtechnik: Enttäuschte Hoffnungen und das Transurban- und Transrapid-Projekt

Seit 1968 schwächelte das Bundesbahngeschäft und bescherte dem Geschäftsbereich Lokomotivbau sinkende Umsätze und Renditen. 1970 waren die Umsätze von 53,1 Mio. D-Mark auf 29,9 Mio. D-Mark abgestürzt, und zu allem Übel hatte Krauss-Maffei auch noch durch ungeschicktes Taktieren einen großen Beschaffungsauftrag für Diesellokomotiven an die Konkurrenz verloren. Über die Frage, wer dafür verantwortlich war, kam es denn auch innerhalb des Vorstands zu einem heftigen Konflikt, in des-

95 Krauss-Maffei-Stand auf der Düsseldorfer Kunststoffmesse K '79
[BWA, F 44/KM 50]

96 Besuch der Geschäftsführung der Quandt-Gruppe bei Krauss-Maffei am 16. Mai 1972
[BWA, F 44/KM 42/1]

sen Folge der kaufmännische Vorstand Jessurum vorzeitig ausschied.[207] Die Streckung und Stornierung der Neubauaufträge dauerte zunächst bis 1974, als endlich die Serienfertigung für insgesamt 94 Stück der Bundesbahnlok E 111 startete.[208] Aber das Geschäft blieb stark fluktuierend. »Die finanzielle Situation der Bundesbahn ist katastrophal«, berichtete der Vorstand auf der Aufsichtsratssitzung im Dezember 1974. »Die an sich notwendige Modernisierung des Lokomotivparks wird mengenmäßig gedrosselt und die ursprünglich für 1974 in Aussicht genommene Aufstockung des Beschaffungsprogramms Lokomotiven fällt flach.«[209] Schon 1975/76 kam es zu einem erneuten starken Einbruch, der Krauss-Maffei mit 2,7 Mio. D-Mark negativem Fabrikateergebnis den bislang höchsten Verlust im Lokomotivbaugeschäft bescherte. Angesichts dieser Entwicklung hatte man sich im Krauss-Maffei-Vorstand schon Ende der 1960er-Jahre Gedanken über eine Neuausrichtung und Neuorganisation des traditionellen Geschäftsfeldes gemacht und Überlegungen zur Entwicklung neuer Transport- und Verkehrssysteme vorangetrieben. Aus einem Katalog von 18 potenziellen Systemen wählte man schließlich zwei aus: Transrapid als unkonventionelles Schnellverkehrssystem und Transurban, ein großstädtisches Personenbeförderungssystem. Die Grundidee des Transrapid war es, ein Transportsystem mit einer Reisegeschwindigkeit um 500 Stundenkilometer zu entwickeln, das die Lücke zwischen konventioneller Eisenbahn und Flugzeug schloss und es erlaubte, die Großstädte in Deutschland innerhalb von ein bis eineinhalb Stunden zu erreichen.[210] Dieses Konzept erforderte ein völliges Abgehen von herkömmlichen Rad-Schiene-Systemen und führte zur Entwicklung einer magnetischen Schwebetechnik. Die Grundidee des Transurban-Systems war die Beförderung von Menschen in den Ballungszentren der Großstädte mithilfe eines Transportbandes, das kontinuierlich 16 bis 18 Stundenkilometer schnell lief und damit, so die Berechnungen der Krauss-Maffei-Ingenieure, allen existierenden Massenverkehrsmitteln einschließlich U-Bahn überlegen sein würde. Das Kernproblem des Systems war der Übergang auf das Gliederband, das durch einen Drehlift gelöst wurde, der die Menschen vom Straßenniveau auf die Ebene des aufgeständerten und in einem Rohr gegen Witterungseinflüsse geschützten Transportbandes beförderte.

Die Erwartungen bei Krauss-Maffei wie auch bei den Verkehrspolitikern und in der Öffentlichkeit an das innovative hochleistungs- und trassengebundene Verkehrssystem Transrapid waren von Anfang an enorm.

Mit einem doppelten Paukenschlag hatte Krauss-Maffei die beiden Projekte im Oktober 1970 bzw. März 1971 der Öffentlichkeit vorgestellt, und die Presse hatte die propagierte Losung von einer neuen Epoche des inner- wie zwischenstädtischen Verkehrs begierig aufgegriffen.[211] »Bei planmäßigem Verlauf der Entwicklungs- und Erprobungsarbeiten und laufendem Zufluss der Fördermittel des Bundes wird eine Verkaufsreife in 1975/76 erreicht sein«, hieß es dazu in einer Notiz des Krauss-Maffei-Vorstandes an Flick.[212] Und auch beim Transurban-System glaubten die Krauss-Maffei-Ingenieure an eine rasche Realisierung, mit einem Lizenzverkauf ab 1972 und dem Start der direkten Vermarktung im Jahr 1974/75. Beide Systeme würden auf »weltweites Interesse« stoßen; so ließ man in Allach zudem verlauten, man erwarte u. a. einen Forschungsauftrag des US-Verkehrsministeriums und verhandelte auf Wunsch der Amerikaner auch mit einem kalifornischen Kooperationspartner.[213] Doch sowohl bei den Entwicklungsarbeiten wie bei der Entwicklungsfinanzierung ergaben sich rasch massive Probleme. Zunächst hatte man im Mai 1970 nach einer Präsentation der Transrapid-Idee das Bundesforschungsministerium von der technischen Realisierbarkeit und zudem auch umweltpolitischen Bedeutung des Projektes überzeugen können und die Zusage auf erhebliche staatliche Förderungsmittel erhalten. Bald zeigte sich jedoch, dass zum einen die Entwicklungskosten rasant in die Höhe schossen und alle Rahmen sprengten. Zum anderen mussten trotz der staatlichen Gelder seitens des Unternehmens wachsende finanzielle Eigenmittel eingebracht werden. Bereits im Oktober 1971 drängte daher der Aufsichtsrat angesichts der schlechten Ertragslage des Zivilprogramms zu einer Einschränkung des Entwicklungsaufwands für den Transrapid. Größere Eigenaufwendungen als 1,4 Mio. D-Mark durften nicht gemacht werden, und allen Versuchen des Bundes, die ausufernden Entwicklungs- und Erprobungskosten wieder nach und nach auf Krauss-Maffei zurückzuverlagern, galt es daher einen Riegel vorzuschieben.[214] Das Problem war, dass Krauss-Maffei mit seinem innovativen Verkehrstechnikystem nicht allein war, sondern Messerschmitt, Bölkow, Blohm GmbH (MBB) seinerseits eine Magnetschwebebahn entwickelte und beide heftig um die bislang zur Verfügung gestellten knapp 60 Mio. D-Mark Fördergelder aus Bonn konkurrierten. Bereits im Februar 1974 waren im Haushaltsausschuss des Bundestages Bedenken gegen die Zurverfügungstellung weiterer Mittel laut geworden, die Entwicklung mache zu wenig Fortschritte und benötige zudem zu viel

Energie.[215] Schließlich machte man die Bewilligung von einer Kooperation zwischen Krauss-Maffei und MBB abhängig und zwang die beiden Unternehmen damit ab Herbst 1973 in eine Arbeitsgemeinschaft, bei der es Krauss-Maffei nach langen Verhandlungen gelang, den Vorsitz zu stellen und eine künftige Gewinnverteilung im Verhältnis von 60 zu 40 zugunsten des eigenen Unternehmens festzuschreiben.[216]

Während die Magnetschwebe-Versuchsfahrzeuge in der Folgezeit auf den Teststrecken, öffentlichkeitswirksam präsentiert, von Geschwindigkeitsrekord zu Geschwindigkeitsrekord fuhren und damit Entwicklungsfortschritte suggerierten,[217] kündigte sich beim Transurbansystem ein rasches und kostspieliges Ende an. Zunächst hatte das kanadische Verkehrsministerium im Herbst 1972 Interesse angemeldet, und nach langen Verhandlungen war ein Vertrag über den Bau einer 2,5 Kilometer langen Demonstrationsstrecke in Toronto bis Ende 1974 abgeschlossen worden. Im Laufe des Jahres 1973 stellte sich dann aber heraus, dass die Entwicklung des Transurbansystems wesentlich langwieriger und teurer werden würde. Es folgten schwierige Verhandlungen zur Vertragsverlängerung, im Mai 1974 gestanden die Kanadier schließlich viereinhalb weitere Monate zu, aber schon zu diesem Zeitpunkt wusste man bei Krauss-Maffei, dass auch diese Zeit nicht ausreichen würde. Frühestens Ende 1976, so die Planungen der Krauss-Maffei-Ingenieure, würde das System geliefert werden können, und auch dann noch nur bei erheblich reduzierten Leistungen. Weder die ursprünglich zugesagten technischen Werte bei der Beschleunigung noch bei Bremsung und Geräuschentwicklung konnten bis dahin auch nur annähernd verwirklicht werden. Der Krauss-Maffei-Vorstand versuchte aber mit aller Macht und gleichzeitig wachsender Verzweiflung, das »notleidend gewordene Programm« durch personelle Wechsel der Projektleitung, Aufstockung des technischen Personals und Suche nach einem Kooperationspartner zur Lösung der wachsenden technischen Probleme doch noch zu retten. Man führte daher etwa Verhandlungen mit der McDonnell Douglas Corporation, der sich bereit erklärte, technische Spezialisten gegen Gewährung einer US-Lizenz für das Transurban-System zur Verfügung zu stellen.[218] Und auch der niederländische Flugzeugkonzern Vereinigte Flugtechnische Werke (VFW) Fokker GmbH erklärte sich nach Anfragen aus Allach offenbar bereit, gegen Bezahlung technische Hilfe durch Fachkräfte zu leisten. Binnen kurzer Zeit erhöhte sich das Volumen des Kontraktes mit den Kanadiern von ursprünglich rund 60 Mio. D-Mark auf über 100 Mio. D-Mark, bei entsprechend auch anwachsendem Risiko für Krauss-Maffei. Das finanzielle Risiko eines Geschäftsabbruchs war aber überhaupt nicht kalkulierbar.[219] Vor allem stand das technische Renommee Krauss-Maffeis auf dem Spiel, denn nach einem Scheitern des Toronto-Projektes war absehbar, dass auch das Bundesforschungsministerium umgehend seine Transurbanförderung einstellen würde. Noch im Mai 1974 wurden für die zu erwartenden Verluste aus dem Transurban-Projekt 22,3 Mio. D-Mark zurückgestellt. Und für weitere zehn Mio. D-Mark wurde ein Teil des Grundbesitzes in München-Untermenzing an die Krauss-Maffei-eigene Gemeinnützige Baugesellschaft Alte Haide verkauft, um so weiteres Kapital zum Verlustausgleich zur Verfügung zu haben, denn von der Muttergesellschaft Buderus, so hatte es der Aufsichtsrat deutlich gemacht, konnte diesmal keine Geldspritze erwartet werden. Ende 1974 blieb dem Unternehmen schließlich nichts anderes übrig, als das Geschäft mit Toronto vorzeitig aufzulösen – eine Entscheidung, die nicht zuletzt durch den vorausgegangenen Beschluss des Bundesforschungsministeriums, die Transurban-Förderung auslaufen zu lassen, mit beeinflusst wurde. 30 Mio. D-Mark an öffentlichen Geldern waren bis dahin in das Projekt geflossen, dazu kam nun noch ein Verlust von insgesamt circa 40 Mio. D-Mark, den das Transurban-Projekt das Unternehmen letztlich gekostet hatte.

Auch im Transrapid-Projekt liefen die Dinge inzwischen längst nicht so, wie geplant und erhofft. Im Dezember 1974 wurden im Aufsichtsrat Bedenken laut und die Frage, »ob angesichts der negativen Entwicklung des Transurbanprogramms nicht auch das Transrapidprogramm überdacht werden müsse. Es bringe Krauss-Maffei in den nächsten Jahren so gut wie keine Beschäftigung und binde erhebliche Kräfte«.[220] Der Vorstand hielt jedoch an dem Projekt fest, besonders da seit September sämtliche Entwicklungsarbeiten zu 100 Prozent vom Bundesforschungsministerium finanziert wurden. Außerdem sei der Gewinn an technischem Wissen und Können aus der Beschäftigung mit der Transrapid-Technologie für Krauss-Maffei »doch sehr erheblich«. Im Übrigen sei der Vorstand dabei, bis Ende 1975 zu einer »Zusammenarbeit mit den großen Elektrofirmen« zu gelangen.[221] Tatsächlich gab es zwei unterschiedliche Antriebstechnologien: Neben Krauss-Maffei und MBB, die am elektromagnetischen System arbeiteten, befasste sich ein Konsortium aus Siemens, AEG und der Schweizer BBC mit der Entwicklung des elektrodynamisch getriebenen Motors. Jede der Firmen bzw. jedes Konsortium erprobte seine Prototypen auf eigenen kleineren Versuchsstrecken in Manching, Erlangen, Ottobrunn und Allach, die nun aber den Anforderungen an die inzwischen weiterentwickelte Transrapid-Technologie nicht mehr genügten. 1975 wurden daher Pläne für den Bau einer neuen, großen Versuchsstrecke im Donauried bei Augsburg entworfen. Allerdings zeichnete sich schnell ab, dass angesichts des massiven Widerstands der dortigen Bevölkerung an eine Umsetzung kaum zu denken war. Im Verkehrsausschuss des Deutschen Bundestags wurde daraufhin tatsächlich erwogen, die Erprobungen statt im Donauried in das amerikanische Versuchszentrum Pueblo zu verlegen.[222]

1977 fiel dann durch das Bundesforschungsministerium der sogenannte Systementscheid, d. h., die von Krauss-Maffei favorisierte Technologie des elektromagnetischen Antriebs wurde als weiter förderungswürdig anerkannt, die Finanzierung des elektrodynamischen Schwebesystems dagegen eingestellt. Trotz dieses Erfolgs ging die Entwicklung der Transrapid-Magnetschwebetechnik auch weiterhin nur langsam voran. Längst war der Transrapid zu einem hochpolitischen Prestigeprojekt geworden, in dem neben Bund und Ländern auch eine wachsende Zahl weiterer Unternehmen mitzumischen versuchte, um einen Anteil an dem bis 1984 auf 760 Mio. D-Mark angewachsenen Kuchen staatlicher Fördergelder zu erhalten. Im Jahr 1978 wurde das Konsortium ThyssenKrupp Transrapid GmbH gegründet, in dem neben Krauss-Maffei und MBB nun auch Thyssen Henschel AG vertreten war und das den Bau einer Versuchsanlage im Emsland beschloss.[223] Deren Fertigstellung dauerte bis 1980, aber erst Ende Oktober 1983 schwebte der Transrapid erstmals öffentlich wahrnehmbar auf der Anlage. Um die Finanzierung der explodierenden Entwicklungskosten gab es dabei inzwischen neuen Streit, denn das Bundesforschungsministerium versuchte wieder, einen Anteil der Kosten als Eigenbeteiligung auf die Unternehmen abzuwälzen, was der Krauss-Maffei-Vorstand vehement ablehnte.[224] Schon im April 1982 hatte der »Stern« über die wachsende öffentliche Kritik an dem »Zug ohne Zukunft« berichtet. Darin wurde auch ein führender Krauss-Maffei-Manager mit den Worten zitiert: »Seien wir ehrlich, die Chancen der Magnetbahn liegen zum geringeren Teil in der Bundesrepublik, zum größeren Teil im Ausland.«[225] Das Unternehmen warb offenbar deshalb unter anderem in saudischen Tageszeitungen für eine Transrapid-Verbindung zwischen Dschidda und Mekka. Mitte der 1980er-Jahre jedenfalls war die weitere Entwicklung des Transrapid-Projekts völlig ungewiss, und unter dem Strich standen für Krauss-Maffei im Geschäftsbereich »Neue Transportsysteme« bislang nur Verluste.[226]

97 Transurban-System

[BWA, F 44/KM 52]

98 Besuch des chinesischen Eisenbahnministers am 9. Oktober 1978

[BWA, F 44/KM 42/1]

Zu allem Unglück hatte sich bereits Mitte der 1970er-Jahre abzuzeichnen begonnen, dass der Auftragsbestand bei DB-Lokomotiven nur noch bis April 1978 reichen würde; dann erfolgten erneute Investitionskürzungen der Bundesbahn, die eine drastische Senkung der Stückzahlen für die drei verbliebenen deutschen Lokomotivfabriken Thyssen Henschel, Krupp MaK und Krauss-Maffei bedeuteten. Für die Jahre 1979 bis 1984 klaffte damit eine große Auftragslücke im Lokomotivbaugeschäft von Krauss-Maffei, die irgendwie überbrückt werden musste.[227] Alle Appelle an den Bahnvorstand, dass man während der Sparphase der DB die Produktionskapazitäten nicht vorhalten könne und dass man schlussendlich gezwungen sein werde, Personal abzubauen, fruchteten wenig. Immerhin gelang es, dem Konkurrenten Thyssen Henschel die Federführung bei einem Entwicklungs- und Konstruktionsauftrag für eine neue Generation von Drehstromlokomotiven (E 120) mit einem Volumen von 2,8 Mio. D-Mark vor der Nase wegzuschnappen.[228] Mit einer Serienfertigung war allerdings erst frühestens nach fünf Jahren zu rechnen, und wie dafür dann die Quotenverteilung unter den drei großen Lokomotivbaufirmen aussehen würde, war noch völlig ungewiss.[229] Erst ab 1984 zeichnete sich daher eine leichte Besserung der angespannten Lage im Lokomotivgeschäft ab, zumal Krauss-Maffei nach langer Durststrecke mit Aufträgen aus der Türkei und Spanien der Wiedereinstieg in das Exportgeschäft gelang.[230] Nahezu unbemerkt hatte Krauss-Maffei dabei inzwischen auch eine technologische Kehrtwende vollzogen, nicht zuletzt aus der Zwangslage heraus, dass sich anstelle der dieselhydraulischen Antriebe nun das dieselelektrische System mehr und mehr durchsetzte. Um den technologischen Rückstand gegenüber den Konkurrenten aufzuholen, hatte Krauss-Maffei bereits 1981 mit dem kanadischen Verkehrstechnologiekonzern Bombardier ein Lizenzabkommen zur Fertigung dieselelektrischer Lokomotiven abgeschlossen. Die größten Hoffnungen setzte man in Allach aber auf die Mitte der 1980er-Jahre anstehende Erprobung eines neuen Rad-Schiene-Systems, an dem man zusammen mit anderen Unternehmen schon seit längerem arbeitete: des Hochgeschwindigkeitstriebzugs »Intercity-Experimental«, kurz ICE. Alles in allem präsentierte sich der Lokomotiv- und Verkehrstechnik-Bereich von Krauss-Maffei mithin in den 1970er-Jahren und der ersten Hälfte der 1980er-Jahre in einem Zustand, wie er so oft bei Krauss-Maffei auch in anderen Geschäftsfeldern dominierte: Es gab zahlreiche Innovationsbemühungen und vielversprechende technische

Entwicklungen bei gleichzeitig aber vorherrschender und auch durch die behördengeschäftsspezifische Abhängigkeit vom Staat als Auftraggeber mit verursachter desaströser Ertragslage. Sie lieferte einen wesentlichen Beitrag zur tiefen Krise des Zivilgeschäfts bei Krauss-Maffei in dieser Zeit.

Sanierungsstrategie, Rüstungsboom und Politik

Im Mai 1975, auf dem Höhepunkt der Krise, war der Krauss-Maffei-Vorstandsvorsitzende Helmut Wolf vorzeitig von seinem Amt zurückgetreten, offiziell auf eigenen Wunsch und in gegenseitigem Einvernehmen, aber es war nur zu offenkundig, dass es bei Flick und im Aufsichtsrat erheblichen Unmut über die schleppende Sanierungspolitik des Krauss-Maffei-Vorstands gab. Für Wolf kam Hans-Heinz Griesmeier (Abb. 99), der zuvor Vorstandsvorsitzender der Grundig AG in Fürth gewesen war. Griesmeier war ausgewiesener Elektrotechniker, mithin kein Maschinenbauingenieur, Finanzbetriebswirt oder Jurist – Kompetenzen, die Krauss-Maffei zu diesem Zeitpunkt vermutlich dringender benötigt hätte.

Aber er besaß reichliche Erfahrungen mit Unternehmenskrisen und war daher offensichtlich vor allem als Sanierer geholt worden. Wer erwartete, dass damit nun eine starke Unternehmensführungsorganisation und vor allem Ruhe in die Aufsichts- und Leitungsgremien einkehren würde, sah sich allerdings getäuscht. Schon unter Wolf war es zu erheblicher Fluktuation unter den Krauss-Maffei-Vorständen gekommen. Nach einem Streit zwischen Wolf und Jessurum war bereits Ende 1970 der damalige kaufmännische Vorstand ausgeschieden und für ihn Hans-Dietrich von Beruth gekommen. Im Jahr 1972 wurde Peter Koch neuer Produktionsvorstand, der Kast ersetzte. Nur ein Jahr nach Wolfs Abgang trat aber auch Kämpfer als Aufsichtsratsvorsitzender ab und machte Hans Werner Kolb, dem damaligen Buderus-Vorstandsvorsitzenden, Platz, der seinerseits schon nach vier Jahren, im Juni 1980, seinen Platz für Flicks Generalbevollmächtigten Hanns Arnt Vogels räumte. Aber auch dieser sollte nicht lange bleiben und musste im Zusammenhang mit den Turbulenzen der Flick-Affäre Ende 1982 gehen. An seine Stelle trat bis Ende 1985 dann wieder Kolb. Es war mithin ein ständiges Kommen und Gehen in den Führungs- und Aufsichtsgremien der Krauss-Maffei AG, zumal auch der neue Vorstand von

1975 mit Griesmeier, Carl, Koch und Beruth in dieser Konstellation nicht lange bestehen sollte. Mitte Mai 1985 schied schließlich auch Griesmeier im Zuge eines großen Revirements in den Anteilseignerstrukturen aus. Praktisch alle zwei Jahre wechselte die personelle Zusammensetzung des Krauss-Maffei-Vorstands. Rückblickend gesehen, hatte Krauss-Maffei zwischen 1970 und 1985 somit vier verschiedene Aufsichtsratsvorsitzende, drei Vorstandsvorsitzende und zwölf Vorstandsmitglieder gehabt.

Mit Griesmeier als neuem Vorstandsvorsitzenden erfolgten zum einen eine Neuverteilung der Geschäftsverantwortung innerhalb des Vorstands und eine Neuausrichtung der Unternehmensorganisation. Der Krauss-Maffei-Chef verantwortete den Bereich Verwaltung und Vertrieb, d. h. auch Marketing und (Personal-)Verwaltung aller Geschäftsbereiche. Carl war als Technik-Vorstand nun für den Bereich Entwicklung und Konstruktion aller Geschäftsbereiche zuständig, mit Ausnahme des Vorstandsbereichs Wehrtechnik- und Transportsysteme, den von Bernuth leitete. Koch schließlich führte das Vorstandsressort Produktion und Materialwirtschaft und war damit neben den Werkstätten auch für Gießerei und Schmiede sowie für die Gütesicherung und den Zentraleinkauf zuständig. Faktisch bedeutete dies nichts anderes als die Rückkehr zur alten Organisationsstruktur und Wiedereinführung des Funktionalprinzips in der Unternehmensführung. »Seit längerer Zeit besteht Klarheit darüber«, so schrieb im Oktober 1975 dazu der Aufsichtsratsvorsitzende Kämpfer in einer Notiz an Flick, »dass sich die auf Empfehlung von McKinsey eingeführte Spartenorganisation nicht bewährt hat und zu der ungünstigen Kosten- und Ertragsentwicklung wesentlich beigetragen hat«.[231] Tatsächlich hatte es allerdings weniger an der Organisationsstruktur an sich als an der »sklavischen« und mangelhaften Umsetzung gehapert. »Es wurde bei der Durchführung der entscheidende Fehler gemacht«, so hieß es in einer Notiz rückblickend dazu, »die Bereichsleitung bis in den Vorstand durchzuziehen. Dadurch war plötzlich ein Techniker […] zum Kaufmann geworden und befand sich gewissermaßen als Lehrling im Kaufmännischen auf dem Vorstandssessel.«[232] Angesichts der Vielzahl der Bereiche, die nun jeder für sich eine Planungsabteilung, einen Werbe- und PR-Mann und eine betriebswirtschaftliche Kontrolle aufbauten, wurde der ganze Verwaltungsapparat »unnötig und über Gebühr aufgebläht«. Die Folge war, dass der Angestelltenstand von 1968 bis 1971 um sage und schreibe 50 Prozent oder 800 Leute gestiegen war. »Das Verantwortungsprinzip in der grundsätzlichen Ideenführung

99 Dr. Hans-Heinz Griesmeier, Krauss-Maffei-Vorstandsvorsitzender 1975 bis 1985
[BWA, F 44/KM 17]

100 Besprechung zwischen Aufsichtsrat und Vorstand am 23. Oktober 1978
[BWA, F 44/KM 42/1]

von McKinsey ist durchaus richtig«, so hieß es in der Notiz. »Die Gefahr der hypertrophischen Organisation liegt aber ebenfalls sehr nahe und dieser Gefahr ist Krauss-Maffei restlos verfallen.«[233]

Eine entscheidende Maßnahme der nun 1975 wieder eingeführten »neuen« Organisationsstruktur war die Herauslösung der bislang dem ausschließlichen Verantwortungsbereich der Geschäftsbereichsleiter unterstehenden Entwicklungs- und Konstruktionsabteilungen, deren geringe Effizienz in den vergangenen Jahren Griesmeier wie Kämpfer bemängelt hatten und die daher nun zentral geführt werden sollten. Neu war auch, dass jetzt gemeinsame Entwicklungsbesprechungen der Ingenieure aus allen drei Teilbereichen eingeführt wurden. Antriebsexperten aus der Verkehrstechnikabteilung, Kunststoffmaschinenbauer und Steuerungsingenieure aus dem Wehrtechnikbereich sprachen nun erstmals miteinander.[234] Die Neuorganisation der Entwicklungs- und Konstruktionsabteilungen bedeutete eine faktische Entmachtung des Technikvorstands Carl, der, so die einhellige Meinung der Vorsitzenden von Vorstand und Aufsichtsrat, nicht die fachlichen Voraussetzungen für die Führung der Produktgruppe 1, d. h. der Verfahrenstechnik und des Kunststoffmaschinenbaus, besaß.[235] Tatsächlich wurde Carl schon ein Jahr später abgelöst. Und noch zwei eher unscheinbare, aber dennoch vielsagende strukturelle Änderungen wurden vorgenommen: Zum einen kam von außen ein neuer Controller, der unmittelbar unter dem Vorstandsvorsitzenden angesiedelt war; zum anderen wurde der Geschäftsbereich Sonderprogramm nun in »Wehrtechnik« umbenannt und damit das Signum des Provisoriums durch einen Begriff abgelöst, der nach außen sichtbar eine langfristige Geschäftsfeldorientierung signalisierte. Und spätestens im Januar 1976, als sich abzeichnete, dass nach den horrenden Verlusten von 50 Mio. D-Mark im Jahr 1975 auch für das Folgejahr erneut ein negatives Bilanzergebnis von 30 Mio. D-Mark zu erwarten war, startete Griesmeier – zumindest auf dem Papier – ein umfangreiches Restrukturierungsprogramm.[236]

Eine der Maßnahmen war, neben einem Durchforsten der Kostenstrukturen und einer generellen Anpassung des Gemeinkostenapparats an die geschrumpften Auftragseingänge, der Bruch mit einem bislang gleichsam ehernen Gesetz der Krauss-Maffei-Unternehmenspolitik in Krisenzeiten: Anstatt kurzfristig schlechtbezahlte oder verlustreiche Aufträge zur Auslastung der Kapazitäten und Fixkostendeckung hereinzunehmen, sollte die Anpassung der Kapazität künftig verstärkt durch Kurzarbeit und Personalabbau erfolgen und damit ebenfalls der in der Vergangenheit so teure Aufbau von unverkauften Beständen vermieden werden. Auch die bislang praktizierte hohe Fertigungstiefe sollte ein Ende haben, stattdessen sollten einfache Technologien kostengünstig zugekauft werden, während sich die Fabrik in Allach auf »höherwertige Arbeitsgänge« technologisch einzurichten hatte.[237] In zahlreichen Teilfeldern der Geschäftsbereiche identifizierte Griesmeier erhebliches Verbesserungspotenzial, vor allem aber stellte er eine Reihe von Aktivitäten auf den Prüfstand. Man werde bis zur Jahresmitte entscheiden müssen, so notierte er etwa, ob das Geschäft mit Export- und Industrielokomotiven aufrechterhalten bleiben soll. Exportloks hatte Krauss-Maffei tatsächlich in den vergangenen fünf Jahren nicht mehr verkauft. Im Geschäftsbereich Verfahrenstechnik stand das Trocknergeschäft zur Disposition. Aber auch der Verkauf des gesamten Anlagenbaus und ein Ausstieg des Unternehmens aus diesem Geschäftsfeld erschienen denkbar. Hinsichtlich des kleinen und stark schwankenden Kalandergeschäfts, das in den letzten zehn Jahren nur Verluste gemacht hatte, war eine rasche Entscheidung über Aufgabe oder Sanierung notwendig.[238] Nicht zuletzt war auch der Fortbestand des Kunststoffspritzgießmaschinengeschäfts noch keineswegs gesichert. »Die Zukunft des Geschäftsbereichs wird davon abhängen«, so notierte Griesmeier, »ob es in den nächsten Jahren gelingt, einen break-even-point bei ca. 50 Mio. D-Mark Umsatz zu finden. Dies ist abhängig von Marktpreisen und Herstellungskosten. Die früheren Umsätze von bis zu 100 Mio. D-Mark sind nicht mehr erstrebenswert, da es noch sehr lange dauern wird, bis sich der Markt – wenn überhaupt – beruhigt haben wird.«[239]

Im Juli 1976 legte der Krauss-Maffei-Vorstandsvorsitzende schließlich dem Aufsichtsrat unter dem Titel »Bemerkungen zur Krauss-Maffei AG, München« eine ausführliche, 42 Seiten starke schriftliche Fassung seiner Sanierungsstrategie vor.[240] »Die nach wie vor äußerst unbefriedigende Kosten- und Ertragssituation, das Missverhältnis zwischen gewerblichen Mitarbeitern und Angestellten sowie die in zahlreichen Betriebsteilen völlig unzureichende Auslastung kapitalintensiver Anlagen erfordern Überlegungen bezüglich einer den veränderten wirtschaftlichen Daten angepassten Struktur des Unternehmens«, hieß es dort einleitend. Inhalt dieser Untersuchung sei daher die »praxisnahe Erarbeitung eines Konzeptes, das ohne eine weitere, auf Hypothesen und nicht fundierten Begründungen beruhende Verstärkung der Eigenkapitalbasis durch Zuführung neuen

Kapitals, sondern durch Freisetzung unwirtschaftlich gebundenen Kapitals hinreichende Voraussetzungen für eine kurzfristige Verlustminderung und Wiedergewinnung und mittelfristige Sicherung der Ertragskraft des Unternehmens schafft [...] Das im Verhältnis zur effektiven Wertschöpfung bei Krauss-Maffei vorhandene ungerechtfertigte Fabrikationsimage mit der Folge personeller aber auch maschineller Überbesetzung drängt auf Konsolidierung.«[241] Es war ein ganzer Katalog an strukturellen und organisatorischen Maßnahmen, die auf eine vereinfachte und dem Geschäftsumfang adäquate Aufbauorganisation hinausliefen, in deren Zentrum neben einer als dringend erachteten Reorganisation und Modernisierung des Rechnungswesens auch »unabdingbare Personaleinsparungen« (von knapp 1500 Beschäftigten bis Ende 1977) standen. All dies wurde dann in einer als streng vertraulich behandelten Besprechung von Griesmeier (ohne seine anderen Vorstandskollegen) mit den drei Flick-Aufsichtsräten Hans Werner Kolb, Wolfgang Laaf und Hanns Arnt Vogels auch weitgehend so als umzusetzendes Maßnahmenpaket beschlossen.[242] Allerdings gab es innerhalb des Vorstands offenbar divergierende Vorstellungen über die Sanierungs- und Entwicklungspolitik im Zivilprogramm, denn fast gleichzeitig legte von Beruth, im Vorstand für das Verkehrs- und Wehrtechnikgeschäft zuständig, seinerseits eine umfangreiche Ausarbeitung vor, in der sich die Einschätzungen zu den einzelnen Geschäftsfeldern ganz anderes lasen.[243] Die Untersuchung kam zu dem Ergebnis, dass die Know-how-Basis in den einzelnen Bereichen für einen weiteren Ausbau und die erfolgreiche Expansion ausreichend sei und die Aufnahme völlig neuer Produkte »nicht erforderlich erscheine«.[244] Bezeichnenderweise sah von Beruth das größte Entwicklungspotenzial im Anlagenbau bzw. der Verfahrenstechnik, also in dem Bereich, den Griesmeier eigentlich am liebsten ganz verkaufen wollte. Das Zuwachspotenzial bei Filtern sei besonders groß, bei Zentrifugen besäße Krauss-Maffei eine marktführende Stellung, und auch im Trocknerbau sei ein »großes Zuwachspotenzial« zu erwarten. Vor allem aber bot der Bereich Umwelttechnik für Krauss-Maffei nach Einschätzung des Vorstandsmitglieds rosige Aussichten. »Dieses spektakuläre Gebiet wird sich wahrscheinlich langsamer entwickeln als erhofft, ist jedoch wegen der weltweit sich verschärfenden Umweltgesetzgebung ein Zukunfts-Programm, welches es zu intensivieren gilt.«[245]

Neue Geschäftschancen in der Umwelttechnologie? Anlagenbau und Verfahrenstechnik in den 1970er-Jahren

Tatsächlich erwies sich dieser Geschäftsbereich für Maffei als der bei weitem dynamischste. Binnen drei Jahren (zwischen 1970 und 1973) hatte sich der Umsatz von 57,5 Mio. D-Mark auf 112,5 Mio. D-Mark praktisch verdoppelt und stieg bis Mitte der 1970er-Jahre noch einmal um knapp 20 Prozent auf 133,5 Mio. D-Mark. Die Aktivitäten des Geschäftsbereichs waren äußerst heterogen, mit ganz unterschiedlichen Märkten und Abnehmerkreisen. Sie reichten von verfahrenstechnischen Anlagen zur Produktion chemischer Erzeugnisse über die Zellstofferzeugung, Anlagen zur Behandlung und Veredlung von Nahrungs- und Genussmitteln sowie Verfahren zur Herstellung von Kalk, Zement und Schamotte bis zu umwelttechnologischen Anlagen zur Beseitigung von Abfällen und zur Abwasserreinigung.[246] Von der Seite des Gesamtmarktvolumens her ließen sich allenthalben erhebliche Wachstumsschübe prognostizieren, die dem Geschäftsbereich eigentlich eine gesicherte und ertragsstarke Zukunft verhießen. Betrachtete man jedoch die regionale Verteilung der Bedarfsschwerpunkte der jeweiligen Hauptabnehmergruppen, die damalige Marktstellung des Geschäftsbereichs und das Produktangebot von Krauss-Maffei, so ergab sich ein erheblich differenzierteres und auch weniger rosiges Bild. Denn fast die Hälfte des Umsatzes wurde in diesem Geschäftsbereich mit der chemischen Industrie gemacht, von deren Konjunktur- und Investitionszyklus man damit – wie schon im Kunststoffmaschinengeschäft – stark abhängig war. Dazu kam, dass ein Anlagengeschäft im Sinne der Projektierung und des Baus großchemischer Anlagen, wie es Konzerne wie Lurgi AG betrieben, für Krauss-Maffei aufgrund des fehlenden Know-hows nicht in Betracht kam. Es war daher letztlich ein eng begrenzter Markt für Chemieanlagen wie Trockner und Filter zur Titandioxid-, Zinkoxyd- und Flusssäureerzeugung, auf dem Krauss-Maffei eine starke Position besaß.[247] Etwa 20 Prozent des Umsatzes wurden mit Ausrüstungen für die Zellstofferzeugung erwirtschaftet und 15 Prozent mit der Nahrungsmittelindustrie, während der Umwelttechnikzweig nur ganze fünf Prozent ausmachte.

Und das verfahrens- und anlagentechnische Geschäft war kompliziert, da es wie kaum ein anderer Geschäftsbereich des Unternehmens von Anfang an global ausgerichtet war und man daher auch mit großen internationalen Konkurrenten wie der Schweizer Escher Wyss oder US-Konzernen wie Bird Machine Company oder Dorr-Oliver Inc. zu kämpfen hatte. Eine systematische Marketing- und Wachstumsstrategie und eine mittel- oder langfristige Fokussierung auf einzelne Ziele existierten so gut wie nicht, sondern – wie so oft bei Krauss-Maffei – man verließ sich auf das eher zufällige und gelegentliche Einzelgeschäft mit kundenspezifischer »Maßanfertigung«. 1973 errichtete man etwa in England eine Kalkbrennanlage mit einer Leistung von 500 tato; in Pakistan und Ägypten baute man große Zellstoff- und Papieranlagen; in Spanien eine Zementanlage, und im Oktober 1974 verbuchte Krauss-Maffei den ersten Großauftrag aus China zur Lieferung von neun Hochleistungsdekantierzentrifugen in einer Kunstfaserfabrik.[248] Das Großanlagengeschäft, insbesondere bei Zellstoffanlagen, brachte allerdings für das Unternehmen Verpflichtungen und Risiken mit sich, die, so hatte man schon in der zweiten Hälfte der 1960er-Jahre konstatieren müssen, »nach Art und Ausmaß bisher bei Krauss-Maffei nicht auftraten«.[249] Die häufig notwendige Vorfinanzierung mit langfristigen Krediten führte zu einem »liquiditätsmäßigen Engagement in unangemessener Größenordnung« und damit zu einem erheblichen Finanz- und Währungsrisiko. Hinzu kamen erhebliche technische Risiken und nicht zuletzt politische Unwägbarkeiten in Abnehmerländern wie Pakistan, Indonesien und dem Irak, die von Unruhen mit entsprechenden drohenden Zahlungsausfällen geprägt waren. Auch wachsende Anforderungen in Logistik, Infrastruktur- und Betriebspersonalmanagement konfrontierten Krauss-Maffei mit Leistungen, auf die das Unternehmen als Maschinenbauer nicht eingestellt war und in denen man kaum Erfahrung hatte.

Ungeachtet dessen hielt der Vorstand aber an den diversen Aktivitäten fest, wenn auch immer zugleich auf der Suche nach neuen Betätigungsfeldern. Vor allem das Geschäft mit thermischen Verfahrenstechniken, von Müllverbrennungsanlagen über Rauchgasentschwefelungsanlagen bis zu Aktivitäten im Kerntechnikbereich, erschienen Ende der 1960er-Jahre gegenüber den klassischen Produkten wie Filter und Zentrifugen als neue und vielversprechende Wachstumsfelder. Tatsächlich hatte man sich bei Krauss-Maffei schon Ende 1967 ernsthaft Gedanken über die »Zweckmäßigkeit einer Betätigung auf dem Gebiet der Kerntechnik« gemacht.[250] Es war ein Geschäftsfeld, in dem sich damals neben den großen Konzernen wie Siemens, Deutsche Babcock AG, AEG und BBC zahllose weitere deutsche Maschinenbaufirmen als Neueinsteiger positionieren und vom scheinbar unaufhaltsam wachsenden Kuchen der neuen Energietechnik profitieren wollten. Den Bau kompletter Reaktoranlagen traute man sich bei Krauss-Maffei zwar nicht zu, wohl aber die Zulieferleistungen für Reaktordruckbehälter, Wärmetauscher, Kühlgeräte und andere Verfahren der reaktortechnischen Wasseraufbereitung.[251] Und man glaubte zudem, im Zweifelsfall von bereits bestehenden engen Verbindungen zwischen dem Mutterkonzern Buderus und Reaktorbaufirmen wie der AEG profitieren zu können. Allerdings mehrten sich unternehmensintern wie auch von Seiten externer Berater kritische Stimmen, die nicht nur vor den riesigen Vorlaufinvestitionen, sondern auch vor der unbegründeten Euphorie und dem Fehlschluss warnten, »dass der Bau von Kernkraftwerken einschließlich der Zulieferungen das Geschäft des Jahrhunderts« sei.[252] So blieb das Kernkraft-Engagement von Krauss-Maffei letztlich eine Episode und dem Unternehmen eine teure Fehlentscheidung erspart.

Das Thema Energietechnik als neues Betätigungsfeld von Krauss-Maffei stand nur wenige Jahre später, 1973, erneut auf der Tagesordnung. Diesmal ging es um eine Kooperation mit dem Essener Energiekonzern Steinkohlen-Elektrizität AG (STEAG) zur gemeinsamen Entwicklung einer »neuen, besonders umweltfreundlichen und kostengünstigen Technologie« für die Umwandlung von Kohleenergie in Strom.[253] Es war der Höhepunkt der ersten Ölpreiskrise, in der neben der Kernenergie-Propagierung allenthalben eine energiepolitische Kehrtwende vom petrochemischen Regime diskutiert wurde und die Rückkehr zur traditionellen Kohle als Hauptenergieträger aussichtsreich erschien. Die Steag hatte bereits im Kraftwerk Lünen einen Prototyp mit einem neuen Verfahren der Kohledruckvergasung mit nachgeschalteter Gaswäsche errichtet, und Krauss-Maffei sah in einer Beteiligung für die gemeinsame Vermarktung dieser neuen Kraftwerke große Zukunftschancen. Im Dezember 1973 gründete man als gemeinsame Tochtergesellschaft die Energie Technologie GmbH (ET). Das Ziel war, vier weitere Kraftwerksblöcke mit der neuen Technologie zu 800 MW Leistung zu bauen.[254] Eine entscheidende Bedingung von Krauss-Maffei für die Zusammenarbeit mit der Steag war allerdings, dass angesichts der erst nach Jahren zu erwartenden Kommerzialisierung sämtliche Entwicklungskosten von prognostizierten 40 Mio. D-Mark pro Jahr durch Forschungsgelder der öffentlichen Hand getragen wurden und Krauss-Maffei keinerlei Kostenbelastung und Risiken entstanden. Aber schon im Frühjahr 1974 zeichneten sich Probleme bei der Beschaffung öffentlicher Mittel ab, und überdies kam es bereits zu einem tiefen Zerwürfnis zwischen den Konsortialpartnern.[255] Im November 1974 etwa beschwerte sich der Krauss-Maffei-Vorstand massiv darüber, dass es der Steag nur noch darum ginge, Krauss-Maffei aus der ET zu drängen. Tatsächlich sollte es dann aber noch bis 1977 dauern, bis die Krauss-Maffei AG nach und nach durch Abgabe ihrer Konsortialanteile auch dieses, einst mit so großen Hoffnungen gestartete Energietechnik-Abenteuer beendete.

Die Neuausrichtung des verfahrenstechnischen Geschäfts erschien umso drängender, da im Jahr 1976 ein abrupter Umsatzeinbruch um mehr als 50 Prozent erfolgt war und einen Verlust von über 20 Mio. D-Mark mit sich gebracht hatte. Auch wenn sich das Geschäft wieder erholte, so sollte es sich doch im Laufe der 1980er-Jahre auf ein Umsatzvolumen zwischen 70 bis 80 Mio. D-Mark pro Jahr einpendeln. Aus dem einst hochdynamischen Geschäftsfeld war ein unter Schwankungen weitgehend stagnierender Geschäftsbereich geworden. Als Reaktion auf den Umsatzeinbruch war der Geschäftsbereich dabei seit Anfang 1976 wieder in die beiden Bereiche Anlagengeschäft und Verfahrenstechnik getrennt worden, um so die dortigen Probleme besser in den Griff zu bekommen. Dabei setzte man nun verstärkte Hoffnungen auf das Geschäft mit umwelttechnischen Verfahren. Schon im Juni 1972 hatte man hierzu eine Zusammenstellung der bisherigen Aktivitäten von Krauss-Maffei auf diesem Gebiet vorgenommen und dabei fünf Kernbereiche definiert: Abfallvernichtung, Behandlung von Abwässern und Schlämmen, umweltfreundliche Produktionsverfahren, Gewinnung von Rohstoffen aus Abfall, sprich Recyclingtechnologien, und schließlich Verfahren zur Luftüberwachung.[256] Vor allem im letzten Bereich hatte man bereits mit dem Krauss-Maffei-Immissions-Messwagen »Aerotest« ein effizientes Produkt auf den Markt gebracht, mit dem die Konzentration der verschiedenen Gase sowie die Staubkonzentration in der Luft gemessen werden konnten. Die meisten Verfahrensideen befanden sich jedoch noch im Entwicklungsstadium, und die F&E-Kosten in Millionenhöhe dafür waren innerhalb des Vorstands nicht unumstritten. Bis 1976, so die internen Prognosen, würden insgesamt bis zu fünf Mio. D-Mark ausgegeben werden, erst ab dann werde man mit umwelttechnischen Verfahren überhaupt Geld verdienen können.[257] Immerhin hatte man im Oktober 1974 eine mit finanzieller Beteiligung durch das bayerische Umweltschutzministerium entwickelte Versuchsanlage zur Abfalltrennung und zum Müllrecycling der Öffentlichkeit präsentiert und 1976 im bayerischen Baar-Ebenhausen eine

Müllverbrennungsanlage errichtet, damals Europas größte und modernste Anlage zur Beseitigung von Sondermüll.[258] Im Jahr 1980 sollte Krauss-Maffei dann auch eine Dreisäulenzentrifuge zur Entwässerung von Gips aus modernen Rauchgasentschwefelungsanlagen bei Thermokraftwerken auf den Markt bringen. Aber das alles waren nach wie vor singuläre Einzelgeschäfte. Von einer systematischen Produkt- und Marktstrategie in der Umweltverfahrenstechnik konnte noch immer keine Rede sein.

Mitte November 1976 war der Krauss-Maffei-Vorstand nach Düsseldorf zitiert worden, um dort über die Lage des Unternehmens zu berichten und vor allem die aktuellen Zahlen zum laufenden Geschäftsjahr sowie die weiteren Planungen bis 1980 zu präsentieren.[259] Für das Jahr 1976 kündigten die Krauss-Maffei-Manager ein katastrophales Ergebnis mit einem Rekordverlust von 49,9 Mio. D-Mark an, der sich durch (für die Buderus- bzw. Flick-Gruppe letztlich positiv zu verrechnende) Inanspruchnahme von Bilanzierungswahlrechten noch weiter auf 75,1 Mio. D-Mark erhöhte. Das waren weit mehr als die ursprünglich zu Jahresbeginn vorhergesagten 30 Mio. D-Mark Verlust. Aber für 1977 und die folgenden Jahre prognostizierte der Krauss-Maffei-Vorstand deutliche Verbesserungen, sowohl beim Umsatz wie auch beim Ertrag. Die eingeleiteten Kostensenkungs- und Rationalisierungsmaßnahmen, so versprach man, würden nun endlich wirksam werden, flankiert durch bessere Produktionsauslastung und Senkung der Handlungskosten. Das Zivilprogramm würde dann endlich schwarze Zahlen schreiben. Unter dem Strich stand daher in den Planungsrechnungen des Krauss-Maffei-Vorstands für 1977 ein Bilanzergebnis von 3,5 Mio. D-Mark, das sich bis 1980 rasant auf 30 bis 40 Mio. D-Mark weiter verbessern würde.[260] Richten sollte es aber letztlich das Rüstungsgeschäft, d. h., die Erholung und Rückkehr zur Profitabilität nach den langen Verlustjahren sollten vor allem vom Wehrtechnik- und Panzergeschäft kommen.

Einstieg ins Rüstungsgeschäft

Der Einstieg ins Rüstungsgeschäft im Jahr 1963 hatte für Krauss-Maffei tatsächlich ganz neue Ertragschancen eröffnet, aber er brachte auch eine Vielzahl von Risiken mit sich und erforderte vor allem vielfach neue Kompetenzen. Im Lokomotivgeschäft hatte man zwar schon Erfahrungen mit den staatlichen Behörden als Auftraggeber, mit verzögerten Auftragserteilungen, komplizierten Lieferverträgen und nicht zuletzt einer eigenwilligen Zahlungsmoral gemacht. Ansatzweise kannte man auch die Spezifika von Generalunternehmerschaft, konsortialer Auftragsabwicklung, staatlicher Risikoabwälzung und Zuliefermanagement. Aber das hochpolitische Leopard-Programm bedeutete noch einmal eine ganz andere Qualität von Behördengeschäft. Das soll in einigen, zum Teil auch rückblendenden Schlaglichtern kurz aufgezeigt werden. Im Dezember 1966 etwa wartete man in Allach seit Monaten auf die Anschlussaufträge für das dritte Los der Leopard-1-Fertigung, die zur Unterzeichnung irgendwo im Bürokratiegeflecht zwischen Bundesverteidigungs- und Bundesfinanzministerium feststeckten. Um eine Produktionsunterbrechung zu vermeiden, war Krauss-Maffei daher gezwungen, für rund 40 Mio. D-Mark, d. h. in erheblichem Umfang auf eigene Rechnung und Risiko, Bestellungen bei Zulieferern zu tätigen und auch die eigene Produktion von Einzelteilen für die Endmontage aufzunehmen.[261] Als Generalunternehmer trug Krauss-Maffei nicht nur die Systemverantwortung und die Koordination der Umsetzung vom Entwicklungskonzept zur Serienreife, sondern war auch für Qualitätssicherung und Endprüfung zuständig. Der Eigenfertigungsanteil war dabei zunächst gering; vom ersten großen Panzerauftrag des Jahres 1965 mit einem Volumen von fast 90 Mio. D-Mark entfielen gerade einmal 18 Mio. D-Mark auf die Produktionsbeteiligung von Krauss-Maffei. Es war daher kein Wunder, dass der Vorstand ständig bemüht war, den Eigenfertigungsanteil an den Serienlieferungen zu erhöhen. Letztlich blieb jedoch das Problem, dass die wehrtechnischen Umsätze durch den hohen Anteil fremder Zulieferungen aufgebläht waren. Den Motor des Leopard-Panzers kaufte Krauss-Maffei im Auftrag des Bundes bei Daimler-Benz, das Getriebe bei der Zahnradfabrik Friedrichshafen AG, den Geschützturm bei der Firma Wegmann in Kassel und die Panzerwanne bei Blohm + Voss AG in Hamburg. Hinzu kamen zahllose weitere Zulieferbetriebe, insgesamt waren es ca. 2700 Firmen, von denen 450 unmittelbar an Krauss-Maffei lieferten.[262]

In welche komplexen Verflechtungen wirtschaftlicher, politischer und fertigungstechnischer Art Krauss-Maffei zudem hineinmanövriert wurde, zeigte sich etwa auch im November 1967, als mit dem Auftrag zur Lieferung von 334 Leopard-Panzern an Belgien der erste Auslandsauftrag zur Debatte stand. Der Gesamtwert an Lieferungen und Leistungen durch

Krauss-Maffei betrug 360 Mio. D-Mark; das Geschäft sollte im Januar 1968 beginnen und sich bis zum Juni 1970 erstrecken. »Die in Brüssel verhandelten Bedingungen«, so schrieb aber dazu der offensichtlich schockierte Krauss-Maffei-Vorstand in einem ausführlichen Brief an den Aufsichtsratsvorsitzenden, »sind so außergewöhnlich hart und risikobehaftet, dass wir den Geschäftsabschluss nur verantworten zu können glauben, wenn auch unsere Organmuttergesellschaft Buderus und deren Inhaber dem Geschäftsabschluss zustimmt und der Aufsichtsrat zu einem Abschluss rät. Nutzen und Risiken des Geschäfts einerseits, das Geschäftsvolumen andererseits, die politischen und firmenpolitischen Auswirkungen eines Abschlusses und eines Nichtabschlusses liegen so weit außerhalb der bisher für Geschäfte unseres Unternehmens geltenden Größenordnung, dass wir in unserer Eigenschaft als derzeit amtierender und verantwortlicher Vorstand des Unternehmens die Bitte um gemeinsame Beurteilung und Entscheidung über dieses Geschäft außerhalb der turnus- und routinemäßigen Behandlung von bedeutenden Geschäftsvorfällen aussprechen müssen.«[263] Für das Geschäft sprach neben der Kapazitätsauslastung und der Ertragserwartung vor allem, dass das Belgiengeschäft als erster Exportfall für den Leopard die Option für weitere Geschäfte mit den NATO-Ländern eröffnete. Dagegen sprach jedoch die kategorische Bedingung der belgischen Regierung, dass im Gegenzug für den Auftrag von deutscher Seite Kompensationsaufträge im Wert von 100 Prozent des gesamten Kontraktvolumens an die belgische Wirtschaft vergeben würden. Trotz der Zusage der Bundesregierung, einen Teil dieser Kompensationsaufträge zu übernehmen, bestand für ein erhebliches Volumen noch keine Deckung. Die Belgier hatten aber vertraglich festgelegt, dass Zahlungen an Krauss-Maffei nur in dem Umfang geleistet würden, in dem die Kompensationsaufträge an die belgische Wirtschaft auch tatsächlich erfolgt waren. Die Münchner sahen sich damit einem echten Dilemma gegenüber.

Dass Krauss-Maffei damals, im Juli 1963, überhaupt den Zuschlag zur Übertragung der Generalunternehmerschaft für 1500 Stück des neuen Standardpanzers Leopard – gegen die starke Konkurrenz von Hugo Stinnes Industrie und Handel GmbH mit dem großen Konkurrenten MaK und der Quandt-Gruppe – erhalten hatte, war eigentlich erstaunlich.[264] Die Münchner waren Neulinge im Rüstungsgeschäft und konnten allenfalls auf ihre Kettenzugmaschinenproduktion in der NS-Zeit verweisen. Große Erfahrungen mit der Überführung komplexer Rüstungstechnologie zur

Serienreife und dann auch noch der Organisation einer Serienfertigung besaß man nicht.[265] Tatsächlich war der Einstieg ins Wehrtechnikgeschäft auch nicht als langfristige Unternehmensstrategie geplant, sondern nur als vorübergehender Ersatz und als Ausgleichsprogramm für die auslaufenden Bereiche der Omnibusfertigung sowie der Auftragsgeschäfte für Karosseriepressen und Walzwerke.[266] Das Geschäft versprach vor allem eine Auslastung der Fertigungsanlagen. An große Gewinne dachte damals angesichts der Tatsache, dass trotz der Finanzierungszusagen des Bundes Krauss-Maffei zunächst erhebliche Vorinvestitionen von circa sechs Mio. D-Mark tätigen musste und zudem zum damaligen Zeitpunkt »der Panzerexport auch an Nato-Länder aussichtslos [erschien]«, noch keiner.[267] Als Option hatte der damalige Aufsichtsratsvorsitzende Grabowski das Wehrtechnikgeschäft allerdings schon 1956 ins Spiel gebracht. »Nachdem Herr Minister Franz-Josef Strauss Bundesverteidigungsminister geworden ist«, so schrieb er im Oktober 1956 an den Krauss-Maffei-Vorstand, »bitte ich, ernsthaft zu prüfen, ob wir diese seltene Gelegenheit nicht benutzen sollten, rechtzeitig genug mit ihm wegen der Erteilung von Aufträgen aus seinem Ressort Fühlung zu nehmen. Ich habe den bestimmten Eindruck, dass bisher allein die Ruhr oder sonstige große Konzerne bevorzugt behandelt worden sind, weil sie zu den maßgebenden Stellen über ausgezeichnete persönliche Beziehungen verfügten. Wenn jetzt aber ein Bayer an der Spitze des Verteidigungsministeriums steht, dann haben wir Veranlassung, dafür zu sorgen, dass sich dieser Mann für bayerische Belange einsetzt.«[268] Bis zum tatsächlichen Einstieg ins Rüstungsgeschäft waren dann aber noch sieben Jahre vergangen, und so verheißungsvoll für den Krauss-Maffei-Vorstand das »Sonderprogramm« erschien, so ablehnend reagierte der Betriebsrat, der von den neuen Geschäftsaktivitäten des Unternehmens erst informiert worden war, als längst alle Entscheidungen gefallen waren. »Wir waren stolz, kein Rüstungsbetrieb zu sein«, äußerte der damalige Betriebsratsvorsitzende Hans Bieringer auf einer Besprechung im August 1963. Man nehme zur Kenntnis, dass Krauss-Maffei einen Rüstungsauftrag erhalten habe, distanziere sich aber von den Konsequenzen, die sich hieraus ergeben könnten.[269]

Der Auftragsvergabe im Sommer 1963 waren lange und komplizierte Verhandlungen gefolgt, über Art und Umfang der Management-Gebühren für Krauss-Maffei, über Haftungs- und Gewährleistungsfragen und vor allem auch über die Festlegung der Preischarakteristik (»Selbstkostenfestpreis mit vorkalkulatorischer Fixierung und nachkalkulatorischer Prüfung«). Aber ungeachtet aller Schwierigkeiten hatte Krauss-Maffei am 9. September 1965 den ersten Serienkampfpanzer Leopard an die Bundeswehr übergeben und danach weitere Folgeaufträge erhalten. Im Frühjahr 1966 wurde Krauss-Maffei von Seiten des Verteidigungsministeriums auch die zentrale Kampfpanzerentwicklung übertragen, ein Auftrag, den man in Allach nur zögerlich und nach Abwägung aller Vor- und Nachteile übernahm, drohten damit doch neue erhebliche Anforderungen und Risiken, ganz abgesehen vom notwendigen Aufbau des entsprechenden Ingenieurpersonals.[270] Im Frühjahr 1967 wurde dafür eine eigene Krauss-Maffei Entwicklungs-GmbH für das Sonderprogramm gegründet. Im Juli 1968 hatte Krauss-Maffei schließlich den letzten der 500 Leopard-Panzer aus dem dritten Los ausgeliefert. Längst befanden sich die Münchner aber mitten in dem von heftigem Wettbewerb geprägten Gerangel um weitere Rüstungsaufträge, sei es um die Entwicklung eines deutsch-amerikanischen Kampfpanzers (»Kpz 70«) oder die Weiterentwicklung des deutschen Standardpanzers zum Leopard 2. Dass die Hauptkonkurrenten dabei auf Geheiß des Bundesverteidigungsministeriums in der Deutschen Entwicklungsgesellschaft (DEG) zusammengeschlossen waren, tat den Auseinandersetzungen keinen Abbruch.[271] Vor allem Rheinstahl Henschel und Krupp MaK machten Krauss-Maffei Schwierigkeiten, wo sie nur konnten. Man habe vertraulich erfahren, so berichtete der Krauss-Maffei-Vorstand etwa im September 1967 nach Düsseldorf in die Flick-Zentrale, dass die Geschäftsleitung der MaK in Kiel Anweisung aus Essen habe, »sich keinesfalls mit guten Absichtserklärungen und nicht näher präzisierten Beteiligungszusagen von Krauss-Maffei ins Schlepptau nehmen zu lassen«, und eine Führungsrolle der Münchner nur gegen klare quotenmäßige, langfristige Beteiligungszusagen sowohl für Produktion als auch technische Entwicklung anerkannt werde.[272] Und im Februar 1972 kämpfte ein Konsortium aus Krauss-Maffei, Dr. Ing. h. c. F. Porsche und Wegmann heftig gegen den Rheinstahl-Konzern um den Zuschlag für einen neuen Flak-Panzer Gepard sowie vor allem um die Führungsrolle beim neuen »Kpz 80«-Projekt.[273] Der Konkurrenzkampf war umso heftiger, als inzwischen abzusehen war, dass spätestens Mitte 1974 mit dem Ende des Leopard-1-Programms eine größere Produktionslücke entstehen würde. Tatsächlich brachen die bis dahin sprudelnden Gewinne des Wehrtechnikgeschäfts bei Krauss-Maffei um über 70 Prozent drastisch ein. Damit entfiel die Möglichkeit zur Kompensation der Verluste im Zivilgeschäft. Allerdings fiel schon Ende 1974 in Bonn die Entscheidung, dass Krauss-Maffei auch Generalunternehmer für den Leopard 2 werden würde. Seit 1977 zogen daher die Rüstungsumsätze wieder – und dafür umso rasanter – an und stabilisierten sich in der ersten Hälfte der 1980er-Jahre auf hohem Niveau.

Vor allem auch das Geschäft mit Rüstungsexporten florierte inzwischen. Nach Leopard-Lieferungen an Belgien, die Niederlande und Dänemark waren auch Aufträge aus Australien, Kanada und der Türkei eingetroffen. Und im Frühjahr 1974 bewegte ein milliardenschwerer Großauftrag aus dem Iran unternehmensintern wie auch in der Öffentlichkeit die Gemüter.[274] Das ganze Projekt wurde dann aber aus politischen Gründen gestoppt. Anfragen zur Belieferung mit Leopard-Panzern gab es auch aus Kuwait, aus Venezuela und Marokko, die aber alle, wie sich der Krauss-Maffei-Vorstand im Februar 1976 in einem Brief an den bayerischen Wirtschaftsminister Jaumann beschwerte, wegen nicht erteilter Exportgenehmigungen an die britische und amerikanische Panzerindustrie verloren gegangen waren.[275] Ende der 1970er-Jahre beherrschte dann die Debatte um eine »Rüstungssonderhilfe« für die Türkei sowie einen gemeinsamen deutsch-französischen Kampfpanzer (»Kpz 90«) die rüstungswirtschaftlichen und rüstungspolitischen Diskussionen.[276] Im Frühjahr 1981 sorgte schließlich das Interesse Saudi-Arabiens an umfangreichen Leopard-Importen für Aufregung. Die Saudis wollten von Krauss-Maffei 151 Kampfpanzer im Gesamtwert von ca. 1,8 Mrd. D-Mark kaufen, und in den folgenden Monaten tat der Krauss-Maffei-Vorstand kaum etwas anderes, als zwischen München, Bonn und Riad hin und her zu fliegen, um den Auftrag doch noch an Land zu ziehen. Im November 1981 sah man sich jedoch auf Drängen Bonns dazu gezwungen, die Verhandlungen einzustellen.[277] Es dauerte aber nicht lange, bis zwischen April und August 1984 in der Öffentlichkeit neue hochpolitische Panzergeschäfte mit der Schweiz und Ägypten das wehrpolitische Geschehen bestimmten.[278] Dem Krauss-Maffei-Vorstand blieb angesichts dieser rüstungswirtschaftlichen Entwicklungen kaum noch Zeit, sich hinreichend der Krise und den Sanierungsbemühungen im Zivilgeschäft zu widmen. Dabei sollte sich inzwischen deutlich abzeichnen, dass im Wehrtechnikgeschäft Mitte der 1980er-Jahre durch das Auslaufen des Leopard-2-Programms nicht nur eine neue Auftragslücke, sondern auch ein abruptes Ende des Rüstungsbooms insgesamt bevorstand. Im November 1984 informierte das Vertei-

101 Besuch des Bundesverteidigungsministers Kai-Uwe von Hassel bei Krauss-Maffei im Jahr 1965 (rechts: Vorstandsvorsitzender Dr. Oskar Stamm)

[BWA, F 44/KM 52]

102 Jahreshauptversammlung der Krauss-Maffei AG am 12. Juni 1978 (dritter von links: Aufsichtsratsvorsitzender Hans Werner Kolb, daneben der Betriebsratsvorsitzende Krahl)

[BWA, F 44/KM 42/1]

digungsministerium den Krauss-Maffei-Vorstand davon, dass das Projekt Leopard 3 gestrichen und alle entsprechenden Entwicklungsaktivitäten gestoppt wurden.[279]

Angesichts der seit Ende der 1960er-Jahre immer stärkeren Prägung von Krauss-Maffei durch das Wehrtechnikgeschäft war es umso bemerkenswerter, dass das Unternehmen Ende 1977 eine Imagekampagne gestartet hatte, in der man ein gegenüber der Apostrophierung als »Panzerschmiede der Nation« vielfältigeres und moderneres Gesicht zu zeigen versuchte. Krauss-Maffei verstand sich selbst, so die Botschaft, als »Partner mit hochentwickelter Technologie oder Technik mit System«.[280] Mehr als drei Viertel der Beschäftigten, so äußerte sich Griesmeier gegenüber der Presse, würden in der zivilen Fertigung arbeiten, in der Panzerfertigung dagegen waren nur rund 100 »produktive Werker« tätig. Dazu kamen noch etwa 600 Entwickler, Konstrukteure und Prüfer, d. h., letztlich waren die Beschäftigungswirksamkeit und die produktive Wertschöpfung im Rüstungsgeschäft mehr denn je gering. Die sich insgesamt verbessernde Geschäftslage von Krauss-Maffei schlug sich neben steigenden Umsätzen dann auch endlich in wieder einsetzenden Gewinnabführungen an Buderus / Flick nieder: 1977 konnten bereits 2,4 Mio. D-Mark überwiesen werden, 1978 waren es 8,8 Mio. und im Jahr darauf sogar zwölf Mio. D-Mark. Als Griesmeier Ende April 1980 die Zahlen zur Entwicklung im abgelaufenen Jahr präsentierte, konnte er in allen Bereichen auf eine deutliche Belebung der Geschäfte verweisen.[281] Vor allem die einstigen Sorgenkinder Kunststoffmaschinenbau und Verfahrenstechnik wiesen deutliche Zuwächse bei Auftragseingang und Umsatz auf. Im selben Atemzug allerdings wies der Vorstandsvorsitzende auf ein neues drängendes Problem bei Krauss-Maffei hin: Es gab, vor allem in der Fertigungsorganisation, einen massiven Investitionsbedarf. Die in den Jahren zuvor durchgeführten Investitionen im Bereich des Sachanlagevermögens waren aus aktuellem Anlass zum überwiegenden Teil direkt oder indirekt fast ausschließlich in den wehrtechnischen Bereich geflossen, und auch dort vor allem in Gebäude- und Geschäftsausstattung, weniger in die Verbesserung der Maschinenstruktur. »Das so entstandene Leistungsprofil insbesondere des Maschinenparks in unserem Stammwerk München«, so konstatierte Griesmeier, »ist als nicht mehr konkurrenzfähig zu bezeichnen«.[282] Bei Krauss-Maffei bestand mithin ein akuter Zwang zur Modernisierung der veralteten Produktionseinrichtungen.

Fertigungsstrukturen, Belegschaft und das Krauss-Maffei-Produktionssystem – eine kurze Rückblende

Schon im Jahr 1969 hatte es aus dem Unternehmen heraus weitsichtige Überlegungen zur Fertigungsrationalisierung und Modernisierung der Produktionsstrukturen gegeben. Die Vorschläge reichten von der Übernahme sämtlicher Facharbeiter in das Angestelltenverhältnis (zur Reduzierung der Fluktuation) über eine stufenweise, grundlegende Neukonzeption der Anlagenplanung zur Verkürzung der Durchlaufzeiten und Optimierung des Materialflusses bis zur Einführung von EDV und Automatisierung in der Fertigungssteuerung (»Verkettung von selbständig operierenden kleinen Informationsverarbeitungssystemen mit weitgehender Datenerfassung und Datenausgabe am Arbeitsplatz«).[283] Im Juli 1971 waren ergänzend dazu dann »Grundzüge einer Produktionsstrategie als Teil einer Gesamtunternehmensstrategie« entwickelt worden, in der vor allem der weitere Einsatz der seit Herbst 1968 im Betrieb systematisch eingesetzten elektronischen Datenverarbeitung in der Fertigungssteuerung, Materialbewirtschaftung, Kapazitätssteuerung und Arbeitsvorbereitung im Zentrum stand.[284] Zusätzlich waren gleich mehrere externe Beratungsfirmen hinzugezogen worden. Auf Empfehlung und Initiative der Muttergesellschaft Buderus war etwa eine kleine Consultingfirma mit einer Untersuchung zur Einführung des Work-Factor-Systems und der sogenannten Arbeitsplatzbestgestaltung beauftragt worden, wobei sich allerdings schnell herausstellte, dass dies (aus Amerika kommende) Rationalisierungskonzepte waren, die für Großserienfertigung in der Automobil- oder Elektroindustrie geeignet waren, für die spezifischen Fertigungsstrukturen bei Krauss-Maffei jedoch kaum Nutzen brachten.[285]

Weit intensiver setzte man sich bei Krauss-Maffei dagegen mit der Implementierung der Wertanalyse (»Industrial Value«) auseinander. Diese ebenfalls Anfang der 1970er-Jahre aus den USA nach Deutschland gelangte Rationalisierungstechnik zielte darauf ab, dass die Produkte und deren Konstruktion die verlangten Funktionen mit niedrigstem Kostenaufwand, jedoch ohne Minderung von Leistung, Qualität und Zuverlässigkeit erfüllten (»nur so gut wie nötig«), dass ihre Herstellung so rationell wie möglich erfolgte und dass Einkauf und Vertrieb in diese Bemühungen mit einbezogen wurden.[286] Hatte man dabei zunächst Wertanalysen vor allem an fertigen Konstruktionen und Produkten durchgeführt, so war man zunehmend dazu übergegangen, wertanalytisch bereits auch im Konstruktions- und Planungsstadium vorzugehen. Die Industrial-Value-Methode war in den deutschen Großunternehmen weitverbreitet, und auch bei Krauss-Maffei gingen die ersten Anfänge zur Anwendung der Wertanalyse und des Value-Engineering bis in das Jahr 1967 zurück. Aber auch noch zwischen 1969 und 1970 gingen bei Krauss-Maffei in Allach die Beratungsingenieure der New Yorker Industrial Value Service Inc. ein und aus, hielten entsprechende Seminare ab und halfen bei der Einführung von Wertanalysegruppen sowie der Einsetzung von hauptamtlichen Wertanalyseleitern in den einzelnen Fertigungsabteilungen. Ende 1970 allerdings musste der Vorstand konstatieren, dass die faktische Umsetzung vielfach wieder ins Stocken gekommen war und daher dringend »Schritte zur Intensivierung der WA-Arbeit bei Krauss-Maffei« notwendig erschienen.[287] »Ihre Sorge um den Erfolg unseres Wertanalyse-Programms ist auch meine Sorge«, schrieb denn auch im Juli 1971 der damalige Krauss-Maffei-Vorstandsvorsitzende Wolf an den Leiter der US-Beratungsgesellschaft, um aber sofort hinzuzufügen, dass »ich Ihre negative Auffassung über die bisher geleistete Arbeit nicht ganz teilen kann. Es ist von den Ideen der Wertanalyse und ihren Möglichkeiten mehr in den einzelnen Geschäftsbereichen bereits eingewurzelt, als Sie dies vielleicht annehmen«.[288] Tatsächlich hatte eine erste Bilanzierung ergeben, dass Kostensenkungen von etwa einer Mio. D-Mark pro Jahr in den einzelnen Bereichen erreicht worden waren. Dennoch hatte sich auch hier gezeigt, dass die Industrial-Value- und Industrial-Engineering-Konzepte bei Krauss-Maffei, insbesondere mit dem damit verbundenen umfangreichen Kontroll- und Berichtswesen, an ihre Grenzen stießen und daher auch nach fast fünf Jahren »die Wertanalyse bei Krauss-Maffei in ihrer heutigen Organisationsform noch kein schlagkräftiges Instrument der Geschäftsbereiche zur Kostensenkung darstellt«.[289]

Neben Work-Factor-System-Beratern und Industrial-Value-Ingenieuren waren in Allach aber gleichzeitig noch weitere Consultants tätig. Betriebswirte der Schweizer Beratungsfirma Hayek untersuchten im Sommer 1970 nach einer speziell entwickelten Methode die Maschinenkapazitäten und unterzogen das Werk München einer eingehenden Kostenanalyse. Die detaillierte Erfassung der Fertigungskostenstrukturen mündete dann in einer im Januar 1972 vorgestellten »Ergebnisverbesserungs-Studie für das Zivilprogramm«.[290] Die darin dargelegten weitreichenden »Durchführungsarbeiten zur Kostenreduktion« stießen allerdings vor Ort in den

Werkstätten und Fertigungsabteilungen zum Teil auf Widerstand und massive Kritik. Wesentliche Besprechungsergebnisse seien nicht ausreichend oder irreführend in die endgültige Fassung des Berichts eingearbeitet worden. Und überhaupt seien viele Punkte der Beratungsfirma nicht originell, »die unter dem Punkt Stücklistenbearbeitung genannten Vorschläge gehen nicht über die von unseren Mitarbeitern in Besprechungen mit der Fa. Hayek geäußerten Anregungen und Vorstellungen hinaus. Der Auftrag an Hayek, hier vereinfachte Arbeitsabläufe zu planen und einzuführen, wurde mithin nicht erfüllt«.[291]

Alles in allem präsentierte sich die Fertigungsorganisation von Krauss-Maffei in den 1970er-Jahren als heterogene Mischform zweier unterschiedlicher Prinzipien. Zum einen dominierte in Anpassung an das stark schwankende Produktionsprogramm das Prinzip der Werkstattfertigung, d. h. gleichartige Arbeitsvorrichtungen waren räumlich zusammengefasst, wie z. B. Dreherei, Bohrerei und Grobblechfertigung. An einzelnen Stellen wurde dieses Prinzip jedoch durchbrochen, insbesondere in Teilbereichen des Kunststoffmaschinenbaus und der Panzerfertigung. Hier wurde bei Serien- und Teilefamilienproduktion Fließfertigung eingerichtet (Plastizierungsstraße, Laufrollenstraße, Kettengliederstraße). Die ständigen marktbedingten Schwankungen und Strukturverschiebungen des Fertigungsprogramms bereiteten dem Betrieb München dabei allerdings erhebliche Probleme. Eine optimale Auslegung der Kapazitäten und der Fertigungseinrichtungen sowie ein bestmöglicher Einsatz der Arbeitskräfte wurden erheblich erschwert. »Die Vielzahl der im Werk München gefertigten Fabrikate sowie die ständige Umstrukturierung innerhalb der Fabrikatezusammensetzung haben zu einer universell eingerichteten und flexiblen, im speziellen Fall aber nie optimal gestalteten Fertigung geführt«, hieß es denn auch selbstkritisch 1971 in einem internen Bericht.[292] Eng damit hing auch das spezifische Arbeitskräfteproblem zusammen, mit dem Krauss-Maffei konfrontiert war. Die in Allach vorherrschende hochwertige Einzelfertigung erforderte hochqualifizierte Arbeitskräfte mit universeller Ausbildung, die auf dem Markt jedoch kaum zu finden waren. Mit einer großen Anzeigenkampagne (»In unserem Unternehmen arbeiten Mitarbeiter, deren Väter und Großväter bereits bei uns tätig waren. Wir glauben, dass das keine schlechte Empfehlung für uns ist [...]«) versuchte man, neue Mitarbeiter anzuwerben.[293] Gleichzeitig war man sich aber bewusst, dass Krauss-Maffei »nur mit erheblichen Einschränkungen als attraktiver Arbeitgeber zu betrachten und gegenüber anderen Großfirmen im Münchner Raum nur bedingt konkurrenzfähig ist«.[294] Das Unternehmen hatte daher in den 1970er-Jahren mit einem ständigen Rückgang hochqualifizierter deutscher Facharbeiter zu kämpfen, die nur sehr eingeschränkt und mit erheblichen Kosten durch Anlernkräfte, insbesondere aus Italien, Jugoslawien, Griechenland und der Türkei, ersetzt werden konnten. Mit viel Aufwand hatte man sich auch um französische Arbeitskräfte bemüht. Seit je her gab es daher bei Krauss-Maffei ein intensives System der Personalplanung, um rechtzeitig die notwendigen Maßnahmen zur Arbeitskräfterekrutierung ergreifen zu können. »Die für den Zeitraum 1969 bis 1973 bei Krauss-Maffei geplante Personalsteigerung von 28 Prozent«, so hieß es dazu etwa in einer internen Notiz, »steht in einem krassen Missverhältnis zu der erwarteten Entwicklung auf dem Arbeitsmarkt im Raum München«.[295] Der Anteil der »Gastarbeiter« stieg daher bei Krauss-Maffei Anfang der 1970er-Jahre auf über 26 Prozent, sollte sich dann aber auf ca. 15 Prozent, d. h. zwischen 650 und 700 Belegschaftsmitgliedern, einpendeln.

Als vielversprechendster Ausweg blieb daher nur die eigene Lehrlingsausbildung, und es war kein Wunder, dass diese in Art und Umfang bei Krauss-Maffei traditionell stark ausgebaut war. 40 Prozent der 1971 im Unternehmen beschäftigten Facharbeiter hatten dort auch gelernt, und der Bau eines modernen Ausbildungszentrums sollte diese Bemühungen der Facharbeiterrekrutierung auch weiter intensivieren. Überlegungen zu einer Auslagerung von Fertigungsstätten ins Ausland und zum Aufbau von Produktionsniederlassungen in Brasilien, Mexiko und den USA, wie sie etwa im März 1973 kurzzeitig angestellt wurden, blieben eine Episode und wurden niemals realisiert. So hielt man an der traditionellen Konzentration auf den Fertigungsstandort München, ergänzt nur durch zwei kleine Werke in Forstern bei Erding und in Weißenburg, fest. In den Krauss-Maffei-Lehrwerkstätten wurden 15 verschiedene Berufszweige in drei bis dreieinhalb Jahren gelehrt, vom Bohrwerksdreher über Maschinenschlosser bis zum Lackierer und Werkzeugmacher. Später wurden diese infolge der veränderten Qualifikationsanforderungen und der Anpassung an den technologischen Wandel ersetzt durch Starkstromelektriker, NC-Maschinen-Bediener und EDV-Fachleute. Die spezifischen Arbeitskräfteanforderungen bei Krauss-Maffei schlugen sich auch in einer weiteren Beschleunigung des Trends zur Zunahme der Angestelltenschaft nieder. 1970 standen bereits 2435 Angestellte 3529 Arbeitern gegenüber (1:1,4), zehn Jahre später hatten die Angestellten (2208) die Arbeiter (2191) bereits zahlenmäßig überrundet und sollten ihren Anteil bis 1985, allerdings nur noch leicht, weiter ausbauen.

Es war angesichts dieser Schwierigkeiten bei der Belegschafts- und Fachkräfterekrutierung denn auch kein Wunder, dass mit den einsetzenden Entlassungswellen nach dem Ende der »Wirtschaftswunderjahre« die einzelnen Abteilungen und Bereiche die vom Vorstand geforderten Aufforderungen zu Personalanpassungsmaßnahmen und Belegschaftsreduzierungen zu unterlaufen suchten. Dennoch kam es bei Krauss-Maffei in der Folgezeit zu deutlichen Rückgängen in der Zahl der Mitarbeiter: zwischen 1970 und 1972 um knapp 600 Beschäftigte oder 9,6 Prozent. Die tiefe Krise 1974/75 hatte dann für fast 2000 Beschäftigte von Krauss-Maffei Kurzarbeit in erheblichem Umfang und für weitere 530 Arbeiter und Angestellte auch Entlassungen bedeutet. Seit 1973 war die Gesamtzahl der Krauss-Maffei-Mitarbeiter damit um erneut fast 1400 oder 23,8 Prozent gesunken.

Im Oktober 1976 schloss Krauss-Maffei das Werk Forstern mit seinen 140 Beschäftigten, was angesichts der politischen Verquickungen von Krauss-Maffei durch seinen großen Anteil an Behördengeschäft für erhebliche Aufregung sorgte und hohe Wellen schlug.[296] Nicht zuletzt machten sich aber auch die tarifpolitischen Turbulenzen, die die 1970er- und 1980er-Jahre prägten, bei Krauss-Maffei bemerkbar. Im März 1974 hatten die Tarifkonflikte in der bayerischen Metallindustrie auch bei Krauss-Maffei zu Warnstreiks von 1800 Krauss'lern geführt, und weitere Warnstreiks als Begleiterscheinung der jeweils laufenden Verhandlungsrunden für die bayerischen Metallarbeiter, bei denen es vor allem um die Durchsetzung der 35-Stunden-Woche ging, prägten vor allem im März 1983 und März 1984 das Bild auch in Allach.[297]

Ertragslage und Umsatzstruktur zu Beginn der 1980er-Jahre

Das Produktionssystem von Krauss-Maffei hatte sich mithin im Laufe der 1970er-Jahre erheblich verändert und diverse Rationalisierungs- und Modernisierungsschübe durchlaufen, ohne dass aber einige der Grundprobleme gelöst worden wären, wie Griesmeier bei seinem Bericht gegenüber dem Aufsichtsrat im April 1980 eingestehen musste. Über die Ertrags- und Umsatzprognosen für 1980 hatte der Krauss-Maffei-Chef auffälligerweise nichts gesagt, aber die Aussichten verdunkelten sich bereits wieder rasant. Statt der erwarteten 24 Mio. D-Mark Betriebsergebnis wurden im Juni 1980 nur noch elf Mio. D-Mark als realistisch angesehen, und faktisch sollte am Ende eine auf 4,3 Mio. D-Mark geschrumpfte Gewinnabführung an Buderus/Flick stehen. Das Zivilprogramm war mit schätzungsweise 23 Mio. D-Mark Verlust schon wieder in die roten Zahlen gerutscht. Am 7. Juli 1980 berief daher der Aufsichtsrat in der Düsseldorfer Zentrale des Flick-Konzerns einen Krisenstab zur Sanierung des Zivilbereichs ein. Einmal pro Monat trafen sich nun Aufsichtsrat und Vorstand, und wer auf Seiten des Krauss-Maffei-Managements dachte, dass es sich nur um eine vorübergehende Maßnahme handelte, sah sich schnell eines Besseren belehrt: Diese Krisensitzungen sollten bis März 1982 dauern; noch zusätzlich an Bedeutung gewinnend durch die ausbrechende zweite Ölpreiskrise, die in ihren wirtschaftlichen Folgen für die Automobil- sowie die Chemie- und Kunststoffindustrie noch gravierender war als die erste. Ziel der Besprechungen war es, neben der dringend erforderlichen Planüberarbeitung für das Geschäftsjahr 1980, »die Vorgehensweise für die Zukunftssicherung Krauss-Maffei insgesamt durch konzeptionelle Zielsetzungen und Einzelmaßnahmen festzulegen, die kurzfristig einzuleiten sind, um sicherzustellen, dass insbesondere im Zivilbereich die laufenden, teilweise unvorhergesehenen Verluste und Risiken nachhaltig beseitigt werden«.[298] Diese Frage gewann nicht zuletzt auch vor dem Hintergrund des sich abbauenden Auftragsbestandes im Wehrbereich bis 1985/86 und der dann nicht mehr möglichen Subventionierung des Zivilbereichs aus wehrtechnischen Überschüssen erheblich an Bedeutung. Strukturelle, Krauss-Maffei-spezifische und gesamtwirtschaftliche bzw. konjunkturelle Probleme drohten wieder einmal, sich zu einer für das Unternehmen existenzbedrohenden Gemengelage zu vermischen.

Unmittelbarer Auslöser der erneuten Krise im Zivilgeschäft war abermals der Kunststoffmaschinenbau gewesen. Für das zweite Halbjahr 1980 war dort mit einem akuten Umsatzeinbruch von 17 Mio. D-Mark zu rechnen. Mühevoll wurde daher ein neues Sanierungskonzept entworfen. Den Anfang machten organisatorische Änderungen, denn als eine der wesentlichen Ursachen für die schlechte Ergebnissituation wurden die mangelhafte Abgrenzung der Produktgestaltung – Verkauf und Konstruktion im Geschäftsbereich bzw. Fertigungsplanung und Herstellungskostenkalkulation im Betrieb – sowie unklare Entscheidungskompetenzen und

103 Entwicklung der Belegschaft bei der Krauss-Maffei AG 1970 bis 1985

[Angaben in den Geschäftsberichten sowie in: F 44/B 25]

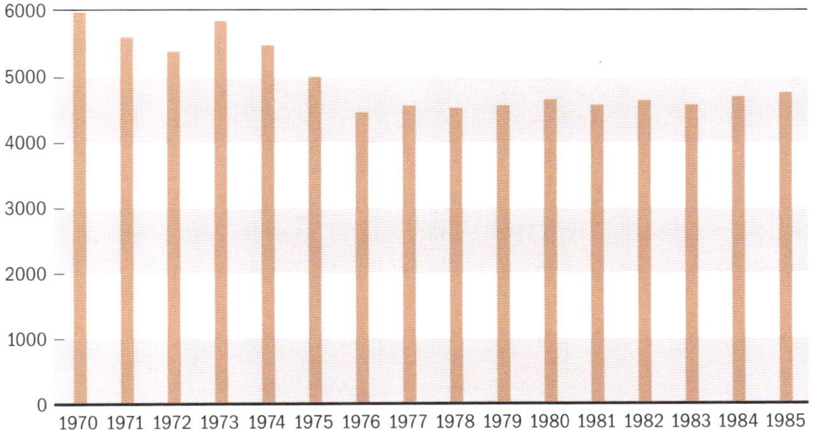

104 Warnstreik bei Krauss-Maffei am 22. April 1981

[Auer, S. 266]

105 Aufsichtsratssitzung Anfang der 1980er-Jahre: Bericht des AR-Vorsitzenden Kämpfer; rechts: VV Griesmeier

[BWA, F44/KM16]

Zuständigkeiten in diesen Bereichen gesehen. Im Oktober 1980 wurden die produktorientierte Fertigungsplanung und die Herstellungskostenkalkulation vom Betrieb in die Geschäftsbereiche eingegliedert und dort den Konstruktionsabteilungen gleichgeordnet. Die methodenorientierten Funktionen der Arbeitsvorbereitung wie Zeitstudien, NC-Programmierung, Kapazitätsplanung und -steuerung verblieben im Betrieb, allerdings »ist auch hier eine personelle Durchforstung dringend erforderlich«.[299] »Produktorientierte Ablaufstruktur mit maximaler Ergebnisorientierung« lautete das Schlagwort, ausgehend von der Tatsache, dass bei den bisherigen Sanierungskonzepten eine entscheidende Schwachstelle nicht wirkungsvoll angegangen worden war, »nämlich die gegenwärtig bestehende Durchschneidung der vielfältig verknüpften Produktionsgestaltungskette und daraus resultierende Probleme«.[300] Die konsequente Ausrichtung und Verknüpfung aller an der Produktgestaltung mitwirkenden Stellen nach Markt- und Ertragsgesichtspunkten sowie klare Zuständigkeits- und Entscheidungsabläufe, kurzum, ein effizientes Schnittstellen-Management und eine »ergebnisorientierte Divisionalisierung« versprachen mithin einen erheblichen Anteil zur Lösung der Probleme. Daneben wurden aber noch eine Fülle weiterer Maßnahmen diskutiert; von einem Aktionsprogramm und den Marketingstrategien, mit denen die Bereichsleiter der rezessiven Entwicklung auf ihren Märkten begegnen wollten, über die potenzielle Kontaktaufnahme mit einer US-Firma zur Prüfung einer möglichen Kooperation vor dem Hintergrund der Intentionen des Krauss-Maffei-Vorstands, die Aktivitäten auf dem Elektronik-Bereich auszuweiten, bis hin zur intensiven Erörterung des Einstiegs in das Arbeitsgebiet Industrieroboter, dem damals »wachstumsträchtigsten Maschinenbaugebiet überhaupt«.[301] Detailliert wurden von Geschäftsbereich zu Geschäftsbereich Kostensenkungsmaßnahmen entwickelt (und längst ging es nicht mehr nur allein um den Zivilbereich, sondern es wurden auch die aktuellen Fragen des Wehrtechnikgeschäfts besprochen), aber alle Prognosen zeigten dabei, dass mit einer schnellen Ergebnisverbesserung und Ertragswende in keinem der Geschäftsfelder zu rechnen war, sondern noch eine jahrelange Durststrecke bevorstand.[302] Tatsächlich war 1981 nicht mehr nur der Zivilbereich defizitär, sondern, aufgrund geringerer Erlöse aus dem Wehrtechnikgeschäft bei steigenden Verlusten etwa im Kunststoffmaschinenbau, nun auch das Gesamtergebnis von Krauss-Maffei mit ausgewiesenen 25,8 Mio. D-Mark wieder negativ. »Krauss Maffei fährt im Tal«, überschrieb denn auch die

»Süddeutsche Zeitung« einen Bericht zur Lage des Unternehmens.[303] An der Umsatzstruktur von Krauss-Maffei hatte sich, anders als in der früheren Phase, diesmal nicht viel geändert. Sieht man von der Sonderentwicklung im Jahr 1975 ab, so wies das Unternehmen eine relativ stabile Verteilung der einzelnen Geschäftsbereiche innerhalb des Gesamtumsatzes auf, mit dem dominierenden Wehrtechnikbereich, gefolgt vom Kunststoffmaschinenbau als mit Abstand wichtigstem Bereich des Zivilgeschäfts.

Was die Diversifikationsstruktur und das Fertigungsprogramm von Krauss-Maffei betraf, so galt aber unverändert, was schon fast 20 Jahre zuvor die McKinsey-Berater konstatiert hatten: Die Programmstruktur des Unternehmens war durch den fortwährenden Versuch des Vorstands entstanden, die Kapazitäten der einstigen Lokomotivfabrik zusätzlich mit anderen Produkten des Maschinen- und Fahrzeugbaus auszulasten. Die lange Liste von Produkten, die in das Programm aufgenommen und später wieder aufgegeben wurden, zeigte, dass diese Versuche nicht von Erfolg gekrönt waren. Auch die Zusammensetzung des Produktionsprogramms Mitte der 1980er-Jahre war in erster Linie durch den reinen Willen zur Diversifikation entstanden, während synergetische Effekte bezüglich Kundenkreis, Verfahrenstechnik, Fertigungstechnologien und Ähnlichkeiten in der Abwicklung weitgehend außer Acht blieben. So hatten sich fünf Geschäftsbereiche gebildet, die außer der Tatsache, dass in allen von ihnen Metall bearbeitet wurde, wenig gemein hatten.[304]

Auch wenn Krauss-Maffei bereits 1982 wieder mit den Gewinnabführungen an Buderus/Flick begonnen hatte, zunächst nur 2,9 Mio. D-Mark, im Folgejahr aber bereits sieben Mio. D-Mark, machte sich beim Großaktionär Flick offenbar langsam Ungeduld über den permanenten Krisenzustand des Münchner Tochterunternehmens breit. Im Mai 1983 bereits hatte man an die beiden Unternehmensberatungsfirmen Arthur D. Little und Boston Consulting Group GmbH (BCG) einen Auftrag zur strategischen Bewertung des Zivilbereichs von Krauss-Maffei gegeben, der neben der Geschäftssegmentierung auch die Marktbewertung, Technologiebewertung und Wettbewerbsposition umfasste. 1983 war es auch wieder einmal zu einer Umbesetzung im Vorstand und einer Neuverteilung der Verantwortungsbereiche gekommen. Neben Griesmeier als Vorstandsvorsitzendem, dem nun auch die Verantwortung für das Kunststoffmaschinengeschäft zufiel, wurden das Vorstandsressort Behördengeschäfte (Robert Jasper) und das Vorstandsressort Technik (Joachim Huwendiek), dem auch der Geschäftsbereich Verfahrenstechnik unterstand, neu ausgerichtet und als neuer vierter Vorstandsbereich ein eigenes Ressort Personal und Recht (Bayer) gebildet.[305] Als Arthur D. Little im Laufe des Jahres 1984 seine Untersuchung präsentierte, lautete der Tenor, dass bei guter Marktposition in den meisten Bereichen des Zivilgeschäfts durchaus stabile Geschäfte mit befriedigender Ertragskraft zu erwarten waren, aber kaum Wachstum. Das waren wenig euphorische Ergebnisse, die Flick offenbar über einen sukzessiven Ausstieg bei Krauss-Maffei und den Verkauf der Beteiligung nachdenken ließen. Im Sommer 1984 jedenfalls gab Flick bei der Wirtschaftsprüfungsgesellschaft Warth & Klein GmbH ein Gutachten in Auftrag, das eine betriebswirtschaftliche Bewertung des Produktionsprogramms von Krauss-Maffei bzw. eine Unternehmensbewertung des Gesamtunternehmens beinhaltete.[306] Die Spekulationen um einen Ausstieg von Flick und über die künftige Zusammensetzung der Anteilseigner bei Krauss-Maffei erreichten spätestens im Frühjahr 1983 auch die Börse und ließen die Aktienkurse, die schon seit Ende der 1970er-Jahre ungeachtet aller unternehmensinternen Turbulenzen einen raketengleichen Anstieg erfahren hatten, noch weiter steigen. Es waren vor allem Phantasien über weitere große Rüstungsaufträge gewesen, die den Krauss-Maffei-Kurs nach oben getrieben hatten. Als Anfang 1980 etwa von Bonn und Paris gemeinsam das Projekt eines deutsch-französischen Kampfpanzers verkündet

106 Umsatzstruktur der Krauss-Maffei AG 1970 bis 1985 (Anteil am Gesamtumsatz in Prozent)

[Zusammengestellt und berechnet nach den Angaben in: BWA, F 44/AKM 17 sowie in den Geschäftsberichten.]

Jahr	Lokomotiv-Geschäft/Verkehrstechnik	Verfahrenstechnik/Anlagenbau	allgemeiner Maschinenbau und Fabrikationsaufträge	Gießerei	Kunststoffmaschinenbau	Wehrtechnik-Geschäft
1970	4,5	8,7	0,8	4,7	15,0	65,8
1975	13,3	24,3	2,0	8,8	15,7	35,9
1980	2,6	5,5	–	2,7	9,7	79,5
1985	3,9	3,7	–	1,8	14,5	75,7

wurde, machten »mit feiner Witterung für goldgeränderte Börsentitel seit Wochen Anlageprofis gezielte Jagd auf den vielversprechenden Flick-Titel«, wie der »Spiegel« im Februar 1980 schrieb.[307] Wer dabei an ein paar der nur rund 8000 frei kursierenden Aktien herankam – Flick hielt inzwischen über Buderus 95 Prozent des Aktienkapitals –, konnte aus seinem Geld mehr machen als jeder Goldspekulant. So dürften daher auch die verbliebenen Kleinaktionäre zufrieden gewesen sein, die nach wie vor auf der jährlichen Hauptversammlung mit Kritik an der in ihren Augen mageren Garantiedividende von 15,4 Prozent, die in keiner Weise der offensichtlichen Dynamik des Unternehmens entspreche, auftraten.[308] Am ersten Börsentag 1980 war die Krauss-Maffei-Aktie 845 D-Mark wert, bis Ende Januar sprang der Kurs auf 1800 D-Mark. Und im Jahr 1983 erreichte die Krauss-Maffei-Aktie, mitgetragen auch von der allgemeinen Börsenhausse, mit 1950 D-Mark schließlich einen niemals wieder erreichten Höchststand.

Die Spekulationen rissen allerdings nun nicht mehr ab. Im Kontext der umfassenden und zugleich vielfach von widerstreitenden Interessen getragenen industriepolitischen Restrukturierungs- und Neuformierungspläne im Bonner Ministerium der Verteidigung und im Ministerium für Wirtschaft bzw. in der Bayerischen Staatskanzlei begann nun ein heftiges Tauziehen um die künftige Anteilseignerschaft von Krauss-Maffei, das teils

107 Kursentwicklung der Krauss-Maffei-AG-Aktie 1969 bis 1996 (in DM; ab 16.6.1969 Stücknotiz für DM 100, ab 29.8.1988 für DM 50)
[Saling Aktienführer 1985 und 1996]

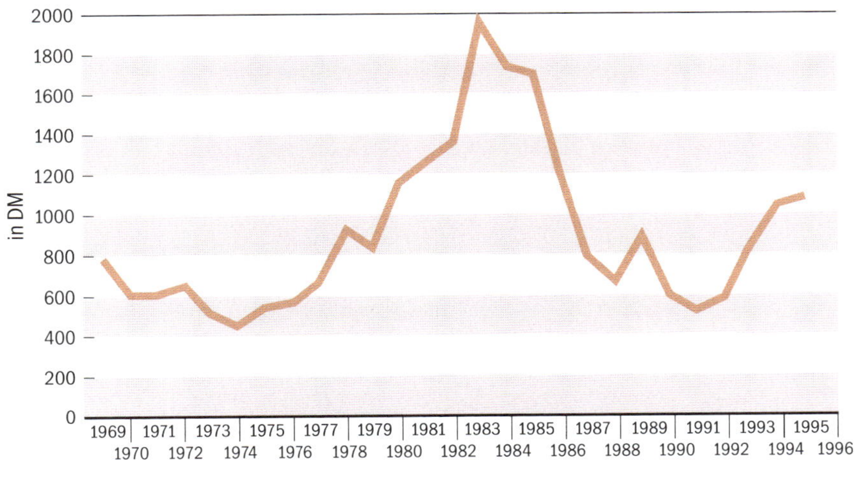

öffentlich, teils hinter den Kulissen ausgetragen wurde. An interessierten Unternehmen und auch von Seiten des Krauss-Maffei-Vorstands favorisierten Kooperations- oder Fusionspartnern fehlte es nicht: von den Industrie-Werken Karlsruhe Augsburg AG (IWKA) über den Nürnberger Rüstungskonzern Diehl bis zu MBB, und im Hintergrund Allianz Versicherungs-AG und Siemens sowie die deutschen Großbanken.[309] Im Juli 1984 schien die Fusion von Krauss-Maffei und MBB perfekt und damit die Entstehung eines neuen und aus der Sicht der Staatsregierung vor allem bayerischen Rüstungs- wie auch Verkehrstechnik-Giganten besiegelt.[310] Mit Hilfe der Bayerischen Vereinsbank AG, der Nürnberger Diehl-Gruppe, der LfA, die ihrerseits sowohl an MBB wie an der Vereinsbank beteiligt war, und nicht zuletzt dem kleinen Mindelheimer Flugzeugunternehmen Grob Luft- und Raumfahrt GmbH & Co. KG als offensichtlichem Strohmann versuchten der damalige bayerische Ministerpräsident Franz Josef Strauß und sein Finanzminister Max Streibl, an den kartellrechtlichen Hürden vorbei eine faktisch bayerische Mehrheitsbeteiligung zu schmieden.[311] Erst ein Jahr später kam es tatsächlich zu einem Eigentümerwechsel, der allerdings dann anders aussah: Im April 1985 erwarb schließlich die Bayerische Landesanstalt für Aufbaufinanzierung als verlängerter Arm der Bayerischen Staatsregierung aus dem Krauss-Maffei-Aktienpaket Flicks für 4,136 Mio. D-Mark insgesamt 25,45 Prozent des Grundkapitals, die Dresdner Bank AG erwarb für nominell 1,77 Mio. D-Mark 10,9 Prozent (mit der expliziten Option zum Weiterverkauf an die LfA innerhalb von drei Jahren). Ebenso erwarben die Bayerische Vereinsbank 10,0 und die Deutsche Bank 10,1 Prozent der Krauss-Maffei-Anteile. 24,95 Prozent übernahm die RTG Raketentechnik GmbH, hinter der jeweils zu gleichen Teilen MBB und Diehl standen, 15 Prozent behielt Buderus bzw. Flick und nach wie vor 3,6 Prozent waren im Besitz der verbliebenen freien Aktionäre.[312] Die komplizierte und angesichts der unterschiedlichen Interessen der nun sieben Krauss-Maffei-Großaktionäre für die künftige Arbeit des Krauss-Maffei-Vorstands kaum förderliche Anteilseignerstruktur war das Ergebnis eines politischen Kompromisses zwischen Bonn und München, bei dem strategische oder wachstums- und ertragsbezogene Motive so gut wie keine Rolle gespielt hatten. Es war zu diesem Zeitpunkt noch nicht absehbar, inwieweit die jeweiligen Anteilseignerinteressen in das tägliche operative Geschäft durchschlagen würden. Klar war nur, dass es in den Eignerstrukturen über kurz oder lang eine Umstrukturierung und Bereinigung geben würde.

4.3 Der steinige Weg der Konversion: Die Transformation zum Technologiekonzern (1986 bis 1999)

Die Phase seit der zweiten Hälfte der 1980er-Jahre bis kurz vor der Jahrtausendwende markiert erneut einen von Turbulenzen, konjunkturell bedingten Krisen (1987 und 1993) und tief greifenden Veränderungen geprägten Abschnitt der Unternehmensgeschichte der Krauss-Maffei AG. Am Anfang und am Ende stehen jeweils grundlegende Neuorganisationen und Umbrüche in den Unternehmensstrukturen. Und es werden, unter Führung eines neuen Vorstandsvorsitzenden, zahlreiche weitreichende Entscheidungen gefällt – im Hinblick auf die Unternehmensstrategie, die Unternehmensorganisation und auch hinsichtlich der Anteilseignerschaft. Noch war Krauss-Maffei ein hochdiversifizierter Großmaschinenbau- und Technologiekonzern mit heterogenen Fertigungsstrukturen. Im Folgenden werden mithin die einzelnen Geschäftsfelder genauer in den Blick genommen, was jedoch mehr als in den vorangegangenen Phasen gelegentliche Rückblicke und Vorausgriffe nötig und dadurch zeitliche Sprünge unumgänglich macht, ehe wieder gleichsam auf die breite Linie der Entwicklung des Gesamtunternehmens zurückgeleitet wird. Am Ende der 1990er-Jahre steht auch das Ende der rechtlichen Eigenständigkeit der Krauss-Maffei AG. Vom einstigen Traditionskonzern blieb nur noch der Name – und das Kunststoffmaschinengeschäft als neuer Nukleus.

Neuorganisation, strategische Unternehmensentwicklung und der lange Ausstieg aus dem Wehrtechnikgeschäft

Am 1. Januar 1986 übernahm Burkhard Wollschläger als neuer Vorstandsvorsitzender die unternehmenspolitische Führung bei Krauss-Maffei. Der damals 52-Jährige war studierter Maschinenbauingenieur. Er hatte bei Robert Bosch GmbH, SperryVickers und der Teves GmbH im Bereich Hydraulik und Bremssysteme leitende Managementpositionen eingenommen, ehe er Ende der 1970er-Jahre Vorstandsmitglied im Maschinenbau- und Wehrtechnikkonzern IWKA, d. h. der zur Quandt-Gruppe gehörenden Industrie-Werke Karlsruhe Augsburg AG, geworden war, in dem inzwischen der frühere Krauss-Maffei-Vorstandsvorsitzende Helmut Wolf den Aufsichtsratsvorsitz innehatte. Anders als bei seinen Vorgängern eilte dem neuen Krauss-Maffei-Chef der Ruf eines selbstbewussten und hemdsärmeligen Machers und Sanierers voraus, der die tief in der Krise steckende IWKA mit einem Kraftakt restrukturiert und ihr mit dem Ausbau des dortigen Industrierobotergeschäfts eine starke Geschäftsbasis jenseits der Wehrtechnik geschaffen hatte.[313] 1983 war Wollschläger denn auch mit dem renommierten Prognos-Preis für innovative Unternehmensführung ausgezeichnet worden. »Auf eine recht ungezwungene Art praktiziert Wollschläger modernes Management mit leicht patriarchalischem Anstrich«, so hieß es dazu in einem Presseartikel.[314]

108 Burkhard Wollschläger, Kraus-Maffei-Vorstandsvorsitzender 1986 bis 1996
[BWA, F 44/KM 17]

Mit Wollschläger kam auch ein neuer Aufsichtsratsvorsitzender, Wolfgang Laaf, der die Flick-Gruppe unter den Anteilseignern vertrat und damit dem früheren Großanteilseigner weiterhin Einfluss auf die Geschicke des Unternehmens verschaffte. Für Krauss-Maffei und die Situation, in der das Unternehmen damals steckte, erschien Wollschläger jedenfalls allenthalben als der richtige Mann. Das Unternehmen galt nach wie vor als einer der größten und dringendsten Sanierungsfälle unter den bayerischen Staatsbeteiligungen, mit einem enormen Kapitalbedarf für die kommenden Jahre zur Bewältigung des starken Auftragsschwunds in der Wehrtechnik. »Krauss-Maffei benötigt eine radikale Rationalisierungskur«, titelte das »Handelsblatt« im Mai 1986.[315] Auf eine Wende hofften nicht zuletzt auch die Kleinaktionäre, die zwar nach wie vor ihre Garantiedividende erhielten, aber seit den Höchstständen des Aktienkurses im Jahr 1983 hatte sich der Wert der Krauss-Maffei-Aktie inzwischen faktisch halbiert.

Und Wollschläger ging die neue Herausforderung tatsächlich mit erheblicher Dynamik und einem praktisch komplett neuen Vorstand an. Als Vorstand für Wehrtechnik amtierte seit Februar 1986 Gerhard Haas, und im Juni 1986 kam nun auch mit Gereon Mertens ein neuer Finanzvorstand in die Unternehmensführung. Von der alten Riege war nur noch Karl Bayer im Vorstand, der das Personal- und Sozialwesen verantwortete, dann aber schon ein Jahr später, im Juni 1987, ebenfalls ausscheiden sollte. Den Bereich Technik und Vertrieb sowie das Zivilgeschäft insgesamt übernahm Wollschläger selbst. Innerhalb von drei bis fünf Jahren, so verkündete Wollschläger, werde die Sanierung und Restrukturierung abgeschlossen und Krauss-Maffei wieder ein gesundes Unternehmen sein. Und Wollschläger rechnete gleichzeitig gnadenlos mit seinen Vorgängern ab. »Das frühere Management«, so verkündete er in einem Strategiepapier mit »Gedanken zur Umstrukturierung und Weiterentwicklung von Geschäftsfeldern«, »hat es weder geschafft, die Gewinne aus dem florierenden Wehrgeschäft in neue, ertragreiche Geschäftsfelder umzusetzen, noch [,] die vorhandenen zivilen Geschäftsfelder in die Gewinnzone zu führen. Hinzu kam, dass erforderliche Investitionen und wichtige Sanierungsmaßnahmen einschließlich einer längst fälligen Neustrukturierung der gesamten Fertigung unterblieben.«[316] Sämtliche Kosten, so Wollschläger weiter, seien außer Kontrolle geraten und hätten dem Ansehen von Krauss-Maffei in den zivilen Geschäftsfeldern schwer geschadet. Während die anderen erfolgreich in der Rüstung tätigen Unternehmen ihre Organisation und ihr Portfolio auf neue Geschäftsfelder ausrichteten, um sich aus der starken Abhängigkeit vom Wehrgeschäft zu befreien, »wurde bei Krauss-Maffei die Zukunft regelrecht verschlafen. Es entstand das, was wir bei vielen Behörden zu Recht anprangern, eine ausufernde Organisation mit unklaren Zuständigkeiten und einer dem Wettbewerb abträglichen Selbstzufriedenheit.«[317] Viele fähige und kreative Mitarbeiter hätten das Unternehmen daher verlassen. »Eine strategische Ausrichtung auf die Zukunft, obwohl das Auslaufen der großen Beschaffungsprogramme für die Panzertruppe seit Jahren bekannt war, gab es nicht.« Und wenn es schon an Ideen in der Führung mangelte, dann hätte aufgrund der hohen Erträge aus dem Wehrgeschäft wenigstens eine »gefüllte Kriegskasse« existieren müssen. Aber auch da war bei Krauss-Maffei Fehlanzeige.

Der neue Krauss-Maffei-Chef entwarf daher ein umfangreiches Strategiekonzept, mit dessen Umsetzung in einem Zehn-Punkte-Programm Krauss-Maffei in den nächsten fünf bis zehn Jahren »zu einer modernen und ertragreichen Unternehmensgruppe des Maschinen- und Sonderfahrzeugbaus« umgebaut und umstrukturiert werden sollte. An erster Stelle stand dabei die Einführung einer neuen, dezentralen Organisationsstruktur, dann folgte der Ausbau des zivilen Programms auf ein Umsatzvolumen von einer Mrd. D-Mark in den kommenden drei bis fünf Jahren, was eine Verdoppelung dieses Geschäftsfeldes bedeutete.[318] Die weiteren Punkte lauteten: Absicherung des Geschäfts durch Ausbau von Auslandsstützpunkten; Unternehmenskäufe in solchen Geschäftsfeldern, deren durchschnittliches Wachstum bei mindestens zehn Prozent lag und mit denen nachhaltig mindestens fünf Prozent Rendite zu erzielen waren; Stabilisierung des Wehrgeschäfts auf jetzigem Niveau, u. a. auch durch die Intensivierung des Instandsetzungs- und Ersatzteilgeschäfts; Verlagerung von personalkostenintensiven Produktionen von München als einem der teuersten Industriestandorte weg an kostengünstigere Auslandsstandorte; Entwicklung technisch hochwertiger Maschinen und kompletter Systemlösungen in der Kunststofftechnik; Schaffung eines Klimas und sonstiger Voraussetzungen für kreative und motivierte Mitarbeiter; kundenorientierte Ausrichtung aller Mitarbeiter und schließlich Umstrukturierung des Portfolios zur langfristigen Sicherung von Wachstum und Ertrag, aber auch für den Erhalt und die Schaffung von Arbeitsplätzen. Das Programm zeigte zum einen, dass Wollschläger sich trotz aller Kritik auf Maßnahmen und Konzepte stützte, die bereits von seinem Vorgänger zumindest ansatzweise formuliert und angestoßen worden waren.[319] Zum anderen wurde darin aber auch deutlich, dass die Umsetzung, wie die auf Kosten des Produktionsstandorts München geplante Verlagerung von Fertigungsstätten ins Ausland, in vieler Hinsicht einen radikalen Bruch mit der bisherigen Tradition und altbewährten Grundsätzen der Krauss-Maffei-Kultur bedeuten würde.

Die Restrukturierungsmaßnahmen mündeten letztendlich in eine umfassende und mehrstufige »marktorientierte Neustrukturierung« von Krauss-Maffei, die sich von 1987 bis 1993 hinzog und deren Kern die Einführung einer neuen Organisationsstruktur war. Anstelle des alten zentralistisch-funktionalen Prinzips wurde nun eine Management-Holding mit dezentralen, selbständigen Betriebsführungsgesellschaften geschaffen. Die bisherigen Geschäftsbereiche wurden ausgegliedert und betrieben als GmbH nun ihre Geschäfte und Aktivitäten weitgehend unabhängig voneinander.

Der Ausbau der zivilen Geschäfte mit den sehr unterschiedlichen markt- und abwicklungsspezifischen Kriterien, so hieß es dazu als Begründung, erfordere eine neue flexible Organisationsstruktur.[320] Der Vorstand versprach sich davon größere Markt- und Kundennähe und vor allem auch ein schnelleres Reagieren auf Marktveränderungen. »Die Organisation eines Unternehmens muss den Menschen und Märkten gerecht werden. Sie muss besonders auf den Anteil der innovativen und über das übliche Maß hinaus engagierten Mitarbeiter [...] Rücksicht nehmen, da diese den Fortschritt des Unternehmens prägen.«[321] Dazu kam, dass durch die Verlagerung des operativen Geschäfts in die einzelnen Gesellschaften dem Vorstand mehr Zeit für die Entwicklung mittel- und langfristiger Unternehmenskonzepte blieb. Als zweite Stufe war dann für 1989 die Modernisierung und Flexibilisierung des Produktionssystems geplant. Konkret bedeutete dies die Einführung der Fertigungssegmentierung und eine komplette Zuordnung der mechanischen Fertigungsstätten zu den jeweiligen Betriebsgesellschaften. »Mobilisierung von Leistungsreserven durch Umstellung des zentralen Werkstattprinzips auf das Fließprinzip, auf dezentrale, segmentierte und gruppenbezogene Fertigung« lautete das Motto. Damit tat der Krauss-Maffei-Vorstand nichts anderes, als die schon in den meisten anderen deutschen Industrieunternehmen vollzogenen Bemühungen zur Einführung von »Lean Production« endlich auch in München-Allach voranzutreiben.

109 Organisation der Krauss-Maffei AG 1987

[Erstellt nach den Angaben in den Geschäftsberichten 1987 und 1988]

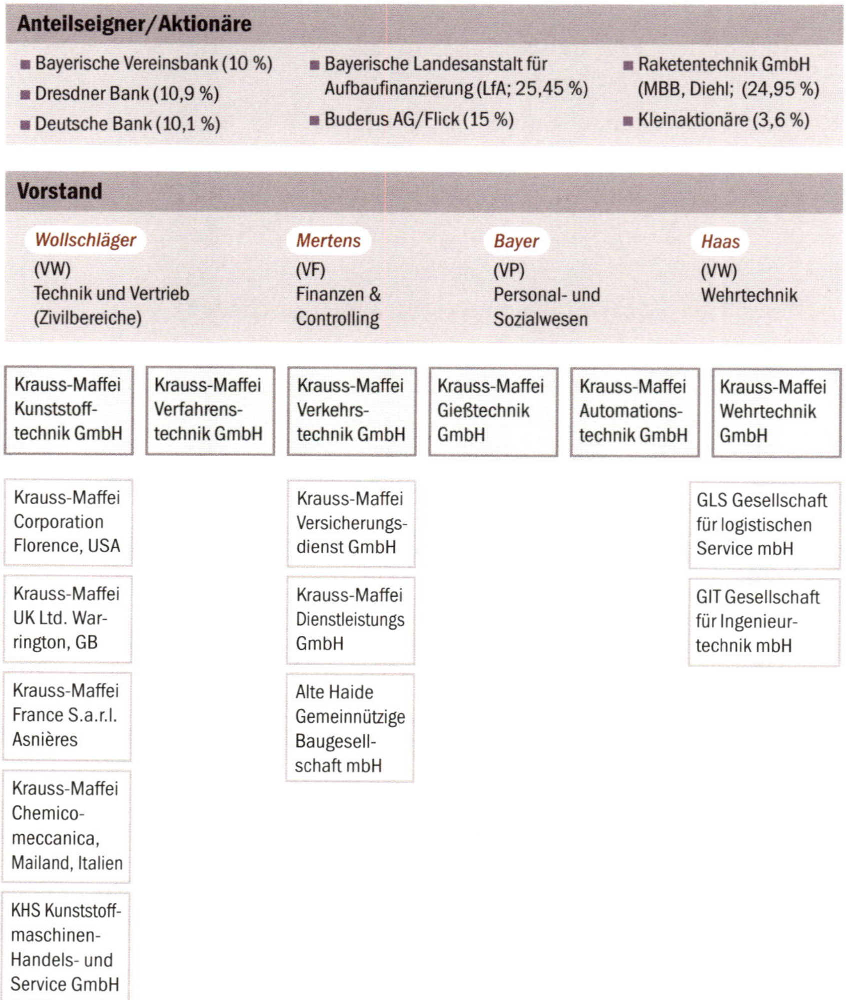

Die Komplettbearbeitung von Teilen und Baugruppen in der Inselfertigung, die Integration von Planungs- und Steuerungsaufgaben und die Erhöhung der Arbeitsplatz- und Arbeitszeitbeweglichkeit bei gleichzeitiger, weitgehend autonomer Führung des Segments kennzeichneten nun die künftigen Fertigungsstrukturen bei Krauss-Maffei. Damit ließen sich, so die Erwartungen, der Materialfluss, die Lieferzeiten und die Bestände drastisch senken, die Produktivität dagegen entsprechend steigern. Was in der Automobilindustrie und bei anderen Herstellern von Massenprodukten schon längst Alltag war, bedeutete für die spezifischen und weitgehend historisch gewachsenen Produktionsstrukturen bei Krauss-Maffei, mit ihrer starken Tradition der Verrichtungsorientierung anstelle der nun gefragten Produktorientierung, fast eine Revolution. Und in einer dritten Stufe sollte dann bis zum Jahr 1993 auch die Optimierung der Geschäftsprozesse, Kostenrechnung, Materialwirtschaft und nicht zuletzt die unternehmenskulturelle Ausrichtung mit kunden-, markt- und kostenorientiertem sowie eigenständig unternehmerischem Denken bei den Mitarbeitern abgeschlossen sein.

Mit der Umorganisation nahm Wollschläger gleichzeitig den Einstieg in zwei neue und als langfristig aussichtsreich angesehene Geschäftsfelder vor: 1986 wurde aus den bisherigen Produktgruppen Steuerung, Antriebe und Prüfstandtechnik der Bereich Automationstechnik gebildet, 1988 folgte der Bereich Oberflächentechnik. Das klassische verfahrens- und anlagentechnische Geschäft erfuhr damit eine ganz neue Ausdifferenzierung und Ausrichtung. Und ein weiteres Grundproblem von Krauss-Maffei nahm Wollschläger in Angriff: die mit 7,9 Prozent geradezu erbärmliche Eigenkapitalquote bei einem gleichzeitig errechneten Kapitalbedarf bis 1989 von fast 125 Mio. D-Mark. Bereits auf der ersten Hauptversammlung unter seiner Regie ließ der Krauss-Maffei-Vorstandsvorsitzende sich von den neuen Gesellschaftern eine Kapitalerhöhung von zunächst 8,125 Mio. D-Mark genehmigen und versuchte, damit nun endlich die Großaktionäre von Krauss-Maffei auch finanziell stärker in die Pflicht zu nehmen. »Ich will die Gesellschafter dahin bewegen«, so äußerte Wollschläger auch in einem Interview, »dass wir mit einer Eigenkapitalquote von 20 bis 30 Prozent operieren können.«[322] Das sollte allerdings eine Utopie bleiben. Im Juni 1988, zweieinhalb Jahre nach Wollschlägers Amtsantritt, erschien im »manager magazin« ein umfangreicher Artikel über den Krauss-Maffei-Chef und seine bisherige Unternehmenspolitik. Es war ein mit vielen unternehmensinternen Details, aber mindestens ebenso viel polemischer Übertreibung und Spekulation bestückter gnadenloser Verriss. Von Missmanagement, einem autokratischen Führungsstil und einem durch widersprüchliches Verhalten erzeugten Klima der Frustration und Unsicherheit war dort die Rede, und der Unternehmensumbau von Krauss-Maffei wurde rundweg für gescheitert erklärt.[323] Doch das Blatt tat dem Vorstandsvorsitzenden unrecht. Dass 1986 sich das operative Ergebnis zwar stark verbessert, die außergewöhnlichen Belastungen sich jedoch ebenfalls sehr stark erhöht hatten und Krauss-Maffei nur mit Mühe ein positives Jahresergebnis hatte vorweisen können, lag an den hohen, aber notwendigen Restrukturierungskosten. Und dass 1987 ein massiver Umsatzeinbruch um 30 Prozent hingenommen werden musste, war nahezu ausschließlich durch reduzierte Rüstungsaufträge bedingt und schlug sich, anders als in früheren Jahren, trotzdem nicht in roten Zahlen nieder, obwohl sich das gesamtwirtschaftliche und konjunkturelle Umfeld ebenfalls verdüstert hatte.

1988 bereits verzeichnete Krauss-Maffei rasante Umsatzzuwächse, und auch die Erträge stiegen von 0,8 auf 2,1 Mio. D-Mark. Dieses Jahr markierte gleichzeitig auch eine wichtige Trendwende. Trotz hoher Zukunftsaufwendungen erwirtschaftete das Zivilgeschäft erstmals seit 20 Jahren insgesamt ein wenn auch geringes, so dennoch positives Betriebsergebnis. Wollschläger konnte mithin durchaus erste Erfolge aufweisen. Krauss-Maffei stand im 150. Jahr seines Bestehens zwar noch mitten im Umbruch vom wehrtechnisch geprägten, zentral geführten Unternehmen zum breit gefächerten Technologiekonzern mit dezentraler Organisationsstruktur, aber am Ende sollte Krauss-Maffei viel von seiner Behäbigkeit, seinem Bürokratismus und seiner alten Großmaschinenbau-Kultur verloren haben. Stattdessen trug Krauss-Maffei nun das Gesicht eines modernen Hochtechnologiekonzerns.

Der radikale Umbau brauchte Zeit. Als der Vorstand im September 1988 ein »Zustandsdiagramm der Krauss-Maffei-Sanierung« entwarf und damit gleichsam eine Zwischenbilanz der strategischen und organisatorischen Modernisierung des Unternehmens zog, sah man sich etwa auf halber Strecke.[324] Ein weiter Weg bis zum Ziel eines kunden-, technologie-, mitarbeiter- und zukunftsorientierten Unternehmens – so hießen die neuen Firmenleitlinien und -grundsätze – war noch zurückzulegen. Als strategische Hauptstoßrichtung legte Krauss-Maffei mehr denn je die Konsolidierung und Geschäftsausweitung vor allem in den Bereichen

110 Umsatzentwicklung Krauss-Maffei AG 1985 bis 1998
(in Mio. DM bzw. Veränderung in Prozent zum Vorjahr)

[Geschäftsberichte 1985–1998]

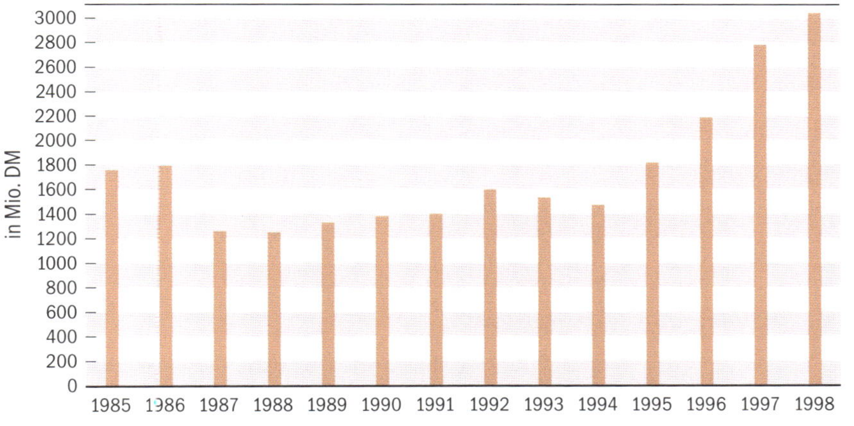

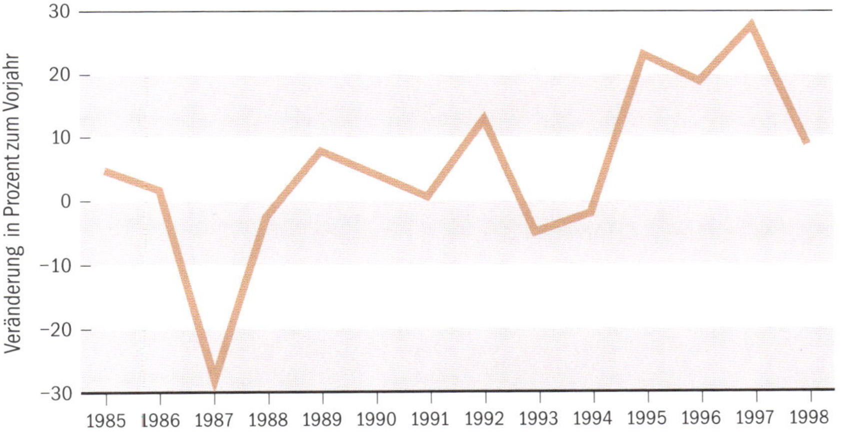

111 Rede des bayerischen Ministerpräsidenten Streibl auf der 150-jährigen Jubiläumsfeier im Frühjahr 1988

[BWA, F 44/KM 48]

Kunststofftechnik, Verfahrenstechnik und Automationstechnik fest. Und man machte sich eingehende Gedanken über die wichtigsten Schlüsseltechnologien der 1980er-, 1990er-Jahre und sogar des Zeitraums bis 2010, anhand derer sogenannte Suchprofile für die Wachstumsbereiche der drei genannten Geschäftsfelder erstellt wurden.[325] Ergänzt wurde dieses Vorgehen durch weiterführende Überlegungen zur Implementierung eines kundennahen Krauss-Maffei-Fertigungskonzepts. Gemeint war damit das Abgehen von der »nur intern orientierten Nur-Standardproduktpolitik zur kundenfreundlichen, intelligenten Variantenproduktpolitik«, weg von der Strategie der hohen und starren Fertigungstiefe hin zur markt- und wettbewerbsorientierten niedrigen (und flexiblen) Fertigungstiefe.[326] Der eingeleitete Umbruch von der Tradition der auslastungsorientierten Werkstattfertigung zur material- und informationsflussoptimierten, flexiblen Fertigungsinsel-Struktur sollte dadurch weiter vorangetrieben werden. Damit war auch eine radikale Veränderung der Arbeitsinhalte und Arbeitsformen verbunden. Ganzheitliche Arbeitsprozesse statt der früheren Zergliederung der Arbeit, Entkoppelung von Mensch und Maschine, weg vom Akkordlohn und hin zur Gruppenentlohnung, Umbruch von der weisungsbezogenen zur informationsbezogenen Arbeit und nicht zuletzt eine erforderliche Requalifizierung der Mitarbeiter über innerbetriebliche Aus- und Fortbildungsmaßnahmen – all dies waren weitere Schritte auf dem Weg zur »modularen Fabrik«, die damals in der deutschen Wirtschaft allenthalben als neue Produktionsordnung propagiert und diskutiert wurde und die der Vorstand auch bei Krauss-Maffei realisieren wollte.

So systematisch und vor allem auch kontinuierlich war bei Krauss-Maffei bislang noch nie Unternehmenspolitik betrieben worden.[327] Dass man damit aber auch die Mitarbeiter mit erheblichen Anforderungen und Zumutungen konfrontierte, waren sich Wollschläger und seine Vorstandskollegen durchaus bewusst. »Die vorgetragenen Gedanken sind zum Teil ungewohnt und kollidieren in einigen Punkten mit bisherigen ›Glaubens‹- und Erfahrungsgrundsätzen bei Krauss-Maffei«, hieß es abschließend in dem Strategiepapier. »Die Umsetzung dieses Konzeptes in unserem Unternehmen ist – auch bei gut geplanter, stufenweiser Einführung – ein Gewaltakt, der ein 100-prozentiges Engagement des Krauss-Maffei-Führungsteams erfordert, über einen Zeitraum von sicher drei Jahren eine gewaltige Mehrbelastung gerade auch des Führungsteams erfordert und der auch allein mit Krauss-Maffei-eigenen Kräften nicht durchgezogen werden kann.«[328] Es gab aber, drüber waren sich alle einig, kein Zurück mehr. »Eine Richtungsänderung auf halbem Wege würde das Unternehmen nicht verkraften.«[329]

Was die weitere Restrukturierungspolitik von Wollschläger nicht unbedingt vereinfachte, war ein seit 1989 einsetzendes Gerangel unter den Großanteilseignern und damit eine Phase der Unsicherheit und eine sich abzeichnende Neuformierung der Aktionärsstruktur. Wollschläger selbst bemühte sich schon länger, mithilfe einer neuen Kapitalerhöhung sowie einer attraktiven Dividendenpolitik den Kreis der Krauss-Maffei-Aktionäre breiter zu streuen und damit vor allem auch ausländische institutionelle Anleger wie Pensionsfonds und internationale Versicherungskonzerne als Anteilseigner zu gewinnen.[330] Aber solche Überlegungen wurden spätestens im Frühjahr 1989 Makulatur. Mit der Übernahme von MBB durch Daimler-Benz wurden die Karten in der Verkehrs- und Rüstungstechnikbranche in Deutschland neu gemischt, und bald tauchten Gerüchte um einen neuen, zweiten großen Wehrtechnik-Konzern auf, der durch eine Mehrheitsübernahme von Krauss-Maffei durch die Nürnberger Diehl-Gruppe entstehen würde.[331] Das Bundeskartellamt hatte seine Zustimmung zur Fusion von Daimler und MBB mit der Auflage verbunden, dass sich der Ottobrunner Konzern von seiner Krauss-Maffei-Beteiligung trennte, und damit ergab sich zwangsweise eine Neuordnung der Besitzverhältnisse.[332] Lange Zeit wurde trotz Dementis aus Nürnberg Diehl die größte Chance bei dem nun im Herbst 1989 ausgebrochenen Wettrennen um das Münchner Unternehmen eingeräumt. Krauss-Maffei galt plötzlich als »attraktive Braut« und lohnendes Investment, so dass neben Diehl auch der Mannesmann-Konzern, die Rheinmetall Berlin AG und die noch weitgehend zur Quandt-Gruppe gehörende IWKA um eine Mehrheitsbeteiligung rangelten.[333] Das Zünglein an der Waage spielte aber dabei so oder so die Bayerische Staatsregierung mit ihrem Anteilsbesitz. Im Münchner Wirtschaftsministerium favorisierte man nach wie vor die alte Idee einer rein bayerischen Industrielösung, und hinter den Kulissen gab es offenbar wie schon 1985 Versuche, über weitere Interessenten die Fäden für die gewünschte Mehrheitseignerkonstellation zu ziehen. Auf jeden Fall aber bekräftigte der damalige bayerische Wirtschaftsminister Gerold Tandler in der Öffentlichkeit die Haltung der Politik, »dass Bayern seine Anteile nur verkaufen werde, wenn Krauss-Maffei seine bisherige Rolle in Bayern behalte«, also auch nicht »ausgeschlachtet« werde. Damit trat Tandler Spekulationen entgegen, nach denen einzelne Unternehmensteile von Krauss-Maffei an verschiedene Unternehmen verkauft und anschließend dort eingegliedert werden sollten. Für den Rüstungskonzern Diehl standen solche Gedankenspiele mit Sicherheit im Vordergrund seiner Beteiligungsaufstockung. Doch dann kam es zu einer überraschenden Lösung: Anfang 1990 erhielt, wohl nicht zuletzt aufgrund der entsprechenden Interventionen der Deutschen Bank, Mannesmann den Zuschlag zum Erwerb von insgesamt 51 Prozent des Grundkapitals von Krauss-Maffei, mit der von Seiten der Bayerischen Staatsregierung eingeräumten Option, spätestens 1993 auch den 20,3-prozentigen Anteil der LfA zu übernehmen.[334] Zweiter Großaktionär wurde mit rund 25 Prozent Anteil die Diehl-Gruppe. Krauss-Maffei hatte damit wieder allein industrielle Anteilseigner, die Zeit der Einflussnahme von Banken und Politik war vorbei. Das Unternehmen besaß, zumindest auf den ersten Blick, wieder stabile und berechenbare Anteilseignerstrukturen.

Aus der Sicht von Wollschläger war die Mehrheitsbeteiligung von Mannesmann durchaus positiv zu bewerten und eröffnete Krauss-Maffei vor allem in den sechs zivilen Geschäftsfeldern aussichtsreiche Chancen. In einer streng vertraulichen »strategischen Bewertung« für die Bayerische Staatskanzlei im November 1989 wies der Krauss-Maffei-Chef auf zahlreiche Ergänzungen hin, insbesondere in der Verfahrenstechnik und Automationstechnik, aber auch bei den Produktionsstrukturen.[335] Der Programmvergleich zeigte aber auch, dass es in einer Reihe von Teilbereichen erhebliche Überschneidungen gab, allen voran das Kunststoffmaschinengeschäft, wo sich Krauss-Maffei und Mannesmann Demag heftige Konkurrenzkämpfe lieferten. Das eröffnete prinzipiell Synergiepotenziale, die allerdings schnell auf Kosten von Krauss-Maffei gehen konnten. Zunächst jedoch lief in München alles weiter wie bisher, d. h., Wollschläger fuhr mit der schrittweisen Umsetzung seiner langfristigen Restrukturierungspolitik fort. Währenddessen versuchten die neuen Anteilseigner in Düsseldorf, sich erst einmal ein Bild ihres neuen Tochterunternehmens in München zu machen. Als im Juni 1991 die Aktionäre zur Hauptversammlung zusammenkamen, die erstmals unter Leitung des neuen Aufsichtsratsvorsitzenden Werner H. Dieter, des Vorstandsvorsitzenden von Mannesmann, stand, konnte Wollschläger weitere Erfolge präsentieren. Der Konzerngewinn war von 3,4 Mio. D-Mark (1989) auf 12,9 Mio. D-Mark (1990) deutlich gewachsen. Auch die Bilanzsumme hatte zugenommen, allerdings wies die Eigenkapitalquote mit 12,8 Prozent noch immer einen bedrohlich niedrigen Wert auf.[336] Die optimistischen Prognosen, die der Vorstandsvorsitzende bis 1997 präsentierte, ließen dies schnell vergessen: 1991 bereits sollte ein Jahresüberschuss von über 30 Mio. D-Mark abgeliefert werden, der bis 1997, so die Mittelfristplanung, auf 60 Mio. D-Mark steigen würde.[337] Das waren Zahlen, von denen die Krauss-Maffei-Anteilseigner bisher nicht einmal geträumt hatten. Und schon auf der Aufsichtsratssitzung im November 1990 hatte Wollschläger die Mannesmann-Manager geradezu euphorisch von den großen Zukunftschancen im neuen Geschäftsfeld Oberflächentechnik zu überzeugen versucht. Seine Besuche bei zahlreichen großen deutschen und europäischen Automobilunternehmen hätten eine große Resonanz für das bei Krauss-Maffei inzwischen entwickelte Technics-Plasma-Verfahren als Ersatz für die traditionellen Lackiertechniken gezeigt.[338] Bei der Materialbearbeitung mit Lasersystemen und auch dem Einsatz in der Medizintechnik sah der Krauss-Maffei-Vorstand weitere Entwicklungs- und Einsatzschwerpunkte, auch wenn mit dem Bereich gerade einmal 15 Mio. D-Mark Jahresumsatz erwirtschaftet wurden. Optoelektronik und Lasertechnik standen bei den vom Vorstand identifizierten »Krauss-Maffei-relevanten Schlüsseltechnologien« mit an oberster Stelle. Die Akquisitionen der Technics Plasma GmbH im Jahr 1988 und der Carl Baasel Lasertechnik GmbH im Jahr 1992 sollten Krauss-Maffei einen raschen Know-how-Erwerb ermöglichen.[339]

Sorgen machten dagegen zu diesem Zeitpunkt vor allem zwei andere Bereiche: zum einen die Gießtechnik, die unter dem Wegfall der Gusslieferungen an die Wehrtechnik sowie hohen Qualitätskosten für die ersatzweise Konzentration auf hochwertigen Guss für Turbinen und Hochdruckgehäuse litt; zum anderen die Verfahrenstechnik, die trotz der erfolgten Zukäufe im Umsatz stagnierte und rote Zahlen schrieb. Vom Umsatzvolumen rangierte der Geschäftsbereich Verfahrenstechnik mit ca. 140 Mio. D-Mark Umsatz inzwischen an dritter Stelle im Gesamtunternehmen. Und eigentlich hatten der weitere Ausbau der umwelttechnologischen Geschäftsfelder, insbesondere bei der Rauchgasentschwefelung, sowie eine völlige Modernisierung der Produktlinien bei Zentrifugen und Trocknern mit elektronischer Steuerung weiteres Wachstum versprochen.[340] 1988 hatte Wollschläger zudem die Europaaktivitäten des US-Konkurrenten Bird auf dem Gebiet der Trenntechnik gekauft und damit die Flottweg GmbH in Vilsbiburg und die Veronesi S.p.A. in Bologna übernommen, wodurch man vor allem im Markt für hochwertige Pharmaka und Feinchemikalien seine Position stärken konnte.[341] Aber der Geschäftsbereich war nach wie vor zu klein, um auf den zunehmend internationaleren Märkten gegenüber den Konkurrenten bestehen zu können. Der große Coup sollte daher im Frühjahr 1995 die Übernahme des amerikanischen Wettbewerbers Dorr-Oliver bringen, der vor allem auf dem US-Markt im verfahrenstechnischen Bereich der Nahrungsmittel- und Umweltindustrie eine gute Position besaß und etwa genauso groß war wie die Krauss-Maffei Verfahrenstechnik GmbH. Insofern stellte die Übernahme einen wahren Kraftakt dar, der sich jedoch nicht lohnen sollte.

Als am 25. Juni 1992 die Anteilseigner zur 100. ordentlichen Hauptversammlung zusammenkamen, war Krauss-Maffei allerdings durch die eingeleitete Akquisitions-, Wachstums- und Neufokussierungspolitik auf dem Weg zum profitablen Technologiekonzern schon weit vorangekommen. Im Oktober 1992 startete der Krauss-Maffei-Chef denn auch mit einem ganzen Maßnahmenpaket zur Optimierung der Geschäftsprozesse die dritte Stufe der langfristigen Restrukturierung des Unternehmens.[342] Die Verbesserung der administrativen Vorgänge, die Einführung von Qualitätsmanagement, die Modernisierung der Kostenrechnung in Richtung einer Prozesskostenrechnung (Kritik am bisherigen Verfahren: »völlig falsche Steuerungssignale durch die heutige Ist-Kostenrechnung«) sowie eine Optimierung der Materialwirtschaft, so lauteten die Ziele. Längst galt Krauss-Maffei nach außen hin als Erfolgsmodell für die gelungene Konversion eines Rüstungskonzerns in einen »zivilen« Technologiekonzern, einigen galt das Unternehmen sogar als »Pionier einer ökologischen Konversion«.[343] Und Wollschläger war inzwischen zum vielumworbenen Gastredner und Vorzeigereferenten auf Strategieforen und betriebswirtschaftlichen Fachtagungen geworden, wo er ausführlich unter Titeln wie »Mobilisierung von Leistungsreserven mittels dezentraler Führungs- und Fertigungsstrukturen« über seine Restrukturierungspolitik und die strategische Neuausrichtung bei Krauss-Maffei berichtete.[344] »Krauss-Maffei hält sich besser als die Konkurrenz«, titelte etwa die »Süddeutsche Zeitung« Anfang Juni 1993 anlässlich der Bilanzpressekonferenz, und die »FAZ« überschrieb zur gleichen Zeit ihren Beitrag mit »Abkehr vom Rüstungsgeschäft ohne nennenswerten Ertragseinbruch«.[345] Während es dem Mannesmann-Konzern in seinem Konglomerat aus Tochterfirmen zu diesem Zeitpunkt wahrlich nicht an Problemkindern mangelte, erwies sich ausgerechnet

Krauss-Maffei als regelrechter Musterknabe unter den Teilkonzernen, obwohl es sich in den am meisten krisengeschüttelten Branchen bewegte. Dabei hatte man aber auch in München mit zunehmend ungünstigen Rahmenbedingungen gerade im forcierten Zivilgeschäft zu kämpfen. Seit Anfang der 1990er-Jahre brach weltweit die Konjunktur ein und erreichte 1993 einen Tiefpunkt. Unter der wirtschaftlichen Abkühlung hatte vor allem der Maschinenbau zu leiden. Wollschläger hatte zwar frühzeitig versucht, von der Kostenseite her gegenzusteuern, aber den Einbruch des Jahresüberschusses auf 1,06 Mio. D-Mark anstelle der nur wenig zuvor geplanten 33,8 Mio. D-Mark hatte er doch nicht verhindern können. 1993 wurde ertragsmäßig für Krauss-Maffei eines der schwersten Jahre, aber anders als in den Jahrzehnten zuvor blieb das Ergebnis positiv. Dennoch konstatierte der Aufsichtsrat im Oktober 1992 bereits, dass das Unternehmen »aufgrund des gravierenden Einbruchs der Wehrtechnik auf der Finanzseite keine Luft mehr« habe.[346] Erstmals seit Langem sah sich der Vorstand daher zu Entlassungen in größerem Umfang gezwungen. Von den 1992 noch 5670 Mitarbeitern waren zwei Jahre später nur noch 4924 im Unternehmen tätig; knapp 750 Beschäftigte – das entsprach 13 Prozent der Gesamtbelegschaft – mussten gehen.[347] Auch die folgenden Jahre sollten für Krauss-Maffei – wie für die deutsche Industriewirtschaft insgesamt – schwierig bleiben und von schmerzhaften Ertragseinbrüchen gekennzeichnet sein. Der Jahresüberschuss pendelte sich mit ca. vier Mio. D-Mark auf einem niedrigen Niveau ein, und 1997 verzeichnete Krauss-Maffei erneut einen hohen Verlust. Auch die Eigenkapitalbasis blieb dünn. Nachdem sie bis 1994 kurzzeitig auf 15,8 Prozent gestiegen war, stürzte sie 1995 auf 8,4 Prozent ab und blieb auch in der Folgezeit auf diesem niedrigen Niveau. Dennoch zeigt der Blick auf die Entwicklung der Umsatzstruktur, dass Wollschläger mit seinem Konzernumbau bei Krauss-Maffei erfolgreich war: Der Kunststoffmaschinenbau erreichte inzwischen einen Anteil von mehr als 50 Prozent des Gesamtumsatzes, während die Wehrtechnik von einst 74 Prozent auf 26 Prozent geschrumpft war.

Dass das Rüstungsgeschäft vor schweren Zeiten stehen würde, hatte man bei Krauss-Maffei schon frühzeitig gewusst. »Nach den Planungen der Bundeswehr«, so hieß es etwa im Geschäftsbericht von 1986, »wird die in der Bundesrepublik Deutschland zur Sicherstellung der Verteidigungsfähigkeit vorhandene Kapazität der panzerbauenden Industrie erst wieder Mitte der 1990er-Jahre normal ausgelastet.«[348] Unter der Generalunternehmerschaft von Krauss-Maffei waren in den Jahren 1965 bis 1986 mit Beteiligung von 1500 weiteren Firmen ca. 7000 Kampfpanzer Leopard 1 und Leopard 2 sowie Flugabwehrpanzer Gepard produziert worden. Nun waren auf lange Sicht keine neuen Beschaffungsprogramme mehr zu erwarten, und auch in den NATO-Ländern ohne eigene Rüstungsindustrie war der Bedarf an Panzern weitgehend gedeckt.[349] Allein durch die Verlagerung auf Instandsetzungsmaßnahmen, die Entwicklung von Simulationstechniken für Waffensysteme und die Fertigung von rüstungstechnologischen Peripherie-Komponenten waren die inzwischen aufgebauten großen Kapazitäten nicht annähernd auszulasten. Es galt, ein riesiges Beschäftigungsloch zwischen 1988 und 1994 zu füllen oder aber überhaupt aus dem Rüstungsgeschäft insgesamt nach und nach auszusteigen. Tatsächlich ließen die befürchteten Umsatzeinbrüche im Wehrtechnikgeschäft bei Krauss-Maffei nicht lange auf sich warten. Zwischen 1986 und 1988 allein schrumpften die Umsätze auf 50,8 Prozent und sollten nach einer vorübergehenden Stabilisierung bei etwa 500 Mio. D-Mark pro Jahr zwischen 1991 und 1996 abermals um fast 30 Prozent sinken. Im August 1987 war Wollschläger nach Kiel gefahren, um dort mit dem härtesten Konkurrenten MaK über die künftige Rollenverteilung im enger werdenden Panzergeschäft zu sprechen und ihn von eventuellen ruinösen Wettbewerbspraktiken abzubringen – allerdings vergeblich.[350] Zur gleichen Zeit standen Verhandlungen im Bundeswirtschaftsministerium über Art und Umfang der Finanzierung eines 640 Mio. D-Mark umfassenden Großauftrags über die Lieferung des Schützenpanzers Puma in die Türkei an. Es gab Probleme sowohl mit den Banken, die dem Finanzierungskonsortium angehörten, als auch mit der Bundesregierung, die eine Ausweitung der Hermes-Bürgschaft für das Geschäft ablehnte, und so drohte ein beträchtlicher Teil des Finanzierungsrisikos an Krauss-Maffei hängen zu bleiben.[351]

Letztlich blieb dem Unternehmen nichts anderes übrig, als sich mit Nachrüstungen und »Kampfwertsteigerungen« für Leopard 1 und 2 durchzuhangeln, d. h., man zehrte von den vorhandenen Auftragsbeständen, ohne jedoch nennenswerte Neuaufträge hereinzubekommen. Modernisierte Leopard-1-Panzer für Griechenland und Norwegen trugen daher 1993 im Wesentlichen das Wehrtechnikgeschäft. Eines der wenigen verbliebenen lukrativen Neugeschäfte, den Bau des Bergepanzers Büffel, hatte MaK als Generalunternehmer den Münchnern abgejagt.[352] Dafür war man jedoch in dem neu anlaufenden Entwicklungsprogramm für den

Marder 2 Systemführer, wobei allerdings völlig unklar war, ob und wann hier eine Serienvergabe erfolgen würde. Alle im Wehrgeschäft tätigen Unternehmen waren daher gezwungen, ihre Kapazitäten herunterzufahren, andererseits aber versuchten sie, ihre bestehenden Beschäftigungsstandorte unbedingt aufrechtzuerhalten. Die Krauss-Maffei-Wehrtechnik, so lautete die Bilanz einer Lagebesprechung in der Aufsichtsratssitzung im Juni 1992, müsse sich darauf einrichten, dass sie, wenn sie Glück habe, künftig noch mit einem Auftragsvolumen von 250 bis 300 Mio. D-Mark rechnen konnte. Das war nur noch ein Bruchteil der früheren Aufträge, aber immer noch genug, sodass Vorstand wie Aufsichtsrat dieses Geschäftsfeld auf jeden Fall noch halten wollten.[353] Es war dem Unternehmen tatsächlich gelungen, den Wertschöpfungsanteil, d. h. den Anteil der eigenen Fertigung an den Panzeraufträgen, zwischen 1984 und 1994 deutlich zu erhöhen. Waren es früher nur 15 Prozent gewesen, so betrug der Eigenfertigungsanteil nun 35 Prozent. Das war eine, wenn auch nur geringe, Kompensation für die zurückgehenden Gesamtauftragsvolumina.

Der dramatische Schrumpfungsprozess in der Rüstungsindustrie ließ denn aber bald Bemühungen zu Kooperationen und Fusionen aufkommen. Im September 1993 hatte es aus diesem Grund intensive Verhandlungen zwischen Krauss-Maffei und Rheinmetall über eine »sinnvolle Bündelung« der wehrtechnischen Aktivitäten gegeben. Geplant war, die jeweiligen Aktivitäten in einer neu zu gründenden gemeinsamen Tochtergesellschaft zusammenzuführen, und die Gespräche führten schließlich im August 1994 tatsächlich auch zu einem »letter of intent«.[354] Damit wären die beiden erbitterten Konkurrenten Krauss-Maffei und MaK nun, was ihr Rüstungsgeschäft anging, unter einem gemeinsamen Dach gelandet. Wie groß das gegenseitige Misstrauen nach wie vor war, zeigten einige der Bedingungen, die Krauss-Maffei als Voraussetzungen für die Kooperation erfüllt sehen wollte: Sitz der neuen Gesellschaft musste München sein, beide Mutterkonzerne hielten jeweils genau 50 Prozent der Anteile und wechselten sich mit dem Vorsitz in der Geschäftsführung ab.[355] Doch trotz intensiver weiterer Gespräche zur »Klärung der Geschäftsinteressen« blieb es zunächst bei nur bedingt erfolgreichen Abstimmungsversuchen in den diversen verbliebenen Rüstungsprojekten.[356] »In der Zusammenarbeit zwischen der Krauss-Maffei Wehrtechnik und der MaK System kam es in den letzten eineinhalb Jahren zu einem erheblichen Vertrauensschwund, der aus meiner Sicht ausnahmslos auf das Verhalten von Krauss-Maffei

112 Umsatzstruktur Krauss-Maffei-Gruppe 1986 bis 1997 (Anteil am Gesamtumsatz in Prozent)

[Zusammengestellt und berechnet nach den Angaben in den Geschäftsberichten]

Jahr	Verkehrs-technik	Verfahrens-technik	Automations-technik	Gießerei	Kunststoff-maschinen-bau	Wehr-technik-	Ober-flächen-technik
1986	3,0	5,0	–	3,0	17,0	74,0	–
1990	7,5	10,1	3,9	2,4	33,3	46,4	0,8
1993	6,0	11,6	3,7	–	43,2	33,8	4,4
1997	4,2	12,9	2,8	–	50,6	26,2	5,5

113 Umsatzverteilung Zivilprogramm und Wehrtechnik im Krauss-Maffei-Konzern 1985 bis 1998

[Zusammengestellt nach den Angaben in den Geschäftsberichten 1985 ff.]

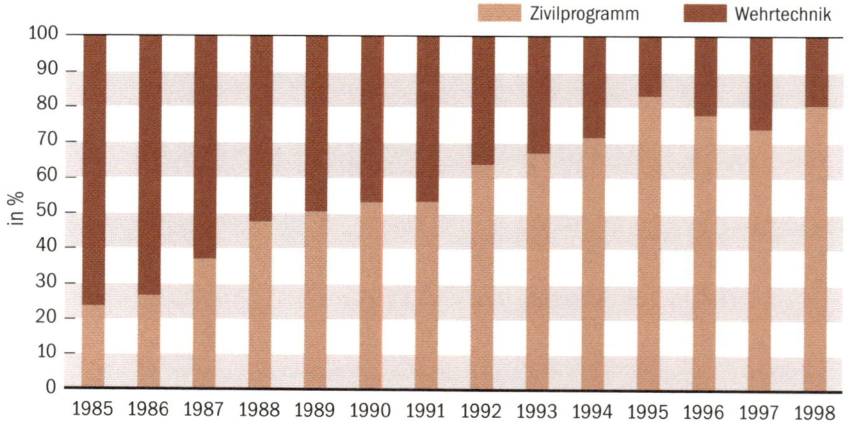

zurückzuführen ist und sich in der bewusst gesteuerten Nichtberücksichtigung von getroffenen Vereinbarungen äußerte«, hieß es etwa in einem Schreiben des Rheinmetall-Vorstands Krämer an den Krauss-Maffei-Vorstand.[357] Im Juli unterbreitete Rheinmetall dennoch Krauss-Maffei einen neuen Vorschlag zur Konsolidierung und Fusion der beiden Wehrtechnikaktivitäten in einer gemeinsamen Gesellschaft, aber nachdem es weiter zu keiner Einigung kam, übernahm nun das Bundesverteidigungsministerium die Regie. Angesichts der Tatsache, dass keines der verbliebenen Rüstungsunternehmen mittelfristig überlebensfähig sein werde, so hieß es in einem Schreiben an Wollschläger, bitte man Krauss-Maffei für Ende September 1995 zu einem Gespräch nach Bonn und habe neben Rheinmetall auch Wegmann dazu eingeladen.[358] Und mit der IWKA-Tochter Kuka AG, die kurz zuvor den Wehrtechnik-Bereich von Thyssen Henschel erworben hatte, gab es noch einen dritten potenziellen Kooperationspartner. Aber es sollten dennoch zwei weitere Jahre vergehen, bis es im Dezember 1997 zu der großen Konsolidierung kam. Nicht Krauss-Maffei und Rheinmetall AG, sondern Krauss-Maffei und die Kasseler Wegmann-Gruppe führten schließlich ihre jeweiligen Rüstungsaktivitäten in einer neuen Gesellschaft zusammen.[359] Die Mehrheit der Anteile und auch die industrielle Führung lagen dabei bei Wegmann, der Sitz der Gesellschaft aber war München, und damit war auch der Krauss-Maffei-Produktionsstandort gesichert. Der vergleichende Blick auf die Entwicklung der Umsatzverteilung zeigt das nachgerade klassische Muster einer erfolgreichen Konversion, mit einem (fast) kontinuierlichen Abbau des Wehrtechnikgeschäfts zugunsten eines gezielten und massiven Ausbaus des Zivilgeschäfts.

Mit der Ausgliederung des Wehrtechnikgeschäfts stand Krauss-Maffei nun endgültig allein auf den Füßen des Zivilgeschäfts. Aber auch hier vollzogen sich grundlegende Veränderungen.

Im Verkehrstechnikgeschäft ging erst 1988 mit dem Beginn der Serienfertigung des ICE die lange, zehnjährige Durststrecke der auftragslosen Zeit durch die Deutsche Bahn zu Ende. Der von Krauss-Maffei maßgeblich mitentwickelte ICE-Triebkopf hatte inzwischen im Testbetrieb eine Rekordgeschwindigkeit von fast 410 Stundenkilometer erreicht, damit war er nahezu genauso schnell wie die Transrapid-Versuchsfahrzeuge. Bis dahin hatte man sich in Allach mit der Lieferung von elektrischen Lokomotiven an die Türkei und Spanien über Wasser gehalten. Dennoch waren die Umsätze auch hier massiv eingebrochen. Im August 1988 nun erging an sieben deutsche Verkehrstechnik-Unternehmen der lang ersehnte Auftrag zum Bau von 41 ICE-Zügen in einem Gesamtwert von 1,8 Mrd. D-Mark. Neben Krauss-Maffei waren noch Thyssen Henschel, Siemens, Asea Brown Boveri Ltd. (ABB), die AEG und Krupp sowie das Waggonbauunternehmen Linke-Hofmann-Busch GmbH beteiligt. Krauss-Maffei konnte ein Drittel des Gesamtauftrags ergattern, der umso wichtiger war, als sich im Transrapid-Projekt die Zeichen des Rückzugs durch das Bundesforschungsministerium und damit des Staates mehrten.[360] Und es mehrten sich ebenfalls die Bemühungen, auch in der Verkehrstechnik zwischen den beteiligten Unternehmen zu einer Konsolidierung und Kooperation zu kommen. Im November 1987 schon hatte der bayerische Ministerpräsident Strauß in einem Schreiben an den Krauss-Maffei-Vorstand die Bildung einer bayerischen Rad-Schiene-Technik-Kooperation zwischen Siemens, Krauss-Maffei und MBB angeregt.[361] Aber erst im Januar 1989 erfolgten erste Gespräche zwischen Siemens und Krauss-Maffei über eine Kooperation im Bahnbereich.[362] Der Anstoß dazu kam von außen, nachdem sich in den Monaten zuvor die europäische Wettbewerbslandschaft im Verkehrstechnik- und Bahngeschäft dramatisch verändert hatte. Große britische, schweizerische und französische Anbieter wie GEC Alsthom, ASEA (Allmänna Svenska Elektriska Aktiebolaget) und BBC bzw. ABB sowie GEC (General Electric Company) hatten durch Fusionen und Kooperationen den Elektro- und Mechanikanteil der Lokomotiven in sich vereint und besaßen nun bei Ausschreibungen durch das Angebot von integrierten Systemlösungen gegenüber den deutschen Lokomotivbaufirmen einen Wettbewerbsvorteil. Schon bei diesem ersten Gespräch bekundete Siemens offen sein Interesse an einem kompletten Kauf der Krauss-Maffei Verkehrstechnik GmbH, nicht zuletzt, da man den Allachern ein im Vergleich zu den Konkurrenten Krupp oder MaK ausgezeichnetes und überlegenes Know-how zuschrieb. Anders als bei Thyssen waren die Fertigungskapazitäten zudem eher gering, und es existierte durch die weitgehende Verselbständigung schon eine große Konzernunabhängigkeit und damit hohe Flexibilität. Siemens selbst stand zur gleichen Zeit auch schon in Gesprächen mit der Firma Krupp, die ihrerseits ein hohes Kooperationsinteresse gegenüber Siemens geäußert hatte. Aber die Präferenzen von Siemens lagen klar bei Krauss-Maffei, zumal man schon jahrzehntelang im Verkehrstechnikgeschäft zusammengearbeitet hatte; und dem Vorstand in Allach war schnell klar, dass man nicht allzu große Handlungsspielräume besaß und »die Krauss-Maffei-Verkehrstechnik mittelfristig nur in der Zusammenarbeit mit einem starken, weltweit operierenden Elektrounternehmen eine Überlebenschance hat«.[363] Im Februar 1990 kam es dann schließlich zu einer Einigung. Die Siemens Verkehrstechnik übernahm zunächst 25 Prozent der Anteile der Krauss-Maffei Verkehrstechnik GmbH. Beide Unternehmen hatten sich dabei die Option offengehalten, das Bündnis zu erweitern und auch Krupp in die Kooperation mit einzubeziehen, wobei sich Krauss-Maffei in diesem Fall von vornherein eine bevorzugte Rolle gegenüber Dritten hatte zusichern lassen. Im Frühjahr 1991 waren die Gespräche dann tatsächlich so weit fortgeschritten, dass die Unterzeichnung eines »letter of intent« durch Siemens, Krauss-Maffei und Krupp kurz bevorstand. Doch schließlich blieb es bei der Kooperation von Krauss-Maffei und Siemens, die bald im Bereich der Hochgeschwindigkeitslokomotiven (»Euro-Sprinter«) als Entwicklungsgemeinschaft den Zuschlag der Bahn erhielt und 1994 einen Großauftrag zur Serienproduktion im Wert von fast zwei Mrd. D-Mark ergattern konnte. Dies führte zu entsprechenden Umsatzsprüngen im Verkehrstechnikgeschäft bei Krauss-Maffei.[364] Im Juli 1999 schließlich erwarb Siemens rückwirkend zum 1. Januar weitere 50 Prozent der Krauss-Maffei Verkehrstechnik GmbH und damit die Mehrheit. »Das war kein Verkauf des Geldes wegen«, so wurde ein Krauss-Maffei-Sprecher zitiert, »sondern um den Standort zu halten«.[365] Tatsächlich blieben, wie auch im Wehrtechnikgeschäft, die Fertigungswerkstätten in Allach erhalten. Das einstige Traditionsgeschäft von Krauss-Maffei aber war damit endgültig ausgelagert worden. Nach 161 Jahren war Krauss-Maffei kein Lokomotivbau-Unternehmen mehr.

Innovationen und Akquisitionen: Wachstumsstrategie für das Kunststoffmaschinengeschäft

Der große Umbruch vom Rüstungs- zum zivilen Technologiekonzern wurde daher vor allem von der Expansion und Gesundung des Kunststoffmaschinenbaugeschäfts getragen. Die Krauss-Maffei Kunststofftechnik GmbH unter Leitung ihres dreiköpfigen Geschäftsführungsteams Rolf Lidl (Sprecher, Technik), Manfred Petersen (Vertrieb, Marketing) und Wolfgang König (Organisation, Finanzen) erlebte in der langen Dekade zwischen Mitte der 1980er-Jahre und Ende der 1990er-Jahre eine goldene Zeit. Schon der Auftritt auf der Düsseldorfer Kunststoffmesse K '86 war viel beachtet. Wollschläger als neuer Vorstandsvorsitzender hatte die Gelegenheit genutzt, um die Kunststoffmaschinen als neuen strategischen Schwerpunkt im Konzerngeschäft zu verkünden. Die drei Jahre zuvor präsentierte B-Baureihe hatte sich zu einem Verkaufsschlager entwickelt, und in den Forschungs- und Entwicklungsabteilungen wurde längst an weiteren neuen Baureihen gearbeitet. Vor allem das Geschäft mit Kunststoffspritzgießmaschinen für Audiokassetten und Compact Discs, das damals revolutionäre optoelektronische Speichermedium, boomte. Fast jede fünfte der 1986 auf dem Markt befindlichen CD-Maschinen stammte von Krauss-Maffei, das in diesem Bereich damit auch Marktführer war.[366] Nach wie vor blieb aber die Automobilindustrie der größte Kunde und zugleich Schrittmacher für die Weiterentwicklung von Kunststoffmaschinen mit neuen Materialien, Verfahren und Technologien. Zur nahezu vollautomatischen Herstellung von großflächigen, zum Teil komplexen Teilen, die in einem Arbeitsgang hergestellt werden konnten, von kompletten Armaturenbrettern, Konsolen, Autoteppichen mit angeschäumter Schalldämmung, geschäumten Autositzen bis zu Stoßfängern mit energieabsorbierender Ausschäumung, lieferte Krauss-Maffei zahlreiche, zum Teil maßgeschneiderte Polyurethan-Verschäumungsmaschinen. Darüber hinaus hatte Krauss-Maffei im Bereich der Mehrfarben-Spritzgießmaschinen eine dominierende Position inne. Seit Mitte 1987 rüstete Krauss-Maffei auch sämtliche Maschinen serienmäßig mit einer neuen Mikroprozesssteuerung (MC 3) aus, wodurch sich für die steuerungstechnische Integration flexibler Produktionsanlagen, die Qualitätsüberwachung und die verfahrenstechnische Prozessoptimierung erhebliche Fortschritte ergaben.[367]

Was den feinen Unterschied zwischen den Anbietern auf dem Kunststoffmaschinenmarkt ausmachte, war immer mehr die anspruchsvolle Lösung kompletter Produktionsaufgaben für technisch hochwertige Kunststoffteile, und hier hatte sich Krauss-Maffei inzwischen zum Technologieführer entwickelt. Längst dominierten anstelle einzelner Maschinen komplexe System- und Mehrstationen-Anlagenlösungen. Die Projektierung und den Bau einer flexiblen Fertigungsanlage für Automobilstoßstangen, die der Automobilkonzern BMW etwa im Sommer 1987 als Auftrag vergab, konnte außer Krauss-Maffei kaum jemand erfüllen. An Qualität, Zuverlässigkeit und Flexibilität der Anlage wurden höchste Anforderungen gestellt. Sie umfasste insgesamt zehn große Spritzgießmaschinen und die komplette Automation zur Rohmaterialversorgung, zur Teileentnahme und zum Werkzeugwechsel, und sie musste in ein weitreichendes Rechnersystem des Automobilherstellers zur Qualitäts- und Produktionsüberwachung integriert werden. Die Anlieferung der Stoßstangen erfolgte *just in time* direkt an das benachbarte Endmontageband. An den italienischen Automobilhersteller Fiat S.p.A. lieferte Krauss-Maffei erstmals eine Spezialspritzgießmaschine zur Herstellung von Zylinderkopfdeckeln mit integrierter Dichtung aus Polyester. In einem Arbeitsgang wurden die Deckel gefertigt und dann eine dauerhafte Silikondichtung angespritzt. Im Vergleich zu den bisherigen Ventildeckeln ergaben sich dadurch erheblich niedrigere Produktions- und Montagekosten. Ohne die Maschinen von Krauss-Maffei wären mithin die zahlreichen Produktionsrevolutionen in der Automobilindustrie und vor allem auch bei deren Zulieferunternehmen nicht möglich gewesen. Für den Nachbau seiner PU-Maschinen hatte Krauss-Maffei auch einige Lizenzen ins Ausland, insbesondere nach Japan an die Tokioter Firma Tsukishima Kikai Co. Ltd., gegeben und damit mittelbar auch einen maßgeblichen Anteil zum weltweiten Expansionserfolg der japanischen Automobilindustrie beigetragen. Daneben lieferte Krauss-Maffei aber auch Innovationen im Extrusionsbereich, wie etwa Maschinen für die Hochgeschwindigkeitsextrusion von Polyolefinrohren. Auf der Interplas '87 in Birmingham stellte das Unternehmen der Öffentlichkeit zudem über Mikroprozessoren gesteuerte Extrusionslinien zur Fertigung von Fensterprofilen vor, und nach China ging zur gleichen Zeit eine komplette Linie an Extrusionsmaschinen zur Herstellung von Großrohren für Bewässerungsanlagen. Ob CDs, Audio- und Videokassetten, Einwegspritzen, Waschmaschinenteile, Flaschenkästen, Geschirrspülereinsätze, Autotür-Innenverkleidungen mit integrierter Armlehne oder Kunststofffenster, Gartenmöbel, Staubsaugergehäuse, Autositze und Abwasserrohre – für alles baute Krauss-Maffei inzwischen komplette Fertigungssysteme.

Schon ein Jahr später, 1988, stellte Krauss-Maffei eine weitere neue Baureihe bei Großspritzgießmaschinen (»M-Baureihe«) vor und startete auch mit dem Serienanlauf. Mit den neuen Maschinen wurde das bislang nur für den unteren und mittleren Schließkraftbereich entwickelte vollhydraulische Modulkonzept der B-Serie nun ebenso auf Großmaschinen mit hohen Schließkräften ausgeweitet. Auch Großmaschinen für die hochpräzise Fertigung von großen und komplexen Plastikteilen arbeiteten nun mit der neuen

Spritzgießtechnologie. Es dauerte denn auch nicht lange, bis aus der Automobilindustrie weltweit Aufträge zur Lieferung der neuen Krauss-Maffei-Spritzgießmaschinen kamen. Für das koreanische Automobilunternehmen Kia Motors etwa lieferte Krauss-Maffei Dutzende Großmaschinen für insgesamt sechs Fertigungsstraßen, auf denen Stoßfänger, Armaturentafeln und Türinnenverkleidungen produziert wurden. Von den Koreanern erhielt die Krauss-Maffei Kunststofftechnik GmbH im November 1990 die höchste Auszeichnung als Zulieferbetrieb. Aber auch für die neuen ICE-Züge entwickelten die Kunststoffspezialisten von Krauss-Maffei in enger Zusammenarbeit mit dem Oberpfälzer Sitzsystemhersteller Grammer AG eine optimale Lösung zur Fertigung von FCKW-frei geschäumten Sitzen. In der Zwischenzeit hatte man außerdem die existierende B-Baureihe weiterentwickelt, neu gestaltet und auf den Schließkraftbereich von 600 bis 8000 Kilonewton erweitert. Sie umfasste nun drei Leistungsstufen (für anspruchsvolle Formteile, für zusätzlich höhere Einspritzleistung und für schnell laufende Artikel) und war ganz auf die produktionsspezifischen und wirtschaftlichen Bedürfnisse der Verarbeiter ausgerichtet. »Diese Reihe«, so notierte der KMK-Geschäftsführer Lidl nach dem Start auf der Düsseldorfer Kunststoffmesse K '89, »verspricht unser bisher größter Erfolg zu werden: 360 Maschinen bis September 1990 verkauft, 280 davon bereits geliefert – und von Anfang an keine ›Kinderkrankheiten‹!«[368]

Nur drei Jahre später sorgte Krauss-Maffei auf der K '92 gleich doppelt für neues Aufsehen. Zum einen präsentierte man eine Recycling-Spritzgießanlage, in der die Aufbereitung von Altteilen und die Herstellung von Neuteilen in einem System kombiniert wurden. Zum anderen wurde mit der C-Baureihe eine neue Spritzgießmaschinen-Baureihe des unteren Schließkraftbereichs vorgestellt. Sie waren vor allem für die Produktion von Compact Discs ausgelegt, aber auch andere Kleinteile wie Plastikjoghurtbecher konnten damit gefertigt werden. Durch ein neuartiges vollhydraulisches Schließsystem konnte eine sehr kompakte Bauweise realisiert werden, die den Anwendern wesentliche Vorteile in der Fertigungsautomation bot. Zudem waren durch Weiterentwicklungen die Takt- bzw. Zykluszeiten erheblich verkürzt worden: Hatten die ersten Maschinen noch Zykluszeiten von 19 Sekunden aufgewiesen, so erreichte man nun Zeiten unter fünf Sekunden.[369] Und man wartete auf der Düsseldorfer Kunststoffmesse noch mit einer dritten Neuerung auf: eine Coextrusionsanlage zur Herstellung mehrfarbiger Fensterprofile aus Recyclat. Mehr denn je kamen die KMK-Manager nun von den nationalen wie internationalen Messen mit dem Eindruck zurück, dass KMK gegenüber früher eine erheblich gestiegene technische Kompetenz in der Kunststofftechnik aufwies und dies auch von den Kunden so wahrgenommen wurde. Insgesamt 129 Mio. D-Mark wurden allein im Jahr 1992 inzwischen für zahlreiche Vorhaben in den Forschungs-, Versuchs- und Entwicklungsabteilungen ausgegeben, das waren acht Prozent vom Umsatz, und KMK war damit inzwischen zu einem der forschungsintensivsten Maschinenbauunternehmen in Deutschland geworden. Das Spektrum der Entwicklungsschwerpunkte reichte von der ständigen Optimierung der bestehenden Spritzgießmaschinen-Baureihen (C-Baureihe in Kompaktbauweise bis 500 Kilonewton, der B-Baureihe für den mittleren Schließkraftbereich bis 8000 Kilonewton und der M-Baureihe für Großspritzgießmaschinen bis zu 54 000 Kilonewton und Eigengewichten von 250 Tonnen) über die Entwicklung von Großspritzgießmaschinen nach dem Twin-Prinzip, die sowohl voneinander unabhängig als auch gekoppelt gefahren werden konnten, bis zu Fließgießmaschinen zur Verarbeitung schnell reagierender Reaktionssysteme. Letztere dienten z. B. zur Herstellung von faserverstärkten Karosserieteilen sowie von Polyurethanmischköpfen für neue Kunststoffrezepturen und Anlagen zur PU-Verarbeitung unter Verwendung FCKW-freier Treibmittel.

Eine Innovation stellte auch ein neu entwickeltes Verfahren zum Hinterspritzen von Dekormaterialien dar. Formteile wie Automobil-Innenverkleidungen wurden vielfach aus Verbundmaterialien hergestellt. Dabei klebte man mit großem Aufwand Dekorstoffe auf geformte Teile. Mit dem KMK-Verfahren zum direkten Hinterspritzen wurde diese Fertigung maßgeblich rationalisiert. Und dann waren da noch die Entwicklung und der Bau einer Versuchsanlage mit Mehrprozesstechnologie, die sowohl in der technischen Ausgestaltung wie in ihren Dimensionen alle bisherigen Grenzen sprengte: die legendäre Alpha 1.

Es war eine riesige, multifunktionale Labormaschine mit 5000 Tonnen Schließkraft, 12,5 Meter hoch, 18,4 Meter breit und 18,1 Meter lang und von einem Gesamtgewicht von ca. 1000 Tonnen, die die Krauss-Maffei-Ingenieure im Auftrag der Plastics Division des US-Konzerns General Electric (GE) bereits 1988 entwickelt und konstruiert hatten. Es war das Maschinenkonzept einer völlig neuartigen Verarbeitungstechnik, denn damit konnten verschiedene Verfahren zur Herstellung großflächiger Automobilteile, insbesondere Karosserieteile, in Spritzgieß- und Umformtechnik einzeln oder kombiniert und zudem unter Verwendung unterschiedlicher thermoplastischer Materialien gefertigt werden. Die Alpha 1 kombinierte Spritzgieß- und Pressverfahren zur Verarbeitung thermoplastischer und faserverstärkter Kunststoffe. Die Maschine blieb allerdings ein Prototyp und war ihrer Zeit, was Konstruktion und Technologie anging, weit voraus.[370] Sie war zugleich aber auch exemplarisch für die damalige ingenieurgetriebene Kultur, die das Kunststoffmaschinengeschäft bei Krauss-Maffei prägte: hohe Innovationsfreudigkeit und -fähigkeit auf der einen Seite, unterentwickeltes Marketingdenken und eine Haltung nach dem Motto »Wir bauen eine Maschine, der Kunde wird sie schon brauchen« auf der anderen Seite.[371]

Inzwischen war man auch mit der Umsetzung der Fertigungssegmentierung und damit der rationalisierten Neukonzeption der Produktionsabläufe im Kunststoffmaschinenbaubereich ein gutes Stück vorangekommen. Für die einzelnen Komponenten wie Schließengebinde, Spritzenmontage, Plastifizierungsmontage, Schaltschrank, Plattenfertigung und Hydraulik waren einzelne Montageinseln mit Technologiegruppen eingerichtet worden.[372] Ein ganzes Bündel an Verbesserungen wurde damit erreicht, von der Senkung der Herstellungskosten (die Fertigungszeiten einer Kunststoffmaschine mittlerer Schließkraft gingen von 377 Stunden auf 266 Stunden und damit um 30 Prozent zurück) über die Verkürzung der Durchlaufzeiten und Senkung der Qualitätskosten bis zur Erhöhung der Flexibilität. Das zunächst im April 1991 als Pilotprojekt gestartete Vorhaben hatte allerdings auch erhebliche Widerstände überwinden müssen; es galt lange als Fremdkörper in einer Fabrik mit konventioneller Struktur und DV-Landschaft, es gab eine ausgeprägte Abwehrhaltung beim mittleren Management, da Kompetenzen nun in die Segmente abflossen, und es gab nicht zuletzt Probleme der Leistungsbewertung mit dem klassischen Lohnsystem. Im Mai 1993 war zudem in Treuchtlingen ein neues Werk für Kunststoffmaschinenkomponenten gebaut und in Betrieb genommen worden, mit dem einerseits der wachsende Kapazitätsbedarf, zum anderen die Ausweitung der rationellen Produktionssegmentierung befriedigt werden konnte. Im Sommer 1994 lieferte Krauss-Maffei die fünftausendste Spritzgießmaschine mittlerer Schließkraft aus der B-Baureihe aus, und es war bezeichnend, dass diese nun nicht mehr an ein amerikanisches Unternehmen, sondern an eine asiatische Automobilzulieferfirma ging.

Der Fernostmarkt wies inzwischen auch im Kunststoffmaschinenbereich die höchsten Zuwachsraten auf. Mit der Gründung der Krauss-Maffei

114 Blick in die Montagehalle, 1988, M-Baureihe

[KraussMaffei]

115 Die legendäre Alpha 1

[KraussMaffei]

116 Übergabe der 5000. Maschine der B-Baureihe, 1994

[Geschäftsbericht Krauss-Maffei AG 1994, S. 28]

Asia Pacific Pte. Ltd. in Singapur hatten die Münchner schon 1988 auf diese Entwicklung reagiert. Darüber hinaus wurden auch Stützpunkte in Taiwan, Korea, Thailand, Vietnam sowie in Hongkong und Schanghai aufgebaut, nicht zuletzt, da bei Spritzgieß- und Reaktionsmaschinen sowie Extrusionsanlagen außer Lieferung und Service auch das beratungsintensive Systemgeschäft immer mehr an Bedeutung gewonnen hatte. Im März 1995 führte der Krauss-Maffei-Vorstand in einer für das bayerische Wirtschaftsministerium erstellten Notiz über wesentliche Geschäftsaktivitäten der Krauss-Maffei-Gruppe in der Volksrepublik China neben der Lieferung einer großen Spritzgießanlage zur Herstellung großflächiger Automobilteile im Wert von insgesamt 3,5 Mio. D-Mark auch ein Service-Joint-Venture mit der Jiangyin Mould Plastics Group Co. Ltd. auf.[373] Unübersehbar rückte der chinesische Markt für Spritzgießmaschinen, der kaum zehn Jahre später auch hier zum größten Teilmarkt weltweit aufsteigen sollte, ins Blickfeld der Krauss-Maffei-Manager.

Ebenfalls im Jahr 1995 kam das Unternehmen mit einer neuen Baureihe auf den Markt, die weniger durch eine technische Innovation als vielmehr durch ein revolutionäres Konstruktionsprinzip die Branche nachhaltig veränderte: die MC-Baureihe im oberen Schließkraftbereich mit Zweiplatten-Schließkonzept. Auf der Kunststoffmesse K '95 in Düsseldorf erregte die neue raum- und energiesparende Krauss-Maffei-Maschine denn auch großes Aufsehen. Das neue Konzept zeichnete sich vor allem durch seine platzsparende Bauweise aus. Sie verringerte die Länge der Schließeinheit um rund 30 Prozent gegenüber den konventionellen Dreiplattenmaschinen. Und auch mit einem neuen Doppelschnecken-Großextruder mit einer Dauerstoßleistung von bis zu 1000 Kilogramm pro Stunde PVC und die gleichzeitige Extrusion zweier Profile stieß man auf reges Interesse. Inzwischen war das Kunststoffmaschinengeschäft von Krauss-Maffei aber nicht nur durch internes Wachstum getrieben worden, sondern vor allem auch durch gleich drei Akquisitionen in ganz neue qualitative wie quantitative Dimensionen gewachsen. Im Juli 1991 übernahm Krauss-Maffei in einem ersten Schritt den Schweizer Kunststoffmaschinenhersteller Netstal-Maschinen AG, Näfels. Seit 1989 bereits standen beide Unternehmen miteinander in Kontakt, um die Möglichkeiten einer Zusammenarbeit zu diskutieren. Das 1857 gegründete Schweizer Familienunternehmen baute seit 1945 Spritzgießmaschinen vor allem im Bereich von 100 bis 400 Tonnen Schließkraft und erwirtschaftete mit 600 Mitarbeitern einen Umsatz von 170 Mio. Schweizer Franken. Es genoss einen hervorragenden Ruf im Bereich der qualitativ hochwertigen Hochleistungsmaschinen. Netstal-Maschinen waren führend bei der Herstellung besonders dünnwandiger Spritzgießteile mit extrem kurzen Zykluszeiten, und daher entfiel auch das Gros des Umsatzes auf komplette Fertigungssysteme für Kunststoff-flaschen, d. h. PET-Vorformlinge. Mit hochpräzisen Mehrfachwerkzeugen ausgerüstet, produzierten die PET-Line-Systeme von Netstal bis zu 10 000 Vorformlinge pro Stunde, die dann in einem zweiten Arbeitsschritt direkt beim Getränkehersteller in großen Blasmaschinen in ihre endgültige Form gebracht wurden. Daneben produzierte Netstal aber auch Kunststoffmaschinen für CDs und CD-Boxen sowie für die Medizintechnik. Die Schweizer passten als Ergänzung hervorragend in das Produktportfolio von Krauss-Maffei, denn, so zeigte eine interne Untersuchung, ca. 50 Prozent des Netstal-Marktes waren für Krauss-Maffei aufgrund der Spezialisierung der Schweizer nicht zugänglich.

Hinter der Akquisition stand aber auch ein weiterreichendes strategisches Kalkül des Krauss-Maffei-Vorstands. Nachdem man inzwischen auf dem deutschen Markt die führende Position errungen hatte, verfolgte man nun das Ziel, diesen Rang auch im europäischen Markt und anderen wichtigen Exportmärkten zu erobern und weltweit in das Oligopol der fünf führenden Kunststoffmaschinenunternehmen vorzustoßen. Das Größenwachstum erschien langfristig nötig, um im Kostenwettbewerb, insbesondere mit den japanischen Konkurrenten, mithalten zu können und die nötigen Investitionen für Markterschließung, Produkt- und Systementwicklung zu erwirtschaften.[374] Im Spritzgießmaschinen-Weltmarkt war der Schließkraftbereich von 100 bis 400 Tonnen mit Abstand das wichtigste Segment. Krauss-Maffei selbst fertigte hier aber nur etwa 300 Maschinen im Jahr, während die japanischen, österreichischen und italienischen Weltmarktführer wie Nissei Plastic Industrial Co. Ltd., Toshiba Corporation, Engel und Sandretto Indutrie S.p.A. bei Jahresproduktionen von 1000 Einheiten und mehr lagen. Das war gleichsam die quantitative Messlatte, die es zu überspringen galt, wenn man zu den großen, global operierenden Kunststoffmaschinenunternehmen gehören wollte. Zusammen mit Netstal, die in diesem Segment ca. 350 Maschinen pro Jahr fertigten, kam man künftig dem strategischen Ziel von 800 bis 1000 Maschinen beträchtlich näher. Das Problem war jedoch zum einen, dass die Anteilseignerstruktur des börsennotierten Schweizer Unternehmens kompliziert und zum anderen Netstal eigentlich ein Sanierungsfall war. Bei aller technischen Expertise und Exzellenz lagen die Produktionskosten viel zu hoch und hatten das Unternehmen schließlich mit zwölf bis 13 Mio. D-Mark Verlust pro Jahr in die roten Zahlen gebracht; das Eigenkapital war fast völlig aufgezehrt.[375] Auch die Kostenrechnung war, wie die Krauss-Maffei-Manager schnell feststellten, antiquiert (»man kennt nicht einmal die Herstellkosten«), sodass die Umstellung auf das Krauss-Maffei-System bzw. eine moderne Prozesskostenrechnung dringend notwendig erschien. In komplizierten Verhandlungen erreichte Krauss-Maffei schließlich, dass über einen Kapitalschnitt mit anschließender Wiederaufstockung des Grundkapitals die bisherigen Altaktionäre einen erheblichen Teil der Sanierungskosten mittrugen. Zudem zeigte sich auch die Schweizerische Bankgesellschaft SBG zu einem Forderungsverzicht in zweistelliger Millionenhöhe bereit. Krauss-Maffei übernahm daraufhin zunächst 67 Prozent der Netstal-Anteile und investierte neu. Nach dreijähriger Sanierung, so die Erwartungen, würde Netstal wieder gesund sein und einen starken Teil der Kunststoffmaschinenaktivitäten der Krauss-Maffei-Gruppe darstellen.[376] Und tatsächlich war 1993 der Turnaround geschafft, Netstal arbeitete nach einer harten Restrukturierung wieder mit Gewinn.[377]

Nur kurze Zeit nach der Übernahme von Netstal erfolgte im Dezember 1992 mit dem Kauf des führenden französischen Kunststoffspritzgießmaschinenherstellers Billion S. A. der zweite Coup auf dem Weg zum multinational produzierenden und global agierenden Kunststoffmaschinenkonzern. Billion beschäftigte 370 Mitarbeiter und wies einen Umsatz von umgerechnet etwa 100 Mio. D-Mark auf. Die Franzosen waren im Schließkräftebereich von 90 bis 2200 Tonnen tätig und lieferten vor allem Maschinen für Formteile an die Automobil-, Elektro- und Möbelindustrie sowie für Verpackungen in der Medizintechnik. Auch bei Billion herrschte allerdings ein erheblicher Restrukturierungsbedarf. Die Franzosen waren hochverschuldet und wiesen einen Jahresverlust von zehn Mio. Francs auf. Aber für Krauss-Maffei ging es neben dem weiteren externen Wachstum vor allem auch darum, zu verhindern, dass das Unternehmen in die Hände der japanischen Konkurrenten geriet, die damit einen Fuß in den europäischen Markt würden setzen können. Billion besaß eine moderne Produktion bei gleichzeitig niedriger Eigenfertigungsquote, sodass sich hier für Krauss-Maffei Chancen für eine zusätzliche Auslastung der Münchner Fertigung eröffneten.[378] Die Akquisitionspläne waren dabei auch von Seiten des

Mannesmann-Aufsichtsrats massiv unterstützt worden. Da Krauss-Maffei im Bereich der Wehr- und Verkehrstechnik nur noch reagierend tätig sein könne, so äußerte der Aufsichtsratsvorsitzende Laafs etwa auf der Sitzung Ende Oktober 1992, »müsse es eine starke Kompetenz in einem tragenden Geschäftsfeld haben«. Krauss-Maffei solle bei der Kunststofftechnik daher »nicht kleckern, sondern klotzen«.[379] Allerdings gab es gegen die von Wollschläger zumindest andeutungsweise skizzierte künftige Markenstrategie deutliche Bedenken. Denn während Krauss-Maffei und Netstal sich nicht nur in den Marktsegmenten, sondern auch bei der Technologie unterschieden bzw. ergänzten, entsprachen die Billion-Maschinen in Technik wie Produktklassen weitgehend denen bei Krauss-Maffei. Damit war abzusehen, dass bei einem Weiterbestand als Marke sich zumindest die Kunststoffmaschinen-Marketingleute in München und Lyon über kurz oder lang gegenseitig Konkurrenz machen würden.

Tatsächlich sollte sich die Sanierung bei Billion länger als erwartet hinziehen. Auch zwei Jahre nach der Mehrheitsübernahme durch Krauss-Maffei lieferten die Franzosen noch »unbefriedigende Ergebnisse« ab.[380]

Schließlich erfolgte im August 1994 der dritte Streich von Wollschlägers Akquisitionsstrategie: Krauss-Maffei übernahm die Mehrheit an Berstorff Maschinenbau. Die Münchner erwarben zunächst 52 Prozent der Anteile. »Nach monatelangem Tauziehen«, so hieß es dazu in einem Bericht des »Handelsblatts«, »hat die finanziell in Bedrängnis geratene Maschinenfabrik Berstorff einen potenten Partner gefunden.«[381] Berstorff war vor allem im Extrusionsmaschinen- und Kalanderbau für Kunststoffe und Kautschuk aktiv, insbesondere waren die Hannoveraner mit einem Gesamtumsatz von ca. 180 Mio. D-Mark und 700 Mitarbeitern Spezialist bei der Aufbereitung von Kunststoffen zu hochwertigen Compounds und deren Weiterverarbeitung zu Halbzeugen wie Folien, Platten, Rohren und Profilen. Natur- und Synthesekautschuk-Compounds wurden mit Berstorff-Maschinen zu Pkw- und Lkw-Reifenkomponenten, Kabeln, Profilen und Schläuchen verarbeitet. Wie allerdings schon der Bericht des »Handelsblatts« andeutete, war das Unternehmen nach dem Wegbrechen der osteuropäischen Märkte in Liquiditätsschwierigkeiten geraten, und der Restrukturierungs- und Sanierungsbedarf war gewaltig. Allein bis Frühjahr 1995 steckte Krauss-Maffei daher über 50 Mio. D-Mark in Berstorff, um die Fertigung zu modernisieren und die Finanzschulden abzubauen. Zu allem Übel für den Krauss-Maffei-Vorstand entdeckte man im März 1995 aber auch noch

117 Umsatzentwicklung Kunststoffmaschinenbau bei Krauss-Maffei 1985 bis 1997 (in Mio. DM bzw. Veränderung in Prozent zum Vorjahr)

[Zusammengestellt nach den Angaben in den Geschäftsberichten]

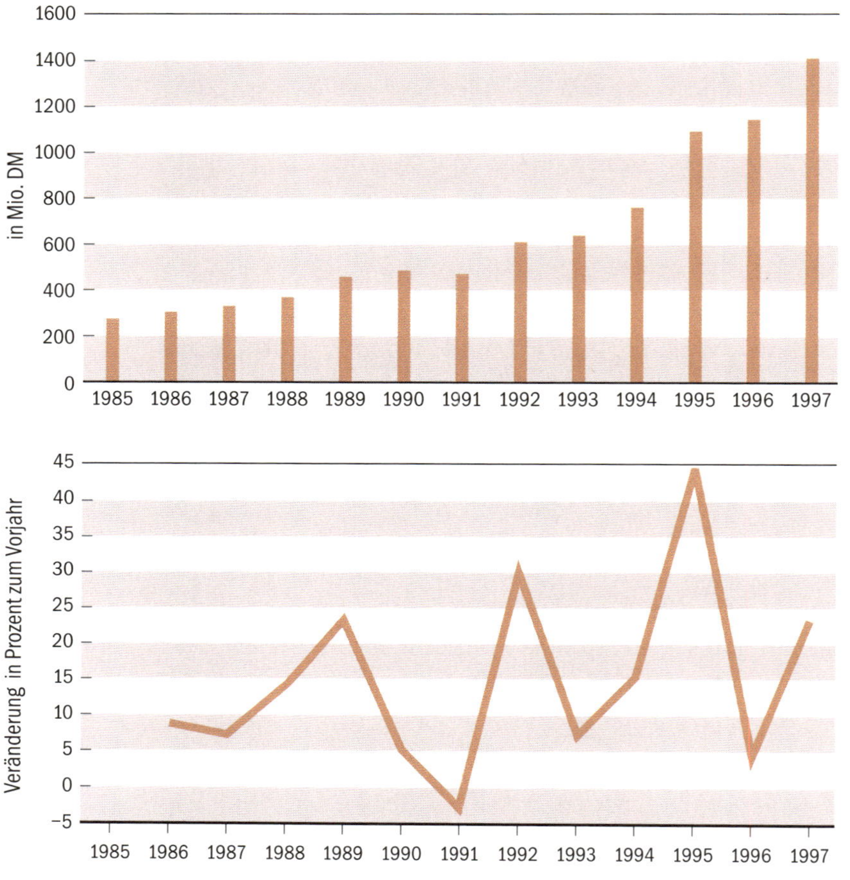

handfeste Bilanzmanipulationen bei der neuen Krauss-Maffei-Tochter. Die Alteigentümer hatten die Zahlen gefälscht und so den Kaufpreis weit höher getrieben, als es der tatsächliche Zustand des Unternehmens gerechtfertigt hätte. Der Betrugsfall schlug letztlich mit weiteren 50 Mio. D-Mark an Sonderbelastungen zu Buche.[382] Dennoch zeigte sich Wollschläger davon überzeugt, dass spätestens 1997 bei Berstorff eine Wende zu erreichen und der Kauf nach wie vor strategisch richtig gewesen war.

Der Blick auf die Umsatzentwicklung im Kunststoffmaschinengeschäft macht noch einmal deutlich, wie stark der Bereich durch internes wie externes Wachstum expandiert war. Nach der Krise 1991 stiegen die Umsätze rasant an, und 1995 wurden erstmals allein in diesem Bereich über eine Mrd. D-Mark Umsatz erwirtschaftet.

Der Vergleich mit der Entwicklung des Kunststoffmaschinen-Weltmarkts zeigt zudem, dass sich Krauss-Maffei von den dort herrschenden konjunkturellen Zyklen zumindest teilweise abkoppeln konnte und etwa 1993, als weltweit ein starker Einbruch erfolgte, weiter wuchs und seine Marktanteile ausbauen konnte. Etwa 30 Prozent Marktanteil in Europa errechneten die Krauss-Maffei-Manager für sich im Jahr 1996, und damit waren die Münchner ihrem Ziel, nicht nur im Heimatmarkt, sondern auch im europäischen Kunststoffmaschinenmarkt eine führende Position einzunehmen, ziemlich nahe gekommen. Nach 2,6 Mio. D-Mark Ertrag im Jahr 1995 lieferte der Kunststofftechnikbereich ein Jahr später bereits

118 Entwicklung des Spritzgießmaschinen-Weltmarkts 1974 bis 1999 (Nominalumsätze in Mrd. Euro)
[KraussMaffei AG Registraturbestand, Ordner Management-Präsentationen]

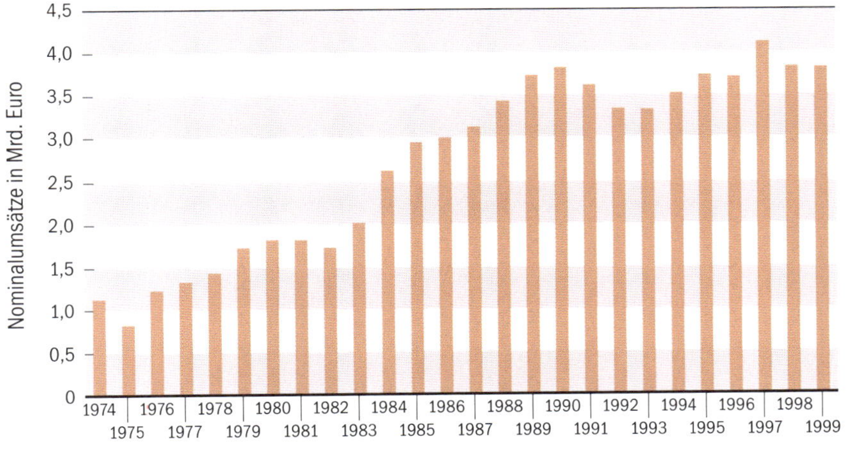

24,8 Mio. D-Mark Gewinn ab. Dennoch war unübersehbar, dass man sich in den 1990er-Jahren zunehmend in einen weitgehend gesättigten Markt mit starken Schwankungen hineinbewegte. Bis 2001, so lauteten die internen Prognosen, könnte man nur noch mit jährlichen Umsatzsteigerungen von acht bis zehn Prozent rechnen.

Mit insgesamt vier Marken Krauss-Maffei, Berstorff, Netstal und Billion und einem breiten, nahezu alle Anwendungsbereiche und Kundensegmente abdeckenden Produktportfolio sah man sich in München-Allach jedoch gut gerüstet, auch bei moderat wachsendem oder stagnierendem Markt die eigene Position weiter ausbauen zu können. Allerdings hatte man die Rechnung ohne die strategischen und unternehmenspolitischen Überlegungen des längst zum unübersichtlichen Industriekonglomerat herangewachsenen Mutterkonzerns Mannesmann gemacht.

Nur das Kunststoffmaschinengeschäft bleibt: Integration und Neustrukturierung als Konzernsparte – die Mannesmann Demag Krauss-Maffei AG

Mannesmann hatte zunächst die Sanierungs- und Wachstumspolitik von Wollschläger ohne große Einmischung mitgetragen. Aber spätestens im Frühjahr 1993, als Mannesmann die vereinbarten weiteren 20,3 Prozent der Krauss-Maffei-Aktien von der Bayerischen Landesanstalt für Wiederaufbau übernahm und damit nun über einen Anteil von 71,3 Prozent verfügte, war es zu ersten Zerwürfnissen zwischen dem Krauss-Maffei-Vorstand und dem Großanteilseigner gekommen. In Düsseldorf hatte es Pläne zur stärkeren Integration von Krauss-Maffei in den Mannesmann-Konzern gegeben, die insbesondere das florierende Kunststoffmaschinengeschäft betrafen. Der Aufsichtsrat befürwortete eine Zusammenlegung der Krauss-Maffei Kunststofftechnik GmbH mit der Mannesmann Demag, aber Wollschläger sperrte sich vehement gegen die Fusion, die auch seine Restrukturierungspolitik unterlaufen hätte, und hielt am Prinzip der Selbständigkeit der Marken fest. »Die Identität dieses Unternehmens«, so wurde er mit seinem Leitspruch in der Presse zitiert, »bleibt unangetastet, solange ich hier das Sagen habe«.[383] Für Verstimmung zwischen München und Düsseldorf mag auch die bereits im Oktober 1991 erfolgte Übernahme von Krauss-Maffei in die gewerbesteuerliche Organschaft des Mannesmann-Konzerns gesorgt haben. Sie hatte zur Folge, dass Krauss-Maffei nun seine Gewerbesteuer nicht mehr an die Stadt München, sondern als Umlage an Mannesmann überwies. In Allach hatte man in seinem Selbstverständnis als Münchner Traditionskonzern mit starkem Bekenntnis zum heimischen Produktionsstandort mit dem gravierenden Gewerbesteuerausfall für die Stadt München nicht nur ein moralisches Problem, sondern befürchtete auch künftig faktische Nachteile, sei es bei Umwelt- und Altlastenfragen oder bei Grundstücks- und Bebauungsangelegenheiten.[384] Das durch die lange Geschichte wechselseitigen Gebens und Nehmens geprägte Verhältnis von Stadt und Unternehmen war durch den aus Sicht des Krauss-Maffei-Vorstands gedankenlosen und allein auf die Konzerninteressen ausgerichteten Organschaftsvertrag von Mannesmann empfindlich gestört. Schließlich war Wollschläger auch mit seinen Appellen bei Mannesmann, endlich die niedrige Eigenkapitalausstattung von Krauss-Maffei zu beseitigen, auf taube Ohren gestoßen. Die dringend nötige Kapitalspritze aus Düsseldorf blieb aus.

Ende 1995 baute Mannesmann seine Beteiligung bei Krauss-Maffei noch weiter aus. Der Nürnberger Diehl-Konzern stieg aus und verkaufte seinen 25,01-Prozent-Anteil an die Düsseldorfer, die nun rund 97 Prozent des Krauss-Maffei-Grundkapitals besaßen. Die Diehl-Gruppe galt vielfach als »bayerische Komponente« und Garant einer relativen Eigenständigkeit von Krauss-Maffei.[385] Damit war es nun vorbei, zumal Mannesmann nun auch die restlichen freien Aktionäre mit ihrem Anteil von 3,2 Prozent abfinden wollte und anbot, die Krauss-Maffei-Aktien in Mannesmann-Papiere zu tauschen. Auf der nächsten Hauptversammlung, so die Pläne, sollte die völlige Eingliederung von Krauss-Maffei in den Konzern vorgeschlagen und beschlossen werden. Krauss-Maffei würde dann neben Demag und Mannesmann Rexroth GmbH zum Mannesmann-Unternehmensbereich Maschinenbau gehören, der selbst wiederum nur ein Teil des auch im Bereich Eisenröhren, Telekommunikation und Automobilzulieferung diversifizierten Konzernkonglomerats war. Doch gegen die in einem 70-seitigen Eingliederungsbericht ermittelte Umtauschquote von je drei Mannesmann-Aktien gegen eine Krauss-Maffei-Aktie gab es auf der Hauptversammlung im Juni 1996 erheblichen (allerdings auch vergeblichen) Widerstand und massive Kritik.[386] Krauss-Maffei sei mit 755,4 Mio.

D-Mark viel zu niedrig bewertet, Mannesmann dagegen zu hoch, und auch die zahlreichen Argumente, mit denen Mannesmann die Vorteile der Konzerneingliederung von Krauss-Maffei zu begründen suchte, waren wenig glaubwürdig. Der lange Unternehmensumbau sei nun abgeschlossen, so hieß es in dem Bericht, die Eingliederung erweitere die unternehmerische Flexibilität im Hinblick auf die Optimierung des Produktportfolios durch die Zurverfügungstellung von Ressourcen durch Mannesmann, außerdem seien weitere Kostensenkungen und damit eine Verbesserung der Wettbewerbsposition möglich. »Durch die Eingliederung wird die rechtliche Selbständigkeit von Krauss-Maffei nicht berührt.«[387] Der Squeeze-out sei, so wandte demgegenüber ein Sprecher der Kleinaktionäre ein, ein »schlechter Beitrag zur Aktienkultur in Deutschland«, aber er entsprach dem Vorgehen, das Mannesmann auch bei seinen anderen Tochterunternehmen praktiziert hatte.[388] Es war die 104. und letzte Hauptversammlung bei Krauss-Maffei, und es war auch die Abschiedsveranstaltung von Wollschläger. Aus Protest gegen die künftig zu erwartende, zentral von Düsseldorf aus gesteuerte Unternehmenspolitik trat der Vorstandsvorsitzende zum Jahresende 1996 und damit vorzeitig zurück. Sein unbestreitbares Verdienst war es gewesen, dass sich Krauss-Maffei in den vergangenen zehn Jahren von einer Panzerschmiede mit unprofitablen zivilen Anhängseln zu einem der größten Kunststoffmaschinenanbieter weltweit entwickelt hatte und dass der drastische Rückgang der wehrtechnischen Aktivitäten ohne Massenentlassungen erfolgt war. Wollschläger wetterte bei seinem Abschied unverblümt gegen das damals grassierende Shareholder-Value-Denken, für das Mannesmann und seine Unternehmenspolitik mit all seinen negativen Folgen geradezu paradigmatisch seien. Die Politik der kurzfristigen Gewinne sei keine unternehmerische Alternative, so Wollschläger, da damit die Möglichkeit des Risikoausgleichs, des internen Beschäftigungsausgleichs und nicht zuletzt die Identität des Unternehmens verloren gingen. »Für mich gibt es nicht Shareholder Value, sondern Customer Value«, dies sichere langfristig die Existenz und Ertragskraft des Unternehmens, bringe allerdings keine überschäumenden, kurzfristigen Gewinne.[389] Diese Kultur, die es vor allem in gut geführten mittelständischen Unternehmen gebe, sei leider viel zu wenig verbreitet. Aber Wollschläger hinterließ auch einige Baustellen, die größte davon war die noch unvollständige Sanierung der drei neuen Kunststoffmaschinen-Tochterfirmen und deren strategische Integration in das Gesamtgeschäft.

Zum 1. Januar 1997 übernahm Cletus von Pichler als neuer Vorstandsvorsitzender bei Krauss-Maffei das Ruder. Pichler kam aus dem Vorstand der Mannesmann Demag, dem nach wie vor größten Konkurrenten von Krauss-Maffei auf dem deutschen Heimatmarkt für Kunststoffmaschinen. Denn trotz gemeinsamer Konzernzugehörigkeit hatte von einer einheitlichen Kunststofftechnik-Konzernstrategie keine Rede sein können. Krauss-Maffei und Demag bekämpften sich auf den Märkten massiv und versuchten, einander Aufträge abzujagen. Der neue Krauss-Maffei-Chef unternahm, entgegen den Erwartungen oder auch Befürchtungen der Allacher Belegschaft, kein neues Restrukturierungsprogramm, in dem mit neuem und eisernem Besen durch das Unternehmen gekehrt wurde. Er straffte ohne größere Eingriffe die Strukturen in den diversen Produktfeldern und konzentrierte sich ansonsten vor allem auf den Problembereich Verfahrenstechnik, der als einziges Geschäftsfeld rote Zahlen schrieb. Eine Zusammenlegung der Kunststofftechnikbereiche von Krauss-Maffei mit 1,1 Mrd. D-Mark Umsatz und von Mannesmann mit rund 500 Mio. D-Mark Umsatz war für ihn explizit »kein Thema«.[390] Überhaupt zeigte sich bald, dass sich Pichler von einem durch und durch von der Mannesmann-Kultur geprägten Manager zu einem echten »Krauss'ler« wandelte. Die Unternehmenskulturen beider Firmen hätten nicht unterschiedlicher sein können. Hier der Geist eines von schwerfälligem Bürokratismus, Shareholder-Value- und Bilanzzahlen-Denken sowie konglomeraten Geschäftsfeldern geprägten nordrhein-westfälischen Konzerns, in dem von der eisen- und stahlindustriellen Vergangenheit so gut wie nichts mehr übrig war, dort die sich nach wie vor als eher mittelständisches Münchner Traditionsunternehmen verstehenden Krauss'ler mit ihrer ingenieur- und innovationsgetriebenen Großmaschinenbaukultur. Bald rückten aber von Düsseldorf die Controller an, um Krauss-Maffei in den »Konzernfinanzverkehr« und das ausgefeilte Berichtswesen von Mannesmann einzubinden und damit Krauss-Maffei auch die Mannesmann-Bürokratie überzustülpen. Auf entsprechende Vorhaltungen aus dem Aufsichtsrat, warum dies und jenes noch nicht nach Mannesmann-Art geschehen sei, fuhr Pichler jedoch die Kontrolleure mit den Worten an: »Wir sind hier nicht bei Mannesmann, wir sind hier bei Krauss-Maffei!«[391] Mit der neuen Konzernpolitik in Düsseldorf kam auch der langjährige Finanzvorstand von Krauss-Maffei, Klaus Vogt, nicht klar. Er hatte wie kaum sonst jemand die Krauss-Maffei-Kultur verkörpert, war er doch seit Jahrzehnten der erste Vorstand gewesen, der aus dem Unternehmen selbst kam und sich dort vom kaufmännischen Lehrling der 1950er-Jahre zum Finanzvorstand emporgearbeitet hatte. Zusammen mit Wollschläger hatte er sich seit 1990 gegen die diversen Eingliederungs- und Einflussversuche von Mannesmann gewehrt. Nun legte er im Juni 1997 seinen Vorstandsposten nieder. Vogt konnte vor seinem Abgang mit einem Ergebnis der gewöhnlichen Geschäftstätigkeit von 118 Mio. D-Mark noch einmal gute Zahlen vorlegen und vor allem auch auf den höchsten Auftragsbestand in der Geschichte von Krauss-Maffei verweisen.[392] Das eigentliche Thema der Aufsichtsratssitzung aber waren mehr denn je die unterschiedlichen Unternehmenskulturen. Auslöser war das neue Firmenlogo, in dem der Name Krauss-Maffei unter dem auch noch viel größer geschriebenen Namen Mannesmann stehen sollte. Dagegen erhoben die Arbeitnehmervertreter im Aufsichtsrat nun erhebliche Bedenken. Sie hätten, so führte der damalige Betriebsratsvorsitzende Peter Krahl aus, seinerzeit den Einstieg von Mannesmann bei Krauss-Maffei durchaus befürwortet, weil ihnen damals versichert worden sei, dass der Name Krauss-Maffei unverändert erhalten bleibe. Nun bestünde jedoch die Gefahr, »dass der Name Krauss-Maffei nicht mehr so benutzt wird, wie es von allen Mitarbeitern gewünscht wird«.[393] Das Firmenlogo spiele eine entscheidende Rolle für die Motivation der Belegschaft, und man kenne genug negative Beispiele wie etwa bei Motoren- und Turbinen-Union Friedrichshafen (MTU), wo die Einführung neuer Firmennamen und Logos verheerende Auswirkungen auf die Identifikation und Motivation der Mitarbeiter gehabt habe. Der inzwischen amtierende Aufsichtsratsvorsitzende Funk versuchte, den Einwand mit dem Hinweis, »es soll nur ein optisch ansprechendes Mannesmann darüber stehen«, beiseitezuwischen, aber die Grundskepsis gegen die Einflussnahmen des neuen Alleineigners blieben. Dass nun endlich auch eine Kapitalerhöhung von 24,375 auf 50 Mio. D-Mark erfolgte, änderte daran nichts.

Im November 1997 wurden alle Zusicherungen über den Erhalt der Eigenständigkeit von Krauss-Maffei und die Unantastbarkeit des Kunststoffmaschinengeschäfts Makulatur. Mit Beginn des neuen Geschäftsjahres, so verkündete der Mutterkonzern, werde die Münchner Kunststofftechnik GmbH mit der Mannesmann Demag unter einem gemeinsamen neuen Dach, der Mannesmann Plastics Machinery AG (MPM), München, zusammengefasst werden. Künftig waren damit nun in der neuen Plastic Division von Mannesmann sechs Kunststoffmaschinenunternehmen vereint (Krauss-Maffei, Billion, Berstorff, Netstal, Demag sowie deren US-Tochter Van Dorn Demag Corp.), die jeweils weiterhin operativ getrennt geführt wurden, zusammen aber nun auf einen Umsatz von 2,1 Mrd. D-Mark kamen und 5400 Mitarbeiter beschäftigten. Eine bei der Unternehmensberatungsfirma McKinsey in Auftrag gegebene Studie des Weltmarkts für Kunststoffmaschinen habe gezeigt, so das Argument des Vorstands, dass eine Mehrmarkenstrategie weiterhin erfolgversprechend war. Dennoch erschien aber zugleich eine stärkere Positionierung insgesamt notwendig, und über die Klammer der neuen Holding-Gesellschaft sollte ein zentral gesteuertes Ressourcenmanagement alle Synergien bei Produktdesign, Einkauf und Fertigung effizient ausschöpfen.[394] Mit dem Herauslösen der Kunststofftechnik bei Krauss-Maffei war von dem einstigen Konzern nicht viel mehr als eine Hülle übrig, da die verbliebenen Bereiche zu diesem Zeitpunkt gleichfalls kurz vor ihrem Verkauf bzw. der Ausgliederung standen. Und in dem neuen Holding-Namen MPM kam der Name Krauss-Maffei nicht mehr vor. Dass aus kosmetischen Gründen die MPM AG formal zu 82 Prozent zum Krauss-Maffei-Konzern gehörte und nur die restlichen 18 Prozent bei Mannesmann lagen und damit die MPM, in der die Krauss-Maffei Kunststofftechnik GmbH bei Umsatz, Ertrag und Mitarbeiterzahl auch mit Abstand das größte Gewicht besaß, Teil der Krauss-Maffei-Konzerngruppe war, änderte nur wenig an der wachsenden Auszehrung von Krauss-Maffei. Und ob bzw. wie die neue Mehrmarkenstrategie tatsächlich praktiziert werden würde und inwiefern anstelle des bisherigen gegenseitigen Konkurrenzkampfes und der Kannibalisierung der diversen Marktpotenziale künftig ein koordinierter und strategisch aufeinander abgestimmter Marktauftritt mit wachsenden Markt- und Gewinnanteilen aller Teilgesellschaften treten würde, war völlig ungewiss. Am Ende des Geschäftsjahres 1997 stand bei Krauss-Maffei dennoch zunächst ein erheblich gesteigertes Konzernergebnis der gewöhnlichen Geschäftstätigkeit von 49 Mio. D-Mark, das allerdings durch einen massiven Verlust und entsprechenden Restrukturierungsaufwand von insgesamt rund 76 Mio. D-Mark bei der Verfahrenstechnik-Tochter Dorr-Oliver mehr als kompensiert wurde.[395] Die Gewinn- und Verlustrechnung von Krauss-Maffei wies schließlich für 1997 einen Jahresfehlbetrag von 74,7 Mio. D-Mark aus.[396] Die Eigenkapitalquote betrug nur noch 5,2 Prozent und war damit auf einem neuen Tiefstand angelangt.

Die Problemfälle und Verlustquellen häuften sich. In der Verfahrenstechnik fielen weiterhin Verluste an, und auch die Zuhilfenahme der Boston Consulting Group brachte letztlich keinen Turnaround, so dass der gesamte Bereich bis Anfang 2000 nach und nach verkauft wurde. Auch die anderen Randbereiche wie Oberflächentechnik und Automationstechnik, in die Wollschläger 15 Jahre zuvor noch so große Hoffnungen als Zukunftstechnologien gesetzt hatte, wurden nun abgestoßen. Vor allem aber machten Teile des Kunststoffmaschinenbereichs Sorgen. Krauss-Maffei hatte zunächst den noch ausstehenden Anteil von 47,7 Prozent an Berstorff erworben. Die Gesellschaft wies inzwischen allerdings ein negatives Eigenkapital von 130 Mio. D-Mark auf, so dass Mannesmann letztlich nichts anderes übrig blieb, als diesen Betrag zu Beginn des Jahres 1998 in Form einer Kapitalerhöhung zuzuschießen.[397] Allein durch Dorr-Oliver und Berstorff sollten sich bis Herbst 1998 durch Verluste und Liquiditätsabflüsse Finanzaufwendungen von über 300 Mio. D-Mark ergeben. Das waren kapitalmäßige Belastungen in zwei im Kernbereich von Krauss-Maffei angesiedelten Tochterunternehmen, die der Münchner Mutterkonzern ohne die Finanzhilfe durch Mannesmann wohl nicht überlebt hätte. Probleme gab es auch mit der Führung und Kontrolle von Netstal, wo sich Verwaltungsrat wie Vorstand der Schweizer gegen die stärkere Einbindung in die neue Holding der Mannesmann- bzw. Krauss-Maffei-Gruppe wehrten; erst nach Zugeständnissen der Münchner bzw. der Spitze der Mannesmann Plastics Machinery und einer offenbar schriftlichen Zusicherung einer weitgehend selbständigen Strategie für Netstal beruhigte sich im Frühsommer 1998 die Lage.[398]

Der Geschäftsbericht für dieses Jahr war zunächst der letzte in dieser Form unter dem Unternehmensnamen Krauss-Maffei. Der Konzern wies vor allem aufgrund der Änderungen im Kunststoffmaschinenbereich inzwischen 8113 Beschäftigte und damit eigentlich einen Höchststand in der Unternehmensgeschichte auf. 1,553 Mrd. Euro Umsatz waren erwirtschaftet worden, davon im Geschäftsfeld Kunststoffmaschinen, d. h. der MPM, 1,194 Mrd. Euro oder 77 Prozent des Gesamtumsatzes. Die noch verbliebenen Bereiche Verfahrenstechnik (161 Mio. Euro Umsatz), Verkehrstechnik (133 Mio. Euro) sowie Laser und Linearmotoren (78 Mio. Euro) schlugen nur noch marginal zu Buche.[399] Vor allem aber stand am Ende des Jahres schon wieder eine neue, tiefgreifende Änderung der Organisationsstruktur an. Mannesmann verschmolz mit Wirkung zum 1. Januar 1999 die Mannesmann Demag und die verbliebene Krauss-Maffei AG zur neuen »Mannesmann Demag Krauss-Maffei AG« (MDMK). Damit verlor Krauss-Maffei nach 160-jähriger Geschichte seine Eigenständigkeit; beide Unternehmen fungierten endgültig nur noch als eine Sparte des Mannesmann-Konzerns. Die damit verbundene Neuordnung und faktische Entmachtung des alten Krauss-Maffei-Vorstandes veranlasste von Pichler noch im September 1998 dazu, nun auch seinerseits seinen vorzeitigen Abschied zu nehmen und auszuscheiden.[400] Auch auf Seiten der Arbeitnehmervertreter gab es erbitterten Widerstand gegen die bevorstehende Fusion. »Infolge des juristischen Untergangs von Krauss-Maffei sei eine Identifikation der Mitarbeiter mit der Firma nicht mehr möglich«, kritisierte der inzwischen amtierende Gesamtbetriebsratsvorsitzende Siegfried Gruber in der Aufsichtsratssitzung Ende November 1998.[401] Dazu käme der komplette Vorstandswechsel, und es sei vor allem nicht erklärbar, warum die Demag die aufnehmende Gesellschaft sein sollte. Für den 3. Dezember sei eine außerordentliche Betriebsversammlung einberufen, und er wisse beim besten Willen nicht, wie er dort das geplante Vorhaben positiv darstellen solle. Der Aufsichtsratsvorsitzende räumte demgegenüber denn auch ein, dass »die Summe der organisatorischen Änderungen bei Krauss-Maffei in der Vergangenheit sehr hoch war«.[402] Mannesmann fühle sich nach wie vor verpflichtet, die regionale Identität von Krauss-Maffei besonders zu berücksichtigen. Er selbst hätte das Wort »zusammenführen« für weit besser gehalten, das andere seien nur juristische Begriffe. Zudem bleibe der Sitz der neuen Gesellschaft in München, und auch der Standort München würde unter dem Strich »weiter angereichert«. An der von den Krauss-Maffei-Beschäftigten sehr wohl registrierten Tatsache, dass der Name Krauss-Maffei an letzter Stelle hinter dem ehemaligen Konkurrenten im neuen Firmennamen genannt wurde) und der damit verbundenen Angst, dass der Name über kurz oder lang ganz wegfallen könnte, änderte diese Argumentation jedoch nichts.

Als auf der außerordentlichen Betriebsversammlung Anfang Dezember der damalige für Personal zuständige Vorstand Joachim Rauhut über die neuen organisatorischen Veränderungen sprach, versuchte er, die Belegschaft zu beruhigen. Krauss-Maffei werde nicht zerschlagen, so versicherte er, Mannesmann anerkenne die gute Position des Unternehmens hinsichtlich seiner Technologien, seiner Produkte und seiner engagierten Belegschaft, und das Ziel sei es, das Werk und den Standort München zu festigen und zu sichern. »Krauss-Maffei wird zwar in eine neue Gruppierung eingebunden, ist jedoch mit Demag wichtiges Mitglied des Engineering-Bereichs bei Mannesmann, dem größten Europas.«[403] Dass die Krauss-Maffei-Belegschaft allerdings gute Gründe hatte, diesen Ausführungen keinen allzu großen Glauben mehr zu schenken, und sehr wohl ein gutes Gespür dafür hatte, was tatsächlich passieren würde, sollten die folgenden Wochen und Monate zeigen. Auf der Betriebsversammlung stellte sich auch der neue Vorstandsvorsitzende von Krauss-Maffei, Jörg Starke, vor. Starke war promovierter Maschinenbauingenieur und hatte lange Jahre in leitenden Funktionen bei der KSB AG, einem weltweit operierenden Pumpen- und Armaturenhersteller, gearbeitet. Er habe Verständnis dafür, so Starke, dass bei den Mitarbeitern jetzt ein starkes Bedürfnis nach einer klaren Linie und Konstanz bestünde. »Wenn wir in unserer Zusammenarbeit immer die Menschenwürde eines jeden achten, uns gegenseitig vertrauen, absolut zuverlässig sind, uns strikt an unseren Zielen orientieren und offen und ehrlich miteinander umgehen, dann sollte uns doch keiner bremsen, Erfolg gegenüber unserer Konkurrenz zu haben, den Kunden für uns zu gewinnen und vielleicht – wenn wir es einmal sportlich sehen – auch besser zu sein als unsere Schwestergesellschaften im Mannesmann-Verbund.«[404]

Und das Kunststoffmaschinengeschäft boomte tatsächlich. Die MPM und insbesondere sein größter Teil, die Krauss-Maffei Kunststofftechnik GmbH mit ihrem Geschäftsführungsteam Wilhelm Schröder, Josef Märtl, Graziano Parisi und Hans Wobbe, gelang es, sich am Markt weiter gut zu positionieren und die Marktanteile auf 36 Prozent in Europa zu steigern.[405] Das Zweiplatten-Spritzgieß-Maschinenprogramm war ausgebaut und ergänzt worden, allerdings tobte im Kleinmaschinenmarkt ein erbitterter Wettbewerbskampf zwischen Krauss-Maffei, Arburg GmbH & Co. KG, Demag und Battenfeld, die ihrerseits mit der Einführung neuer Produktreihen Krauss-Maffei in die Defensive zu drängen suchten.[406] Obwohl das Geschäft mit Optical-Discs-Maschinen weiterhin bedeutend war, sorgte nun vor allem ein Auftragsboom bei Krauss-Maffei-Spritzgießmaschinen der C-Baureihe zur Herstellung von Mobiltelefongehäusen für umfangreiche Aufträge.[407] Das große Geschäft machte die KMK im Bereich der mittleren und großen Spritzgießmaschinen; man arbeitete an der Entwicklung sogenannter Vertikalmaschinen-Baureihen, die durch geringere Wartungskosten und einfacheres Einrichten sowie exaktere Bauteilegeometrie erheblich höheren Kundennutzen versprachen, ebenso wie an einer Neuentwicklung von Spritzgießcompoundern, bei denen der kontinuierliche Compoundierprozess mit dem diskontinuierlichen Plastifizierungs- und Einspritzprozess kombiniert wurde. Auch an einer »Spritzgießmaschine ohne Öl«, mit vollelektrischem Antrieb, wurde gearbeitet, die ab 2000 die Nachfolge der C-Baureihe antreten sollte. Nicht zuletzt entwickelte man bei KMK in der inzwischen eingerichteten Abteilung »Neue Technologien« unter Leitung von Erwin Bürkle in enger Zusammenarbeit mit einem Kunststoffverarbeiter eine völlig neue Technologie nach dem sogenannten Prinzip 3-D MID (Moulded Interconnected Devices). Hinter dem komplizierten Namen verbarg sich die Fertigung einer Produktionszelle zur Herstellung von räumlichen spritzgegossenen Schaltungsträgern, d. h. Spritzgießteilen mit integrierten elektrischen Schaltungen nach dem sogenannten Heißprägeverfahren.[408] Mit 2800 registrierten Besuchern meldete die KMK zudem einen neuen Rekord bei ihrer traditionellen Hausmesse, bei der im Allacher Kunststoffforum den Kunden die neuesten Entwicklungen und Systemlösungen präsentiert wurden. Insgesamt machte das Spritzgießmaschinengeschäft bei Krauss-Maffei fast 76 Prozent des Gesamtumsatzes aus. Auch das Reaktionsmaschinengeschäft, mit PUR-Hochdruckmaschinen vor allem in der Automobil(-zuliefer-)industrie, florierte. Es trug allerdings nur knapp zehn Prozent zum Gesamtumsatz bei. Und schließlich verzeichnete man bei Extrusionsmaschinen, dem dritten Marktsegment, in dem Krauss-Maffei bzw. MPM stark vertreten waren, wachsende Umsätze, die etwa 14 Prozent des Gesamtgeschäfts ausmachten. Mit den neuen Doppelschneckenextrudern KMD 75-164 26 D und dem Einschneckenextruder KMD 45-150 30D war man dem europäischen Marktführer Cincinnati Extrusion GmbH deutlich näher gekommen; vor allem aber zeichnete sich ab, dass neben den nach wie vor starken Hauptmärkten in Europa und den USA immer mehr das Kunststoffmaschinengeschäft mit Asien und vor allem China an Bedeutung gewann. Allein 1998 hatte KMK nach Steuern 23,5 Mio. D-Mark an Gewinn an die Holding-Gesellschaft Mannesmann Plastics Machinery überwiesen, 1999 war es fast doppelt so viel. Von den 1,229 Mrd. Euro Gesamtumsatz, den die MPM im Jahr 1999 verbuchen konnte, kamen allein 817 Mio. Euro oder 66 Prozent von der KMK und ihren drei Tochtergesellschaften, während die beiden Kunststoffmaschinen-Töchter von Mannesmann nur 439 Mio. Euro oder 34 Prozent beisteuerten. Entsprechend deutlich waren die Gewichts- und Bedeutungsverteilungen auch bei den Ertragsanteilen. 80,2 Mio. Euro verbuchte die Mannesmann Plastics Machinery im Jahr 1999 als sogenanntes BBV-Ergebnis, 54 Mio. davon oder 67 Prozent kamen von Krauss-Maffei, während die ehemaligen Mannesmann-Gesellschaften

119 Organigramm der Atecs Mannesmann AG 1999

[KraussMaffei AG Registraturbestand, Ordner MDKM]

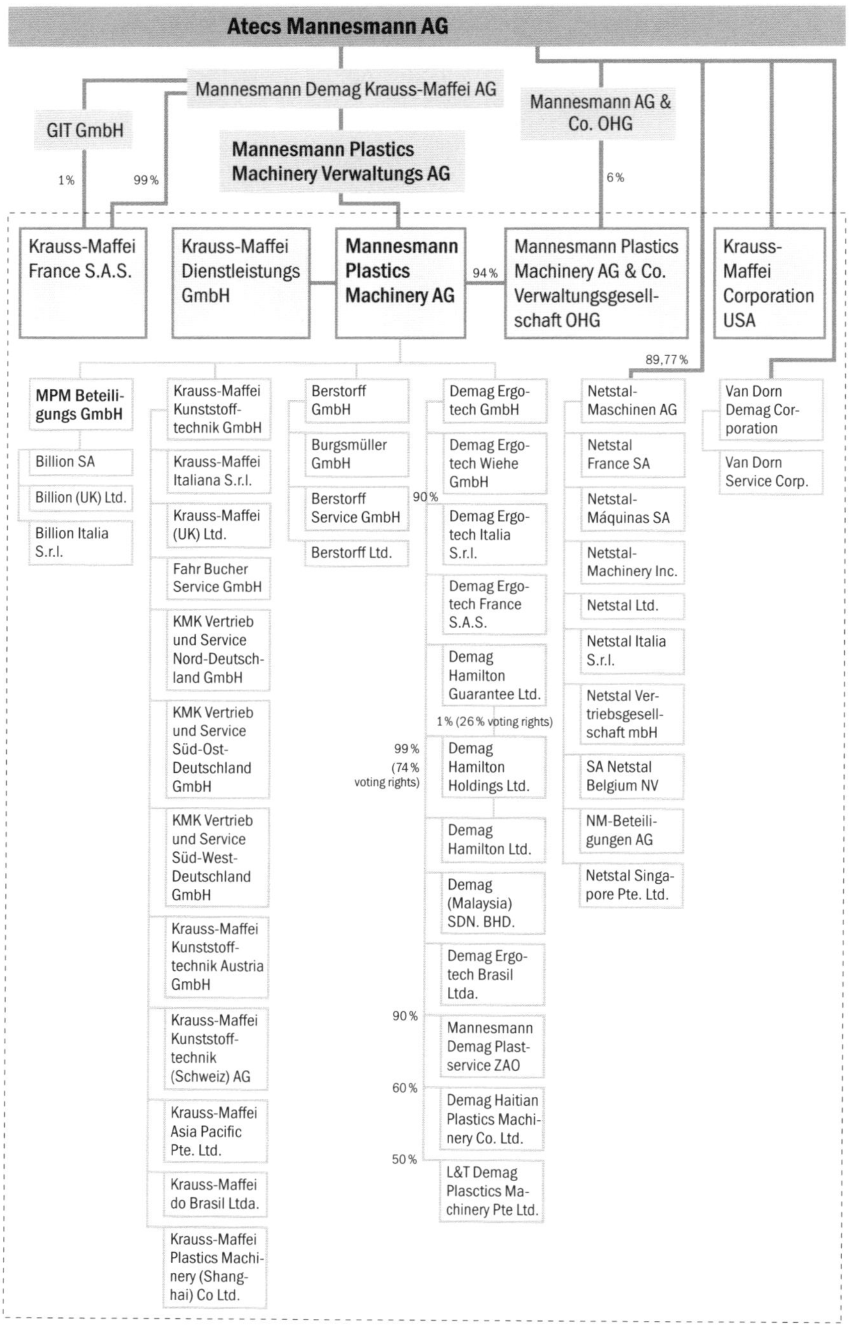

Demag Ergotech GmbH und Van Dorn Demag nur 27,5 Mio. Euro oder 34 Prozent bestritten.[409]

Noch im Jahr 1999 beschloss der Mannesmann-Vorstand, den Konzern auf den Geschäftsbereich Telekommunikation zu konzentrieren, und fasste die industriellen Aktivitäten in der Atecs Mannesmann AG zusammen, die als eigenständiges Unternehmen an die Börse gebracht werden sollte. Auch die Mannesmann Demag Krauss-Maffei AG bzw. die Mannesmann Plastics Machinery und der inzwischen vom einstigen Krauss-Maffei-Konzern übrig gebliebene Teil, die Krauss-Maffei Kunststofftechnik GmbH, fanden sich in diesem neuen komplexen Unternehmensgebilde wieder. Ende 1999, kaum ein Jahr nach seinem Amtsantritt, verließ im Zusammenhang mit den Vorbereitungen zur Teilung des Mannesmann-Konzerns der MDKM-Vorstandsvorsitzende Starke bereits wieder das Unternehmen.

Doch noch ehe diese Pläne umgesetzt werden konnten, startete das britische Mobilfunkunternehmen Vodafone Group Plc seine feindliche Übernahme von Mannesmann. Nach einem monatelangen Tauziehen waren die Briten am Ziel und übernahmen im Februar 2000 den Konzern. Damit verlor nun auch Mannesmann seine Selbständigkeit und wurde in der Folge aufgespalten. Im April 2000 entschied man noch in Düsseldorf, die Atecs Mannesmann anstelle des Börsengangs an ein Konsortium von Siemens und Bosch zu verkaufen. Die Mannesmann Demag Krauss-Maffei AG stand damit vor einer höchst ungewissen Zukunft, und im November 2000 sollte dann tatsächlich auch deren Zerschlagung immer näher rücken. Jedes Jahr hatten sich die Krauss-Maffei-Mitarbeiter seit 1996 mithin in einem neuen organisatorischen Gewand wiedergefunden, das ihnen übergestülpt worden war. Und auch dies sollte ungeachtet aller erfolgreichen Resistenz gegen die »Mannesmann-Kultur« nicht die letzte unternehmensorganisatorische Änderung sein. Dass die Unternehmenskultur bei Krauss-Maffei, die gemeinsame Identifikation als »Krauss'ler« und das Selbstverständnis als Technologieunternehmen mit einem Traditionsstandort dennoch all diese Veränderungen und massiven Eingriffe überlebten, grenzt an ein Wunder und dürfte in der Geschichte deutscher Unternehmen wohl einmalig sein. Doch die eigentlich turbulenten Jahre mit ständigem Wechsel der Anteilseigner von strategisch orientierten, industriellen Besitzern zu reinen Finanzinvestoren standen Krauss-Maffei erst noch bevor.

4.4 »People for Plastics«: Die Wiederbegründung der KraussMaffei AG und die globale Technologieführerschaft (2000 bis 2012)

Zu Beginn der Jahrtausendwende war die alte Krauss-Maffei zerschlagen und von ihr nur noch die Krauss-Maffei Kunststofftechnik GmbH als Kern übrig geblieben. Aber man kann die Dinge auch anders sehen, denn letztlich zeigte sich gleichzeitig, dass das Unternehmen damit endlich auch den Geburtsfehler der Nachkriegszeit, eine diversifizierte Struktur mit höchst unterschiedlichen Geschäftsfeldern, die sich in ihrer Entwicklung oft gegenseitig behinderten, losgeworden war. Endlich war nun die Fokussierung und Bündelung aller Kräfte, von der F&E über die Fertigung bis zu Marketing und Strategie, auf ein Geschäftsfeld möglich. Die langen Jahre des kräfte- und auch renditezehrenden Spagats zwischen Zivil- und Rüstungsgeschäft und der Last der letztlich gescheiterten Diversifikation als Großmaschinenbauunternehmen waren vorbei. Krauss-Maffei schwenkte damit nun endlich auf den klassischen Pfad eines fokussierten Technologieunternehmens ein. Die Ära der diversifizierten Konglomerate war, wie das Schicksal von Mannesmann gezeigt hatte, ohnehin zu Ende. Welche Kräfte dadurch freigesetzt wurden, zeigte sich nicht zuletzt daran, dass Krauss-Maffei, obwohl als klassisch-eigenständiges Unternehmen eigentlich nicht mehr existent, in dieser Phase so erfolgreich und so innovativ war wie nie zuvor in seiner Geschichte. Umso dramatischer jedoch war es, dass das Unternehmen im Zeitalter des neuen Private-Equity-Kapitalismus gleichzeitig zum Spielball unterschiedlicher Finanzinvestoren wurde.

Es brach eine lange Phase der Eigentümer-Wirren an, wie es ein ehemaliger Krauss-Maffei-Vorstand rückblickend selbst nannte. Zwischen den Jahren 2000 und 2012 sollte Krauss-Maffei fünf verschiedene Eigentümer und sechs unterschiedliche Vorstandsvorsitzende haben. Auf Holding-Ebene und im leitenden Management war ein ständiges Kommen und Gehen. Und dazu musste das Unternehmen in den Jahren 2001/02 und 2007/08 zwei große Wirtschafts- und Finanzkrisen überstehen, die gerade auch zahlreiche ähnlich kapitalschwache Unternehmen wie Krauss-Maffei nicht überlebten. Aber während »oben« die Turbulenzen tobten, startete Krauss-Maffei »unten«, in den Werkstätten und auf den Märkten, eine Innovations- und Produktoffensive, die dem Unternehmen zur globalen Technologieführerschaft verhalf. Die Beharrungskraft der Krauss-Maffei-Kultur zeigte sich auch jetzt, und wenn man so will, dann trug auch dies mit dazu bei, dass es noch vor Ende dieser Phase zur Wiederbegründung der Krauss-Maffei AG in neuem Gewande kam.

»Projekt Sunrise«: MPM als Spielball im Netz unterschiedlicher Investoreninteressen

Mit dem Verkauf der Atecs Mannesmann-Gruppe an ein Konsortium von Bosch und Siemens Mitte April 2000 waren nicht nur die Pläne zum Börsengang, sondern auch eine geplante Verschmelzung der Mannesmann Plastics Machinery mit der Mannesmann Demag Krauss-Maffei AG hinfällig. Diese komplizierte gesellschaftsrechtliche Transaktion hätte die organisatorische Einheit des Kunststoffmaschinengeschäfts gegenüber den übrigen Engineering- und Automotive-Bereichen in der Atecs stärken sollen. Das geschah, wenn auch in anderer Form, in den folgenden Monaten dennoch. Nachdem Bosch und Siemens sich die für sie jeweils interessanten Teilgesellschaften herausgelöst hatten und VDO Automotive AG in den Siemens-Konzern, Rexroth bei Bosch eingegliedert wurde, blieb gegen Jahresende praktisch nur noch das unter dem Dach der MPM zusammengefasste Kunststoffmaschinengeschäft übrig, an dem keiner der beiden Elektrokonzerne ein Interesse hatte. Formal gehörte MPM nun zwar zu Siemens, aber dort fiel schnell die Entscheidung, den Kunststofftechnikbereich aus dem Atecs-Verbund herauszulösen und als geschlossene Gruppe zu verkaufen. Um den Verkauf zu vereinfachen, wurde durch die MPM (alt) eine neue Holding-Gesellschaft gegründet, die Mannesmann Plastics Machinery Akquisition AG (MPM neu) mit, wie bisher, Sitz in München am Standort der Krauss-Maffei Kunststofftechnik GmbH.[410] Als neuer wie alter Vorstandsvorsitzender der MPM fungierte inzwischen Wolfgang Vogl, der nach Starkes Rückzug aus dem ehemaligen MDKM-Vorstand in die Leitung der Kunststofftechnik-Gruppe gewechselt war. Zur neuen MPM gehörte neben Berstorff, Billion und Demag Ergotech nun auch die Krauss-Maffei AG & Co. Verwaltungsgesellschaft OHG, die sämtliche betriebsnotwendigen Grundstücke besaß und als Kern natürlich die Krauss-Maffei Kunststofftechnik GmbH. Auffallend war, dass (offensichtlich aus steuerlichen Gründen) die Beteiligung an der Van Dorn Demag Corp. gesellschaftsrechtlich außen vor blieb, ebenso wie die Anteile an der Netstal. Mit dem Verkauf selbst hatte Siemens die Investmentbank Merrill Lynch Management GmbH beauftragt. Aus Sicht des MPM-Vorstands gab es durchaus zahlreiche potenzielle Investoren, darunter »ca. 10 bis 20 Finanzinvestoren, die sich speziell im Engineering-Bereich einen Namen gemacht hätten« und die auch an der Entwicklung von Unternehmen der »Old Economy«, zu der das Kunststofftechnikgeschäft im damaligen Denken gerechnet wurde, interessiert seien. Als weitere Gruppe waren strategische Investoren vorstellbar, die entweder im Bereich Kunststoffmaschinen ein völlig neues Standbein erschließen wollten oder aber bereits in diesem Markt tätig waren. Die denkbar schlechteste Alternative war in den Augen des MPM-Vorstands der Erwerb durch einen direkten Konkurrenten.[411]

Als sich der Aufsichtsrat der neuen MPM Anfang April 2001 zu seiner konstituierenden Sitzung traf, war schnell klar, dass für die Beschäftigung mit operativen oder gar strategischen Aufgaben zur Neuausrichtung der MPM in den folgenden Monaten kaum Zeit bleiben würde. Der MPM-Vorstand war permanent damit beschäftigt, den Verkaufsprozess zu begleiten; das hieß konkret, zusammen mit Merrill Lynch die Verkaufsstrategie festzulegen, ein ausführliches Offering Memorandum zu erstellen und nicht zuletzt unter erheblichem Zeitdruck einen über 1000 Seiten starken Longform Report zu erstellen, der den Kaufinteressenten alle wesentlichen Finanzdaten der gesamten Gruppe liefern sollte.[412] In zahllosen Management-Präsentationen wurden die Multi-Brand-Strategie von MPM, die jeweiligen Stärken, Wettbewerbsvorteile und Marktpositionen der einzelnen Teilgesellschaften erläutert und angepriesen und die mittelfristig erheblichen Synergiepotenziale von 20 Mio. Euro pro Jahr hervorgehoben. Es wurden die aktuellen Finanzkennzahlen präsentiert und vor allem die zu erwartenden Wachstums- und Renditeziele – ein jährlicher Umsatzzuwachs von fünf Prozent bei nur etwa drei Prozent Wachstum des Kunststoffmaschinenmarkts weltweit – kommuniziert.[413] »MPM – a unique opportunity« lautete der Tenor, allerdings stand das meiste davon noch als strategisches Konzept auf dem Papier, denn als gemeinsame Kunststofftechnikgruppe existierte MPM gerade erst einmal zwei Jahre, in denen in Sachen einheitlicher strategischer und operativer Neuausrichtung bisher nicht allzu viel passiert war. Dennoch hatte sich die Position der MPM-Gruppe und vor allem auch der Krauss-Maffei Kunststofftechnik GmbH tatsächlich weiter verbessert. Im zentralen Spritzgießmaschinenmarkt zählte man mit einem weltweiten Marktanteil von 22 Prozent zu den »Big Playern«, und in Europa verfügte man mit ca. 45 Prozent bereits seit Jahren über den höchsten Marktanteil. Ungeachtet aller Turbulenzen um die gegenwärtigen und künftigen Anteilseigner der Krauss-Maffei Kunststofftechnik GmbH brach diese im Laufe des Jahres 2000 in den Umsatz- sowie Ertragszahlen alle bisherigen Rekorde. Der konsolidierte Umsatz stieg auf 501 Mio. Euro. In China hatte man nach wochenlangen Verhandlungen einen Großauftrag über 20 Extruder gewinnen können. Und obgleich es durchaus einige Risiken dabei gab und vor allem »die Marge nicht berauschend war«, lag die eigentliche Bedeutung des Geschäfts darin, dass man erstmals den Konkurrenten Cincinatti hatte ausstechen können.[414] Im Bereich der Spritzgießmaschinen war es zudem gelungen, von der amerikanischen Lear Corporation, einer weltweit agierenden Unternehmensgruppe der Automobilzulieferbranche, spezialisiert auf Fahrzeuginnenausstattungen, einen Auftrag über neun Großmaschinen zu erhalten und dabei den Konkurrenten Engel auszubooten. Das Projekt sollte, ungeachtet der auch hier eher mageren Gewinnspanne, den Auftakt dazu geben, Engel als bisherigen europaweiten »preferred supplier« der Lear-Gruppe abzulösen. Für Mitarbeiter wie Management der Krauss-Maffei Kunststofftechnik GmbH war in diesem Jahr das magische Ziel der D-Mark-Umsatzmilliarde in greifbarer (und dann tatsächlich ja auch erreichter) Nähe; und auch wenn der Aufsichtsrat davor warnte, dass diese nicht auf Kosten der Preisqualität erkauft werden dürfe, und der Leiter der KMK-Geschäftsführung, Schröder, betonte, dass die Milliarde

120 Organigramm MPM-Gruppe Januar 2002

[KraussMaffei AG Registraturbestand, Ordner MPM 2001/2002]

Geschäftsführung

V	F	P
Dinandt (CEO) Vorsitzender d. GF	*Dr. Engelmann* (CFO) GF Finanzen & Controlling	*Scheele* (HR) GF Personal

MPM – Holding

V

Technik MPM-Gruppe (VT) *Dr. Pickel* (interim)	Strategische Entwicklung MPM-Gruppe (VB) *Wiemers*
Einkauf MPM-Gruppe (VE) *Weirauch*	World Class MPM (VW)
Forum/Outsourcing (VF) *Reichel/Metzmacher/Weirauch*	PR/Marketing MPM-Gruppe (VN) *N.N.*
Parts & Services MPM-Gruppe (VS) *Engelbrecht*	

F

Rechnungswesen & Controlling (FC) *Rohfleisch*	Gewerbliche Schutzrechte (FS) *Zollner*
Finanzen (FF) *Dr. Molter*	Informationssysteme (FI) *Petersen* (interim)
Recht (FR) *Dr. Auer*	

P

Führungskräfte (PL) *Helmrich*	Krauss-Maffei Dienstleistungs GmbH (D) *Scheele*
Zentralbereich Personal (PP) *Helmrich*	Betriebsrat (BR) *Gruber*

MPM – Marken

Kraus-Maffei Kunststofftechnik GmbH
Märtl (CEO), *Parisi*

Demag Plastics Gruppe

- Demag Ergotech GmbH
  Prof. Franz (CEO), *Becker*
- Van Dorn Demag Corp.
  Carteaux (CEO), *Dr. Weiss*

Netstal Maschinen AG
Merki (CEO), *Albrecht*, *Dr. Weinmann*

Billion S.A.
Böhm, *Dr. Berlingieri*

Berstorff GmbH
Reichel (CEO), *Dr. Niemeyer*

kein Unternehmensziel sei, so war doch unübersehbar, dass »diese Marke aber dennoch einen Meilenstein für das Unternehmen und die Mitarbeiter darstellt[e]«.[415] »The market doesn't care who our shareholders are«, so charakterisierte der Krauss-Maffei-Manager Josef Märtl in einem Interview die Situation. »The trust to our customers is based on strong tradition and intensive partnership, that are not affected by changes of ownership.«[416]

Die nach außen hin, aber auch gegenüber den MPM-Belegschaften als »strategische Weiterentwicklung« und »Absicherung der Zukunftsfähigkeit der Gruppe« bezeichnete Veräußerung des Kunststofftechnikgeschäfts entwickelte sich allerdings zunächst zu einem Fehlschlag. Anfang Juli 2001 verkündete Siemens den erfolgreichen Abschluss von Verkaufsverhandlungen. Die MPM-Gruppe ging an den amerikanischen Private-Equity-Investor Apax Partners Inc. bzw. an einen von Apax betreuten Investmentfonds. Was dann für erste Irritationen gesorgt hatte, war, dass Apax nur wenige Tage nach Unterzeichnung des Kaufvertrags die Netstal weiterveräußerte, womit ohne erkennbaren strategischen Sinn eine der Perlen in der Mehrmarkenpolitik von MPM herausgebrochen wurde. Aus Protest gegen den Verkauf legte denn auch der damalige MPM-Vorstandsvorsitzende Wolfgang Vogl umgehend sein Amt nieder.[417] Für ihn übernahmen interimsweise Helmar Franz, Sprecher der Geschäftsführung der Demag Ergotech, und Wilhelm Schröder, der KMK-Geschäftsführer, neben ihren bestehenden Funktionen die Leitungsaufgaben für Technik und Marketing im MPM-Vorstand. Im Laufe des Sommers gab es erneute Irritationen, als sich herausstellte, dass Apax plötzlich Probleme bei der Finanzierung des Kaufs hatte und Anfang Oktober daher der Kaufvertrag rückgängig gemacht werden musste.[418] Der gescheiterte Verkauf war eine in jeder Hinsicht von allen direkt Beteiligten dilettantisch eingefädelte und durchgeführte Transaktion, die für die Beschäftigten in den MPM-Gesellschaften umso dramatischer erschien, als nun in der Presse allenthalben über den Verkauf von MPM in Teilen spekuliert wurde.[419] Die Kunststofftechnik-Gruppe blieb jedoch zunächst bei Siemens, und im Dezember 2001 präsentierten die Münchner eine neue Geschäftsführung: Neben dem schon bisher für Personal zuständigen Geschäftsführungsmitglied Henning Scheele führten nun Holger Engelmann für Finanzen und Pepyn Dinandt als neuer Vorsitzender der Geschäftsführung die MPM-Gruppe.

Engelmann kam eigentlich aus dem Unternehmen. Er war seit 1993 bei Mannesmann-Sachs in der Unternehmensplanung tätig gewesen und seit 1998 bei MPM für das Rechnungswesen verantwortlich. Dinandt hatte mehrere Stationen als Manager durchlaufen, von der Hewlett Packard GmbH über McKinsey und Jenoptik GmbH bis zur Deutschen Babcock. Seit nunmehr vier Jahren war er in leitender Funktion im Siemens-Konzern tätig.[420] Der neue MPM-Chef betonte dabei schon bei seiner Vorstellung im Aufsichtsrat die Richtigkeit der Mehrmarkenstrategie bei MPM und definierte als wesentliches unternehmerisches Ziel und zugleich auch als künftige strategische Ausrichtung, bei Wahrung der Identität der Einzelmarken, das Synergiepotenzial aller Säulen des Geschäftes möglichst effizient zu nutzen. Es war daher kein Wunder, dass nicht zuletzt die Arbeitnehmervertreter im Aufsichtsrat mit dem neuen Vorstandsvorsitzenden die Hoffnung verbanden, »dass jedes Zerschlagungsszenario für MPM nun glaubhaft entkräftet werden würde«.[421]

Der Antritt der neuen MPM-Geschäftsführung fand allerdings zu einem denkbar ungünstigen Zeitpunkt statt. Nach den Terroranschlägen vom 11. September war die Weltwirtschaft in eine tiefe Krise geraten. Schon vorher war das Geschäft in den USA schwierig geworden, im April 2001 etwa hatte Wilhelm Schröder auf der Aufsichtsratssitzung der KMK von einem »praktisch völlig darniederliegenden amerikanischen Markt« gesprochen, mit Auftragseinbrüchen von 25 Prozent und mehr allein im ersten Quartal des Geschäftsjahres.[422] Seit 2000 befand sich der Weltmarkt für Spritzgießmaschinen eigentlich schon in einer dramatischen Schrumpfungsphase, bei indes anhaltend hohen Kapazitäten. Innerhalb von 15 Monaten, so musste die Geschäftsführung Mitte Dezember 2001 konstatieren, war der Auftragseingang allein bei MPM um 43 Prozent eingebrochen, bei den anderen deutschen und europäischen Kunststoffmaschinenherstellern lagen die Umsatzrückgänge sogar noch höher.[423] »In einem stark zyklischen Markt befinden wir uns momentan in einem voraussichtlich anhaltenden Tief«, lautete die Einschätzung der MPM-Geschäftsführung. Dem Unternehmen war es zwar gelungen, in diesem stark rückläufigen Markt Marktanteile hinzuzugewinnen, aber dennoch hinterließ die Wirtschaftskrise ihre tiefen Spuren in den Ertragsergebnissen der Teilgesellschaften. KMK etwa habe 2001 erstmals, so berichtete die Geschäftsführung, seit Langem ein negatives Wachstum erlebt, besonders das früher lukrative Geschäft mit CDs und optischen Speichermedien war in Stückzahl und Profitabilität deutlich zurückgegangen. Zudem sei das Preisverhalten der Wettbewerber ruinös, es würden reihenweise Aufträge

121 Neue mpm-Geschäftsführung 2006

[KraussMaffei]

122 Aufsichtsrat Johannes Huth/KKR 2002/04

[KraussMaffei]

mit deutlich negativen Bruttomargen hereingenommen.[424] Zu allem Übel landete auch noch im September 2001 ein Schreiben des Aufsichtsrates auf dem Schreibtisch der MPM-Leitung, in dem in geradezu ultimativer Weise und rüdem Tonfall unter der Überschrift »MPM-Konzernfinanzierung« zu lesen war, dass »die Finanzierung der MPM-Gruppe einschließlich Van Dorn Demag als eigenständiger Teilkonzern zu gewährleisten ist, d. h. die Gruppe hat als Ganzes ihre Finanzierung über die Mannesmann Plastics Machinery zu organisieren und zu gewährleisten. Eine Mittelversorgung aus dem Atecs- bzw. Siemens-Verbund ist nicht vorgesehen.«[425] Bei MPM war man über die plötzliche Forderung nach finanzieller Selbständigkeit der MPM-Gruppe regelrecht entsetzt. Nicht nur, dass das Unternehmen sowohl bei Siemens wie bei Atecs mit einer hohen zweistelligen Millionensumme in der Kreide stand; mehr noch war völlig unklar, ob und wie man auf der Basis des Stand-alone-Szenarios bei den Banken ausreichende Kreditlinien für die laufenden und künftigen Finanzierungen des Geschäfts erhalten würde. In mühsamen Verhandlungen bei praktisch allen namhaften Großbanken, die sich bis Frühjahr 2002 hinziehen sollten, versuchte die MPM-Geschäftsführung in den folgenden Wochen und Monaten, die potenziellen Kreditgeber vom unternehmerischen Konzept, der Strategie und Vision der MPM-Gruppe zu überzeugen und die dringend benötigten Überbrückungskredite zu erhalten, um wenigstens nach und nach zu erreichen, dass MPM finanziell auf eigenen Füßen stehen konnte.[426] Für die Gespräche war es allerdings nicht gerade förderlich, als im Frühsommer 2002 Gerüchte über einen zweiten Anlauf von Siemens zum Verkauf von MPM aufkamen und mit dem amerikanischen Private-Equity-Unternehmen Kohlberg Kravis Roberts & Co. L.P. (KKR) der neue Käufer praktisch schon vor der Tür stand. Auch wenn man in der MPM-Geschäftsführung zu diesem Zeitpunkt schon mehr wusste, hielt man sich den Banken gegenüber, nicht zuletzt auch aus den negativen Erfahrungen der ersten gescheiterten Verkaufstransaktion, bedeckt und signalisierte nur, dass man das eventuelle Zustandekommen eines Verkaufs seitens der Geschäftsführung durchaus begrüßen würde und dies nicht zuletzt zeigen würde, »dass MPM eine gute Unternehmensgruppe und mitnichten ein Ladenhüter sei«.[427]

Tatsächlich hatte es schon seit Längerem unter dem Codenamen »Projekt Sunrise« Verhandlungen zwischen Siemens und KKR über den Kauf nicht nur von MPM, sondern eines ganzen Pakets von Firmen aus der

Atecs-Gruppe und auch aus dem Siemens-Verbund, für die man dort keinen strategischen Nutzen mehr sah, gegeben. Am 13. und 20. Juni hatte dabei auch die MPM-Geschäftsführung wieder einmal ihre Präsentation über Lage, Strategie und Zukunftschancen des Kunststoffmaschinengeschäfts gegeben und KKR mit allen nur erdenklichen Informationen versorgt. Dass die Amerikaner dabei akribisch vor allem die Finanzzahlen in Augenschein nahmen und sich für die geplanten Wertsteigerungsmaßnahmen der MPM-Geschäftsführung interessierten, war kein Wunder. Am 25. Juli 2002 unterschrieb KKR schließlich einen Kaufvertrag über 1,69 Mrd. Euro, mit dem die Amerikaner sieben Unternehmen von Siemens erwarben: Demag Cranes & Components GmbH, Leo Gottwald KG, MPM, Stabilus GmbH, Siemens Enterprise Network Systems (SEN), Siemens Power Generation Ceramics GmbH und die Siemens Metering GmbH.[428] Zur Erleichterung dieses Paketgeschäfts wurde gemeinsam von KKR und Siemens eine Luxemburger Holding-Gesellschaft gegründet (»Demag Holding S.a.r.L.«), an der die Amerikaner 81 Prozent hielten, die Münchner die restlichen 19 Prozent.[429] Dass der Kauf dabei nur zu einem Bruchteil durch Aktienkapital von KKR finanziert worden war und der Hauptanteil der Summe über einen Bankkredit erfolgte, der dann später wieder auf die erworbenen Gesellschaften abgewälzt wurde, entsprach nur der Logik dieser für die damalige Zeit in Deutschland noch relativ neuen Art und Weise der Firmenübernahme. Bis die Transaktion tatsächlich abgewickelt wurde, dauerte es noch bis Herbst 2002, faktisch gehörte aber MPM rückwirkend zum 1. Juli 2002 nicht mehr zum Siemens-Konzern, sondern hatte einen neuen Besitzer.

Mehrmarkenstrategie, Fertigungsreorganisation und Technologievorsprung: Die Neuausrichtung der MPM-Gruppe in der KKR-Phase

Die Erwartungen bei Belegschaft wie Geschäftsführung an den neuen Anteilseigner waren hoch. Nicht nur, dass man nun endlich auf eine Phase zumindest relativer Stabilität hoffte, sondern man versprach sich auch eine unternehmenspolitische Kontinuität bei der bereits eingeleiteten Neuausrichtung. »Der Finanzinvestor KKR hat sowohl das finanzielle Potenzial als auch den Willen«, so hieß es in einem Brief der Geschäftsführung an die Mitarbeiter, »die MPM bei der weiteren konsequenten Umsetzung unserer Mehrmarkenstrategie und unserer Wachstumsziele zu unterstützen.«[430] Dennoch machte sich die Geschäftsführung wohl kaum Illusionen über die letztendlichen Hauptinteressen des Private-Equity-Investors. Seit einigen Jahren schon betätigten sich private Investment- und Risikokapitalgesellschaften vornehmlich aus den USA und Großbritannien als Aufkäufer von meist kleineren und mittelständischen Firmen und wirbelten damit den Markt für Unternehmensübernahmen gehörig durcheinander. Das Geschäft mit außerbörslichen Beteiligungen boomte, da es zwar riskanter, aber dafür auch weit einträglicher war. Nach dem Motto »kaufen, umstrukturieren und teurer wiederverkaufen« – und das auch noch in einem möglichst kurzen Zeitraum von zwei bis drei Jahren – betätigten sich die »Firmenjäger« quer durch alle Branchen als neue und mächtige Akteure im großen Spiel der »Merger & Akquisitions«, das seit den 1990er-Jahren den Industriekapitalismus maßgeblich prägte. Spätestens seit der Jahrtausendwende hatten Private-Equity-Gesellschaften wie Apax, Blackstone Group L.P., Permira Beteiligungsberatung GmbH, Cerberus Capital Management L.P., Carlyle Group L.P. und KKR nun auch die deutsche Unternehmenslandschaft als Jagdrevier entdeckt.[431] Doch durch das teilweise rüde Vorgehen in einigen der neu erworbenen Unternehmen war das Image dieser Investorengruppe in der Öffentlichkeit schlecht. Die Private-Equity-Gesellschaften galten als »Heuschrecken«, denen es mit Blick auf eine schnelle Rendite nur um ein radikales Umkrempeln oder Zerschlagen der erworbenen Firmen ging. Sie wurden als »brutale Investoren« angesehen, die nicht zuletzt durch die spezifische Art und Weise des Erwerbs – Finanzierung zum Großteil durch Fremdkapital und dann Rückgriff auf die Eigenkapitalreserven der übernommenen Unternehmen zur Bedienung der Schulden – den übernommenen Unternehmen langfristig schadeten.[432] Wenn man so will, so stellten die Private-Equity-Firmen die gerade auch in der mittelständisch geprägten Industriewirtschaft Deutschlands geltende traditionelle Regel der Unternehmensinteressen vor Eigentümerinteressen auf den Kopf.

Der Vertreter von KKR bei MPM als neuer Aufsichtsratsvorsitzender und künftiger starker Mann war Johannes Huth, der gerade einmal 42-jährige Deutschlandchef von KKR. Er versuchte angesichts des schlechten Rufs dann auch, bei seinem ersten Auftreten bei MPM, auf der Managementtagung im Oktober 2002, seinerseits für Vertrauen und einen Abbau eventueller Vorbehalte zu werben. KKR, so Huth, sehe MPM als Marktführer in einem langfristig weiterhin attraktiven Markt, man sehe die Reputation des Unternehmens für Innovationen, technische Expertise und Kundenservice. MPM verfüge über ein exzellentes Management und ausgezeichnete Wachstumschancen.[433] Als neuer Eigentümer fühle man sich verpflichtet, sämtliche Geschäftsaktivitäten von MPM zu erhalten und organisch weiterzuentwickeln, man sei auch bereit, in das Wachstum des Unternehmens zu investieren. Dieses Bekenntnis zum Erhalt und zur Weiterentwicklung der Unternehmensgruppe als Gesamtunternehmen formulierte Huth auch intern im November 2002, als der Aufsichtsrat erstmals unter seiner Leitung tagte. Es gebe keine Überlegungen zur Zerschlagung, vielmehr sollte die MPM durch Zukäufe weiterentwickelt werden.[434] Allerdings gab Huth auch als klares Ziel die Erhöhung des Unternehmenswertes an. Das bedeutete konkret die Erwartung, bis 2007 einen Umsatzzuwachs von ca. 20 Prozent und ein Ergebnis von 135 Mio. Euro zu erreichen, was eine Verbesserung gegenüber 2002 um mehr als das Dreieinhalbfache bedeutete. Und Huth machte auch aus dem eigentlichen Ziel kein Hehl: »Achieve IPO within 5 years«, d. h. Kapitalmarkt- und Börsenfähigkeit spätestens bis 2007. Für das Management wie die Mitarbeiter war damit klar, dass, wenn es nach KKR ging, MPM spätestens in fünf Jahren an die Börse gebracht werden sollte.

Der Zeitpunkt der Übernahme hätte allerdings wohl nicht ungünstiger sein können, denn MPM litt unter dem negativen gesamtwirtschaftlichen Umfeld und insbesondere unter den stark rückläufigen Investitionen in Kunststoffmaschinen. Für das Jahr 2002 erwartete die Unternehmensgruppe ihr schlechtestes Ergebnis seit der Gründung fünf Jahre zuvor. Drei der sechs Marken verzeichneten Verluste im operativen Geschäft; die vergleichsweise schwache »operating performance« von MPM war nicht nur marktbedingt, sondern hatte auch interne Gründe, denn selbst in den vergleichsweise guten Jahren zuvor lag die Profitabilität unter derjenigen der wichtigsten Konkurrenten, und das trotz der Marktführerschaft.[435] Und die Zeichen in der Kunststoffmaschinenbaubranche deuteten eher auf eine Verschärfung der Markt- und Wettbewerbsbedingungen als auf eine rasche Erholung hin: eine weitere Oligopolisierung der Konkurrenzstrukturen, eine Globalisierung der Märkte, mit wachsender Bedeutung Asiens und vor allem Chinas, weitere Produktdifferenzierungen und Verlagerung des

Wettbewerbs in »customer value added beyond machines«.[436] Dennoch gab die Geschäftsführung auf dem erstmals abgehaltenen Management Meeting im Oktober 2002 als große Vision für das Jahr 2005 vor, MPM bei anhaltendem, überdurchschnittlichem Wachstum zu einem der profitabelsten Kunststoffmaschinenzulieferer weltweit zu machen. Um dieses Ziel zu erreichen, hatte die neue Geschäftsführung unter Dinandt und Engelmann noch im Frühjahr 2002 ein ganzes Bündel von Einzelmaßnahmen entwickelt und mit dessen Umsetzung begonnen. Den Anfang machte unter dem Schlagwort »World Class MPM (WCM)« ein umfassendes Transformationsprogramm zur Implementierung dauerhafter und permanenter Veränderungsprozesse in der gesamten Unternehmensgruppe. Das Ganze war, obwohl nirgends explizit benannt, nichts anderes als der Versuch, das allenthalben in der deutschen Industrie diskutierte und praktizierte japanische Rationalisierungskonzept »Kaizen« auf die MPM-spezifischen Verhältnisse herunterzubrechen und anzupassen. Mitte November 2002 waren einige MPM-Manager zu einer Kaizen-Study-Tour nach Japan gefahren und hatten dort das Konzept in der praktischen Anwendung in einigen japanischen Unternehmen studiert. Die drei wichtigsten Prinzipien lauteten »produce only what is needed«, »produce only when it is needed« und »produce only the amount which is needed«. Jede Geschäftsführung wurde daher nun aufgefordert, auf dieser Basis ein spezifisches Maßnahmen- und Aktivitätenprogramm für das jeweilige Teilunternehmen zu entwerfen.[437] Um das Kaizen-Konzept in der Praxis zu studieren, hätten die Maschinenbau-Manager allerdings gar nicht nach Japan fahren müssen, denn in der deutschen Automobil- und Automobilzulieferindustrie wurde schon seit Anfang der 1990er-Jahre nach Kaizen-Prinzipien produziert.

Bei MPM wurde das japanische Rationalisierungsmodell jedoch vor allem als Wertsteigerungsprogramm und »driver for the realization of continous high savings« konzipiert und auch entsprechend gegenüber Belegschaft wie Stakeholder-Öffentlichkeit kommuniziert. In Dutzenden von Einzelprojekten wurde in der Folgezeit daran gearbeitet, die Prozesse und Kostenstrukturen in den einzelnen Unternehmen der MPM-Gruppe zu verbessern, Wachstums- und Vertriebsinitiativen in Gang zu setzen, Strategien weiterzuentwickeln und schnelle Anpassungsprozesse auf Markteinflüsse und Marktentwicklungen zu finden.[438] Mithilfe von WCM, so die Erwartungen der MPM-Geschäftsführung bei der ersten internen Präsentation des Programms auf dem Group Board Meeting am 17. Juli

2002, ließen sich langfristig Einsparungen von bis zu 300 Mio. Euro erreichen.[439] Die MPM-Gruppe stehe heute an einem Scheitelpunkt ihrer Entwicklung, so lautete die Botschaft der neuen Unternehmensleitung. Mit neuer Vision und einem »set« strategischer Imperative werde eine langfristige Neuausrichtung der Unternehmensgruppe eingeleitet, an deren Ende MPM einer der weltweit profitabelsten Kunststoffmaschinenhersteller sein würde. »Wir werden zwei spezifische Wachstumspfade für die MPM besonders prüfen«, so hieß es in einer Präsentation der Geschäftsführung im Oktober 2002.[440] Zum einen strebe man im asiatischen Markt ein deutlich höheres Engagement mit einem Marktanteil von über zehn Prozent an, zum anderen solle die Extrusion zu einem zweiten attraktiven Standbein neben der bislang dominierenden Spritzgießtechnologie ausgebaut werden. Das bedeutete allerdings die engere Zusammenarbeit der bislang bei der Krauss-Maffei Kunststofftechnik GmbH und der Berstorff GmbH weitgehend voneinander getrennt agierenden Extrusionsabteilungen. Der engere Zusammenhalt und die intensivere Koordination der MPM-Gruppenmitglieder und damit die Hoffnung, dass die MPM-Gruppe ihre vereinte Kompetenz und Größe künftig besser nutzen würde, waren mithin zentrale Voraussetzungen. Und WCM sollte dafür das entscheidende Vehikel und Management-Werkzeug sein. Das Ganze hatte nicht zuletzt auch eine unternehmenskulturelle Komponente. Für das Gesamtunternehmen, aber vor allem in den Einzelgesellschaften, wurde ein Katalog von »Vision, Beliefs and Values« entworfen. Auf einem Group Board Meeting wurden unter dem Stichwort »MPM-House« sieben Kernkompetenzen definiert: »Innovation excellence, successful new products and processes, global position, growth by acquisition, system competence« und »value added optimization«.[441] Für die Holding selbst machte man wohlweislich erst gar nicht den Versuch, auf eine »neue« gemeinsame Unternehmenskultur hinzuarbeiten und etwa eine gemeinsame »MPM-Identität« zu stiften, vielmehr fungierte die Holding als gemeinsames Dach für sechs letztlich völlig unterschiedliche und historisch gewachsene Unternehmenskulturen in den Markengesellschaften.

Die zweite wichtige Maßnahme der Neuausrichtungspolitik war es, die Mehrmarkenstrategie zu verfeinern und vor allem in Abkehr von der starken gegenseitigen Konkurrenz diese auf eine neue Basis zu stellen. Die erfolgreiche Mobilisierung der Synergien innerhalb der MPM-Gruppe und die Einbeziehung der »Marken« in gemeinsame Strategieentscheidungen waren daher die entscheidenden Voraussetzungen für ein Gelingen des »group alignment«. Die Ausrichtung der Marken auf die jeweiligen Marktsegmente war dabei klar festgelegt und auch in regionaler Hinsicht auf den »lifecycle character of the injection molding maschine market« ausgerichtet. Es gab eine klare Konzentration praktisch aller sechs Marken auf den »high-value/high margin«-geprägten Premium-Markt, der in China und Indien etwa gegenüber dem dort dominierenden Standard- und Commodity- sowie Low-Cost-Market noch kaum entwickelt, in Schwellenländern wie Taiwan, Brasilien und Mexiko dagegen bereits deutlich ausgeprägter war und in den Industrieländern Westeuropas, Nordamerikas und auch in Japan vielfach dominierte.[442] »Uniquely exploiting the attractive high-value/high margin market segments by applying more than one brand for each market segment« und »tactically position mpm brands against strong competitors to precisely attack their products«, so lauteten die beiden Kernsätze der »neuen« Multi-Brand-Strategy.[443] Es war allerdings auch das Marktsegment, in dem sich die meisten und auch gewichtigsten Konkurrenten wie Husky Injection Molding Systems Ltd., Sumitomo Heavy Industries Ltd., Engel, Arburg, Nissei Plastic und Milacron Inc. tummelten. Als »goldene Regel« galt dabei, dass die Zentrale, sprich die MPM-Geschäftsführung, keinen Eingriff ins Vertriebsgeschehen vornahm, da andernfalls »die ganze Glaubwürdigkeit dieser Strategie definitiv verloren sei«.[444] Allerdings versuche man zunehmend, die Marken weniger gegeneinander aufzustellen, sondern als komplementäre Marken mit unterschiedlichen Stärken herauszustellen.

Die Umsetzung dieses Mehrmarkenmanagements erwies sich für die MPM-Geschäftsführung in der Folgezeit allerdings als komplexe Herausforderung. Schon auf der ersten Sitzung des Group Boards am 6. März 2002 hatte es heftige interne Debatten gegeben, wie eine geeignete Marktsegmentierung des Spritzgießmaschinengeschäfts überhaupt vorgenommen werden konnte und wo die attraktiven Marktsegmente lagen.[445] Kontrovers diskutiert wurde auch das Problem der starken Markenüberlappungen. Nachdem schon Ende März 2002 noch mithilfe von Siemens das Schweizer Tochterunternehmen Netstal zurückgekauft worden war, befanden sich die Schweizer damit wieder als integraler Bestandteil im Markenportfolio von MPM. Die internen Recherchen ergaben nun, dass zwischen 30 und 50 Prozent der potenziellen Kunden sowohl für die Maschinen der Krauss-Maffei Kunststofftechnik GmbH wie der Demag

Ergotech als Käufer in Frage kamen, und auch zwischen Billion, Netstal und KMK existierten beträchtliche Marktüberschneidungen.

Geradezu eine Revolte löste zudem die Forderung der MPM-Geschäftsführung aus, künftig die wichtigsten Daten und Zahlen untereinander auszutauschen und sie über ein einheitliches »production management information system« markenübergreifend vergleichbar und damit auch als Benchmark-Instrument verfügbar zu machen.[446] Das rüttelte an dem bisher von allen Marken intensiv gepflegten und bislang eisern verteidigten Eigenleben. Auch dass künftig eine Reihe von Teams markenübergreifend im Bereich Einkauf, Produktentwicklung (Product Development Committee) und Fertigung (Werkstandards) arbeiten sollten und dabei den jeweiligen Wissenstransfer zwischen den Markengesellschaften organisieren mussten, stieß bei den Geschäftsführungen vor Ort nicht unbedingt auf große Gegenliebe. Höchst unterschiedliche Meinungen gab es schließlich auch über die Ergebnisse einer Marktstudie der Consultingfirma Bain & Comp. Inc., die die MPM-Geschäftsführung in Auftrag gegeben hatte. Als die Berater die Studie im April 2002 vor den Geschäftsführern präsentierten, ernteten ihre Prognosen der Marktentwicklung (»expected overall zero percent growth between 2002 and 2005«) und vor allem auch der Technologieentwicklung (»IMM is a maturing technology with all-electric as key technology«) heftigen Widerspruch.[447] Aus Sicht von Markenmanagern wie dem langjährigen KMK-Geschäftsführer Schröder besaß der Spritzgieß-Weltmarkt nach wie vor eine erhebliche Wachstumsdynamik, vor allem in Asien bzw. China, und von einer ausgereiften Spritzgießtechnologie ohne Innovationsimpulse zu sprechen musste ihm angesichts dessen, was zur gleichen Zeit in den Forschungs- und Entwicklungsabteilungen der KMK in Allach passierte, geradezu als technische Ignoranz der Berater erscheinen. Wie auch immer – so einfach sich die von Dinandt ausgegebene Formel »As different as necessary – as common as possible« auch anhörte, so schwierig erwies sich deren Umsetzung in der Praxis.[448]

Als dritter Bereich der Neuausrichtung der MPM-Gruppe rückte die Fertigungsorganisation in den Fokus der Geschäftsführung. MPM besaß inzwischen weltweit elf Produktionsstandorte, und zwar in Deutschland, der Schweiz, Frankreich, den USA, aber auch in Indien und China.

Die große Frage war, wie dieser Produktionsverbund am besten und kostensparendsten organisiert und gemanagt werden konnte. Eine der Möglichkeiten war etwa der Aufbau einer Plattformstrategie und damit

123 Übersicht des MPM-Lieferprogramms und Produktportfolios 2002

[KraussMaffei AG Registraturbestand, Ordner MPM Growth Strategy]

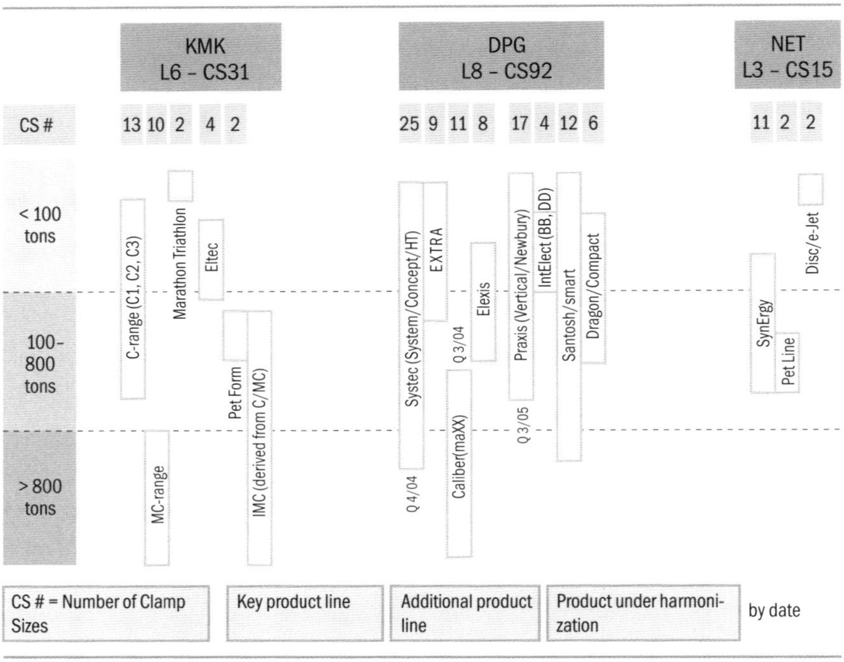

124 Weltweite Produktionsstätten 2003

[KraussMaffei AG Registraturbestand, Ordner MPM Management-Präsentationen]

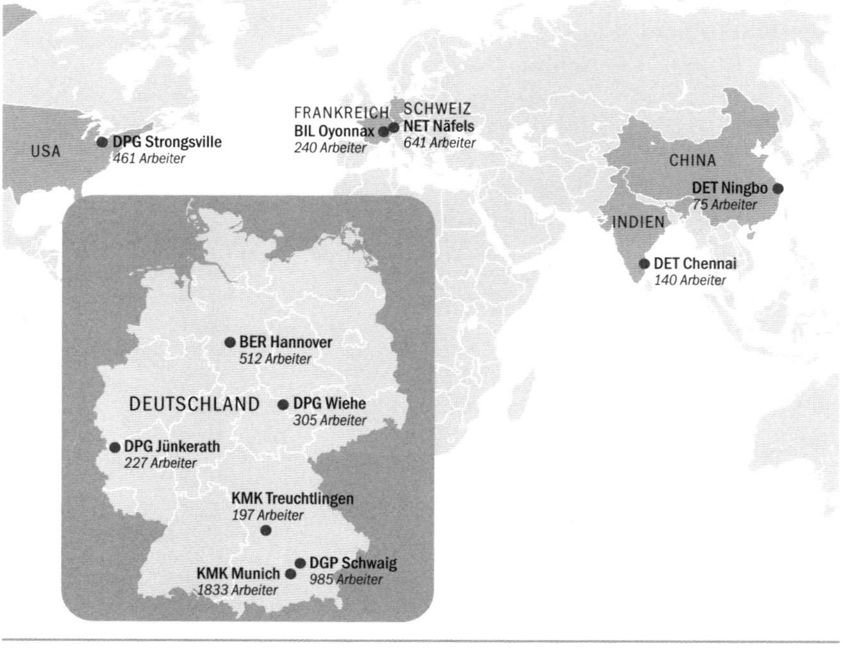

der Ausbau einer MPM-weiten Standardisierung. Dazu sollte, so die Planung der Geschäftsführung, eine »Komponenten-GmbH« gegründet werden, was nichts anderes bedeutete, als die hohe Fertigungstiefe in den teuren deutschen Produktionsstandorten zu verringern und für eine Reihe von einfacheren Bauteilen wie Spritz- oder Hydraulikeinheiten und Plastifizierungsbauteile ein eigenes neues Werk in einem osteuropäischen Niedriglohnland wie Tschechien oder der Slowakei zu errichten.[449] Die Lösung des Konflikts zwischen Individualisierungsbedarf auf der einen Seite und Standardisierungsdruck auf der anderen Seite erhoffte man sich mithin über die Neustrukturierung des »Produktordnungssystems« in der MPM-Gruppe, d. h. die Festlegung von markendifferenzierenden »Components« und nicht markendifferenzierenden »Bought-Out-Parts«.[450] Die Fragen »Make or Buy« und Outsourcing, auch wenn sie zunächst nur MPM-intern geregelt werden sollten, wurden gleichfalls kontrovers diskutiert, nicht zuletzt, da geringeren Produktionskosten ein bedingter Know-how-Verlust in den Markengesellschaften bezüglich der Vorfertigungstätigkeit gegenüberstand.[451] Die systematische Überprüfung der gesamten Herstellungskosten auf »machine design standardization«, Verlagerungspotenzial und Outsourcing-Eignung ergab tatsächlich ein erhebliches Potenzial für Kostensenkungen und zugleich Produktivitätssteigerungen von etwa 20 Prozent und damit die Chance, endlich die bis dahin unbestreitbare Kostenführerschaft des Konkurrenten Engel anzugreifen. Dazu beitragen sollte nicht zuletzt auch eine erst im Laufe des Jahres 2004 gestartete Initiative, die im Kontext der allgemeinen »Lean Production«-Bewegung in der deutschen Industrie stand und unter der Abkürzung WCO (World Class Operations) auf eine Veränderung der gesamten »Philosophie der Leistungserstellung« und eine Optimierung der Auftragsabwicklungsprozesse in der MPM-Gruppe abstellte. Konkret bedeutete das vor allem die Einführung einer getakteten Fließmontage in allen Markengesellschaften.[452]

Als der MPM-Geschäftsführungsvorsitzende Dinandt im Juli 2003 in einem Interview mit der Zeitschrift »Kunststoffe« nach etwas mehr als einem Jahr eine Zwischenbilanz der initiierten Neuausrichtung der MPM-Gruppe zog, zeigte er sich über das bisher Erreichte zufrieden. Das neue Management habe in kürzester Zeit nach seiner Amtsübernahme die unternehmenspolitische Neuausrichtung als »umfassendes Transformationsprogramm« definiert, die Mehrmarkenstrategie (»intelligente Koordination der Einzelmarken«) und Gruppenintegration auf den Weg gebracht und umfassende Maßnahmen zur Kostensenkung und Ertragssteigerung eingeleitet.[453] Trotz Konjunktureinbruchs und der seit 2003 nur langsam einsetzenden Erholung hatte MPM seine Marktanteile in Europa, den USA und auch in Asien halten oder, allerdings bei geringerer Marge, auch leicht ausbauen können.[454] Die gute Umsatz- und Auftragseingangssituation hatte aber den Margenrückgang mehr als nur kompensieren können, so dass sich auch die Ertragslage verbessert hatte. Nach dem Verlust von 3,2 Mio. Euro im Vorjahr konnte nun ein Jahresüberschuss von 66,9 Mio. Euro verbucht und als Gewinn an KKR überwiesen werden.[455] Allerdings zeichneten sich bei der Demag Plastics Group (DPG), in der die Van Dorn Demag und die Demag Ergotech zusammengeführt worden waren, wachsende Probleme mit Verlusten und hohem Restrukturierungsaufwand ab.

Worüber Dinandt jedoch in dem Interview nicht gesprochen hatte, war, dass sich mit dem neuen Anteilseigner KKR auch ein rascher Wandel der Unternehmensführungsorganisation und der nicht äußeren, aber dafür umso mehr der inneren Corporate-Governance-Verfassung von MPM vollzogen hatte. Das begann mit der nun auf kurzfristige Zeiträume ausgerichteten, zahlenorientierten Unternehmenspolitik. Quartal für Quartal wurden jetzt zahlreiche Finanzkennzahlengrößen definiert, vorgegeben und vor allem auch deren Einhaltung bzw. Erreichen streng kontrolliert. Und die Vorgaben waren ziemlich rigide. Für das Geschäftsjahr 2003/2004 lag das Planungsziel bei einer Umsatzrendite von vier Prozent, d. h., mit anderen Worten, aus 1,7 Prozent Umsatzwachstum sollte ein Gewinnwachstum von fast 33 Prozent generiert werden.[456] Und dabei gab es eine nicht unwesentliche Verschiebung der Kennzahlenorientierung. Hatten früher Umsatz und Ertrag eine maßgebliche Rolle gespielt, so gab es nun eine Fixierung auf betriebswirtschaftliche Indizes wie EBITDA (earnings before interest, taxes, depreciation and amortization, d. h. Gewinn vor Zinsen, Steuern und Abschreibungen) und Cashflow. Das Bezeichnende war, dass damit nur eine Beschreibung der operativen Leistungsfähigkeit unter Außerachtlassung von Investitionsaufwendungen gegeben wurde. Über die tatsächliche langfristige Leistungsfähigkeit und Stabilität eines Unternehmens sagte die Kenngröße also nichts aus. Das EBITDA konnte noch lange positiv sein, während unter dem Strich schon längst Verluste erwirtschaftet wurden. In der Tat änderte sich trotz der wachsenden Gewinne nichts an der prekären Liquiditätslage von MPM. Entgegen den Hoffnungen und auch Ankündigungen durch KKR selbst gestand der Finanzinvestor der Geschäftsführung nur das allernötigste an Investitionen zu, so dass schon im November 2002 die Arbeitnehmervertreter im Aufsichtsrat monierten, dass Investitionen von gerade einmal 25 Mio. Euro oder zwei Prozent vom Umsatz auf Dauer viel zu wenig seien und für das Unternehmen gefährlich werden könnten.[457] Die hohen Cashflow-Ziele gefährdeten letztlich die Investitionstätigkeit; dabei war allen bewusst, dass MPM generell jährlich ca. 30 bis 35 Mio. Euro investieren musste, wenn es auf Dauer konkurrenzfähig bleiben wollte.[458] Monatliche Meetings zwischen der Geschäftsführung und den KKR-Vertretern, in denen ebenso umfassend wie detailliert das komplexe Zahlenbild der Unternehmensgruppe präsentiert werden musste, wurden nun zur Regel.[459] Seit September 2002 war MPM im Übrigen von einer Aktiengesellschaft in eine GmbH umgewandelt worden. Das neue Geschäftsjahr war also nicht mehr das Kalenderjahr, sondern die Periode jeweils bis zum 30. September.[460]

KKR hatte von Anfang an zudem klargemacht, dass man sich als aktiver Kontrolleur der unternehmenspolitischen Maßnahmen der Geschäftsführung verstand und auch vor Eingriffen in das operative Geschäft nicht zurückschrecken würde. »KKR wird selbst überwachen«, so Huth auf der Aufsichtsratssitzung im November 2002, »dass die Maßnahmen [des WCM-Projektes] konsequent bis zum Ende durchgeführt und alle dort identifizierten Kostensenkungspotenziale auch umgesetzt werden.«[461] Das bedeutete vor allem unmittelbaren und deutlichen Druck auf die Geschäftsführung, sobald sich auch nur ansatzweise abzeichnete, dass die entsprechenden Ziele nicht erreicht wurden. Bereits im Juni 2003 etwa bekam die MPM-Geschäftsführung einen ebenso freundschaftlichen (»Lieber Pepyn«) wie geharnischten Brief eines der KKR-Vertreter im Aufsichtsrat auf den Schreibtisch, in dem »erhebliche Zweifel« darüber geäußert wurden, »ob das geplante Wachstum und die dabei unterstellten Margenverbesserungen wirklich eintreffen werden«.[462] Vor diesem Hintergrund sei es daher geboten, »dass ihr auf der Kostenseite deutlich aggressiver vorgehen müsst« und »drastischere Maßnahmen und eine Beschleunigung der Realisierung erforderlich« sind. Voraussetzung hierfür »ist eine deutlich klarere Abgrenzung der Marken innerhalb der sicherlich richtigen Mehrmarkenstrategie [...] Ihr als Management müsst daher ein klares Machtwort bei der optimalen Ausgestaltung der Mehrmarkenstrategie und der Gleichteiledefinition sprechen. Nur so könnt ihr bei deutschen Ingenieuren Einsicht schaffen.«[463]

Wie stark KKR diese aktive Rolle zudem darüber hinausgehend definierte, wurde der Geschäftsführung auch Anfang 2003 klar vor Augen geführt. Der Finanzinvestor hatte eine »Wunschliste« möglicher Akquisitionsziele zusammengestellt, um einerseits die Markt- und Wettbewerbsposition von MPM zu verbessern, andererseits aber auch möglichst schnell die kritische Masse für den Börsengang zu erreichen. Die Investmentbank Goldman Sachs war dann beauftragt worden, die weiteren Details für den Zukauf zu eruieren und abzuklären. Anfang 2003 nun präsentierten die M&A-Experten der Bank mit dem Unternehmensbereich Kunststofftechnik der SMS Group GmbH einen potenziellen und aus ihrer Sicht auch strategisch sinnvollen Kandidaten.[464] Dahinter verbarg sich niemand anderes als die beiden langjährigen Konkurrenten Battenfeld und Cincinnati, die vor allem im Extrusionsgeschäft, d. h. bei Folien, Profilen und Rohren, eine starke Marktposition hatten und inzwischen zum Siemag Weiss GmbH & Co. KG, einer nach wie vor familiengeführten und aus der ehemaligen Siegener Maschinenbau AG (Siemag) hervorgegangenen Unternehmensgruppe, gehörten. Für Akquisitionen wie diese, die den Unternehmenswert von MPM rasch und deutlich steigen lassen würden, war KKR denn auch durchaus bereit, Investitionskapital zur Verfügung zu stellen. Und KKR war es in der Folgezeit dann auch, die unter der offenbar unvermeidlichen verschleiernden Namensgebung als »Projekt Shot« die eigentlichen Verhandlungen mit SMS führte. Im September 2003 etwa informierte Huth in der Aufsichtsratssitzung die MPM-Geschäftsführung darüber, dass die Gespräche über die Zusammenführung der Kunststoffaktivitäten der SMS-Gruppe mit der MPM schon weit fortgeschritten waren.[465] Die Formulierung machte deutlich, dass es letztlich nicht um eine klassische Akquisition oder Fusion ging, sondern um ein Joint Venture mit Übernahme von Schulden, bei dem kein echter Kaufpreis gezahlt werden würde. Wie stark das alleinige Interesse von KKR an der möglichst raschen Börsenfähigkeit von MPM dabei im Vordergrund stand, zeigte sich auch daran, dass die ganze Transaktion aus MPM-Sicht strategisch höchst zweifelhaft war, denn eventuelle Vorteile und Synergieeffekte ließen sich nur im Extrusionsgeschäft erkennen, der Spritzgießbereich war eine »eher ungeliebte Mitgift«, die vor allem die schwierige Mehrmarkenstrategie von MPM noch komplizierter und damit auch problemanfälliger werden lassen würde.[466] Vor allem aber war die SMS-Kunststofftechnik-Sparte erheblich defizitär. Daran scheiterte ein Jahr später, im Februar 2004,

125 a + b Krauss-Maffei-Stand auf der Fakuma-Messe 2003
[KraussMaffei]

dann auch der ganze Deal. Nachdem Huth schon in der Aufsichtsratssitzung Mitte Dezember 2003 deutlich zurückgerudert war und die Aussichten auf ein Zustandekommen als höchst unsicher bezeichnete, musste SMS in seiner Kunststoffsparte einen großen Verlust verbuchen, der deren Bewertung kurzfristig so niedrig werden ließ, dass die Verhandlungsposition von Weiss sich drastisch verschlechterte. Das künftige Gewicht in der neuen Kunststofftechnik-Gruppe, die umsatzmäßig mit Abstand die größte Europas gewesen wäre, erschien ihm daher zu gering und damit eine Fusion in dieser neuen Konstellation nicht mehr akzeptabel.

Was sich gegenüber den Vorjahren bei MPM ebenfalls änderte, war, dass wie nie zuvor Unternehmenspolitik und damit auch unternehmenspolitische Entscheidungen mithilfe von geradezu Heerscharen externer Unternehmensberatungsfirmen und Wirtschaftskanzleien praktiziert wurden. Bei der Mehrmarkenstrategie war dieses »management by use of consulting« besonders deutlich. Die Consulting-Experten gaben sich in Allach gegenseitig die Klinke in die Hand, und bei den wöchentlichen Meetings der MPM-Geschäftsführung mit den Geschäftsführern der Teilgesellschaften saßen teilweise Berater von drei unterschiedlichen Consultingfirmen mit am Tisch.[467] Schließlich startete KKR auch ein umfassendes Management Equity Program, d. h. Maßnahmen zur direkten Mitbeteiligung der Geschäftsführung bzw. des oberen Managements. »KKR expects top management to co-invest« hieß es dazu auf dem Group Board Meeting im September 2002.[468] In einem komplexen Incentive-Vertrag wurden den führenden MPM-Managern gegen Einbringung privaten Vermögens Geschäftsanteile der MPM übertragen. Etwa 50 leitende Mitarbeiter besaßen in der Folge etwa ein bis zwei Prozent der Unternehmensgruppe. Der Sinn dieser Maßnahme lag in der Logik der Private-Equity-Firmen: Nach dem Motto der aktiven Verstrickung der Interessen der Manager mit den Interessen des Finanzinvestors, was die Manager gleichzeitig zu Shareholdern machte, wurde versucht, das kurzfristige Wertsteigerungsdenken und das Primat der von Eigeninteressen geprägten Shareholder-Value-Philosophie an die Stelle eines längerfristigen unternehmenspolitischen und auf die Interessen von Unternehmen und Belegschaft ausgerichteten Denkens zu setzen.[469]

Im November 2004 wurde die bislang dreiköpfige MPM-Geschäftsführung erweitert. Nach langen Jahren der Vakanz erfolgte »auf Wunsch des Eigentümers KKR eine Verstärkung der Geschäftsführung in technischer Hinsicht«.[470] Und dem Finanzinvestor war dabei zweifellos ein Coup gelungen, denn bereits im Mai konnte man vermelden, dass Otto Urbanek, der ehemalige, nur wenige Monate zuvor ausgeschiedene Geschäftsführer des Konkurrenten Engel, angeworben worden war. Urbanek besaß eingehende Erfahrung sowohl als Entwicklungsingenieur als auch bei der strategischen Umsetzung der Internationalisierung und Standardisierung im Kunststoffmaschinengeschäft. Er fungierte in der Folgezeit als technischer Koordinator zwischen den Markengesellschaften, und mit ihm sollte MPM denn auch bald zu einer neuen Innovationsoffensive ansetzen. Allerdings begannen sich die Geschäftsaussichten bereits wieder deutlich zu verdüstern. Geschäftslage, Geschäftserwartung und Geschäftsklima in der deutschen Kunststoffmaschinenindustrie zeigten nach einem Höhepunkt Mitte 2004 wieder nach unten. Insbesondere das Geschäft mit Optical Discs/CDs war drastisch eingebrochen, worunter vor allem die Ertragsstärke von Netstal litt.

Sorgen machten aber außerdem die Entwicklungen und Ergebnisse bei Billion und der Demag Plastic Group. Nicht nur, dass durch das Zurückfallen der beiden Gesellschaften die mühevoll austarierte Mehrmarkenpolitik ins Wanken geriet. Bald tauchten auch Zweifel darüber auf, ob das ambitionierte »profit recovery program« und die Neuausrichtung von MPM angesichts des wachsenden Restrukturierungsbedarfs bei Demag überhaupt noch erreichbar seien. Die Demag habe kein klares Profil im Markt und die Preispolitik sei nicht erklärlich, monierte Urbanek, man habe dort häufig aus nicht erkennbaren Gründen extreme Tiefpreise geboten.[471] Mit radikalen Personal- wie Strukturmaßnahmen versuchte die MPM-Geschäftsführung, eine Wende herbeizuführen. Bis April 2005 wurde die gesamte oberste Leitungsebene von Demag ausgewechselt, dazu weitere 150 Mitarbeiter an den Standorten in den USA und Deutschland entlassen. Ende des Geschäftsjahres 2004/05 musste der Eigentümer KKR eine enttäuschende Ergebnisentwicklung der gesamten MPM-Gruppe konstatieren, die aber vor allem durch Markt- und Ergebnisverluste bei der Demag entstanden war. Vor allem rissen die roten Zahlen bei der Demag ebenfalls erhebliche Löcher in die bereits schon dünne Eigenkapitaldecke der MPM-Gruppe. Huth mahnte denn auch bei der DPG dringend einen »extrem schnellen« Turnaround an.[472] Im Februar 2006 jedoch wurden auf einer Krisensitzung von Geschäftsführung und KKR in London die Weichen für einen Verkauf der Demag-Gruppe gestellt. Unter dem Projektnamen

126 VDMA Geschäftslage – Geschäftserwartung – Geschäftsklima

[KraussMaffei Registraturbestand, Ordner MPM Management-Präsentationen]

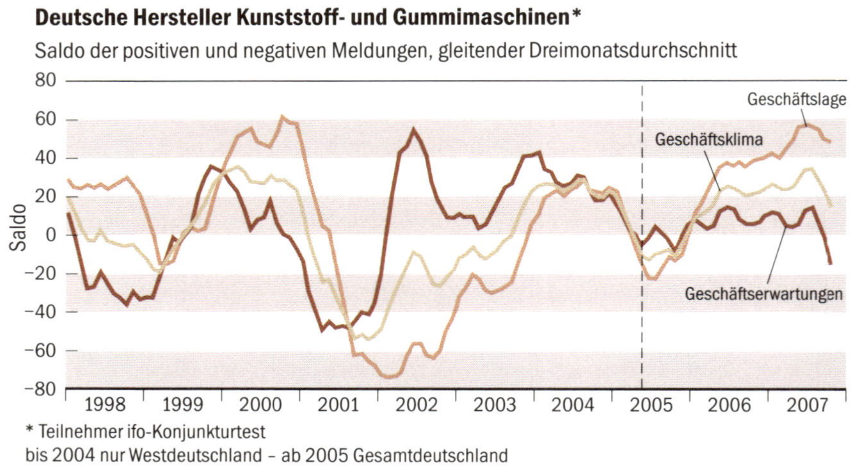

127 Umsatzstruktur nach Geschäftsbereichen MPM bzw. Krauss-Maffei Gruppe 1999 bis 2005 (absolut in Mio. Euro und Anteil am Gesamtumsatz in Prozent)

[Zusammengestellt und berechnet nach den Angaben in: Krauss Maffei AG Registraturbestand, Ordner Management-Präsentationen sowie MPM-Jahresbericht 2002/2003 und MPM-Jahresbericht 2004/2005]

Jahr	Spritzgießtechnik	Extrusionstechnik	Rektionstechnik
2000	1197,7 (84,2%)	177,5 (12,5%)	46,8 (3,3%)
2002	850,0	181,7	52,7
2003	857,5	179,8	61,9
2004	934,6	195,8	72,2
2005	885,4 (73,0%)	231,4 (19,1%)	95,3 (7,8%)

»New Dawn« wurde nach einem potenten Käufer Ausschau gehalten, und schon bald wurden mit mehreren Interessenten Gespräche geführt. Im September 2005 war von KKR die Entscheidung getroffen worden, Billion ebenfalls zu verkaufen, »weil die Unternehmung für die MPM zu klein ist und sich die immer wieder prognostizierten Ergebnisverbesserungen doch nicht eingestellt haben«.[473] Der endgültige Verkauf erfolgte dann im Juni 2006 in Form eines Management-Buy-outs. 2008 erfolgte der Verkauf der Demag an Sumitomo.

Was MPM unübersehbar und zum Verdruss von KKR zu schaffen machte, waren die erheblichen Marktdynamiken, die in Gang gekommen waren und damit auch eine Neupositionierung der diversen MPM-Marken erforderten. Nicht nur die bislang entsprechend den Maschinentechnologien strukturierten drei Hauptmärkte waren in Bewegung, sondern auch innerhalb dieser gab es wiederum Teilsegmente mit deutlichen Veränderungen.

Die Dominanz des Spritzgießmaschinenmarkts hatte merklich abgenommen, betrug aber immer noch 73 Prozent des Gesamtumsatzes bei MPM und 67,7 Prozent (nach 76,1 Prozent im Jahr 2000) bei KMK. Während der Markt für Extrusionstechnik stagnierte bzw. nur leicht zunahm, entwickelte sich die Reaktionstechnik zum am schnellsten wachsenden Geschäftsbereich der MPM-Gruppe.[474] Die Marktveränderungen hingen nicht zuletzt auch mit einer Verlagerung der regionalen Marktschwerpunkte zusammen. Während die Nachfrage nach Spritzgießmaschinen in Westeuropa und Nordamerika stagnierte oder leicht sank, wuchs der Anteil der Schwellenländer, darunter insbesondere der Anteil Chinas, deutlich an. Hinzu kam, dass sich auch die Marktvolumina für Maschinen im Hoch-, Mittel- und Niedrigpreissegment signifikant verschoben. »The market will divide into high-end and low-end segments. The midrange segment will contract noticeably«, hieß es dazu in einer internen Studie über die Marktentwicklung vom Februar 2006.[475] Schließlich waren auch Veränderungen in den Teilmärkten und Subsystemen, insbesondere bei Spritzgießmaschinen, zu verzeichnen. Die Nachfrage nach Optical-Disc-Maschinen sank infolge von Überkapazitäten bei gleichzeitig großen Nachfrageschwankungen, wie erwähnt, signifikant und zog für MPM allein zwischen 2001 und 2003 einen Marktanteilsrückgang von 38,4 auf 26 Prozent nach sich. Dafür stieg aber die Nachfrage nach PET-Maschinen im gleichen Zeitraum deutlich an, so dass hier der Marktanteil von 8,7 auf 17,8 verdoppelt werden konnte.[476] Als größter Nachfrager fungierte nach wie vor die Automobil- und Automobilzulieferindustrie, allerdings mit abnehmendem Anteil, während die Nachfrage aus der Kundengruppe der Chemie- und Verpackungsindustrie deutlich wuchs. Die Märkte und Marktsegmente waren mithin allenthalben in Bewegung, und für die einzelnen Markengesellschaften der MPM galt es daher, sich darauf einzustellen und neu auszurichten. Für die Demag-Gruppe und Billion war in diesen neuen Marktpositionierungen der MPM-Gruppe jedoch kein Platz mehr.

Auf den Schultern der Krauss-Maffei Kunststofftechnik GmbH

Die Perle unter den Marken und damit die Teilgesellschaft, die eigentlich die gesamte MPM-Gruppe umsatz- wie ergebnismäßig allein auf ihren Schultern trug, war die Krauss-Maffei Kunststofftechnik GmbH. Das Verhältnis der KMK zur Holding MPM und deren Geschäftsführung war durch einen Eklat belastet worden: Im September 2002 war der langjährige Vorsitzende der KMK-Geschäftsführung, Wilhelm Schröder, aufgrund unterschiedlicher Auffassungen über den Weg der KMK als Teil der MPM-Gruppe seines Amtes enthoben worden. Das hatte für erhebliche Verunsicherung in der Krauss-Maffei-Belegschaft gesorgt, nicht zuletzt, da es im Zusammenhang mit der neuen Mehrmarkenstrategie Befürchtungen gab, dass die bisherige starke Autonomie der Hauptmarke von MPM durch erzwungene Zusammenarbeit mit den anderen Gesellschaften wie Berstorff eingeschränkt werden würde.[477] Die Geschäftsführung übernahmen nun interimsweise die beiden bisherigen und gleichfalls schon altgedienten Krauss-Maffei-Kunststoffmaschinenmanager Josef Märtl und Graziano Parisi. Erst im Juli 2005 jedoch sollte dann die zweiköpfige Geschäftsführung wieder um Otto Urbanek als Verantwortlichen für die Bereiche Produktion und Technik aufgestockt werden. Auch ein neuer kaufmännischer Geschäftsführer kam, als Parisi im Dezember 2005 altersbedingt ausschied.

KMK hatte ebenfalls unter dem Konjunktureinbruch 2001/02 gelitten und nach dem Rekordumsatz des Jahres 2000 einen Rückgang um 16,4 Prozent verzeichnen müssen. Das war jedoch weit weniger, als die

128 Organisationsstruktur der Krauss-Maffei Kunststofftechnik GmbH von 2002
[KraussMaffei AG Registraturbestand, Ordner KMK 2002]

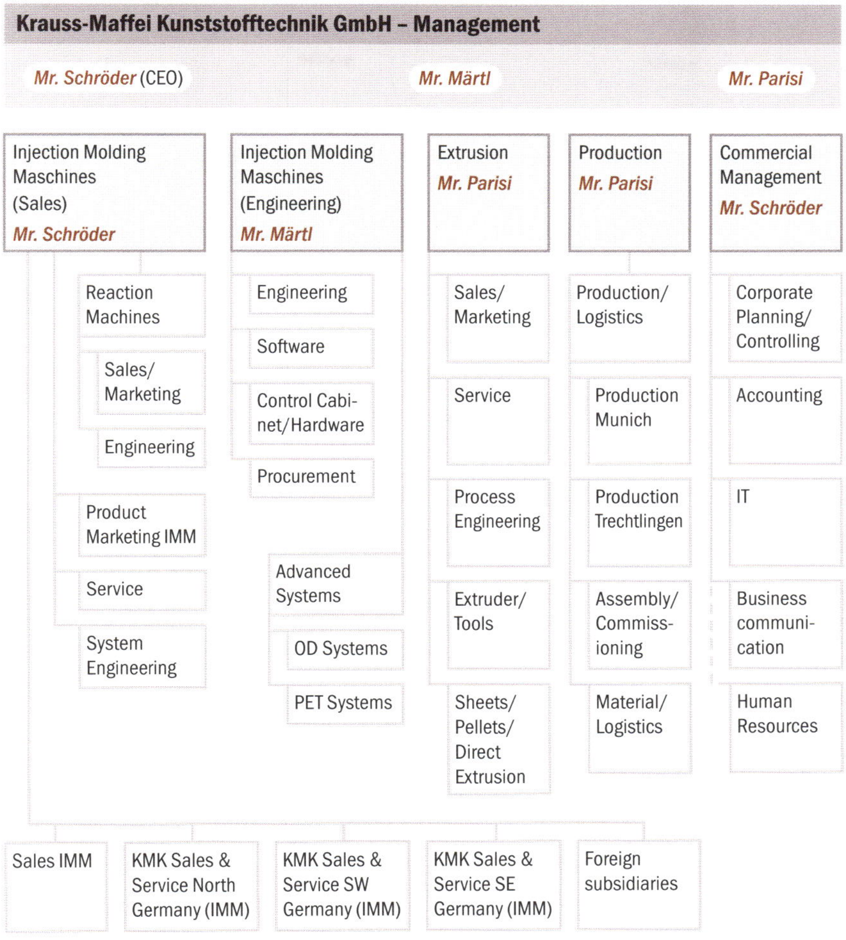

anderen MPM-Gesellschaften und auch die meisten Wettbewerber hatten hinnehmen müssen. Die starke Marktposition der Münchner beruhte auf der traditionellen Vereinigung aller drei klassischen Maschinentechnologien, Spritzgießtechnik, Extrusion und Reaktionstechnik, unter einem Dach. In den drei auch als operative Divisionen organisierten Bereichen arbeiteten insgesamt knapp 2300 Mitarbeiter. Mit 1615 Personen war der Großteil von ihnen im Kerngeschäftsfeld Spritzgießmaschinen tätig, während nur 304 im Bereich Extrusion und 209 im Bereich Reaktionstechnik (RIM) arbeiteten.[478] Seit jeher waren dadurch der wechselseitige Austausch von Expertise und Formen der Zusammenarbeit zwischen den einzelnen Technologie- und Maschinenbausparten bei KMK ausgeprägter als anderswo in der MPM-Gruppe. Im Gegensatz zu Netstal, die aufgrund ihrer Nischenposition bessere Margen erzielen konnte, befand sich KMK in einem permanenten oligopolistischen Konkurrenzkampf mit Engel und Arburg, der einerseits durch immer wieder aufflammende Preiskriege, andererseits aber auch durch einen intensiven Innovations- und Technologiewettbewerb gekennzeichnet war. Im Juni 2003 etwa war es gelungen, einen Großauftrag durch den Automobilzulieferer Visteon Corporation zu ergattern, einen bedeutenden Zulieferer vor allem für die französische Automobilindustrie und damit einen Schlüsselkunden. »Mit diesem Folgeauftrag«, so berichtete Märtl stolz in der Aufsichtsratssitzung, »konnte ein weiteres Mal die bisherige Visteon-Lieferantengruppe um Engel, Husky und Sandretto ausmanövriert werden, wenn auch zu einem sehr aggressiven Preis«.[479] Auf allen großen Teilmärkten tobte zu diesem Zeitpunkt ein regelrechter Verdrängungswettbewerb, bei dem Aufträge häufig zulasten des Preises gewonnen wurden. Der Preisdruck nahm immer stärker zu, während die Margen kaum noch gehalten werden konnten. Darüber hinaus bereitete auch noch der schwache Dollar Kopfzerbrechen. Dennoch sahen die externen Consultingexperten, die Anfang 2006 im Auftrag der MPM-Geschäftsführung (wieder einmal) eine Studie zur Lage auf dem Spritzgießmarkt erstellten, Krauss-Maffei in der Position »to build a duopoly at the high-end in Europe with Engel and squeeze competition out of the high-end growth by displacement of competition«.[480] Die KMK-Ingenieure waren mithin wettkampferfahren und alles andere als nur technologie- und entwicklungsorientiert.

Vor allem aber hatte KMK über die vergangenen Jahre eine höhere Ertragsresistenz gezeigt als alle anderen MPM-Unternehmen. Die Münchner schrieben selbst im Krisenjahr 2002 noch schwarze Zahlen und verzeichneten erst recht in den folgenden Jahren der Erholung Bruttogewinne von ca. 100 Mio. Euro pro Jahr. Schon im Geschäftsjahr 2004/05 schloss KMK nach einem Umsatzzuwachs von über 30 Prozent innerhalb von drei Jahren mit einem neuen Rekordumsatz von 551,1 Mio. Euro ab und überholte damit erstmals auch den Erzkonkurrenten Engel.[481] Und während die anderen MPM-Gesellschaften in ihren Marktanteilen stagnierten oder gar Verluste hinnehmen mussten, baute KMK seine Position in Europa von 14 auf 17 Prozent aus.[482] Die strategische Positionierung des Unternehmens war mithin weit stärker und aufgrund des breiten Produktportfolios auch weit weniger anfällig gegenüber kurzfristigen Marktsegmentverschiebungen als bei Netstal, Berstorff oder Demag. Hatte KMK im Jahr 2000 bereits 35,3 Prozent des Gesamtumsatzes der MPM-Gruppe beigesteuert, so stieg dieser Anteil bis 2005 auf ca. 45 Prozent. Noch deutlicher wird das Gewicht bei einem Blick auf den Ertrag. KMK erwirtschaftete zusammen mit Netstal knapp 80 Prozent des Gesamtgewinns von MPM, im Krisenjahr 2002 waren es sogar über 90 Prozent gewesen.

Krauss-Maffei war außerdem Vorreiter und Vorbild bei der grundlegenden Umstrukturierung der Fertigung in der MPM-Gruppe gewesen, die einen erneuten Umbruch in der langen Geschichte des Krauss-Maffei-Produktionssystems mit sich brachte. »Wir haben im abgelaufenen Geschäftsjahr 2004/05 mit einem Thema begonnen«, so schrieb der Vorsitzende der KMK-Geschäftsführung im Jahresbericht, »das Krauss-Maffei in seinem Denken, Handeln und Tun mehr verändern wird, als viele Themen in der Vergangenheit. Seit Mai 2005 wird die neue CX-Baureihe nicht mehr statisch an einem Platz montiert, sondern in der getakteten Fließmontage.«[483] Schon seit dem Frühjahr 2002 hatte man sich in München mit der Hilfe von Beratern Gedanken über die Neuordnung der Produktionsstrukturen gemacht und an Maßnahmen zur nachhaltigen Senkung der Durchlaufzeiten und Bestände gearbeitet, um die wachsenden Herausforderungen infolge der zunehmenden Umsatzschwankungen, einhergehend mit starken Produktmix-Veränderungen, zu bewältigen.[484] Alle Hauptkonkurrenten waren gleichfalls intensiv damit beschäftigt, ihre Fertigung zu optimieren. Detailliert wurden die Kernteile und -prozesse bei der Vormontage, Montage und Fertigung identifiziert und untersucht, um so Potenziale für eine Verringerung der Fertigungstiefe und die Rationalisierung der Fertigungsabläufe zu eröffnen.[485] Als Muster diente dabei auch die Fertigungsorganisation in der neuen, 2004 eröffneten Krauss-Maffei-Fabrik in Treuchtlingen. Das »3 P Treuchtlinger Produktionssystem« vereinte Kundenorientierung und Qualitätssicherung, Just-in-time-Fertigung und Synchronisation von Ware und Information, Pull-System (»Montage zieht«) und Rüstzeitreduzierungen, die unter dem Strich zu Produktivitätssteigerungen von 20 Prozent und Reduzierung der Produktionsdurchlaufzeiten von 30 Prozent führten.[486]

Schließlich übernahm Krauss-Maffei auch die Vorreiterrolle bei der Formulierung und Umsetzung der fokussierten Expansion der MPM-Gruppe in die asiatischen Märkte und hier vor allem in den Kunststoffmaschinenmarkt in China. Im Mai 2004 war im Aufsichtsrat erstmals ein China-Projekt vorgestellt worden, in dessen Zentrum ein geplantes Joint Venture von Krauss-Maffei mit einem chinesischen Partnerunternehmen stand.[487] Die Münchner hatten kurz zuvor auf der »Chinaplas 2004« einen erfolgreichen Messeauftritt absolviert und dabei vor allem im Extrusions-Bereich neue Kunden, darunter die Dalian Shide Group, gewinnen können. Zur Absicherung des von Shide erteilten langfristigen Großauftrags über 240 Profilextrusionsmaschinen und auch für einen damit einhergehenden verstärkten Markteintritt in das mittlere und obere Preissegment im chinesischen Extrusionsmaschinenmarkt – man schätzte ihn alles in allem auf ein Volumen von ca. 250 Mio. Euro pro Jahr – plante man daher nun eine gemeinsame Fabrik. Damit besaß man ebenfalls die Option auf einen neuen Fertigungsstandort in China, der als Ausgangspunkt für die Markteroberung auch in den anderen Kunststoffmaschinentechnologien dienen konnte. Es dauerte allerdings bis Januar 2005, bis tatsächlich die Krauss Maffei-Extrusion Technology Co. Ltd. (Krauss-Maffei ET) in Zhejiang als gemeinsames Tochterunternehmen gegründet wurde.

Krauss-Maffei hielt dabei 90 Prozent der Anteile, Dalian Shide zehn.[488] Die Gesamtinvestitionen betrugen rund zehn Mio. Euro, und Krauss-Maffei plante an dem neuen Produktionsstandort nicht nur die Fertigung von Profil- und Rohrextrudern im mittleren und oberen Preissegment, sondern startete von dort aus auch ein Servicezentrum für Extrusionstechnik in China und Asien. Im Frühjahr 2006 sollten die ersten in China gefertigten Extrusionsmaschinen auf den asiatischen Markt kommen. Gleichzeitig eröffnete Krauss-Maffei ein neues Vertriebs- und Servicebüro in Peking, wenig später folgte Netstal mit der Eröffnung einer eigenen Niederlassung in Schanghai. Schon im Juni 2005 eröffnete Krauss-Maffei in Shenzhen

129 Feierliche Unterzeichnung der Verträge für das neue Gemeinschaftsunternehmen von Krauss-Maffei und der Dalian Shide Group in Haiyan, VR China (li. si. Graziano Parisi, Geschäftsführer Krauss-Maffei Kunststofftechnik, und Pepyn Dinandt, Vorsitzender der MPM-Geschäftsführung)

[KraussMaffei]

130 Krauss-Maffei-Stand auf der Düsseldorfer Messe K '04

[KraussMaffei]

einen weiteren und damit insgesamt dritten chinesischen Vertriebs- und Servicestandort. Die Münchner intensivierten daneben auch die F&E-Zusammenarbeit mit den Chinesen. Im August 2005 war eine hochrangige Minister- und Universitätsdelegation aus der Provinz Shangdong und von der Universität Qingdao, der wichtigsten Universität für Kunststoff- und Gummitechnik in China, zu Gast bei Krauss-Maffei. Auch wenn es später Probleme mit dem chinesischen Partnerunternehmen geben sollte, so waren doch die Weichen für eine Präsenz von Krauss-Maffei auf dem chinesischen Wachstumsmarkt gestellt. Immerhin 8,5 Prozent des Gesamtumsatzes erwirtschaftete Krauss-Maffei schon 2004 in China. Bis 2010 sollte dieser Anteil auf 16 Prozent steigen und sich damit verdoppeln.

Krauss-Maffei war nicht zuletzt auch das eigentliche Forschungs- und Entwicklungszentrum der MPM-Gruppe. Hier waren innovative Schlüsseltechnologien entwickelt worden oder aber man arbeitete noch daran; so etwa die Zweiplatten-Technik sowie Hybrid-Maschinensysteme mit hochpräziser vollelektrischer Spritzgießeinheit bei weiterhin hydraulischen Schließeinheiten; oder zukunftsweisende Entwicklungen in der Prozesstechnologie, wie SkinForm und das Injection Molding Compounder-Verfahren (IMC-Technologie). Tatsächlich waren um die Jahrtausendwende im Kunststoffmaschinenbau zwei große technologische Umbrüche im Gange: Zum einen der Übergang vom hydraulischen zum vollelektrischen Maschinenantrieb. 2001 hatte man als einer der ersten Spritzgießmaschinenbauer die Entwicklung von vollelektrischen Maschinen aufgenommen. Zwischen 2002 und 2004 präsentierte man dann der Öffentlichkeit auf der weltgrößten Kunststoffmesse gleich drei neue Baureihen – CX (für den unteren und mittleren Schließkraftbereich), MX (für den mittleren und oberen Schließkraftbereich) und EX (als vollelektrische Spritzgießmaschine). Diese Baureihen zeichneten sich durch geringen Energieverbrauch und hohe Bewegungsgeschwindigkeiten des Schließsystems sowie extreme Genauigkeit beim Einspritzen aus. Allerdings ging es nicht um einen Ersatz einer alten Antriebstechnologie durch eine neue, auch wenn es zeitweise den Anschein hatte, dass sich die Kunststoffmaschinenbranche in eine »elektrische Welt« und eine »hydraulische Welt« aufteilen würde. Anders als in Asien und den USA konnten sich die vollelektrischen Maschinen in Europa nur langsam durchsetzen, und die Entwickler bei Krauss-Maffei hatten denn auch von Anfang an auf eine Komplementarität der beiden Antriebssysteme bzw. eine pragmatische Kombination der jeweiligen Vorteile der zwei Antriebstechnologien, und damit letztlich auch auf den richtigen technologischen Pfad, gesetzt.[489] Unter dem Produktnamen »Eltec« wurde ein Hybrid-Maschinenkonzept verfolgt, d. h. zur Entwicklung modularer, energieeffizienter Systemlösungen die hydraulische Schließeinheit mit der elektrischen Spritzeinheit kombiniert.

Der zweite große Trend war die Kombination der Verarbeitungstechnologien, d. h. die produkt- und verfahrenstechnische Verknüpfung von Spritzguss mit Extrusions- und/oder Reaktionsgießanlagen. Und hier erwies sich Krauss-Maffei als maßgeblicher Antreiber und Vorreiter. Die neuen Baureihen aus München wiesen daher vor allem auch eine bislang unerreichte technische Anwendungsvielfalt auf. Die Maschinen konnten jederzeit aufgerüstet werden und waren somit sowohl für den Standardeinsatz wie für komplexe Fertigungsverfahren, wie Mehrkomponenten-Spritzguss, Spritzprägen, physikalisches und chemisches Schäumen oder Gas- und Wasserinjektionstechnik, geeignet. »Technological innovation paired with standardization and complexity reduction«, lautete die Erfolgsformel für die neue CX-Baureihe, die rasch zum wahren Verkaufsschlager avancierte.[490] Die Krauss-Maffei-Ingenieure entwickelten auch ein neues Plastifizierungssystem, das als sogenanntes SkinForm-Verfahren gleichfalls einen Innovationssprung markierte. Es verband Spritzgieß- und Polyurethanverarbeitung, d. h. Reaktionstechnik, indem in einem Mehrkomponentenverfahren massive Bauteile mit weichen Komponenten überflutet wurden, so dass eine Gießhaut mit hoher Kratzfestigkeit entstand. Das Verfahren war vollautomatisch, einstufig und großserientauglich. In der Abteilung für Neue Technologien unter Leitung von Erwin Bürkle hatte man zudem inzwischen die IMC-Technik, d. h. einen Spritzgießcompounder, in dem die diskontinuierliche Arbeitsweise des Spritzgießens mit der kontinuierlichen Arbeitsweise des Extrudierens aufeinander abgestimmt wurde, weiterentwickelt und zur Produktionsreife gebracht. Der Verarbeiter wurde damit erstmals in die Lage versetzt, selbst seinen Kunststoff zu mischen. Für die Kunden bedeutete dies erheblich reduzierte Material- und Rohstoffkosten. Aber die IMC-Maschine konnte noch viel mehr, als nur die Herstellungskosten zu verringern. Sie bot eine zuvor nicht gekannte Flexibilität in der Materialwahl, lieferte hohe Materialqualität, garantierte kurze Zykluszeiten und war extrem wartungs- und bedienungsfreundlich.[491] Auf der Suche nach neuen Anwendungsfeldern für maßgeschneiderte Naturfaser-Kunststoff-Verbunde arbeiteten die

F&E-Experten seit November 2004 zudem verstärkt mit dem Fraunhofer-Institut für Mikrostruktur von Werkstoffen und Systemen in Halle zusammen. In enger Kooperation mit einem amerikanischen Fenster- und Türhersteller entwickelten die F&E-Fachleute bei Krauss-Maffei nicht zuletzt auch eine Innovation in der Reaktionstechnik, die Long-Fiber-Injection-Technology, mit deren Hilfe Türen aus Polyurethan mit hohem Glasfaseranteil gefertigt werden konnten. Die Liste der allein Anfang 2005 laufenden wichtigsten F&E-Aktivitäten bei Krauss-Maffei umfasste 25 Projekte unterschiedlichster Art.[492]

Angesichts all dessen war es also kein Wunder, dass bei Krauss-Maffei ein ausgeprägtes Selbstbewusstsein als Markengesellschaft herrschte. Das im Juni 2003 entworfene KMK-Leitbild formulierte denn auch als Anspruch, auf dem Gebiet der Spritzgieß- und RIM-Technologie sowie in den verwandten Feldern globaler Marktführer bei fortschrittlichen Maschinen und Systemen zu sein. »Seit Jahrzehnten steht Krauss-Maffei für Qualität und Zuverlässigkeit« und »aufbauend auf unsere umfassende Erfahrung und unsere Innovationsfähigkeit [...] können wir als weltweiter Premium-Partner der Kunststoffverarbeitenden Industrien ein umfassendes Produktionsspektrum anbieten, welches alle Schließkraftgrößen umfasst. Unser Know-how reicht dabei von der Produktidee bis hin zur kundenspezifischen Systemlösung. Als einziges Unternehmen am Markt beherrschen wir die drei wichtigsten Maschinentechnologien für die Kunststoffverarbeitung.«[493] »Der Name Krauss-Maffei«, so hieß es später ergänzend, »steht für 170 Jahre Innovation und Fortschritt. Diese Rolle als erfolgreicher Technologieführer setzen wir auch in Zukunft fort.«[494] Es war unübersehbar, dass hier auch die alte Krauss-Maffei-Kultur weiterlebte.

Ungeachtet der starken Entwicklung von Krauss-Maffei verzeichnete die MPM-Gruppe Ende des Geschäftsjahres 2004/05 einen Verlust von 12,6 Mio. Euro; noch dramatischer war die Situation beim operativen Cashflow, der bei 61,5 Mio. Euro lag. Um liquide zu bleiben, benötigte MPM einen Cashflow von mindestens 60 Mio. Euro, d. h., die Unternehmensgruppe »segelte ziemlich hart am Wind« und wandelte inzwischen auf einem extrem schmalen Liquiditätsgrat.[495] Nicht zuletzt der inzwischen ausgebrochene starke Preiskampf mit Engel verhagelte das Ergebnis. Spätestens im Mai 2006, als die MPM-Geschäftsführung KKR gegenüber weiter schlechte Zahlen melden musste, unter anderem einen desaströsen Einbruch beim Cashflow um 30 Mio. Euro, dazu rasant steigende Vorräte und nun auch selbst bei KMK extreme Margeneinbrüche, machte sich im Unternehmen wie beim Eigentümer Krisenstimmung breit.[496] Das Zahlenbild förderte zweifellos die Bereitschaft des Finanzinvestors, MPM auch ohne Erreichen der Kapitalmarktfähigkeit und noch vor dem ursprünglich erhofften Börsengang nun möglichst schnell abzustoßen. Erste Verkaufsgespräche hatte es bereits einmal im Januar 2005 gegeben, als Bain Capital LLC, ein amerikanischer Finanzinvestor und gleichfalls eine Private-Equity-Gesellschaft, KKR »mit einem attraktiven Angebot für MPM angesprochen« hatte.[497] Schon im März war aber klar, dass das Kaufgebot dann doch weit unter den Preisvorstellungen von KKR lag und den Wert der MPM-Gruppe in keiner Weise angemessen widerspiegelte. Im Mai 2006 nun war ein neuer Kaufinteressent aufgetaucht, Madison Capital Partners Corp. Die Amerikaner waren in der Private-Equity-Szene bisher unbekannt und hatten bis dahin auch kein Investment in ein europäisches Unternehmen getätigt. Was Madison zudem von den großen Finanzinvestoren unterschied, war, dass man gleichsam als Zwitter zwischen reinem Finanzinvestor und strategischem Investor mit starkem Fokus auf den Bereich mittelständischer Kunststoffunternehmen auftrat. Die neuen Eigentümer der MPM-Gruppe verstanden daher das Kunststoffmaschinengeschäft und waren sowohl nahe am Markt als auch am Produkt. Am 26. Mai 2006 wurde MPM (im Kontext des Verkaufs der gesamten Demag Holding) schließlich von KKR an Madison Capital verkauft. Als Huth die Geschäftsführung in der Aufsichtsratssitzung am 14. Juni 2006 über die unmittelbar bevorstehende Unterzeichnung des Kaufvertrags informierte, machte sich daher einerseits Hoffnung, aber auch Sorge, nicht zuletzt über die kulturellen und sprachlichen Barrieren, breit.[498] Andererseits hatten die Gespräche, die die Vertreter von Madison im Vorfeld des Kaufs bereits auch mit der Unternehmensleitung wie mit den Arbeitnehmervertretern im Aufsichtsrat geführt hatten, den Eindruck vermittelt, dass die Amerikaner sich durchaus sensibel für die spezifischen Gegebenheiten, insbesondere auch hinsichtlich der Industrial Relations, zeigten. Der damalige stellvertretende Aufsichtsrats- und Gesamtbetriebsratsvorsitzende Siegfried Gruber rang Larry Gies sogar vier feste Versprechen ab, die aus Sicht der Arbeitnehmervertreter schlichtweg »nicht diskussionsfähig« waren: erstens keine Zerschlagung der MPM-Gruppe, zweitens Verbleib von MPM im Arbeitgeberverband, drittens die Wahrung der Tarifverträge und die Weiterführung der betriebsübergreifenden Lehrlingsausbildung sowie viertens die Verpflichtung, Grund und Boden in Allach nicht zu verkaufen.[499]

Für KKR hatte sich das Investment in MPM unter dem Strich doch noch gelohnt, wie Huth auf der letzten Aufsichtsratssitzung rückblickend zugestand. Für MPM fiel die Bilanz der KKR-Jahre eher durchwachsen aus. Das Unternehmen war einem enormen Veränderungsdruck ausgesetzt und auf Kapital- und Finanzkennzahlen ausgerichtet worden. Allerdings hatte die Holding-Struktur viele der Turbulenzen und Aushandlungs- bzw. Diskussionsprozesse zwischen Geschäftsführung und Aufsichtsrat bzw. dem Eigentümer KKR gleichsam abgefangen und damit ein direktes Durchschlagen auf die operative Ebene in den Werkstätten und Büros verhindert. Unter KKR hatte die langfristig angelegte und bereits zu Siemens-Zeiten eingeleitete Politik der Neuausrichtung fortgesetzt werden können, freilich nicht zuletzt auch deshalb, weil sie mit den spezifischen Interessen des Private-Equity-Investors kompatibel war. Dass die komplexe Mehrmarkenstrategie letztendlich nur eher mäßig erfolgreich war, lag nicht am Eigentümer. Alle Bemühungen der Holding-Führung, aus der MPM-Gruppe mithilfe einer gemeinsamen Vision (»der weltweit führende und erfolgreichste Unternehmensverbund von Herstellern gummi- und kunststoffverarbeitender Maschinen zu sein«), mit einer strategisch unterfütterten Mission und einem Slogan (»We power Excellence in Plastics & Rubber Machinery«) ein gemeinsames Unternehmens- bzw. Gruppenbewusstsein zu schaffen und auch bei den insgesamt rund 6200 Belegschaftsmitgliedern eine die Markengesellschaften übergreifende Identität zu stiften, schlugen fehl. Das stark ausgeprägte Eigenleben der Markengesellschaften war ungebrochen. Allerdings war es KKR umso mehr zuzuschreiben, dass die finanziellen Spielräume des MPM-Managements äußerst begrenzt gewesen waren und die Unternehmensgruppe nicht nur einmal knapp an der Illiquidität vorbeigeschrammt war. Der kaufmännische Geschäftsführer konnte sich durchaus zugutehalten, dies verhindert zu haben, mehr noch aber stolz darauf sein, dass es gelungen war, MPM aus der KKR-Phase mit einer Bilanzqualität herausgeführt zu haben, die nicht schlechter war als vor dem Einstieg des Finanzinvestors.[500] KKR hatte sich bei MPM mithin nicht als der befürchtete kapitalgierige und allein auf Kosten und damit zum Schaden des übernommenen Unternehmens agierende Investor erwiesen.

»Projekt Ironman«: der gescheiterte Börsengang und die Perzeption der Kapital- und Finanzmarktkrise

Mit dem neuen Investor und Eigentümer ergab sich nicht nur eine neue Zusammensetzung des Aufsichtsrates, der nun interimsweise von Larry Gies, dem Präsidenten und Chief Executive Officer von Madison Capital, geleitet wurde, ehe im September 2006 der ehemalige Mannesmann-Manager Kurt Kinzius, der inzwischen als Berater für diverse Private-Equity-Firmen arbeitete, Aufsichtsratsvorsitzender wurde. Auch ein neuer Vorsitzender der Geschäftsführung kam, da sich zwischen Dinandt und dem Investor rasch unterschiedliche Auffassungen über die weitere strategische Ausrichtung der MPM-Gruppe ergeben hatten. Für Dinandt übernahm gleichfalls interimsweise Richard Osborne den Geschäftsführungsvorsitz und damit die Unternehmensführung. Der Amerikaner war Senior Managing Director und Mitglied des Advisory Boards bei Madison Capital. Im Januar 2007 schied dann auch der bisherige kaufmännische Geschäftsführer Engelmann aufgrund von Meinungsverschiedenheiten mit dem neuen Eigentümer aus der MPM-Geschäftsführung aus, aber schon knapp zwei Monate später, Mitte März 2007, konnte Madison Capital einen neuen Vorsitzenden der Geschäftsführung und einen neuen Finanzkaufmann präsentieren, die zusammen neben Urbanek und Scheele die MPM-Führung nun wieder komplettierten: Dietmar Straub und Peter Sassenfeld. Straub war promovierter Physiker und hatte seine berufliche Karriere bei International Business Machines Corporation (IBM) in den USA begonnen, später war er bei Mannesmann-Kienzle GmbH und dann beim Steuerungs- und Antriebstechnikunternehmen Rexroth in diversen Führungspositionen tätig gewesen. Dort hatte er Ende der 1990er-Jahre auch erstmals Kontakt mit Krauss-Maffei gehabt, die er für die neu aufkommende elektrische Spritzgießmaschinentechnologie (vergeblich) zu begeistern versuchte.[501] Aus den spezifischen Interessen und dem künftigen unternehmenspolitischen Bestreben hatten die Manager von Madison Capital allerdings schon lange vor dem Amtsantritt Straubs, auf der ersten Aufsichtsratssitzung am 27. September 2006, kein Geheimnis gemacht: Das große Ziel hieß wie bei KKR ein möglichst schneller Börsengang von MPM, und als eine erste Voraussetzung dafür war auch bereits eine neue Holding (MPM GmbH) gegründet worden, unterhalb derer die MPM mit ihren Tochter- bzw. Markengesellschaften das operative Geschäft bestritt.[502] Auch bei den

Finanzierungsbedingungen des Kaufs durch die Private-Equity-Gesellschaft gab es keine Änderungen. Der Erwerb war durch zwei Großkredite finanziert worden, die MPM auferlegt wurden und die zunächst für acht Jahre tilgungsfrei waren, spätestens dann jedoch in einer Summe zurückgezahlt werden mussten. Als Sicherheit für die Darlehen wurden sämtliche Geschäftsanteile der MPM-Gesellschaften verpfändet. Was jedoch hinzukam und gegenüber der KKR-Phase neu war, war ein Sales-und-Lease-Back-Verfahren, um die finanzielle Belastung der MPM-Gruppe aus den Verbindlichkeiten zu reduzieren. Konkret ging es dabei zunächst nur um Grundstücke von Netstal, Krauss-Maffei und Van Dorn Demag in den USA, mit deren Verkauf circa elf Mio. Euro erlöst werden sollten, während zugleich langfristige Mietverträge (über 15 Jahre) für die zur Disposition stehenden Areale abgeschlossen wurden. Es war kein Wunder, dass angesichts dessen bei den Arbeitnehmervertretern im Aufsichtsrat alle Alarmglocken schrillten. Auf die Nachfrage nach entsprechenden Plänen auch für einen Verkauf und die Rückmietung des ebenso umfangreichen wie wertvollen Fabrikgeländes am Standort München erhielten sie aber die Versicherung, dass kein derartiges Projekt existiere, allerdings die nicht betriebsnotwendigen Grundstücke im Bereich München-Allach nach und nach abverkauft werden würden.[503] Als MPM im Januar 2007 die Bilanz des abgelaufenen Geschäftsjahres 2005/06 präsentierte, signalisierten die Zahlen ein düsteres Bild. Zwar war der ausgewiesene Jahresfehlbetrag mit 4,2 Mio. Euro gegenüber dem Vorjahr erheblich gesunken, aber dafür war das Eigenkapital weiter geschmolzen, bei gleichzeitigem Anstieg der Verschuldung um 127 Mio. Euro. Ob MPM im März seinen laufenden Schuldendienst würde erfüllen können, war zu diesem Zeitpunkt völlig ungewiss. Dazu spitzte sich die Lage bei der Demag Plastic Group dramatisch zu, reihenweise verließen angesichts des ungewissen Schicksals die Mitarbeiter das Unternehmen und wechselten zur Konkurrenz.[504]

Im Mittelpunkt der unternehmenspolitischen Maßnahmen standen jedoch ein Strategiewechsel und die Neuformulierung der Mehrmarkenpolitik. Osborne selbst hatte sich zunächst einen Überblick über die jeweiligen Aktivitäten der Marken verschafft und dabei eine Reihe von Optionen geprüft, die von einer weiteren Verfeinerung und Weiterentwicklung der Mehrmarkenstrategie über die Integration von Marken bis zur Integration und gleichzeitigen Separierung von diesen reichten. Zu den Gedankenspielen gehörte etwa auch eine Integration der Demag in Krauss-Maffei, um die teilweise bis zu 80 Prozent bestehende Überlappung am Markt endlich zu beenden. Letzteres wurde jedoch wegen der unterschiedlichen Kulturen nicht weiterverfolgt. Tatsächlich waren die Gräben und Strukturen zwischen Krauss-Maffei und Demag so verfestigt und tief, dass »man das in vernünftiger Managerzeit gar nicht hätte drehen können«.[505] Stattdessen entschied man sich, die DPG getrennt zu führen und dafür eine Integration von Krauss-Maffei und Berstorff, die vor allem den Extrusionsbereich betraf, vorzunehmen. »Im Ergebnis würde eine ›neue‹ Krauss-Maffei Gesellschaft gemeinsam mit Netstal gemanagt, mit einer separat geführten Tochtergesellschaft Demag bzw. Demag Plastic Group.«[506] Geschäftsführung wie Aufsichtsrat waren sich einig, »dass die alte Mehrmarkenstrategie so nicht mehr funktioniert hat«.[507] Im Prinzip stammte sie in ihrer Grundkonzeption noch aus der Mannesmann-Zeit, und neben der starken Markenautonomie sowie der Tatsache, dass sich die Marken »im Markt ordentlich bekriegt haben«, erwies es sich als offenkundiges Problem, dass MPM nicht wirklich divisionalisiert, d. h. nicht nach Produkten sortiert war. Die Zusammenführung des Extrusionsgeschäfts von Krauss-Maffei und Berstorff war mithin ein erster Schritt, dieses organisatorische Defizit endlich zu beheben. Später sollte auch die Zusammenführung des Spritzgießgeschäfts unter einem Dach und als gruppenweit einheitliches Geschäftssegment folgen. Es war klar, dass mit der organisatorischen Separierung über kurz oder lang der schon unter KKR betriebene Verkauf der DPG erfolgen würde. Das war eigentlich ein Bruch der Zusage, die Larry Gies seitens Madison Capital den Arbeitnehmervertretern gegenüber im Aufsichtsrat gegeben hatte, nämlich die MPM nicht zu zerschlagen. Aber letztlich erschien der Strategiewechsel auch den Betriebsräten erforderlich, vor allem aber erleichterte ihnen die Tatsache, dass damit nun »letztendlich die alte Krauss-Maffei AG im Kunststoff-Bereich wieder hergestellt ist«, die Zustimmung.[508] Tatsächlich wurden Berstorff und KMK nun zu einer neuen »KraussMaffei GmbH« zusammengeschlossen und die Schweizer Nestal AG (wieder) als deren Tochtergesellschaft geführt. Auch die bisherige Muttergesellschaft MPM verschwand, indem sie, unter Separierung der DPG, in die »neue« KraussMaffei GmbH integriert wurde. »Wir haben dann«, so äußerte der KraussMaffei-Vorstandsvorsitzende Straub rückblickend, »eine strategische Umstellung gemacht, von einer markenverwaltenden Holding in eine ganz schlanke, mit nur noch zwei Vorständen besetzte und mitagierende Holding, die selbst sehr operativ geworden ist, und haben nicht mehr nach Marken, sondern nach Geschäftsbereichen aufgestellt; vier Geschäftsbereiche (Spritzgießmaschinen KraussMaffei, Spritzgießmaschinen Netstal, Extrusion KraussMaffei Berstorff und Reaktionstechnik KraussMaffei) in drei Geschäftsfeldern entsprechend den drei Technologien.«[509] »Alles unter Flagge ›Krauss Maffei‹«, betitelte denn auch die »Kunststoffzeitung« am 19. März 2007 einen Bericht über diese Entwicklung.

Die geradezu dogmatisch betriebene Mehrmarkenstrategie endlich einmal auf den Prüfstand zu stellen und radikal neu zu definieren war durchaus ein mutiger Schritt, der ohne den Eigentümer- und Geschäftsführungswechsel wohl nie gemacht worden wäre. Dies und vor allem auch die gesellschaftsrechtliche Umstrukturierung zurück zur alten KraussMaffei hatten allerdings nichts mit Nostalgie oder einer Anerkennung der dominierenden Stellung der KMK nach dem Motto »organisation follows culture« zu tun, sondern entsprang einem klaren Kalkül in Vorbereitung des Börsengangs. Mit einem wenig aussagekräftigen, weithin unbekannten und zudem in vieler Hinsicht auch belasteten Namen wie »Mannesmann Plastics Machinery« ließ sich schlecht ein attraktiver Börsengang machen, zumal auch über kurz oder lang namensrechtliche Probleme auftauchen würden. Mit KraussMaffei dagegen besaß man einen starken und ebenso traditionsreichen wie weithin bekannten und positiv besetzten Namen. Am 13. Dezember 2007 fand schließlich die konstituierende Aufsichtsratssitzung der KraussMaffei AG statt, die damit ihre organisatorische wie juristische Wiederbegründung erfuhr. Die Planungen und Zeitvorgaben durch Madison Capital für den Börsengang waren dabei ziemlich ambitioniert und aus Sicht des KraussMaffei-Managements extrem eng, denn schon im Juni 2008 sollten die neuen KraussMaffei-Anteile an der Börse gehandelt werden. Dass es noch im Dezember 2007 gelang, DPG tatsächlich zu verkaufen und für eine hohe zweistellige Millionensumme an den japanischen Mischkonzern Sumitomo mit all den dort noch ungelösten Problemen weiterzureichen, war dabei ein weiterer und wichtiger Schritt. Damit hatte man nicht nur die für den Börsengang erwünschte Unternehmensstruktur erreicht und einen erheblichen Teil der Altlasten abgestoßen, sondern konnte auch mit dem Verkaufserlös die hohen Nettoverbindlichkeiten, d. h. den Schuldenberg bei den Banken, zumindest teilweise abtragen.[510] Denn an der labilen Kapitalverfassung und äußerst kritischen Liquiditätslage von KraussMaffei hatte sich kaum etwas geändert. Im Gegenteil, mit ca. 470 Mio. Euro lag die Verschuldung weit über der für den Börsengang

131 Der Krauss-Maffei-Vorstandsvorsitzende Dr. Dietmar Straub (rechts) und Krauss-Maffei-Technikvorstand Urbanek bei der Eröffnung des Zentrums »Funktionsintegrativer Leichtbau« in München am 16. Oktober 2007

[KraussMaffei]

erforderlichen Maximalbelastung von 250 Mio. Euro. Im Herbst 2007 stand daher plötzlich das Thema Sales-and-Lease-Back des Allacher Betriebsgeländes auf der Agenda der Aufsichtsratssitzung. Im Moment, so verkündete der KraussMaffei-Finanzvorstand, sei durch die hohe Liquidität im Markt und die noch günstigen Finanzierungskonditionen ein guter Preis für Immobilien zu erzielen. Für die KraussMaffei-Grundstücke könnte daher ein Erlös von etwa 110 Mio. Euro erwartet werden, bei künftigen Jahresmieten von etwa 5,5 Mio. Euro. Diese Ankündigung löste einen Proteststurm bei den Arbeitnehmervertretern aus. Nicht nur, dass damit das Versprechen von einst gebrochen worden war; auch gegenüber der Belegschaft, die diese

Werte in Jahrzehnten mit aufgebaut hatte und sich mit dem Standort Allach sehr stark identifizierte, sah man darin ein verheerendes Signal und ein massives moralisches Problem. Dass KraussMaffei sein Tafelsilber und den eigenen Grund und Boden für letztlich von außen durch den Finanzinvestor auferlegte Schulden verscherbeln sollte, war in den Augen der Betriebsräte den Krauss'lern nicht vermittelbar.[511] Außerdem sprachen aus Sicht der Arbeitnehmervertreter auch handfeste wirtschaftliche Gründe gegen den Verkauf und die Rückmiete des Betriebsgeländes, vor allem wenn es aus irgendeinem Grund doch nicht zum Börsengang kommen sollte. Dann würden dem Unternehmen eventuell neue Schulden aufgebürdet, ohne jedoch die Deckung durch Grund und Boden noch zu haben. Zudem war spätestens nach 20 Jahren durch die Miete der Kaufpreis in vollem Umfang zurückgezahlt, aber das Eigentum für immer verloren, bei gleichzeitig von diesem Zeitpunkt an sich nicht mehr amortisierenden erheblichen Mietkosten. Das war allerdings eine Langfristperspektive, die im Denken des Eigentümers nicht vorkam. Dessen Logik lautete vielmehr, wie der Finanzvorstand lapidar äußerte, »dass es zur Erreichung der Börsenfähigkeit nun einmal notwendig sei, aus der Schuldenfalle herauszukommen«.[512]

So dramatisch sich die Finanz- und Liquiditätslage von KraussMaffei auf Holding-Ebene auch darstellte, so wenig schlug davon zunächst auf das operative Geschäft durch. Dem neuen Vorstand gelang es in kurzer Zeit, sogar eine Art Aufbruchstimmung zu erzeugen. Viele der strukturellen Belastungen der letzten Jahre wurden nun in Angriff genommen und unter dem Vorzeichen der nur knappen verbleibenden Zeit bis zur geforderten Kapitalmarktfähigkeit von KraussMaffei bereinigt. Tatsächlich eröffnete der Börsengang potenziell durchaus viele neue und auch in den Augen der Beschäftigten positive Optionen für den weiteren Erhalt des Unternehmens und der Arbeitsplätze. Vor allem aber die Wiederbegründung der KraussMaffei AG sorgte für einen ungeahnten Motivations- und Identifikationsschub. Und der »Masterplan« für den Börsengang sah neben optimierten Gesellschaftsstrukturen auch eine Innovationsoffensive vor. Die neue Idee stellte unter dem Schlagwort »Technologie^3« die konsequente Kombination der bislang weitestgetrennten drei unterschiedlichen Maschinentechnologien Spritzgießtechnik, Extrusionstechnik und Reaktionstechnik dar. Der gegenseitige Austausch der in den jeweiligen Bereichen arbeitenden Techniker und Ingenieure war prinzipiell nicht neu und bei KMK zumindest ansatzweise auch praktiziert worden. Die radikale Umsetzung der Technologiekombination, der Wandel von der gelegentlichen Praktizierung des Austauschs zum nun systematisch betriebenen Grundprinzip der F&E-Aktivitäten bei KraussMaffei und das damit verbundene Einreißen von strukturellen wie mentalen Barrieren bedeuteten dennoch eine Revolution.[513] Und diese brachte bemerkenswerte Resultate hervor. Auf der großen Düsseldorfer Kunststoffmesse 2007 zeigte KraussMaffei die größte jemals dort ausgestellte Spritzgießmaschine mit 21 Metern Länge und 300 Tonnen Gewicht. Die dabei unter dem Namen SkinForm realisierte Kombination von Spritzgieß- und Reaktionstechnik hatte man weiterentwickelt; sie ermöglichte nun die Herstellung von großflächigen Automobil-Innenteilen in einem einzigen Verfahrensschritt. Auch die Weiterentwicklung des IMC-Compounders, der erstmals alle drei Schlüsseltechnologien in einer einzigen Fertigungszelle integrierte, war vorangetrieben worden. Mit ihm war nun auch die Verarbeitung glasfaserverstärkter Kunststoffe möglich, aber auch andere Materialien und Rohstoffe, wie Sisal, Hanf, Holzmehl und Kartoffelstärke, konnten nun auf den KraussMaffei-Spritzgießmaschinen als Füllstoff eingesetzt werden. Im Extrusionsbereich präsentierte KraussMaffei mit QuickSwitch ein revolutionäres System für den vollautomatischen Dimensionswechsel bei kompletten Rohrproduktionsanlagen. Nur wenig später führte KraussMaffei zudem die neue, vollelektrische AX-Baureihe ein und 2012 die völlig neu entwickelte sogenannte GX-Baureihe. Diese ist mit modularem Aufbau, kompakter hydromechanischer Zweiplatten-Schließeinheit, einem innovativen Verriegelungsmechanismus und einem neu entwickelten Einkolbenspritzsystem, das zugleich mit allen verfügbaren Spritzeinheiten konfiguriert werden kann, ausgestattet. Die neuen KraussMaffei-Maschinen zeichneten sich durch Bedienungsfreundlichkeit, Energieeffizienz und vor allem die Einsatzmöglichkeit in ganz neuen Anwendungsfeldern aus. Die Fertigung von komplexen Produkten wie LED-Lampen oder auch aufwendige Verfahren wie das Lackieren von Kunststoffteilen – wie beispielsweise von Autostoßfängern – waren durch die Kombination der drei Technologien in maßgeschneiderten Systemlösungen nun in einem Schritt möglich. Im Bereich der hydraulisch-mechanischen Zweiplatten-Maschinen mittlerer Schließkraft bot KraussMaffei damit ein ebenso umfassendes wie innovatives Produktspektrum an, das die Technologieführerschaft weiter festigte. Dazu kam, dass sämtliche Maschinen inzwischen auch mit integrierten Industrierobotern, die KraussMaffei in seiner Tochtergesellschaft KraussMaffei Automation GmbH gleichfalls selbst entwickelte und baute, ausgestattet waren und damit bei den Kunden die Aufstellung vollautomatischer Fertigungsstraßen möglich wurde. Zudem wurde die Long-Fiber-Injection-Technology weiterentwickelt und in Zusammenarbeit mit dem Maschinenbauunternehmen Dieffenbacher GmbH Maschinen- und Anlagenbau das sogenannte RTM-Verfahren (Resin Transfer Moulding oder Hochdruck-Harz-Injektion) zur Marktreife gebracht. Neben dem Einsatz von Epoxidharz und Glasfaser forschte man zudem auch in einem »Carbon Composite Netzwerk«, dem neben KraussMaffei und Dieffenbacher auch Ingenieure der Automobilindustrie und Wissenschaftler des Fraunhofer-Instituts sowie der Technischen Universität (TU) angehören, an der Anwendung und Verarbeitung innovativer Carbonfaser-Werkstoffe. 2011 eröffnete am Standort München dafür ein eigenes, neues Technikum für Leichtbau-Faserverbundtechnik. Zwei Jahre zuvor war bereits ein F&E-Zentrum für Oberflächentechnologie errichtet worden. Durch die Entwicklung dieser vielfältigen »knowledge bases« und deren Zusammenführung zu einem übergreifenden Knowhow war zweifellos ein neuer »System-Geist« bei KraussMaffei entstanden; »KraussMaffei-Technologie« wurde zu einem neuen, klangvollen Begriff. Die Münchner setzten in dieser Zeit Meilensteine im Maschinenbau für die Kunststoff- und Gummiverarbeitung.

Das Geschäftsjahr 2007/08 war für KraussMaffei »extrem erfolgreich«. Die Marktanteile kletterten auf Werte über 40 Prozent, und getrieben von einer überdurchschnittlichen Mengenkonjunktur verzeichnete KraussMaffei auch bei Umsatz und Rendite (unter Berücksichtigung der infolge des DPG-Verkaufs gesunkenen Volumina) deutliche Sprünge nach oben. Durch die neue Strategie eines zweiseitigen Maßnahmenbündels aus »cost reduction« auf der einen und »growth factors« auf der anderen Seite (»Kosten runter, Wachstum hoch«) sollte diese Wachstums- und Produktivitätsphase zumindest mittelfristig bis 2011 abgesichert und fortgeschrieben werden.[514] Doch dann machte die Lage auf den Kapitalmärkten diesem Vorhaben einen Strich durch die Rechnung. Im September 2008 war die Investmentbank Lehman Brothers Holding Inc. im Gefolge der weltweiten Kreditkrise bankrottgegangen und hatte damit einen Börsencrash mit rasant sinkenden Kursen ausgelöst. Dieses Umfeld ließ alle Börsenpläne schnell zu Makulatur werden. Die Lage hatte sich dabei für KraussMaffei, insbesondere in den USA, schon seit Jahresbeginn deutlich verdüstert. Der Konkurrent Battenfeld befand sich in Insolvenz, große amerikanische Kunden standen ebenfalls vor dem Konkurs. Die Nachfrage nach Kunststoffmaschinen seitens der Automobil- und Chemieindustrie brach ein, einzig die Segmente Medizintechnik und Verpackung entwickelten sich aus der Sicht des KraussMaffei-Vorstands noch einigermaßen befriedigend. Noch im Februar 2008 stoppte Madison Capital daher alle Aktivitäten zum Börsengang.[515] In der großen Kapitalmarkt- und Wirtschaftskrise 2008/09 brach der Spritzgießmarkt in Europa und den USA dann um knapp 50 Prozent ein, wobei vor allem Standardmaschinen und die Absätze bei der Automobilindustrie betroffen waren. Auch KraussMaffei musste massive Umsatzeinbrüche hinnehmen, von zunächst fast 30 Prozent, dann noch einmal drei Prozent. Dass dies weit unter dem Branchendurchschnitt lag und damit KraussMaffei offensichtlich eine vergleichsweise größere Krisenresistenz besaß, war für den Vorstand in München jedoch nur ein schwacher Trost.

Es folgten Wochen und Monate, in denen der KraussMaffei-Vorstand nichts anderes als »Krisenmanagement pur« machte.[516] Straub und Sassenfeld hielten sich eigentlich zugute, dass man bei KraussMaffei früher als die meisten Konkurrenten die Krise hatte kommen sehen und daher auch konsequenter mit einem ganzen Maßnahmenbündel versuchte, dem Abschwung entgegenzusteuern, aber »eigentlich sind wir bis zum 31. September 2008 Vollgas gefahren und dann im Oktober mit beiden Füßen auf die Bremse getreten«.[517] Die beiden wichtigsten Steuerungsgrößen, über die der Vorstand KraussMaffei lenkte, waren Auftragseingang und Liquidität, und mit der Anordnung eines sofortigen Einstellungs- und Ausgabenstopps sowie einer massiven Reduzierung der Investitionen versuchte man zu verhindern, dass KraussMaffei stärker in den Strudel der Krise gerissen wurde. Hinzu kamen vor allem zwei weitere Maßnahmen: Zum einen suchte der Vorstand sehr früh das Gespräch mit dem Betriebsrat, wodurch die dann erfolgte Reduzierung der Belegschaft (um circa 20 Prozent) und das massive Herunterfahren der Kapazitäten erst möglich wurden. Erwartet hatte man allerdings durchschnittliche Auftragsrückgänge von 30 Prozent. Dass es nun in manchen Monaten Einbrüche von bis zu 60 Prozent gab, war ein Schock.[518] Dennoch besaß man einen ausreichenden Grad an Flexibilität, um auch darauf zu reagieren. Einmal durch den hohen Anteil von Leiharbeitern, die KraussMaffei zu diesem Zeitpunkt hatte, zum anderen durch den Abbau der hohen Überstunden und schließlich, in enger Absprache und Zusammenarbeit mit dem Betriebsrat, durch die praktisch geräuschlose Überführung von ca. 200 Mitarbeitern am Standort München in eine Transfergesellschaft.[519] Die zweite Maßnahme war der frühzeitige Kontakt des Vorstands mit den Banken. Man wartete nicht erst ab, bis infolge der eingefrorenen Zahlungsabläufe und der Liquiditätskrise einzelne Vertragsbedingungen des komplexen Kreditabkommens und der eingeräumten Kreditlinien erzwungenermaßen gebrochen wurden, sondern suchte vorzeitig die Unterstützung der Banken, indem man

132 Umsatzentwicklung MPM- bzw. KM-Gruppe 1999 bis 2012 (in Mio. Euro bzw. Veränderung zum Vorjahr in Prozent)

[Zusammengestellt und berechnet nach internen KraussMaffei-Unterlagen und diversen Anlagen im Ordner Management-Präsentationen 2001 ff., in: KraussMaffei AG Registraturbestand]

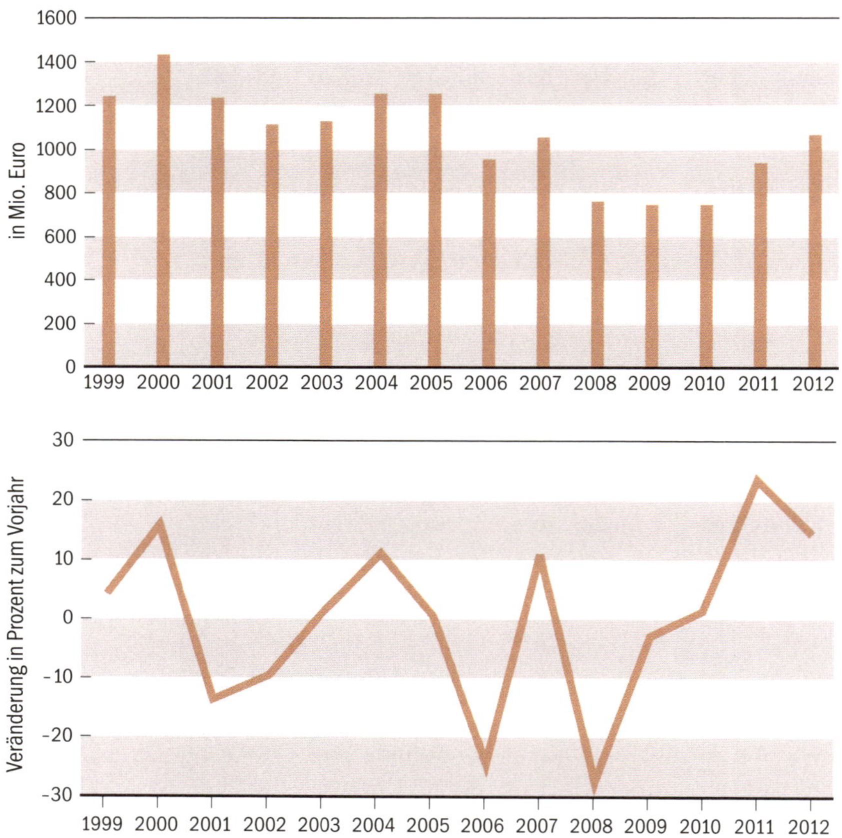

unter anderem auch die geplanten Sparmaßnahmen und Krisenstrategien vorlegte.[520] Und so tragisch es aus der Sicht der KraussMaffei-Belegschaft sicherlich gewesen war, die Grundstücke in Allach zu verkaufen, so dürfte der aus der Perspektive des KraussMaffei-Vorstands gerade noch rechtzeitige Verkauf letztlich doch wesentlich mit dazu beigetragen haben, dass KraussMaffei in der schlimmsten Phase der Krise über ausreichende Liquidität verfügte und damit die Existenz über die Durststrecke hinweg gesichert war. Letztlich hatten mithin alle Beteiligten an einem Strang gezogen, um das Überleben von KraussMaffei zu sichern: Belegschaft und Betriebsräte, Management (u. a. durch Verzicht auf Tantiemen und Boni), Banken und Kunden (die KraussMaffei unter anderem durch Bürgschaften und vor allem das eingeführte Prinzip der Auftragsanzahlung von massiven Stornierungen abhielt) sowie der Finanzinvestor und Eigentümer.

Am Ende war es tatsächlich gelungen, KraussMaffei weitgehend unversehrt durch die Krise zu steuern. Die wirtschaftliche Erholung setzte zudem weit früher und massiver ein, als man es im KraussMaffei-Vorstand erwartet hatte. 2010 stabilisierten sich die Umsätze zunächst, um im Jahr 2011 um mehr als 20 Prozent in die Höhe zu schnellen. 2012 wurde bereits wieder die Umsatzmilliarde überschritten und damit das Niveau der Vorkrisenjahre erreicht. Der Weltmarkt für Spritzgießmaschinen startete, vor allem getrieben von einem starken Wachstum im chinesischen Markt und in den industriellen Schwellenländern wie Brasilien, in eine neue Aufschwungphase.

Die nach der langen Zeit relativer Stabilität in den 1980er- und 1990er-Jahren seit der Jahrtausendwende einsetzende Dynamik und die Veränderungen der Märkte waren dabei ungebrochen – sowohl hinsichtlich der Maschinentechnologien als auch bei den Kundenstrukturen und Anwendungsbereichen sowie in den Regionen und Teilmärkten bzw. Marktsegmenten. Der Vergleich der Jahre 2000 und 2010 zeigt im Fall von KraussMaffei etwa, dass der einst dominierende Anteil der Automobil(-zuliefer-)industrie sowie der Elektroindustrie geschrumpft war, während dafür die Chemieindustrie und die Verpackungsindustrie deutlich zulegten. Regional dagegen verringerte sich die traditionelle Dominanz des deutschen bzw. westeuropäischen Marktes und vor allem auch die des US-amerikanischen Marktes, während Asien als Absatzmarkt rasant an Bedeutung gewann. Hatte KraussMaffei im Jahr 2000 allein in China erst für 11,2 Mio. Euro Kunststoffmaschinen verkauft, so waren es vier Jahre

133 Entwicklung des Spritzgießmaschinen-Weltmarkts 1999 bis 2011 (Nominalumsätze in Mrd. Euro)

[KraussMaffei, unternehmensinterne Unterlagen]

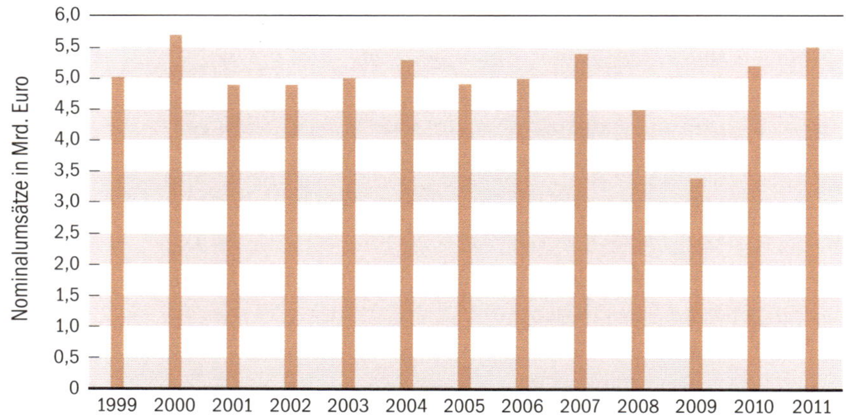

134 Umsatzstruktur nach Industriegruppen MPM bzw. KM Gruppe 2000 und 2010 (absolut in Mio. Euro und Anteil am Gesamtumsatz in Prozent)

[KraussMaffei, unternehmensinterne Unterlagen]

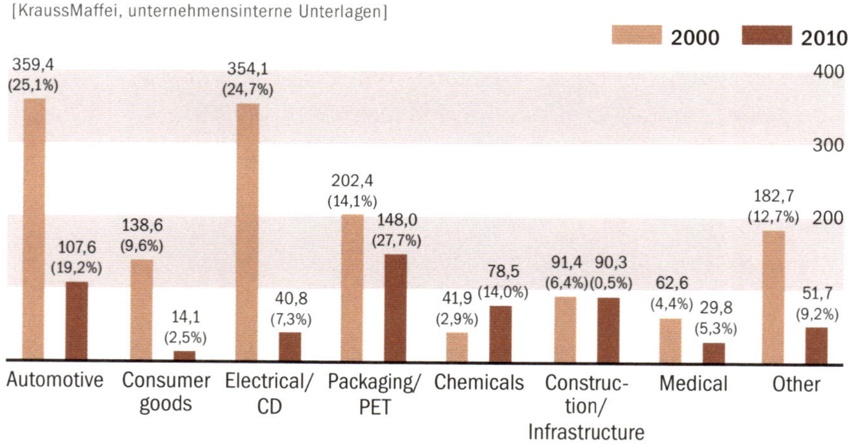

135 Umsatzstruktur nach Regionen MPM bzw. KM Gruppe 2000 bis 2011

[KraussMaffei, unternehmensinterne Unterlagen]

Jahr	West-europa	davon Deutschland	Ost-europa	Nordamerika/ USA	Südamerika/ Mexiko	Asien	Andere Länder
2000	52,6%	24,0%	8,3%	26,1%	–	8,3%	4,7%
2005	50,1%	24,6%	11,6%	17,9%	6,8%	9,6%	4,0%
2011	40,0%		17,0%	10,1%	7,0%	19,0%	7,0%

später bereits 36,3 Mio. Euro. Auch andere Regionen wie Afrika und der Mittlere Osten gerieten nun als Absatzmärkte verstärkt in den Fokus.

Die Dollar- und Euro-Krise spielte dabei für KraussMaffei keine nennenswerte Rolle, dafür jedoch die mittelbar damit zusammenhängende Stärke des Schweizer Franken, der 2010/2011 die von Netstal produzierten Kunststoffmaschinen auf dem Markt gegenüber den Konkurrenten erheblich teurer und damit fast unverkäuflich machte. Mit massiven Rationalisierungsmaßnahmen und nicht zuletzt auch einer Rückführung des graduellen Over-Engineerings bei den Schweizer Maschinen mit ihrem hohen Qualitätsniveau bekam man aber auch dieses Problem letztlich in den Griff.

Die neue KraussMaffei AG startete nach den langen Jahren der Restrukturierung, Neuausrichtung und Krisenbewältigung im Jahr 2011 schließlich mit einem neuen Marktauftritt in die zweite Dekade nach der Jahrtausendwende. Die drei Marken KraussMaffei, KraussMaffei Berstorff und Netstal wurden in ihrem jeweiligen Profil deutlich geschärft: KraussMaffei stand für international wegweisende und technologieübergreifende System- und Verfahrenslösungen und damit für »Engineering Passion«. KraussMaffei Berstorff war demgegenüber bekannt für moderne und qualitative sowie zuverlässige Lösungen in der Extrusionstechnik und damit für »Engineering Value«; während Netstal schließlich unter dem Label »Engineering Excellence« international hochwertige Hochleistungs- und Hochpräzisionsspritzgießtechnik lieferte.[521] Aus der einst heterogenen Markenarchitektur wurde ein wertebezogener, komplementärer Markenprozess definiert. Dabei fungierte die KraussMaffei Gruppe gleichsam als Dachmarke, die die markenübergreifende Kompetenz und das Alleinstellungsmerkmal – die Fähigkeit der Integration aller Anwendungsbereiche Spritzgieß-, Extrusions- und Reaktionstechnik – und die Werte aller drei Marken widerspiegelte: Great Passion, Proven Value, Unique Excellence. Längst war das Unternehmen neben den klassischen Kunststoffmessen in Düsseldorf und Friedrichshafen weltweit auf zahlreichen Fachmessen präsent, um den neuesten Stand der Produkt- und Verfahrenstechnologien vorzustellen. Nicht zuletzt bündelte KraussMaffei auch weltweit seine Vertriebs- und Serviceaktivitäten, die künftig in China, den USA oder Brasilien für alle drei Marken unter dem Dach einer Tochtergesellschaft vor Ort betrieben wurden. Nach der »cross-divisional application« der Technologien folgte damit das »cross-selling«. Die zweigleisige Basisstrategie mit ihrer

Fokussierung auf Profitabilität und Wachstum wurde dabei fortgeschrieben und reichte nun bis zum Planungshorizont des Jahres 2014.[522] Mitten in diese Bemühungen um strategische Kontinuität und eine weitere Umsetzung der 2006 entworfenen unternehmenspolitischen Grundlinien in den Nachkrisenjahren platzte der vorzeitige Rücktritt des Vorstandsvorsitzenden Dietmar Straub zum 31. Dezember 2011. Die Gründe waren vielfältig, lagen letztendlich aber wohl darin, dass Madison Capital seine Kontroll- und Überwachungsfunktion zunehmend rigide auslegte und damit auch die Handlungsspielräume des Vorstands immer enger wurden. Monat für Monat bestellten die Eigentümer den Vorstand zum Rapport ein, um sich das aktuellste Zahlenbild des Unternehmens berichten zu lassen.

Die neue zahlengetriebene und auf Monats- und Quartalszahlen orientierte »Kultur«, die mit KKR in Allach Einzug gehalten hatte, setzte sich unter Madison Capital ungebrochen fort. Aber auch das Spannungsverhältnis eines ingenieur- und entwicklungs- bzw. technologiegetriebenen Unternehmens unter – wie es in der Öffentlichkeit oft gesehen wurde – der Knute des Finanzkapitals und der Private-Equity-Investoren blieb bestehen. Mehr denn je war daher der KraussMaffei(Holding-)-Vorstand damit beschäftigt, gleichsam permanent einen Ausgleich zwischen den Unternehmensinteressen der operativ tätigen Gesellschaften und Teilunternehmen der KraussMaffei-Gruppe und den kurzfristigen Kapital- und Renditeinteressen des letztlich immer als fremd empfundenen Investors und Eigentümers zu schaffen. Dabei war es nur ein schwacher Trost, dass KraussMaffei mit seiner spezifischen Eigentümerstruktur in der Kunststoffmaschinenbaubranche kein Einzelfall war. In einer ganzen Reihe namhafter Konkurrenten, von Husky über Coperion GmbH und Hennecke GmbH bis zu Battenfeld-Cincinnati Germany GmbH, saßen oder sitzen Private-Equity-Gesellschaften als Anteilseigner und geben den unternehmenspolitischen Kurs vor.

Im Januar 2012 übernahm Jan Olaf Siebert, der vorher unter anderem CEO beim Maschinenbauunternehmen GEA Heat Exchangers GmbH war, als neuer Vorstandsvorsitzender die Leitung bei KraussMaffei. Im Verlauf des Sommers verdichteten sich dann plötzlich Gerüchte, dass Madison Capital Netstal bzw. die gesamte KraussMaffei-Gruppe verkaufen wollte. »KraussMaffei steht vor Verkauf nach China«, schrieb das »Handelsblatt« in einem Artikel vom 20. September 2012. Doch dann wurde eine Woche später bekannt, dass das Unternehmen für 568 Mio. Euro an den kanadischen Finanzinvestor Onex Corporation verkauft wurde.

»Der Wechsel von einem Private Equity zum anderen«, so kommentierte dazu die »Kunststoffzeitung«, »ist nicht in Gänze dazu geeignet, den Hoffnungen auf eine stabile Zukunft die nötige Festigkeit zu verleihen.«[523] Andererseits war Onex ein Finanzinvestor, der Erfahrung mit Beteiligungen bei Kunststoffmaschinenunternehmen hatte. Ein Jahr zuvor hatten die Kanadier ihre Beteiligung bei den Husky Injection Molding Systems, die sie vier Jahre lang gehalten hatten, mit Erfolg verkauft. Der KraussMaffei-Vorstand verband denn auch mit der neuen Entwicklung die Hoffnung, durch die neuen Eigentümer »Expertise ins Haus zu bekommen, die wir bislang nicht hatten«.[524] Mit Wirkung zum 15. November 2012 wurde die KraussMaffei AG in die KraussMaffei GmbH umgewandelt. Mit diesem gesellschaftsrechtlichen Wechsel, so versicherte der KraussMaffei-Vorstand, »bleibt die Identität des Rechtsträgers gleich, nur die Rechtsform ändert sich«.[525] Mit dem Verkauf von KraussMaffei liegt dennoch »einmal mehr ein Stück deutscher Industriegeschichte in den Händen international agierender Kapitalgeber, die eigenen Interessen und Renditeerwartungen folgen. KraussMaffei ist Teil eines Portfolios, mehr nicht. Wenn es zweifellos auch zu den Perlen gehört.«[526] Tatsächlich war die strategische Positionierung des Unternehmens im Kontext der globalen Trends der Kunststoffbranche weit besser als die meisten der Konkurrenten. Das Produktportfolio war darauf ausgerichtet, von den Mega-Entwicklungen wie Urbanisierung, Umwelt und Nachhaltigkeit, Gesundheit, Produktivität und Ressourceneffizienz sowie Nachfrage nach hoher Qualität und den sich daraus ergebenden Wachstumsdynamiken überdurchschnittlich zu profitieren. »Diversified products portfolio with favourable growth dynamics driven by global mega-trends«, so lautete dazu die Überschrift in einem internen Strategie- und Positionspapier zum Jahresbeginn 2013.[527] Bei erwarteten Wachstumsraten und Nachfrageschüben bei Kunststoffverarbeitungstechnologien von jährlich sechs bis sieben Prozent sah sich KraussMaffei mittel- wie langfristig weiterhin unter den globalen Marktführern der Branche. Die Gewissheit und das entsprechende Selbstbewusstsein zog KraussMaffei dabei vor allem aus zwei Wettbewerbsvorteilen. Zum einen ist die Unternehmensgruppe ein Technologieführer mit einer starken Innovations-Erfolgsgeschichte. Die F&E-Abteilung umfasste über 200 Techniker, Wissenschaftler und Ingenieure, d. h. 15 Prozent der weltweit Beschäftigten, und verfügte über ein Portfolio von mehr als tausend Patenten bezogen auf die drei Schlüsseltechnologien der Kunststoffverarbeitung. KraussMaffei entwickelte und produzierte alle dafür nötigen Kernkomponenten selbst in den eigenen Werken und Abteilungen, nicht zuletzt auch in den Technischen Zentren in München, Hannover und Näfels (Schweiz). Zum anderen konnte das Unternehmen auf langjährige und intensive Beziehungen mit weltweit führenden Unternehmen als Kunden blicken, für die man als weltweit präsenter Innovationspartner mit »extensive global marketing channels and service network« fungiert.[528] Und nicht zuletzt verfügte KraussMaffei über eine hochqualifizierte Belegschaft: Etwa 1000 Beschäftigte, d.h. über 25 Prozent aller Arbeitskräfte, wiesen einen akademischen Abschluss als Techniker oder Ingenieure auf. Im 175. Jahr seines Bestehens startete KraussMaffei mithin in eine neue Phase der Unternehmenstransformation und Metamorphose.

4.5 Von Onex zu ChemChina: Die neuen Perspektiven der KraussMaffei Gruppe (2011/12 bis 2017)

Johannes Bähr

Nach dem Verkauf der KraussMaffei Gruppe an Onex hielt der neue Eigentümer an dem bisherigen, von Jan Olaf Siebert geleiteten Management fest. Auch der Aufbau der Unternehmensgruppe mit der nunmehr als GmbH firmierenden Holding und der KraussMaffei Technologies GmbH als operativem Kern blieb unverändert.

KraussMaffei konnte in den folgenden Jahren ansehnliche Umsatzsteigerungen erzielen und profitierte dabei auch von einer günstigen Konjunktur. Der deutsche Maschinen- und Anlagenbau hatte den Einbruch während der Finanz- und Wirtschaftskrise von 2008/09 ausgeglichen und verzeichnete eine stark wachsende Nachfrage aus dem Euro-Raum und den USA. 2014 übertraf der Umsatz der Branche erstmals den bisherigen Höchststand von 2008.[529] KraussMaffei erzielte in den Jahren 2014 bis 2016 Umsatzsteigerungen, die deutlich über dem Durchschnitt der Branche lagen. Im Geschäftsjahr 2016 stieg der Umsatz auf 1,272 Mrd. Euro, der operative Gewinn (EBITDA) auf 150 Mio. Euro und die Zahl der Mitarbeiter auf rund 4500, davon 2800 in Deutschland.[530] Im August 2017 stieg die Anzahl der Mitarbeiter auf 5000.

Blendend war die Auftragslage[531] vor allem bei der KraussMaffei Automation GmbH in Oberding-Schwaig, nahe dem Münchner Flughafen (Abb. 136). Wegen der steigenden Nachfrage der Automobilindustrie nach Robotern war dort 2011 eine neue Montagehalle in Betrieb genommen worden.[532] Zuvor hatte schon der Geschäftsbereich Automotive Component

Systems (ACS) einen Kapazitätsausbau erfahren. KraussMaffei ACS fertigt in Harderberg Werkzeuge für die Polyurethanverarbeitung. Abnehmer sind neben der Automobilindustrie auch die Elektroindustrie und das Baugewerbe. In den Werken in Sučany (Slowakei) und Hayian (China) begann 2011 der Ausbau der Produktion. Auch in München konnte die Unternehmensgruppe eine Neuerung präsentieren: Krauss-Maffei eröffnete hier im Mai 2011 das neue Technikum für Leichtbauteile und Faserverbundtechnik. Es dient Versuchszwecken ebenso wie der Information von Kunden über die neueste Spritzgieß- und Reaktionstechnik.

Nach dem Verkauf der KraussMaffei Gruppe an Onex stellte das Management die einzelnen Werke auf den Prüfstand. Dabei kam es Anfang November 2013 zu einem Beschluss, die Fertigung im Komponentenwerk in Treuchtlingen einzustellen. Die dortigen 160 Arbeitsplätze sollten nach München und nach Sučany verlagert werden. Die Mitarbeiter des Werks wehrten sich mit heftigem Protest gegen die Schließung, unterstützt von der Gewerkschaft und einer breiten Öffentlichkeit. Schon nach drei Wochen wurde der Beschluss zurückgenommen. KraussMaffei lenkte ein, nachdem sich die IG Metall bereit erklärt hatte, einer Verlängerung der Wochenarbeitszeit ohne Entgeltausgleich zuzustimmen.[533]

Als Private-Equity-Unternehmen setzte Onex darauf, die Ergebnisse der KraussMaffei Gruppe vor allem durch Kostensenkungen zu steigern. Das Management stieß damit rasch an Grenzen, weil die vorangegangenen Eigentümer KKR und Madison Capital bereits über ein Jahrzehnt lang eine ähnliche Strategie verfolgt hatten. Ein technikgetriebenes Unternehmen wie KraussMaffei kann auf Dauer nur durch Investitionen in das technologische Potenzial expandieren. Diese Erkenntnis setzte sich schließlich bei Onex durch.[534] Zum 27. Juni 2015 wurde Frank Stieler zum neuen Vorsitzenden der Geschäftsführung bestellt. Er stand für eine neue Strategie. Nach Einschätzung des Aufsichtsratsvorsitzenden Kurt Kinzius brachte Stieler »die Kompetenz und Stärken mit, die KraussMaffei Gruppe weiterzuentwickeln, Wachstumspotenziale zu erkennen und zu heben sowie das Unternehmen auf den Weltmärkten noch stärker zur Geltung zu bringen«.[535]

Ein halbes Jahr später wurde bekannt, dass der chinesische Staatskonzern ChemChina ein Angebot für die Übernahme der KraussMaffei Gruppe eingereicht hatte. ChemChina hatte bereits vier Jahre zuvor ein Angebot vorgelegt, kam damals aber gegen Onex nicht zum Zug. Obwohl der Wert der Unternehmensgruppe inzwischen erheblich gestiegen war,

136 Umsatz der KraussMaffei Gruppe 2011 bis 2016 (in Mio. Euro) [KraussMaffei]

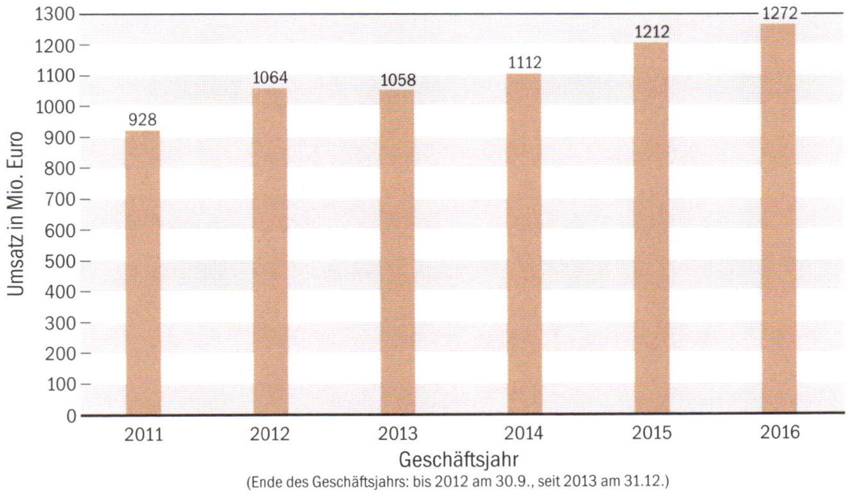

137 Eröffnung des Faserverbundtechnikums in München, 13. Mai 2011, v. l. n. r: Frank Peters, Wolfgang Frehsdorf, Dr. Karlheinz Bourdon, Nicolas Beyl

[KraussMaffei]

138 Vertragsunterzeichnung des Verkaufs der KraussMaffei Gruppe an ChemChina, Januar 2016. V. l. n. r.: Ting Cai, Chairman und CEO der China National Chemical Equipment Co. Ltd.; Dr. Frank Stieler, CEO der KraussMaffei Gruppe; Chen Junwei, CEO von ChemChina Finance Co. Ltd.

[KraussMaffei]

hatte ChemChina das Interesse an KraussMaffei nicht verloren. Bei Onex entschied man sich nach einigem Abwägen dafür, das Angebot aus China anzunehmen. Die Leitung des Private-Equity-Unternehmens wollte die Gunst der Stunde nutzen, um von dem Erfolg zu profitieren und das Risiko eines konjunkturellen Abschwungs zu vermeiden. Schon im Januar 2016 wurde der Verkauf an ChemChina besiegelt. Onex brachte dieser Vertrag eine ansehnliche Rendite ein. Der kanadische Investor hatte die KraussMaffei Gruppe 2012 für 568 Mio. Euro übernommen. ChemChina zahlte nun einen Kaufpreis in Höhe von 925 Mio. Euro. Es war die bis dahin teuerste Übernahme eines deutschen Unternehmens durch einen chinesischen Investor.[536]

Jianxin Ren, der Chairman der ChemChina, brachte die Motive des Staatskonzerns bei der Vertragsunterzeichnung deutlich zum Ausdruck. Von den Fähigkeiten des Managements von KraussMaffei und der technologischen Expertise dieses Unternehmens erwarte man sich Vorteile für die chinesischen Tochtergesellschaften und die eigene Position im Chemieanlagenbau. Anders als die vorherigen Eigentümer KKR, Madison Capital und Onex erwarb ChemChina KraussMaffei nicht aus kurzfristigem Renditekalkül, sondern aus langfristig angelegtem strategischem Interesse. Der chinesische Staatskonzern hielt an dem bisherigen Management des Unternehmens fest und bestätigte, alle bestehenden Tarif- und Standortzusagen für die damals 4500 Mitarbeiter der KraussMaffei Gruppe einzuhalten. Ausdrücklich bekannte sich Jianxin Ren zur Wahrung der Identität und der Selbständigkeit des traditionsreichen Münchner Unternehmens.[537]

Bei KraussMaffei wurde der Eigentümerwechsel freudig aufgenommen, auch von den Arbeitnehmervertretern. Nach 14 Jahren mit Private-Equity-Investoren, denen nur an einem befristeten Engagement gelegen war, sah man das Unternehmen wieder auf einem langfristig gesicherten Fundament. Peter Krahl, der Vorsitzende des Betriebsrats der KraussMaffei Gruppe, nannte den Verkauf an ChemChina »eine große Chance für die KraussMaffei Gruppe und ihre Mitarbeiter«.[538] Horst Lischka, Erster Bevollmächtigter der IG Metall München und Aufsichtsratsmitglied der KraussMaffei Gruppe, würdigte, dass ChemChina »auf die langfristige Perspektive dieses Unternehmens setzt«.[539] Anders als bei dem sieben Monate später erfolgten Verkauf des Augsburger Roboterherstellers Kuka an die chinesische Midea Group Co. Ltd. haben Öffentlichkeit und Politik die KraussMaffei-Transaktion begrüßt. Auch die EU gab grünes Licht.

Die 2004 gegründete Unternehmensgruppe ChemChina mit Hauptsitz in Peking gilt als eines der modernsten chinesischen Staatsunternehmen und hatte vor KraussMaffei bereits mehrere Firmen außerhalb Chinas übernommen: den israelischen Pflanzenschutzmittelhersteller Adama Agricultural Solutions Ltd., den französischen Futtermittelproduzenten Adisseo France S.A.S. und das australische Chemieunternehmen Quenos Holdings Pty Ltd. Hinzu kommt eine Minderheitsbeteiligung am italienischen Reifenhersteller Pirelli & C. S.p.A. Der Kauf des bedeutenden Schweizer Pflanzenschutzmittel- und Saatgutherstellers Syngenta AG wurde im August 2017 durchgeführt. Diese Expansion beruht auf einer klaren Strategie. Bei den erworbenen Unternehmen handelt es sich um globale Markt- und Technologieführer.

Mit einem Umsatz von umgerechnet rund 31 Mrd. Euro und 140 000 Beschäftigten hat ChemChina eine ganz andere Größenordnung als KraussMaffei. Befürchtungen, das Münchner Unternehmen würde wichtige Fertigungen nach China verlagern und in dem großen chinesischen Staatskonzern untergehen, wurden von Beginn an zurückgewiesen und erwiesen sich als unbegründet. Das strategische Interesse von ChemChina gilt gerade dem spezifischen Profil der KraussMaffei Gruppe in ihrer bestehenden Form, als selbständig agierender Technologieführer mit hervorragend ausgebildeten deutschen und schweizerischen Ingenieuren, Erzeugnissen von höchster Präzision und einer erstklassigen Expertise in der Automatisierung. Der chinesische Staatskonzern sieht in dieser Akquisition eben nicht nur eine gute Kapitalanlage. In Peking erhofft man sich davon auch Vorteile für die Entwicklung des Maschinenbaus an den eigenen Standorten in China und einen Beitrag zur Steigerung der Qualität und des Automatisierungsgrades – ein wichtiges Entwicklungsziel des chinesischen Staates (Programm »Made in China 2025«). Bezeichnenderweise hat ChemChina seine chinesischen Maschinenbaufirmen inzwischen auf KraussMaffei übertragen.

Frank Stieler konnte seit dem Eigentümerwechsel die Erfahrung machen, dass innerhalb eines asiatischen Konzerns eine andere Kultur herrscht als in der Private-Equity-Branche. KraussMaffei werde von der Konzernleitung in Peking »als Teil der Familie betrachtet«.[540] Bei der großen Bedeutung des »Familiensinns« in der chinesischen Geschäftswelt würden sich dadurch Türen öffnen, die für andere Unternehmen verschlossen blieben.[541] Stieler ist sich deshalb auch sicher, dass die Verankerung in der ChemChina-Gruppe für KraussMaffei eine große Perspektive bietet: »Wir haben als KraussMaffei und als deutsches Unternehmen mit chinesischen

Eigentümern in dieser Konstellation eine Menge Chancen, die wir in anderen Konstellationen nicht hätten.«[542] Von dem neuen Zugang zum riesigen chinesischen Markt erwartet man sich bei KraussMaffei einen Wachstumsschub. Die Unternehmensgruppe ist seit 2006 mit einem eigenen Werk in China vertreten, doch war der Umsatzanteil des China-Geschäfts noch sehr ausbaufähig. Dies soll sich nun ändern.[543]

Als deutsches Unternehmen eines chinesischen Konzerns bewegt sich KraussMaffei auf eine neue Stufe der Globalisierung zu. An vielen Stellen sitzen inzwischen Mitarbeiter, die mit der chinesischen Kultur vertraut sind. Die Fähigkeit, mit anderen Kulturen umzugehen, hat nach Stielers Eindruck »dramatisch zugenommen«.[544] Das Geschäftsjahr 2016 hat die hohen Erwartungen bei KraussMaffei nicht enttäuscht. Durch das rasche Wachstum des China-Geschäfts wurde ein Rekordumsatz von knapp 1,3 Mrd. Euro erzielt.[545] Zugleich ist sich das Unternehmen 180 Jahre nach der Gründung wieder stärker seiner Identität bewusst als in den vergangenen Jahrzehnten. Für die Herausforderungen des neuen Abschnitts in seiner an Wandlungen so reichen Geschichte ist KraussMaffei damit gut aufgestellt.

139 Werke der KraussMaffei Gruppe (Stand 30. Juni 2017) [KraussMaffei[546]]

5 Fazit

Johannes Bähr und Paul Erker

Innerhalb der Geschichte deutscher Traditionsunternehmen ist die Historie von KraussMaffei gewissermaßen ein Unikat, das sich jedem gängigen Schema entzieht. Das Ungewöhnliche ist dabei nicht so sehr die Entwicklung vom Lokomotivbau zur Fertigung von Kunststoffverarbeitungsmaschinen, in der sich der technologische Wandel des letzten Jahrhunderts widerspiegelt, sondern vielmehr die Fülle der Wendungen, Krisen und Brüche, die sich in der Geschichte dieses Unternehmens feststellen lassen. Zu Beginn des 20. Jahrhunderts gehörten Maffei und Krauss zu den großen, international renommierten Namen der deutschen Industrie. Am Ende dieses Jahrhunderts existierte KraussMaffei hingegen nicht mehr als eigenständiges Unternehmen, und niemand dürfte damals wohl damit gerechnet haben, dass das Unternehmen heute auf eine 180-jährige Geschichte zurückblicken kann. Ein derartiges Jubiläum ist bei Unternehmen generell unwahrscheinlich, bei KraussMaffei war es aber fast undenkbar.[1] Und doch kam es dazu. Aus einem der ehemals größten Unternehmen Münchens ist ist im Verlauf von 180 Jahren ein spezialisierter High-Tech-Konzern geworden, der mit rund 5000 Beschäftigten kaum mehr Mitarbeiter hat als die beiden Vorgängerfirmen im Jahr 1920. Die vielen, häufig ganz unerwarteten Wendungen und Wandlungen, die in der Geschichte dieses Unternehmens stattfanden, sind nicht leicht zu erfassen und wurden wohl auch deshalb in der Öffentlichkeit kaum wahrgenommen. Aufgabe einer Unternehmensgeschichte ist es, diese »Metamorphosen« in ihrer ganzen Bandbreite darzustellen, nach den Ursachen, Entscheidungsfaktoren und Folgen zu fragen, aber auch nach Kontinuitäten, die über diese Brüche hinweg bestehen blieben. So hat sich bei KraussMaffei bis heute eine historisch begründete Unternehmensidentität erhalten.

Als das älteste Vorgängerunternehmen von KraussMaffei, das Eisenwerk Hirschau, 1838 im heutigen Münchner Stadtteil Schwabing entstand, war dies mit dem Beginn eines neuen Zeitalters verbunden. Nur wenige Jahre nach Eröffnung der ersten Eisenbahnlinie im Gebiet des Deutschen Bundes wurden hier, in der Maffei'schen Maschinenfabrik, Lokomotiven gebaut. Mit der Eisenbahn und dem Maffei-Werk in der Hirschau kam die Industrie nach München. Der Firmengründer Joseph Anton von Maffei, der von seinem einst aus Trient zugewanderten Vater ein Handelsgeschäft und eine Tabakfabrik geerbt hatte, setzte damit auf die neueste Technologie dieser Zeit, was mit großen Chancen, aber auch nicht unbeträchtlichen Risiken verbunden war. Mit seinem privaten Vermögen und mit finanzieller Unterstützung des Hofs baute Maffei ein ganzes Firmenkonglomerat auf, das nicht nur Dampflokomotiven herstellte, sondern auch Dampfschiffe und Brücken baute. Vor allem aber war Maffei der bayerische »Eisenbahnkönig«, der sich für den Bau neuer Eisenbahnlinien im Land engagierte und sein Unternehmen zu einem der bedeutendsten Lokomotivhersteller in Mitteleuropa machte. Unter seinem Erben, dem Neffen Hugo von Maffei, erreichte die Firma J. A. Maffei den Zenit ihres Erfolgs. Anders als etwa MAN, Borsig oder Henschel entwickelte sie sich aber nicht zum Großunternehmen. Die Beschäftigtenzahl lag vor dem Ersten Weltkrieg nur in wenigen Jahren über 2000. Damit gehörte Maffei trotz seines internationalen Renomees bei weitem nicht zu den 100 größten deutschen Unternehmen.[2]

München wurde durch Maffei schon bald zu einem so wichtigen Standort des Lokomotivbaus, dass der Ingenieur Georg Krauß hier 1866 eine zweite Lokomotivfabrik gründete. Dabei hatte er nicht nur die Nähe zur Königlich bayerischen Staatsbahnverwaltung im Blick, sondern auch das bereits vorhandene Potential an Fachkräften. Die Entwicklung der beiden Münchner Lokomotiv- und Maschinenfabriken bietet einen Kontrast, der in vieler Hinsicht aufschlussreich ist. Der Geschäftsstil der beiden Unternehmensgründer war mindestens ebenso unterschiedlich wie ihre Herkunft und ihr Habitus. Während sich Joseph Anton und Hugo von Maffei als vermögende Großunternehmer mit Adelstitel und Landgütern generös und risikofreudig gaben, war der Handwerkersohn Krauß durch und durch ein Techniker, der eher sparsam wirtschaftete. Die Maffei-Ingenieure um Anton Hammel entwickelten Schnellzuglokomotiven wie die viel bewunderte »S 3/6« und die legendäre »S 2/6«. Krauss & Comp. war dagegen auf den Bau eher unscheinbarer Nebenstrecken- und Industrielokomotiven spezialisiert, mit denen sich aber ansehnliche Gewinne erzielen ließen. Während J. A. Maffei bis 1928 ein Familienunternehmen blieb, wurde Krauss & Comp. schon 1886 in eine Aktiengesellschaft umgewandelt, weil der einzige Sohn des Firmengründers frühzeitig gestorben war. Auch noch in anderer Hinsicht gab es einen bemerkenswerten Kontrast. Obwohl J. A. Maffei höhere Löhne zahlte und sich bei den sozialen Leistungen großzügiger zeigte, hatte das Unternehmen eine konfliktfreudigere Belegschaft als Krauss & Comp.

Bis in die Zeit nach dem Ersten Weltkrieg hinein hat es in München wohl niemand für möglich gehalten, dass Krauss & Comp. einmal das Geschäft der größeren und berühmteren Firma Maffei übernehmen würde. Dass es dazu kam, war eine der unerwarteten Wendungen, die sich in der Geschichte von KraussMaffei immer wieder feststellen lassen. Der 1921 verstorbene Firmenpatriarch Hugo von Maffei hatte die Zügel bis zuletzt in der Hand behalten, keinen Nachfolger aufgebaut und seine Söhne von der Firma ferngehalten. J. A. Maffei wurde dann wie Krauss & Comp. von der 1924 einsetzenden Krise des deutschen Lokomotivbaus hart getroffen, doch anders als Krauss hatte Maffei auch unter schweren Managementfehlern und einer zunehmenden Investitionslücke zu leiden. Unter Vertuschung der hohen Verluste bei J. A. Maffei konnte der Henschel-Konzern 1928 für einen Zusammenschluss gewonnen werden, der schon zwei Jahre später aufgelöst wurde, weil sich der wahre Zustand des Münchner Unternehmens nicht länger verheimlichen ließ. Der ehemals so angesehene Lokomotivhersteller ging nun als Sanierungsfall in den Besitz seines Hauptgläubigers, der Deutschen Bank, über. Krauss & Comp. konnte sich dagegen relativ gut behaupten, durch einen rigiden Sparkurs und den Rückhalt der Österreichischen Eisenbahn-Verkehrsanstalt, die seit 1920 Mehrheitseigentümer des Unternehmens war. Auf Drängen der Reichsbahn und der bayerischen Staatsregierung fädelte die Deutsche Bank dann eine Zusammenführung der beiden Münchner Lokomotivschmieden ein und erwarb auch bei Krauss & Comp. die Kapitalmehrheit. Die Bankiers entschieden sich für eine Lösung, die einem Ausverkauf der Firma Maffei gleichkam. Während Krauss & Comp. in der im Januar 1931 gegründeten Lokomotivfabrik Krauss & Comp. – J. A. Maffei A.-G. (später: Krauss-Maffei AG) aufging, übernahm das neue Unternehmen nur das Geschäft und den Namen von J. A. Maffei, nicht aber die Belegschaft, die Sachwerte und die Schulden. Geleitet wurde das neue Unternehmen vom bisherigen Chef von Krauss & Comp., Hans Georg Krauss. KraussMaffei ging also nicht, wie später oft behauptet, aus einer Fusion der beiden Vorgängerfirmen hervor. Vielmehr bedeutete die Zusammenführung des Geschäfts praktisch das Aus für die Firma Maffei, auch wenn dieses Unternehmen als Rechtspersönlichkeit noch bis 1944 unter dem Namen Industriewerk Hirschau AG bestehen blieb.

Mit der Zunahme des Kraftfahrzeugverkehrs zeichnete sich seit den 1920er-Jahren ab, dass der Lokomotivbau nicht mehr seine frühere Bedeutung erlangen würde. Die deutschen Lokomotivhersteller mussten angesichts der Krise ihrer Branche die Produktion diversifizieren. Langfristig wurde es für diese Unternehmen zur Überlebensfrage, wie erfolgreich es ihnen gelang, den Rückgang des Lokomotivgeschäfts durch andere Fertigungen auszugleichen und sich erfolgreich in anderen Branchen aufzustellen. Eine Reihe von Lokomotivfabriken, auch Maffei und Krauss, nahm die Herstellung von Kraftfahrzeugen auf. Maffei baute nun Zugmaschinen und Dampfstraßenwalzen, Krauss einige Jahre lang Lastkraftwagen. Die Zugmaschinen wurden vor allem vom Militär nachgefragt und bei KraussMaffei im Rahmen der Aufrüstung nach 1933 in immer größeren Serien gefertigt. Mit der Herstellung von Zugmaschinen für die Wehrmacht glich das Unternehmen nun den Bedeutungsverlust des Lokomotivbaus aus. Die erzielten Gewinne trugen dazu bei, dass der schon lange geplante Bau eines neuen, zentralen Werkskomplexes in Allach großzügig durchgeführt werden konnte. Zwischen 1939 und 1942 stellte KraussMaffei auch Panzer her, doch hatte das Unternehmen für den Panzerbau während des Zweiten Weltkriegs insgesamt nur eine geringe Bedeutung. Neben dem Zugmaschinenbau nahm durch das Kriegslokomotivenprogramm von 1942 auch die Herstellung von Dampflokomotiven vorübergehend stark zu. Bei KraussMaffei stieg dadurch die Beschäftigtenzahl auf einen später nie wieder erreichten Höchststand von rund 8800. Gleichwohl hatte das Unternehmen innerhalb der Kriegswirtschaft des »Dritten Reichs« keine vorrangige Priorität. Das zeigte sich, als im Herbst 1943 der Dampflokomotivbau auf Weisung des damaligen Rüstungsministers Albert Speer eingestellt wurde und rund 2000 Arbeiter an das benachbarte BMW-Flugmotorenwerk Allach abgegeben werden mussten.

Zu diesem Zeitpunkt bestand bereits mehr als die Hälfte der Belegschaft aus Kriegsgefangenen und ausländischen Zwangsarbeitern. Der Vorstand um Hans Georg Krauss, der zum Nationalsozialismus ein eher instrumentelles Verhältnis hatte und sich dem Regime immer dann andiente, wenn davon ein unmittelbarer Nutzen für das Unternehmen zu erwarten war, hatte gegenüber dem Einsatz von Zwangsarbeitern keine Skrupel. Die Unterbringung der Kriegsgefangenen und ausländischen Zivilarbeiter war so schlecht, dass sie selbst von den Behörden des NS-Staats beanstandet wurde. Übergriffe gegen Zwangsarbeiter waren auch bei KraussMaffei zu beobachten. KZ-Häftlinge waren bei KraussMaffei trotz der Nähe des Standorts zum Konzentrationslager Dachau nicht eingesetzt.

Nach dem Krieg bot der darniederliegende Lokomotivbau zunächst keine Perspektive, so dass sich schon bald wieder die Frage stellte, welche neuen Fertigungen aufgenommen werden sollten. Zwar gewann der Lokomotivbau ab 1953 durch Aufträge der Bundesbahn wieder an Schwung, wobei vor allem diesel-hydraulische und elektrische Lokomotiven gefragt waren, mit deren Fertigung KraussMaffei schon früher begonnen hatte als die meisten Konkurrenten. KraussMaffei stellte nun Omnibusse her, doch hatte man in diesem bereits dicht besetzten Produktionszweig keinen Erfolg. Obwohl die Omnibusfertigung hohe Verluste einbrachte, hielt der langjährige Unternehmenschef Oskar Stamm bis in die 1960er-Jahre hinein an dieser Produktion fest. Dann wurde sie eingestellt. Letztlich konnte sich kein einziger deutscher Lokomotivhersteller dauerhaft im Kraftfahrzeugbau etablieren. Am ehesten gelang dies noch Henschel, doch musste man auch hier die Omnibusfertigung in den 1960er-Jahren einstellen und später die Lkw-Fertigung an Daimler-Benz abgeben. Zu überlegen war die Konkurrenz der schon länger im Nutzfahrzeugmarkt vertretenen Lkw- und Automobilhersteller.

Nachdem die Süddeutsche Bank, ein Nachfolgeinstitut der von den Alliierten entflochtenen Deutschen Bank, 1955 ihre Beteiligung bei KraussMaffei an die Buderus'schen Eisenwerke verkauft hatte und diese ein Jahr später vom Flick-Konzern übernommen worden waren, gehörte das Unternehmen zu einer Unternehmensgruppe, die dann für einige Zeit das größte Firmenkonglomerat der Bundesrepublik bildete. Mit diesem Polster im Rücken konnte es KraussMaffei verkraften, nur über eine geringe Eigenkapitalquote zu verfügen und eher zu den Nachzüglern des westdeutschen »Wirtschaftswunders« zu gehören, bedingt vor allem durch mehrere Rückschläge im Lokomotivbau. Dabei war bereits 1955 in Allach eine Entscheidung gefallen, die sich auf lange Sicht als zukunftsweisend herausstellen sollte. Der Vorstand von KraussMaffei hatte sich damals entschlossen, die Fertigung von Kunststoffverarbeitungsmaschinen aufzunehmen, als weitere Sparte neben dem Lokomotivbau, der Omnibusfertigung und dem Anlagenbau. Angesichts des sprunghaft steigenden Kunststoffmarkts rechnete man sich auf diesem Gebiet günstige Perspektiven aus. Ein wichtiger Anstoß kam dann auch von der neuen Muttergesellschaft Buderus, die bereits massiv in die Kunststofffertigung investiert hatte. Da auch im Kunststoffmaschinenbau schon zahlreiche erfahrenere Hersteller den Markt beherrschten, spezialisierte sich KraussMaffei auf Spritzgießmaschinen, die auf der neuen Technik der Schneckeneinspritzung beruhten. Relativ rasch konnte sich das Unternehmen hier eine starke Marktposition sichern. Die Spritzgießmaschinen aus München galten als technisch hochwertig, lagen aber preislich deutlich über denen der Konkurrenz und erwiesen sich daher zunächst nicht als die erhofften Ertragsbringer. Vielmehr brachte diese Sparte über Jahre hinweg hohe Verluste ein.

Dass KraussMaffei 1963 Generalunternehmer für den Bau des Panzers Leopard wurde, hatte das Unternehmen politischen Verbindungen zu verdanken und war zunächst als Ersatz für die verlustreiche Omnibussparte gedacht. Angesichts des schrumpfenden Lokomotivmarkts und der Verluste im Kunststoffmaschinenbau wurde der Panzerbau vorübergehend zum sichersten und wichtigsten Umsatzträger des Unternehmens, allerdings auch gekennzeichnet durch heftige Umsatz- und Ertragsschwankungen. 1970 entfielen bereits 66 Prozent des Umsatzes auf den Bereich Wehrtechnik, 15 Prozent auf den Kunststoffmaschinenbau und nur noch knapp fünf Prozent auf den Lokomotivbau.[3] Der zunächst als »Sonderprogramm« für die Dauer von wenigen Jahren aufgenommene Panzerbau bildete inzwischen auch in den Planungen des damaligen Vorstands einen dauerhaften Geschäftsbereich, der die Hälfte des Umsatzes bestreiten sollte. Wie schon in den 1930er-Jahren half das Rüstungsgeschäft darüber hinweg, dass KraussMaffei mit neuen Fertigungen auf dem zivilen Markt weitgehend erfolglos geblieben war. Der Omnibusbau hatte hohe Verluste eingebracht, das Fleischereimaschinengeschäft war schon Anfang der 1950er-Jahre eingestellt worden, und bei den Spritzgießmaschinen war das Unternehmen zwar Marktführer, aber Gewinne brachte auch diese Sparte nicht ein. Als Folge der Ölpreiskrise von 1973/74 nahm der Umsatzanteil der Wehrtechnik noch weiter zu, da die Kampfpanzer Leopard I und Leopard II längst Exportschlager waren, an denen sich auch ölexportierende Länder wie der Iran und Saudi-Arabien interessiert zeigten, während die Kunststoffindustrie und damit auch der Kunststoffverarbeitungsmaschinenbau unter dem hohen Ölpreis litten. Die hohen Verluste bei den Spritzgießmaschinen zwangen KraussMaffei zu Sanierungsmaßnahmen. Eine Zeit lang wurde sogar erwogen, den Kunststoffmaschinenbau einzustellen. Dass diese Krise keineswegs nur durch den Ölpreis bedingt, sondern in erster Linie hausgemacht war, konnte damals selbst der Vorstand nicht abstreiten. KraussMaffei fertigte nach wie vor zu teuer und ließ vorhandene Rationalisierungspotenziale ungenutzt. Auf die Tatsache, dass der Wettbewerb auf dem Markt für Kunststoffverarbeitungsmaschinen andere Anforderungen stellte als das Behördengeschäft mit Lokomotiven und Panzern, hatte man sich in Allach noch nicht hinreichend eingestellt.

In den 1980er-Jahren ließ sich schließlich eine grundlegende Reorganisation des Unternehmens nicht länger aufschieben. Für den Flick-Konzern, der sich inzwischen im Niedergang befand und in die größte Steuer- und Parteispendenaffäre der deutschen Nachkriegsgeschichte verstrickt war, stellte KraussMaffei nur noch eine Belastung dar. Im August 1985 verkaufte Flick das Unternehmen an ein Konsortium, an dem mehrere Banken, eine Spezialbank der bayerischen Staatsregierung für die regionale Wirtschaftsförderung sowie die Rüstungsunternehmen Diehl und MBB beteiligt waren. Gleichzeitig zeichnete sich ab, dass im Panzerbau ein nachhaltiger Auftragsrückgang eintreten und die Kapazitätsauslastung langfristig deutlich sinken würde. Vor diesem Hintergrund setzte der Vorstandsvorsitzende Burkhard Wollschläger, der 1986 neuer Chef von KraussMaffei geworden war, ein Neustrukturierungsprogramm durch, das auf einen Ausbau der zivilen Fertigung und eine stärkere Marktorientierung abzielte. Dazu gehörte auch eine tief greifende Änderung der Organisationsstruktur. Anstelle des alten zentralistisch-funktionalen Prinzips wurde nun eine Management-Holding mit dezentralen, in selbständige GmbHs umgewandelten Geschäftsbereichen eingeführt. Zudem wurde die Fertigung im Zivilgeschäft weiter diversifiziert. Wollschlägers Programm beendete bei KraussMaffei die lange Ära des »Durchwurstelns«. Erstmals ging es nicht mehr in erster Linie darum, durch neue Fertigungen die Lücke zu schließen, die durch den Rückgang des Lokomotivbaus eingetreten war, sondern um den Abbau bestehender Verkrustungen und die Stärkung der Wettbewerbsfähigkeit im zivilen Markt. Die Reorganisation zeitigte bald Erfolge.

Die zivilen Fertigungsbereiche schrieben in den 1990er-Jahren erstmals seit langer Zeit schwarze Zahlen. Der Anteil des Kunststoffmaschinenbaus am Umsatz stieg auf über 50 Prozent, während der Anteil der Wehrtechnik auf 25 Prozent zurückging. Diese Konversion zum zivilen High-Tech-Konzern gelang bemerkenswerterweise ohne größere Entlassungen.

KraussMaffei kam nach der erfolgreichen Reorganisation freilich nicht zur Ruhe. Die Rezession von 1994 stürzte das Unternehmen wieder in rote Zahlen, und das ohnehin nicht üppige Eigenkapital ging durch mehrere teure Akquisitionen, darunter die Übernahme der Kapitalmehrheit bei der Maschinenfabrik Berstorff in Hannover, weiter zurück. In den folgenden Jahren war dann aus ganz anderen Gründen schlagartig der Fortbestand des Unternehmens in Frage gestellt. Seit 1989 gehörte KraussMaffei zum Mannesmann-Konzern, der bereits mit der Mannesmann Demag im Kunststoffmaschinenbau vertreten war. Die Konzernführung drängte auf eine Zusammenführung der Kunststofftechnikbereiche der Tochtergesellschaften und eine engere Integration von KraussMaffei in den Konzern. 1997 wurden die gesamten Aktivitäten der Mannesmann-Gruppe auf dem Gebiet der Kunststofftechnik unter dem Dach einer neuen Gesellschaft, der Mannesmann Plastics Machinery AG, zusammengeschlossen. Zu ihr gehörten neben der Krauss-Maffei Kunststofftechnik GmbH und der Demag Plastics Group auch die Berstorff GmbH und die Netstal. In einem nächsten Schritt wurde die Krauss-Maffei AG Anfang 1999 mit Mannesmann Demag zur Mannesmann Demag Krauss-Maffei AG fusioniert. Das Unternehmen KraussMaffei existierte nun nicht mehr. Vorstand und Betriebsrat hatten sich hartnäckig, aber vergeblich gegen den Verlust der Identität ihres Unternehmens gewehrt. Doch sollte dies letztlich nur eine kurze Episode bleiben, die Geschichte von KraussMaffei war nicht zu Ende. Wiederum kam es zu einer unerwarteten Wendung, als Mannesmann unmittelbar nach der Jahrtausendwende von Vodafone übernommen und die Industriesparte des Konzerns, darunter auch die MPM, an Siemens und Bosch abgegeben wurde. Bei der anschließenden Aufteilung dieses Firmenbündels ging die Verkehrstechnik mit dem früheren Lokomotivbau von Krauss-Maffei an Siemens, die Wehrtechnik wurde in die neu gebildete KraussMaffei Wegmann GmbH überführt und die MPM im Jahr 2002 an die New Yorker Beteiligungsgesellschaft KKR verkauft. Dem geschäftlichen Erfolg der zur MPM gehörenden KMK taten die unsteten Eigentumsverhältnisse bemerkenswerterweise keinen Abbruch. Mit neuen

Kunststoffverarbeitungsmaschinen und dem Aufbau der Extrusionssparte neben dem klassischen Kerngeschäft mit Spritzgießmaschinen konnte sie ihre starke Position auf dem Weltmarkt weiter festigen und besonders im expandierenden China-Geschäft zulegen. Die MPM insgesamt hingegen erwirtschaftete Verluste, weshalb KKR das Unternehmen dann nicht wie geplant an die Börse brachte, sondern 2006 an Madison Capital, einen Finanzinvestor aus Chicago, verkaufte. Auch Madison Capital wollte MPM an die Börse bringen, hielt es aber für sinnvoll, das Unternehmen vorher umzustrukturieren und die Mehrmarkenstrategie aufzugeben. Die Krauss-Maffei Kunststofftechnik GmbH und die Berstorff GmbH wurden von der Demag Plastics Group getrennt. So entstand im Frühjahr 2007 die KraussMaffei GmbH, die im Dezember desselben Jahres für den Börsengang in eine AG umgewandelt wurde. Eine wichtige Rolle spielte dabei, dass sowohl die Krauss-Maffei Kunststofftechnik GmbH als auch die Berstorff GmbH sowie die Schweizer Tochterfirma Netstal in den drei Kerntechnologien des Kunststoffmaschinenbaus, der Spritzgieß-, Extrusions- und Reaktionstechnik, sehr erfolgreich waren. Madison Capital dürfte aber auch im Blick gehabt haben, dass der Traditionsname KraussMaffei für einen Börsengang zugkräftiger war als Mannesmann Plastic Machinery. Zum Börsengang kam es dann nicht, aber der Name blieb. 2012 ging das Unternehmen an den kanadischen Finanzinvestor Onex über.

In den folgenden Jahren nahmen Umsätze und Gewinne der KraussMaffei Group deutlich zu. Der neue Eigentümer steigerte gezielt die wirtschaftlichen und finanziellen Ressourcen, nicht aber das Potential, das in den Mitarbeitern steckte. Onex setzte stärker auf Kosteneinsparungen als auf Innovationen, erkannte aber schließlich auch, dass KraussMaffei sich dadurch nicht weiterentwickelte. Als ChemChina 2016 ein lukratives Kaufangebot unterbreitete, entschloss sich Onex, die KraussMaffei Group an den chinesischen Staatskonzern abzugeben.

KraussMaffei verfügt seither wieder über einen strategischen Investor, der an der technologischen Kompetenz des Unternehmens interessiert ist. Das Management unter dem Vorstandsvorsitzenden Frank Stieler kann dadurch wieder auf die traditionellen Stärken von KraussMaffei setzen. Zugleich profitiert das Unternehmen noch mehr als zuvor von den Chancen, die der chinesische Markt bietet.

Die KraussMaffei Gruppe ist heute mit ihrer operativen Tochter KraussMaffei Technologies GmbH dem Umsatz nach Weltmarktführer bei kunststoffverarbeitenden Maschinen. Das Unternehmen hat sich so erfolgreich entwickelt, wie es der früheren Krauss-Maffei AG, zu der eben auch noch der Lokomotivbau und der Panzerbau gehört hatten, nie gelungen ist. Zwar ist KraussMaffei heute vollständig vom Kunststoffmarkt abhängig, aber mit einer erfolgreichen Mehrmarkenstrategie und einer einzigartigen technologischen Kompetenz konnte man bislang auch in den Phasen geringeren Wachstums gute Ergebnisse erzielen. Die Geschichte des Unternehmens bietet jedoch keine Antwort darauf, welche Eigentümerkonstellation die bessere oder erfolgreichere war. J. A. Maffei ist als Familienunternehmen letztlich gescheitert, aber für KraussMaffei war die Zeit als Aktiengesellschaft und Tochterunternehmen in einem Konzernverbund auch mit Nachteilen verbunden. Mit den Private-Equity-Gesellschaften ist die Unternehmensgruppe nicht schlecht gefahren, doch entwickelte sie sich in diesen Jahren nicht weiter.

Es gehört zu den Eigentümlichkeiten der Geschichte von KraussMaffei, dass sie trotz so vieler Misserfolge dieses Unternehmens und trotz der vielen Fehler sowie des viele Jahre unübersehbaren Missmanagements der Unternehmensführung letztlich eine Erfolgsgeschichte geworden ist. Man muss sich vergegenwärtigen, dass von den 13 Firmen, die 1890 den Deutschen Lokomotiv-Verband gegründet haben, nur KraussMaffei heute noch existiert.[4] Das Unternehmen hat es als einziges erfolgreich geschafft, die Lücke zu schließen, die durch das Schrumpfen des Lokomotivbaus entstanden war, auch wenn es dafür mehrere Jahrzehnte benötigte und es lange nicht so aussah, als ob dieser Wandel auf Dauer gelingen würde. Gelungen ist auch die Konversion der Panzersparte in zivile Fertigungen. Diese beiden Leistungen trugen wesentlich dazu bei, dass KraussMaffei auch mehrere seiner früheren Muttergesellschaften überlebte, von denen das Unternehmen zum Teil erhebliche Zuschüsse erhalten hatte. Henschel, Flick und Mannesmann gibt es heute nicht mehr, wohl aber KraussMaffei.

Die Frage ist angebracht, ob man bei so vielen gesellschafts- und eigentumsrechtlichen »Metamorphosen«, die bis zum zwischenzeitlichen Verschwinden des Unternehmens reichten, überhaupt noch von einer Traditionslinie sprechen kann oder ob es sich dabei nicht um einen aus dem Rückblick konstruierten Zusammenhang handelt. Schon für den Übergang von J. A. Maffei auf KraussMaffei ist dies nicht leicht zu beantworten, weil damals zwar die Geschäfte, aber nur wenige Mitarbeiter und nicht die Rechtspersönlichkeit übernommen wurde. Bei KraussMaffei war denn auch die Maffei-Tradition kaum spürbar. Sie gehörte aber so sehr zum Anspruch und Selbstverständnis des Unternehmens, dass es sich nicht nur um eine geschäftliche Nachfolge handelte. In den folgenden Jahrzehnten entstand bei KraussMaffei eine eigene, ausgeprägte Identität, die dazu führte, dass sich ein großer Teil der Mitarbeiter über alle Wandlungen hinweg als »Kraussler« verstand. Eindrucksvoll belegen dies der Widerstand gegen den Verlust des Firmennamens in den Jahren 1997 bis 1999 und die Genugtuung in der Belegschaft über dessen Wiedererlangung im Jahr 2007. Zur Identifikation mag auch beigetragen haben, dass die Fertigung von KraussMaffei stets weitgehend an einem Standort, in München-Allach, konzentriert war. Nach wie vor arbeitet hier die Mehrheit der Beschäftigten. Auch viele Mitarbeiter der von Siemens übernommenen Verkehrstechnik und der Wehrtechnik von KraussMaffei Wegmann – beide Fertigungen haben ihren Standort auch heute noch in Allach – verstanden und verstehen sich weiterhin als »Kraussler«. So ist Krauss-Maffei ein besonders anschauliches Beispiel dafür, dass die Geschichte eines Unternehmens nicht nur dem institutionellen Rahmen entlang verläuft, sondern auch von Wahrnehmungen, Deutungen und Überlieferungen bestimmt wird, die alle zusammen ein nachgerade unerschütterliches Fundament unternehmenskultureller Grundüberzeugungen schaffen können.

Anmerkungen

1 Einleitung

1 Da die Geschichte der heutigen KraussMaffei Gruppe eine wechselvolle Geschichte der Fusionen, Umfirmierungen, Aufspaltungen und Eigentümerwechsel ist, hat sich die Schreibweise des Unternehmens auch immer wieder geändert. Diese Untersuchung achtet darauf, dass die unterschiedlichen Schreibweisen des Namens im Text jeweils ihrem historischen Kontext entsprechen. Die derzeitige offizielle Bezeichnung des Unternehmens lautet KraussMaffei Gruppe. Schreibweise ab 1931: Krauss & Comp.-J. A. Maffei AG, wird im Weiteren aber schon Krauss-Maffei geschrieben, ab 1945: Krauss-Maffei AG; ab 2008: KraussMaffei AG; ab 2010: KraussMaffei Gruppe.

2 Als Münchner Kindl wird das Stadtwappen von München bezeichnet. Die offizielle Wappenfigur stellt einen Mönch in schwarzer Kutte mit goldenem Rand und in roten Schuhen dar. Von Künstlern wurde das Münchner Kindl immer wieder verändert. Aus dem Mönch wurde vor etwa 100 Jahren ein Mädchen.

3 In Bezug auf die Aufsichtsrats- wie Vorstandsprotokolle gibt es dabei allerdings einige merkwürdige Quellenlücken in den 1970er- und 1980er-Jahren. Der BWA-Bestand speiste sich im Wesentlichen aus der Aktenbasis, auf die sich seinerzeit sowohl die von Krauss-Maffei erstellte Jubiläumsschrift zum 150. Bestehen aus dem Jahr 1988 (*150 Jahre Fortschritt durch Technik*) sowie die nach wie vor vorzügliche Dokumentation des ehemaligen Betriebsrats Alois Auer – gleichfalls aus dem Jahr 1988 – (*Krauss-Maffei. Lebenslauf einer Münchner Fabrik und ihrer Belegschaft*) stützten.

2 Die Unternehmen J. A. Maffei und Krauss & Comp.

1 Sigrid Thurm, *Eine Trientiner Glocke in Bayerisch-Schwaben*, in: Cultura atesina 15 (1961), 102–106, hier 102.

2 Ratsprotokolle 1786 I., fol. 331 u. 342, in: Stadtarchiv München [künftig StadtA M]; Adelsmatrikel, Ritter M 2, in: Bayerisches Hauptstaatsarchiv [künftig BHStA].

3 Margareta Edlin-Thieme, *Studien zur Geschichte des Münchner Handelsstandes im 18. Jahrhundert*, Stuttgart 1969, 57, 70 f.; Vereinigung des Adels in Bayern e.V. München (Hg.), *Genealogisches Handbuch des in Bayern immatrikulierten Adels*, Bd. 4, Neustadt a.d. Aisch 1953, 397–408, hier 398 ff.

4 Bayerisches Industrie- und Gewerbe-Blatt 11 (1870), 42; Alfons von Maffei, *Geschichte der seit 1786 in München ansässigen Familie Maffei. Nach schriftlichen und mündlichen Überlieferungen für die Nachkommen zusammengestellt*, München 1924 (Manuskript), 16–19.

5 Der Magistrat der Stadt München an die Vorsteher d. hiesigen bürgerlichen Handelsstandes, 16. 11. 1821, in: StadtA M, Gewerbeamt 4732a.

6 Maffei, *Geschichte* (wie Anm. 4), 21 ff.; Harald Winkel, *Wirtschaft im Aufbruch. Der Wirtschaftsraum München-Oberbayern und seine Industrie- und Handelskammer im Wandel der Zeit*, München 1990, 3.

7 Peter Paul von Maffei betrieb in Verbindung mit seinem Kolonialwarengeschäft am alten Wohnsitz der Maffeis in der Kaufingergasse seit etwa 1808 ein Bankhaus. Standesgemäß residierte die Familie seit Herbst 1821 am Promenadeplatz in einem Barockpalais, in dem der Kaufherr auch seine Bankgeschäfte abwickelte. Wann Joseph Anton von Maffei das Großhandelshaus und die damit verbundene Bank aufgab, lässt sich nicht mehr genau feststellen – vermutlich Ende der 1840er-Jahre.
Das bis Oktober 2011 als Delbrück Bethmann Maffei AG firmierende Unternehmen – seither Bethmann Bank AG – ging 2004 aus der Fusion dreier Privatbankhäuser hervor. Die Münchner Niederlassung steht in keinem institutionellen Zusammenhang mit Peter Paul von Maffeis Bankgeschäft. Der Namensbestandteil »Maffei« kam durch die Gesellschafterin Gabriele von Maffei (1890–1955), die geschiedene Ehefrau von Hugo von Maffei (1888–1932) und persönlich haftende Gesellschafterin des 1954 neu gegründeten Bankhauses Maffei & Co. KG, zustande. Sie gab dem Bankhaus ihren Namen. Neben Gabriele von Maffei war maßgeblich August Lenz, Inhaber des gleichnamigen Bankhauses, an dieser Gründung beteiligt. Den Kontakt hat vermutlich Gabriele von Maffeis Schwager – Hans Noris (1883–1954), Aufsichtsratsvorsitzender der Bayerischen Hypotheken- und Wechselbank (1949–1954) und Kommanditist des Bankhauses August Lenz & Co. (bis 1935 Bankhaus Gebr. Marx, Siegfried Salomon Marx) – hergestellt. Vgl. *LENZ & CO. Spielbanken zu verkaufen*, in: Der Spiegel (6. 1. 1960), 29–41.

8 Maffei, *Geschichte* (wie Anm. 4), 23 ff., 29–34.

9 Konrad von Zwehl, *Joseph Anton von Maffei – Ein wagemutiger Fabrikgründer*, in: Rainer Müller (Hg.), Unternehmer – Arbeitnehmer. Lebensbilder aus der Frühzeit der Industrialisierung in Bayern, München ²1987, 286–293, hier 287, 291.

10 Margarete Wagner-Braun, *Münchens Finanzgewerbe zwischen Staatswirtschaft und Industrialisierung*, in: Hans Pohl (Hg.), Geschichte des Finanzplatzes München, München 2007, 41–89, hier 65; Franziska Jungmann-Stadler, *Die Anfänge der Bayerischen Hypotheken- und Wechselbank aus den Protokollen der Administration 1835–1850*, München 1985, 10, 19 f.; dies., *Vierzig Jahre Notenbankprivileg in Bayern*, in: Alexander Persijn / dies. (Hg.), Kostbarkeiten aus der Hypo-Geldscheinsammlung, Regenstauf 1994, 39–56, hier 39 f.

11 Anton J. Liebl, *Die Privateisenbahn München – Augsburg (1835–1844). Entstehung, Bau und Betrieb. Ein*

Beitrag zur Strukturanalyse der frühen Industrialisierung Bayerns, München 1982, 40; Sonja Sterzinger, *Johann Ulrich Himbsel 1787–1860. Architekt und Unternehmer in München, Gründer der Starnberger Eisenbahn und Dampfschiffahrt*, München 1999, 111 f.; Alois Auer (Hg.), *Krauss-Maffei. Lebenslauf einer Münchner Fabrik und ihrer Belegschaft*, Kösching 1988, 16–19.

12 Verhandlungen der Generalversammlung der München-Augsburger-Eisenbahn-Gesellschaft 1844, in: Staatsarchiv München [künftig StA M], Verkehrsarchiv [künftig VArch] 3463.

13 Maffei gab später als Gründungsjahr seiner Fabrik zuweilen 1837 an.

14 Kaufs- und Verkaufsvertrag zwischen J. A. von Maffei und Franziska Lindauer, München 20. 3. 1838, in: StA M, Landgericht München, Briefprotokolle 1356/245, Protokoll Nr. 113; Krauss-Maffei, *Dokumente aus dem ersten Jahrzehnt des Werkes*, München 1962, 7; Jungmann-Stadler, *Anfänge* (wie Anm. 10), 580.

15 Erste Angaben zu den Betriebsmitteln finden sich erst für die Jahre 1848 und 1852.

16 Auer, *Krauss-Maffei* (wie Anm. 11), 23.

17 Namensverzeichnis sämtlicher Arbeiter des Eisenwerks Hirschau ab 1843 bis ca. 1900, Bd. B, in: Bayerisches Wirtschaftsarchiv [künftig BWA], F 44/AM 4. Ich danke Harald Müller M.A. (BWA) für seine unterstützenden Hinweise. Die erste Gehaltszahlung an Hall datiert auf Juni 1840. Krauss-Maffei, *Dokumente* (wie Anm. 14), 6, 8; Krauss-Maffei AG (Hg.), *150 Jahre Fortschritt durch Technik – 1838–1988*, Fürstenfeldbruck 1988, 7.

18 Ausschuß des Polytechnischen Vereins in Bayern, *Hundert Jahre technische Erfindungen und Schöpfungen in Bayern: 1815–1915. Jahrhundertschrift des Polytechnischen Vereins in Bayern aus Anlass des hundertjährigen Bestehens des Vereins im Jahr 1915*, München 1922, 128; Krauss-Maffei, *Dokumente* (wie Anm. 14), 8 ff.

19 Maffei an Ludwig I., 4. 9. 1841, in: Krauss-Maffei, *Dokumente* (wie Anm. 14), 6 f.

20 Im Vergleich dazu lieferte Maffei laut einem Vertrag mit der Kgl. Bay. Staatsbahn acht Lokomotiven zum Stückpreis von je 27 000 Gulden. Der Liefervertrag vom 15. 4. 1843, in: Krauss-Maffei, *Dokumente* (wie Anm. 14), 45.

21 Gesuch an König Ludwig I., 9. 9. 1841, u. Ludwig I. an Maffei, Berchdesgaden [sic!] 11. 9. 1841, in: ebd., 13 ff.

22 Auer, *Krauss-Maffei* (wie Anm. 11), 24; Friedrich Karl Möhl, *Hundert Jahre Krauss-Maffei 1837–1937*, München 1937, 14 f.

23 Krauss-Maffei, *Dokumente* (wie Anm. 14), 21–27.

24 Die Brennstoffersparnis war bei der Beschaffung der Lokomotiven entscheidend, da Bayern über keine geeigneten Kohleressourcen verfügte.

25 Helge Hufschläger, *Joseph Anton von Maffei, das Eisenwerk Hirschau und »Der Münchner« – die erste bayerische Lokomotive*, in: Bayern-Report 4 (1994), 8–16, hier 13. Ich danke dem Autor für vielfältige Unterstützung.

26 Der Umbau misslang jedoch und musste rückgängig gemacht werden. Ebd.; Krauss-Maffei, *Dokumente* (wie Anm. 14), 26, 28–45, 64, 72.

27 Der Vertrag garantierte die Abnahme zum Stückpreis von 27 000 Gulden, in: ebd., 45; Hufschläger, *Maffei* (wie Anm. 25), 13 f.; Krauss-Maffei AG (Hg.), *150 Jahre* (wie Anm. 17), 8.

28 Sterzinger, *Himbsel* (wie Anm. 11), 119; Krauss-Maffei, *Dokumente* (wie Anm. 14), 75.

29 Franz Kustermann, *Die Entwicklung der Eisenindustrie in München*, München 1914, 10 ff.

30 Knut Borchardt, *Die industrielle Revolution in Deutschland 1750–1914*, in: ders. (Hg.), Europäische Wirtschaftsgeschichte, Bd. 4: Die Entwicklung der industriellen Gesellschaften, Stuttgart 1977, 135–202, hier 159 ff.

31 Karl-Joseph Hummel, *München in der Revolution von 1848/49*, Göttingen 1987, 399, 416.

32 Er zählte zu den zwölf Vertretern aus dem lokalen »Handels-, Fabrikanten- und Gewerbsstande«, die der König zu Mitgliedern der 1843 genehmigten Handelskammer berief. Ebd., 402.

33 BHStA, (ehem. VArch) MF 4013; Hermann Rumschöttel, *Grenzüberschreitende Weichenstellungen: Kaiserin-Elisabeth-Bahn, Maximiliansbahn und die*

beiden Tauernbahnen, in: Fritz Koller/ders. (Hg.), Vom Salzachkreis zur Euregio. Bayern und Salzburg im 19. und 20. Jahrhundert, München 2006, 139–155, hier 145.

34 Firmenbroschüre, in: BWA, F 44/AM 2 u. AM 4. Ashton (geb. 1816 in Leeds, gest. 1888 in München).

35 Die Firma fertigte Maschinen aller Art, vor allem auch Dreschmaschinen nach englischer Bauart für Pferde-, Wasser- und Dampfbetrieb, die Maffei 1844 auf der Gewerbeausstellung in München präsentierte. Maschinenteile, die meisten Arbeits- bzw. Werkzeugmaschinen und Werkzeuge stellte die Fabrik selbst her: 1844 entstanden zwölf von 14 Drehbänken in den eigenen Werkstätten. Außerdem stellte die Fabrik Schiffsteile, Dampfkessel, Drehscheiben, Wagenteile, Räderpaare für die Eisenbahn und Eisengusswaren her.

36 Polytechnischer Verein, *Jahrhundertschrift* (wie Anm. 18), 128.

37 Für die Mechanische Spinnerei und Weberei Augsburg stellte die Fabrik zum Beispiel eine 200-PS-Maschine her. Pläne der Dampfmaschine Nr. 16 von 1846, in: BWA, F 44/AM; Zwehl, *Maffei* (wie Anm. 9), 289.

38 1848 baute Maffei vier Güterlokomotiven für die lombardo-venezianische Bahn (I.R. Privilegiata Strada ferrata Ferdinandea Lombardo-Veneta; 1852 verstaatlicht), an der er beteiligt war. *Die Maschinenbauanstalt des Herrn von Maffei in der Hirschau ohnweit München*, in: Illustrirte Zeitung Nr. 297 v. 10.3.1849, 151–154, hier 154.

39 Das Gesuch v. 9.12.1847 und die weitere Korrespondenz in: BHStA, MH 5501, 5502; Hummel, *München* (wie Anm. 31), 406 ff.

40 Bis 1841 fehlte in München eine Herberge für vornehme Reisende von Stand. Württembergs König z. B. stieg mit seinem Gefolge lieber im Maffei-Palais am Promenadeplatz ab, das als komfortabler als die Gästeräumlichkeiten der Residenz geschildert wird. »Seine Königliche Majestät wünschen, daß ein bedeutender Gasthof hierher komme«, mit diesem Signat von Innenminister Fürst zu Oettingen-Wallerstein vom 23.8.1836 setzte in München die Projektierung größerer Hotelbauten ein. In: BHSTA, MH 6264. Anlässlich einer Hoftafel erklärte sich Maffei bereit, den königlichen Wunsch zu erfüllen. Er rechnete jedoch auch damit, dass mit Münchens Anbindung an die Eisenbahn mehr Gäste in Bayerns Residenzstadt strömen würden, die eines repräsentablen Hotels bedurften. 1839 erwarb er für 163 000 Gulden vier benachbarte Anwesen am Promenadeplatz, darunter den Gasthof »Goldener Bär« sowie zwei rückwärts angrenzende Häuser an der Prannerstraße gegenüber dem Parlament. Nach dem Abriss der alten Häuser und dem Bau eines neuen Hotels, der dem Hofarchitekten Friedrich von Gärtner zugeordnet wird, wurde der Bayerische Hof im Oktober 1841 eröffnet. Bis 1876 war auch der erste Stock des Maffei-Palais an das Hotel vermietet, das bis 1871 im Familienbesitz blieb. Ditmar Albert, *Hotel Bayerischer Hof München. Die ersten 150 Jahre*, München 1991, 13, 19, 22; *Häuserbuch der Stadt München, Band II: Kreuzviertel*, München 1960, 189 f., 237; Augsburger Allgemeine Zeitung v. 5.4.1839; Maffei, *Geschichte* (wie Anm. 4), 38.

41 Hummel, *München* (wie Anm. 31), 406 ff. Maffei lieferte die Lokomotiven zwischen dem 4.1. u. dem 11.10.1848 an die Kgl. Bay. Staatsbahnen aus (Fabr.-Nr. 33 bis 46 gemäß der Auslieferungsliste des Eisenwerks Hirschau).

42 Die Luxusherberge war bereits mit einer Hypothek (217 000 Gulden) belastet, die Maffei bis September 1851 ablösen sollte. Da er dazu nicht in der Lage war, vereinbarte man 1852 eine neue Regelung.

43 Maffei an Ludwig I., 10.2.1848 in: BHStA, MH 5501.

44 Ebd. und Abrechnung der Eisenbahnbau-Kommission München, 21.5.1848, in: BHStA, MH 5501; Hummel, *München* (wie Anm. 31), 405 f. u. 408, Anm. 39. Zur Krise in Großbritannien 1846/47, die auch den europäischen Kontinent traf – in Deutschland endete damals vorläufig »eine Phase der spekulativ finanzierten Erweiterung des Eisenbahnnetzes« –, siehe Werner

Plumpe, *Wirtschaftskrisen. Geschichte und Gegenwart*, München ^{4}2013, 51.

45 Bei Bestellung und Ablieferung war jeweils ein Drittel des Kaufpreises fällig, die Restsumme nach 1000 Stunden Probefahrt.

46 Die Korrespondenz ab dem 27.1. in: BHSA, MH 5501.

47 Ebd.

48 Sie setzte 126 000 Gulden für bewegliche Güter und 74 000 Gulden Versicherungssumme für die Gebäude an. Seit Oktober 1847 waren viele neue Maschinen hinzugekommen. Maffei hat vermutlich bei der Selbsteinschätzung und der Arbeiterzahl verhandlungsbedingt übertrieben.

49 Von der Kolonialwarenhandlung und der Papierfabrik scheint er sich damals bereits getrennt zu haben.

50 Die Korrespondenz zwischen der Regierung von Oberbayern, dem Innenministerium, Ludwig I. und Maffei in: BHStA, MH 5501. Hummel, *München* (wie Anm. 31), 409 ff.

51 *Maschinenbauanstalt* (wie Anm. 38), 154.

52 Er zahlte fällige Zinsen, wobei er ab 1852 eine Verbesserung der Konditionen erreichte. Jährlich trug er wohl 10 000–12 000 Gulden Schulden ab. Hummel, *München* (wie Anm. 31), 404, 412. Die Korrespondenz in: BHStA, MH 5502.

53 Hans Mauersberg, *Bayerische Entwicklungspolitik 1818–1923. Die etatmäßigen bayerischen Industrie- und Kulturfonds*, München 1987, 88, 107; StadtA M, Gewerbeamt 262/b.

54 Michael Gündling, *Schiffe aus der Lokomotivfabrik: Der Schiffbau der Lokomotivfabrik J. A. Maffei*, in: Donau-Schiffahrt Bd. 8 (2006), 61–115, hier 61, 63, 65; Helmut Hilz, *Die Maffeischen Werkstätten in Regensburg (1853–1881): Werft und Brückenbauwerkstätte auf dem Unteren Wöhrd. Ein Beitrag zur Industrie- und Technikgeschichte Ostbayerns*, in: Verhandlungen des Historischen Vereins für Oberpfalz und Regensburg Bd. 137 (1997), 125–143, hier 128.

55 Gündling, *Schiffe* (wie Anm. 54), 65, 67 f. Siehe auch BWA, F 44/AM 10 (Schiffbau 1) und AM 11 (Schiffbau 2).

56 Der Dampfer erwies sich jedoch auf der schwierigen oberen Donaustrecke als ungeeignet und wurde 1855 in einen Schleppkahn umgebaut.

57 Gündling, *Schiffe* (wie Anm. 54), 68 f.

58 Werkspläne, Kataster in: BWA, F 44/AM 4.

59 In der mechanischen Werkstätte mit ca. 150 Fuß Länge und 50 Fuß Breite waren 30 Drehbänke, sieben Hobel- und vier Stoßmaschinen, neun Bohr- und drei Schraubschneidemaschinen untergebracht.

60 *Maschinenbauanstalt* (wie Anm. 38), 151–154.

61 Hans Knauß, *Schlösser für Maschinen. Die Anfänge des Industriebaus in Bayern*, in: Unser Bayern 34 (1985) Nr. 9, 65–68, hier 66, 68; Inez Florschütz, *Architektur und Arbeit. Die Fabrik in der bayerischen Frühindustrialisierung 1840–1860*, Frankfurt a. M. 2000, 162 ff.

62 Gündling, *Schiffe* (wie Anm. 54), 69, 71; Hilz, *Werkstätten* (wie Anm. 54), 126 ff.

63 Gündling, ebd., 71, 73.

64 Die Österreicher Michael Fink (Braunau) und Olivier Habel (Linz) brachten ihre Verärgerung in einer Beschwerdeschrift vom 26. 1. 1860 an den bayerischen König zum Ausdruck, in der sie Maffeis autoritären Führungsstil sowie seinen Interessenkonflikt als Vorstand und Lieferant der Gesellschaft kritisierten, in: StA M, RA 62792.

65 Stefan Freundl, *Die Dampfschiffahrt auf dem Inn*, Wasserburg a. Inn 1984, 32 f., 35, 38, 74 f.; Gündling, *Schiffe* (wie Anm. 54), 73–77; Hilz, *Werkstätten* (wie Anm. 54), 127.

66 Maffeis Anträge, Signat Max II. u. Gutachten der beteiligten Ministerien, in: BHStA, MH 13286, (ehem. VArch) MH 5314, 6613; Martin Geiger, *Dampfross ohne Feuer. Ein Eisenbahnbau in Oberbayern*, Wasserburg 1982, 41–45; Frauke von der Haar, *Geschichte der Eisenbahnlinie München – Holzkirchen – Rosenheim*, in: Wolfgang Foit (Hg.), Als die Eisenbahn in unsere Heimat kam. Die Geschichte der Maximiliansbahn München – Holzkirchen – Rosenheim, Holzkirchen 2007, 15–44, hier 18–23; Franziska Jungmann-Stadler, *Die Finanzierung des Eisenbahnbaus in Bayern bis 1870*, in: Gerhard Hetzer,

Weichenstellungen. Eisenbahnen in Bayern 1835–1920. Eine Ausstellung des Bayerischen Hauptstaatsarchivs, München, 29. November 2001 bis 3. Februar 2002, München 2001, 283–299, hier 294 ff.

67 Staatsvertrag betreffend den Anschluss der auf den beiderseitigen Gebieten zu erbauenden Eisenbahnen, in: BHStA, Bayern Urkunden 2833.

68 Günter Dinhobl, *Die Semmeringerbahn. Der Bau der ersten Hochgebirgsbahn der Welt*, Wien 2003, 11; Klaus Eckert, *Alpenbahnen*, München 2000, 44.

69 *Eisenbahn über den Semmering. Programm zu dem Preisausschreiben f. die beste Lokomotive-Konstruktion*, in: Eisenbahn-Zeitung v. 28.4. u. 5.5.1850.

70 Fabr.-Nr. 30,31,34,35,60. Die Ingenieure nutzten die dritte Achse zur Kuppelachse und damit das ganze Lokgewicht für die Haftung zwischen Rad und Schiene. Damit entstand der Dreikuppler (CI). Zu den Lok-Gattungen: Ludwig von Welser, *Die Gattungen A I bis A V, B I bis B VI, C I und C II*, in: Bayern-Report 4 (1994), 18–89.

71 Er ließ sie mit 20 Pferden nach Wien bringen und dort zusammensetzen.

72 Die Techniker bauten die 72. Lokomotive als achträdrige Maschine mit sieben gekuppelten Achsen. Die Innovation lag im Kuppelsystem der Achsen. Dinhobl, *Semmeringerbahn* (wie Anm. 68), 118 f., 124–128; Carl von Ghega, *Uebersicht der Hauptfortschritte des Eisenbahnwesens in dem Jahrzehnde 1840–1850 und die Ergebnisse der Probefahrten auf einer Strecke der Staatsbahn ueber den Semmering in Österreich*, Wien 1853, 124.

73 Zu ihren Erwerbungen: Hugo Marggraff, *Die Königlich Bayerischen Staatseisenbahnen in geschichtlicher und statistischer Beziehung*, München 1894 (Nachdruck Stuttgart 1982), 212–258, 260–263.

74 Die Steuersumme nach der besonderen Wahl-Liste für die Ernennung der Gemeindebevollmächtigten und bürgerlichen Magistratsräte, in: StadtA M, Wahlamt 237.

75 Bericht der Beurtheilungs-Commission bei der Allgemeinen Deutschen Industrie-Ausstellung zu München im Jahr 1854, München 1855, V. Ausschuß: Maschinen, 7, 11 f., 66; Maffeis Exponate unter Nr. 305. StadtA M, Stadtchronik, Beilage, 110 f.

76 *Maschinenbauanstalt* (wie Anm. 38), 154.

77 Protokolle der Generalversammlung v. 25.5. u. 20.9.1852. Die Dokumente stellte Manfred Leiss, ehem. Vorstand der Maxhütte, zur Verfügung.

78 *75 Jahre Eisenwerkgesellschaft Maximilianshütte 1853–1928*, Rosenberg 1928, 29 f., 33; Rolf Wypior, *149 Jahre Maxhütte – Ein großes Kapitel Industriegeschichte*, in: Stadt Sulzbach-Rosenberg (Hg.), 150 Jahre Maxhütte, Amberg 2003, 27–42, hier 27 ff.; Protokoll des Verwaltungsrats der Maxhütte, München, 1.12.1856, in: BWA, F 70/643.

79 Rudolf Wegge, *Die Entwicklung der Eisenwerkgesellschaft Maximilianshütte. I. Teil: Von ihrer Gründung bis zum Jahre 1880*, (Diss. masch.) Würzburg 1922, 128, 28 f., 32; Protokoll des Verwaltungsrats, München 4.11.1854 sowie Protokolle der Generalversammlung, München, 28.4.1856 u. 28.4.1858, in: BWA, F 70/641, 674 u. 540; Rainer Gömmel, *Die Maxhütte als größter Industriebetrieb*, in: Stadtmuseum Sulzbach-Rosenberg (Hg.), Von Erzgräbern und Hüttenleuten, Sulzbach-Rosenberg 2000, 85–98, hier 85; Volker Nichelmann, *Beitrag zur Darstellung der Entwicklung der eisenschaffenden Industrie in der Oberpfalz*, in: Verhandlungen des Historischen Vereins für Oberpfalz und Regensburg, Bd. 97 (1956), 13–162, hier 84.

80 Christian Bedeschinski, *Die Maxhütte in Sulzbach-Rosenberg und ihre Eisenbahnen*, Berlin 2002, 11.

81 Helmut Hilz, *Eisenbrückenbau und Unternehmertätigkeit in Süddeutschland*, Stuttgart 1993, 51 ff.; Ders., *Werkstätten* (wie Anm. 54), 131; Johannes Bähr, *Die M.A.N.: Vorgeschichte, Entstehung und Aufstieg (1840–1920)*, in: ders. u.a.: Die MAN. Eine deutsche Industriegeschichte, München [3]2009, 132–229, hier 182 f.

82 BWA, F 44/Anhang 1, Nr. 116; Hilz, *Werkstätten* (wie Anm. 54), 128 f., 137 f., 142.

83 Maffei an die Direction der kgl. priv. bay. Ostbahnen, München 24. 8. 1858, in: BHStA, (ehem. VArch) Direktion der Ostbahnen AG 1658. Siehe auch 5. 9. 1857 u. 1. 4. 1858, in: ebd., (ehem. VArch) Direktion der Ostbahnen AG 1654.

84 Dieter Ziegler, *Eisenbahnen und Staat im Zeitalter der Industrialisierung. Die Eisenbahnpolitik der deutschen Staaten im Vergleich*, Stuttgart 1996, 97; Wolfgang Illenseer, *Zur Geschichte des bayerischen Lokomotiv- und Waggonbaus*, in: Gerhard Hetzer, Weichenstellungen. Eisenbahnen in Bayern 1835–1920. Eine Ausstellung des Bayerischen Hauptstaatsarchivs, München, 29. November 2001 bis 3. Februar 2002, München 2001, 363–375, hier 370.

85 Verträge und Korrespondenz, in: BHStA, (ehem. VArch) Direktion der Ostbahnen AG 1658; Hilz, *Werkstätten* (wie Anm. 54), 131–135.

86 Todesanzeige München 1. 11. 1870, J. von Maffei'sche Schiffswerft in Regensburg (Firma Gebrüder Maffei) – 1870, in: BWA, F 44/ Anhang 1, Nr. 116.

87 Die mangelnde Bereitschaft der Privatbahn, die Region flächendeckend zu erschließen, war ein weiterer Grund für das Vorgehen des bayerischen Staates. Ziegler, *Eisenbahnen* (wie Anm. 84), 536.

88 Der 1860 aufgebaute Filialbetrieb des Unternehmers Cramer-Klett, der den süddeutschen Eisen- und Stahlbau beherrschte, hatte durch die Nähe zu den rheinischen Eisenhütten erhebliche Standortvorteile.

89 Hilz, *Werkstätten* (wie Anm. 54), 138, 141 ff.; Möhl, *Hundert Jahre* (wie Anm. 22), 22; Maffei, *Geschichte* (wie Anm. 4), 92.

90 Das Münchner Eisenwerk verkaufte an sie bis 1872 insgesamt 17 Lokomotiven.

91 Maffei, *Geschichte* (wie Anm. 4), 39; Bayerischer Landwirtschaftsrat (Hg.), *Handbuch des größeren Grundbesitzes in Bayern*, München 1907, 37–40, hier 38.

92 Sterzinger, *Himbsel* (wie Anm. 11), 126; Ziegler, *Eisenbahnen* (wie Anm. 84), 321, 323 f.

93 Geschätzte 7130 Zollzentner (356,5 Tonnen) Steinkohle, 320 000 Kubikfuß Holzkohlen, 21 680 Zollzentner (1084 Tonnen) Torf und 6300 Zollzentner (135 Tonnen) Koks. Als Antriebskraft standen dem Betrieb 150 PS Wasserkraft mit drei Turbinen und zwei unterschlächtigen Wasserrädern zur Verfügung sowie ein Dampfkessel für die Dampfhämmer. *Jahresbericht der Handels- und Gewerbekammer für Oberbayern 1869*, München 1870, 82.

94 Auch die anderen deutschen Staaten behielten im Kaiserreich ihre Eisenbahnhoheit. Rainer Gömmel, *Gewerbe, Handel und Verkehr*, in: Handbuch der bayerischen Geschichte, Bd. 4/2, München [2]2007, 216–299, hier 236.

95 StA M, Amtsgericht München IA, NR 1870/1405.

96 Schumann zufolge zeigt das Testament, dass sich Bayerns führender Industrieller letztlich als adeliger Gutsbesitzer definierte. Nicht die Zukunft der Fabrik hatte Priorität, sondern »die mit gleichsam vorindustriellen Mitteln sicherzustellende Versorgung« der Familie. Dirk Schumann, *Bayerns Unternehmer in Gesellschaft und Staat, 1834–1914. Fallstudien zu Herkunft und Familie, politischer Partizipation und staatlichen Auszeichnungen*, Göttingen 1992, 118 f.; Maffei, *Geschichte* (wie Anm. 4), 41 f.

97 Bedingt durch die väterlichen Garnisonswechsel hatte Hugo Schulen in Bamberg, Zweibrücken und in München besucht. Nach dem Abitur (1855) am Münchner Maximiliansgymnasium schrieb er sich an der juristischen Fakultät der Ludwig-Maximilians-Universität ein und schloss sich dem Corps Franconia an. In diesen Kreisen knüpfte er ein Netzwerk, das ihn politisch prägte und dem er ein Leben lang verbunden blieb. Insbesondere in Friedrich von Schauß-Kempfenhausen, dem späteren Mitbegründer der Nationalliberalen Partei in München, Reichstagsabgeordneten sowie Gründer und Direktor der Süddeutschen Bodenkreditbank, fand er einen Gleichgesinnten. Maffei, *Geschichte* (wie Anm. 4), 50, 74 ff., 85 f., 116, 118, 127; Volker M. Lutteroth (Hg.), *Corps Franconia zu München. 350 Semester. 1836–2011*, Hannover 2011, 172 f.

98 Maffei, *Geschichte* (wie Anm. 4), 80 f., 83 f.

99 Krauss-Maffei AG (Hg.), *150 Jahre* (wie Anm. 17), 40.

100 Böhms Kindern zufolge reiste ihr Vater oft zum Abschluss größerer Aufträge ins Ausland, 1867 nach England, einmal nach Paris, dreimal nach Italien, häufig nach Wien und in die Schweiz. *Ludwig Böhm zur Erinnerung*, 1898, in: BWA, F 44/Anhang 2, Nr. 11.

101 Maffei hatte den damals 23-jährigen Ingenieur auf Empfehlung von Ashton eingestellt. Nach einem hervorragenden Examen an der polytechnischen Schule (nicht am kgl. Polytechnikum) in München arbeitete Böhm zwei Jahre bei der Kgl. Bay. Eisenbahnbau-Kommission in Nürnberg.

102 Maffei, *Geschichte* (wie Anm. 4), 87.

103 1872: 56, 1873: 60, 1874: 66 und 1875: 60. Vgl. *Jahresbericht der Handels- und Gewerbekammer für Oberbayern 1874/75*, München 1876, 109.

104 Krauss-Maffei AG (Hg.), *150 Jahre* (wie Anm. 17), 38.

105 Jean Louis Schlim, *Der königliche Schleppdampfer im Hafen von Herrenchiemsee*, in: Peter Wolf u. a. (Hg.), Götterdämmerung. König Ludwig II. und seine Zeit. Katalog, Augsburg 2011, 227.

106 Gündling, *Schiffe* (wie Anm. 54), 83 f.

107 Kögel folgte 1887 in der Münchner Maschinenbaufabrik Direktor Böhm nach. Als zweiter Direktor arbeitete seither Maffeis Vetter Karl Halm in der Fabrik. Kögel schied 1902 krankheitsbedingt aus. Er hielt am 6.3. und am 11.12.1893 im Polytechnischen Verein in München Vorträge: *Ueber die Dampfschifffahrt auf Amber- und Ammersee*, in: Bayerisches Industrie- & Gewerbeblatt Jg. 1893, Nr. 29–32, Jg. 1894, Nr. 12. Siehe vor allem Nr. 31, 365–370; Maffei, *Geschichte* (wie Anm. 4), 127, 109.

108 Gündling, *Schiffe* (wie Anm. 54), 84 f.; Krauss-Maffei AG (Hg.), *150 Jahre* (wie Anm. 17), 44.

109 Arno Berleb, *Die Schiffe unserer Gewässer (IV)*, in: Vom Einbaum zum Dampfschiff Bd. 7 (1988), 101–106; Will von Gaessler, *Die Schiffe unserer Gewässer (V)*, in: ebd. Bd. 8 (1990), 88–92.

110 Die in München gefertigten Dampfschiffe wurden zerlegt zu den Werfthallen an die bayerischen Seen gebracht und dort montiert. Krauss-Maffei AG (Hg.), *150 Jahre* (wie Anm. 17), 51; Maffei, *Geschichte* (wie Anm. 4), 111; Gündling, *Schiffe* (wie Anm. 54), 93, 95, 97.

111 Bereits Joseph Anton von Maffei war immer mehr politisches Gewicht zugefallen, zuletzt als Mitglied der ersten Kammer des Landtags: 1863 hatte ihn Maximilian II. als ersten Fabrikanten zum »Reichsrat der Krone Bayern« auf Lebenszeit ernannt.

112 Maffei, *Geschichte* (wie Anm. 4), 98, 108 f.

113 *75 Jahre Eisenwerkgesellschaft* (wie Anm. 78), 84, 42 ff., 58; Wypior, *149 Jahre Maxhütte* (wie Anm. 78), 29 ff.

114 Die neue Technik wurde anfangs fast ausschließlich als Lichtquelle verwendet. Die grellen Bogenlampen, die dem Gaslicht Konkurrenz machten, setzte man für die Illumination von Straßen, Fabrikhallen und Bahnhöfen ein.

115 Alois Zettler, *Notizen und Gedanken zur Electro-Technik. 1877–1899*, München o.D. [1959], 18.

116 Siemens erregte bereits 1879 mit der ersten elektrischen Lokomotive der Welt auf der Berliner Gewerbeausstellung großes Aufsehen. Wilfried Feldenkirchen, *Siemens. Von der Werkstatt zum Weltunternehmen*, München ²2003, 55 ff., 60 f.; Rudolf Cohen, *Schuckert 1873–1923. Festschrift zum 50jährigen Bestehen*, Nürnberg 1923, 15.

117 Wilhelm Füßl, *Oskar von Miller 1855–1934. Eine Biographie*, München 2005, 49; Deutsches Museum, Archiv, Polytechnischer Verein [künftig DMA, PTV] 182,5.

118 Programm für die elektro-technischen Versuche im kgl. Glaspalaste zu München, München, März 1882, § 12, in: *Offizieller Bericht über die im Königlichen Glaspalaste zu München 1882 unter dem Protektorate Sr. Majestät des Königs Ludwig II. von Bayern stattgehabte Internationale Elektricitäts-Ausstellung verbunden mit elektrotechnischen Versuchen*, hg. v. Wilhelm von Beetz, München 1883, 8; DMA, PTV 189, Einlauf Nr. 60 v. 15.4.1882.

119 Sándor Jeszenszky, *Die elektrische Beleuchtung*, in: Frank Dittmann (Hg.), Überwindung der Distanz. 125 Jahre Gleichstromübertragung Miesbach–München. 125 Jahre elektrische Energieübertragung, Berlin 2011, 81–100, hier 96; *Offizieller Bericht* (wie Anm. 118), 101, 103 (Abb.), 106 u. Anhang; Cohen, *Schuckert* (wie Anm. 116), 16 f.

120 *Catalog für die Internationale Elektricitäts-Ausstellung, verbunden mit elektro-technischen Versuchen im K. Glaspalast zu München*, hg. von Philipp Carl, München 1882, 88.

121 Richard Winkler, *Made in Bavaria – Technische Innovationsleistungen bayerischer Unternehmen zur Zeit König Ludwigs* II., in: Peter Wolf u. a. (Hg.), Götterdämmerung. König Ludwig II. und seine Zeit. Aufsätze, Augsburg 2011, 107–116, hier 109; Füßl, *Miller* (wie Anm. 117), 47, 53 f., 56.

122 Die Bedeutung der Ausstellung lag in der Stromübertragung, denn frühere Übertragungen hatten zwei Kilometer Distanz nicht überschritten. Frank Dittmann, *Die Internationale Elektrizitätsausstellung in München 1882*, in: ders. (Hg.), Überwindung der Distanz, 15–40, hier 29.

123 Cohen, *Schuckert* (wie Anm. 116), 17; Krauss-Maffei AG (Hg.), *150 Jahre* (wie Anm. 17), 39; *Offizieller Bericht* (wie Anm. 118), 129 (Abb. S. 113).

124 Cohen, *Schuckert* (wie Anm. 116), 25.

125 Wolfgang J. Smolka, *Alexander von Wacker. Das Leben eines Industrie-Pioniers*, München 1990, 161 ff. Wacker musste dennoch 1902 aus dem Vorstand der EAG ausscheiden und in den Aufsichtsrat wechseln.

126 Ebd., 176 f., 191; Wilfried Feldenkirchen, *Siemens 1918–1945*, München 1995, 68, 466; Maffei, *Geschichte* (wie Anm. 4), 119 f., 138 f.

127 Clemens Zell, *Geschichte der Elektrizitätsversorgung Münchens*, München 1949, 16 f., 20; Krauss-Maffei AG (Hg.), *150 Jahre* (wie Anm. 17), 44; Julius Kahn, *Münchens Großindustrie und Großhandel*, München [2]1913, 126. Insgesamt lieferte Maffei »in neuerer Zeit« 120 Dampfmaschinen mit 42 000 PS und 220 Dampfkessel aus. Polytechnischer Verein, *Jahrhundertschrift* (wie Anm. 18), 278.

128 Bis zur Mechanisierung erfolgte die Arbeit auf den Grünmalztennen manuell. BWA, F 44 / Broschüre »Keimgut-Wender-Anlagen«, 1907; Kahn, *Münchens Großindustrie* (wie Anm. 127), 126.

129 Hinter diesem Namen glaubte »sich aus Utilitätsgründen die Firma J. A. Maffei zunächst verbergen zu müssen«, berichtet Hugo von Maffeis Sohn, »da sie sich vor Überraschungen durch etwaige Patentverletzungen stellen wollte«. Maffei, *Geschichte* (wie Anm. 4), 133.

130 Kustermann, *Eisenindustrie* (wie Anm. 29), 76.

131 Obwohl Maffei bereits im Aufsichtsrat der Münchner Rückversicherung und der Allianz (zweiter Vorsitzender) saß, nahm er 1905 bei der Gründung der Bayerischen Versicherungsbank, einer Tochter der Bayerischen Hypotheken- und Wechselbank, die Position als zweiter Präsident an. Seit 1871 gehörte er dem Aufsichtsrat der Hypo an und wurde 1875 zweiter Vorsitzender der Bayerischen Notenbank. Sein Einfluss in den Aufsichtsratsgremien von Banken und Versicherungen war immer mehr gestiegen.

132 Das Unternehmen baute bereits seit 1878 Minen, Torpedos und zugehörige maschinelle Einrichtungen. Neben Lokomotiven begründeten insbesondere Schwartzkopff-Torpedos den Weltruf der Firma. In Verbindung mit den Torpedo-Einrichtungen stellte die Fabrik auch Luftkompressoren her. Berliner Maschinenbau-Aktiengesellschaft, vorm. L. Schwartzkopff, *1852–1927 – 75 Jahre Schwartzkopff*, Berlin 1927, 19 f.

133 Lizenznehmer waren auch Breitfeld, Daněk & Co. in Prag, Thyssen & Co. in Mülheim / Ruhr sowie – für Schiffsantriebe – F. Schichau. Letzteres im Bau von Torpedobooten und Lokomotiven führende Unternehmen im westpreußischen Elbing erhielt 1908 Aufträge der Kaiserlichen Marine zum Bau mehrerer Torpedoboote mit dem Turbinensystem Schichau-Melms & Pfenninger. Lizenznehmer für Schiffsturbinen gemäß Vertrag v. 11. / 13. 5. 1907. Oswald Flamm, *Der Gesamte Deutsche Schiffbau 1908*,

Berlin 1908, 50 f.; zum Turbinenbau, auch für Schiffsbeleuchtung: Broschüre der J. A. Maffei AG (ca. 1928), 5, in: BWA, F 44/M 15. Werbeblatt zur S 166 (ca. 1910) in: ebd. Über den Verbleib des Archivs der MSW ist nichts bekannt.

134 Krauss trat nach einer etwa einjährigen Tätigkeit in den USA und dem Besuch zahlreicher amerikanischer Fabriken als Betriebsassistent bei J. A. Maffei ein. Für den angehenden Ingenieur waren Heinrich Wirth und Anton Hammel wichtige Lehrmeister. Möhl, *Hundert Jahre* (wie Anm. 22), 43.

135 Teilweise stammte die Ausrüstung der Schwartzkopff-Loks von den Bergmann-Electrizitäts-Werken. Die Feinregler-Steuerungen stammten von den MSW. Vgl. Berliner Maschinenbau-Aktiengesellschaft, *75 Jahre Schwartzkopff* (wie Anm. 132), 167 und Tabelle C, 170. Siehe auch 34.

136 Abkommen mit J. A. Maffei, München, über die Zusammenarbeit auf dem Gebiet elektrischer Lokomotiven in Bayern, München, Berlin 18./19. 9. 1908, gez. Hammel u. Frischmuth, in: Siemens-Archiv, SAA 21.Lk 740. Die Elektrifizierung begann 1912.

137 Krauss-Maffei AG (Hg.), *150 Jahre* (wie Anm. 17), 53, 41; Kahn, *Münchens Großindustrie* (wie Anm. 127), 125.

138 Verträge des Deutschen Lokomotiv-Verbandes 1890 bis 1909 in: BWA, F 44/AK.

139 Der Export wurde auch durch Aufholen der Industrien der wichtigsten Importländer erschwert. *Jahresbericht der Handels- und Gewerbekammer für Oberbayern 1884*, München 1885, 177; *Jahresbericht der Handels- und Gewerbekammer für Oberbayern 1885*, München 1886, 144; *Jahresbericht der Handels- und Gewerbekammer für Oberbayern 1890*, München 1891, 107; Kustermann, *Eisenindustrie* (wie Anm. 29), 22.

140 *Jahresbericht der Handelskammer München 1909*, München 1910, 351 f.

141 Hohe Bahnfrachten zwangen Maffei dazu, Transporte in die Balkanstaaten und in die unteren Donauländer – wachsende Märkte – fast ausschließlich über den Seeweg abzuwickeln. Eines der großen Projekte des gebürtigen Münchners Moritz Freiherr von Hirsch war die Schienenverbindung von Europa nach Istanbul. Er erhielt 1869 die Konzession der türkischen Regierung für den Bau der transbalkanischen Eisenbahn nach Konstantinopel und gründete 1870 die Compagnie des Chemins de Fer Orientaux. *Jahresbericht der Handels- und Gewerbekammer für Oberbayern 1895*, München 1896, 188.

142 *Jahresbericht der Handelskammer München 1909* (wie Anm. 140), 351 f.; *Jahresbericht der Handelskammer München 1910*, München 1911, 294.

143 Mallet-Lokomotiven lieferte Maffei auch an die Compagnie royale des chemins de fer portugais (1908) und die Orientbahnen. Für Waldbahnen richtete die Fabrik Mallet-Maschinen für Holzfeuerung ein, z. B. für die bosnische Forstindustrie-Gesellschaft, die italienische Kolonie Eritrea und für die japanische Staatsbahn. Polytechnischer Verein, *Jahrhundertschrift* (wie Anm. 18), 276 ff.; Krauss-Maffei AG (Hg.), *150 Jahre* (wie Anm. 17), 43.

144 Krauss-Maffei AG (Hg.), *150 Jahre* (wie Anm. 17), 38; Maffei, *Geschichte* (wie Anm. 4), 128.

145 1899 bis 1901 wurde eine Serie von 42 gleichartigen Maschinen gefertigt.

146 Polytechnischer Verein, *Jahrhundertschrift* (wie Anm. 17), 277; Alfred Kuhle, *Geschichte der bayerischen Industrie*, München 1926, 245.

147 Die häufig als Deutschlands formschönste Baureihe bezeichnete S 3/6 wurde auf dem neuen Ausstellungsgelände auf der Münchner Theresienhöhe 1908 erstmals der Öffentlichkeit präsentiert. Bis 1930 verließen 141 Maschinen das Werk, 18 weitere wurden in Lizenz gebaut. Die S 3/6 diente als Zuglok der Paradezüge der Deutschen Reichsbahn, wie des »Rheingold«, oder der Schnellzüge München – Berlin.

148 Die Bay. Staatsbahn hatte J. A. Maffei 1905 mit dem Bau einer Schnellzuglok für die Bayerische Jubiläums-Landesausstellung in Nürnberg beauftragt. Nach nur vier Monaten Konstruktionszeit fuhr die Lokomotive Anfang Mai zur Ausstellungseröffnung. Im Folgejahr begannen die Schnellfahrversuche. Axel Winterstein,

Joseph Anton von Maffei und Hugo von Maffei. Sie machten der Eisenbahn Dampf, in: Erfinder in München, Landsberg a. Lech 1997, 41–46, hier 45; Krauss-Maffei AG (Hg.), *150 Jahre* (wie Anm. 17), 41.

149 Kahn, *Münchens Großindustrie* (wie Anm. 127), 125; Maffei, *Geschichte* (wie Anm. 4), 132, 127; *Jahresbericht der Handels- und Gewerbekammer für Oberbayern 1902*, München 1903, 70.

150 Statistiken über die Lieferung von Schmalspurdampfloks in: Bedeschinski, *Maxhütte* (wie Anm. 80), 196, 200.

151 Kustermann zufolge nahm Maffei erst 1906 den Bau von Schmalspurloks auf. In diesem Bereich wurde bald von der Einzel- zur Serienfertigung übergegangen, was zunächst eine möglichst weitgehende Typisierung der Lokeinzelteile voraussetzte. Hubert Kustermann, *Die Entwicklung der Bayerischen Lokomotivindustrie*, Diss. München 1925, 23 f.

152 Krauss-Maffei AG (Hg.), *150 Jahre* (wie Anm. 17), 38; Winterstein, *Maffei* (wie Anm. 148), 45; Kahn, *Münchens Großindustrie* (wie Anm. 127), 125 f.

153 *Das Eisenwerk Hirschau im April 1852* (Besonderer Abdruck aus dem Kunst- und Gewerbeblatte des Polytechnischen Vereins für das Königreich Bayern vom Monate Juni), München 1852, 3. Hummel, *München* (wie Anm. 31), 412, 416, zufolge gingen bei Maffei keine Arbeitsplätze verloren. Das Fabrikpersonal blieb von 1846 bis 1849 qualitativ wie quantitativ fast unverändert (1838: 160, 1844: 150, 1846: 372, 1847: 375 und 1849: 373 Arbeiter). In zwei Leserbriefen an die »Neuesten Nachrichten« (27.5, 373 u. 9. 6. 1848, 510) hatten Maffei-Arbeiter gegen die willkürlichen Übergriffe von Direktor Hall protestiert. Auer, *Krauss-Maffei* (wie Anm. 11), 55.

154 Eine zeitgenössische Quelle gibt die Wochenlöhne an: 1839 ca. 12 500 Gulden (für etwa 160 Arbeiter), 1844 ca. 80 000 Gulden, 1851 ca. 145 000 Gulden. *Eisenwerk Hirschau*, 8.

155 Thomas Engelhardt, *Menschen nach Maß. Fabrikdisziplinierung und industrielle Zeitökonomie während der Industrialisierung Bayerns*, in: Gerhard Bott (Hg.), Leben und Arbeiten im Industrie-Zeitalter. Eine Ausstellung zur Wirtschafts- und Sozialgeschichte Bayerns seit 1850, Stuttgart 1985, 289–292, hier 291; Kustermann, *Lokomotivindustrie* (wie Anm. 151), 58 f. Auch für die Regensburger Werftarbeiter gründete Maffei im Oktober 1853 einen Kranken-Unterstützungs-Verein, der ab dem vierten Krankheitstag finanzielle Hilfe gewährte. Hilz, *Werkstätten* (wie Anm. 54), 138.

156 *Maschinenbauanstalt* (wie Anm. 38), 154.

157 Bericht der Regierung von Oberbayern an das Kgl. StM des Innern, 1. 6. 1854, in: BHStA, MInn 46073.

158 *Jahresbericht der Handels- und Gewerbekammer 1874/75* (wie Anm. 103), 109.

159 Zu den Arbeitszeiten und Löhnen: StadtA M, Gewerbeamt 544/19 u. 755. Maffei vergab die in unmittelbarer Fabriknähe gebauten acht Werkswohnungen unentgeltlich bevorzugt an besonders verdiente Arbeiter, meist Werkmeister und Vorarbeiter. Für die Beschäftigten entstanden in der Ursula- und Feilitzschstraße (bis 1890 Maffeistr.) weitere Arbeiterhäuser. *Jahresberichte der Handels- und Gewerbekammer für Oberbayern 1872/73*, München 1875, 198, u. *1874/75* (wie Anm. 103), 109; Krauss-Maffei AG (Hg.), *150 Jahre* (wie Anm. 17), 38; Auer, *Krauss-Maffei* (wie Anm. 11), 60 f.

160 *Jahresberichte der Handels- und Gewerbekammer für Oberbayern 1892*, München 1893, 189, u. 1895 (wie Anm. 141), 187; Ernst Günther, *Die Entlöhnungsmethoden in der bayerischen Eisen- und Maschinen-Industrie*, Berlin 1908.

161 Als der Oberförster Mitte der 1870er-Jahre verstarb, übernahm Maffei die Vormundschaft über seine sechs Söhne. Anton, der dritte Sohn, arbeitete später im Büro der Münchner Fabrik.

162 Die Zitate aus: Maffei, *Geschichte* (wie Anm. 4), 74 f., 120 f., 146, 159.

163 Polytechnischer Verein, *Jahrhundertschrift* (wie Anm. 18), 278.

164 Wolfgang Hardtwig, *Soziale Räume und politische Herrschaft. Leistungsverwaltung, Stadterweiterung und Architektur in München 1870–1914*, in: ders./ Klaus Tenfelde (Hg.), Soziale Räume in der

Urbanisierung. Studien zur Geschichte Münchens im Vergleich 1850–1933, München 1990, 59–154, hier 63.

165 Kustermann, *Lokomotivindustrie* (wie Anm. 151), 61 f.

166 Auer (Hg.), *Krauss-Maffei* (wie Anm. 11), 104; Kustermann, *Eisenindustrie* (wie Anm. 29), 56; Maffei Streik 1904, Protokoll des Einigungsamtes, in: BWA, F 44/AM 7 bzw. StadtA M, Gewerbeamt 755.

167 Maffei, *Geschichte* (wie Anm. 4), 133 f. Zum Arbeitskampf von 1905 vgl. Auer (Hg.), *Krauss-Maffei* (wie Anm. 11), 108 ff., 112; Kustermann, *Eisenindustrie* (wie Anm. 29), 57.

168 1920 wurde die Höchstzahl der Beschäftigten (2740) erreicht. Hinzu kamen etwa 300 Angestellte einschließlich der Meister und 33 weibliche Angestellte. Kustermann, *Lokomotivindustrie* (wie Anm. 151), 43. Die Expansionsstrategien von J. A. Maffei und der Krauss & Comp. AG während des Ersten Weltkriegs sind ebenso wie der Arbeitseinsatz von Kriegsgefangenen ein Forschungsdesiderat. Im Kriegsarchiv des BHStA (Bestand Stv. Generalkommando, I. bayerisches Armee-Korps, Abt. P III u. VII) und StadtA M (Bestand Kriegswirtschaftsamt) sind dazu keine Akten überliefert. Die Quellenlage für Bayern und München ist schwierig, da die wesentlichen Unterlagen zur Entwicklung der Kriegsgefangenenpolitik 1944 im Reichsarchiv mit den gesamten militärischen Beständen Preußens verbrannt sind. Übergreifende Untersuchungen zur Thematik: Heather Jones, *Violence against prisoners of war in the First World War. Britain, France, and Germany, 1914–1920*, Cambridge, Cambridge Univ. Press, 2011; Uta Hinz, *Gefangen im Großen Krieg. Kriegsgefangenschaft in Deutschland. 1914–1921*, Essen 2006; Jochen Oltmer, *Unentbehrliche Arbeitskräfte. Kriegsgefangene in Deutschland 1914–1918*, in: ders. (Hg.), Kriegsgefangene im Europa des Ersten Weltkriegs, Paderborn 2006, 67–96.

169 *Vom Glaspalast zum Gaskessel. Münchens Weg ins technische Zeitalter*, München 1978, 46; Max Megele, *Baugeschichtlicher Atlas der Landeshauptstadt München*, München 1951, 52; Maffei, *Geschichte* (wie Anm. 4), 127.

170 1902 rollte die erste Lokomotive, die Nr. 17 für die französische Bahngesellschaft, von der Fabrik zum Schwabinger Bahnhof. Möhl, *Hundert Jahre* (wie Anm. 22), 22; Winterstein, *Maffei* (wie Anm. 148), 42 f.; Maffei, *Geschichte* (wie Anm. 4), 132.

171 Drei Dynamos stammten von der EAG. Sie waren durch Lederkuppelungen mit den Turbinen und mit den Dampfmaschinen verbunden. Die Dampfturbine war mit zwei Generatoren der MSW gekuppelt. Den Dampf lieferten drei Wasserröhrenkessel. Sie waren Münchens mit dem höchsten Druck konzessionierte Kessel. Außerdem war in einer Werkstätte eine 200-PS-Dampfmaschine mit einem Schiffskessel in Betrieb.

172 Kustermann, *Eisenindustrie* (wie Anm. 29), 75; Kahn, *Münchens Großindustrie* (wie Anm. 127), 124; Krauss-Maffei AG (Hg.), *150 Jahre* (wie Anm. 17), 41, 84; Maffei, *Geschichte* (wie Anm. 4), 132.

173 Die Fabrik erleuchteten etwa 530 Bogenlampen und 2000 Glühlampen. Kahn, *Münchens Großindustrie* (wie Anm. 127), 124; Beschreibung im Firmenprospekt in: Krauss-Maffei AG (Hg.), *150 Jahre* (wie Anm. 17), 51, 54; Megele, *Baugeschichtlicher Atlas* (wie Anm. 169), 52.

174 Smolka, *Wacker* (wie Anm. 125), 238 f.; Maffei, *Geschichte* (wie Anm. 4), 117 f., 139.

175 Berechnet nach der amtlichen Kapital-Rentensteuer-Statistik 1910/11 (maximal 844 000 Mark), dem Gewinn der Firma J. A. Maffei (mindestens 720 000 Mark) sowie dem Einkommen aus Grundbesitz (180 000 Mark). Rudolf Martin, *Jahrbuch des Vermögens und Einkommens der Millionäre in Bayern*, Berlin 1914, 15, 125.

176 Wilfried Rudloff, *Münchens Wirtschaft zwischen zwei Weltkriegen*, in: Münchner Wirtschaftschronik. I. München – Wirtschaft im Wandel der Zeit, Wien 1994, 169–209, hier 169; Friedrich Karl Zahn, *Bayern in der deutschen Volkswirtschaft vor, in und nach dem Kriege*, in: Zeitschrift

des Bayerischen Statistischen Landesamts 50 (1918), hier 190–195.

177 Die Auslieferung begann laut Lieferverzeichnis am 3. 9. 1914. Kuhle, *Geschichte* (wie Anm. 146), 245; Kustermann, *Lokomotivindustrie* (wie Anm. 151), 23.

178 Maffei, *Geschichte* (wie Anm. 4), 134 f. Zum Turbinenbau für den Schiffsbetrieb: Broschüre der J. A. Maffei AG (wie Anm. 133), 34–37. Siehe auch BWA, F 44/AM 14.

179 Siehe Anm. 168. Die Kriegswirtschaft in München ist ein Forschungsdesiderat. Ein Großteil relevanter Dokumente der maßgeblichen Organisationseinheiten in Berlin wurde im Bombenkrieg zerstört. Zur Rüstungsproduktion in der Maschinenbauindustrie könnten Aktenreste im Bundesarchiv Militärarchiv, Freiburg, zum Beispiel in den Beständen Reichsmarineamt (RM 3) u. Preußisches Kriegsministerium (PH 2) weiterführende Aufschlüsse bieten. Übergreifend: Stefanie van de Kerkhof, *Von der Friedens- zur Kriegswirtschaft. Unternehmensstrategien der deutschen Eisen- und Stahlindustrie vom Kaiserreich bis zum Ende des Ersten Weltkrieges*, Essen 2006; Birgit Buschmann, *Unternehmenspolitik in der Kriegswirtschaft und in der Inflation. Die Daimler-Motoren-Gesellschaft, 1914–1923*, Stuttgart 1998; Regina Roth, *Staat und Wirtschaft im Ersten Weltkrieg. Kriegsgesellschaften als kriegswirtschaftliche Steuerungsinstrumente*, Berlin 1997.

180 Gömmel, *Gewerbe* (wie Anm. 94), 251 f. Zur Streikbeteiligung der Fabrikarbeiter von J. A. Maffei siehe Auer, *Krauss-Maffei* (wie Anm. 11), 123 f., 126.

181 Auer, *Krauss-Maffei* (wie Anm. 11), 148; Krauss-Maffei AG (Hg.), *150 Jahre* (wie Anm. 17), 38, 76; Maffei, *Geschichte* (wie Anm. 4), 72.

182 Georg schrieb seinen Familiennamen stets »Krauß«, während sich als Firmenname »Krauss« durchsetzte. Diese Unterscheidung wird hier in der Schreibweise beibehalten. Nach der Volksschule besuchte Georg in seiner Heimatstadt drei Jahre die Kreisgewerbeschule und für weitere drei Jahre die Polytechnische Schule, die der talentierte Schüler mit Auszeichnung absolvierte.

183 Im gleichen Jahr heiratete Krauß die Haushälterin Lydia Jacobine Vierlinger, Tochter eines Mehlhändlers, Seifensiedermeisters und bürgerlichen Magistratsrats aus Wassertrüdingen.

184 Walter Pache, *Dampf-Kraft. Georg Krauss und seine Zeit*, Augsburg 1996, 6 ff.; Winkler, *Made in Bavaria* (wie Anm. 121), 113; ders., *Lokomotiven für alle Spurweiten. Die Münchner Lokomotivfabrik Krauss & Comp.*, in: Haus der Bayerischen Geschichte (Hg.), Eisenbahn in Bayern 1835–2010, Augsburg 2010, 94–97, hier 95; Auer, *Krauss-Maffei* (wie Anm. 11), 71.

185 Winkler, *Made in Bavaria* (wie Anm. 121), 113 f.; Pache, *Dampf-Kraft* (wie Anm. 184), 8 f.

186 Nachruf von Carl von Linde auf Georg Krauß, in: Lokomotivfabrik Krauss & Comp., Actien-Gesellschaft in München und Linz a. D. Geschäftsbericht Krauss & Comp. 1906 14, in: BWA, F 44/AK.

187 Polytechnischer Verein, *Jahrhundertschrift* (wie Anm. 18), 273 f.; Kustermann, *Eisenindustrie* (wie Anm. 29), 70 f.; *Festschrift zur Vollendung der Lokomotive Nr. 5000*, hg. von der Locomotivfabrik Krauss & Comp. Actien-Gesellschaft München-Linz, München 1905, 2, 15 f.

188 Krauß an Bosch, 14. 11. 1864, zit. nach Pache, *Dampf-Kraft* (wie Anm. 184), 24 f.

189 Ebd., 25.

190 Nachruf Linde (wie Anm. 186), 14.

191 Die Briefe aus den Jahren 1862 bis 1867, in: Pache, *Dampf-Kraft* (wie Anm. 184), 21–48, hier 26.

192 Linde (geb. 1842 in Berndorf, gest. 1934 in München), der spätere Gründer der Linde Kältetechnik, arbeitete zwei Jahre bei Krauss & Comp. und folgte 1868 einem Ruf als Professor für theoretische Maschinenlehre an die neu gegründete Polytechnische Schule München. Krauß an Bosch, Zürich 16. 3. 1866, in: ebd., 34 f.

193 Krauß an Bosch, Zürich 2. 2. 1866, in: Pache, *Dampf-Kraft* (wie Anm. 184), 31 f.; ebd., 10.

194 Concessionsurkunde zum Betrieb der Lokomotivfabrik, in: BWA, F 44/Anhang 3, Nr. 2; Krauß

an Bosch, Zürich 26. 4. 1866, in: Pache, *Dampf-Kraft* (wie Anm. 184), 36 f.
195 Winkler, *Made in Bavaria* (wie Anm. 121), 114.
196 Auer, *Krauss-Maffei* (wie Anm. 11), 70–73; BWA, F 44/Anhang 3, Nr. 5.
197 Comandit-Gesellschaftsvertrag in: BWA, F 44/Anhang 3, Nr. 1. Die weiteren Kommanditisten und ihre Anteile: Fabrikant Friedrich Merz und Bosch jeweils 40 000 Gulden, der Augsburger Privatier Leo Bischoff, der Chemnitzer Fabrikant Joh. Zimmermann und der Augsburger Privatier Heinrich Kohn je 20 000 Gulden, Friedrich Martini 15 000 Gulden, der Fabrikant Wilhelm Martini, der Augsburger Privatier Adolph Paur, die Kaufleute Otto Rist, Kempten, und Frau Firnhaber, Augsburg, je 10 000 Gulden sowie mit jeweils 5000 Gulden Dr. Ferdinand Wachter, Max Bratsch und der Kaufmann Hermann Knauß, alle aus Augsburg.
198 Auer, *Krauss-Maffei* (wie Anm. 11), 73; zur Einrichtung der Werkstätten und des technischen Büros: Carl (von) Linde, *Aus meinem Leben und von meiner Arbeit*, München 1916, 21 f., 24 f.
199 Zit. nach Pache, *Dampf-Kraft* (wie Anm. 184), 44 f.
200 Patentverlängerungsurkunde v. 12. 2. 1870, in: BWA, F 44/AK, Anhang 3, Nr. 10.
201 Linde, *Aus meinem Leben* (wie Anm. 198), 26 f.
202 Nachruf Linde (wie Anm. 186), 15; Winkler, *Lokomotiven* (wie Anm. 184), 95 f.
203 Bereits 1868 verkaufte Krauß eine 600-mm-Schmalspurlok an die Maxhütte. Bedeschinski, *Maxhütte* (wie Anm. 80), 11; Statistik über die Lieferung von Schmalspurdampfloks an das Werk Haidhof bzw. Rosenberg: ebd., 200, 196.
204 Polytechnischer Verein, *Jahrhundertschrift* (wie Anm. 18), 130.
205 1907 übernahm die Gemeinde Wien die »Dampftramway Gesellschaft vormals Krauss & Company«. http://www.tram.at/index.php/stadtverkehrsgeschichte-wien [letzter Zugriff am 30. 11. 2016].
206 Zu Münchens Gründerboom: Gömmel, *Gewerbe* (wie Anm. 94), 237 f.
207 *Jahresbericht der Handels- und Gewerbekammer für Oberbayern 1872/73*, München 1874, 198; Nachruf Linde (wie Anm. 186), 15. Das Gelände dehnte sich auf einer Fläche von 36 940 m² aus, davon waren 7914 m² überbaut.
208 Kustermann, *Eisenindustrie* (wie Anm. 29), 65 f.; BWA, F 44/AK 6 u. 7.
209 Winkler, *Lokomotiven* (wie Anm. 184), 96.
210 *Jahresbericht der Handels- und Gewerbekammer 1874/75* (wie Anm. 103), 109.
211 Geschäftsbericht der Lokomotivfabrik Krauss & Comp., Actiengesellschaft zu München und Linz a.D. für die I. ordentliche Generalversammlung, Betriebsjahr 1887, München, 15. 4. 1888, 5, in: BWA, F 44/AK; Kustermann, *Lokomotivindustrie* (wie Anm. 151), 18.
212 Winkler, *Lokomotiven* (wie Anm. 184), 96 f.; Auer, *Krauss-Maffei* (wie Anm. 11), 74.
213 Gegen die Zahlung einer festen Pachtgebühr übernahm Krauss & Comp. bzw. dann die 1887 gegründete Lokalbahn AG auch den Betrieb der Feldabahn auf eigene Rechnung. Die Betriebsergebnisse blieben allerdings hinter den Erwartungen zurück. Die Weimarer Regierung kündigte daher 1902 den Pachtvertrag mit der Lokalbahn AG und verkaufte die Feldabahn an die Preußische Staatsbahn. Ziegler, *Eisenbahnen* (wie Anm. 84), 392 f.
214 Gemeinden und Privatleute, die in Vizinalbahnen investiert hatten, erhielten Rückvergütungen. Um Kosten zu sparen, waren beim Lokalbahnbau einfachste Konstruktion, ein vereinfachter Betrieb und eine niedrigere Fahrgeschwindigkeit zu berücksichtigen. Zum Gesetz: Emma Mages, *Vizinal- und Lokalbahnen*, in: Haus der Bayerischen Geschichte (Hg.), Eisenbahn in Bayern 1835–2010, Augsburg 2010, 60–63, hier 60.
215 Michael Heim/Helge Hufschläger, *Ein Tal und seine Bahn. Wie Tegernsee zum Zug kam*, Waakirchen 2002, 14–18.
216 Theodor Lechner, *Die Privat-Eisenbahnen in Bayern*, München 1920, 129–172; Ziegler, *Eisenbahnen* (wie Anm. 84), 351 f.; Kustermann, *Lokomotivindustrie* (wie Anm. 151), 19.

217 Vertrag zur Umwandlung der KG zur AG, 1886, in: BWA, F 44/AK, Anhang 3; Winkler, *Lokomotiven* (wie Anm. 184), 97.

218 Nach dem Verkauf der Haunstetter Bleiche an Martini (1888) wandte er sich dem Lokomotivbau zu.

219 Das Grundkapital wurde in 348 auf den Inhaber lautende Aktien (je 5000 Mark) eingeteilt. Georg Krauß zeichnete 344 Aktien, Käß, Bosch, Ilzhöfer und Martini je eine Aktie. Geschäftsvertrag zwischen Lokomotivfabrik Krauss & Comp. und der Krauss & Comp. AG, München 6. 6. 1887, gez. Krauß, Käß, Bosch, Ilzhöfer, V. Martini, in Vollmacht für Merz V. Martini, in Vollmacht für Fr. Firnhaber's Erbe Dr. v. Wachter u. W. Martini (Abschrift), in: BWA, F 44/AK, Anhang 3, Nr. 24; Protokoll der konstituierenden Sitzung der AG, München 6. 6. 1887 (Abschrift), in: ebd., Nr. 25; Geschäftsbericht Krauss & Comp. 1887, 3; Kustermann, *Lokomotivindustrie* (wie Anm. 151), 19.

220 Die weiteren Aktionäre: der Augsburger Fabrikant Wilhelm Martini (18), Ilzhöfer (12), der Augsburger Arzt Wachter (12), Frau Kommerzienrat Firnhaber, München (18), Obering. Endres (10), Max Sieber, Augsburg (10), der Augsburger Bankier August Bühler (6), Friedrich Merz (24) und Emil Kremer (2). Die Besitzer der restlichen 18 Aktien sind nicht genannt. Generalversammlungs-Protocoll für die Locomotivfabrik Krauss & Comp. AG in München-Neuhausen, 30. 4. 1888, in: BWA, F 44/AK 7.

221 Helmholtz (1852 geb. in Königsberg, gest. 1934 in München) trat nach einem Praktikum bei Borsig und einem Studium bei Linde 1878 bei Krauss & Comp. ein und arbeitete sich in kurzer Zeit zum Chefkonstrukteur empor.

222 Polytechnischer Verein, *Jahrhundertschrift* (wie Anm. 17), 274 f.; Patenturkunde für ein Drehgestell, 19. 10. 1887, in: BWA, F 44/Anhang 3, Nr. 26.

223 Damals wurde auch der Direktor der Lokalbahn AG Victor Krüzner Aufsichtsrat, er starb aber bereits zwei Jahre später. Seine Nachfolge trat 1906 der Direktor der Isaria-Zählerwerke GmbH, Otto von Feilitzsch, an. In den Aufsichtsrat wurden später Clemens Martini, Louis Bosch, der Direktor der Österreichischen Siemens-Schuckertwerke in Wien, Ferdinand Neureiter, der Augsburger Fabrikant Roderich Mayr sowie der Münchner Justizrat und Rechtsanwalt Eduard Brinz gewählt.

224 Geschäftsbericht Krauss & Comp. 1887, 3 f.; Kustermann, *Eisenindustrie* (wie Anm. 29), 69.

225 Kahn, *Münchens Großindustrie* (wie Anm. 127), 130. Der Geschäftszweig lief nach dem Zweiten Weltkrieg aus. Krauss-Maffei AG (Hg.), *150 Jahre* (wie Anm. 17), 35.

226 *Jahresberichte der Handels- und Gewerbekammer 1890* (wie Anm. 139), 106 f., u. *1895* (wie Anm. 141), 188.

227 *Jahresbericht der Handels- und Gewerbekammer für Oberbayern 1896*, München 1897, 201 f.

228 Kustermann, *Lokomotivindustrie* (wie Anm. 151), 27.

229 *Jahresbericht der Handels- und Gewerbekammer 1902* (wie Anm. 149), 196.

230 Geschäftsbericht Krauss & Comp. 1905, München, 10. 3. 1906, 5, in: BWA, F 44/AK.

231 Ebd.; Krauss-Maffei AG (Hg.), *150 Jahre* (wie Anm. 17), 37.

232 Krauss & Comp. Geschäftsbericht 1897, 5,9, in: BWA, F 44/AK, u. beglaubigte Abschrift der Beurkundung der Beschlüsse der ao. Generalversammlung der Locomotivfabrik Krauss & Comp. AG, durch Konrad Krafft von Dellmensingen, München 29. 5. 1900, in: ebd./AK 7.

233 Martin, *Jahrbuch* (wie Anm. 175), 124 f.; Lokomotivfabrik Krauss & Comp. Geschäftsberichte Krauss & Comp. 1887–1929, in: BWA, F 44/AK.

234 Die Zentrale erstreckte sich über ein Areal von 65 470 m², wobei 11 837 m² mit Wohngebäuden, Magazinen und Werkstätten bebaut waren. Kustermann, *Eisenindustrie* (wie Anm. 29), 69, gibt die Ausdehnung der drei Anlagen vor dem Ersten Weltkrieg mit insgesamt 124 567 m² an (Marsfeld 44 153, Sendling 32 134, Linz 48 280 mit einer jeweiligen Überbauung von 19 925, 12 983 bzw. 12 129 m²).

235 Der zeitweilig betriebene Grauguss wurde wegen mangelnder Rentabilität 1911 eingestellt.

236 BWA, F 44/AK 6; Krauss-Maffei AG (Hg.), *150 Jahre* (wie Anm. 17), 60, 68; Kahn, *Münchens Großindustrie* (wie Anm. 127), 131 f.

237 *Jahresberichte der Handels- und Gewerbekammer für Oberbayern 1907*, München 1908, 330 f., *1909* (wie Anm. 140), 352, *1910* (wie Anm. 142), 294 f.

238 *Jahresbericht der Handels- und Gewerbekammer für Oberbayern 1908*, München 1909, 340 f. Die norddeutsche Konkurrenz war vom wirtschaftlichen Niedergang nicht in dem Maße betroffen wie die süddeutschen und insbesondere die bayerischen Betriebe. Die preußischen und die anderen bundesstaatlichen Eisenbahnen investierten noch immer beträchtliche Summen in Eisenbahnmaterial.

239 Pache, *Dampf-Kraft* (wie Anm. 184), 19 f.; Winkler, *Lokomotiven* (wie Anm. 184), 97.

240 *Jahresbericht der Handelskammer München 1913*, München 1914, 221 f.; Winkler, ebd. (wie Anm. 184).

241 Krauss-Maffei AG (Hg.), *150 Jahre* (wie Anm. 17), 63; Auer, *Krauss-Maffei* (wie Anm. 14), 119.

242 Zu H.G. Krauss siehe in diesem Beitrag S. 59; Möhl, *Hundert Jahre* (wie Anm. 22), 41 f.

243 Bericht des Vorstandes, in: Geschäftsbericht Krauss & Comp. 1916, 3, in: BWA, F 44/AK.

244 Liste der wichtigsten U-Bootfirmen im Bereich, Der Staatssekretär des RMA, Nr. B VII 16801, Berlin, 14. 6. 1918, in: BHStA, Kriegsarchiv, Stv. Generalkommando I, bay. Armee-Korps, 1363.

245 Aufsichtsrat von Feilitzsch war während des Krieges als Direktor der Feldkraftwagen AG, Berlin, tätig.

246 Die Gesellschaft wurde 1904 in München von dem Motorenbauer Hugo Güldner mit Industriellen wie von Linde gegründet und 1907 nach Aschaffenburg verlegt.

247 Vorstandsbericht München, 31. 3. 1919, in: Geschäftsbericht Krauss & Comp. 1918, 3, in: BWA, F 44/AK.

248 *Jahresbericht der Handels- und Gewerbekammer 1874/75* (wie Anm. 103), 110. Zur Betriebskrankenkasse und der Pensionskasse der Beamten, zu Arbeitsordnung und -zeiten: BWA, F 44/AK 1. Zur Werkstättenorganisation: Manfred Döbereiner, *Industrielle Arbeitswelt in München um 1900. Der Wandel in Werkstätten und Fabriken*, in: Friedrich Prinz/Marita Krauss (Hg.), Die Prinzregentenzeit 1886 bis 1912, München 1988, 175–180, hier 178 f.

249 *Jahresbericht der Handels- und Gewerbekammer 1895* (wie Anm. 141), 188. Siehe auch die *Jahresberichte 1890* (wie Anm. 139), 106 f., *1896* (wie Anm. 227), 201.

250 Ebd. *1902* (wie Anm. 149), 197; Geschäftsbericht Krauss & Comp. 1906, München, 22. 3. 1907, 9, in: BWA, F 44/AK.

251 Kustermann, *Lokomotivindustrie* (wie Anm. 151), 60 f.

252 *Jahresbericht der Handelskammer München 1910* (wie Anm. 142), 294 ff.

253 Siehe auch ebd. *1907* (wie Anm. 237), 330 f., *1908* (wie Anm. 238), 340, u. *1909* (wie Anm. 140), 352.

254 Martin, *Jahrbuch* (wie Anm. 175), 124.

255 Rudloff, *Münchens Wirtschaft* (wie Anm. 176), 170. Zur Quellenproblematik siehe Anm. 168.

3 Wandlungen im Zeitalter der Extreme (1918 bis 1945)

1 Allan Mitchel, *Revolution in Bayern 1918/19. Die Eisner-Regierung und die Räterepublik*, München 1967; Heinrich Hillmayer, *Roter und Weißer Terror in Bayern nach 1918. Ursachen, Erscheinungsformen und Folgen der Gewalttätigkeiten im Verlauf der revolutionären Ereignisse nach dem Ende des Ersten Weltkrieges*, München 1974; Wilhelm Volkert, *Geschichte Bayerns*, 2. Aufl., München 2004, 83 ff.

2 Alois Auer (Hg.), *Krauss-Maffei. Lebenslauf einer Münchner Fabrik und ihrer Belegschaft* (Schriftenreihe des Archivs der Münchner Arbeiterbewegung e.V., Bd. 1), Kösching 1988, 144 ff.

3 Ebd., 133 ff., 140 f.; Niederschrift über die 76. Vorstandssitzung am 22. 7. 1919, in: Historisches Archiv der MAN, N 116 I/II.

4 Auer (Hg.), *Krauss-Maffei* (wie Anm. 2), 128 f.

5 Ebd., 160 ff.

6 Niederschrift über die 76. Vorstandssitzung am 22. 7. 1919, in: Historisches Archiv der MAN, N 116 I/II.

7 Zitiert nach: ebd.

8 Das Schreiben datiert vermutlich von Ende 1919 und findet sich abgedruckt in: Auer (Hg.), *Krauss-Maffei* (wie Anm. 2), 137. Zur Forderung, Krauss zu entlassen, und zur Neuregelung der betrieblichen Fürsorgeleistungen vom Mai 1919 vgl. ebd., 135 f.

9 Vgl. Lokomotivfabrik Krauss & Comp., Geschäftsbericht Krauss & Comp. 1918, 3.

10 Protokoll der Aufsichtsratssitzung der Lokomotivfabrik Krauss & Comp. AG am 6. 7. 1918, in: Bayerisches Wirtschaftsarchiv [künftig BWA], F 44/AK 5.

11 Das Linzer Werk wurde im Oktober 1918 an die ÖEVA verkauft. Vgl. Auer (Hg.), *Krauss-Maffei* (wie Anm. 2), 149.

12 Bemerkungen zur Frage der Aufnahme des Lokomotivbaues durch die M. A. N., o.D., in: Historisches Archiv der MAN, N 116 I/II; Johannes Bähr u. a., *Die MAN. Eine deutsche Industriegeschichte,* München 2008, 240.

13 Niederschrift der Sitzung des Arbeitsausschusses des Aufsichtsrates am 4. 6. 1919, in: Historisches Archiv der MAN, N 116 I/II

14 Beim Scheitern der Übernahmepläne von MAN dürfte die bayerische Verkehrsverwaltung eine wichtige Rolle gespielt haben, die der Meinung war, dass die beiden Münchner Lokomotivfabriken für den bayerischen Bedarf ausreichten, und es daher ablehnte, an weitere Werke Aufträge zu vergeben. Albert von Borsig, *Die Kartellgeschichte der deutschen Lokomotiv-Industrie*. Rer. pol. Diss. Universität München, München 1927, 80, Anm. 146 (Zitat aus der Rede des Abgeordneten Rothmeier in der Sitzung des Bayerischen Landtags vom 25. 4. 1924).

15 Lokomotivfabrik Krauss & Comp. AG an das Staatsministerium für Handel, München, 24. 4. 1920, in: BWA, F 44/AK 4.

16 Auer (Hg.), *Krauss-Maffei* (wie Anm. 2), 149; *Hundert Jahre Krauss-Maffei München 1837–1937*, München 1937, 47; H. G. Krauß an Alfred Blinzig, Deutsche Bank und Disconto Gesellschaft, 3. 7. 1931, in: Historisches Institut der Deutschen Bank AG [künftig HIDB], P 2989, Bl. 179Rs. Zur Höhe der ÖEVA-Beteiligung an Krauss & Comp. vgl. *Fusion Maffei-Krauss grundsätzlich beschlossen*, in: Münchner Neueste Nachrichten vom 26. 10. 1930, in: BWA, F 44/PR 1.

17 Franz Mathis, *Big Business in Österreich. Österreichische Großunternehmen in Kurzdarstellungen*, München 1987, 91. 1934 ging die ÖEVA mehrheitlich in den Besitz eines belgischen Bankenkonsortiums unter Leitung der Société Générale über. Ebd.; Harold James, *Die Deutsche Bank und die Diktatur 1933–1945*, in: Lothar Gall u. a., Die Deutsche Bank 1870–1995, München 1995, 378.

18 Geschäftsbericht Krauss & Comp. 1919, in: BWA, F 44/AK 5. Die Gesellschaft für elektrische Industrie AG (ELIN) war von der ÖEVA

gegründet worden und entwickelte sich in der Zwischenkriegszeit von einem Stromerzeugungsunternehmen zu einem produzierenden Unternehmen der elektrotechnischen Industrie. Mathis, *Big Business* (wie Anm. 17), 91 f. Zu Hans Altmann vgl. ebd., 92.

19 Hans Georg Krauss nahm darauf später in einem Brief an Alfred Blinzig von der Deutschen Bank Bezug: »Bei dieser Gelegenheit [Verkauf des Werks Linz, Anm. d. Verf.] wurden die Beziehungen geknüpft, die die Oeva veranlassten, später die Aktienmehrheit unserer Firma in Deutschland zu übernehmen.« H. G. Krauss an Blinzig, 3. 7. 1931, in: HIDB, P 2989, Bl. 179Rs.

20 Alfred Heinsheimer (1874–1935) wurde später Vorstandsvorsitzender des Wiener Bankvereins. Nach dem Zusammenschluss des Bankvereins mit der Creditanstalt wurde er in das Direktorium der fusionierten Bank übernommen.

21 Niederschrift der Vorstandssitzung der MAN am 22. 7. 1919, in: Historisches Archiv der MAN, N 116 I/II.

22 Lokomotivfabrik Krauss & Comp. – J. A. Maffei AG an Bayerisches Staatsministerium für Wirtschaft, Abt. Handel, Industrie u. Gewerbe, 23. 10. 1933, in: Bayerisches Hauptstaatsarchiv [künftig BayHstA], MHIG 5557.

23 Alfred C. Mierzejewski, *The Most Valuable Asset of the Reich. A History of the German National Railway*, Vol. 1, 1920–1932, Chapel Hill/London 1999, 4.

24 Ebd., 4 ff.

25 Ebd., 6.

26 Ebd., 10 ff., 19 ff.; Manfred Pohl, *Von den Staatsbahnen zur Reichsbahn 1918–1924*, in: Lothar Gall/ Manfred Pohl (Hg.), *Die Eisenbahn in Deutschland. Von den Anfängen bis zur Gegenwart*, München 1999, 75 ff.

27 Zu den Lokomotivbau-Kartellen von 1877, 1890 und 1903 siehe Borsig, *Kartellgeschichte* (wie Anm. 14).

28 Mierzejewski, *Asset* (wie Anm. 23), Vol. 1, 44 f. Für die Reichsbahn war dieses Beschaffungsprogramm eine schwere Belastung, der sich das Staatsunternehmen aber nicht entziehen konnte. Zuvor hatte sie schon den Personalüberhang und die Schulden der früheren Staatsbahnen übernehmen müssen. Der Historiker Hans-Peter Ullmann schätzt, dass sich die Verluste der Reichsbahn in den Jahren 1921–1923 auf rund 1,2 Mrd. Mark beliefen und damit 40–60 Prozent des Defizits im Reichshaushalt ausmachten. Hans-Peter Ullmann, *Der deutsche Steuerstaat. Geschichte der öffentlichen Finanzen*, München 2005, 99.

29 Josef W. Peuker, *Krise im Lokomotivbau in Deutschland (Die Absatzschwierigkeiten der Lokomotivindustrie in Deutschland und ihre Besserungsmöglichkeiten)*, München 1929, 50. Siehe Tabelle Abb. 45, Kap. 3.1, 111.

30 1912 hatte J. A. Maffei rund 2000 Arbeiter. Auer (Hg.), *Krauss-Maffei* (wie Anm. 2), 120 u. 166.

31 Siehe Kap. 2.3, 83 u. Kap.2.4, 96.

32 Gemeinderatsbeschluss vom 9. 11. 1921, in: BWA, F 44/Anhang 3, Nr. 55. Zwei Tage vorher hatte bereits der Bauausschuss zugestimmt. Ebd.

33 Auer (Hg.), *Krauss-Maffei* (wie Anm. 2), 151.

34 Martin H. Geyer, *Verkehrte Welt. Revolution, Inflation und Moderne: München 1914–1924*, Göttingen 1998, 160.

35 Ebd., 404; http://www.muenchen.de/rathaus/Stadtverwaltung/Direktorium/Stadtarchiv/Chronik/1923.html [letzter Zugriff 7. 12. 2012].

36 Eberhard Kolb, *Die Reichsbahn vom Dawes-Plan bis zum Ende der Weimarer Republik*, in: Gall/ Pohl (Hg.), *Die Eisenbahn in Deutschland. Von den Anfängen bis zur Gegenwart*, München 1999, 109 ff.

37 Mierzejewski, *Asset* (wie Anm. 28), Vol. 1, 44 f.; Peuker, *Krise* (wie Anm. 29), 40 ff. u. 50.

38 Peuker, *Krise* (wie Anm. 29), 50.

39 Ebd.

40 Bundesarchiv Berlin [künftig BA Berlin], R 3101/7379, Bl. 386 ff.

41 Borsig, *Kartellgeschichte* (wie Anm. 14), 89 ff.

42 Ebd., 90.

43 Bayerisches Staatsministerium des Äußern, Antrag des Bayerischen Staates, vertreten durch das Bayerische Staatsministerium des Äußern

in der verfassungsrechtlichen Streitigkeit mit dem Deutschen Reiche, 17.7.1930, in: BWA, F 44/Anhang 4, Nr. 2.

44 Ebd.

45 Auer (Hg.), *Krauss-Maffei* (wie Anm. 2), 166.

46 Krauss-Maffei AG, *150 Jahre Fortschritt durch Technik 1838–1988*, München 1988, 72; Auer (Hg.), *Krauss-Maffei* (wie Anm. 2), 152; Wolfgang H. Gebhardt, *Geschichte des deutschen Lkw-Baus*, Bd. 2b: He-Z 1918–1945, Stuttgart 1994, 37; Anzeige Krauss & Comp. AG: Krauss-Berna Lastkraftwagen mit Kardanritzelantrieb, in: BWA, F 44/AK 9.

47 Bähr u. a., *MAN* (wie Anm. 12), 273 ff. u. 277 f.

48 Jürgen Bönig, *Die Einführung von Fließbandarbeit in Deutschland bis 1933. Zur Geschichte einer Sozialinnovation*, Teil I, Münster 1993, 435.

49 Vgl. *Hundert Jahre Krauss-Maffei* (wie Anm. 16).

50 Alfons von Maffei, *Geschichte der seit 1786 in München ansässigen Familie Maffei. Nach schriftlichen und mündlichen Überlieferungen für die Nachkommen zusammengestellt*, Ms. München 1924, in: BWA, F 44/AM 3.

51 Ebd., 89 f.

52 Auer (Hg.), *Krauss-Maffei* (wie Anm. 2), 154.

53 *Fusion Maffei-Krauss grundsätzlich beschlossen*, in: Münchner Neueste Nachrichten vom 26.10.1930, in: BWA, F 44/PR 1.

54 J. A. Maffei, in: Münchner Neueste Nachrichten, 7.8.1925.

55 Ebd.

56 Allianz Lebensversicherungsbank AG an Direktor Dr. Rudolf Schmidt, München, in: Historisches Archiv von Munich Re, Personalia/13.

57 Auer (Hg.), *Krauss-Maffei* (wie Anm. 2), 154.

58 Mitteilung J. A. Maffei, 1.1.1926, in: BWA, F 44/Anhang 2, Nr. 23. Unterzeichnet war die Mitteilung von Alfons von Maffei im Namen der »Ritter von Maffei'schen Erben«.

59 Todesanzeige Alfons von Maffei, in: BWA, F 44/AM 3.

60 Zum geplanten Börsengang: Max Hachenburg, Bemerkungen zu dem Gutachten des Herrn Rechtsanwalt Prof. Dr. Geiler in Sachen Henschel ./. Maffei, 2.11.1930, 14, in: HIDB, P 2581, Bl. 74.

61 J. A. Maffei, 1.1.1926, in: BWA, F 44/Anhang 2, Nr. 23; Mitteilung des Aufsichtsrats der Firma J. A. Maffei A.G. (1927), in: ebd., Nr. 25.

62 Zur Biografie von Carl Canaris vgl. Manfred Rasch, *Granaten, Geschütze und Gefangene. Zur Rüstungsfertigung der Henrichshütte in Hattingen während des Ersten und Zweiten Weltkriegs*, Essen 2003, 19 f.; ders. (Hg.), *August Thyssen und Heinrich Thyssen-Bornemisza. Briefe einer Industriellenfamilie 1919–1926*, Essen 2010, 463 f.; *Reichshandbuch der deutschen Gesellschaft. Das Handbuch der Persönlichkeiten in Wort und Bild*, Berlin 1930, 259 f. Carl Canaris war ein Bruder von Wilhelm Canaris, dem wegen seines Widerstands gegen Hitler hingerichteten Chef der Abwehr im Oberkommando der Wehrmacht.

63 Krauss-Maffei AG, *150 Jahre* (wie Anm. 46), 83 ff.; Auer (Hg.), *Krauss-Maffei* (wie Anm. 2), 155 ff.

64 Auer (Hg.), *Krauss-Maffei* (wie Anm. 2), 154; Krauss-Maffei AG, *150 Jahre* (wie Anm. 46), 84; Reinhold Bauer, *Gescheiterte Innovationen: Fehlschläge und technologischer Wandel*, Frankfurt a. M. 2006, 127.

65 Ebd.

66 Auer (Hg.), *Krauss-Maffei* (wie Anm. 2), 166.

67 Bericht des Vorstandes über das 2. Geschäftsjahr 1928, in: BWA, F 44/AM 9.

68 Max Hachenburg, Bemerkungen zu dem Gutachten des Herrn Rechtsanwalt Prof. Dr. Geiler in Sachen Henschel ./. Maffei, 2.11.1930, 14, in: HIDB, P 2581, Bl. 74.

69 *Reichshandbuch* (wie Anm. 62), 259 f.

70 Vgl. Carl-Friedrich Baumann, *175 Jahre Henschel. Der ständige Weg in die Zukunft. 1810–1985. Sechs Beiträge zur Firmengeschichte*, Moers 1985, 29. Eine fundierte Unternehmensgeschichte der Henschel & Sohn GmbH fehlt nach wie vor.

71 Auer (Hg.), *Krauss-Maffei* (wie Anm. 2), 156 f.

72 Baumann, *175 Jahre Henschel* (wie Anm. 70), 29.

73 *Erster Henschel-Abschluß*, in: Berliner Börsen-Courier, 14.7.1930, in: HIDB P 2581, Bl. 39. Das Aktienkapital der Henschel AG belief sich auf nom. 41,8 Mio. RM. Mit Ausnahme der Maffei-

Beteiligung befanden sich alle Aktien im Besitz der Familie Henschel. Zum Aktientausch zwischen Henschel und Maffei vgl. auch Auer (Hg.), *Krauss-Maffei* (wie Anm. 2), 157.

74 Auer (Hg.), *Krauss-Maffei* (wie Anm. 2), 157 f.

75 *Henschel & Sohn* AG, in: Berliner Börsen-Courier, 14.7.1930, in: HIDB, P 2581.

76 Lokomotivfabrik Krauss & Comp. – J. A. Maffei AG an das Bayerische Ministerium für Wirtschaft, Abt. für Handel, Industrie u. Gewerbe, 23.10.1933, in: BayHStA, MHIG 5557.

77 Landgericht München I, 4. Zivilkammer, Betr.: Henschel-Verwaltung GmbH gegen von Maffei und Gen., 22.11.1930, 4, in: HIDB, P 2581, Bl. 85.

78 Dass Kehl in die Verhandlungen zwischen Canaris und Henschel vom Oktober 1928 eingebunden war, belegt seine Erklärung im Prozess Henschel gegen Maffei: Landgericht München I, 4. Zivilkammer, Betr.: Henschel-Verwaltung GmbH gegen von Maffei und Gen., 22.11.1930, 2, in: HIDB, P 2581, Bl. 85.

79 Max Hachenburg, Bemerkungen zu dem Gutachten des Herrn Rechtsanwalt Prof. Dr. Geiler in Sachen Henschel ./. Maffei, 2.11.1930, 16, in: HIDB, P 2581, Bl. 74.

80 Landgericht München I, 4. Zivilkammer, Betr.: Henschel-Verwaltung GmbH gegen von Maffei und Gen., 22.11.1930, 3, in: HIDB, ebd., Bl. 85.

81 Rasch, *Granaten* (wie Anm. 62), 20.

82 Der Verkauf von J. A. Maffei an die Deutsche Bank erfolgte fast gleichzeitig mit dem Verkauf der Henrichshütte an Ruhrstahl bzw. die Vereinigten Stahlwerke, doch gab es zwischen beiden Vorgängen keinen Zusammenhang. Nach Angaben des Deutschen Metallarbeiterverbands, Ortsverwaltung München, soll Canaris für die vorzeitige Auflösung seines Vertrags bei Henschel eine Abfindung in Höhe von 300 000 RM erhalten haben. Angesichts der Gründe für Canaris' Entlassung ist dies schwer nachvollziehbar. *Jahrbuch der Münchener Gewerkschaftsbewegung* 1929, München 1930. 35.

83 *Henschel & Sohn AG*, in: Berliner Börsen-Courier, 14.7.1930, in: HIDB, P 2581.

84 Max Hachenburg, Bemerkungen zu dem Gutachten des Herrn Rechtsanwalt Prof. Dr. Geiler in Sachen Henschel ./. Maffei, 2.11.1930, 28, in: ebd., Bl. 74.

85 Landgericht München I, 4. Zivilkammer, Betr.: Henschel-Verwaltung GmbH gegen von Maffei und Gen., 22.11.1930, 4, in: ebd., Bl. 85. Hans Noris hatte 1909 Pauline von Maffei geheiratet, die Schwester Hugo von Maffeis d. J.

86 Niederschrift über die Verhandlung vor dem Landgericht München I, 4. Zivilkammer am 27.11.1930 in Sachen Henschel-Verwaltung GmbH gegen Maffei'sche Erbengemeinschaft, in: HIDB, P 2581; *Der Streit Henschel-Maffei*, in: Frankfurter Zeitung, 28.11.1930.

87 Oscar R. Henschel an Kehl, 21.1.1931, in: HIDB, P 2581 Bl. 117; Vereinbarungen zwischen der Henschel-Verwaltung GmbH und K. R. Hergt für die Maffei'sche Erbengemeinschaft sowie zwischen Dedibank [d. i. Deutsche Bank und Disconto-Gesellschaft] und Henschel & Sohn AG. o.D., in: ebd., Bl. 112 ff. Demnach hat die Deutsche Bank an Henschel die Henschel-Aktien der Maffei-Erben im Wert von nom. 3,2 Mio. RM geliefert und eine Zahlungsverpflichtung Henschels an Hanomag in Höhe von 5,25 Mio. RM übernommen. Henschel wiederum trat an die Deutsche Bank Forderungen an die Gelsenkirchener Bergwerks AG und die Ruhrstahl AG in Höhe von insgesamt rund 6,4 Mio. RM ab.

88 Auer (Hg.), *Krauss-Maffei* (wie Anm. 2), 157

89 Ebd.

90 Peuker, *Krise* (wie Anm. 29), 67.

91 Zitiert nach dem in Auer (Hg.), *Krauss-Maffei* (wie Anm. 2), 156, abgedruckten Schreiben des Betriebsrats an den Aufsichtsratsvorsitzenden der Lokomotivfabrik Krauss & Comp., Otto Heinsheimer.

92 Auer (Hg.), *Krauss-Maffei* (wie Anm. 2), 166. Zum Lohnniveau: Deutsche Lokomotivbau-Vereinigung, Durchschnitts-Stundenverdienste 1927-1930, in: BA Berlin, R 5/22201, Bl. 58 f.

93 Erwin Stein, *Die Städte Deutschösterreichs*, Bd. 1: Linz, Berlin 1926, 366 (auch in: BWA, F 44/Anhang 3, Nr. 73).

94 Hans Noris, der Sprecher der Erbengemeinschaft Maffei, gab später zu, dass die Maffei-Erben die Zahlung von 2 Mio. RM an die Bedingung geknüpft hatten, eine vierprozentige Dividende zu erhalten. Landgericht München I, 4. Zivilkammer, Betr.: Henschel-Verwaltung GmbH gegen von Maffei und Gen., 22. 11. 1930, 2, in: HIDB, P 2581, Bl. 85. Bei einem Aktienkapital von 8 Mio. RM entsprach dies einem Betrag von 320 000 RM. Der von J. A. Maffei für das Geschäftsjahr 1927 ausgewiesene Gewinn belief sich auf 362 294 RM. Vgl. Auer (Hg), *Krauss-Maffei* (wie Anm. 2), 155.

95 Landgericht München I, 4. Zivilkammer, Betr.: Henschel-Verwaltung GmbH gegen von Maffei und Gen., 22. 11. 1930, 4, in: HIDB, P 2581, Bl. 85.

96 Vgl. hierzu Werner Schubert/Peter Hommelhoff (Hg.), *Die Aktienrechtsreform am Ende der Weimarer Republik – Protokolle der Verhandlungen im Aktienrechtsausschuss des Vorläufigen Reichswirtschaftsrats unter dem Vorsitz von Max Hachenburg*, Berlin 1986; Sylvia Engelke/Reni Maltschew, *Weltwirtschaftskrise, Aktienskandale und Reaktionen des Gesetzgebers durch Notverordnungen im Jahre 1931*, in: Walter Bayer/Mathias Habersack (Hg.), Aktienrecht im Wandel (Bd. I). Entwicklung des Aktienrechts. Tübingen 2007, 570-618.

97 *Das Ende von Maffei*, in: Süddeutsche Sonntagspost, Beilage, 14. 12. 1930, in: BWA, F 44/AKM 25.

98 *Erster Henschel-Abschluß*, in: Berliner Börsen-Courier, 14. 7. 1930, in: HIDB, P 2581, Bl. 39.

99 Vormerkung, 4. 7. 1930, in: BayHStA, MIHG 5557.

100 J. A. Maffei AG an Bayerisches Staatsministerium des Äussern, 30. 8. 1930, in: ebd.

101 Vormerkung, 4. 7. 1930, in: ebd.

102 Ebd.; *Erster Henschel-Abschluß*, in: Berliner Börsen-Courier, 14. 7. 1930, in: HIDB, P 2581, Bl. 39.

103 Vormerkung, 4. 7. 1930, in: BayHStA, MIHG 5557.

104 *Das Ende von Maffei*, in: Süddeutsche Sonntagspost, Beilage, 14. 12. 1930, in: BWA, F 44/AKM 25.

105 Vormerkung, 4. 7. 1930, in: BayHStA, MIHG 5557.

106 *Maffei-Krauss-Fusion perfekt*, in: Bayerischer Staatsanzeiger, 29. 10. 1930, in: BWA, F 44/PR1.

107 Ebd.

108 Handschriftliche Randnotiz, 31. 8. 1930, in: Vormerkung, 4. 7. 1930, in: BayHStA, MHIG/5557.

109 Lokomotivfabrik Krauss & Comp. AG, 20. 1. 1931, in: HIDB, P 2989, Bl. 55.

110 Vermerk Kehl betr. Krauss Maffei, 29. 10. 1930, in: HIDB, P 2989.

111 Ebd.

112 *Fusion Maffei-Krauss grundsätzlich beschlossen*, in: Münchner Neueste Nachrichten vom 26. 10. 1930, in: BWA, F 44/PR 1.

113 Generalversammlungsprotokoll, 20. 1. 1933, in: BWA, F 44/Anhang 4, Nr. 1; Vermerk betr. Lokomotivfabrik Krauss & Comp. AG, 20. 1. 1931, in: HIDB, P 2989, Bl. 55.

114 Geschäftsbericht Lokomotivfabrik Krauss & Comp. – J. A. Maffei A.G. 1930, 4, in: BWA, F 44/AM 9 (entgegen dieser Darstellung starb Heinsheimer nicht am 20. 1. 1930, sondern am 21. 1. 1930). Auf der Aufsichtsratssitzung vom 18. 11. 1930 hatte Heinsheimer noch ausdrücklich bedauert, sein Amt niederlegen zu müssen. Protokoll über die Sitzung des Aufsichtsrates der Lokomotivfabrik Krauss & Comp. vom 18. 11. 1930, in: BWA, F 44/AK 5.

115 Krauss an Wassermann, 7. 1. 1931, in: HIDB, P 2989.

116 Schreiben an Krauss, 9. 1. 1931, in: ebd.

117 Siehe Kap. 3.4, 139 f. u. Kap. 5, 409.

118 Zur Beschäftigtenzahl des Industriewerks Hirschau vgl. das Schreiben des Betriebszellen-Obmanns Ludwig Hengl an den Staatssekretär des Staatsministeriums für Wirtschaft und Arbeit, Stocker, vom 1. 8. 1933, in: BayHStA, MHIG 5557; Auer (Hg.), *Krauss-Maffei* (wie Anm. 2), 166.

119 Auer (Hg.), *Krauss-Maffei* (wie Anm. 2), 166.

120 Protokoll über die Sitzung des Aufsichtsrats am 25. 5. 1937, in: BWA, F 44/AKM 2; Auer (Hg.), *Krauss-Maffei* (wie Anm. 2), 166.

121 *Die Tragödie bei Maffei*, in: Süddeutsche Sonntagspost, 6. 12. 1930, zitiert nach: Auer (Hg.), *Krauss-Maffei* wie Anm. 2), 167.

122 *Das Ende von Maffei*, in: Süddeutsche Sonntagspost, Beilage, 14. 12. 1930, in: BWA, F 44/AKM 25.

123 *Die Tragödie bei Maffei*, in: Süddeutsche Sonntagspost (6. 12. 1930, zitiert nach: Auer (Hg.), *Krauss-Maffei* (wie Anm. 2), 167.

124 Krauss an Rummel, 23. 9. 1945, in: BWA, F 44/AK 3.

125 Zitiert nach: *Die Tragödie bei Maffei*, in: Süddeutsche Sonntagspost, 6. 12. 1930 [abgedruckt in: Auer (Hg.), *Krauss-Maffei* (wie Anm. 2), 167].

126 A. Balser an Ministerpräsident Siebert, 4. 8. 1933, in: BayHStA, MIHG 5557.

127 Walter Ziegler, *Bayern im NS-Staat*, in: Max Spindler/Alois Schmid (Hg.), Handbuch der bayerischen Geschichte, Bd. 4/1, München [2]2003, 514 ff.; Ludwig Eiber, *Polizei, Justiz und Verfolgung in München 1933 bis 1945*, in: Richard Bauer u. a. (Hg.), München – »Hauptstadt der Bewegung«. Bayerns Metropole und der Nationalsozialismus, München 2002, 235–243.

128 Pg-Liste der ausgeschiedenen Belegschaftsmitglieder, in: BWA, F 44/B 3.

129 Jakob Berthold (Jg. 1890) war 1932 als Prokurist bei Krauss-Maffei eingetreten, wurde 1934 stellvertretendes Vorstandsmitglied und war dann von 1943 bis 1945 ordentliches Vorstandsmitglied. Max Aichinger (Jg. 1897) hatte bei Krauss-Maffei 1931 als Prokurist begonnen, war von 1935 bis 1938 stellvertretendes Vorstandsmitglied, dann ordentliches Vorstandsmitglied und von 1944 bis 1945 Generaldirektor.

130 Zu Rummel vgl. auch Till Lorenzen, *BMW als Flugmotorenhersteller 1926–1940. Staatliche Lenkungsmaßnahmen und unternehmerische Handlungsspielräume*, München 2008, u. a. 12 u. 218.

131 Zu Eduard Bloch vgl. Reinhard Weber, *Das Schicksal der jüdischen Rechtsanwälte in Bayern nach 1933*, München 2006, 143.

132 Reichsbahn-Zentralamt für Einkauf an Deutsche Reichsbahn, Hauptverwaltung, 12. 12. 1935, in: BA Berlin, R 5/22370. Das Reichsbahn-Zentralamt berief sich in diesem Schreiben auf die Richtlinien der Nürnberger Präsidentenkonferenz vom 12. 10. 1935, wonach nur noch Aufträge an Firmen vergeben werden durften, bei denen kein »jüdischer Einfluß« bestand. Als »jüdischer Einfluß« galt, wenn ein Unternehmen ein Vorstands- oder Aufsichtsratsmitglied jüdischer Herkunft hatte. Dies zeigt der Fall der Berliner Maschinenbau-Actien-Gesellschaft vormals L. Schwartzkopff. Vgl. dazu ebd.; Der Stellvertreter des Führers, Der Beauftragte für Wirtschaftsfragen, an Gauleiter Kube, Oberpräsident, Berlin, 9. 12. 1935, in: ebd.

133 Vgl. Christopher Kopper, *Bankiers unterm Hakenkreuz*, München 2005, 151 ff.

134 Brief des Oberbereichsleiters der NSDAP München an den Gauschatzmeister des Gaues München-Oberbayern der NSDAP, 20. 7. 1942, in: BA Berlin, (ehem. BDC), Sammlung PK, zitiert nach: Susanne Knabe, *Firmenjubiläen. Geschichtsbewusstsein deutscher Unternehmen 1846–1992*, Phil. Diss. München 2004, 121. Vgl. auch ebd., 121, Anm. 512.

135 Military Government of Germany, Fragebogen Karl Aichinger, 22. 10. 1945, in: Staatsarchiv München [künftig StA München], SpkA K 9 Aichinger, Max; Oberbürgermeister der Landeshauptstadt München, Rechtsabteilung, Vorbericht betr. Vorstellungsverfahren Max Aichinger, 10. 11. 1945, in: ebd.; Jakob Berthold an den Öffentlichen Kläger der Spruchkammer IX, München, 3. 12. 1947, in: StA München, SpkA K 129 Berthold, Jakob.

136 Oberbürgermeister der Landeshauptstadt München, Rechtsabteilung, Vorbericht betr. Vorstellungsverfahren Max Aichinger,10. 11. 1945, in: StA München, SpkA K 9 Aichinger, Max; Spruchkammer IX, München, Verfahren gegen Jakob Berthold, Spruch vom 11. 5. 1948, in: StA München, SpkA K 129 Berthold, Jakob.

137 Military Government of Germany, Fragebogen Karl Aichinger, 22. 10. 1945, in: StA München, SpkA K 9 Aichinger, Max; Der öffentliche Kläger bei der Spruchkammer München IX, Arbeitsblatt Jakob Berthold, 24. 3. 1947, in: StA München, SpkA K 129 Berthold, Jakob; Jakob Berthold an den Öffentlichen Kläger der Spruchkammer IX, München, 3. 12. 1947, in: ebd.

138 Auer (Hg.), *Krauss-Maffei* (wie Anm. 2), 179.

139 Ebd., 196. Zu Leimböck siehe unten Kap. 3.6, 171 ff.

140 Vermerk Blinzig, 1. 6. 1931, in: HIDB P 2989.
141 Lokomotivfabrik Krauss & Comp. – J. A. Maffei AG an das Bayerische Ministerium für Wirtschaft, Abt. für Handel, Industrie u. Gewerbe, 23. 10. 1933, in: BayHStA, MHIG 5557.
142 Protokoll über die Sitzung des Aufsichtsrates vom 30. 6. 1933, 3, in: BWA, F 44/AKM 2.
143 Protokoll über die Sitzung des Aufsichtsrates vom 7. 6. 1933, 7 ff., in: ebd.
144 Bayerisches Ministerium für Wirtschaft, Abteilung für Handel, Industrie und Gewerbe an Direktion der Deutschen Bank, München, 10. 8. 1933, in: BayHStA, MHIG 5557.
145 Lokomotivfabrik Krauss & Comp. – J. A. Maffei AG an das Bayerische Ministerium für Wirtschaft, Abt. für Handel, Industrie u. Gewerbe, 23. 10. 1933, in: ebd.
146 Protokoll über die Sitzung des Aufsichtsrates vom 7. 6. 1933, 10, in: BWA, F 44/AKM 2.
147 Protokoll über die Sitzung des Aufsichtsrates vom 15. 12. 1933, in: ebd.
148 Krauss & Comp. hatte 1925 eine erste Arbeiterwohnsiedlung in Allach errichtet. Erläuterungen zu den Bilanz-Übersichten 1887–1945, 5, in: BWA, F 44/B 4.
149 Denkschrift wegen Erweiterung des Englischen Gartens in München, 5. 4. 1934, in: BWA, F 44/Anlage Nr. 4.
150 Kiehl an Rummel, 16. 6. 1937, in: HIDB, P 2992.
151 Schreiben an Rechtsanwalt Stolz betr. Industriewerk Hirschau/ter Meer, o.D. (August 1944), in: HIDB, P 2993, Bl. 350.
152 *Akten der Reichskanzlei. Regierung Hitler. Die Regierung Hitler.* Teil I. 1933–1934, Bd. 1, bearbeitet von Karl-Heinz Minuth, Boppard 1983, 405 f., Anm. 14.
153 Protokoll über die Sitzung des Aufsichtsrates am 15. 12. 1933, in: BWA, F 44/AKM 2.
154 Siehe Grafik Abb. 54, Kap. 3.4, 145.
155 Besprechung des Reichskanzlers mit dem Generaldirektor der Deutschen Reichsbahngesellschaft, 10. 4. 1933, in: *Akten der Reichskanzlei, Regierung Hitler.* Teil I, Bd. 1 (wie Anm. 152), Dok. Nr. 95, 331.
156 Vermerk des Ministerialrats Willuhn über eine Besprechung zur Finanzierung der Reichsautobahnen und des sonstigen Straßenbaus vom 18. 9. 1933, in: *Akten der Reichskanzlei. Regierung Hitler. Die Regierung Hitler* Teil I. 1933–1934, Bd. 2, bearbeitet von Karl-Heinz Minuth, Boppard 1983, Dok. Nr. 211, 742.
157 Alfred C. Mierzejewski, *The Most Valuable Asset of the Reich. A History of the German National Railway*, Vol. 2, 1933–1945, Chapel Hill/London 2000, 74; Stefan Arold, *Die technische Entwicklung und rüstungswirtschaftliche Bedeutung des Lokomotivbaus der Deutschen Reichsbahn im Dritten Reich (1933–1945)* (Beiträge zur Wirtschafts- und Sozialgeschichte, Bd. 74), Stuttgart 1997, 40.
158 Mierzejewski, *Asset*, Vol. 2 (wie Anm. 157), 68 ff.
159 Ebd., 70 ff.; Ulrich Hensler, *Die Stahlkontingentierung im Dritten Reich* (VSWG-Beihefte 174, V), Stuttgart 2008, 158 f.
160 Deutsche Reichsbahn-Gesellschaft, Hauptverwaltung, an Reichsbahn-Zentralamt für Einkauf, 11. 11. 1935, in: BA Berlin, R 5/22370.
161 1935 waren außer Krauss-Maffei noch folgende Unternehmen im Lokomotivbau vertreten: Borsig, Henschel & Sohn, Arn. Jung, Fried. Krupp, Maschinenfabrik Esslingen, Orenstein & Koppel, Schichau-Werke, Berliner Maschinenbau AG vorm. L. Schwartzkopff. Ebd. Zum Stand von 1927: Deutsche Lokomotivbau-Vereinigung, Durchschnitts-Stundenverdienste 1927–1930, in: BA Berlin, R 5/22201, Bl. 58. Eine Fusion hatte es außer bei Krauss-Maffei noch zwischen der AEG und Borsig gegeben, eine Interessengemeinschaft waren Henschel und Hanomag eingegangen. Vgl. hierzu auch Bauer, *Innovationen* (wie Anm. 64), 66 f.; Thomas Rössler, *Der Staat und die Eisenbahn. Zur Einflussnahme des Staates auf die Wirtschaft, beispielhaft dargestellt anhand der Entwicklungsgeschichte der Lokomotivindustrie von 1838 bis 1945*, Phil. Diss. Hamburg 1993.
162 Walter J. Spielberger, *Militärfahrzeuge von Krauss-Maffei bis 1945*, Koblenz 1980, 10 ff.
163 Ebd., 15 ff.
164 Vermerk Rummel betr. Lokomotivfabrik

Krauss & Comp – J. A. Maffei A.-G. in München, in: HIDB, P 2992.

165 Blinzig an Krauss, 22. 11. 1930, in: HIDB, P 2989, Bl. 4.

166 Vermerk Blinzig, 1. 6. 1931, in: ebd., Bl. 159.

167 Krauss-Maffei AG, *150 Jahre* (wie Anm. 46), 99; Spielberger, *Militärfahrzeuge* (wie Anm. 162), 24 ff. u. 36 ff.

168 Vermerk Rummel betr. Lokomotivfabrik Krauss & Comp – J. A. Maffei A.-G. in München, in: HIDB, P 2992.

169 Protokoll der Aufsichtsratssitzung vom 30. November 1935, in: BWA, F 44/AM 2; Auer (Hg.), *Krauss-Maffei* (wie Anm. 2), 176.

170 Übersicht zu Krauss-Maffei, 1. 4. 1937, in: BWA, F 44/AKM 25.

171 Spielberger, *Militärfahrzeuge* (wie Anm. 162), 35.

172 1933 wies die Bilanz der Krauss-Maffei AG einen Gewinn von 133 Mio. RM aus. 1934 lag der Gewinn bereits bei 500 Mio. RM, 1936 bei 1249 Mio. RM und 1938 dann bei 927 Mio. RM. Bilanz-Entwicklung 1932–1948, in: BWA, F 44/B 4. Zur Zahl der Beschäftigten siehe Grafik Abb. 54, Kap. 3.4, 145.

173 Vgl. die ausführliche Darstellung in: Knabe, *Firmenjubiläen* (wie Anm. 134), 120–136.

174 Ebd., 123, Anm. 519.

175 Ebd., 126 f.

176 *Hundert Jahre Krauss-Maffei* (wie Anm. 16), 42 f.

177 Krauss an Rummel, 23. 9. 1945, in: BWA, F 44/AK 3.

178 *Ein Jahrhundert Arbeit und Aufstieg*, in: Münchener Beobachter (Tägliches Beiblatt zum Völkischen Beobachter), (16. 8. 1932), in: BWA, F 44/AKM 22.

179 Knabe, *Firmenjubiläen* (wie Anm. 134), 124; Auer (Hg.), *Krauss-Maffei* (wie Anm. 2), 176.

180 Auer (Hg.), *Krauss-Maffei* (wie Anm. 2), 176.

181 Sozialbericht der Krauss-Maffei A.G., München-Allach, für die Zeit vom 1. 5. 1942 bis 30. 4. 1943, in: BWA, F 44/AKM 24.

182 Geschäftsbericht Lokomotivfabrik Krauss & Comp. – J. A. Maffei AG, 1936, 4, in: HIDB, P 2996.

183 Protokoll der Aufsichtsratssitzung vom 7. 6. 1933, in: BWA, F 44/AKM 2; Vermerk Rummel Betr. Lokomotivfabrik Krauss & Comp. – J. A. Maffei AG in München, 22. 7. 1935, in: HIDB, P 2992: Protokoll der Aufsichtsratssitzung vom 25. 5. 1937, in: BWA, F 44/AKM 2.

184 Kiehl an Rummel, 2. 6. 1937, in: HIDB, P 2992, 124.

185 Von Rintelen an Rummel, 22. 7. 1936, in: ebd., 49.

186 Kiehl an Rummel, 16. 6. 1937, in: ebd., 138.

187 Spielberger, *Militärfahrzeuge* (wie Anm. 162), 61.

188 Ebd., 60 f.

189 Ebd., 60; Ferdinand Maria von Senger und Etterlin, *Die deutschen Panzer 1926–1945*, München 1965, 21.

190 Spielberger, *Militärfahrzeuge* (wie Anm. 162), 61 u. 70.

191 Im November 1943 teilte Krauss-Maffei dem Hauptausschuss Panzerwagen mit, »daß bei uns das Panzerprogramm ausgelaufen ist«. Krauss-Maffei AG an Hauptausschuß Panzerwagen beim Reichsminister für Rüstung und Kriegsproduktion, Abt. Arbeitseinsatz, 25. 11. 1943, in: BWA, F 44/AKM 25.

192 Bericht für den Monat Mai 1940, 18. 6. 1940, 18, in: HIDB, P 3003.

193 Siehe Kap. 4.1, 236 und 4.2, 282 ff.

194 Daten aus der Geschichte von Krauss-Maffei, 12. 7. 1955, in: BWA, F 44/AKM 2; Tabelle Abb. 59, 153.

195 Siehe Tabelle Abb. 61, 163.

196 Belegschaftsstand 1935–1945, 19. 7. 1955, in: BWA, F44/AKM 24.

197 Gefolgschaft 1. 5. 1942–1. 12. 1942, in: BWA, F 44/AKM 24. Nach der Personalkartei von Krauss-Maffei wurden in den letzten Kriegsjahren immer weniger deutsche Mitarbeiterinnen eingestellt. Svetlana Korzun, *Auswertung der Personalkartei Krauss-Maffei 1939–1945*, Ms. Frankfurt am Main 2017.

198 Beschäftigungsziffern in den maßgebendsten K.-A.-Betrieben, in: *Jahrbuch der Münchener Gewerkschaftsbewegung* 1929, München 1930, 37.

199 Klaus Hildebrand, *Die deutsche Reichsbahn in der nationalsozialistischen Diktatur 1933–1945*, in: Gall/Pohl (Hg.), Die Eisenbahn in Deutschland. Von den Anfängen bis zur Gegenwart, München 1999, 229 ff.

200 Ebd., 233 f.
201 Arold, *Entwicklung* (wie Anm. 157), 42.
202 Ebd., 41.
203 Betr. Kriegslokomotive, Auftragsregelung für zwei Jahre, 28. 4. 1942, in: HIDB, P 2993.
204 Hildebrand, *Reichsbahn* (wie Anm. 197), 234; Arold, *Entwicklung* (wie Anm. 157), 42 f.
205 Niederschrift über die Sitzung des Sonderausschusses Lokomotiven am 19. 3. 1942, in: BA Berlin, R 5/3624; Arold, *Entwicklung* (wie Anm. 157), 43.
206 Stillegungsbescheid vom 10. 9. 1943, in: HIDB, P 2993.
207 Hauptausschuss Schienenfahrzeuge, Anordnung Nr. 134, 15. 9. 1943, in: HIDB, P 2993.
208 Ebd.
209 Rüstungskommando München, Niederschrift über die 1. Besprechung mit Firma BMW und Krauss-Maffei am 11. 9. 1943 bei Krauss-Maffei, in: HIDB, P 2993.
210 Krauss-Maffei Aktiengesellschaft, Aktenvermerk, 18. 9. 1943, in: ebd. Nach den überlieferten Personenkarten wurden einzelne Mitarbeiter u. a. zu den Firmen Lindes Eismaschinen AG und Opel Häusler umgesetzt. Korzun, *Auswertung* (wie Anm. 197).
211 Lorenzen, *BMW* (wie Anm. 130), 165 ff.; Constanze Werner, *Kriegswirtschaft und Zwangsarbeit bei* BMW, München 2005, 170.
212 Werner, *Kriegswirtschaft* (wie Anm. 211), 187.
213 Ebd., 178 f., 183 ff. u. 187.
214 Ebd., 185.
215 Rüstungskommando München, Niederschrift über die 1. Besprechung mit Firma BMW und Krauss-Maffei am 11. 9. 1943 bei Krauss-Maffei, in: HIDB, P 2993.
216 Unter den 2300 abgegebenen Arbeitern befanden sich 518 Kriegsgefangene, 1145 ausländische Zivilarbeiter, 89 ausländische Zivilarbeiterinnen sowie 529 deutsche Arbeiter und 16 deutsche Arbeiterinnen. Krauss-Maffei Aktiengesellschaft, Aktenvermerk, 18. 9. 1943, Bl. 103, in: ebd.
217 Betriebs-Direktion, Berthold, Zur Aufsichtsratssitzung am 3. 6. 1944, Bericht über das laufende Geschäft, 3. 6. 1944, in: HIDB, P 3009.
218 Hauptausschuss Schienenfahrzeuge, Anordnung Nr. 142/44, 26. 1. 1944, in: HIDB, P 2993.
219 Aktenvermerk über die Besprechung am 11. 2. 1944, in: ebd.; Kriegstagebuch des Rüstungskommandos München, 20.3.–26. 3. 1944, in: Bundesarchiv Militärarchiv, RW 21-47/5, Bl. 32.
220 Vermerk Rummel, 22. 4. 1944, in: BWA, F 44/AK 3.
221 Ebd.
222 Ebd.
223 Krauss-Maffei AG an Rummel, 2. 9. 1944, in: HIDB, P 2993, Bl. 351.
224 Roth an Rummel, 25. 11. 1944, in: ebd., Bl. 391.
225 Nefziger an Gauleitung München-Oberbayern der NSDAP, Einsatzstab »Totaler Krieg«, 26. 8. 1944, in: StA München, NSDAP 80.
226 Betriebs-Direktion, Berthold, Zur Aufsichtsratssitzung am 3. 6. 1944, Bericht über das laufende Geschäft, 3. 6. 1944, in: HIDB, P 3009, Bl. 103.
227 Daten aus der Geschichte von KM im Spiegel der Geschäftstätigkeit von Herrn Rummel als Aufsichtsratsvorsitzender, in: BWA, F 44/AKM 2.
228 Zur Aufsichtsratssitzung am 3. 6. 1944, Bericht über das laufende Geschäft, 31. 5. 1944, in: HIDB, P 3009.
229 Zur Aufsichtsratssitzung am 3. 6. 1944, Bericht über das laufende Geschäft, 31. 5. 1944, in: HIDB, P 3009.
230 Geheime Staatspolizei, Staatspolizeileitstelle München betr. Karl Zimmet u. a., in: StA München, Staatsanwaltschaft 12888; Auer (Hg.), *Krauss-Maffei* (wie Anm. 2), 198.
231 Auer (Hg.), *Krauss-Maffei* (wie Anm. 2), 211.
232 Korzun, *Auswertung* (deutsche Belegschaft) (wie Anm. 197).
233 Vgl. hierzu die Geschäftsberichte Krauss-Maffei AG 1944/45, in: BWA, F 44/AKM 2.
234 Werner, *Kriegswirtschaft* (wie Anm. 211), 215; Krauss-Maffei AG, *150 Jahre* (wie Anm. 46), 93.
235 Mark Spoerer, *Zwangsarbeit unter dem Hakenkreuz*, Stuttgart 2001, 15 u. 223.
236 Vgl. Spoerer, *Zwangsarbeit* (wie Anm. 235); Ulrich Herbert, *Fremdarbeiter. Politik und Praxis des*

»Ausländer-Einsatzes« in der Kriegswirtschaft des Dritten Reiches, Bonn ³1999.

237 Andreas Heusler, *Ausländereinsatz. Zwangsarbeit für die Münchner Kriegswirtschaft 1939–1945*, München 1996 (Quellen und Forschungen zur Geschichte der Stadt München, Bd. 1), 115.

238 Ebd., 125.

239 Vgl. Adam Tooze, *Ökonomie der Zerstörung. Die Geschichte der Wirtschaft im Nationalsozialismus*, München 2007, 618.

240 Korzun, *Auswertung* (wie Anm. 197). Diese Kartei wurde 2016 auf dem Werksgelände in München-Allach gefunden und von Svetlana Korzun in einem eigenen Teilprojekt im Auftrag der Gesellschaft für Unternehmensgeschichte ausgewertet. Die Verfasser danken Frau Korzun herzlich für die sorgfältige und detaillierte Auswertung.

241 Korzun, *Auswertung* (wie Anm. 197); Belegschaftsstand 1935–1945, 19. 7. 1955, in: BWA, F 44/AKM 24.

242 Spoerer, *Zwangsarbeit* (wie Anm. 235), 226.

243 Korzun, *Auswertung* (wie Anm. 197).

244 Ebd.

245 Krauss-Maffei AG an den Panzerausschuss VIII, Maybach-Motorenbau GmbH, betr. Bewertung und Erfahrung mit Russen, 17. 8. 1943, in: BWA, F 44/AKM 25.

246 Ebd.

247 Vgl. Spoerer, *Zwangsarbeit* (wie Anm. 235), 186 ff.; Tooze, *Ökonomie* (wie Anm. 239), 618.

248 Krauss-Maffei Aktiengesellschaft, Aktenvermerk, 18. 9. 1943, Bl. 103, in: HIDB, P 2993.

249 Belegschaftsstand 1935–1945, 19. 7. 1955, in: BWA, F 44/AKM 24. Im Herbst 1943 wurden allein 500 französische Zwangsarbeiter zu anderen Firmen, die meisten vermutlich zu BMW, umgesetzt. Korzun, *Auswertung* (wie Anm. 197).

250 Korzun, *Auswertung* (wie Anm. 197).

251 Werner, *Kriegswirtschaft* (wie Anm. 211), 187.

252 Albert Knoll, *München-Allach (BMW)*, in: Wolfgang Benz u. a. (Hrsg.), *Der Ort des Terrors. Geschichte der nationalsozialistischen Konzentrationslager*, Bd. 2: *Frühe Lager, Dachau, Emslandlager*, München 2005, 425–433.

253 Korzun, *Auswertung* (wie Anm. 197).

254 Zum Außenlager Allach vgl. Knoll, *München-Allach* (wie Anm. 254).

255 Vgl. Auer (Hg.), *Krauss-Maffei* (wie Anm. 2), 207; Erbauung des Barackenlagers 2 (1500 Mann), in: BWA, F 44/AKM 25; Aktennotiz Betr. Belegung unserer Unterkunftslager, 17. 12. 1942, in: BWA, F 44/AKM 25.

256 Aktennotiz Betr. Belegung unserer Unterkunftslager, 17. 12. 1942, in: BWA, F 44/AKM 25.

257 Ebd.; Auer (Hg.), *Krauss-Maffei* (wie Anm. 2), 207.

258 Aktennotiz Einhauser, 25. 11. 1942, in: BWA, F 44/AKM 25. Das Dokument findet sich abgedruckt in: Auer (Hg.), *Krauss-Maffei* (wie Anm. 2), 208 ff.

259 Gauamtsleiter Härtel, Gauobmann der DAF, an Krauß, 3. 12. 1942, in: BWA, F 44/AKM 25.

260 Niederschrift über die Besprechungen und Besichtigungen am 21. 12. 1942 betr. Barackenlager der Firma Krauss-Maffei, 22. 12. 1942, in: ebd.

261 Ebd.

262 Krauss-Maffei AG an Gauamtsleiter Härtel, Gauobmann der DAF, 24. 2. 1943, in: ebd.

263 Zitiert nach: Werner, *Kriegswirtschaft* (wie Anm. 209), 210.

264 Der Aufruf erschien in der Werkszeitschrift »Die Werkgemeinschaft Krauss-Maffei«, Ausgabe Januar/Februar 1942. Zitiert nach: Heusler, *Ausländereinsatz* (wie Anm. 237), 388.

265 Zeugenaussage Franz Kretz, in: Öffentliche Sitzung der Spruchkammer München VI, Protokoll der öffentlichen Sitzung am 23. 5. 1947 in dem Verfahren gegen Vogl, Thomas, in: StA München, SpkA K 1873 Vogl, Thomas.

266 Zeugenaussagen von Franz Marschall, Josef Ertl, Benno Kraut u. a., in: Öffentliche Sitzung der Spruchkammer München VI, Protokoll der öffentlichen Sitzung am 2. 2. 1950 in dem Verfahren gegen Leimböck, Georg, Anlagen 1 und 2, in: StA München, SpkA K 1034 Leimböck, Georg.

267 Zeugenaussage von Georg Roth, in: Öffentliche Sitzung der Hauptkammer München, Proto-

koll der öffentlichen Sitzung am 16. 9. 1949, 3, in: ebd.

268 Betriebsrat der Krauss-Maffei AG an die Spruchkammer VI München, 12. 11. 1946, in: StA München, SpkA K 1873 Vogl, Thomas; Zeugenaussage Franz Kretz, in: Öffentliche Sitzung der Spruchkammer München VI, Protokoll der öffentlichen Sitzung am 23. 5. 1947 in dem Verfahren gegen Vogl, Thomas, in: ebd.

269 H. Müller an Arbeitsminister Rosshäupter, 5. 8. 1945, in: StA München SpkA K 129 Berthold, Jakob.

270 Zeugenaussage Alois Traunsburger, in: Öffentliche Sitzung der Spruchkammer München VI, Protokoll der öffentlichen Sitzung am 2. 2. 1950 in dem Verfahren gegen Leimböck, Georg, Anlage 1, in: StA München, SpkA K 1034 Leimböck, Georg.

271 Zeugenaussage Heinrich Gulde, in: ebd.; Hauptkammer München, Ermittlungsbericht, 16. 1. 1950, in: ebd.

272 Zeugenaussage von Eugen Riegg, in: Öffentliche Sitzung der Hauptkammer München, Protokoll der öffentlichen Sitzung am 16. 9. 1949, 8, in: ebd.

273 Ebd.

274 Zeugenaussage von Georg Roth, in: Öffentliche Sitzung der Hauptkammer München, Protokoll der öffentlichen Sitzung am 16. 9. 1949, 5, in: ebd.

275 Zeugenaussage Heinrich Gulde, Anlage 1 zum Sitzungsprotokoll i.S. Georg Leimböck, in: ebd.; Hauptkammer München, Ermittlungsbericht, 16. 1. 1950, in: ebd.

276 92 Mitglieder dieser Gruppe wurden 1944 in Dachau ermordet, andere im KZ Mauthausen. Vgl. Josip A. Brodskij, *Die Lebenden kämpfen. Die Organisation Brüderliche Zusammenarbeit der Kriegsgefangenen (BSW)*, München 1968.

277 H. Müller an Arbeitsminister Rosshäupter, 5. 8. 1945, in: StA München SpkA K 129 Berthold, Jakob.

278 Bayerisches Landesamt für Vermögensverwaltung und Wiedergutmachung an den Öffentlichen Kläger der Spruchkammer München IX, 16. 4. 1948, in: StA München, SpkA K 1034 Leimböck, Georg.

279 Spruchkammer München VI, Spruch gegen Thomas Vogl, 23. 5. 1947, in: StA München, SpkA K 1873 Vogl, Thomas.

4 Die große Transformation: Krauss-Maffei 1945/48 bis 2017

1 Vgl. rückblickend das Exposé zur Situation des Unternehmens Krauss-Maffei vom 7. 3. 1969, 5, in: BWA, F 44/B 67.

2 Alois Auer (Hg.), *Krauss-Maffei. Lebenslauf einer Münchner Fabrik und ihrer Belegschaft*, München 1988, 220.

3 Produktions-Planung vom 30. 6. 1947, in: BWA, F 44/B 20 sowie auch das ausführlich die vergangene Entwicklung reflektierende Exposé zur Situation des Unternehmens Krauss-Maffei vom 7. 3. 1969, in: BWA, F 44/B 67.

4 Bericht Mitterwallners auf der Aufsichtsratssitzung vom 21. 5. 1947, in: BWA, F 44/B 28.

5 Produktions-Planung vom 30. 6. 1947, 5, in: BWA, F 44/B 20.

6 Protokoll der Aufsichtsratssitzung vom 21. 5. 1947, in: BWA, F 44/B 28.

7 Ebd.

8 Bericht Mitterwallners auf der Aufsichtsratssitzung vom 17. 9. 1948, in: BWA, F 44/B 28.

9 Protokoll der Aufsichtsratssitzung vom 17. 9. 1948, in: ebd.

10 Protokoll der Vorstandssitzung vom 18. 3. 1949, in: BWA, F 44/B 33.

11 Brief Mitterwallners an den inzwischen amtie-

renden Aufsichtsratsvorsitzenden Grabowski vom 25. 3. 1956, in: BWA, F 44/B 22.

12 Ebd. sowie Niederschrift der in den Räumen der Bayerischen Creditbank stattgefundenen Aufsichtsratssitzung vom 13. 7. 1951, in: BWA, F 44/B 28.

13 Protokoll der Aufsichtsratssitzung vom 13. 7. 1951, in: ebd.

14 Ebd.

15 Aktennotiz des Krisengesprächs zwischen Aufsichtsrat, Bayerischer Creditbank und Vorstand vom 14. 8. 1952, 4, in: ebd.

16 Bericht Stamms auf der Aufsichtsratssitzung vom 25. 1. 1952, in: BWA, F 44/B 28.

17 Ebd.

18 Bericht Mitterwallners auf der Aufsichtsratssitzung vom 25. 1. 1952, in: BWA, F 44/B 28.

19 Protokoll der Aufsichtsratssitzung vom 25. 1. 1952, 8, in: ebd.

20 *Die Umstellung bei Krauss-Maffei*, in: Der Volkswirt vom 23. 8. 1952.

21 Aktennotiz des Krisengesprächs zwischen Aufsichtsrat, Bayerischer Creditbank und Vorstand vom 14. 8. 1952, 4, in: BWA, F 44/B 28.

22 Für die ausführliche, anekdotenreich ausgeschmückte »Omnibusbau-Geschichte« bei Krauss-Maffei vgl. H. Steinert, *Geschichte des Fahrzeugbaus der Firma Krauss-Maffei AG* vom 2. 3. 1978, 35 ff., in: BWA, F 44/B 37.

23 Vgl. auch den Bericht *Der 1000. Krauss-Maffei*, in: Omnibus-Revue vom Januar 1951, in: BWA, F 44/I 5.

24 Notiz zur Aufsichtsratssitzung vom 28. 6. 1949, 6-9, in: BWA, F 44/B 28.

25 Steinert, *Geschichte des Fahrzeugbaus bei Krauss-Maffei* (wie Anm. 22), 39.

26 Vgl. die Debatte auf der Aufsichtsratssitzung vom 13. 7. 1951, in: BWA, F 44/B 28.

27 Protokoll der Aufsichtsratssitzung vom 10. 6. 1953, 4 f., in: ebd.

28 Vgl. die ausführliche Stellungnahme zur »Kritik des Krauss-Maffei-Fahrzeugbaus« vom 1. 8. 1951, in: BWA, F 44/I 5.

29 Vorstandsnotiz zur »Situation des Fahrzeugbaus bei Krauss-Maffei« vom 28. 6. 1961, in: ebd.

30 Protokoll der Aufsichtsratssitzung vom 21. 7. 1960, in: BWA, F 44/B 28.

31 Vorstandsnotiz zur »Situation des Fahrzeugbaus bei Krauss-Maffei« vom 28. 6. 1961, in: BWA, F 44/I 5.

32 Vgl. unter anderem den Bericht Mitterwallners über seine zweimonatige Südamerika- und USA-Reise vom 17. 8. 1953, in: BWA, F 44/B 31.

33 Protokoll der Vorstandssitzung vom 3. 3. 1952, in: BWA, F 44/B 33.

34 Niederschrift der Besprechung des Vorstands mit dem Aufsichtsrat vom 6. 10. 1952, in: BWA, F 44/B 28.

35 Protokoll der Aufsichtsratssitzung vom 24. 4. 1953, in: ebd.

36 Besprechungsnotiz vom 8. 5. 1953, in: ebd., sowie Besprechungsnotiz vom 30. 5. 1953, in: ebd.

37 Ebd., 2.

38 Protokoll der Aufsichtsratssitzung vom 19. 8. 1953, in: BWA, F 44/B 28.

39 Ebd.

40 Bericht des Vorstands über die Geschäftslage auf der Aufsichtsratssitzung vom 27. 11. 1953, in: BWA, F 44/B 28.

41 Bericht zur Geschäftslage für die Aufsichtsratssitzung vom 6. 5. 1954, in: ebd.

42 Protokoll der Aufsichtsratssitzung vom 2. 12. 1954, in: ebd.

43 Bericht des Vorstands auf der Aufsichtsratssitzung vom 20. 9. 1954, in: ebd.

44 Bericht auf der Aufsichtsratssitzung vom 13. 6. 1955, in: ebd.

45 Ebd., 11.

46 Ebd.

47 Notiz in der Vorstandsvorlage für den LfA-Vorstand betr. Kreditentscheidung vom 28. 9. 1965, 17 ff., in: Landesanstalt für Aufbaufinanzierung [künftig LfA]-Archiv, ohne Signatur.

48 Ebd., 18.

49 Ebd., 19.

50 Vgl. die Antragsunterlagen bzw. Entscheidungs-

vorlage für den LfA-Vorstand vom 28. 9. 1956, in: LfA-Archiv, ohne Signatur.

51 Ebd., 2.

52 Ebd., 15.

53 Vgl. die Argumentation des Vorstands gegenüber dem Aufsichtsrat auf der Sitzung am 9. 12. 1955, in: BWA, F 44/B 28.

54 Ebd. Im Juni 1958 nahm Krauss-Maffei dann aber doch zur finanziellen Konsolidierung ein Schuldscheindarlehen über 10 Mio. D-Mark mit einer Laufzeit von 15 Jahren bei 7,5 Prozent Zinsen auf. Vgl. Bericht des Vorstands auf der Aufsichtsratssitzung vom 28. 6. 1958, in: ebd.

55 Protokoll der Aufsichtsratssitzung vom 9. 12. 1955, in: ebd.

56 Vortrag Stamms vor dem Verkehrsausschuss am 3.5. 1959 in Allach, in: BWA, F 44/B 36.

57 Ebd., 3f.

58 Protokoll der Vorstandssitzung vom 24. 8. 1956, in: BWA, F 44/B 36.

59 Protokoll der Vorstandssitzung vom 6. 9. 1957, in: ebd.

60 Protokoll der Vorstandssitzung vom 21. 1. 1958, in: ebd.

61 Exemplarisch dazu der zweiseitige Vorstandsbeschluss betr. Auftragsvergabe V60 und V 200 vom 12. 8. 1958 sowie das Protokoll der Vorstandssitzung vom 2. 9. 1958, in: ebd.

62 Protokoll der Aufsichtsratssitzung vom 18. 5. 1956, 5, in: BWA, F 44/B 28.

63 Notiz vom 22. 8. 1958, in: ebd.

64 Protokoll der Vorstandssitzung vom 31. 7. 1959, in: BWA, F 44/B 31.

65 Bericht des Vorstands über die diversen Gespräche in Bonn auf der Aufsichtsratssitzung vom 11. 7. 1960, in: BWA, F 44/B 28.

66 Protokoll der Vorstandssitzung vom 23. 1. 1961, in: BWA, F 44/B 31.

67 Vgl. etwa den Bericht *Münchner Lokomotiven in den* USA, in: Süddeutsche Zeitung (20. 10. 1965).

68 Protokoll der Aufsichtsratssitzung vom 12. 6. 1961, in: BWA, F 44/B 28.

69 Protokoll der Vorstandssitzung vom 18. 12. 1962, in: BWA, F 44/B 31.

70 Protokoll der Vorstandssitzung über die Ergebnisse der diversen LEU-Gespräche vom 30. 5. 1963, in: ebd.

71 Protokoll der Vorstandssitzung vom 14. 12. 1964 sowie vom 22. 3. 1965, in: ebd.

72 Protokoll der Aufsichtsratssitzung vom 18. 2. 1953, 2, in: BWA, F 44/B 28.

73 Protokoll der Aufsichtsratssitzung vom 28. 9. 1954, in: ebd.

74 Vgl. u. a. Protokoll der Vorstandssitzung vom 22. 2. 1955, in: BWA, F 44/B 32.

75 Vgl. etwa die 34 Seiten starke *Untersuchung über die Herstellung und den Vertrieb von Schneckenpressen* von 1955, in: BWA, F 44/V 1.

76 Protokoll der Aufsichtsratssitzung vom 13. 6. 1955 und auch vom 9. 12. 1955, in: ebd.

77 Zur Geschichte der Eigenentwicklung von Kunststoffmaschinen bei Krauss-Maffei vgl. auch die Darstellung von Steinert, 22ff., in: BWA, F 44/B 37, und vor allem auch die Erinnerungen des damaligen Chefkonstrukteurs von Krauss-Maffei im Kunststoffmaschinenbau, Karl Wenger, in: BWA, F 44/B 36, insbesondere 8ff.

78 Vgl. die Aufstellung der Entwicklungskosten zwischen 1955 und 1968, in: BWA, F 44/B 67.

79 Vgl. u. a. die Marktstudie vom 18. 3. 1957 über die Entwicklung von Produktion und Absatz von Schneckenpressen und Spritzgußmaschinen, in: BWA, F 44/V 1.

80 Protokoll der Aufsichtsratssitzung vom 3. 6. 1959, in: BWA, F 44/B 28.

81 Die dortigen Statistiken differieren allerdings, nicht zuletzt ist nicht klar, inwieweit die Tochtergesellschaften E&Z, Fellner & Ziegler sowie Thermovox mit einbezogen sind. E&Z-Umsätze 1965 21,8 Mio. DM, 1969 dann 33 Mio. DM, d. h. Gesamtumsätze KM mit TOGE 1965 dann 46,2 Mio. DM und 1969 sogar 142 Mio. DM. Zu E&Z-Umsätze vgl. die Tabelle in HK 28.

82 Bericht über die Deutsche Industriemesse Hannover 1962 auf dem Gebiet der Kunststoffmaschinen vom 22. 5. 1962, in: BWA, F 44/HK 28.

83 Ebd.

84 *Einsatzmöglichkeiten und Absatzaussichten der V 350/2500 im Urteil der Kunststoff-Verarbeiter* vom 22. 3. 1961, in: BWA, F 44/HK 28.

85 Eine detaillierte Aufstellung der Entwicklungskosten für die einzelnen Maschinentypen vom 1. 2. 1962 vgl. in: ebd.

86 Vgl. auch die Aktennotiz zu einer Besprechung vom 10. 4. 1961, in: ebd.

87 Protokoll der Vorstandssitzung vom 19. 10. 1960, in: BWA, F 44/B 32.

88 Vgl. die ausführlichen strategischen Konzepte und Wettbewerbsszenarien vom 9. 12. 1963, in: BWA, F 44/HK 28 und vom 10. 2. 1964 *(Studie zur Frage einer Zusammenarbeit zwischen Eckert & Ziegler, Ankerwerke und Krauss-Maffei)*, in: BWA, F 44/V 2.

89 Vgl. den Bericht von 1961, in: BWA, F 44/V 1.

90 Vgl. die Debatten auf einem internen kunststoffmaschinentechnischen Kolloquium am 4. 12. 1961, in: BWA, F 44/HK 28 und auch den USA-Reisebericht vom 13. 10. 1965, in: BWA, F 44/HK 28.

91 Vgl. die Entwicklung der Fabrikate-Ergebnisse seit 1951, in: BWA, F 44/A 17 sowie die ausführliche Darstellung zum *Programm Kunststoffverarbeitungsmaschinen bei Krauss-Maffei* vom 16. 3. 1967, in: BWA, F 44/HK 28.

92 Protokoll der Vorstandssitzung vom 26. 7. 1965, 2. 8. 1965 und vom 10. 10. 1966, in: BWA, F 44/B 33.

93 Protokoll der Vorstandssitzung vom 16. 1. 1967 sowie auch vom 4. 3. 1968 und vom 22. 4. 1968, in: BWA, F 44/B 33/1.

94 Notiz vom Mai 1967, in: ebd.

95 Ebd. sowie die Studie vom 23. 5. 1967, in: BWA, F 44/V 4.

96 Vgl. auch die *Untersuchung zum Rotationsguss-Verfahren* vom 4. 12. 1967, in: ebd.

97 Vgl. die entsprechende Untersuchung vom 1. 12. 1967, in: ebd. Zum Stand und der Entwicklung der Spritzgießmaschinentechnologie im Einzelnen vgl. auch den Vortrag über die Krauss-Maffei-Spritzgießmaschinen auf der Krauss-Maffei/E&Z-Vertreter-Tagung in München am 6./7. 10. 1966, in: BWA, F 44/HK 28.

98 Vgl. die Stellungnahme zur Umsatzplanung 1969/70 des Geschäftsbereichs Kunststoffmaschinen vom 22. 10. 1968, in: BWA, F 44/V 5. Vgl. auch die detaillierte *Ausarbeitung über die heutige Situation Verkauf Spritzgießmaschinen mit Vorschau auf die Jahre 1968–1972 und hierfür notwendige Maßnahmen* vom 1. 8. 1967, in: BWA, F 44/HK 28.

99 Die 172-seitige Studie vom Herbst 1966, in: BWA, F 44/V 3.

100 Ebd., 172.

101 Ebd.

102 Bericht an den Aufsichtsrat über die Entwicklung und die Zukunftsaussichten des Kunststoffmaschinenbaus bei Krauss-Maffei vom 20. 2. 1968, 32, in: BWA, F 44/HK 28.

103 Protokoll der Aufsichtsratssitzung vom 9. 12. 1955, in: ebd.

104 Protokoll der Aufsichtsratssitzung vom 11. 7. 1960, 5, in: ebd.

105 Vgl. die Entwicklung der Fabrikate-Ergebnisse seit 1951, in: BWA, F 44/AKrauss-Maffei 17.

106 Vgl. die Studie über *Ursachen für den Rückgang der Auftragseingänge in der Trenntechnik bei Krauss-Maffei* vom 11. 12. 1961, in: BWA, F 44/V 2.

107 Vgl. etwa die Jahresberichte der Krauss-Maffei Imperial GmbH für 1960 bis 1967, in: BWA, F 44/HV 17.

108 Notiz vom September 1969, in: BWA, F 44/B 33/1.

109 Ebd.

110 Vgl. die Stellungnahmen zur Umsatzplanung 1969/70 des Geschäftsbereichs Anlagenbau vom 31. 10. 1968, in: BWA, F 44/V 5.

111 So die Ergebnisse der Untersuchung der Beratungsgesellschaft McKinsey vom Mai 1968, 1-7, in: BWA, F 44/R 3.

112 So die ausführliche Begründung auf der Aufsichtsratssitzung vom 24. 11. 1965, in: BWA, F 44/B 28/2.

113 Vgl. die Datenreihen in: Statistische Datenbank des VDMA (Verband Deutscher Maschinen- und Anlagenbau e. V.).

114 Protokoll der Aufsichtsratssitzung vom 15. 12. 1966, 20, in: BWA, F 44/B 28/1.

115 Vgl. die Entscheidungsvorlage an den LfA-Vorstand vom 12. 5. 2966, in: LfA-Archiv sowie

auch Protokoll der Aufsichtsratssitzung vom 13.7.1966, in: BWA, F 44/B 28/2.

116 Protokoll der Aufsichtsratssitzung vom 10.12.1969, 3, in: ebd.

117 Ebd.

118 Vgl. den Aktenvermerk von Mitterwallner vom 31.3.1967 und vom 25.4.1967, in: BWA, F 44/B 2.

119 Brief Mitterwallners an den Krauss-Maffei-Vorstand vom 18.4.1967, in: ebd.

120 Protokoll der Aufsichtsratssitzung vom 8.6.1967, 16f., in: BWA, F 44/B 28/2.

121 Tatsächlich hatte Flick zunächst seine 50-prozentige Beteiligung an der MaK an Hugo Stinnes verkauft, im Austausch der 50-prozentigen Beteiligung von Stinnes an der Feldmühle Nobel AG. Stinnes sah sich dann aber gezwungen, einen neuen Käufer zu finden, und reichte das Kieler Unternehmen an Krupp weiter.

122 Vorstandsnotiz vom 7.3.1969, 21, in: BWA, F 44/B 67 sowie vgl. auch Protokoll der Aufsichtsratssitzung vom 15.12.1966, in: BWA, F 44/B 28/1.

123 Protokoll der Vorstandssitzung vom 10.10.1966, in: BWA, F 44/B 33.

124 Brief an den Krauss-Maffei-Vorstand vom 10.11.1966, in: BWA, F 44/BR 6.

125 Vgl. u. a. das Protokoll der Betriebsversammlung vom 22.2.1967 und vom 14.6.1967, in: BWA, F 44/BR 5 bzw. BR 6.

126 Vgl. ausführlich Auer, *Krauss-Maffei* (wie Anm. 2), 244–251 sowie die diversen Schriftwechsel und auch Anwesenheitsstatistiken während der Streiktage in: BWA, F 44/BR 19.

127 Vgl. u. a. die Notiz zum Lohnvergleich mit anderen Firmen vom 12.12.1967, in: BWA, F 44/BR 5 sowie Gegenüberstellung der freiwilligen sozialen Aufwendungen bei MAN, Krauss-Maffei und Lanz vom 26.1.1954, in: ebd.

128 Vgl. die Unterlagen und auch die Ansprachen zur Abschlussfeier der Umschulung am 30.5.1968, in: BWA, F 44/A 27.

129 Bericht auf der Aufsichtsratssitzung vom 8.6.1962, in: BWA, F 44/B 28/1.

130 Vgl. vor allem die im April 1966 erstellte Studie über *Die Fluktuation der Lohnempfänger 1965 in der Firma Krauss-Maffei,* in: BWA, F 44/B 8.

131 Ebd., 19.

132 Zum Wandel der Produktionsstrukturen und der Fertigungsorganisation vgl. den ausführlichen Bericht vom 21.3.1967: »1953–1967. Ein Bericht über den Betrieb der Krauss-Maffei«, in: BWA, F 44/B 20.

133 Vgl. auch rückblickend das Exposé zur Situation des Unternehmens Krauss-Maffei vom 7.3.1969, 8f., in: BWA, F 44/B 67.

134 Protokoll der Aufsichtsratssitzung vom 29.6.1964, in: BWA, F 44/B 28/1.

135 Die 50-seitige Studie vom Juli 1969, in: BWA, F 44/V 7.

136 Vgl. die statistischen Daten »Bruttoumsatzüberschuss 1955–1968«, in: BWA, F 44/B 67.

137 Finanzplan 1969–1973, in: Exposé zur Situation des Unternehmens Krauss-Maffei vom 7.3.1969, in: ebd.

138 Vgl. die ausführliche Notiz zum Jahr 1968 in: BWA, F 44/B 28/2 sowie Protokoll der Vorstandssitzung vom 13.1.1969, in: BWA, F 44/B 33/1. Vgl. auch Exposé zur Situation des Unternehmens Krauss-Maffei vom 7.3.1969, in: BWA, F 44/B 67.

139 Memorandum als Anlage zum Protokoll der Aufsichtsratssitzung vom 5.12.1968, in: BWA, F 44/B 28/2.

140 Ebd., 3, in: BWA, F 44/ B 28/2. Vgl. auch das Exposé zur Situation des Unternehmens Krauss-Maffei vom 7.3.1969, 21, in: BWA, F 44/B 67.

141 Vgl. die detaillierte Analyse im 64 Seiten starken Bericht von McKinsey vom 18.4.1968, in: BWA, F 44/B 10 sowie auch den McKinsey-Zwischenbericht *Entwicklung einer neuen Organisationsstruktur und neuer Managementmethoden zur Sicherung von Wachstum und Ertragskraft* vom 5.3.1968, in: BWA, F 44/R 3.

142 Bericht vom 18.4.1968, 1-1, in: BWA, F 44/B 10.

143 Ebd., 1-2.

144 Ebd., 1-4.

145 Vorstandsanweisung für die neue Organisationsstruktur vom 4.7.1968, in: BWA, F 44/B 10.

146 Notiz der Abteilung ZP vom 19. 11. 1968, in: BWA, F 44/B 28/2. Siehe auch die beiden dann tatsächlich erstellten Planbücher für das Jahr 1969 und 1970, in: BWA, F 44/B 68.
147 Ebd.
148 Protokoll der Aufsichtsratssitzung vom 10. 12. 1969, 10, in: BWA, F 44/B 28/2.
149 Bericht in: Der Volkswirt (13. 9. 1963).
150 Die Welt (4. 11. 1965).
151 Protokoll der Aufsichtsratssitzung vom 24. 11. 1965, in: BWA, F 44/B 28/2. Gefördert wurde diese enge Unternehmenseinbindung von Krauss-Maffei in die Buderus-Gruppe bzw. den Flick-Konzern nicht zuletzt auch durch das neue Aktiengesetz. Dort wurde künftig zwischen Vertragskonzernen und faktischen Konzernen unterschieden. Erstere wurden darin, in der Annahme größerer, auch nach außen sichtbarer Transparenz, steuerlich und rechtlich bevorzugt.
152 *Organschaft Krauss-Maffei – Buderus perfekt*, in: Süddeutsche Zeitung (18. 12. 1965) sowie auch Handelsblatt (20. 12. 1965).
153 Studie (o.D.), in: BWA, F 44/V 12.
154 Ebd., 3.
155 Ebd., 3 f.
156 Ebd., 4.
157 Bisherige Unternehmensziele vom 24. 6. 1970, in: BWA, F 44/B 62.
158 Das Unternehmensleitbild der Krauss-Maffei vom 15.2. 1972, in: ebd.
159 Ebd.
160 Nur Friedwart Bruckhaus, Vorstandsmitglied bei der Muttergesellschaft Buderus, blieb weiterhin im Amt.
161 Protokoll der Aufsichtsratssitzung vom 13. 12. 1971, 2, in: BWA, F 44/B 28/3.
162 Ebd., 3.
163 Protokoll der Aufsichtsratssitzung vom 4. 12. 1972, in: ebd.
164 Ebd., 3.
165 Protokoll der Vorstandssitzung vom 22. 1. 1973, in: BWA, F 44/B 34.
166 Statistik zur Entwicklung der Fabrikate-Ergebnisse 1951 bis 1977, in: BWA, F 44/AK 17.
167 Vgl. etwa zur Vorlage des Jahresabschlusses für 1975 die Artikel *Krauss Maffei lebt von der Zukunft*, in: Süddeutsche Zeitung (1. 6. 1976) und *Krauss-Maffei musste eine schwere Verlustphase überstehen*, in: Handelsblatt (1. 6. 1976).
168 Unternehmensplanung 1974 und Brief des Krauss-Maffei-Vorstands an Kämpfer vom 31. 1. 1974, in: BWA, F 44/B 69.
169 Protokoll der Vorstandssitzung vom 20. 2. 1974, in: BWA, F 44/B 34.
170 Brief Kämpfer vom 4. 5. 1974, in: ebd.
171 Notiz für F. K. Flick vom 7. 9. 1974, in: BWA, F 44/B 69.
172 Protokoll der Vorstandssitzungen vom 9. 12. 1974 und vom 16. 12. 1974, in: BWA, F 44/B 34.
173 Protokoll der Aufsichtsratssitzung vom 15. 5. 1975, in: BWA, F 44/B 28/3.
174 Auch die ausführliche Studie der Unternehmensberatungsgesellschaft Hayek vom Juli 1970 über die *Ermittlung der optimalen Produktionstrennung im Geschäftsbereich Kunststoffmaschinenbau für die Krauss-Maffei-Gruppe,* in der u. a. auch eine eingehende vergleichende Grenzkostenanalyse der beiden Fertigungsstandorte erstellt worden war, in: BWA, F 44/R 10 sowie die Stellungnahme zum Bericht vom 16. 11. 1970, in: BWA, F 44/R 6.
175 Vgl. Industriekurier (7. 7. 1970) sowie VDI-Nachrichten (29. 7. 1970).
176 Vorstandsanweisungen vom 2. 2. 1970, in: BWA, F 44/HK 10. Zum 30.6. 1970 wurde Fellner & Ziegler mit E&Z verschmolzen. Vgl. auch einen ausführlichen Lagebericht der beiden Geschäftsbereiche in: Information für Flick Ende 1971, 3-2 ff., in: BWA, F 44/V 12.
177 Vgl. die Krauss-Maffei-Marktanteile zwischen 1969 und 1974 in: BWA, F 44/HK 29.
178 Lagebericht der beiden Geschäftsbereiche, in: Information für Flick Ende 1971, 8, in: BWA, F 44/V 12.
179 Protokoll der Aufsichtsratssitzung vom 13. 12. 1971, 2, in: BWA, F 44/B 28/3.
180 Studie vom 18. 5. 1971, in: BWA, F 44/HK 29.
181 Ebd., 15.
182 Notiz von 1971, o.D., in: BWA, F 44/B 34.

183 Bericht des Vorstands vom 7.1.1971, in: BWA, F 44/HK 29 sowie Entwicklung der Fabrikate-Ergebnisse 1951–1977, in: BWA, F 44/AKM 17.
184 Protokoll der Aufsichtsratssitzung vom 6.6.1972, in: BWA, F 44/B 28/3.
185 Brief Kämpfer an Wolf vom 30.8.1974, 7, in: BWA, F 44/HK 10/5.1.
186 Notiz vom 7.9.1974, 6, in: ebd.
187 Vgl. das Programm vom 12.9.1974, in: ebd.
188 Ebd., 1 f.
189 Notiz des Produktionsvorstands Kast vom 16.1.1975, in: BWA, F 44/HK 10/5. Dort auch die ausführlichen Briefwechsel und Memoranden aus München und Weißenburg sowie weitere Notizen vom 23.5.1975 und vom 6.6.1975, in: BWA, F 44/B 33.
190 Gesprächsnotiz vom 4.9.1975, in: ebd.
191 Ebd.
192 Vgl. u. a. die *Studie zur Entscheidungsfindung für die nachhaltige Verbesserung der Herstellkosten, Umsätze und des Ergebnisses des Produktes Spritzgießmaschinen der Krauss-Maffei AG* vom August 1975 sowie den Briefwechsel zwischen der E&Z-Geschäftsführung und dem Krauss-Maffei-Vorstand vom September 1975, in: BWA, F 44/HK 10/52.
193 Beschluss vom 3.11.1975, in: BWA, F 44/B 43.
194 Gesprächsnotizen in: BWA, F 44/B 43 sowie auch den Brief Griesmeiers an den bayerischen Wirtschaftsminister Jaumann vom 22.3.1976, in: ebd.
195 Notiz vom 12.5.1976, in: ebd.
196 Notiz Griesmeier vom 30.11.1976, in: BWA, F 44/HK 10/52.
197 Notiz v. Beruths vom 6.10.1976, 6, in: BWA, F 44/B 67.
198 Notiz zum Messeeindruck K '75 vom 3.11.1975, in: BWA, F 44/HK 10/52.
199 *Krauss-Maffei setzt den Fuß auf amerikanischen Boden*, in: Frankfurter Allgemeine Zeitung vom 31.1.1979 sowie Protokoll der Vorstandssitzung vom 20.12.1982 und vom 26.7.1984, in: BWA, F 44/B 33/3.
200 Zu einer detaillierten Analyse des Weltmarkts bei Spritzgießmaschinen und Extrudern im Jahr 1979 und der Position von Krauss-Maffei hier vgl. die 400 Seiten starke Studie der Zentralen Marketing-Abteilung vom November 1980, in: BWA, F 44/V 10.
201 Studie zur Konzentration der Elektronik bei Krauss-Maffei vom 21.1.1977, in: BWA, F 44/B 61.
202 Erläuterungen zu den Entwicklungsaktivitäten von Krauss-Maffei von 1984 (o.D.), in: ebd.
203 Zeitzeugeninterview Bürkle vom 15.5.2012.
204 Zu den technischen Details vgl. das Sonderheft Krauss-Maffei Journal 1983.
205 Protokoll der Vorstandssitzung vom 9.5.1983, in: BWA, F 44/B 33/4.
206 Ergebnisrechnung 1980–1985 vom 4.3.1986, in: BWA, F 44/B 34/2.
207 Brief Wolf an Rohrer vom 14.1.1970 sowie das Memorandum Jessurums zur Vergabe von DB-Lokomotiv-Aufträgen (o.D.), in: BWA, F 44/B 2.
208 Vgl. auch zu den Verhandlungen mit der DB den Bericht Wolfs auf der Vorstandssitzung am 8.10.1973, in: BWA, F 44/B 34.
209 Protokoll der Aufsichtsratssitzung vom 18.12.1974, in: BWA, F 44/B 28/3.
210 Präsentation und Information für Flick Ende 1971, 2-2, in: BWA, F 44/V 12 sowie ausführlich dazu auch die 51-seitige Niederschrift von Gerhard Tiffe über *Krauss-Maffei und die Neuen (Bahn)Technologien* vom November 1980, in: BWA, F 44/B 36.
211 Vgl. Frankfurter Allgemeine Zeitung (15.10.1970) und Süddeutsche Zeitung (5.3.1971). Zur bislang aktenmäßig noch kaum untersuchten Geschichte des Transrapids vgl. u. a. die von dem ehemals bei Krauss-Maffei zuständigen Verkehrstechnik-Ingenieur geschriebene Darstellung: Stefan H. Hedrich, *Transrapid. Die Magnetschwebebahn in der politischen »Warteschleife«*, Freiburg 2003; Bernd Englmeier, *ICE und Transrapid. Vergleichende Darstellung der beiden Hochgeschwindigkeitsbahnen. Historie, Technik, Zukunftschancen*, Norderstedt 2004; Rudolf Breimeier, *Transrapid oder Eisenbahn – ein technisch-wirtschaftlicher Vergleich*, Luzern 2002; Heinz Hübner (Hg.): *Transrapid zwischen Ökonomie und Ökologie. Eine Technik-Wirkungsanalyse alternativer Hochgeschwindigkeitssysteme*,

Wiesbaden 1997; Carsten Eppendorfer, *Die staatliche Transrapid-Förderung: Ordnungspolitischer Sündenfall oder strategische Investition in die Zukunft?*, Göttingen 1999; Franz Büllingen, *Die Genese der Magnetbahn Transrapid. Soziale Konstruktion und Evolution einer Schnellbahn*, Wiesbaden 2002; und auch allgemein Reinhold Bauer, *Gescheiterte Innovationen: Fehlschläge und technologischer Wandel*, Frankfurt a. M. 2006. Überhaupt ist die Geschichte der Hochleistungsschnellverkehrssysteme in Deutschland mit der 1968 gegründeten »Autoschienenbahn Studien- und Entwicklungsgesellschaft mbH« (ASB), mit den Partnern MBB, Strabag und Deutsche Bundesbahn sowie die im sogenannten Birlinghovener Kreis zusammenarbeitenden Unternehmen AEG-Telefunken, BBC, Dornier, Krauss-Maffei, MAN, Krupp, MaK, Henschel und Siemens sowie der Gesellschaft für Bahntechnische Innovationen (GBI) noch nicht geschrieben.

212 Information für Flick Ende 1971, 2-7, in: BWA, F 44/V 12.

213 Protokoll der Aufsichtsratssitzung vom 11. 12. 1973, in: BWA, F 44/B 28/3.

214 Tatsächlich erhielt Krauss-Maffei an staatlichen Fördergeldern zwischen 1970 und 1973 insgesamt 81,3 Mio. D-Mark bewilligt, von denen faktisch 40,2 Mio. D-Mark bezahlt wurden. Der Entwicklungsaufwand für beide Systeme betrug bis dahin insgesamt 46,5 Mio. D-Mark, so dass Krauss-Maffei selbst lediglich 6,3 Mio. D-Mark tragen musste, was dennoch deutlich über dem vom Aufsichtsrat gesetzten Entwicklungslimit lag. Vgl. Protokoll der Aufsichtsratssitzung vom 11. 12. 1973, in: BWA, F 44/B 28/3.

215 Bericht Wolfs in der Vorstandssitzung vom 4. 2. 1974, in: BWA, F 44/B 34.

216 Notiz zum Vorstandsprotokoll vom 19. 9. 1973, in: ebd. Die Versuche, auch ausländische Partner für das Transrapid-Projekt zu gewinnen und es damit auf eine europäische Ebene zu hieven, erwiesen sich als schwierig. Der französische Elektrokonzern Alsthom etwa zeigte zwar im Sommer 1973 großes Interesse, machte aber die Einführung des französischen Schnellzugs TGV im deutschen Eisenbahnverkehr zur Bedingung für einen Einstieg. Vgl. Protokoll der Vorstandssitzung vom 11. 7. 1973, in: ebd.

217 1974 hatte der Transrapid 04 erstmals mehr als 200 km/h erreicht, 1977 dann 253,2 km/h und 1984 der Transrapid 06 schließlich 302 km/h.

218 Vgl. den ausführlichen Bericht Wolfs auf der Aufsichtsratssitzung vom 29. 5. 1974, in: BWA, F 44/B 28/3.

219 Protokoll der Transurban-Sitzung des Vorstands vom 11. 4. 1974, in: ebd.

220 Protokoll der Aufsichtsratssitzung vom 18. 12. 1974, 5, in: ebd.

221 Ebd.

222 Bericht Wolfs auf der Aufsichtsratssitzung vom 15. 5. 1975, 2, in: BWA, F 44/B 28/3.

223 Eine Ahnung von den Animositäten und vom Konkurrenzverhalten innerhalb des Konsortiums gibt das Protokoll der Vorstandssitzung vom 31. 3. 1980, 3, in: BWA, F 44/B 34/1.

224 Protokoll der Vorstandssitzung vom 17. 1. 1983, in: BWA, F 44/B 34/2.

225 *Zug ohne Zukunft*, in: Stern vom 1. 4. 1982, 37–39.

226 Die weitere Geschichte des Transrapid-Projektes zog sich noch Jahrzehnte hin – vom Magnetschwebeplangesetz des Jahres 1992 über neue Konsortien (Adtranz, Siemens, Thyssen) bis zu den Machbarkeitsstudien für die Flughafenzubringer-Trasse in München im Jahr 2002. Erst im Laufe des Jahres 2008 sollte das politisch verkündete und dann auch von den Unternehmen wirtschaftlich und entwicklungstechnisch nachvollzogene Aus kommen. Vgl. u. a. den Artikel *Vom Mythos zum Milliardengrab*, in: Der Spiegel vom 27. 3. 2008. Letztlich hatten die konkurrierenden Verkehrstechnologien Eisenbahn und Flugzeug die einst weit vorausliegende Transrapidtechnologie wieder überholt; die Eisenbahn war zu schnell und das Flugzeug zu billig geworden. Vgl. Reinhold Bauer in einem FAZ-Artikel vom 27. 10. 2010: Sebastian Balzter, *Reif für die Tonne*, http://www.faz.net/aktuell/beruf-chance/beruf/gescheiterte-

ingenieursprojekte-reif-fuer-die-tonne-11052740.html [letzter Zugriff 6. 9. 2017].

227 Bericht zur Situation der Krauss-Maffei AG zum Vortrag am 15. 11. 1976 bei Herrn Dr. F. K. Flick, 25 f., in: BWA, F 44/B 67.

228 Ebd., 26 und der Bericht *Krauss-Maffei statt Thyssen-Henschel*, in: Hannoversche Allgemeine Zeitung vom 19. 1. 1977.

229 Protokoll der Vorstandssitzung vom 19./20. 11. 1984, in: BWA, F 44/B 34/2.

230 Protokoll der Vorstandssitzung vom 1. 9. 1983, in: ebd. sowie Geschäftsbericht Krauss-Maffei AG 1984, 15.

231 Notiz vom 23. 10. 1975, in: BWA, F 44/B 10.

232 Notiz o. D., rückblickend zum Geschäftsjahr 1968, in: BWA, F 44/B 34.

233 Ebd., 4.

234 Zeitzeugeninterview Bürkle vom 15. 5. 2012.

235 Ebd., 3.

236 Bericht Griesmeiers zur Situation bei Krauss-Maffei, Vortrag vom 26. 1. 1976 bei Herrn F. K. Flick, in: BWA, F 44/B 67.

237 Ebd., 7.

238 Ebd., 8 f.

239 Ebd., 11.

240 Die Studie findet sich in: BWA, F 44/B 9.

241 Ebd., 1 bzw. 9.

242 Vgl. das nur in drei Exemplaren vorhandene und als Verschlusssache bezeichnete Protokoll der Besprechung vom 18. 8. 1976, in: BWA, F 44/B 10.

243 Vgl. die überarbeitete Fassung vom 6. 10. 1976, in: BWA, F 44/B 67.

244 Ebd., 2.

245 Ebd., 24.

246 Vgl. auch den 47-seitigen Lagebericht zum Geschäftsbereich vom 18. 5. 1973, in: BWA, F 44/HV 21.

247 Ebd., 6.

248 Vgl. Süddeutsche Zeitung (5. 10. 1974).

249 Protokoll der Aufsichtsratssitzung vom 15. 12. 1966, 16 f., in: BWA, F 44/B 28/1.

250 Die Studie vom 5. 12. 1967, in: BWA, F 44/N 2.

251 Notiz vom 13. 2. 1968, in: ebd.

252 Notiz vom 12. 5. 1969, in: ebd.

253 Notiz vom 18. 5. 1973, in: BWA, F 44/B 34.

254 Vgl. Handelsblatt (1. 2. 1974).

255 Brief Kämpfer an den Krauss-Maffei-Vorstand vom 20. 3. 1974, in: BWA, F 44/N 3/1.

256 *Krauss-Maffei-Aktivitäten auf dem Gebiet des Umweltschutzes* vom 7. 6. 1972, in: BWA, F 44/G 12.

257 Schreiben des Vorstandsvorsitzenden Wolf vom 14. 11. 1973, in: BWA, F 44/B 34.

258 Geschäftsbericht Krauss-Maffei AG 1976, 10.

259 Bericht zur Situation der Krauss-Maffei AG zum Vortrag am 15. 11. 1976 bei Herrn Dr. F. K. Flick, in: BWA, F 44/B 67.

260 Ebd., 7 f.

261 Protokoll der Aufsichtsratssitzung vom 15. 12. 1966, 14, in: BWA, F 44/B 28/1.

262 Vgl. auch die ausführlichen Schilderungen der Probleme auf der Aufsichtsratssitzung vom 31. 1. 1964, 10 ff., in: ebd. sowie allgemein die Darstellung des ehemaligen Wehrtechnik-Managers bei Krauss-Maffei, Walter J. Spielberger, *Von der Zugmaschine zum Leopard 2. Geschichte der Wehrtechnik bei Krauss-Maffei*, München 1979, 136 ff.

263 Brief vom 7. 11. 1967 an den Aufsichtsratsvorsitzenden Rohrer, in: BWA, F 44/B 28/1.

264 Zur langen und komplexen Vorgeschichte des Wehrtechnikgeschäfts von Krauss-Maffei vgl. die ausführliche, allerdings deutlich subjektiv gefärbte Darstellung bei H. Steinert vom 2. 3. 1978, 83–97, in: BWA, F 44/B 37. Eine Version der Hintergründe des Rüstungseinstiegs und der Konkurrenz von Quandt und Flick, die hier nicht näher verfolgt und aktenmäßig überprüft werden soll, vgl. auch bei Hermann Bößenecker, *Bayern, Bosse und Bilanzen. Hinter den Kulissen der weiß-blauen Wirtschaft*, München 1972, 194–199 und ebenfalls ein Interview mit dem späteren Krauss-Maffei-Aufsichtsratsvorsitzenden Kämpfer (200 f.).

265 Vgl. die ausführliche Dokumentation über »den Anlauf des Kampfpanzer[s] Leopard und die hierzu durchgeführten Arbeiten im B-Bereich« vom 21. 12. 1965, in: BWA, F 44/I 22 sowie dort auch der Bericht über die »Tätig-

keit des Technischen Büros TFP im Rahmen des Managements für die Serienreifmachung und Serienproduktion des Kpz Leopard« vom 1. 9. 1967.

266 Ebd., 17.

267 Notiz vom April 1965 (o.D.), in: BWA, F 44/I 22.

268 Brief Grabowski vom 26. 10. 1956, in: ebd. Dort auch der Antwortbrief des Vorstandsvorsitzenden Stamm vom 13. 11. 1956.

269 Protokoll der Betriebsratssitzung vom 1. 8. 1963, in: BWA, F 44/BR 5.

270 Protokoll der Vorstandssitzung vom 7. 3. 1966 und vom 13. 2. 1967, in: BWA, F 44/B 34.

271 Protokoll der Vorstandssitzung vom 29. 3. 1965, in: BWA, F 44/B 34 sowie der Brief von Krauss-Maffei an den Leiter der Hauptabteilung Rüstung des Bundesverteidigungsministeriums vom 30. 9. 1968, in: BWA, F 44/I 23.

272 Brief Wolf an Flick vom 8. 9. 1967, in: BWA, F 44/I 22.

273 Vgl. zur Rüstungskonkurrenz von Krauss-Maffei und MaK auch den Artikel *Ein Sieg für Flick. Wie Krauss-Maffei den Zwei-Milliarden-Auftrag für einen deutschen Flak-Panzer erfocht*, in: Die Zeit (16. 2. 1973) sowie Protokoll der Vorstandssitzung vom 29. 1. 1973, in: BWA, F 44/B 34.

274 Niederschrift der Konsortialsitzung vom 20. 5. 1974 und der umfangreiche Bericht über das Panzerprogramm »Löwe Iran« vom 8. 7. 1974, in: BWA, F 44/BI 23. Vgl. auch *Die Leoparden-Story,* in: Die Zeit vom 28. 2. 1975.

275 Der Brief vom 6. 2. 1976 in: BWA, F 44/B 43.

276 Protokoll der Vorstandssitzung (18. 2. 1980), in: BWA, F 44/B 34/1.

277 Vgl. Der Spiegel (30. 11. 1981), in dem der Originalabsagebrief des Krauss-Maffei-Vorstands abgedruckt war.

278 *Das Leoparden-Kartell*, in: Die Zeit (17. 8. 1984) und das Protokoll der Vorstandssitzung vom 2. 4. 1984, in: BWA, F 44/B 34/1.

279 Das Schreiben vom 6. 11. 1984, in: BWA, F 44/I 23.

280 *Krauss Maffei feilt am Image*, in: Handelsblatt vom 12. 11. 1977.

281 Ausführungen Griesmeier auf der Aufsichtsratssitzung vom 25. 4. 1980, in: BWA, F 44/B 67.

282 Ebd., 7.

283 Vgl. das siebenseitige Papier vom 22. 4. 1969, in: BWA, F 44/BR 7.

284 Notiz vom 20. 7. 1971, in: ebd.

285 Notiz vom 18. 6. 1970, in: ebd.

286 Vgl. die diversen Notizen und Schriftwechsel, u. a. vom 14. 9. 1970, vom 22. 10. 1969 und vom 12.2. 1970, in: BWA, F 44/B 60.

287 Vgl. Notiz vom 4. 12. 1970 und vom 18. 2. 1971, in: ebd.

288 Brief Wolf vom 12. 7. 1971, in: ebd.

289 Notiz vom 17. 4. 1971, in: ebd.

290 Die Studie sowie weitere Unterlagen dazu in: BWA, F 44/R 26.

291 Stellungnahme zum Hayek-Bericht vom 25. 5. 1972, in: ebd. Ungeachtet dessen wurde die Fa. Hayek im November 1976 erneut mit der »Analyse der Fertigungsbetriebe und Überprüfung des Masterplans bei der Krauss-Maffei AG« beauftragt. Vgl. den Bericht in: BWA, F 44/R 7.

292 Studie zur Lage der Krauss-Maffei AG (o. D.), 9 ff., in: BWA, F 44/V 12.

293 Vgl. die Anzeige in: BWA, F 44/B 5.

294 Notiz zur Krauss-Maffei-Personalwerbung vom 13. 5. 1970, in: BWA, F 44/B 5.

295 Notiz vom 8. 4. 1969, in: BWA, F 44/B 60.

296 Vgl. Münchner Merkur vom 20. 10. 1976.

297 Protokoll der Vorstandssitzung vom 23. 1. 1984 und vom 14. 5. 1984, in: BWA, F 44/B 34/1.

298 Protokoll Nr. 1 des Krisenstabs vom 9. 7. 1980, in: BWA, F 44/B 65.

299 Protokoll Nr. 2 vom 7. 8. 1980, 7, in: ebd.

300 Ebd., Anlage 2, 1.

301 Protokoll Nr. 3 vom 1./2. 9. 1980, 7 f. sowie Protokoll Nr. 12 vom 26. 6. 1981, 2 ff., in: ebd.

302 Protokoll Nr. 6 vom 14. 11. 1980, in: ebd.

303 *Krauss Maffei fährt im Tal*, in: Süddeutsche Zeitung (11. 2. 1981) und Handelsblatt (28. 5. 1982).

304 Vgl. auch den synoptischen Vergleich der Geschäftsbereiche und die Gedanken zur Organisationsstruktur der Krauss-Maffei AG vom 20. 2. 1986, in: BWA, F 44/B 12.

305 Protokoll der Vorstandssitzung vom 27. 6. 1983, in: BWA, F 44/B 34/1.
306 Protokoll der Vorstandssitzung vom 8. 10. 1984, in: ebd.
307 *Phantasie beflügelt*, in: Der Spiegel (11. 2. 1980).
308 Berichte zur Hauptversammlung in der Süddeutschen Zeitung (21. 7. 1973) sowie im Handelsblatt (17. 7. 1974) bzw. in der Börsen-Zeitung (28. 6. 1974).
309 *Freier für die Tochter*, in: Die Zeit (6. 1. 1984) und Süddeutsche Zeitung (16. 4. 1984).
310 So die Berichte in: Süddeutsche Zeitung (21. 7. 1984).
311 Vgl. zu den Hintergründen *Streibl, Grob und die bayerische Waffenschmiede. Eine Freundschaft mit handfestem Hintergrund*, in: Süddeutsche Zeitung (27. 1. 1993).
312 Vgl. Handelsblatt (22. 5. 1985).
313 *Karriere gegen alle Konventionen*, in: Die Zeit (18. 10. 1985).
314 Ebd.
315 Vgl. Handelsblatt (9. 5. 1986) und (14. 5. 1986) sowie *Ein ertragsschwaches Unternehmen für die neuen Aktionäre*, in: Frankfurter Allgemeine Zeitung (14. 5. 1986).
316 Das Vortragsmanuskript vom 16. 2. 1988, 1 ff., in: BWA, F 44/B 62.
317 Ebd., 2.
318 Ebd., 4 f.
319 Vgl. etwa das ausführliche, noch von Griesmeier im Januar 1984 entworfene »Krauss-Maffei-Unternehmenskonzept zur Sicherung von Fortbestand und Wachstum von Krauss-Maffei als innovatives, markt- und technologieorientiertes, weltweit tätiges, ertragsstarkes und rechtlich selbständiges Unternehmen«, in: BWA, F 44/B 62.
320 Vgl. das detaillierte Restrukturierungskonzept (o.D.), in: BWA, F 44/B 40.
321 Ebd., 10.
322 Interview in: Wirtschaftswoche vom 20. 6. 1986, 122.
323 *Ein Mann steht sich im Weg*, in: manager magazin (Juni 1988), 50–60.
324 »Krauss-Maffei-Unternehmensstrategie« vom 21. 9. 1988, 4, in: BWA, F 44/B 62.
325 Ebd., 7–9.
326 Ebd.
327 Vgl. auch die nun jährlich stattfindenden Krauss-Maffei-Strategiegespräche, hier u. a. das Protokoll der Tagung vom 9./10. 6. 1989 sowie vom 28. 3. 1990 mit einem Statusbericht zur bisher erreichten Umsetzung des neuen Produktionskonzeptes, in: BWA, F 44/B 62.
328 Ebd.
329 Ebd.
330 Gesprächsnotiz des Finanzvorstands mit der Schweizerischen Bankgesellschaft vom 26. 1. 1989, in: BWA, F 44/B 34/4.
331 *Dementis zum zweiten Rüstungskonzern*, in: Süddeutsche Zeitung (5. 5. 1989).
332 Pikanterweise wurde Wollschläger bei den Beratungen der Monopolkommission über die DB/MBB-Fusion zur Anhörung und Stellungnahme vorgeladen. Vgl. die ausführlichen Schriftwechsel von Februar bis Mai 1989, in: BWA, F 44/B 64.
333 Bericht in: Handelsblatt vom 3. 10. 1989.
334 Notiz, in: Der Spiegel (30. 10. 1989) sowie Süddeutsche Zeitung (12. 4. 1990).
335 Schreiben vom 14. 11. 1989, in: BWA, F 44/B 64.
336 Geschäftsbericht Krauss-Maffei AG 1990 und Süddeutsche Zeitung (28. 6. 1991).
337 Übersicht der Mifri-Planung vom 14. 2. 1992 als Anlage zum Aufsichtsratsprotokoll vom 15. 1. 1992, in: BWA, F 44/B 28/4.
338 Protokoll der Aufsichtsratssitzung vom 12. 11. 1990, 6, in: ebd.
339 Ergebnisse der Krauss-Maffei-Strategietagung vom 13./14. 9. 1991 in Passau, in: BWA, F 44/B 62.
340 Vgl. u. a. den Bericht über »Krauss-Maffei und die Rauchgasentschwefelung« im Geschäftsbericht Krauss-Maffei AG 1988, 54–63.
341 Vgl. im Detail den Brief Wollschlägers an den Aufsichtsrat über die Verhandlungen und das strategische Kalkül vom 18. 12. 1987, in: BWA, F 44/B 34/3.
342 Konzept vom 16. 10. 1992, in: BWA, F 44/B 62.

343 Stephan Brückl, *Krauss-Maffei – Pionier ökologisch orientierter Konversion?*, in: ders. u.a. (Hg.), *Betriebliche Konversion. Erfahrungen, Probleme, Perspektiven*, Münster 1994, 69–80. Vgl. auch Burkhard J. Huch u. a. (Hg.), *Rüstungsindustrie und Rüstungskonversion in der Region München*, Frankfurt a. M. 1989. Siehe auch TopBusiness (September 1993), 54–55.

344 Vgl. den entsprechenden Vortrag auf dem Stuttgarter Strategieforum vom 18./19.3.1993, in: BWA, F 44/B 40/1.

345 *Krauss-Maffei hält sich besser als die Konkurrenz*, in: Süddeutsche Zeitung vom 3.6.1993 sowie *Abkehr vom Rüstungsgeschäft ohne nennenswerten Ertragseinbruch*, in: Frankfurter Allgemeine Zeitung vom 3.6.1993.

346 Protokoll der Aufsichtsratssitzung vom 30.10.1992, 5, in: BWA, F 44/B 28/4.

347 Protokoll der Aufsichtsratssitzung vom 3.6.1993, 2, in: ebd.

348 Geschäftsbericht 1986, 43.

349 Vgl. die Lageanalyse in der Studie »Wehrtechnik bei Krauss-Maffei 1963 bis 2000« vom 2.2.1985, in: BWA, F 44/I 22.

350 Protokoll der Vorstandssitzung vom 11.8.1987, in: BWA, F 44/B 34/3.

351 Protokoll der Vorstandssitzung vom 28.89.1987, in: ebd.

352 Bericht von Haas auf der Aufsichtsratssitzung vom 16.4.1991, 10f., in: BWA, F 44/B 28/4.

353 Protokoll der Aufsichtsratssitzung vom 25.6.1992, 4f., in: ebd.

354 Vereinbarung vom 5.8.1994, in: Krauss-Maffei Registratur, Ordner »Wehrtechnik (alt)«.

355 Protokoll der Vorstandssitzung vom 22.9.1993, 2, in: BWA, F 44/B 34/5.

356 Briefwechsel zwischen Haas/Krauss-Maffei und Krämer/Rheinmetall im März und April 1995, in: Krauss-Maffei Registratur, Ordner »Wehrtechnik (alt)«.

357 Schreiben vom 23.5.1995, in: ebd.

358 Brief Schönbohms vom 14.9.1995 sowie dazu auch Brief Geiger an Riedl vom 21.11.1995, in: ebd.

359 Protokoll der Aufsichtsratssitzung vom 8.12.1997, 12, in: Krauss-Maffei Registratur, Ordner »Aufsichtsrat« sowie der Bericht in: Handelsblatt vom 5.12.1997.

360 Vgl. Der Spiegel (6.6.1988).

361 Protokoll der Vorstandssitzung vom 10.11.1987, 4, in: BWA, F 44/B 34/3.

362 Gesprächsnotiz vom 25.1.1989, in: BWA, F 44/B 34/4. Vgl. auch Süddeutsche Zeitung (29.9.1989) zu den Gesprächen.

363 Bericht zum Stand der Verhandlungen mit Siemens auf der Vorstandssitzung vom 21.11.1989, in: BWA, F 44/B 34/3.

364 Vgl. Süddeutsche Zeitung (3.12.1994) und (11.12.1996).

365 Vgl. Süddeutsche Zeitung (17.7.1999).

366 Bericht zur Maschinentechnologie »Krauss-Maffei und die CD« im Geschäftsbericht Krauss-Maffei AG 1986, 50–59.

367 Geschäftsbericht Krauss-Maffei AG 1987, 17 sowie Krauss-Maffei Kunststofftechnik GmbH journal 16 (1986), 8f. und 17 (1987), 4ff.

368 Lidl, in: Krauss-Maffei Kunststofftechnik GmbH journal 18 (1990), 1.

369 Geschäftsbericht Krauss-Maffei AG 1992, 26f.

370 So die Einschätzung von Bürkle, Zeitzeugeninterview vom 15.5.2012.

371 Zeitzeugeninterview Bürkle vom 15.5.2012.

372 Vgl. im Einzelnen den Vortrag von Manfred Reichel über »Fertigungssegmentierung der Krauss-Maffei Kunststofftechnik von Anfang 1993«, in: BWA, F 44/HK 29.

373 Aufstellung vom 2.3.1995, in: BWA, F 4/HK 19.

374 Notiz des Vorstands vom 30.7.1991, in: BWA, F 44/B 34/5.

375 Vgl. Handelsblatt (2.7.1991).

376 Beratungen auf der Aufsichtsratssitzung vom 27.6.1991, 9, in: BWA, F 44/B 28/4.

377 Vgl. Handelsblatt (25.5.1994).

378 Bericht Wollschlägers auf der Aufsichtsratssitzung vom 25.6.1992, 11f., in: BWA, F 44/B 28/4 sowie die Tischvorlage zur Aufsichtsratssitzung vom 30.10.1992, in: ebd.

379 Ebd., 6.

380 Geschäftsbericht Krauss-Maffei AG 1994, 31.

381 Bericht vom 24.8.1994.

382 Vgl. Süddeutsche Zeitung (13. 6. 1996).
383 *Ducken oder gehen*, in: Wirtschaftswoche (14. 5. 1993).
384 Protokoll der Vorstandssitzung vom 8. 10. 1991, 3, in: BWA, F 44/B 34/5.
385 Vgl. Süddeutschen Zeitung (2. 12. 1995).
386 *Altaktionäre gegen die Eingliederung*, in: Handelsblatt (27. 6. 1996). Das Eingliederungs-Gutachten vom Mai 1996, in: BWA, F 44/B 41.
387 Ebd., 21.
388 *Resignation und Kritik auf der letzten Hauptversammlung*, in: Frankfurter Allgemeine Zeitung (27. 6. 1996).
389 *Abschiedsinterview*, in: Handelsblatt (23. 10. 1996).
390 Vgl. Börsenzeitung (4. 6. 1997).
391 So die Erzählung von Klaus Vogt, dem damaligen Finanzvorstand von Krauss-Maffei; vgl. Zeitzeugeninterview Vogt am 4. 5. 2012.
392 Protokoll der Aufsichtsratssitzung vom 2. 4. 1997, 6, in: Krauss-Maffei Registratur, Ordner »Aufsichtsrat«.
393 Ebd., 16.
394 Anhang zur »Neuordnung Kunststofftechnik« im Protokoll der Aufsichtsratssitzung vom 26. 11. 1997, in: Krauss-Maffei Registratur, Ordner »Aufsichtsrat«.
395 Protokoll der Aufsichtsratssitzung vom 26. 11. 1997, 10, in: ebd.
396 Bilanznotiz vom 16. 4. 1998 als Anlage zur Aufsichtsratssitzung vom 17. 4. 1998, in: ebd. sowie Protokoll der Aufsichtsratssitzung vom 17. 4. 1998, 4, in: ebd.
397 Protokoll der Aufsichtsratssitzung vom 27. 5. 1998, 13, in: ebd.
398 Vgl. Neue Zürcher Zeitung (9. 6. 1998).
399 Geschäftsbericht Krauss-Maffei AG 1998, 5.
400 Protokoll der Aufsichtsratssitzung vom 18. 9. 1998, in: Krauss-Maffei Registratur, Ordner »Aufsichtsrat«.
401 Protokoll der Aufsichtratssitzung vom 23.11. 1998, 16, in: ebd.
402 Ebd., 17.
403 Bericht der Betriebsversammlung in: Krauss-Maffei intern vom Dezember 1998.
404 Die Rede Starkes in: ebd.
405 MPM market share according to EUROMAP für 1995 bis 2000, in: Krauss-Maffei Registratur, Ordner »MPM«, Notiz vom 18. 1. 2002.
406 Lagebericht der Krauss-Maffei Kunststofftechnik GmbH vom 30. 11. 1998 als Anhang zum Protokoll der konstituierenden Sitzung des Aufsichtsrats der KMK GmbH am 30. 11. 1998, in: Krauss-Maffei Registratur, Ordner »Aufsichtsrat KMK« sowie Jahresbericht KMK für 1999.
407 Jahresbericht KMK für 1999, 19.
408 Ebd., 8 f.
409 Vgl. die Zusammenstellung vom 22. 11. 2000 in: Krauss-Maffei Registratur, Ordner »MPM« sowie auch Protokoll der Aufsichtsratssitzung der KMK vom 6. 4. 2000, in: Krauss-Maffei Registratur, Ordner »Aufsichtsrat KMK« sowie Jahresbericht KMK für 1999.
410 Konzept zur gesellschaftsrechtlichen Neustrukturierung vom 9. 11. 2000, in: Krauss-Maffei Registratur, Ordner »MPM« sowie Protokoll der Aufsichtsratssitzung der MPM AG vom 24. 11. 2000, 1 f., in: ebd.
411 Protokoll der Aufsichtsratssitzung der MPM (alt) vom 24. 11. 2000, 6 f., in: Krauss-Maffei Registratur, Ordner »Aufsichtsrat MPM«.
412 Vgl. zum Stand des Veräußerungsprozesses den Bericht im Protokoll der Aufsichtsratssitzung der MPM AG vom 3. 4. 2001, 12 ff., in: ebd.
413 Management-Präsentation von März/April 2001 sowie vom 12. 12. 2001, in: Krauss-Maffei Registratur, Ordner »Management-Präsentationen 2001–2004«.
414 Protokoll der Aufsichtsratssitzung der KMK vom 31. 10. 2000, 5, in: Krauss-Maffei Registratur, Ordner »KMK – Aufsichtsrat«.
415 Ebd., 4, in: ebd.
416 Das Interview in: KMK-Geschäftsbericht 2001/02, 6.
417 Protokoll der Aufsichtsratssitzung MPM vom 26. 7. 2001, 3 f., in: Krauss-Maffei Registratur, Ordner »KMK –Aufsichtsrat«.
418 Protokoll der Aufsichtsratssitzung vom 19. 10. 2001, in: ebd. sowie auch der Bericht in

der Frankfurter Allgemeinen Zeitung vom 6. 10. 2001. Das war zumindest die in der Öffentlichkeit verbreitete Version. Anderen Quellen zufolge war die eigentliche Ursache ein Dissens zwischen Apax und Siemens über das Zahlenbild.

419 Ebd.

420 Präsentation beider Manager in der Aufsichtsratssitzung vom 20. 12. 2001, in: ebd.

421 Ebd., 9.

422 Protokoll der Aufsichtsratssitzung der KMK vom 19. 4. 2001, 5 ff., in: Krauss-Maffei Registratur, Ordner »KMK – Aufsichtsrat«.

423 Präsentation Marketing vom 12. 12. 2001, in: Krauss-Maffei Registratur, Ordner »Management-Präsentationen 2001–2004«.

424 Protokoll der Aufsichtsratssitzung KMK vom 18. 12. 2001, in: Krauss-Maffei Registratur, Ordner »Aufsichtsrat – KMK«.

425 Das Schreiben vom 19. 9. 2001, in: Krauss-Maffei Registratur, Ordner »Siemens«.

426 Vgl. etwa die knapp 100 Seiten dicke Bankenpräsentation vor der Bayerischen Landesbank, der Commerzbank und der Deutschen Bank sowie der LfA Förderbank Bayern am 22. 4. 2002, in: Krauss-Maffei Registratur, Ordner »Management-Präsentationen 2001–2004«.

427 Interne Notiz an den Vorstand vom 7. 6. 2002, in: Krauss-Maffei Registratur, Ordner »Siemens«.

428 Vgl. Süddeutsche Zeitung (27./28. 7. 2002).

429 Confidential Information Memorandum vom August 2002, in: Krauss-Maffei Registratur, Ordner »Projekt Sunrise«.

430 Das Schreiben vom 26. 7. 2002, in: Krauss-Maffei Registratur, Ordner »Siemens«.

431 *Jagdrevier Deutschland*, in: manager magazin vom 18. 8. 2004 sowie *Die Jäger der verborgenen Schätze*, in: manager magazin (19. 8. 2004) und Krauss-Maffei Registratur, Ordner »KKR/Presse«.

432 *Wie KKR ein Unternehmen skelettiert,* in: Der Spiegel (14. 4. 2004).

433 KKR-Präsentation auf der Managementtagung vom 25. 10. 2002, in: Krauss-Maffei Registratur, Ordner »Management Meetings«.

434 Protokoll der Aufsichtsratssitzung vom 27. 11. 2002, 5, in: Krauss-Maffei Registratur, Ordner »MPM Aufsichtsrat«.

435 Präsentation auf dem MPM Management Meeting vom 25. 10. 2002, in: Krauss-Maffei Registratur, Ordner »Management Meetings«.

436 Ebd., 3.

437 Bericht von der Japan-Reise am 27. 1. 2003 sowie Minutes of the Group Board Meeting vom 14. 4. 2003, in: Krauss-Maffei Registratur, Ordner »Kaizen«.

438 Darstellung des WCM-Konzepts in: MPM-Bericht 2002/2003, 42 ff. sowie MPM-Bericht 2004/2005, 52 ff. Da offiziell keine Geschäftsberichte mehr erschienen, fungierten die beiden MPM-Berichte als eine Art Ersatz bei der Präsentation der Unternehmenslage gegenüber der Öffentlichkeit.

439 Minutes of the Group Board Meeting vom 17. 7. 2002, in: Krauss-Maffei Registratur, Ordner »Minutes of the Group Board Meetings«.

440 Präsentation vom 1. 10. 2002, in: Krauss-Maffei Registratur, Ordner »Vision 2005«.

441 Minutes of the Group Board Meeting vom 23. 10. 2002, in: Krauss-Maffei Registratur, Ordner »Group Board Meetings 2002«.

442 Präsentation der MPM-Strategy vom Juli 2003, Slide 22 f. und 46 f.

443 Ebd.

444 So Dinandt bei einer rückblickenden Erläuterung der Mehrmarkenstrategie auf der Aufsichtsratssitzung vom 27. 3. 2003, 6, in: Krauss-Maffei Registratur, Ordner »Aufsichtsrat MPM«.

445 Minutes of the Group Board Meeting vom 6. 3. 2002, in: Krauss-Maffei Registratur, Ordner »Group Board Meetings MPM«.

446 Ebd. sowie Minutes of the Group Board Meeting vom 23. 10. 2002, in: Krauss-Maffei Registratur, Ordner »Group Board Meetings MPM«.

447 Minutes of the Group Board Meeting vom 10. 4. 2002, in: Krauss-Maffei Registratur, Ordner »Group Board Meetings MPM«.

448 Minutes of the Group Board Meeting vom 17. 7. 2003 und vom 14. 4. 2003, in: Krauss-Maffei

Registratur, Ordner »Group Board Meetings MPM«.

449 Präsentation des Konzepts einer Komponenten-GmbH, das dann unter dem Projektnamen »Forum« lief, auf dem Group Board Meeting vom 12. 11. 2002, in: Krauss-Maffei Registratur, die Ordner »Group Board Meetings MPM« sowie »Projekt Forum«.Vgl. auch die Beschlussvorlage dazu an den Aufsichtsrat vom 21. 1. 2004, in: ebd.

450 Vortrag von Dinandt über die Mehrmarkenstrategie der MPM auf dem Münchner Management Kolloquium am 25./26. 3. 2003.

451 Debatte auf dem Group Board Meeting vom 17. 7. 2003, in: Krauss-Maffei Registratur, Ordner »Group Board Meetings MPM«.

452 Darstellung im MPM-Bericht 2004/2005, 52 ff.

453 *Wettbewerb trotz Zusammenarbeit,* in: Kunststoffe 7 (2003), 34–37 sowie Pepyn Dinandt, *Die Neuausrichtung der MPM Gruppe – Bilanz nach 12 Monaten*, in: Horst Wildemann (Hg.), *Führungsverantwortung. Bewährte oder innovative Managementmethoden*? Tagungsband des Münchner Management Kolloquiums 25./26. März 2003, München 2003, 133–134.

454 Bericht auf der Aufsichtsratssitzung vom 27. 3. 2003, 4 f., in: Krauss-Maffei Registratur, Ordner »MPM Aufsichtsrat«.

455 Protokoll der Aufsichtsratssitzung vom 16. 12. 2003, in: ebd.

456 Protokoll der Aufsichtsratssitzung der MPM vom 11. 9. 2003, 12, in: ebd.

457 Protokoll der Aufsichtsratssitzung vom 27. 11. 2002, 11, in: ebd.

458 Protokoll der Aufsichtsratssitzung vom 20. 10. 2004, in: Krauss-Maffei Registratur, Ordner »Aufsichtsrat MPM«.

459 Minutes KKR Monthly Meeting 2002 ff., in: Krauss-Maffei Registratur, Ordner »Monthly Reports KKR«.

460 Vgl. den detaillierten ersten Jahresabschluss der MPM GmbH für 2001/2002, in den auch die umfassenden Neubewertungen des Unternehmensvermögens einflossen, als Anlage zum Protokoll der Aufsichtsratssitzung vom 2. 7. 2003, in: ebd.

461 Protokoll der Aufsichtsratssitzung vom 27. 11. 2002, 5, in: Krauss-Maffei Registratur, Ordner »MPM Aufsichtsrat«.

462 Brief Axel Eckhardt an Dinandt vom 20. 6. 2003, in: Krauss-Maffei Registratur, Ordner »KKR«.

463 Ebd.

464 Präsentation vom 6. 2. 2003, in: Krauss-Maffei Registratur, Ordner »SMS«.

465 Protokoll der Aufsichtsratssitzung vom 11. 9. 2003, 4 ff., in: Krauss-Maffei Registratur, Ordner »Aufsichtsratsprotokolle MPM«.

466 Ebd.

467 Protokolle der diversen wöchentlichen und auch monatlichen Vorstandssitzungen für 2002 ff., in: Krauss-Maffei Registratur, Ordner »MPM Vorstandssitzungen«.

468 Minutes of the Group Board Meeting vom 19. 9. 2002, 7, in: Krauss-Maffei Registratur, Ordner »Group Board Meetings«.

469 Zeitzeugeninterview Engelmann vom 7. 8. 2012.

470 Aufsichtsratssitzung vom 7. 5. 2003, in: Krauss-Maffei Registratur, Ordner »Aufsichtsrat MPM«.

471 Protokoll der Aufsichtsratssitzung vom 28. 4. 2005, 4, in: Krauss-Maffei Registratur, Ordner »Aufsichtsrat MPM«.

472 Protokoll der Aufsichtsratssitzung vom 27. 9. 2005, in: Krauss-Maffei Registratur, Ordner »Aufsichtsrat MPM«.

473 Ebd.

474 Marktlageberichte in: MPM-Bericht 2004/2005, 64–69.

475 »Market Development for Injection Moulding Machines and Conclusion for MPM« (20. 2. 2006), in: Krauss-Maffei Registratur, Ordner »KKR«.

476 Vgl. hierzu die Zusammenstellung zur Marktentwicklung in der Präsentation vom 4. 4. 2004 sowie »Perspektive Optical Disc Geschäft bei Netstal« als Anhang zum Protokoll der Aufsichtsratssitzung vom 3. 5. 2006, in: Krauss-Maffei Registratur, Ordner »Aufsichtsrat MPM«.

477 Protokoll der Aufsichtsratssitzung der KMK vom 23. 9. 2002, in: Krauss-Maffei Registratur, Ordner »Aufsichtsrat KMK«.

478 Management-Präsentation KMK vom 13. 6. 2002, in: Krauss-Maffei Registratur, Ordner »Management-Präsentationen 2002 ff.«.
479 Protokoll der Aufsichtsratssitzung KMK vom 13. 6. 2003, 6, in: Krauss-Maffei Registratur, Ordner »Aufsichtsrat KMK«.
480 Studie von Androschin & Partner vom 16. 2. 2006, Slide 9, in: Krauss-Maffei Registratur, Ordner »MPM«.
481 Vgl. den publizierten KMK-Jahresbericht 2004/2005, 16 sowie die Kennzahlenübersicht, 2.
482 Protokoll der Aufsichtsratssitzung MPM vom 27. 9. 2005, in: Krauss-Maffei Registratur, Ordner »Aufsichtsrat MPM«.
483 Jahresbericht KMK 2004/2005, 12.
484 Studie von A.T. Kearney vom 9. 4. 2003, in: Krauss-Maffei Registratur, Ordner »KMK«.
485 Studie von Roland Berger vom 26. 8. 2003, in: ebd.
486 Präsentation vom 6. 8. 2004, in: Krauss-Maffei Registratur, Ordner »Fertigung KMK«.
487 Protokoll der Aufsichtsratssitzung MPM vom 7. 5. 2004, 9 ff., in: Krauss-Maffei Registratur, Ordner »Aufsichtsrat MPM«.
488 Vgl. K-News (28. 1. 2005) sowie Protokoll der Aufsichtsratssitzung MPM vom 15. 12. 2004, in: Krauss-Maffei Registratur, Ordner »Aufsichtsrat MPM«.
489 *Pragmatismus statt Ideologie*, in: Kunststoffzeitung (9. 11. 2012).
490 Bericht zu F&E im MPM-Jahresbericht 2004/2005, 48 ff. sowie Krauss-Maffei Jahresbericht 2001/2002, 14 ff. und Krauss-Maffei Jahresbericht 2004/2005, 12 ff.
491 Zeitzeugeninterview Bürkle vom 15. 5. 2012 sowie auch die Ausführungen Bürkles im MPM-Jahresbericht 2004/2005, 4–6.
492 Liste in der KMK-Management-Präsentation vom 9. 2. 2005, 31–34 in: Krauss-Maffei Registratur, Ordner »Management-Präsentationen 2004 ff.«.
493 Präsentation von Leitbild, Vision und Strategie der KMK-Gruppe vom 11. 6. 2003, in: Krauss-Maffei Registratur.
494 Vision, Mission und Leitsätze für die Positionierung von KMK vom 18. 7. 2006, in: ebd.
495 Zeitzeugeninterview Engelmann vom 7. 8. 2012.
496 Protokoll der Aufsichtsratssitzung vom 3. 5. 2006, in: Krauss-Maffei Registratur, Ordner »Aufsichtsrat MPM«.
497 Notiz Huth vom 26. 1. 2005, in: ebd.
498 Protokoll der Aufsichtsratssitzung vom 14. 6. 2006, in: Krauss-Maffei Registratur, Ordner »Aufsichtsrat MPM«.
499 Vgl. rückblickend Gruber auf der Sitzung des Aufsichtsrats vom 14. 3. 2007, 10, in: Krauss-Maffei Registratur, Ordner »Supervisory Board mpm«.
500 Zeitzeugeninterview Engelmann vom 7. 8. 2012.
501 Zeitzeugeninterview Straub vom 16. 11. 2011.
502 Protokoll der Aufsichtsratssitzung MPM vom 27. 9. 2006, in: Krauss-Maffei Registratur, Ordner »MPM«.
503 Ebd.
504 Protokoll der Aufsichtsratssitzung der MPM vom 25. 1. 2007, in: Krauss-Maffei Registratur, Ordner »Supervisory Board mpm«.
505 Zeitzeugeninterview Straub vom 16. 11. 2011 sowie Protokoll der Aufsichtsratssitzung vom 14. 3. 2007, 6 ff., in: Krauss-Maffei Registratur, »Ordner Supervisory Board mpm«.
506 Ebd. sowie vor allem die ausführliche Präsentation der neuen Strategie im Anhang des Protokolls.
507 Ebd.
508 Ebd., 9.
509 Zeitzeugeninterview Straub vom 16. 11. 2011.
510 Protokoll der Aufsichtsratssitzung der Krauss-Maffei AG vom 30. 1. 2008, in: KraussMaffei Registratur, Ordner »Aufsichtsrat KraussMaffei AG«.
511 Vgl. zu dieser dramatischen Sitzung des Aufsichtsrats das Protokoll vom 27. 9. 2007, 17 ff., in: KraussMaffei Registratur, Ordner »Aufsichtsrat KraussMaffei«.
512 Ebd., 19. Vgl. auch noch einmal das Protokoll der Aufsichtsratssitzung vom 18. 10. 2007, in: ebd.

513 Zeitzeugeninterview Straub vom 16. 11. 2011 sowie Zeitzeugeninterview Bürkle vom 15. 5. 2012.

514 Zur sogenannten V-Strategie vgl. die Präsentation vom 11. 12. 2007, in: KraussMaffei Registratur, Ordner »Aufsichtsrat KraussMaffei« sowie Zeitzeugeninterview Straub vom 16. 11. 2011.

515 Protokoll der Aufsichtsratssitzung vom 20. 2. 2008, in: KraussMaffei Registratur, Ordner »Aufsichtsrat KraussMaffei«.

516 Zeitzeugeninterview Straub vom 16. 11. 2011.

517 Ebd.

518 Protokoll der Aufsichtsratssitzung vom 30. 9. 2008 sowie vom 3. 11. 2008, in: KraussMaffei Registratur, »Ordner Aufsichtsrat KraussMaffei«.

519 Protokoll der Aufsichtsratssitzung vom 17. 12. 2008, in: ebd.

520 Ebd.

521 Präsentation des strategischen Markenprozesses vom Juni 2012, in: Unterlagen der Marketingabteilung KraussMaffei.

522 Bankenpräsentation vom November 2011, in: KraussMaffei, interne Unterlagen.

523 *KraussMaffei verkauft*, in: Kunststoffzeitung (28. 9. 2012).

524 So das Zitat in dem Bericht *KraussMaffei verbucht Umsatzrekord*, in: Kunststoffzeitung vom 25. 10. 2012.

525 Pressemitteilung KraussMaffei (19. 11. 2012), München.

526 *KraussMaffei verkauft*, in: Kunststoffzeitung (28. 9. 2012).

527 Risk, Opportunity & Prognosis Report vom Januar 2013, in: KraussMaffei, interne Unterlagen.

528 Ebd.

529 https://de.statista.com/statistik/daten/studie/3777/umfrage/umsatz-im-deutschen-maschinenbau-seit-1991/ [letzter Zugriff 25. 1. 2018]

530 Zur Umsatzentwicklung siehe die Tabelle *Umsatz der KraussMaffei Gruppe 2011–2016*. Zum operativen Gewinn und zur Beschäftigtenzahl im Jahr 2015: *Maschinenbauer KraussMaffei wird chinesisch*, in: Börsen-Zeitung (12. 1. 2016); *China kauft sich Hightech*, in: Handelsblatt (12. 1. 2016).

531 Mitteilung der KraussMaffei Technologies GmbH an die Verfasser vom 23. 6. 2017.

532 *Mehr Raum für Mensch und Maschine*, in: Süddeutsche Zeitung (26. 9. 2016); https://www.merkur.de/lokales/erding/krauss-maffei-automation-das-beste-ergebnis-aller-zeiten-1523721.html

533 *Kraus-Maffei streicht Stellen in Mittelfranken*, in: Süddeutsche Zeitung (29. 11. 2013); *KraussMaffei-Werk bleibt in Treuchtlingen*, in: ebd., 29. 11. 2013.; https://www.igmetall-bayern.de/nachrichten/ansicht/datum/2013/12/02/titel/kraussmaffei-treuchtlingen-schliessungsplaene-aufgehoben.

534 Interview mit Dr. Frank Stieler, 14. 9. 2016.

535 Zitiert nach: *Dr. Frank Stieler wird neuer Vorsitzender der Geschäftsführung (CEO) der KraussMaffei Gruppe*, Pressemitteilung KraussMaffei Group, 15. 7. 2015, http://www.kraussmaffeigroup.com/media/files/kmnews/de/PM_KMG_JS_DE_150615.pdf [letzter Zugriff 25. 1. 2018]

536 *China kauft Krauss Maffei*, in: Frankfurter Allgemeine Zeitung, (11. 1. 2016).

537 *ChemChina übernimmt KraussMaffei Gruppe für 925 Mio. EUR*. Pressemitteilung der KraussMaffei Gruppe vom 11. 1. 2016.

538 Zitiert nach: ebd.

539 Ebd.

540 Interview mit Dr. Frank Stieler, 14. 9. 2016.

541 *Chinas neues Familienmitglied Krauss Maffei*, in: Frankfurter Allgemeine Zeitung (25. 1. 2017).

542 Interview mit Dr. Frank Stieler, 14. 9. 2016.

543 *China kauft Hightech*, in: Handelsblatt (12. 1. 2016).

544 Ebd.

545 *Chinas neues Familienmitglied Krauss Maffei*, in: Frankfurter Allgemeine Zeitung vom 25. 1. 2017.

546 http://www.kraussmaffeigroup.com/de/produktion.html [letzter Zugriff 25. 1. 2018]

5 Fazit

1 Vgl. Werner Plumpe, *Die Unwahrscheinlichkeit des Jubiläums – oder: Warum Unternehmen nur historisch erklärt werden können*, in: Jahrbuch für Wirtschaftsgeschichte 1 (2003), 143–156.

2 Kustermann, *Lokomotivindustrie*, 42; Martin Fiedler, *Die 100 größten Unternehmen in Deutschland – nach der Zahl ihrer Beschäftigten – 1907, 1938, 1973 und 1995*, in: Zeitschrift für Unternehmensgeschichte 1 (1999), 48 ff.

3 Siehe Tabelle Abb. 106, Kapitel 4.2, 298.

4 Vgl. Borsig, *Kartellgeschichte* (wie Anm. 14 zu Kapitel 3), 32.

Quellen und Literatur

Archivbestände

Bayerisches Hauptstaatsarchiv, München [BayHstA]
- Adelsmatrikel, Ritter M 2
- Bayern Urkunden 2833
- Direktion der Ostbahnen AG (ehem. VArch) 1654, 1658
- Kriegsarchiv, Stv. Generalkommando, I. bayerisches Armee-Korps, Abt. P III u. VII
- Ministerium der Finanzen (MF) (ehem. VArch) 4013
- Ministerium des Handels und der öffentlichen Arbeiten (MH) 5501, 5502, 13286; (ehem. VArch) MH 5314, MH 6613
- Ministerium des Innern (MInn) 46073
- Ministerium für Handel, Industrie und Gewerbe (MIHG) 5557
- Wirtschaftsministerium, Nr. 24949, 23783, 28192, 28193, 14114 bis 14118, 15128, 14785, 15274

Bayerische Landesanstalt für Aufbaufinanzierung [LfA]
- Unterlagen Krauss Maffei 1985–1992

Bayerisches Wirtschaftsarchiv, München [BWA]
- Historisches Archiv der Krauss-Maffei AG (F 44)
  - Archiv Maffei (AM)
  - Archiv Krauss (AK)
- Maxhütte (F 70)

Bundesarchiv Berlin [BA Berlin]
- R 5 Reichsverkehrsministerium 3624, 22201, 22370
- R 3101 Reichswirtschaftsministerium 7379

Bundesarchiv Militärarchiv, Freiburg i. Br.
- RW 21–47 Rüstungskommando München 5

Deutsches Museum, Archiv, München [DMA]
- Polytechnischer Verein (PTV) 182,5; 189

Historisches Archiv der MAN, Augsburg, N 116 I/II.

Historisches Archiv von Munich Re, München, Personalia/13

Historisches Institut der Deutschen Bank AG, Frankfurt am Main [HIDB]
- P 2581, P 2989, P 2992, P 2994, P 2996, P 3003, P 3004, P 3009

Krauss Maffei AG, Registraturbestand (ohne Signaturen)
- Ordner Advisory Board Meetings/KKR 2005/2006
- Ordner Aufsichtsratssitzungen KM 1996–1998
- Ordner Aufsichtsratssitzungen KM AG 2007-2008
- Ordner Aufsichtsratssitzungen KMK 1999–2006

Ordner Aufsichtsratssitzungen MPM/mpm 1999–2006
Ordner Aufsichtsratssitzungen Tochtergesellschaften 1999–2003
Ordner Executive Board Meetings 2002–2004
Ordner Management-Präsentationen (2001–2006)
Ordner Minutes Group Board Meetings MPM 2002, 2003
Ordner KKR/Management Präsentationen
Ordner KKR/Meeting London 2003
Ordner KKR/Monthly Review Meetings 2003–2006
Ordner KKR/Presse
Ordner mpm/Siemens 2001/2002
Ordner Strategie KMK 2003
Ordner Strategiesitzung 2003
Ordner mpm Jahrestagungen 2002–2004
Ordner »Projekt Ironman«
Ordner »Projekt New Dawn«
Ordner »Projekt SHOT«
Ordner »Projekt Sunrise«

Siemens-Archiv, München
SAA 21. Lk 740

Staatsarchiv München [StA M]
Amtsgericht München IA, NR 1870/1405
Landgericht München, Briefprotokolle 1356/245, Protokoll Nr. 113
NSDAP 80
Regierungsakten (RA) 62792
Spruchkammerakten (SpkA) K 9, K 129, K 1034, K 1873
Staatsanwaltschaft 12888
Verkehrsarchiv (VArch) 3463

Stadtarchiv München [StadtA M]
Gewerbeamt 262/b; 544/19; 755, 4732 a
Ratsprotokolle 1786 I.
Stadtchronik
Wahlamt 237

Veröffentlichte Quellen

Akten der Reichskanzlei. Regierung Hitler. Die Regierung Hitler Teil I 1933-1934, Bd. 1 u. 2, bearbeitet von Karl-Heinz Minuth, Boppard 1983.

Bericht der Beurtheilungs-Commission bei der Allgemeinen Deutschen Industrie-Ausstellung zu München im Jahr 1854, München 1855, V. Ausschuß: Maschinen.

Catalog für die Internationale Elektricitäts-Ausstellung, verbunden mit elektro-technischen Versuchen im K. Glaspalast zu München, hg. von Philipp Carl, München 1882.

Das Eisenwerk Hirschau im April 1852 (Besonderer Abdruck aus dem Kunst- und Gewerbeblatte des Polytechnischen Vereins für das Königreich Bayern vom Monate Juni), München 1852.

Jahrbuch der Münchener Gewerkschaftsbewegung 1929, München 1930.

Jahresbericht der Handels- und Gewerbekammer für Oberbayern, München, Jahrgänge 1869 bis 1908.

Jahresbericht der Handelskammer München 1913.

Krauss-Maffei, Dokumente aus dem ersten Jahrzehnt des Werkes, München 1962.

Krauss-Maffei, Geschäftsberichte 1946 bis 1998.

Kraus Maffei (KMK), Jahresbericht 1999, Jahresbericht 2004/2005.

KraussMaffei journal (Hauszeitschrift des Geschäftsbereichs Kunststoffmaschinen) 1979 bis 1991.

Lokomotivfabrik Krauss & Comp., Geschäftsberichte 1918, 1919.

Lokomotivfabrik Krauss & Comp. – J.A. Maffei A.-G., Geschäftsbericht 1930.

Mannesmann Demag Krauss-Maffei AG, Jahresbericht 1999.

Martin, Rudolf: Jahrbuch des Vermögens und Einkommens der Millionäre in Bayern, Berlin 1914.

mpm Bericht 02/03.

mpm Bericht 04/05.

mpm Jahresbericht 2000.

Offizieller Bericht über die im Königlichen Glaspalaste zu München 1882 unter dem Protektorate Sr. Majestät des Königs Ludwig II. von Bayern stattgehabte Internationale Elektricitäts-Ausstellung verbunden mit elektrotechnischen Versuchen, hg. v. Wilhelm von Beetz, München 1883.

Schubert, Werner/Hommelhoff, Peter (Hg.), Die Aktienrechtsreform am Ende der Weimarer Republik – Protokolle der Verhandlungen im Aktienrechtsausschuss des Vorläufigen Reichswirtschaftsrats unter dem Vorsitz von Max Hachenburg, Berlin 1986.

Ältere Presse

Augsburger Allgemeine Zeitung
Bayerisches Industrie- und Gewerbe-Blatt
Eisenbahn-Zeitung. Organ der Vereine deutscher Eisenbahn-Verwaltungen und Eisenbahn-Techniker, Stuttgart
Illustrirte Zeitung
Münchner Neueste Nachrichten (1848 bis 1886: Neueste Nachrichten)
Süddeutsche Sonntagspost

Neuere Presse

Börsen-Zeitung
Der Spiegel
Frankfurter Allgemeine Zeitung
Handelsblatt
Süddeutsche Zeitung
Unser Bayern

Interviews

Dr. Erwin Bürkle am 9. 5. 2012
Dr. Holger Engelmann am 7. 8. 2012
Dr. Wolfgang Molter am 16. 11. 2011
Karl Schmidt am 4. 5. 2012
Dr. Frank Stieler am 14. 9. 2016
Dr. Dietmar Straub am 16. 11. 2011
Klaus D. Vogt am 4. 5. 2012

Literatur

Albert, Ditmar: Hotel Bayerischer Hof München. Die ersten 150 Jahre, München 1991.

Arold, Stefan: Die technische Entwicklung und rüstungswirtschaftliche Bedeutung des Lokomotivbaus der Deutschen Reichsbahn im Dritten Reich (1933–1945), Stuttgart 1997.

Auer, Alois (Hg.): Krauss-Maffei. Lebenslauf einer Münchner Fabrik und ihrer Belegschaft, Kösching 1988.

Ausschuß des Polytechnischen Vereins in Bayern (Hg.): Hundert Jahre technische Erfindungen und Schöpfungen in Bayern: 1815-1915. Jahrhundertschrift des Polytechnischen Vereins in Bayern aus Anlass des hundertjährigen Bestehens des Vereins im Jahr 1915, München/Berlin 1922.

Bähr, Johannes u. a.: Die MAN. Eine deutsche Industriegeschichte, München 2008.

Bähr, Johannes: Die M.A.N.: Vorgeschichte, Entstehung und Aufstieg (1840-1920), in: ders./Ralf Banken/Thomas Flemming: Die MAN. Eine deutsche Industriegeschichte, München [3]2009, 132–229.

Bauer, Reinhold: Gescheiterte Innovationen: Fehlschläge und technologischer Wandel, Frankfurt a. M. 2006.

Baumann, Carl-Friedrich: 175 Jahre Henschel. Der ständige Weg in die Zukunft. 1810-1985. Sechs Beiträge zur Firmengeschichte, Moers 1985.

Bayerischer Landwirtschaftsrat (Hg.): Handbuch des größeren Grundbesitzes in Bayern, München 1907, 37–40.

Bedeschinski, Christian: Die Maxhütte in Sulzbach-Rosenberg und ihre Eisenbahnen, Berlin 2002.

Benz, Wolfgang u. a. (Hg.): Der Ort des Terrors. Geschichte der nationalsozialistischen Konzentrationslager, Bd. 2: Frühe Lager, Dachau, Emslandlager, München 2005.

Berleb, Arno: Die Schiffe unserer Gewässer (IV), in: Vom Einbaum zum Dampfschiff Bd. 7 (1988), 101–106.

Berliner Maschinenbau-Aktiengesellschaft, vorm. L. Schwartzkopff, 1852-1927 – 75 Jahre Schwartzkopff, Berlin 1927.

Bönig, Jürgen: Die Einführung von Fließbandarbeit in Deutschland bis 1933. Zur Geschichte einer Sozialinnovation, Teil I, Münster 1993.

Borchardt, Knut: Die industrielle Revolution in Deutschland 1750-1914, in: ders. (Hg.): Europäische Wirtschaftsgeschichte, Bd. 4: Die Entwicklung der industriellen Gesellschaften, Stuttgart 1977, 135–202.

Borsig, Albert von: Die Kartellgeschichte der deutschen Lokomotiv-Industrie. Rer. pol. Diss. Universität München, München 1927.

Bößenecker, Hermann: Bayern, Bosse und Bilanzen. Hinter den Kulissen der weiß-blauen Wirtschaft, München 1972.

Breimeier, Rudolf: Transrapid oder Eisenbahn – ein technisch-wirtschaftlicher Vergleich, Luzern 2002.

Brodskij, Josip A.: Die Lebenden kämpfen. Die Organisation Brüderliche Zusammenarbeit der Kriegsgefangenen (BSW), München 1968.

Brückl, Stephan: Krauss-Maffei – Pionier ökologisch orientierter Konversion?, in: ders. u. a. (Hg.): Betriebliche Konversion. Erfahrungen, Probleme, Perspektiven, Münster 1994, 69–80.

Büllingen, Franz: Die Genese der Magnetbahn Transrapid. Soziale Konstruktion und Evolution einer Schnellbahn, Wiesbaden 2002.

Buschmann, Birgit: Unternehmenspolitik in der Kriegswirtschaft und in der Inflation. Die Daimler-Motoren-Gesellschaft, 1914–1923, Stuttgart 1998.

Cohen, Rudolf: Schuckert 1873–1923. Festschrift zum 50jährigen Bestehen, Nürnberg 1923.

Deutinger, Stephan, Bayerns Weg zur Eisenbahn. Joseph von Baader und die Frühzeit der Eisenbahn in Bayern 1800 bis 1835 (Forschungen zur Landes- und Regionalgeschichte 1), St. Ottilien 1997.

Dinandt, Pepyn: Die Neuausrichtung der MPM Gruppe – Bilanz nach 12 Monaten, in: Horst Wildemann (Hg.): Führungsverantwortung.

Bewährte oder innovative Managementmethoden? Tagungsband des Münchner Management Kolloquiums 25./26. März 2003, München 2003, 133–134.
Dinhobl, Günter: Die Semmeringerbahn. Der Bau der ersten Hochgebirgsbahn der Welt, Wien/München 2003.
Dittmann, Frank: Die Internationale Elektrizitätsausstellung in München 1882, in: ders. (Hg.): Überwindung der Distanz. 125 Jahre Gleichstromübertragung Miesbach-München. 125 Jahre elektrische Energieübertragung, Berlin/Offenbach 2011, 15–40.
Döbereiner, Manfred: Industrielle Arbeitswelt in München um 1900. Der Wandel in Werkstätten und Fabriken, in: Friedrich Prinz/Marita Krauss (Hg.): Die Prinzregentenzeit 1886 bis 1912, München 1988, 175–180.

Eckert, Klaus: Alpenbahnen, München 2000.
Eiber, Ludwig: Polizei, Justiz und Verfolgung in München 1933 bis 1945, in: Richard Bauer u. a. (Hg.): München – »Hauptstadt der Bewegung«. Bayerns Metropole und der Nationalsozialismus, München 2002, 235–243.
Edlin-Thieme, Margareta: Studien zur Geschichte des Münchner Handelsstandes im 18. Jahrhundert, Stuttgart 1969.
Englmeier, Bernd: ICE und Transrapid. Vergleichende Darstellung der beiden Hochgeschwindigkeitsbahnen. Historie, Technik, Zukunftschancen, Norderstedt 2004.
Engelhardt, Thomas: Menschen nach Maß. Fabrikdisziplinierung und industrielle Zeitökonomie während der Industrialisierung Bayerns, in: Gerhard Bott (Hg.): Leben und Arbeiten im Industrie-Zeitalter. Eine Ausstellung zur Wirtschafts- und Sozialgeschichte Bayerns seit 1850, Stuttgart 1985, 289–292.
Eppendorfer, Carsten: Die staatliche Transrapid-Förderung: Ordnungspolitischer Sündenfall oder strategische Investition in die Zukunft?, Göttingen 1999.

Feldenkirchen, Wilfried: Siemens. Von der Werkstatt zum Weltunternehmen, München/Zürich [2]2003.
Feldenkirchen, Wilfried: Siemens 1918–1945, München 1995.
Festschrift zur Vollendung der Lokomotive Nr. 5000, hg. von der Locomotivfabrik Krauss & Comp. Actien-Gesellschaft München-Linz, München 1905.
Fiedler, Martin: Die 100 größten Unternehmen in Deutschland – nach der Zahl ihrer Beschäftigten – 1907, 1938, 1973 und 1995, in: Zeitschrift für Unternehmensgeschichte 1/1999, 32–66.
Flamm, Oswald: Der Gesamte Deutsche Schiffbau 1908, Berlin 1908.
Florschütz, Inez: Architektur und Arbeit. Die Fabrik in der bayerischen Frühindustrialisierung 1840–1860, Frankfurt a. M./Berlin u. a. 2000.
Foit, Wolfgang (Hg.): Als die Eisenbahn in unsere Heimat kam. Die Geschichte der Maximiliansbahn München-Holzkirchen-Rosenheim, Holzkirchen 2007.
Freundl, Stefan: Die Dampfschiffahrt auf dem Inn, Wasserburg a. Inn 1984.
75 Jahre Eisenwerkgesellschaft Maximilianshütte 1853-1928, [bearb. u. zusammengestellt nach Unterlagen aus dem Archiv der Maximilianshütte und der Werksgeschichte von Hans Fromm, Eugen Roth], Rosenberg 1928.
Füßl, Wilhelm: Oskar von Miller 1855-1934. Eine Biographie, München 2005.

Gaessler, Will von: Die Schiffe unserer Gewässer (V), in: Vom Einbaum zum Dampfschiff Bd. 8 (1990), 88–92.
Gebhardt, Wolfgang H.: Geschichte des deutschen Lkw-Baus, Bd. 2b: He-Z 1918–1945, Stuttgart 1994.
Geiger, Martin: Dampfross ohne Feuer. Ein Eisenbahnbau in Oberbayern, Wasserburg 1982.
Geyer, Martin H.: Verkehrte Welt. Revolution, Inflation und Moderne: München 1914-1924, Göttingen 1998.
Ghega, Carl von: Uebersicht der Hauptfortschritte des Eisenbahnwesens in dem Jahrzehnde 1840-1850 und die Ergebnisse der Probefahrten auf einer Strecke der Staatsbahn ueber den Semmering in Österreich, Wien 1853.
Vom Glaspalast zum Gaskessel. Münchens Weg ins technische Zeitalter, (Ausstellung, veranst. vom

Verein zur Förderung der Industrie-Archäologie e. V. in Zsarb. mit dem Deutschen Museum München), München 1978.

Gömmel, Rainer: Gewerbe, Handel und Verkehr, in: Handbuch der bayerischen Geschichte, Bd. 4/2, München ²2007, 216–299.

Gömmel, Rainer: Die Maxhütte als größter Industriebetrieb, in: Stadtmuseum Sulzbach-Rosenberg (Hg.): Von Erzgräbern und Hüttenleuten, Sulzbach-Rosenberg 2000, 85–98.

Gündling, Michael: Schiffe aus der Lokomotivfabrik: Der Schiffbau der Lokomotivfabrik J. A. Maffei, in: Donau-Schiffahrt Bd. 8 (2006), 61–115.

Günther, Ernst: Die Entlöhnungsmethoden in der bayerischen Eisen- und Maschinenindustrie, Berlin 1908.

Haar, Frauke von der: Geschichte der Eisenbahnlinie München-Holzkirchen-Rosenheim, in: Wolfgang Foit (Hg.): Als die Eisenbahn in unsere Heimat kam. Die Geschichte der Maximiliansbahn München-Holzkirchen-Rosenheim, Holzkirchen 2007, 15–44.

Häuserbuch der Stadt München, Bd. II: Kreuzviertel, München 1960.

Hardtwig, Wolfgang: Soziale Räume und politische Herrschaft. Leistungsverwaltung, Stadterweiterung und Architektur in München 1870-1914, in: ders. / Klaus Tenfelde (Hg.): Soziale Räume in der Urbanisierung. Studien zur Geschichte Münchens im Vergleich 1850–1933, München 1990, 59–154.

Hedrich, Stefan H.: Transrapid. Die Magnetschwebebahn in der politischen »Warteschleife«, Freiburg i. Br. 2003.

Heim, Michael / Helge Hufschläger: Ein Tal und seine Bahn. Wie Tegernsee zum Zug kam, Waakirchen 2002.

Hensler, Ulrich: Die Stahlkontingentierung im Dritten Reich, Stuttgart 2008.

Herbert, Ulrich: Fremdarbeiter. Politik und Praxis des »Ausländer-Einsatzes« in der Kriegswirtschaft des Dritten Reiches, 3. Aufl., Bonn 1999.

Heusler, Andreas: Ausländereinsatz. Zwangsarbeit für die Münchner Kriegswirtschaft 1939–1945, München 1996.

Hildebrand, Klaus: Die deutsche Reichsbahn in der nationalsozialistischen Diktatur 1933–1945, in: Lothar Gall / Manfred Pohl (Hg.): Die Eisenbahn in Deutschland. Von den Anfängen bis zur Gegenwart, München 1999, 165–243.

Hillmayer, Heinrich: Roter und Weißer Terror in Bayern nach 1918. Ursachen, Erscheinungsformen und Folgen der Gewalttätigkeiten im Verlauf der revolutionären Ereignisse nach dem Ende des Ersten Weltkrieges, München 1974.

Hilz, Helmut: Die Maffeischen Werkstätten in Regensburg (1853–1881): Werft und Brückenbauwerkstätte auf dem Unteren Wöhrd. Ein Beitrag zur Industrie- und Technikgeschichte Ostbayerns, in: Verhandlungen des Historischen Vereins für Oberpfalz und Regensburg Bd. 137 (1997), 125–143.

Hilz, Helmut: Eisenbrückenbau und Unternehmertätigkeit in Süddeutschland, Stuttgart 1993.

Hinz, Uta: Gefangen im Großen Krieg. Kriegsgefangenschaft in Deutschland. 1914-1921, Essen 2006.

Hübner Heinz (Hg.): Transrapid zwischen Ökonomie und Ökologie. Eine Technik-Wirkungsanalyse alternativer Hochgeschwindigkeitssysteme, Wiesbaden 1997.

Huch, Burkhard J. u. a. (Hg.): Rüstungsindustrie und Rüstungskonversion in der Region München, Frankfurt a. M. 1989.

Hufschläger, Helge: Joseph Anton von Maffei, das Eisenwerk Hirschau und »Der Münchner« – die erste bayerische Lokomotive, in: Bayern-Report 4 (1994), 8-16.

Hummel, Karl-Joseph: München in der Revolution von 1848/49, Göttingen 1987.

Illenseer, Wolfgang: Zur Geschichte des bayerischen Lokomotiv- und Waggonbaus, in: Gerhard Hetzer, Weichenstellungen. Eisenbahnen in Bayern 1835-1920. Eine Ausstellung des Bayerischen Hauptstaatsarchivs, München, 29. November 2001 bis 3. Februar 2002, München 2001, 363–375.

James, Harold: Die Deutsche Bank und die Diktatur 1933–1945, in: Lothar Gall u. a.: Die Deutsche Bank 1870–1995, München 1995, 315–408.

Jeszenszky, Sándor: Die elektrische Beleuchtung, in: Frank Dittmann (Hg.): Überwindung der Distanz. 125 Jahre Gleichstromübertragung Miesbach-München. 125 Jahre elektrische Energieübertragung, Berlin 2011, 81–100.

Jones, Heather: Violence against prisoners of war in the First World War. Britain, France, and Germany, 1914-1920, Cambridge, Cambridge Univ. Press, 2011.

Jungmann-Stadler, Franziska: Die Anfänge der Bayerischen Hypotheken- und Wechselbank aus den Protokollen der Administration 1835–1850, München 1985.

Jungmann-Stadler, Franziska: Vierzig Jahre Notenbankprivileg in Bayern, in: Alexander Persijn / dies. (Hg.): Kostbarkeiten aus der Hypo-Geldscheinsammlung, Regenstauf 1994, 39–56.

Jungmann-Stadler, Franziska: Die Finanzierung des Eisenbahnbaus in Bayern bis 1870, in: Gerhard Hetzer: Weichenstellungen. Eisenbahnen in Bayern 1835-1920. Eine Ausstellung des Bayerischen Hauptstaatsarchivs, München, 29. November 2001 bis 3. Februar 2002, München 2001, 283–299.

Kahn, Julius: Münchens Großindustrie und Großhandel, München 21913.

Knabe, Susanne: Firmenjubiläen. Geschichtsbewusstsein deutscher Unternehmen 1846–1992, Phil. Diss. München 2004.

Kolb, Eberhard: Die Reichsbahn vom Dawes-Plan bis zum Ende der Weimarer Republik, in: Lothar Gall / Manfred Pohl (Hg.): Die Eisenbahn in Deutschland. Von den Anfängen bis zur Gegenwart, München 1999, 109–163.

Knauß, Hans: Schlösser für Maschinen. Die Anfänge des Industriebaus in Bayern, in: Unser Bayern 34 (1985) Nr. 9, 65–68.

Kopper, Christopher: Bankiers unterm Hakenkreuz, München 2005.

Korzun, Svetlana: Auswertung der Personalkartei Krauss-Maffei 1939–1945, Ms. Frankfurt am Main 2017.

Krauss Maffei AG (Hg.): 150 Jahre Fortschritt durch Technik – 1838–1988, Fürstenfeldbruck 1988.

Kuhle, Alfred: Geschichte der bayerischen Industrie, München 1926.

Kustermann, Franz: Die Entwicklung der Eisenindustrie in München, München 1914.

Kustermann, Hubert: Die Entwicklung der Bayerischen Lokomotivindustrie, Diss. München 1925.

Lechner, Theodor: Die Privat-Eisenbahnen in Bayern, München 1920.

Liebl, Anton J.: Die Privateisenbahn München-Augsburg (1835–1844). Entstehung, Bau und Betrieb. Ein Beitrag zur Strukturanalyse der frühen Industrialisierung Bayerns, München 1982.

Linde, Carl (von): Aus meinem Leben und von meiner Arbeit, München 1916 (Neudruck 1979).

Lorenzen, Till: BMW als Flugmotorenhersteller 1926–1940. Staatliche Lenkungsmaßnahmen und unternehmerische Handlungsspielräume, München 2008.

Lutteroth, Volker M. (Hg.): Corps Franconia zu München. 350 Semester 1836–2011, Hannover 2011.

Maffei, Alfons von: Geschichte der seit 1786 in München ansässigen Familie Maffei. Nach schriftlichen und mündlichen Überlieferungen für die Nachkommen zusammengestellt, München 1924 (Manuskript).

Mages, Emma: Vizinal- und Lokalbahnen, in: Haus der Bayerischen Geschichte (Hg.): Eisenbahn in Bayern 1835–2010, Augsburg 2010, 60–63.

Marggraff, Hugo: Die Königlich Bayerischen Staatseisenbahnen in geschichtlicher und statistischer Beziehung, München 1894 (Nachdruck Stuttgart 1982).

Mathis, Franz: Big Business in Österreich. Österreichische Großunternehmen in Kurzdarstellungen, München 1987.

Mauersberg, Hans: Bayerische Entwicklungspolitik 1818–1923. Die etatmäßigen bayerischen Industrie- und Kulturfonds, München 1987.

Megele, Max: Baugeschichtlicher Atlas der Landeshauptstadt München, München 1951.

Mierzejewski, Alfred C.: The Most Valuable Asset of the Reich. A History of the German National

Railway, Vol. 1, 1920–1932, Chapel Hill/London 1999; Vol. 2, 1933–1945, Chapel Hill/London 2000.
Mitchel, Allan: Revolution in Bayern 1918/19. Die Eisner-Regierung und die Räterepublik, München 1967.
Möhl, Friedrich Karl: Hundert Jahre Krauss-Maffei 1837–1937, München 1937.

Nichelmann, Volker: Beitrag zur Darstellung der Entwicklung der eisenschaffenden Industrie in der Oberpfalz, in: Verhandlungen des Historischen Vereins für Oberpfalz und Regensburg, Bd. 97 (1956), 13–162.

Oltmer, Jochen: Unentbehrliche Arbeitskräfte. Kriegsgefangene in Deutschland 1914–1918, in: ders. (Hg.): Kriegsgefangene im Europa des Ersten Weltkriegs, Paderborn 2006.

Pache, Walter: Dampf-Kraft. Georg Krauss und seine Zeit, Augsburg/München 1996.
Penker, Josef W.: Krise im Lokomotivbau in Deutschland (Die Absatzschwierigkeiten der Lokomotivindustrie in Deutschland und ihre Besserungsmöglichkeiten), München 1929.
Plumpe, Werner: Die Unwahrscheinlichkeit des Jubiläums – oder: warum Unternehmen nur historisch erklärt werden können, in: Jahrbuch für Wirtschaftsgeschichte 1/2003, 143–156.
Plumpe, Werner: Wirtschaftskrisen. Geschichte und Gegenwart, München [4]2013.
Pohl, Manfred: Von den Staatsbahnen zur Reichsbahn 1918–1924, in: Lothar Gall/Manfred Pohl (Hg.): Die Eisenbahn in Deutschland. Von den Anfängen bis zur Gegenwart, München 1999, 71–107.

Rasch, Manfred (Hg.): August Thyssen und Heinrich Thyssen-Bornemisza. Briefe einer Industriellenfamilie 1919–1926, Essen 2010.
Rasch, Manfred: Granaten, Geschütze und Gefangene. Zur Rüstungsfertigung der Henrichshütte in Hattingen während des Ersten und Zweiten Weltkriegs, Essen 2003.
Reichshandbuch der deutschen Gesellschaft. Das Handbuch der Persönlichkeiten in Wort und Bild, Berlin 1930.
Rössler, Thomas: Der Staat und die Eisenbahn. Zur Einflussnahme des Staates auf die Wirtschaft, beispielhaft dargestellt anhand der Entwicklungsgeschichte der Lokomotivindustrie von 1838 bis 1945, Phil. Diss. Hamburg 1993.
Roth, Regina: Staat und Wirtschaft im Ersten Weltkrieg. Kriegsgesellschaften als kriegswirtschaftliche Steuerungsinstrumente, Berlin 1997.
Rudloff, Wilfried: Münchens Wirtschaft zwischen zwei Weltkriegen, in: Münchner Wirtschaftschronik. I. München – Wirtschaft im Wandel der Zeit, Wien 1994, 169–209.
Rumschöttel, Hermann: Grenzüberschreitende Weichenstellungen: Kaiserin-Elisabeth-Bahn, Maximiliansbahn und die beiden Tauernbahnen, in: Fritz Koller/ders. (Hg.): Vom Salzachkreis zur Euregio. Bayern und Salzburg im 19. und 20. Jahrhundert, München/Salzburg 2006, 139–155.

Senger und Etterlin, Ferdinand Maria von: Die deutschen Panzer 1926–1945, München 1965.
Schlim, Jean Louis: Der königliche Schleppdampfer im Hafen von Herrenchiemsee, in: Peter Wolf u. a. (Hg.): Götterdämmerung. König Ludwig II. und seine Zeit. Katalog, Augsburg 2011.
Schumann, Dirk: Bayerns Unternehmer in Gesellschaft und Staat, 1834-1914. Fallstudien zu Herkunft und Familie, politischer Partizipation und staatlichen Auszeichnungen, Göttingen 1992.
Smolka, Wolfgang J.: Alexander von Wacker. Das Leben eines Industrie-Pioniers, München 1990.
Spielberger, Walter J.: Militärfahrzeuge von Krauss-Maffei bis 1945, Koblenz 1980.
Spielberger, Walter J.: Von der Zugmaschine zum Leopard 2. Geschichte der Wehrtechnik bei Krauss-Maffei, München 1979.
Spoerer, Mark: Zwangsarbeit unter dem Hakenkreuz, Stuttgart 2001.
Stein, Erwin: Die Städte Deutschösterreichs, Bd. 1: Linz, Berlin 1926.
Sterzinger, Sonja: Johann Ulrich Himbsel 1787–1860. Architekt und Unternehmer in München, Grün-

der der Starnberger Eisenbahn und Dampfschiffahrt, München 1999.

Thurm, Sigrid: Eine Trientiner Glocke in Bayerisch-Schwaben, in: Cultura atesina 15 (1961), 102–106.

Tooze, Adam: Ökonomie der Zerstörung. Die Geschichte der Wirtschaft im Nationalsozialismus, München 2007.

Ullmann, Hans-Peter: Der deutsche Steuerstaat. Geschichte der öffentlichen Finanzen, München 2005.

Van de Kerkhof, Stefanie: Von der Friedens- zur Kriegswirtschaft. Unternehmensstrategien der deutschen Eisen- und Stahlindustrie vom Kaiserreich bis zum Ende des Ersten Weltkrieges, Essen 2006.

Vereinigung des Adels in Bayern e.V. München (Hg.): Genealogisches Handbuch des in Bayern immatrikulierten Adels, Bd. 4, Neustadt a.d. Aisch 1953, 397–408.

Volkert, Wilhelm: Geschichte Bayerns, 2. Aufl., München 2004.

Wagner-Braun, Margarete: Münchens Finanzgewerbe zwischen Staatswirtschaft und Industrialisierung, in: Hans Pohl (Hg.): Geschichte des Finanzplatzes München, München 2007, 41–89.

Weber, Reinhard: Das Schicksal der jüdischen Rechtsanwälte in Bayern nach 1933, München 2006.

Wegge, Rudolf: Die Entwicklung der Eisenwerkgesellschaft Maximilianshütte. I. Teil: Von ihrer Gründung bis zum Jahre 1880, (Diss. masch.) Würzburg 1922.

Welser, Ludwig von: Die Gattungen A I bis A V, B I bis B VI, C I und C II, in: Bayern-Report 4 (1994), 18–89.

Werner, Constanze: Kriegswirtschaft und Zwangsarbeit bei BMW, München 2005.

Winkel, Harald: Wirtschaft im Aufbruch. Der Wirtschaftsraum München-Oberbayern und seine Industrie- und Handelskammer im Wandel der Zeit, München 1990.

Winkler, Richard: Made in Bavaria – Technische Innovationsleistungen bayerischer Unternehmen zur Zeit König Ludwigs II., in: Peter Wolf/ Margot Hamm/Barbara Kink u. a. (Hg.): Götterdämmerung. König Ludwig II. und seine Zeit. Aufsätze, Augsburg 2011, 107–116.

Winkler, Richard: Lokomotiven für alle Spurweiten. Die Münchner Lokomotivfabrik Krauss & Comp., in: Haus der Bayerischen Geschichte (Hg.): Eisenbahn in Bayern 1835–2010, Augsburg 2010, 94–97.

Winterstein, Axel: Joseph Anton von Maffei und Hugo von Maffei. Sie machten der Eisenbahn Dampf, in: Erfinder in München, Landsberg a. Lech 1997, 41–46.

Wypior, Rolf: 149 Jahre Maxhütte – Ein großes Kapitel Industriegeschichte, in: Stadt Sulzbach-Rosenberg (Hg.): 150 Jahre Maxhütte, Amberg 2003, 27–42.

Zahn, Friedrich Karl: Bayern in der deutschen Volkswirtschaft vor, in und nach dem Kriege, in: Zeitschrift des Bayerischen Statistischen Landesamts 50 (1918).

Zell, Clemens: Geschichte der Elektrizitätsversorgung Münchens, München 1949.

Zettler, Alois: Notizen und Gedanken zur Electro-Technik. 1877–1899, München o. D. [1959].

Ziegler, Dieter: Eisenbahnen und Staat im Zeitalter der Industrialisierung. Die Eisenbahnpolitik der deutschen Staaten im Vergleich, Stuttgart 1996.

Ziegler, Walter: Bayern im NS-Staat, in: Max Spindler/Alois Schmid (Hg.): Handbuch der bayerischen Geschichte, Bd. 4/1, 2. Aufl., München 2003,
499–634.

Zwehl, Konrad von: Joseph Anton von Maffei – Ein wagemutiger Fabrikgründer, in: Rainer Müller (Hg.): Unternehmer – Arbeitnehmer. Lebensbilder aus der Frühzeit der Industrialisierung in Bayern, München 21987, 286-293.

Internetseiten

http://tram.at/stadtverkehrsgeschichte-wien/ [letzter Zugriff 30.11.2016]

http://www.kraussmaffeigroup.com/de/produktion.html

http://www.kraussmaffeigroup.com/media/files/kmnews/de/PM_KMG_JS_DE_150615.pdf

https://de.statista.com/statistik/daten/studie/3777/umfrage/umsatz-im-deutschen-maschinenbau-seit-1991/

https://www.igmetall-bayern.de/nachrichten/ansicht/datum/2013/12/02/titel/kraussmaffei-treuchtlingen-schliessungsplaene-aufgehoben.

https://www.merkur.de/lokales/erding/krauss-maffei-automation-das-beste-ergebnis-aller-zeiten-1523721.html

http://www.muenchen.de/rathaus/Stadtverwaltung/Direktorium/Stadtarchiv/Chronik/1923.html

Bildnachweis

Archiv der Stadt Linz 85
Auer (Hg.): Krauss-Maffei 295
Bayerische Staatsbibliothek München 21
Bayerisches Wirtschaftsarchiv, München (BWA) 21, 32 f., 38, 45, 49, 57, 58, 62 f., 71, 77, 81 f., 82, 90, 97, 104, 111, 113, 119, 133, 145, 148, 163, 169, 183, 192, 201, 206, 210, 215, 221, 227, 230, 233, 235, 251, 257, 263, 269, 273, 287, 295, 302, 309
DB Museum, Nürnberg 43
Deutinger: Bayerns Weg zur Eisenbahn 35
Historisches Archiv der UniCredit Bank AG, München 49
KraussMaffei 153, 210, 327, 353, 367, 377, 387, 401
Münchner Stadtmuseum 33, 45, 47
Stadtarchiv Braunau am Inn 32
Stadtarchiv München 49
Stadtarchiv Regensburg 35
SÜDBAHN Museum Mürzzuschlag 38
ullstein bild 119, 153, 158

Register

Personenregister

Unternehmensregister